민법판례연구 Ⅱ

권영준 저

박영사

머리말

    2019년에 민법판례연구 I을 발간한 데 이어 2년 만에 민법판례연구 II를 발간하게 되었다. 이번 책에는 2020년 1월 및 2021년 1월 대법원 민사실무연구회에서 발표한 그 직전 연도의 민법 판례 동향과 아울러 2021년 8월 민사판례연구회에서 발표한 최근 10년간 채권법 분야 판례 동향을 담았다. 대법원 민사실무연구회에서 발표한 발표문은 "2019년 민법 판례 동향"(서울대학교 법학 제61권 제1호, 2020년 3월), "2020년 민법 판례 동향"(서울대학교 법학 제62권 제1호, 2021년 3월)으로 게재되었다. 민사판례연구회에서 발표한 발표문은 향후 민사판례연구 특별호에도 포함될 예정이다. 2019년 및 2020년 주요 판결들에 대한 분석은 이 책의 제1부에, 2010년부터 2020년까지의 채권법 분야 중요 판결 분석은 이 책의 제2부에 각각 배치하였다.

2021년 11월
권 영 준

차 례

제1부 2019~2020년 민법 판례 동향

제1장 총칙편 분야

1. 추가법정수당 청구와 신의칙 ·· 5
   (대법원 2019. 2. 14. 선고 2015다217287 판결)

2. 업무상 재해로 사망한 근로자의 직계가족을 특별채용하기로 하는
   단체협약의 효력 ·· 18
   (대법원 2020. 8. 27. 선고 2016다248998 전원합의체 판결)

3. 재건축조합 임원들에 대한 인센티브 지급을 내용으로 하는
   조합총회 결의의 효력 ·· 28
   (대법원 2020. 9. 3. 선고 2017다218987, 218994 판결)

4. 통정허위표시와 제3자 ·· 36
   (대법원 2020. 1. 30. 선고 2019다280375 판결)

5. 제척기간과 민법 제495조의 유추 적용 ································· 43
   (대법원 2019. 3. 14. 선고 2018다255648 판결)

6. 임대차보증금반환채권의 소멸시효 ······································ 53
   (대법원 2020. 7. 9. 선고 2016다244224 판결)

7. 일부청구와 소멸시효 중단 ··· 61
   (대법원 2020. 2. 6. 선고 2019다223723 판결)

제2장 물권법 분야

1. 배타적 사용·수익권의 제한 ·· 71
   (대법원 2019. 1. 24. 선고 2016다264556 전원합의체 판결)

2. 명의신탁과 불법원인급여 ·· 82
   (대법원 2019. 6. 20. 선고 2013다218156 전원합의체 판결)

3. 공유물 소수지분권자의 방해배제 및 인도청구 ···································· 91
   (대법원 2020. 5. 21. 선고 2018다287522 전원합의체 판결)

4. 공유물분할청구권의 대위행사 ··· 103
   (대법원 2020. 5. 21. 선고 2018다879 전원합의체 판결)

5. 집합건물 공용부분에 대한 부당이득반환청구 ····································· 113
   (대법원 2020. 5. 21. 선고 2017다220744 전원합의체 판결)

6. 누적적 근저당권과 변제자대위 ··· 120
   (대법원 2020. 4. 9. 선고 2014다51756, 51763 판결)

제3장 채권법 분야

1. 양도금지특약을 위반한 채권양도의 효력 ·· 133
   (대법원 2019. 12. 19. 선고 2016다24284 전원합의체 판결)

2. 채권양도와 이의를 보류한 승낙 ··· 145
   (대법원 2019. 6. 27. 선고 2017다222962 판결)

3. 사정변경과 임대차계약의 해지 ··· 155
   (대법원 2020. 12. 10. 선고 2020다254846 판결)

4. 약관의 설명의무 ··· 164
   (대법원 2019. 5. 30. 선고 2016다276177 판결)

5. 배당이의를 하지 않은 경우의 부당이득반환청구 ······························· 173
   (대법원 2019. 7. 18. 선고 2014다206983 전원합의체 판결)

6. 약제 상한금액 인하와 불법행위 ··· 182
   (대법원 2020. 11. 26. 선고 2018다221676 판결)

7. 성과 도용에 관한 부정경쟁행위 ·· 193

(대법원 2020. 3. 26. 선고 2016다276467 판결)

8. 일용 근로자의 가동연한 ·· 200

(대법원 2019. 2. 21. 선고 2018다248909 전원합의체 판결)

9. 온라인서비스제공자의 주의의무 ··· 212

(대법원 2019. 2. 28. 선고 2016다271608 판결)

10. 해군본부 게시판 항의글 삭제에 따른 책임 ···························· 222

(대법원 2020. 6. 4. 선고 2015다233807 판결)

11. 공작물책임과 핸드 공식 ·· 230

(대법원 2019. 11. 28. 선고 2017다14895 판결)

제 4 장 가족법 분야

1. 아동의 출생등록될 권리 ··· 241

(대법원 2020. 6. 8.자 2020스575 결정)

2. 인공수정, 유전자형 배치와 친생추정 ·· 251

(대법원 2019. 10. 23. 선고 2016므0000 전원합의체 판결)

3. 친생자관계존부확인의 소의 원고적격 ·· 264

(대법원 2020. 6. 18. 선고 2015므8351 전원합의체 판결)

4. 양육비 감액 판단 ··· 272

(대법원 2019. 1. 31.자 2018스566 결정)

5. 배우자의 부양의무 이행과 기여분 ·· 280

(대법원 2019. 11. 21.자 2014스44, 45 전원합의체 결정)

6. 특별한정승인의 제척기간과 법정대리인 ···································· 290

(대법원 2020. 11. 19. 선고 2019다232918 전원합의체 판결)

제 2 부 2010~2020년 채권법 분야 판례 분석

제 1 장 서론

····· 301

제 2 장 채권총론

제1절 채권의 효력 ································· 304
 Ⅰ. 개관 _ 304
 Ⅱ. 채무불이행 _ 305
 Ⅲ. 채권자대위권 _ 326
 Ⅳ. 채권자취소권 _ 335

제2절 다수당사자 채권관계 ···················· 348
 Ⅰ. 개관 _ 348
 Ⅱ. 보증채무 _ 349
 Ⅲ. 부진정연대채무 _ 357

제3절 채권양도 및 채무인수 ···················· 362
 Ⅰ. 개관 _ 362
 Ⅱ. 채권양도 _ 363
 Ⅲ. 채무인수 내지 계약인수 _ 368

제4절 채권의 소멸 ······························· 372
 Ⅰ. 개관 _ 372
 Ⅱ. 변제 _ 373
 Ⅲ. 상계 _ 377

제 3 장 채권각론-계약법

제1절 계약총론 ·· 385

　Ⅰ. 개관 _ 385

　Ⅱ. 계약 성립 _ 385

　Ⅲ. 계약 해석 _ 390

　Ⅳ. 계약의 해제·해지 _ 393

　Ⅴ. 약관 _ 397

제2절 계약각론 ·· 402

　Ⅰ. 개관 _ 402

　Ⅱ. 매매 _ 403

　Ⅲ. 임대차 _ 408

　Ⅳ. 도급 _ 418

　Ⅴ. 여행계약 _ 424

　Ⅵ. 개별 계약 관련 기타 판결 _ 428

제 4 장 채권각론-사무관리·부당이득·불법행위

제1절 개관 ·· 433

제2절 사무관리 ·· 434

　Ⅰ. 사무관리 의사 _ 434

　Ⅱ. 전용물소권과 사무관리 _ 435

　Ⅲ. 원유 유출 사고와 사무관리 _ 436

　Ⅳ. 사무관리 관련 기타 판결 _ 438

제3절 부당이득 ·· 439

　Ⅰ. 부당이득 성립요건 _ 439

　Ⅱ. 부당이득의 효과 _ 451

　Ⅲ. 불법원인급여 _ 456

제4절 불법행위 ·· 459

　Ⅰ. 불법행위 총론 _ 459

　Ⅱ. 불법행위 각론 _ 481

제 5 장 결론

·· 515

판례색인 ·· 517

사항색인 ·· 523

제1부

2019~2020년 민법 판례 동향

제1장

총칙편 분야

1 추가법정수당 청구와 신의칙
(대법원 2019. 2. 14. 선고 2015다217287 판결)

가. 사실관계

피고는 시내버스 운수사업을 영위하는 회사이고, 원고(선정자) 및 선정당사자들(이하 "원고 등"이라고 한다)은 피고 소속 운전기사들이다. 피고는 원고 등이 조합원으로 있는 노동조합과 단체협약을 체결하면서 상여금 및 근속수당을 통상임금에서 제외하였다. 피고는 원고 등에게 연장근로수당, 야간근로수당, 휴일근로수당, 주휴수당, 연차수당(이하 "법정수당"이라고 한다)을 지급하였다. 원고 등은 상여금 및 근속수당이 통상임금에 포함되었어야 함을 전제로 피고를 상대로 2010. 4. 1.부터 2013. 3. 31.까지의 추가 법정수당 합계 196,976,093원의 지급을 구하는 소를 제기하였다. 피고는 원고의 추가 법정수당 지급 청구가 신의성실의 원칙에 반한다고 주장하였다.

나. 소송의 경과

1심법원은 피고의 주장을 받아들여, 원고의 청구를 모두 기각하였다.[1] 원심법원 역시 단체협약 당시 상여금 등을 통상임금에서 공제하기로 상호 이해하였고 그 후 이에 기초한 법정수당 지급 과정에서 근로자들도 아무런 이의를 제기하지 않았다는 점, 원고를 비롯한 근로자들의 청구가 받아들여질 경우 피고가 추가 부담하게 될 법정수당 총액이 약 7억 6천여만 원에 이른다는 점, 피고로서는 별도로 재원을 마련하여 위 추가 법정수당을 지급할 수밖에 없다는 점 등을 들어, 원고의 청구는 피고에게 예측하지 못한 새로운 재정적 부담을 지움으로써 피고에 중대한 경영상 어려움을 초래하거나 피고의 존립을 위태롭게 하는 것으로서 신의칙에 위배된다고 보았다.[2]

하지만 대법원은 원심판결을 파기하였다. 그 요지는 다음과 같다.

---

1) 인천지방법원 2014. 8. 22. 선고 2013가합30789 판결.
2) 서울고등법원 2015. 4. 29. 선고 2014나2033671 판결.

노사합의에서 정기상여금은 그 자체로 통상임금에 해당하지 아니한다는 전제로, 정기상여금을 통상임금 산정 기준에서 제외하기로 합의하고 이를 전제로 임금수준을 정한 경우, 근로자 측이 정기상여금을 통상임금에 가산하고 이를 토대로 추가적인 법정수당의 지급을 구함으로써, 사용자에게 새로운 재정적 부담을 지워 중대한 경영상의 어려움을 초래하거나 기업의 존립을 위태롭게 하는 것은 정의와 형평 관념에 비추어 신의에 현저히 반할 수 있다.

다만 근로관계를 규율하는 강행규정보다 신의칙을 우선하여 적용할 것인지를 판단할 때에는 근로조건의 최저기준을 정하여 근로자의 기본적 생활을 보장·향상시키고자 하는 근로기준법 등의 입법 취지를 충분히 고려할 필요가 있다. 또한 기업을 경영하는 주체는 사용자이고, 기업의 경영 상황은 기업 내·외부의 여러 경제적·사회적 사정에 따라 수시로 변할 수 있으므로, 통상임금 재산정에 따른 근로자의 추가 법정수당 청구를 중대한 경영상의 어려움을 초래하거나 기업 존립을 위태롭게 한다는 이유로 배척한다면, 기업 경영에 따른 위험을 사실상 근로자에게 전가하는 결과가 초래될 수 있다. 따라서 근로자의 추가 법정수당 청구가 사용자에게 중대한 경영상의 어려움을 초래하거나 기업의 존립을 위태롭게 하여 신의칙에 위반되는지는 신중하고 엄격하게 판단하여야 한다.

대법원은 이러한 법리를 토대로 해당 사건에서는 향후 소송을 제기하지 않은 다른 근로자들이 피고에게 청구할 수 있는 추가 법정수당 규모가 피고 연간 매출액의 2~4%, 당해 연도 총인건비의 5~10% 정도에 불과한 점, 피고의 당해 연도 기준 이익잉여금에 비추어 추가 법정수당 중 상당 부분을 변제할 수 있을 것으로 보이는 점, 피고가 당해 연도까지 5년 연속 영업이익 흑자를 기록하고 있고, 꾸준히 당기순이익이 발생하고 있으며, 매출액도 계속 증가하고 있는 점 등에 비추어, 추가 법정수당을 지급한다고 하여 피고에게 중대한 경영상의 어려움을 초래하거나 기업의 존립을 위태롭게 한다고 단정할 수 없으므로 원고의 청구가 신의성실의 원칙에 위배된다고 볼 수 없다고 판단하였다.

다. 분석

대상판결은 대법원 2013. 12. 28. 선고 2012다89399 전원합의체 판결(이하 "전원합의체 판결"이라고 한다)의 법리에 기초하여 선고된 판결이다. 전원합의체 판결은 이른바 금아리무진 판결[3)]에 이어 정기상여금이 통상임금에 해당한다고 판단한 판결이다.[4] 전원합의체 판결은 정기상여금을 통상임금에서 제외하는 노사합의가 근로기준법에 반하여 무효라고 보았다. 하지만 정기상여금이 통상임금에 해당하지 않는다는 전제에서 이를 통상임금에서 제외하기로 합의하는 실무가 장기간 계속되어 관행으로 정착되었고 노사 양측이 이러한 공통의 이해 위에서 전체 임금수준을 정하였는데, 그 공통의 이해가 잘못된 것으로 판단되었음을 계기로 근로자들이 본래 합의한 임금수준을 넘어 추가 법정수당을 청구하는 것은 일정한 요건 아래 신의칙에 반한다고 보았다. 전원합의체 판결은 한편으로는 근로자 보호의 원칙을 선언하여 장래를 향하여 이를 관철시키기로 하면서도 다른 한편으로는 공통의 신뢰 하에 행동하였던 기업의 과거에 대해서는 그 원칙을 소급 적용하지 않음으로써 신의칙의 이름 아래 한시적으로 퇴로를 열어 준 판결이었다.[5] 그런데 대상판결은 신의칙 위반을 "신중하고 엄격하게 판단하여야" 한다고 함으로써 신의칙의 적용 범위를 좁혔다. 실제로 대상판결이 선고된 이후 추가 법정수당청구에 관한 대법원 판결들은 모두 대상판결의 기조에 따라 신의칙 위반을 부정하였다.[6]

신의칙을 적용할 것인가, 특히 그 요건 중 하나인 중대한 경영상 어려움이 있는가는 사실 인정에 기초하여 개별적으로 판단해야 할 문제이다. 대상판결 역시 해당 사안의 사실관계에 기초하여 판단한 결과 신의칙을 적용하지 않기로 하였을 뿐 전원합의체 판결의 법리에는 아무런 변경을 가하지 않았다고 볼 여지도 있다. 하지만 중대한 경영상 어려움을 들어 추가 법정수당 청구를 배척한다면 기업 경영에 따른 위험을 사실상 근로자에게 전가하는 결과가 초래될 수 있다고 한 뒤 신의칙 위반을 부정한 부분은 전원합의체 판결과 다소 다른 느낌으로 읽힌다. 이 점에서 대상판결은 전원합의체 판결의 이론적 의미를 재조명할 계기를 선사하였다. 아래에서는 신뢰보호와 이익형량이라는 두 축에 기초하여 신의칙의 관점에서 전원합의체 판결을 분석한 뒤, 이에 기초하여 대상판결을 평가하고자 한다.

---

3) 대법원 2012. 3. 29. 선고 2010다91046 판결. 이 판결에 대해서는 기업이 예측하지 못하였던 추가 법정수당이 큰 폭으로 증가할 수 있고, 그에 따라 기업의 생존이 어려워질 가능성마저 있다는 비판이 제기되기도 하였다. 김영문, "금원의 통상임금해당성 판단에 관한 기준의 비판적 고찰 – 대법원 2012. 3. 29, 2010다91046판결에 대한 비판적 고찰 – ", **노동법학**, 제43호(2012), 142 – 143면.

4) 이 판결에 대한 해설로 이미선, "통상임금", **사법**, 제27호(2014), 339면 이하 참조.

5) 이미선(주 4), 367면; 이철수, "통상임금 관련 2013년 전원합의체 판결의 의미와 평가", **노동법학**, 제49호(2014), 14면은 전원합의체 판결 이후 체결되는 노사합의에 대해서는 신의칙이 적용될 여지가 없다고 설명한다.

6) 대법원 2019. 4. 23. 선고 2016다37167, 37174 판결; 대법원 2019. 4. 23. 선고 2014다27807 판결.

(1) 신의칙의 관점에서 본 전원합의체 판결

(가) 신뢰보호

전원합의체 판결이 제시한 신의칙 법리의 저변에 흐르는 가장 중요한 이론적 기초는 사실상 통용되던 법질서에 대한 신뢰보호이다. 전원합의체 판결은 "정기상여금을 통상임금에서 제외하는 노사합의"를 실무상 정착된 관행으로 보았다. 이러한 관행이 형성된 계기는 국가가 제공하였다. 고용노동부는 정기상여금이 통상임금에서 제외된다는 통상임금 산정지침을 제정하여 시행하여 왔다.[7] 대법원은 정기상여금의 통상임금 해당성을 부정하는 판결들을 반복하여 선고하여 왔다.[8] 정부의 확고한 입장, 그리고 이에 배치되지 않는 듯한 법원의 입장이 합쳐져 노동계와 산업계에서는 '정기상여금은 통상임금이 아니다.'라는 공통의 이해가 형성되었다. 전원합의체 판결이 제시한 신의칙 법리는 노사가 이러한 토대를 신뢰하고 임금협상을 거쳐 임금총액을 결정한 상황을 전제로 적용되는 것이다.[9]

이러한 신뢰는 노사 양측의 공통의 신뢰였다. 신뢰의 공통성은 통상임금 관련 사건에서 중요한 의미를 가진다. 공통의 신뢰에 기초하여 의사를 결정하였다는 것은, 신뢰한 내용대로 법률관계가 이루어질 경우 예측하지 못한 불이익이 발생하지 않는다는 것을 의미하기 때문이다. 그러므로 공통의 신뢰는 신의칙의 적용을 촉진시키는 속성이다. 오히려 공통의 신뢰에 반하는 행위는 신의칙의 분칙(分則)인 모순금지원칙에 위반될 가능성이 있다.[10] 실제로 모순금지원칙의 일종인 실효의 원칙은 주로 근로관계에서 근로자가 선행행위와 모순되는 청구를 하는 장면에서 적용되어 왔다.[11]

한편 대법원은 전원합의체 판결을 통해 노사 양측이 공통적으로 신뢰하였던 기

---

7) 고용노동부 통상임금 산정지침 제3조 제1항 참조. 이러한 고용노동부의 입장은 노사관계에 사실상 규범력을 미치고 있었다. 이미선, "통상임금―대상판결: 대법원 2013. 12. 18. 선고 2012다89399, 2012다94643 전원합의체 판결―", BFL, 제64권(2014), 117―118면.

8) 대법원 1990. 2. 27. 선고 89다카2292 판결; 대법원 1990. 11. 27. 선고 89다카15399 판결; 대법원 1996. 2. 9. 선고 94다19501 판결; 대법원 2007. 4. 12. 선고 2006다81974 판결 등.

9) 이러한 전제가 충족되지 않는 사안에서는 전원합의체 판결이 제시한 신의칙 법리가 적용될 수 없다.

10) 김희성, "통상임금소송에서 신의칙 적용 판단기준―대상판결: 울산지방법원 2018. 5. 30. 선고 2015가합2351 판결(현대중공업사건)―", **경영법률**, 제29권 제1호(2018), 424―425면 참조.

11) 대법원 1991. 4. 12. 선고 90다8084 판결; 대법원 1991. 5. 28. 선고 91다9275 판결; 대법원 1992. 10. 13. 선고 92다24462 판결 등 다수.

존 질서와 다른 법리를 제시하였다. 기존 질서와 다른 새로운 법리가 제시되는 경우는 종종 있다. 그런데 새로운 법리를 소급하여 적용하면 기존 질서에 기초하여 쌓은 법률관계나 이에 투여된 신뢰가 부정적 영향을 받는다. 이 장면에서 신뢰보호가 문제된다. 법률을 개정하는 경우에는 경과 규정을 두어 신뢰를 보호할 수 있다. 그러나 대법원 판결에는 경과 규정을 둘 수 없다. 그런데 수범자의 입장에서는 법률이건 판례이건 주무 관청의 유권해석이건 모두 공적으로 승인된 법 질서의 일부라고 생각한다.[12] 현장에서는 법원의 판례나 주무 관청의 유권 해석이 훨씬 더 큰 영향력을 발휘하기도 한다. 그러므로 이에 대한 신뢰는 보호 가치가 있다. 그렇다면 그 신뢰와는 다른 새로운 판례가 제시될 경우 기존 신뢰는 어떻게 보호할 것인가가 문제된다.

대법원은 이러한 문제 상황에서 판례 변경의 소급효를 제한하는 방식을 취하기도 하였다. 종래 관습법과 달리 여성에게 종중원 자격을 부여하되 신뢰보호를 위해 판례의 소급효를 제한한 대법원 2005. 7. 21. 선고 2002다1178 전원합의체 판결이 그 예이다.[13] 제사주재자의 결정방법에 관한 종래 판례를 변경하면서도 "종래 대법원판례를 신뢰하여 형성된 수많은 제사용 재산 승계의 효력을 일시에 좌우하게 됨으로써 법적 안정성과 신의성실의 원칙에 기초한 당사자의 신뢰보호에 반하게 되므로" 판례의 소급효를 제한한 대법원 2008. 11. 20. 선고 2007다27670 전원합의체 판결은 또 다른 예이다. 형사성공보수 약정이 민법 제103조에 반한다고 선언하되 마찬가지 이유로 판례의 소급효를 제한한 대법원 2015. 7. 23. 선고 2015다200111 전원합의체 판결도 그러하다.[14] 위 판결들은 모두 ① 관습법 또는 관행의 존재, ② 국가 또는 법원의 승인, ③ 이에 기초한 공통의 신뢰 형성, ④ 공통의 신뢰와 다른 내용으로의 판례 변경, ⑥ 신뢰보호를 위한 강행적 질서의 시적 적용범위 제한이라는 비슷한 구조를 가진다. 통상임금에 관한 전원합의체 판결도 유사한 구조이다. 신뢰보호 도구로서 판례의 소급효 제한 대신 신의칙이 동원되었을 뿐이다.[15] 요컨대 판례를 통해 새로운 강행적 법질서를 확립하는 과정에서 그 새로

---

12) 이동진, "판례변경의 소급효", **민사판례연구**, 제36권(2014), 1147면은 판례가 법의 수범자에게 중요한 신뢰의 대상이라고 설명한다.
13) 이 전원합의체 판결은 판례의 소급효를 제한하되, 해당 사건에는 소급효가 미치게 하였다. 이를 선택적 장래효라고 한다.
14) 이 전원합의체 판결은 판례의 소급효를 제한하고, 해당 사건에도 변경된 판례 법리를 적용하지 않았다. 이를 순수한 장래효라고 한다.
15) 신뢰를 저버리지 않아야 한다는 점을 신의칙의 핵심 요소로 드는 수많은 판례들(예컨대 대법원

운 법질서의 시적 적용 범위를 제한함으로써 종전의 법질서에 대한 법적 안정성과 신뢰를 보호하고자 하였다는 점은 공통된다.[16]

물론 이러한 신뢰보호가 강행규정과 신의칙에 관한 일반적인 법리에 반하지 않는가 하는 의문이 제기된다.[17] 강행규정과 신의칙의 문제는 법률행위가 예정하는 법적 상태가 법률이 예정하는 법적 상태와 일치해야 한다는 합법성의 원칙과 법률행위는 신의와 성실에 따라 행해져야 한다는 신의성실의 원칙 사이의 우열관계 문제이다. 이 장면에서 일반적으로 강행규정이 신의칙에 앞선다.[18] 그런데 전원합의체 판결 사건을 비롯한 통상임금 관련 사건에는 강행규정과 신의칙에 관한 법리가 적용되는 일반적 사건 유형과는 현저하게 구별되는 특성이 있다. 전원합의체 판결 사건에서 문제되는 행위(정기상여금을 통상임금에서 제외하고 행한 임금협상과 노사합의) 당시를 기준으로 보면, ① 마땅히 존재하였어야 할 강행적 법질서(즉 정기상여금은 통상임금에 포함되어야 하고, 임금협상과 노사합의도 이를 전제로 행하여야 하며, 이에 반한 노사합의는 무효가 된다는 내용의 법질서)와 ② 현실적으로 존재하였던 강행적 법질서(즉 정기상여금은 통상임금에 해당하지 않는다는 것이 정부의 공식적인 입장이었으므로 이에 기초하여 행한 임금협상과 노사합의에도 문제가 없다고 생각되던 법질서) 사이에 괴리가 존재하였다. 즉 노사합의를 무효로 보는 준거가 된 강행적 법질서는 규범의 세상에는 존재하였으나 현실의 세상에는 그 존재를 명확히 드러내지 않았던 잠재적인 강행적 법질서였다.

2006. 5. 26. 선고 2003다18401 판결 등) 참조. 또한 앞서 든 전원합의체 판결들도 그러하다. 대법원 2005. 7. 21. 선고 2002다1178 전원합의체 판결("법적 안정성과 신의성실의 원칙에 기초한 당사자의 신뢰보호를 내용으로 하는 법치주의의 원리"); 대법원 2008. 11. 20. 선고 2007다27670 전원합의체 판결("법적 안정성과 신의성실의 원칙에 기초한 당사자의 신뢰보호에 반하게 되므로"). 한편 윤진수, **민법기본판례**(홍문사, 2016), 7면은 판례의 소급 적용 제한 법리에 반대하면서 그 대체 법리로서 신의성실의 원칙 내지 권리남용의 이론을 들고 있다.

16) 이 점에 대한 비판도 있다. 도재형, "통상임금 전원합의체 판결의 검토", **노동법연구**, 제36호(2014), 199면은 전원합의체 판결에서 법원이 추가법정수당 청구를 제한하는 한시법을 제정하는 입법자처럼 행동하였다고 비판한다.

17) 김제완, "통상임금성을 배제하는 노사합의와 신의칙 대상판결 : 대법원 2013. 12. 18. 선고 2012다89399 퇴직금", **인권과 정의**, 통권 제443호(2014), 107-108면; 박은정, "강행법규를 위반한 통상임금 노사합의와 신의성실의 원칙", **인권과 정의**, 통권 제443호(2014), 136-137면은 전원합의체 판결의 다수의견이 강행규정 위반과 신의칙에 관한 종래 판례의 태도와 배치된다고 지적한다.

18) 김용덕 편, **주석민법 총칙(1)** 제5판(한국사법행정학회, 2019), 183-184면(권영준 집필부분). 또한 "원칙적으로 합법성의 원칙은 신의성실의 원칙보다 우월한 것이므로 신의성실의 원칙은 합법성의 원칙을 희생하여서라도 구체적 신뢰보호의 필요성이 인정되는 경우에 비로소 적용된다."라고 판시한 대법원 2000. 8. 22. 선고 99다62609, 62616 판결도 참조.

이러한 사정은 강행규정과 신의칙의 관계가 문제되는 대부분의 다른 판례 사안에서는 찾아볼 수 없는 특수한 사정이다. 잠재적인 강행적인 법질서는 사후적 판단으로 비로소 확정된 것이다. 이에 대한 법적 평가는 일반적인 강행규정에 위반된 행위에 대한 법적 평가와 달라야 한다. 즉 그 당시 현실적으로 통용되던 강행적 법질서에 의거하여 의사 결정하고 행동한 법률관계의 주체가 가지는 신뢰의 보호 필요성은 더 높아지고, 그 주체에 가해지는 비난 가능성이나 악성은 더 낮아진다. 그만큼 신뢰보호규범으로서의 신의칙이 개입할 수 있는 폭이 더 넓어진다.

앞서 살펴보았던 종중 판결, 제사주재자 판결, 성공보수약정 판결도 모두 현실적인 강행적 법질서와 잠재적인 강행적 법질서 사이에 괴리가 존재하였고, 그 괴리를 감안하여 신뢰보호 조치를 강구하게 되었던 사례들이다. 종중 판결과 제사주재자 판결에서 다루어졌던 관습법에 의한 질서는 개인의 의사와 무관하게 관철되었다는 면에서 속성상 강행적 법질서였다. 성공보수약정 판결에서 다루어졌던 민법 제103조 소정의 사회질서 역시 전형적인 강행적 법질서였다. 이처럼 형식논리적으로는 강행적 법질서에 위반한 상태가 존재하지만, 실질적으로는 일반적인 강행적 법질서 위반 상태와 동일시할 수 없는 특수한 사정이 존재할 때, 대법원이 이론적인 논란[19]의 여지를 무릅쓰고 판례 변경의 소급효라는 신뢰보호 조치를 과감하게 동원하였다는 점은 이러한 사안 유형에서 신뢰보호 가치가 더욱 컸다는 것을 방증한다. 이러한 특수성이 존재하는 범위 내에서 잠재되어 있던 강행규정은 실재하였던 신뢰보호의 필요성 앞에서 한 걸음 물러설 수 있다.[20]

(나) 이익형량

전원합의체 판결은 여기에 더하여 근로자 측의 추가적인 법정수당 지급 청구로 인해 "노사가 합의한 임금수준을 훨씬 초과하는 예상외의 이익을 추구하고 그로 말미암아 사용자에게 예측하지 못한 새로운 재정적 부담을 지워 중대한 경영상의 어려움을 초래하거나 기업의 존립을 위태롭게" 되었을 것이라는 사정을 추가적으로 요구하고 있다. 이는 신뢰에 반하여 청구가 관철되었을 때 쌍방의

---

19) 판례 변경의 소급효 제한에 관한 비판으로 윤진수, **민법기본판례**(홍문사, 2016), 7, 48면; 이동진, "판례변경의 소급효", **민사판례연구**, 제36권(2014), 1156면 이하 참조.
20) 이와 관련하여 강행규정인 「노동조합 및 노사관계조정법」 제17조 제2항을 위반하여 선출된 대의원들이 선출한 대표자가 단체협약 체결 등 대표자로서의 권한을 행사하였던 사안에서 뒤늦게 그 절차상 하자를 들어 단체협약 일부 조항에 대하여 효력을 다투는 것은 신의칙 위반이라고 판단한 대법원 2003. 7. 11. 선고 2003다14935 판결도 참조.

이익상황에 미치게 될 결과에 관한 요건이다. 앞서 살펴본 신뢰보호 요건이 일종의 행태 요건인 것과 달리 이는 일종의 결과 요건 또는 이익 요건의 속성을 가진다. 또한 신뢰보호 요건이 신뢰보호의 필요성 그 자체에 관한 요건이라면, 이익형량 요건은 그 신뢰보호의 필요성과 변경된 판례의 관철 필요성을 저울질하는 요건이다.

　신의칙은 신뢰보호 규범이지만 동시에 이익형량 규범이기도 하다.[21] 신의칙은 객관적 이익형량의 문제로 귀착되기 때문이다.[22] 따라서 신의칙은 주관적인 행태의 악성뿐만 아니라 관련 당사자들 간의 객관적인 이익 상황을 고려하여 적용되기도 한다. 이러한 이익형량 결과에 따라 권리 행사를 제한하거나, 그 범위를 조정한다. 가령 신의칙의 한 형태라고 할 수 있는 권리남용금지 원칙을 적용함에 있어서 권리자의 이익이 사소한 것일수록, 또는 침해되는 상대방의 이익이 중대한 것일수록 권리남용의 요건이 충족될 가능성이 높아진다.[23] 또한 계속적 보증인의 책임을 제한하거나,[24] 변호사의 보수를 감액하거나,[25] 불법행위로 인한 손해배상책임을 제한하는 판례들[26] 역시 신의칙의 이익형량 기능이 발현된 예들이다.

　전원합의체 판결에서 근로자가 예상 외의 이익을 획득하는 반면 사용자가 예상 외의 재정적 부담으로 중대한 경영상 어려움을 겪는가를 고려하고자 하는 것도 신의칙의 적용이 이러한 객관적 이익형량과 무관하지 않기 때문이다. 결국 전원합의체 판결에서는 ① 정당하게 형성된 공통의 신뢰를 깨뜨리는 청구 행태에 대한 평가뿐만 아니라(신뢰보호 요건 관련), ② 그러한 청구로 인하여 당사자들의 객관적인 이익 상황에 미칠 파급효과에 대한 평가(이익조정 요건 관련)가 더하여져 신의칙 적용 여부가 결정된 것으로 이해할 수 있다. 다만 일반적으로 권리자가 법적으로 보장된 권리를 행사함으로써 상대방에게 중대한 불이익이 발생한다는 점만으로 권리행사를 봉쇄할 수는 없으므로, 전원합의체 판결의 논리는 두 가지 요건 중 신뢰

---

21) 이러한 이익형량은 결국 정당한 이익조정을 향한 작업이므로 신의칙은 이익조정규범이라고 표현할 수도 있다.
22) *Münchener Kommentar zum BGB/Schubert,* 7. Auflage (C. H. Beck, 2016), § 242, Rn. 10.
23) 김용덕 편, **주석민법 총칙(1)** 제5판(한국사법행정학회, 2019), 196면(권영준 집필부분).
24) 대법원 1995. 6. 30. 선고 94다40444 판결; 대법원 2005. 10. 27. 선고 2005다35554, 35561 판결 등.
25) 대법원 1992. 3. 31. 선고 91다29804 판결; 2002. 4. 12. 선고 2000다50190 판결 등.
26) 대법원 2006. 12. 7. 선고 2005다34766, 2005다34773 판결; 대법원 2007. 11. 30. 선고 2006다19603 판결 등.

보호 요건에 의해 정당화되는 정도가 훨씬 높다고 할 수 있다. 그 점에서 이익형량은 신뢰보호와의 관계에서 부차적이고 보조적인 정당화 요소로 작동하게 된다.[27] 그러므로 다른 요건은 제쳐놓고 '중대한 경영상 어려움'이라는 요건에만 함몰되어 신의칙 여부를 판단하는 것은 이러한 관계를 역전시키는 처사이다.[28]

통상임금 관련 사건에서 특히 이익형량이 요구되는 이유는 노사가 일종의 공통의 착오 상태에서 노사합의를 하였기 때문이다. 공통의 착오가 있으면 보충적 해석을 하게 되는데, 보충적 해석은 공통의 착오가 없었더라면 지녔을 "가정적 의사" 또는 "정당한 이익조정 의사"에 기하여 이루어진다.[29] 단체협약에도 이러한 공통의 착오 이론이 적용된다.[30] 전원합의체 판결의 다수의견은 정기상여금이 통상임금에 산입된다는 점을 알았더라면 노사는 결과적으로 지급되는 임금 총액이 차이가 없도록 노사합의를 이루었을 것이라고 보았다.[31]

결국 전원합의체 판결은 정기상여금이 통상임금에 산입되지 않는다는 공통의 이해에 기초하여 상호 신뢰하에 이루어진 노사합의에 반하는 추가 법정수당청구를 신의칙에 따라 배척할 것인가를 판단함에 있어서, ① 정기상여금이 통상임금에 산입된다는 점을 알았더라면 도달하였을 노사합의에 따른 당사자들의 이익상황(이는 정당한 이익조정의사에 기초하여 재구성한 이익상황임)과 ② 위와 같은 청구를 받아들일 때 현실적으로 발생하게 될 당사자들의 이익상황(이는 강행규정의 새로운 법리에 기초하여 재구성한 이익상황임)을 비교 형량한 뒤, 어느 이익상황을 우선할 것인가에 관한 기준점으로서 중대한 경영상 어려움이라는 요건을 설정한 것으로 이해된다. 즉 양자의 이익상황이 각각 나름대로 정당성의 기초를 가진다는 전제 위에서, 중대한 경영상 어려움이 발생하는 경우에는 신뢰보호와 계약관계의 등가성 보호를

---

27) 박상언, "강행규정에 위배된 합의의 무효 주장과 신의성실의 원칙", **민사판례연구**, 제37권(2014), 40면은 객관적인 법익형량만으로 신의칙을 적용하는 것은 어렵다고 지적한다.
28) 김희성·조영길, "통상임금소송에서 신의칙 적용 판단에 관한 최근 판결의 태도와 평가-대상판결: 시영운수사건 대법원 2019. 2. 14. 선고 2015다217287 판결을 중심으로", **노동법논총**, 제45집 (2019), 268면 이하; 김희성(주 10), 404면 참조.
29) 대법원 2006. 11. 23. 선고 2005다13288 판결.
30) 김선혜, "통상임금 사건과 민법 일반 규정에 의한 항변의 구성", 법률신문(2017. 11. 16.); 추장철, "통상임금 재산정에 따른 임금추가지급과 신의칙적용-대법원 2013. 12. 18. 선고 2012다89399 전원합의체 판결 등-", **법학연구**(인하대학교), 제22권 제1호(2019), 426면. 또한 단체협약도 계약에 해당한다고 본 헌법재판소 1998. 3. 26. 선고 96헌가20 결정도 참조.
31) 이와 유사한 구조로 판단한 사례로 임대주택 관련 법령에 위반한 임대보증금과 임대료가 산정된 경우에 관한 대법원 2016. 11. 18. 선고 2013다42236 전원합의체 판결 참조.

위해 ①의 이익상황을, 그 정도에 이르지 않는 경우에는 강행규정 취지의 관철을 위해 ②의 이익상황을 선택하기로 하는 일종의 이익조정 작업을 한 것이다.

물론 중대한 경영상 어려움이라는 요건은 기존 법리 체계의 관점에서 볼 때 상당히 이질적인 요건이다. 일반적으로 경영상 어려움은 법적 항변 사유가 될 수 없는 기업의 주관적 사정이기 때문이다. 그러나 위에서 살펴보았듯이 중대한 경영상 어려움이라는 요건을 이익형량의 관점에서 바라보게 되면, 이 요건은 근로자와 사용자의 이해관계를 형량하고 조정하기 위한 균형적 요건으로도 파악할 수 있다. 전원합의체 판결은 중대한 경영상 어려움이라는 요건을 단선적 관점이 아니라 총체적 관점, 대립적 관점이 아니라 조정적 관점에서 바라본 판결이다. 또한 이러한 관점에서 본다면 중대한 경영상 어려움은 그 표현이 주는 인상과는 달리 일정한 단체법적 이익까지 포괄하는 표지이다.[32]

(2) 대상판결 검토

대상판결에서 대법원은 "근로관계를 규율하는 강행규정보다 신의칙을 우선하여 적용할 것인지를 판단할 때에는 근로조건의 최저기준을 정하여 근로자의 기본적 생활을 보장·향상시키고자 하는 근로기준법 등의 입법 취지를 충분히 고려할 필요"가 있고, "통상임금 재산정에 따른 근로자의 추가 법정수당 청구를 중대한 경영상의 어려움을 초래하거나 기업 존립을 위태롭게 한다는 이유로 배척한다면, 기업 경영에 따른 위험을 사실상 근로자에게 전가하는 결과가 초래될 수 있다."라는 이유로 "근로자의 추가 법정수당 청구가 사용자에게 중대한 경영상의 어려움을 초래하거나 기업의 존립을 위태롭게 하여 신의칙에 위반되는지는 신중하고 엄격하게 판단하여야 한다."라고 한 뒤 해당 사건에 신의칙을 적용하지 않았다.

대상판결이 전원합의체 판결이 제시한 신의칙 법리의 적용 범위를 의도적으로 좁힌 판결인가는 분명하지 않다. 전원합의체 판결과 비교할 때 대상판결에는 근로자의 청구가 사용자의 중대한 경영상 어려움을 초래하여 신의칙에 위반되는지는 신중하고 엄격하게 판단해야 한다는 판시 내용이 추가되었다. 그런데 신의칙이 예

---

32) 이러한 관점은 "상호 신뢰를 기초로 하여 노사합의를 이루어 자율적이고 조화로운 관계를 유지하며 공동의 이익을 추구해 온 노사관계에 있어 예기치 않은 사유로 서로 간의 신뢰기반을 깨뜨리고 노사가 지향해 온 상생관계를 해치는 행위로서 궁극적으로는 근로자의 근로환경이나 근로조건에도 부정적인 영향을 미치고, 기업의 재정적 파탄으로 이어져 일자리의 터전을 상실할 위험도 초래하는 등 노사 양쪽 모두에게 피해가 갈 수 있다."라는 판시 내용에 표현되어 있다.

외적이고 보충적으로만 적용되어야 한다는 법리는 이미 일반적으로 받아들여지고 있다.[33] 위와 같은 신의칙 적용의 신중성과 엄격성에 대한 판시는 기존의 법리와 본질적으로 다르지 않다. 전원합의체 판결에서도 "위에서 본 신의칙을 적용하기 위한 일반적인 요건을 갖춤은 물론 근로기준법의 강행규정성에도 불구하고 신의칙을 우선하여 적용하는 것을 수긍할 만한 특별한 사정이 있는 예외적인 경우에 한하여" 신의칙 법리가 적용된다는 점을 분명히 하였다.[34] 대상판결에 부가된 위 판시 내용도 그 연장선상에 있다고 보인다.

다만 대상판결은 판시 내용 중 "노사가 합의한 임금수준을 훨씬 초과하는 예상 외의 이익을 추구하고", "이는 종국적으로 근로자 측에게까지 그 피해가 미치게 되어 노사 어느 쪽에도 도움이 되지 않는 결과를 가져오므로"라는 부분을 삭제하거나 "정의와 형평 관념에 비추어 신의에 현저히 반하고 도저히 용인될 수 없음이 분명하다."라는 표현을 "정의와 형평 관념에 비추어 신의에 현저히 반할 수 있다."라고 완화함으로써 전원합의체 판결과 달리 사용자 측의 이익에 치우친 판결이라는 인상을 줄 소지를 줄이고자 의식적으로 노력하였다. 이는 이러한 취지로 전원합의체 판결에 가해졌던 비판을 의식한 결과로 보인다.[35]

한편 신의칙의 신중성과 엄격성에 관한 판시 내용을 뒷받침하는 또 다른 근거, 즉 "통상임금 재산정에 따른 근로자의 추가 법정수당 청구를 중대한 경영상의 어려움을 초래하거나 기업 존립을 위태롭게 한다는 이유로 배척한다면, 기업 경영에 따른 위험을 사실상 근로자에게 전가하는 결과가 초래될 수 있다."는 부분은 단순한 표현의 삭제나 완화를 넘어서서 중대한 경영상 어려움 요건의 충족 가능성을 좁힘으로써 전원합의체 판결의 의미를 사실상 재해석하였다고 평가할 수도 있는 부분이다.[36] 이 판시 부분의 핵심은 '경영 위험의 전가'이다. 이러한 위험전가적 사고방식의 배후에는 정기상여금을 통상임금에서 제외하였을 경우에 발생할 수

33) 박상언, "강행규정에 위배된 합의의 무효 주장과 신의성실의 원칙", **민사판례연구**, 제37권(2014), 16면.
34) 이러한 전원합의체 판결의 판시에도 불구하고 예외에 불과한 신의칙을 일반적인 법리로 변화시켰다는 비판이 가해지기도 하였다. 도재형(주 16), 181면.
35) 전원합의체 판결에 대한 비판으로 이철수, "통상임금 관련 2013년 전원합의체 판결의 의미와 평가", **노동법학**, 제49호(2014), 24면 이하; 김제완(주 17), 96면 이하; 박은정(주 17), 137면 이하; 도재형(주 16), 188면 이하.
36) 김희성·조영길(주 28), 261－263면은 이 점에서 대상판결이 전원합의체 판결의 취지에 반한다고 평가한다.

있는 위험(즉 사후에 정기상여금이 통상임금에 산입되는 것으로 밝혀져 근로자들이 추가 법정수당을 받을 수 있게 되는 위험)은 근로자가 아닌 사용자가 부담해야 할 경영 위험이라는 전제가 깔려 있다.

일반적으로 위험은 위험을 야기한 자[37) 또는 위험에 더 근접한 자[38)가 부담하는 것이 원칙이다. 그런데 통상임금 산정지침을 통해 정기상여금을 통상임금에서 제외하도록 하는 위험을 야기한 주체는 국가였고, 이러한 위험을 최소비용으로 회피할 수 있었던 주체도 국가였다. 따라서 이러한 국가의 입장과 다른 대법원 판례가 확립됨으로써 사후에 현실화된 위험을 인수해야 하는 주체는 이론적으로 말하자면 국가이다. 그러나 현실적으로 국가가 이러한 위험을 인수하여 책임을 지리라 기대하기는 어렵다. 그렇다면 이 위험을 노사 중 어느 한쪽이 인수할 것인가, 배분할 것인가가 문제된다.

전원합의체 판결이 상정하였듯이 노사가 ① 기업의 한정된 수익을 기초로 기업의 노동비용 부담능력 안에서 적정한 임금을 정하여야 한다는 상호 양해 및 ② 정기상여금은 통상임금에 해당하지 아니한다는 공통의 신뢰 아래 ③ 노사의 대등성이 법적으로 보장되는 단체협약을 통해, ④ 개별 임금 항목이 아니라 임금 총액을 기준으로 임금 인상 폭을 정하였던 사건 유형에서 노사가 국가의 야기에 의해 공통의 착오에 빠져 이를 기초로 단체협약을 체결하였다면, 그 기초가 무너져서 발생하는 위험을 어느 한쪽에만 일방적으로 전가해서는 안 된다. 그런데 그 기초에 대한 신뢰 위험이 오로지 경영 위험의 성격만 띤다면 전원합의체 판결에서 판시된 중대한 경영상 어려움 여부는 따질 필요 없이 언제나 기업이 그 위험을 인수해야 한다. 하지만 대상판결은 전원합의체 판결을 폐기하지 않고, 중대한 경영상 어려움 요건도 존치하였다. 그렇다면 대상판결은 해당 사건이 앞서 살펴 본 신의칙 법리의 적용 대상으로서의 전제 조건을 갖추었는지를 철저하게 살펴야 한다거나, 일

---

37) 위험야기자 부담 원칙은 민법의 여러 조항에 내재하여 있다. 예컨대 민법 제150조는 조건의 성취로 인하여 불이익을 받을 당사자가 신의성실에 반하여 조건의 성취를 방해한 때에는 그 조건 성취가 의제되는 불이익을 감수하도록 하고 있다. 또한 민법 제538조는 쌍무계약의 당사자 일방의 채무가 상대방의 귀책사유로 이행불능에 빠지게 된 경우의 위험은 그 귀책사유 있는 상대방이 부담하도록 하고 있다.

38) 위험근접자 부담 원칙은 민법의 여러 조항에 내재하여 있다. 예컨대 채권자지체 시 위험부담에 관한 제538조, 사용자책임에 관한 제756조, 공작물책임에 관한 제758조, 동물 점유자의 책임에 관한 제759조는 이러한 위험근접자 부담 원칙이 성문화된 것으로 이해된다. 법경제학적으로 설명하자면, 위험을 최소비용으로 방지할 수 있는 자가 불이익을 부담한다는 원칙(최소비용회피자 원칙, the least-cost avoider principle)이라고 표현될 수도 있다.

단 그 전제 조건을 갖추었더라도 "중대한 경영상 어려움"이라는 위험 귀속 기준이 손쉽게 사용자를 면책시켜 주는 방향으로 느슨하게 적용되어서는 안 된다는 점을 강조한 것으로 이해될 수 있다. 이러한 이해를 전제로 하여 대상판결이 제시한 해당 사안의 제반 사정에 비추어 보면 대상판결의 결론은 수긍할 수 있다.

2 업무상 재해로 사망한 근로자의 직계가족을 특별채용 하기로 하는 단체협약의 효력
(대법원 2020. 8. 27. 선고 2016다248998 전원합의체 판결)

가. 사실관계

A는 1985. 2. 1.부터 피고 1 회사(기아자동차)에 고용되어 근무하다가, 2008. 2.경 피고 2 회사(현대자동차)로 전적하여 근무하였다. A는 2008. 8. 25. 급성 골수성 백혈병으로 진단받은 후 2010. 7. 19. 위 질병으로 사망하였다. A의 배우자는 근로복지공단에 산업재해보상보험법(이하 '산재보험법'이라고 한다)상 유족급여 등을 신청하였다. A의 급성 골수성 백혈병이 산재보험법상 업무상 사유에 의한 질병으로 인정되어 A의 가족들은 산재보험법에 따른 각종 급여를 지급받았다. 한편 피고 1 회사와 노동조합이 체결한 단체협약은 "회사는 인력 수급 계획에 의거 신규 채용 시 사내 비정규직, 재직 중 질병으로 사망한 조합원의 직계가족 1인, 정년퇴직자 및 장기근속자(25년 이상)의 자녀에 대하여 채용규정상 적합한 경우 우선채용함을 원칙으로 한다. 단 세부적인 사항은 조합과 별도로 정한다."(제27조 제1항), "업무상 재해로 인한 사망과 6급 이상 장해 조합원의 직계가족 1인에 대하여 결격사유가 없는 한 요청일로부터 6개월 내 특별채용하도록 한다."(같은 조 제2항)는 내용을 담고 있었다. 또한 피고 2 회사가 노동조합과 체결한 단체협약은 "회사는 조합원이 업무상 사망하였거나 6급 이상의 장해로 퇴직할 시 직계가족 또는 배우자 중 1인에 대해 결격사유가 없는 한 요청일로부터 6개월 이내 특별채용하도록 한다." 라고 정하고 있었다(제97조). (이하 업무상 재해로 인해 조합원이 사망한 경우에 직계가족 등 1인을 특별채용하도록 규정한 각 단체협약의 특별채용 조항을 '이 사건 특별채용 조항'이라고 한다).

A의 자녀인 원고 1은 이 사건 특별채용 조항에 근거하여 주위적으로 피고 1 회사를, 예비적으로 피고 2 회사를 상대로 고용계약 청약에 대한 승낙의 의사표시를 구하는 한편, 마찬가지로 A의 자녀인 다른 원고들과 함께, 피고 1 회사의 안전배려의무 위반으로 A가 사망하였다고 주장하면서 피고 1 회사를 상대로 손해배상을

구하는 소를 제기하였다. 제1심법원은 이 사건 특별채용 조항은 단체협약 대상이 될 수 없는 사항을 약정한 것일 뿐만 아니라 사용자의 고용계약 체결의 자유를 완전히 박탈하는 것으로서 무효라고 보아 원고 1의 승낙 의사표시 청구를 기각하였으나, 피고 1 회사에 대한 손해배상청구는 일부 인용하였다.[1]

나. 원심판결과 대상판결

원심법원은 원고 1의 승낙 의사표시 청구는 제1심법원과 마찬가지로 기각하면서 원고들의 손해배상청구는 제1심법원과 범위를 달리하여 일부 인용하였다.[2] 원심법원은 이 사건 특별채용 조항은 사용자의 고용계약의 자유를 현저하게 제한하고, 일자리를 대물림하는 결과를 초래하여 우리 사회의 정의관념에 반하며, 유족의 생계보장의 필요성이나 취업 요건 등을 따지지 않고 일률적으로 사용자에게 직계가족 등 1인에 대한 채용의무를 부과하는 방식으로 유족에게 과도한 혜택을 부여하는 것으로서 선량한 풍속 기타 사회질서에 위배되어 무효라고 판단하였다.

대상판결은 다음과 같은 이유로 이 사건 특별채용 조항이 유효하다고 보아 원심판결 중 피고들에 대한 승낙 의사표시 청구 부분을 파기하였다.[3]

> 단체협약이 민법 제103조의 적용대상에서 제외될 수는 없으므로 단체협약의 내용이 선량한 풍속 기타 사회질서에 위배된다면 그 법률적 효력은 배제되어야 한다. 다만 단체협약이 선량한 풍속 기타 사회질서에 위배되는지를 판단할 때에는 단체협약이 헌법이 직접 보장하는 기본권인 단체교섭권의 행사에 따른 것이자 헌법이 제도적으로 보장한 노사의 협약자치의 결과물이라는 점 및 노동조합 및 노동관계조정법에 의해 이행이 특별히 강제되는 점 등을 고려하여 법원의 후견적 개입에 보다 신중할 필요가 있다.
>
> 헌법 제15조가 정하는 직업선택의 자유, 헌법 제23조 제1항이 정하는 재산권 등에 기초하여 사용자는 어떠한 근로자를 어떠한 기준과 방법에 의하여 채용할 것인지를 자유롭게 결정할 자유가 있다. 다만 사용자는 스스로 이러한 자유를 제한할 수 있는 것이므로, 노동조합과 사이에 근로자 채용에 관하여 임의로 단체교섭을 진행하여 단체협약을 체결할 수 있고, 그 내용이 강행법규나 선량한 풍속 기타 사회질서에 위배되지 아니하는 이상 단체협

---

1) 서울중앙지방법원 2015. 10. 29. 선고 2014가합17034 판결.
2) 서울고등법원 2016. 8. 18. 선고 2015나2067268 판결.
3) 대법원 2020. 8. 27. 선고 2016다248998 전원합의체 판결.

약으로서의 효력이 인정된다.

사용자가 노동조합과의 단체교섭에 따라 업무상 재해로 인한 사망 등 일정한 사유가 발생하는 경우 조합원의 직계가족 등을 채용하기로 하는 내용의 단체협약을 체결하였다면, 그와 같은 단체협약이 사용자의 채용의 자유를 과도하게 제한하는 정도에 이르거나 채용 기회의 공정성을 현저히 해하는 결과를 초래하는 등의 특별한 사정이 없는 한 선량한 풍속 기타 사회질서에 반한다고 단정할 수 없다. 이러한 단체협약이 사용자의 채용의 자유를 과도하게 제한하는 정도에 이르거나 채용 기회의 공정성을 현저히 해하는 결과를 초래하는지는 단체협약을 체결한 이유나 경위, 그와 같은 단체협약을 통해 달성하고자 하는 목적과 수단의 적합성, 채용대상자가 갖추어야 할 요건의 유무와 내용, 사업장 내 동종 취업규칙 유무, 단체협약의 유지 기간과 준수 여부, 단체협약이 규정한 채용의 형태와 단체협약에 따라 채용되는 근로자의 수 등을 통해 알 수 있는 사용자의 일반 채용에 미치는 영향과 구직희망자들에 미치는 불이익 정도 등 여러 사정을 종합하여 판단하여야 한다.

이에 대해서는 이 사건 특별채용 조항은 해당 기업에 대한 구직 희망자들이나 다른 조합원을 합리적 이유 없이 차별하는 것이어서 공정한 채용에 관한 정의관념과 법질서에 어긋나므로 민법 제103조가 정하는 사회질서에 위반되는 법률행위로 평가할 수 있다고 하는 반대의견이 있었다.[4]

다. 분석

(1) 단체협약과 민법 제103조

단체협약은 노동조합과 사용자 또는 사용자단체가 단체교섭을 거쳐 만든 협약이다. 단체협약은 단체적 법률행위로서 계약의 일종이다.[5] 대법원은 단체내부규약,[6] 취업규칙,[7] 골프클럽회칙,[8] 집합건물규약,[9] 정관[10] 등 단체적 법률행위에 민법 제103조를 적용하여 왔고, 그 연장선상에서 단체협약도 민법 제103조의 적

---

4) 대법관 이기택, 대법관 민유숙이 반대의견을 개진하였다.
5) 김형배, **노동법**, 제24판(박영사, 2015), 929면.
6) 대법원 1962. 3. 22. 선고 4294민상715 판결.
7) 대법원 1988. 12. 27. 선고 85다카657 판결; 대법원 2018. 9. 13. 선고 2017두38560 판결.
8) 대법원 1999. 4. 9. 선고 98다20714 판결.
9) 대법원 2009. 4. 9. 선고 2009다242 판결.
10) 대법원 2010. 7. 15. 선고 2009다100258 판결.

용 대상으로 삼아왔다.[11] 대상판결에서는 단체협약에 포함된 이 사건 특별채용 조항이 사용자의 채용 자유, 그리고 채용 기회의 공정성을 침해하여 민법 제103조에 위반되는지가 문제되었다. 사용자의 채용 자유는 단체협약 당사자인 사용자의 이익과 관련된 것이고, 채용 기회의 공정성은 단체협약 당사자를 넘어서는 공공의 이익과 관련된 것이다.

그런데 이 사건에서는 이 조항이 단체협약 대상인 근로조건에 관한 것인지부터 다투어졌다.[12] 단체교섭은 근로조건의 향상(헌법 제33조 제1항)을 목적으로 한다.[13] 따라서 근로조건은 헌법상 보장된 의무적인 단체교섭 대상이다.[14] 사용자는 근로조건에 대한 단체교섭에 응할 의무가 있고, 이와 관련된 분쟁에 대해서는 헌법 제33조로 보장된 노동조합의 쟁의행위가 허용된다.[15] 또한 근로조건에 관한 사항이 단체협약에 반영될 경우 규범적 효력[16]이 인정된다. 근로조건 외의 사항도 노사가 자유롭게 교섭대상으로 삼을 수는 있으나, 사용자가 그 사항에 대한 교섭에 응할 의무는 없고, 또 그렇게 한다고 하여 부당노동행위가 되지도 않는다.[17]

이 사건에서는 이 사건 특별채용 조항이 단체교섭 대상이 되었고 그 결과 단체협약에도 포함되었다. 그렇다고 이 사건에서 이 조항이 근로조건에 관한 것인지를 따지는 것이 무의미해지지는 않는다. 장차 이러한 유형의 조항에 대해 사용자 측에 교섭의무를 부과하고 관련 분쟁에 대해 노동자 측에 쟁의행위를 허용할 것인지 등 근로조건과 동등하게 취급할 것인지에 대한 판단 기준을 정립할 필요가 있기 때문이다. 또한 이 조항이 근로조건에 관한 것이라면 근로자 보호를 위해 헌법 제

---

11) 대법원 2005. 9. 9. 선고 2003두896 판결; 대법원 2014. 3. 27. 선고 2011두20406 판결; 대법원 2017. 3. 22. 선고 2016다26532 판결. 또한 다수의견에 대한 대법관 김재형의 보충의견 참조.
12) 단체협약은 근로조건 기타 노사관계에서 발생하는 사항을 대상으로 한다. 대법원 2000. 6. 9. 선고 98다13747 판결.
13) 그 외에도 「노동조합 및 노동관계조정법」(이하 '노동조합법'이라고 한다) 제1조 및 제2조 제4호는 '근로조건의 유지·개선과 기타 근로자의 경제적·사회적 지위의 향상'을, 동법 제2조 제5호는 '임금·근로시간·복지·해고 기타 대우 등 근로조건'을, 동법 제33조 제1항은 '근로조건 기타 근로자의 대우'를 단체교섭의 대상으로 전제하고 있다.
14) 김형배(주 5), 917-918면.
15) 하갑래, **집단적 노동관계법**, 전정제6판(중앙경제, 2020), 261면.
16) 규범적 효력은 ① 이에 위반하는 취업규칙 또는 근로계약 부분을 무효로 하는 강행적 효력(노동조합법 제33조 제1항), ② 근로계약에 정해져 있지 않은 사항 또는 무효가 된 부분을 규율하는 보충적 효력(노동조합법 제33조 제2항)을 의미한다. 임종률, **노동법**, 제18판(박영사, 2020), 159-160면. 그 외에 단체협약 조항이 곧바로 근로계약의 내용으로 화체되는 자동적 효력을 규범적 효력의 내용으로 설명하기도 한다. 김형배·박지순, **노동법강의**, 제5판(신조사, 2016), 505면.
17) 김형배(주 5), 919면.

33조 제1항 및 그 하위 법령이 예정한 협약자치(Tarifautonomie)의 이념에 따라 근로조건이 아닌 다른 합의보다 더욱 존중될 필요가 있다. 이는 민법 제103조를 더욱 신중하게 적용해야 함을 의미한다.[18]

다수의견은 이 사건 특별채용 조항이 업무상 재해에 대해 사용자가 부담하는 보상 책임과 관련된 것이므로 근로조건에 관한 것이라고 보았다. 반대의견은 근로조건은 이미 형성된 근로관계에 관한 것이라야 하는데 이 사건 특별채용 조항은 장차 형성될 새로운 근로관계에 관한 것이므로 근로조건에 관한 것이 아니라고 보았다.[19] 이는 근로조건 개념을 얼마나 넓게 파악할 것인가와 관련된다. 이 조항이 현재가 아닌 장래의 근로관계 형성에 관한 것임은 사실이다. 그러나 이 조항이 다루는 장래의 근로관계는 현재의 근로관계와 무관하지 않다. 현재의 근로자가 산재로 사망하면서 그의 자녀가 이어받는 근로관계라는 점에서 현재의 근로관계의 연장선상에 있다고 볼 수도 있다. 또한 이 조항이 다루는 장래의 근로관계는 유족뿐만 아니라 현재의 근로자와도 무관하지 않다. 근로조건은 환경, 보상, 복리후생 등 넓은 의미에서의 근로자의 대우를 포함한다.[20] 그런데 이 조항은 현재 근로자의 산업재해에 대한 보상적 의미를 지닌다는 점에서 현재 근로자의 대우에 관한 것이기도 하다.

이처럼 이 사건 특별채용 조항이 현재 근로자의 근로관계 및 현재 근로자에 대한 대우와 관련된 사항이라면, 사용자의 고유한 경영권과 인사권을 본질적으로 침해하는 사항이 아닌 한 근로조건에 포함시켜 주는 쪽이 근로자 보호를 목적으로 하는 관련 법령 조항들의 취지에 비추어 보아 타당하다.[21] 그런데 아래에 살펴보듯이 이 조항은 근로자의 경영권과 인사권을 본질적으로 침해한다고 하기 어렵다. 결국 이 조항은 단체협약의 본래적 대상인 근로조건에 해당한다.[22]

---

18) 단체협약에 민법 제103조 위반을 인정한 예로는 서울고등법원 2004. 2. 13. 선고 2002나55429 판결이 있다. 상고심은 대법원 2004. 2. 10. 선고 2004다17634 판결로 상고를 기각하여 위의 결론을 유지하였다.

19) 임종률(주 16), 161면도 채용에 관한 규정은 근로조건에 관한 것이 아니라고 한다.

20) 임종률(주 16), 140면; 하갑래(주 15), 263면.

21) 대법원 1994. 8. 26. 선고 93누8993 판결 참조.

22) 이를 근로조건으로 보는 견해로 손미정, "단체협약상 우선·특별채용규정의 효력에 관한 법적 연구—이른바 '고용세습규정'을 중심으로—", **법학연구**, 제16권 제4호(2016), 438면. 반면 이를 근로조건으로 보지 않고 단체협약의 채무적 부분에 해당한다고 보는 견해로 권오성, "산재유족 특별채용 조항의 적법성", **사회보장법학**, 제9권 제1호(2020), 122면. 그런데 대법관 김선수, 대법관 김상환의 보충의견에 따르면 채무적 부분 역시 헌법 제33조와 노동조합법의 보호를 받는 범위에 속한

(2) 사용자의 채용 자유 침해 여부

이 사건 특별채용 조항이 사용자의 채용 자유를 침해하여 반사회적인지 살펴본다. 사용자의 채용 자유는 고용계약의 자유를 의미한다.[23] 고용계약의 자유는 사용자가 법령으로 달리 제한되지 않는 한 근로자의 채용 여부, 채용 방식, 채용 숫자, 채용 조건, 채용 상대방 등을 자유롭게 결정할 수 있는 자유를 말한다. 그렇다면 이 사건에서 사용자인 기아자동차나 현대자동차가 자유롭게 고용계약을 체결할 자유가 침해되었는가?

특별채용을 하는 시점만 분리하여 보면 사용자로서는 유족의 자녀가 아닌 다른 사람을 채용할 자유가 박탈되었다고 말할 수 있을지 모른다. 또한 고용계약은 사용자와 근로자 간의 특수한 인적 신뢰관계가 전제되는 계약인데, 결격사유가 없는 한 유족의 자녀라는 이유만으로 그를 채용해야 한다는 점에서 사용자의 인사권이 제약되는 면이 있다. 그러나 이러한 결과는 사용자가 단체협약을 체결하면서 스스로 선택한 바이다. 대상판결의 표현을 빌리자면, 이는 "자기구속적인 약속"에 기한 것일 뿐이고 외부로부터 강제된 것이 아니다. 또한 자기구속은 자기결정과 동전의 양면을 구성한다는 점도 기억해야 한다. 그러한 점에서 계약자유의 원칙은 자기결정의 원칙인 동시에 자기구속의 원칙이다. 그러므로 사용자가 스스로 특별채용에 합의한 뒤 그 합의에 따르는 것은 사용자의 채용 자유를 침해하는 것이 아니라 그 자유를 실현하는 것이다.[24] 오히려 이러한 합의를 무효화함으로써 이러한 유형의 특별채용을 실시할 여지를 완전히 박탈하는 것이야말로 사용자의 채용 자유를 침해할 여지가 있다.

물론 자기구속적인 약속이라는 점만으로 이 사건 특별채용 조항에 대한 민법 제103조 적용 가능성이 완전히 배제되지는 않는다. 예컨대 전직금지약정도 자기구속적 약속이지만 민법 제103조 위반 여부가 문제되곤 한다.[25] 이때 전직금지약정은 근로자가 자발적으로 체결하였으므로 근로자가 다른 기업과 고용계약을 체결할 자유(즉 전직의 자유)를 침해하지 않고 오히려 근로자의 고용계약 불체결의 자유를 행사한 것일까? 그렇게 말하기는 어렵다. 결국 행위주체가 스스로 자기 자

다고 한다.

23) 권오성(주 22), 127−128면; 노동법실무연구회, **근로기준법 주해** Ⅱ, 제2판(박영사, 2020), 208면.
24) 다수의견에 대한 대법관 김재형의 보충의견.
25) 서울고등법원 2012. 5. 16.자 2011라1853 결정(확정); 대법원 2013. 10. 17.자 2013마1434 결정.

유를 제한하기로 선택하였다는 점에만 집착하여서는 안 되고, 그 제한의 방식과 정도가 객관적으로 볼때 얼마나 중대한가도 살펴야 한다. 전직금지약정 또는 경업금지약정도 언제나 유효 또는 무효가 되는 것이 아니고 개별적으로 살펴서 효력을 판단해야 하는 것도 이러한 이유 때문이다.

하지만 이러한 관점에서 볼 때에도 이 사건 특별채용조항은 사용자인 기아자동차나 현대자동차의 채용의 자유를 중대하게 침해한다고 보기 어렵다. 사용자는 이를 통해 근로자들의 근로의욕과 사기를 고취하고 산재 보상 강화에 따른 부담을 덜고 노사관계를 원만하게 하는 이익을 얻었다. 또한 이 사건 특별채용은 근로자의 산재 사망을 전제하므로 산재 사망 숫자가 줄어든 근년에는 이를 이유로 한 특별채용 대상자의 숫자가 그리 많지 않으리라 예상되는 상황이었다. 실제로도 이러한 특별채용 숫자가 매우 적었으므로 사용자의 경영권이나 인사권에 중대한 타격을 주지 않았다.26) 특히 기업의 규모가 크고 다양한 근로자들에 대한 수요가 필요하여 어떤 근로자를 채용하더라도 결격사유가 없는 한 기업 내 적재적소에 배치할수 있는 경우에는 더욱 그러하다.27) 그러므로 이 사건 특별채용 조항은 사용자의 채용 자유를 제한하는 방식과 정도가 중대하지 않다. 따라서 사용자의 채용 자유 침해를 이유로 민법 제103조를 위반하였다고 할 수 없다.

(3) 채용 기회 공정성 침해 여부

다음으로 이 사건 특별채용 조항이 채용 기회 공정성을 침해하여 반사회적인지 살펴본다. 이는 사용자의 채용 자유보다 더 비중 있는 쟁점이다. 앞서 살펴보았듯이 이 사건 특별채용 조항은 누이 좋고 매부 좋은 합의라고 볼 여지도 있다. 그것이 본래 계약의 속성이기도 하다. 왜냐하면 계약은 당사자가 원하여 합의함으로써 이루어지는 것이고, 자신의 이익을 추구하는 당사자라면 자신에게 손실이 될 합의를 하지 않을 것이기 때문이다. 따라서 계약은 누구에게도 손실을 입히지 않는 가운데 모두의 효용을 증진시킨다. 이 사건 특별채용 조항도 사기나 강박 등 하자 없이

---

26) 대상판결에 따르면 2019년 말 기준 기아자동차의 근로자 수는 약 35,600명 이상, 현대자동차의 근로자 수는 약 70,000명 이상이다. 2013년부터 2019년까지 기아자동차의 경우 5,281명의 신규 채용 근로자 중 0.094%인 5명, 현대자동차의 경우 약 18,000명의 신규 채용 근로자 중 0.061%인 11명이 이 조항에 따라 채용되었다.

27) 그러므로 기업의 규모가 줄어들고 근로자에게 특별한 기능이 요구되는 경우일수록 민법 제103조 위반 가능성이 더 커진다.

체결된 것이라면 이러한 상호 효용 증진의 틀에서 벗어나지 않는다.

하지만 이처럼 당사자의 상호 효용을 증진시키는 계약의 이행이 사회에는 부정적 외부효과(negative externality)를 초래하기도 한다. 계약의 사회적 비용(social cost of contract)이라고 표현할 수 있다. 가령 코비드 19 와중에 학원과 학생 간의 수강계약을 이행하려는 장면을 생각해보자. "계약은 준수되어야 한다"는 대원칙에 따르면 이처럼 외부의 어려움에도 불구하고 계약을 이행하려는 것은 훈훈한 장면이다. 하지만 이 수강계약이 제대로 이행되면 전염병 감염을 통해 제3자에게도 전염병이 확산되는 사회적 위험이 커진다.[28] 이 사건 특별채용 조항도 이러한 유형의 사회적 비용을 발생시킨다. 단체협약 이행은 노사에게는 선(善)일 수 있어도 외부 구직자들의 채용 기회는 그만큼 줄어들고, 고용 세습 논란을 통해 채용의 공정성이라는 가치에 금이 갈 수 있기 때문이다.

하지만 계약의 사회적 비용은 다양한 맥락에서 빈번하고 광범위하게 발생하므로 단순히 사회적 비용 발생을 이유만으로 계약이 무효화되는 것은 아니다. 전형적인 일상 거래인 부동산 매매도 부동산 투기 광풍이 사회를 병들게 하는 상황에서는 일정한 사회적 비용을 발생시킨다. 또한 마트에서의 물품 구입도 코로나 사태로 인한 방역 단계 격상을 앞두고 사재기가 염려되는 상황에서는 일정한 사회적 비용을 발생시킨다. 그러나 누구도 그 이유로 계약을 무효화시키지는 않는다. 이는 행정규제 또는 사회윤리 차원에서 해결해야 할 문제일 뿐이다. 결국 계약법의 차원에서 중요한 점은 사회적 비용이 사회질서의 근간을 뒤흔들 정도로 중대하여 계약의 무효를 정당화할 수 있는 정도에 이르는가이다. 다수의견은 이 사건 특별채용 조항에 따른 채용이 피고들에 대한 구직희망자들의 채용 기회에 중대한 영향을 미치지 않는다고 보았다. 반대의견은 이 사건 특별채용 조항은 구직희망자들을 합리적 이유 없이 차별하여 공정한 채용에 관한 정의관념과 법질서에 어긋난다고 보았다.

자녀의 특별채용 일반으로 시야를 확대하면 반대의견에도 상당한 설득력이 있다. 가령 정년퇴직자나 장기근속자의 자녀를 특별채용하는 것은 비록 그것이 사법

---

28) 이러한 유형의 사회적 위험에 관하여는 David A. Hoffman & Cathy Hwang, "The Social Cost of Contract", available on SSRN at https://ssrn.com/abstract=3635128, p. 1. 그 외에 계약이 제3자에게 미치는 부정적 외부효과 일반에 관하여 Aditi Bagchi, "Other People's Contracts", 32 *Yale J. Reg.* 211, 243 (2015) 참조.

(私法)의 영역에서 단체협약의 형태로 정하였더라도 평등과 공정에 기초한 채용에 관한 사회의 기본 가치에 중대한 악영향을 미칠 가능성이 충분하다.[29] 또한 산재 사망 유족의 경우와는 달리 그 숫자도 상당히 늘어나게 된다. 그러나 이 사건은 업무상 재해로 사망한 근로자의 가족에게 일자리를 제공하는 문제만을 다루고 있다. 따라서 그 논의의 범위 역시 채용 공정성 일반이 아니라 산재 사망 근로자 유족 채용으로 국한되어야 한다. 아울러 이와 관련하여 살펴볼 일반인들의 법 의식 역시 이처럼 특정한 사안 유형에 관하여 인식되고 파악되어야 한다.

산재 사망은 법적인 보상이나 배상의 대상이고, 또 그로써 해결하는 것이 원칙적인 모습이다. 그러나 보상이나 배상을 넘어서는 유족에 대한 특별 배려는 우리 법질서 곳곳에 산재하여 있다.[30] 이러한 배려는 같은 것은 같게, 다른 것은 다르게 취급하라는 평등권의 본령(本令)에 반하지 않는다. 물론 이러한 기존 법제도는 산재 사망 유족에게 근로의 기회를 부여하는 제도가 아니므로 이러한 제도의 존재가 곧바로 이 사건 특별채용 조항의 정당성을 뒷받침해주지는 못한다. 하지만 적어도 자신이 속한 공동체를 위해 일하다가 생명을 잃는 형태로 희생한 경우 그 유족에게 근로의 기회 부여 형태로 배려하는 것을 우리 사회 공동체가 용인한다는 방증임에는 틀림없다. 이러한 희생과 이에 대응하는 배려를 '합리적 이유 없는 차별'로 평가할 수는 없다.[31] 또한 다른 채용 불공정 사안과는 달리 산재 사망과 관련된 경우에는 도덕적 해이가 일어날 가능성이 적다는 점도 고려해야 한다. 가령 특정 스펙이 있어야만 특별채용을 한다고 하면 그 스펙을 쌓기 위해 불공정하고 위법한 방법을 사용할 위험성이 높아진다. 하지만 이 사건처럼 근로자의 산재 사망이 특별채용 사유라면 그러한 사유를 달성하려고 노력할 위험성은 거의 없다.

또한 이 사건에서 문제되는 구체적인 사안 유형에 있어서 채용 공정성의 침해

---

29) 손미정(주 22), 438면은 이러한 조항은 무효라고 한다.
30) 헌법 제32조 제65항의 정신 아래 국가유공자, 상이군경, 전몰군경의 유가족에 대한 고용의무나 취업지원에 관하여 「국가유공자 등 예우 및 지원에 관한 법률」, 「독립유공자예우에 관한 법률」, 「보훈보상대상자 지원에 관한 법률」, 「특수임무유공자 예우 및 단체설립에 관한 법률」 등이 제정되어 있다.
31) 반대의견은 이 사건 특별채용 조항이 '신체가 건강하여 정상적으로 근로를 할 수 있는 가족'만을 보호함으로써 산재 유족들 사이에서도 그 혜택이 차별적으로 주어졌음을 지적하였다. 이는 혼인 및 가족에 관한 사회변화에도 불구하고 정형화된 가족만 혜택을 입게 되는 상황을 지적하는 것이어서 경청할 바가 있다. 하지만 제도화된 일반적 보상을 넘어서는 추가로 주어지는 혜택까지 모든 근로자에게 똑같이 제공해야 한다는 의미의 차별금지의무는 인정되지 않는다. 무엇보다도 이는 근로자들을 대표하는 노동조합이 요구하여 관철시킨 혜택임을 염두에 두어야 한다.

는 구체적이고 강력한 형태로 존재한다기보다는 추상적이고 상징적인 형태로 존재할 뿐이다. 그나마 이러한 채용 공정성의 침해라는 불이익은 구직희망자들에 대한 관계에서 구체화될 수 있다. 그런데 앞서 살폈듯이 산재 사망으로 인한 유족의 특별채용이 이루어지기까지는 충족되어야 할 수많은 변수들이 있어 실제로 그러한 특별채용이 매우 희소하게 일어나고 있다. 물론 그러한 경우에도 조금이나마 일자리가 줄어들기 때문에 구직희망자들로서는 달가운 일이 아니다. 그러나 일자리 숫자의 증감변동은 수많은 변수에 영향을 받는다. 또한 사기업의 일자리는 일반 공중을 위해 늘 일정한 정도로 확보되어 있어야 하는 공공재가 아니다. 기업은 경영판단의 일환으로 채용 방식과 규모를 다양한 형태로 결정할 수 있고, 심지어는 아예 신규채용을 하지 않을 수도 있다. 이처럼 유족 특별채용의 희소성과 일자리의 공공성 정도에 비추어 보면 유족 특별채용으로 줄어드는 일자리는 전체 일자리 시장에서 구직희망자들이 법적으로 감수할 정도의 위험이다. 그러므로 구직희망자들의 권리나 법익이 현실적으로 침해되었다고 보기 어렵다.

(4) 소결

프레임은 실질에 영향을 미친다. 이 사건은 '일자리의 공적 성격', '고용 세습'이라는 프레임으로 바라보면 문제적 사건이다. 반대로 '사적 영역의 자율성 보장', '사회적 약자 배려'의 프레임으로 바라보면 이해할 수 있는 사건이다. 감정적, 구호적 차원을 넘어서서 법적으로 엄밀히 따져보면, 이 사건 특별채용 조항이 선량한 풍속 기타 사회질서에 위반하였다고 말하기 어렵다. 물론 이처럼 이 사건 특별채용 조항이 법적인 효력을 박탈당하지는 않는다고 하더라도, 정책적 측면에서 이 사건 특별채용 조항이 상정하는 모습이 바람직한가는 별도로 고민해 보아야 할 문제이다. 청년 일자리 문제가 더욱 심각한 사회적 쟁점이 되어가는 현재 상황에 비추어 보면 더욱 그러하다. 또한 산재 보상 문제는 유족 특별채용이라는 우회적이고 논란의 여지가 있는 제도가 아니라 보상 그 자체의 충실화를 통해 해결하는 것이 바람직하다. 보다 근본적으로는 산재 발생을 줄이는 각종 안전조치를 강화하는 제도 개선이 요구된다.

3 재건축조합 임원들에 대한 인센티브 지급을 내용으로 하는 조합총회 결의의 효력

(대법원 2020. 9. 3. 선고 2017다218987, 218994 판결)

가. 사실관계

피고는 X아파트의 재건축사업을 위해 설립된 조합이고, 원고들은 그 조합원들이다. 피고는 2003. 6. 27. 조합설립인가를 받고, 2003. 7. 21. 조합설립등기를 마쳤다. 또한 피고는 2013. 8. 23. 사업시행계획변경인가를 받고, 분양신청기간을 2013. 8. 27.부터 2013. 9. 26.까지로 정하여 도시정비법 제46조에 따른 분양신청 절차를 진행하였다. 피고는 그 무렵 수 차례 이사회와 대의원회를 개최하여 수익성 제고 방안을 논의하였다. 피고는 2013. 10. 15. 조합원 528명이 참석한 가운데 수익성 제고 방안에 관한 조합원 설명회를 열고 '① 재건축에 따른 손실이 발생할 경우 조합 임원들이 배상하되, 배상한도는 조합장이 10억 원, 다른 임원들은 1인당 5억 원으로 하고, ② 추가이익이 발생하여 조합원들에 대한 환급금이 상승하고 추가부담금이 감소할 경우 추가이익금의 20%를 조합 임원들에 대한 인센티브(성과급)로 지급한다'는 내용을 포함한 수익성 제고 방안 승인의 건(이하 '이 사건 안건'이라고 한다)을 2013. 10. 29.자 임시총회의 안건으로 상정하기로 하였다. 피고는 2013. 10. 29. 임시총회를 열어 전체 조합원 710명 중 543명의 찬성(148명 반대, 19명 무효)으로 이 사건 안건을 가결하였다(이하 '이 사건 결의'라고 한다).

원고들(조합원 36명, 그중 1명은 공동상속인들이 소송수계)은 2015년에 이르러 이 사건 결의에 절차적 또는 실체적 하자가 있음을 주장하며 주위적으로 이 사건 결의의 무효 확인을 구하고, 예비적으로 이 사건 결의에 기한 인센티브 지급채무 부존재 확인을 구하는 소를 제기하였다. 제1심법원은 이 사건 결의에 하자가 있다고 보기 어렵다고 하여 주위적 청구를 기각하고, 원고들과 피고 사이의 인센티브 지급채무 부존재 확인판결의 효력은 인센티브 지급채권자인 임원들에게 미치지 않아 확인의 이익이 없다는 이유로 예비적 청구를 각하하였다.[1]

---

1) 서울중앙지방법원 2016. 2. 4. 선고 2015가합543936, 563602 판결.

나. 원심판결과 대상판결

원심법원도 제1심판결을 유지하였다.[2] 하지만 대법원은 다음과 같은 이유로 원심판결을 파기하였다.[3]

재건축조합의 총회는 조합의 최고의사결정기관으로서 조합과 관련된 업무에 관하여 폭넓은 범위에서 의결할 수 있는 자율성과 형성의 재량을 가진다. 그러나 이러한 자율성과 재량이 무제한적인 것일 수는 없다. 재건축조합 임원의 보수 특히 인센티브(성과급)의 지급에 관한 내용은 정비사업의 수행에 대한 신뢰성이나 공정성의 문제와도 밀접하게 연관되어 있고 여러 가지 부작용과 문제점을 불러일으킬 수 있으므로 단순히 사적 자치에 따른 단체의 의사결정에만 맡겨둘 수는 없는 특성을 가진다. 재건축사업의 수행결과에 따라 차후에 발생하는 추가이익금의 상당한 부분에 해당하는 금액을 조합 임원들에게 인센티브로 지급하도록 하는 내용을 총회에서 결의하는 경우 조합 임원들에게 지급하기로 한 인센티브의 내용이 부당하게 과다하여 신의성실의 원칙이나 형평의 관념에 반한다고 볼 만한 특별한 사정이 있는 때에는 적당하다고 인정되는 범위를 벗어난 인센티브 지급에 대한 결의 부분은 그 효력이 없다고 보아야 한다. 인센티브의 내용이 부당하게 과다한지 여부는 조합 임원들이 업무를 수행한 기간, 업무수행 경과와 난이도, 실제 기울인 노력의 정도, 조합원들이 재건축사업의 결과로 얻게 되는 이익의 규모, 재건축사업으로 손실이 발생할 경우 조합 임원들이 보상액을 지급하기로 하였다면 그 손실보상액의 한도, 총회 결의 이후 재건축사업 진행 경과에 따라 조합원들이 예상할 수 없는 사정변경이 있었는지 여부, 그 밖에 변론에 나타난 여러 사정을 종합적으로 고려하여 판단하여야 한다.

대법원은 위와 같은 일반론을 토대로 하여, 주택재건축사업의 공익적 성격, 사행심 조장의 위험성, 조합 임원들의 직무와 보수 사이의 합리적 비례관계의 필요성, 재건축조합 임원들과 일반 조합원들 사이의 정보 및 교섭력의 불균형, 사정변경에 따라 성과급의 액수가 지나치게 많아질 경우 이를 제할 필요성 등에 비추어 볼 때, 이 사건에서 조합 임원들의 손실 부담은 55억 원을 한도로 하면서 인센티브는 추가이익금에 대한 20%로만 정할 뿐 상한을 정하지 않음으로써 기하급수적

---

2) 서울중앙지방법원 2017. 2. 15. 선고 2016나2012609, 2012616 판결.
3) 대법원 2020. 9. 3. 선고 2017다218987, 218994 판결.

으로 늘어날 가능성이 있는데도 그 추가이익금의 규모 및 이에 따라 임원들이 지급받게 될 인센티브(원고들은 200억 원이라고 주장)와 그 직무 사이의 합리적 비례관계를 충분히 심리하지 않은 채 이 사건 결의를 무효로 판단할 수 없다고 한 원심판결은 위법하다고 하여 이를 파기하였다.

다. 분석

대상판결은 서울 최고가 아파트 중 하나로 꼽히는 반포 한강변의 아크로리버파크 재건축사업의 대성공으로 발생한 추가이득 배분 분쟁을 다루었다. 현실적으로는 조합장이 누구인가에 따라 재건축사업의 성공 여부가 좌우되기도 한다.[4] 피고의 조합장 A는 오랫동안 표류하던 위 재건축사업을 단기간에 큰 성공으로 이끌면서 스타 조합장으로 알려진 인물이다.[5] A는 2011년 피고 조합장으로 취임하였는데, 같은 해 박원순 서울시장 취임 이후 불리하게 급변한 재건축 환경 속에서 층수 제한에 항의하는 삭발시위 및 협상을 통해 요구조건을 일부 관철시키고, 일반분양이 잘 이루어지지 않자 파격적인 홍보전략을 펼치는 등 공격적으로 업무를 수행하였다. 손실 부담 및 인센티브 지급에 관한 이 사건 수익성 제고 방안 결의도 이러한 위기상황의 와중에 이루어졌다. 그런데 그 후 부동산 경기가 살아나면서 재건축 사업은 예상을 훨씬 뛰어넘는 대성공을 거두게 된다. 이로 인해 조합장 A를 포함하여 임원 10명이 받게 될 성과급의 규모는 원고들의 주장에 따르면 200억 원에 육박하였다. 이에 조합원 일부인 원고들이 이 사건 결의의 무효를 구하였던 것이다.

원고들은 제1심과 원심에서 여러가지 절차적 하자(사전 심의 및 의결 결여, 설명의무 위반 등), 실체적 하자(강행규정 위반, 반사회적 법률행위 및 불공정법률행위 등)를 주장하였으나 결국 그러한 하자는 없는 것으로 판명되었다. 한편 신의칙 위반에 관하여는 제1심법원은 조합 임원들이 이익뿐만 아니라 손실도 부담하기로 하였다는 점, 신의칙 위반 여부는 이 사건 결의 당시를 기준으로 판단해야 하는데 결의 이후에 예상보다 이익 규모가 커졌다고 하여 그러한 사후적 사정을 들어 결의가 신의칙에 반한다고 할 수 없는 점 등을 들어 이를 부정하였고, 원심법원도 이를

---

4) 2020. 2. 5. 조선일보 기사, "① 억대 연봉에 수십억 성과급…" "구청장, 교수도 하고 싶어해", 2020. 2. 7. 조선일보 기사, "③ 조합장 바꾸니 1년 반 만에 철거 완료…" "평당 1억을 만든 건 리더십".

5) 2018. 12. 7. 주간동아 기사, "재건축 아파트 조합들은 왜 그를 찾을까", 2020 11. 20. 조선일보 기사, "입주까지 4년8개월에 끝냈다" "스타 조합장의 재건축 속도전 비결."

그대로 원용하였다. 반면 대법원은 재건축사업의 공공성 및 보수와 직무 사이의 합리적 비례관계 결여 가능성을 들어 신의칙 위반 여부를 추가 심리하도록 원심판결을 파기하였다.

재건축 결의도 법률행위의 일종이므로 여기에 신의칙이 적용될 수 있음은 명확하다. 또한 제1심법원은 이 사건 결의에 따라 피고의 임원들에게 지급될 인센티브 규모가 200억 원에 이른다고 볼 만한 객관적인 자료가 없고, 그 규모는 현재 정확하게 파악하기도 어려워 보이는 점을 신의칙 항변 배척의 사유로 들었으나, 대상판결이 지적하듯이 원심 변론종결일을 기준으로는 재건축 아파트가 이미 완공되었으므로 이제 인센티브 규모를 파악하는 것은 충분히 가능하게 되었다. 그 정확한 규모는 환송법원의 심리를 통해 확정되어야 하겠지만, 원고의 주장처럼 200억 원에 이른다면 이는 이례적인 규모로서 신의칙 위반 여부에 고려되어야 할 사정임에 틀림없다. 따라서 대법원이 신의칙 위반 여부를 더 심리하도록 명한 것은 충분히 이해할 수 있다. 다른 한편 이 사건 결의는 법률행위의 일종이므로 여기에 사적 자치 원칙이 적용된다는 점도 명확하다. 또한 신의칙은 법관이 원하는 결론을 정당화하기 위해 전가의 보도처럼 사용되어서는 안 되고, 신중하게 보충적으로만 적용되어야 한다.[6)]

이와 관련하여 대상판결에 대해 다음 반론이 제기될 여지가 있다. 대상판결은 재건축사업의 공공성을 강조하였다. 재건축사업은 도시정비사업의 하나로 공법적 규제를 받는 공공사업이기는 하다. 그러나 현행 법제상 추가이익이 사인(私人)인 조합원들에게 귀속되는 것이 허용되는 이상, 재건축사업의 성공 촉진을 위해 그 일부를 임원들에게 인센티브로 지급하기로 약속하는 것도 허용된다. 이는 사적 영역에 적법하게 할당된 추가이익의 내부 배분 문제로서 그 바깥의 공익과는 무관하므로 강행규정에 위반되지 않는 한 조합 내에서 자율적으로 결정하여 집행하면 충분한 문제이다. 더구나 이 사건 결의는 사업 성패가 불투명하던 당시 조합원들의 압도적 다수가 찬성하여 이루어진 것이다. 결과적으로 사업이 크게 성공하여 인센티브 규모가 커지자 이를 소수 조합원들이 문제삼은 것이 이 사건의 본질인데, 신의칙을 들어 당초 결의를 번복하는 것이야말로 신의칙에 반한다. 또한 대상판결은 보수와 직무의 합리적 비례관계를 강조하였으나, 조합원들이 스스로 합리적 비례

---

6) 대법원 2015. 10. 15. 선고 2012다64253 판결; 대법원 2018. 5. 17. 선고 2016다35833 전원합의체 판결.

관계가 있다고 여겨 절차상 하자 없이 책정한 인센티브를 법원이 신의칙의 이름 아래 감액하거나 무위로 돌리는 것은 지나치게 후견적이다. 누가 돈을 더 받으면 다른 사람은 돈을 더 내야 하는 직접적인 제로섬(zero-sum) 관계의 다른 신의칙 감액 사안과는 달리 이 사안에서는 추가이익금이 늘어나면 조합원과 임원의 이익 이 함께 늘어나는 공생관계도 존재한다. 그러므로 조합원으로서는 임원에게 인센 티브가 지급되더라도 전체 파이를 늘려 자신들의 이익도 늘리는 쪽이 합리적 선택 이었다. 무엇보다도 조합장 A 등 임원들의 헌신적 직무 수행이 없었더라면 이러한 성공이 가능했을지 의문스럽다는 점에서도 직무와 보수 사이에 합리적 비례관계 가 없다고 단정할 수 없다.

이러한 반론은 상당한 설득력을 가지는 것이나, 결론적으로는 대상판결이 판시 하였듯이 이 사건에는 신의칙 위반을 추가로 심리해야 할 사정이 있다고 생각한 다. 우선 재건축사업의 공공성은 조합 바깥에서뿐만 아니라 조합 내부에서도 존재 한다. 조합도 하나의 거대한 공동체이고, 조합이 발생시킨 이익을 구성원 사이에 어떻게 배분하는가도 공적인 성격을 띤다. 이러한 배분은 원칙적으로 자율적 합의에 따르지만 여기에도 일정한 한계가 설정되어야 한다. 가령 추가이익의 80%를 임원 들에게 귀속시키는 결의는 아무리 자율적으로 절차적 하자 없이 이루어졌더라도 실체적으로 수긍하기 어려울 것이다. 단체 내부의 이익 배분 또는 보수 지급의 합 리적 한계 설정은 재건축조합뿐만 아니라 주식회사[7]나 종중[8] 등 다른 단체에서도 이루어져 왔다. 그렇다면 주식회사와 같은 영리법인보다 공공성이 높은 재건축조 합의 경우에도 인센티브 전체를 무위로 돌리지는 않더라도 그 합리적 한계를 설정 하여 일부를 감액하는 것이 가능하다고 보아야 한다.

나아가 재건축사업의 추가이익이 순수하게 사적(私的)인 성격만을 가지는 것인 가도 고려해야 한다. 재건축사업의 추가이익은 부동산 경기나 정부 정책 등 조합 바깥의 여러 가지 변수들에 큰 영향을 받아 형성되었다는 점에서 공적 속성을 지 닌다. 물론 사인이 추구하고 취득하는 어떤 이익도 결국은 사회 공동체 내 형성된 제도와 환경의 영향을 받아 형성되기는 한다. 그러나 재건축사업은 ① 필연적으로

---

7) 대법원 2016. 1. 28. 선고 2014다11888 판결은 이사가 회사에 대하여 제공하는 직무와 지급받는 보수 사이에는 합리적 비례관계가 유지되어야 한다고 판시한다. 다만 이 판결에서는 보수를 지급 받을 이사가 지위를 이용하여 주주총회에 영향력을 행사하여 과도한 보수 지급 기준에 관한 결의를 성립시키는 등 충실의무를 위반한 배임행위를 하였다는 점을 들어 그 결의의 효력을 부정하였다.
8) 대법원 2010. 9. 30. 선고 2007다74775 판결; 대법원 2017. 10. 26. 선고 2017다231249 판결.

어느 정도 공공성을 띨 수 밖에 없는 부동산이라는 희소재를 대상으로 한다는 점, ② 그것도 다수 조합원의 다수 부동산을 대상으로 한다는 점, ③ 제도적으로 재건축사업은 그 재건축단지를 넘어서서 도시주거환경이라는 공적 인프라의 일부를 형성한다는 전제하에 강력한 규제의 대상이 되고 있다는 점, ④ 또한 우리 사회에서 부동산 가격은 다른 재화와 비교할 때에도 경기나 정부정책 등의 외부적 요소에 민감하게 반응한다는 점, ⑤ 재건축사업의 추가이익은 대부분 일반분양을 통해 취득하게 되는데, 이러한 일반분양도 주거지 제공이라는 측면에서 공적 속성을 가진다는 점을 생각하면, 재건축사업으로 인한 추가이익의 공적 속성은 다른 여느 이익의 경우보다 훨씬 높다. 따라서 비록 제도적으로 재건축사업으로 인한 추가이익을 조합 내부에서 구성원들이 나누어 가지도록 허용된 경우에도 이를 공평하고 비례적으로 배분해야 할 요청이 존재한다.

또한 재건축사업이 주택조합원을 비롯해 다수의 이해관계자들에게 영향을 미치고, 거시적으로는 도시의 주거환경정비라는 공공적인 요청과도 직결되므로 이러한 사업의 업무집행권을 가지는 조합장과 임원은 선량한 관리자로서 재건축조합의 사무를 처리하여야 한다. 이러한 수탁자적 지위는 일정한 이타성을 전제한다. 따라서 그 지위는 이러한 신인관계가 존재하지 않는 대향적 계약관계에서의 계약 당사자 지위와는 구별되어야 한다.[9] 신인관계가 존재하는 계약관계에서는 입법 또는 사법에 의한 후견적 관여가 좀더 넓게 허용될 수 있다. 또한 재건축조합의 임원의 직무 수행에는 고도의 공정성과 청렴성이 요구되고, 그 이유 때문에 형법상 뇌물죄 등의 적용에서도 공무원으로 의제된다(도시정비법 제84조). 이 역시 재건축조합 임원의 수탁자적 지위와 관련된다. 그런데 과도한 인센티브 책정은 이러한 수탁자적 업무 수행에 과도한 사익 추구의 동기를 부여하고 그 결과 여러 부작용을 초래할 우려가 있다. 가령 추가이익을 늘리려면 사업진행속도를 높이고 비용을 줄여야 하는데, 그 과정에서 뇌물 공여나 부정한 청탁, 또는 협력업체와의 결탁을 통한 저비용 부실공사 등의 위험이 더 커질 수 있다. 이 사건 결의 이후인 2015. 6. 18. 서울특별시가 재건축조합 등의 임원들에 대한 성과급 지급을 금지하는 내용을 담은 「서울시 조합 등 정비사업 표준행정업무규정」을 고시한 것도 이러한 위험을 줄이려

---

9) 신인관계를 보수제한 근거로 설명하는 문헌으로 이계정, "변호사 보수청구 제한의 근거로서 신의칙과 신인관계 – 법관의 합리적 재량 행사의 문제를 겸하여 –", **서울대학교 법학**, 제60권 제4호 (2019), 34 – 38면.

는 조치로 이해된다.10)

한편 대상판결이 법리적으로 비판을 받기 쉬운 지점은 사후적 결과에 따라 그 이전의 결의를 무력화한다는 점이다. 그런데 신의칙은 본래 사후적 고려를 허용하는 원칙이다. 계약 체결 이후의 현저한 사정변경을 이유로 계약 내용을 수정하거나 해소하는 사정변경 원칙이 대표적 예이다. 그 외에도 사후적 경제상황의 변화를 고려한 비용상환청구권의 감축,11) 사후적인 과도한 주채무 발생을 고려한 보증인 책임 제한12)도 그러한 예이다. 신의칙의 한 형태인 모순금지원칙도 권리를 가지던 자가 사후적인 행동으로 인해 신의칙상 그 권리를 행사하지 못하게 한다는 점에서 사후적 고려가 반영된 예이다.13) 요컨대 신의칙은 "가혹한 결과"를 막기 위해 "법적용자의 법감정 내지 윤리감각에 호소하여 법규칙을 원래의 모습대로 적용하는 것을 제한 또는 배제하게 하는 하나의 법적 장치"이므로,14) 본래 법을 원래 모습대로 적용함으로써 발생할 사후적 결과를 놓고 판단하는 원칙이다. 그러므로 법률행위의 무효나 취소를 따지는 것과는 달리 신의칙에 의한 제한을 따질 때는 사후적 결과에 따른 판단은 부자연스러운 일이 아니다.

조합 임원들의 입장에서는 화장실 들어가기 전과 후가 다르듯이 당초 재건축사업 성패가 불분명할 때 압도적 다수가 찬성하였는데 막상 성공하고 난 후 그중 일부가 불만을 품고 제기한 소송에서 법원이 인센티브의 과도함을 들어 신의칙으로 심사하는 것이 억울할 수는 있다. 재건축조합 임원들이 가져갈 인센티브의 과도함보다는 사후적 결과에 기대어 신의칙을 적용하려는 법원의 과도함이 더 위험하다고 항변할 수도 있다. 그러한 주장에도 분명히 일리가 있다. 하자 없는 단체의 결의를 신의칙으로 쉽게 뒤집어서는 안 된다. 그러나 아무리 적법한 결의로 정해진 내용이라고 하더라도 그 내용의 과도함으로 인하여 신의칙이 적용되어야 하는 경우는 예외적으로나마 존재할 수 있다. 더구나 이 사건 결의 당시 재건축조합 임원들과 일반조합원들 사이의 정보, 시장예측력, 협상력이 동등하였다고 단정하기도 어렵다. 비록 그러한 비대칭 상태가 결의의 독자적 하자원인으로는 불충분하더

---

10) 이러한 임원 보수규제는 금융회사에서도 널리 행해진다. 국내외 법령상 금융회사의 임원 보수규제에 관하여는 최문희, "금융회사 보수규제의 논점과 개선 과제―금융회사의 지배구조에 관한 법률의 분석을 중심으로―", BFL, 제79호(2016), 99―122면.
11) 대법원 2006. 6. 9. 선고 2004다24557 판결.
12) 대법원 1984. 10. 10. 선고 84다카453 판결.
13) 대법원 1998. 5. 22. 선고 96다24101 판결.
14) 대법원 2010. 5. 27. 선고 2009다44327 판결.

라도 신의칙 판단에서는 의미 있게 고려될 수 있다. 이 사건은 이러한 사정에다가 앞서 든 여러 사정들을 종합해 볼 때 신의칙 위반 여부를 심사할 여지가 있는 예외적 사건이라고 생각한다. 대상판결에 찬성한다.

4 통정허위표시와 제3자
(대법원 2020. 1. 30. 선고 2019다280375 판결)

가. 사실관계

A는 1998. 7. 22. 자신의 부동산 지분(이하 '이 사건 부동산'이라고 한다)에 관하여 피고에게 근저당권설정등기를 마쳐주었다. 그 후 A는 미국으로 이민을 가면서 친분이 있던 B에게 부동산 관리 목적으로 1999. 2. 22.자 매매예약을 원인으로 하는 소유권이전등기청구권 가등기를 마쳐주었다. 그런데 B는 A가 외국에 있고 자신이 가등기권자임을 이용하여 A를 상대로 이 사건 부동산에 관하여 가등기에 기한 본등기 이행의 소를 제기하였다. 이 소송은 공시송달로 진행되어 2007. 7. 25. B의 승소판결(이하 '제1 판결'이라고 한다)이 선고되었고,[1] 2007. 8. 15. 외형상 확정되었다. B는 그 직후 제1 판결의 송달증명원과 확정증명원을 발급받았다.

뒤늦게 제1 판결 선고 사실을 알게 된 A는 2008. 3. 5. 추완항소를 제기하였다. 항소심법원은 가등기 등기원인인 매매예약이 A와 B의 통정허위표시로 무효임을 이유로 2009. 3. 18. 제1 판결을 취소하고 B의 청구를 기각하는 판결(이하 '제2 판결'이라고 한다)을 선고하였다.[2] 제2 판결은 2009. 4. 9. 확정되었다.

이처럼 제1 판결은 제2 판결로 취소되었는데도 B는 추완항소 전에 발급받았던 송달증명원 및 확정증명원을 이용하여 2015. 1. 8. 이 사건 부동산에 관하여 자신 앞으로 제1 판결을 원인으로 한 소유권이전등기를 마쳤다. 그 후 이 사건 부동산은 C,[3] D, 원고에게 순차적으로 이전되어 최종적으로 원고 명의로 소유권이전등기가 이루어졌다.

원고는 이 사건 부동산에 설정된 피고 근저당권의 피담보채권이 시효로 소멸하였다며 근저당권 말소를 구하는 소를 제기하였다. 피고는 원고 명의의 소유권이전 등기는 허위표시로 인해 무효인 가등기 및 본등기에 기초하여 이루어져 원고는 소유자가 아니므로 근저당권 등기말소를 구할 수 없다고 주장하였다. 제1심법원은

---

1) 서울동부지방법원 2007. 7. 25. 선고 2007가단27411 판결.
2) 서울동부지방법원 2009. 3. 18. 선고 2008나2571 판결.
3) B의 남편으로 B의 행위를 대신 처리하였던 자이다.

원고가 민법 제108조 제2항의 선의의 제3자에 해당하므로 피고와의 관계에서 원고의 소유권이전등기가 유효하다고 판단한 뒤, 피담보채권이 시효완성으로 소멸하였다는 이유로 원고의 근저당권 말소청구를 인용하였다.[4]

나. 원심판결과 대상판결

원심법원은 제1심법원과 마찬가지로 원고가 민법 제108조 제2항의 선의의 제3자이므로 피고는 통정허위표시의 무효로써 원고에게 대항할 수 없다고 보았다.[5] 하지만 대법원은 원고는 민법 제108조 제2항 소정의 제3자가 아니라고 보아 원심판결을 파기하였다.[6] 그 이유는 다음과 같다.

이 사건 부동산에 관한 B 명의의 본등기는 A와 B 사이의 허위 가등기 설정이라는 통정한 허위의 의사표시 자체에 기한 것이 아니라, 이러한 통정한 허위의 의사표시가 철회된 이후에 B가 항소심판결에 의해 취소·확정되어 소급적으로 무효가 된 위 제1심판결에 기초하여 일방적으로 마친 원인무효의 등기라고 봄이 타당하다. 이에 따라 B 명의의 본등기를 비롯하여 그 후 원고에 이르기까지 순차적으로 마쳐진 각 지분소유권이전등기는 부동산등기에 관하여 공신력이 인정되지 아니하는 우리 법제하에서는 특별한 사정이 없는 한 무효임을 면할 수 없다.

나아가 A와 B가 통정한 허위의 의사표시에 기하여 마친 가등기와 C 명의의 지분소유권이전등기 사이에는 앞서 본 바와 같이 B가 일방적으로 마친 원인무효의 본등기가 중간에 개재되어 있으므로, 이를 기초로 마쳐진 C 명의의 지분소유권이전등기는 B 명의의 가등기와는 서로 단절된 것으로 평가된다. 그리고 가등기의 설정행위와 본등기의 설정행위는 엄연히 구분되는 것으로서 C 내지 그 후 지분소유권이전등기를 마친 자들에게 신뢰의 대상이 될 수 있는 '외관'은 B 명의의 가등기가 아니라 단지 B 명의의 본등기일 뿐이라는 점에서도 이들은 B 명의의 허위 가등기 자체를 기초로 하여 새로운 법률상 이해관계를 맺은 제3자의 지위에 있다고 볼 수 없다. 이는 A의 추완항소를 계기로 A와 B 사이의 통정한 허

4) 서울동부지방법원 2018. 12. 20. 선고 2018가단110036 판결.
5) 서울동부지방법원 2019. 9. 18. 선고 2019나20421 판결. 참고로 제1심판결 선고 후 이 사건 부동산이 수용되면서 피고가 공탁된 수용보상금 일부에 대하여 물상대위에 의한 채권압류 및 전부명령을 받았다. 이에 원고는 항소심에서 소를 교환적으로 변경하여 공탁금출급청구권의 양도 및 양도통지를 구하였다.
6) 대법원 2020. 1. 30. 선고 2019다280375 판결.

위의 의사표시가 실체적으로는 철회되었음에도 불구하고 그 외관인 B 명의의 가등기가 미처 제거되지 않고 잔존하는 동안에 B 명의의 본등기가 마쳐졌다고 하여 달리 볼 수 없다.

다. 분석

(1) 통정허위표시와 제3자

민법 제108조 제2항은 통정허위표시의 무효는 선의의 제3자에게 대항하지 못한다고 규정한다. 하지만 제3자가 어떤 자를 의미하는지에 대해서는 침묵한다. 따라서 제3자의 의미는 해석론으로 더욱 자세히 규명해야 한다. 판례에 의하면, 제3자는 "허위표시의 당사자와 포괄승계인 이외의 자로서 허위표시에 의하여 외형상 형성된 법률관계를 토대로 실질적으로 새로운 법률상 이해관계를 맺은" 자이다.[7] 학설도 마찬가지로 새긴다.[8] 판례와 학설에 따라 제3자 보호요건을 정리하면, ① 허위표시로 인한 외관, ② 그 외관에 기초한 제3자의 새로운 법률상 이해관계이다.[9]

이 사건에서 ① 요건은 충족되었다. A와 B는 허위표시를 하였고 그로 인해 B 명의의 가등기라는 외관이 창출되었기 때문이다. 하지만 대법원은 ② 요건이 충족되지 않았다고 보았다. 대법원은 원고의 새로운 법률상 이해관계(소유권이전등기)와 허위표시로 인한 외관(가등기) 사이에 B의 일방적인 원인무효 본등기가 개재되었음에 주목하였다. 또한 원고는 본등기를 신뢰한 것이지 허위표시로 인한 가등기를 신뢰한 것이 아니라고 보았다. 이러한 점들을 들어 원고의 새로운 이해관계와 허위표시로 인한 외관 사이의 연결을 단절시켰다. 이는 ② 요건의 내용인 외관기초성(새로운 이해관계가 허위표시로 인한 외관에 기초하는 관계)을 부정한 것이다. 필자는 대상판결의 결론에 찬성한다.[10] 다만 그 결론에 이르는 논리 중에는 의문스

---

7) 대법원 1982. 5. 25. 선고 80다1403 판결; 대법원 1996. 4. 26. 선고 94다12074 판결; 대법원 2000. 7. 6. 선고 99다51258 판결 등 다수.

8) 고상용, **민법총칙**, 제3판(법문사, 2003), 402면; 이영준, **민법총칙 [한국민법론 Ⅰ]**(박영사, 2003), 333면; 이은영, **민법총칙**, 제4판(박영사, 2005), 502면; 곽윤직·김재형, **민법총칙**, 제9판(박영사, 2013), 235면; 김증한·김학동, **민법총칙**, 제10판(박영사, 2013), 422면; 양창수·김재형, **민법 Ⅰ 계약법**, 제2판(박영사, 2015), 704면.

9) 권영준, "통정허위표시로 인한 법률관계에 있어서 파산관재인의 제3자성", **법조**, 통권 제608호(2007), 51면.

10) 대상판결 이후에 공간된 판례평석 중 고유강, "허위표시의 외관과 간접적으로 이해관계를 맺은 제3자의 보호-대법원 2020. 1. 30. 선고 2019다280375 판결-", **저스티스**, 통권 제179호(2020); 양형우, "통정허위표시에 따른 가등기의 명의인이 임의로 본등기를 마친 경우와 민법 제108조 제2

러운 점도 있다.

(2) 대상판결의 논리 검토

민법 제108조 제2항은 외관에 투자된 제3자의 신뢰를 보호하는 규정이다.[11] 대법원은 '원고는 본등기를 신뢰한 것이지 가등기를 신뢰한 것이 아니므로 허위표시의 제3자가 아니다'라는 논리를 채택하였다. 허위표시로 인한 가등기를 신뢰 대상에서 배제함으로써 제3자의 신뢰보호 필요성을 부정한 것이다. 그러나 원고는 자기 직전 소유자에 이르기까지 연속된 등기 일체를 신뢰한 것이지 그중 특정 등기만 신뢰한 것이 아니다.[12] 특히 본등기가 가등기에 기하여 이루어졌는데도 그중 가등기가 아닌 본등기만 신뢰하였다고 보는 것은 너무 도식적이다. 굳이 신뢰 대상을 하나만 골라야 한다면 그것은 차라리 원고 직전 소유자인 D 명의의 등기이지 그 전전(前前) 등기인 B 명의의 본등기가 아니다.[13] 그러므로 원고의 본등기만 신뢰 대상으로 추출하고 가등기에 대한 신뢰는 부정한 대법원의 논리에는 반대한다.

한편 대법원은 B의 일방적 원인무효 본등기가 중간에 개재되었으므로 허위표시로 인한 가등기와 원고의 법적 지위가 단절되었다는 논리도 채택하였다. 이 논리는 앞서 본 논리보다 강력하고 설득력 있다. 우리 민법은 부동산 등기의 공신력을 부정한다. 따라서 원인무효 등기 후 새로운 이해관계를 맺은 제3자의 신뢰보호 필요성이 있더라도 제3자가 아닌 진정한 권리자가 보호되는 것이 원칙이다. 이러한 태도는 입법론 차원에서는 재고되어야 하나,[14] 해석론 차원에서는 존중되어야 한다. 이 사건에도 원인무효 본등기가 중간에 개재되었다면 그 본등기에 기초하여 이해관계를 맺은 제3자는 보호될 수 없는 것이 원칙이다. 이 사건에서 원고가 원칙적으로 보호될 수 없는 이유이다.

그런데 이 사건의 특수성은 권리자 A가 원인무효 본등기의 탄생에 기여하였다

항의 제3자 – 대법원 2020. 1. 30. 선고 2019다280375 판결 –", **홍익법학**, 제21권 제3호(2020)는 대상판결의 결론에 찬성한다. 반면 이준현, "가등기가 통정허위표시를 이유로 무효로 된 경우에 보호받는 '선의의 제3자' – 대법원 2020. 1. 30. 선고 2019다280375 판결 –", **토지법학**, 제36권 제1호(2020)는 대상판결의 결론에 반대한다.
11) 윤진수, "허위표시와 제3자", **저스티스**, 통권 제94호(2006), 253면; 정병호, "통정허위표시의 무효로부터 보호되는 제3자", **민사법학**, 제78호(2017), 50면.
12) 고유강(주 10), 284 – 285면.
13) 이준현(주 10), 133면.
14) 권영준, "등기의 공신력 – 1957년, 그리고 2011년 –", **법조**, 통권 제661호(2011), 26면 이하.

는 점에 있다. A는 허위표시로 가등기의 외관을 창출한 당사자이다. A가 그 이후 허위표시를 철회하였지만 이미 창출한 허위 외관을 제거하지는 않았다. 그 가등기의 허위 외관은 무단 본등기 사태의 단초를 제공하였다.[15] 이러한 귀책성을 생각하면, 이 사건은 권리자의 관여 없이 이루어진 일반적인 원인무효 등기 사안(예컨대 권리자의 등기 서류를 위조하여 등기한 사안)과는 다르다. 그 이후 B의 일방적 본등기가 개재되었더라도 가등기 외관에 대한 A의 귀책성이 사라지는 것은 아니다. 판례는 허위표시 후 악의의 제3자가 중간에 개재된 경우에도 그 후의 선의의 전득자를 제3자로 보호한다.[16] 이는 제3자 보호는 중간에 어떤 변수가 개입되었는가에 따라 형식적·기계적으로 결정될 문제가 아니라 실질적·형량적으로 해결할 문제임을 보여준다.[17] 이 사건에서도 원인무효 본등기가 중간에 개재되었더라도 민법 제108조 제2항에 따른 제3자 보호를 논의할 여지가 남아 있다.

   그 논의 결과 민법 제108조 제2항을 직접 적용할 수 없다고 하더라도 이 조항을 유추 적용할 수 있는가의 문제는 여전히 남는다. 우리나라 민법 제108조와 같은 내용인 일본 민법 제94조는 다양한 모습으로 유추 적용되고 있다.[18] 등기의 공신력이 인정되지 않아 발생하는 신뢰보호의 공백을 메우기 위한 해석론이다.[19] 우리나라에서는 민법 제108조 제2항이 유추 적용된 대법원 판례를 찾아볼 수 없다. 하지만 법규범의 체계, 입법 의도와 목적 등에 비추어 법적 분쟁을 합리적으로 해결하고 정의관념에 적합한 결과를 도출하기 위해 정당하다고 평가되는 경우라면 민법 제108조 제2항의 유추 적용 가능성을 봉쇄할 이유는 없다.[20]

(3) 대상판결의 타당성

   결국 민법 제108조 제2항의 직접 적용이건 유추 적용이건, 이 사건에서 분석의

---

15) 이준현(주 10), 139면.
16) 대법원 2013. 2. 15. 선고 2012다49292 판결. 이 점에서 부동산실명법 사건에서 명의수탁자와의 직접적 이해관계를 요구하는 대법원 2005. 11. 10. 선고 2005다34667 판결과 다르다.
17) 제3자 보호에 관한 제반 사정의 비교·형량 필요성에 대해서는 권영준, "계약관계에 있어서 신뢰보호", 서울대학교 법학, 제52권 제4호(2011), 264-271면; 김상중, "계약의 무효·취소, 해제와 제3자의 보호 : 비교법적 고찰을 통한 우리 판결례의 해명과 해석적 제언", 민사법학, 제59호(2012), 160-161, 163-164면 참조.
18) 日最判 1966. 3. 18.(判例タイムズ 190, 119); 日最判 1968. 10. 17.(判例タイムズ 228, 99); 日最判 1970. 7. 24..(判例タイムズ 252, 149); 日最判 1970. 9. 22.(判例タイムズ 254, 144) 등 다수.
19) 我妻·有泉, コンメンタール 民法 (總則·物權·債權), 第4版(日本評論社, 2016), 385면.
20) 유추 적용의 요건과 한계에 대해서는 대법원 2020. 4. 29. 선고 2019다226135 판결 참조.

초점은 외관 창출에 대한 A의 귀책성으로 옮겨진다.[21] 허위표시 사건에서 선의의 제3자가 투여한 신뢰 자체의 크기는 외관 창출 경위(가령 사기, 비진의표시, 허위표시 등)와 상관없이 동등하다. 어느 경우이건 제3자는 외관 창출 경위와 무관하게 등기를 믿고 거래하였기 때문이다. 하지만 권리자의 귀책성은 외관 창출 경위에 따라 다르다. 따라서 제3자 보호 범위는 권리자의 귀책성에 좌우된다.[22] 가령 통정허위표시에 관한 민법 제108조 제2항의 제3자에는 부동산 소유권이전등기를 갖추지 못한 상태의 부동산 매수인도 포함되지만,[23] 계약해제에 관한 민법 제548조 제1항의 제3자에는 새로운 이해관계를 맺는 것을 넘어서서 등기나 인도 등으로 완전한 권리를 취득한 자만 포함된다.[24] 계약해제보다 통정허위표시에서 권리자의 귀책성이 크므로 그만큼 제3자의 범위도 넓어지는 것이다. 또한 권리자의 귀책성은 제3자의 선의 외에 무과실까지 요구하는지,[25] 그 선의와 무과실의 증명책임을 누가 부담하는지[26]에 대한 입법 태도에도 영향을 미친다. 요컨대 권리자의 귀책성은 제3자 보호 여부와 범위를 좌우한다.

그렇다면 이 사건에서 A의 귀책성은 어느 정도인가? A의 소유권을 후퇴시키고 제3자인 원고의 소유권 주장을 정당화할 정도에 이르는가? 우선 이 사건에서 A가 허위표시를 철회하였다는 사정은 중요하지 않다. 허위표시 철회는 학설과 판례에서 인정되어 왔고,[27] 대상판결도 이 개념을 사용하였다. 그런데 허위표시 철회는 그 허위표시로 인한 외관이 함께 제거되어야 제3자에게 대항할 수 있다.[28] 이 사건에서 A는 허위표시는 철회하였지만 외관은 제거하지 않았으므로 원고에게 허위표시의 철회로 대항

---

21) 이준현(주 10), 142면.
22) 권영준(주 17), 267면.
23) 김용담 편, **주석민법 총칙(2)**, 제4판(한국사법행정학회, 2011), 622면(최성준 집필부분); 양창수·김재형(주 8), 706면.
24) 대법원 1991. 4. 12. 선고 91다2601 판결.
25) 민법의 제3자 보호 규정에 있어서 제3자의 선의만 요구하는 경우(제107조 내지 제110조, 제251조, 제449조 제2항, 제492조, 제827조, 제943조)와 무과실까지 요구하는 경우(제125조, 제126조, 제129조, 제249조)가 있는데, 이는 대체로 본인의 귀책성 정도와 관련된다.
26) 표현대리에 관한 민법 제125조, 제126조, 제129조의 증명책임 배분이 그 예이다. 본인의 귀책성이 가장 낮은 제126조의 표현대리에서는 상대방이 자신의 선의, 무과실을 증명해야 하지만 본인의 귀책성이 가장 높은 민법 제125조의 표현대리에서는 본인이 상대방의 악의, 과실을 증명해야 하고, 그 중간 단계인 제129조의 표현대리에서는 본인이 상대방의 과실만 증명하면 된다.
27) 곽윤직 편, **민법주해(Ⅱ)**(박영사, 1992), 378면(송덕수 집필부분); 곽윤직·김재형(주 8), 313면; 김증한·김학동(주 9), 425면; 양창수·김재형(주 9), 708면. 또한 대법원 2015. 9. 10. 선고 2014다200619 판결(이 판결은 공간되지 않았으나 고유강(주 10), 292면 이하에 소개되어 있다).
28) 前註 참조.

할 수 없다. 결국 A의 뒤늦은 철회는 아무것도 하지 않은 경우보다는 높게 평가받아야 하나, 제3자 보호의 차원에서는 별다른 의미를 가지지 않는다.

하지만 이 사건에서는 A가 허위표시로 창출한 외관은 가등기인 반면, 실제로 실현된 위험은 본등기와 관련하여 일어났다는 점에 주목할 필요가 있다. 만약 제3자가 그 가등기 자체를 이전받은 자라면 그는 확실히 보호받을 수 있었을 것이다. 이러한 사태는 A가 창출한 허위 가등기의 본래적 위험 범위 내에서 벌어진 것이기 때문이다. 하지만 이 사건처럼 B의 일방적 행위로 창출된 본등기의 외관은 A의 입장에서는 허위표시를 통해 승인한 본래적 위험을 넘어서서 새롭게 창출된 2차적 위험 또는 파생적 위험이다.[29] 지금까지 이러한 위험을 이유로 제3자를 보호하고 권리자를 희생시킨 판례는 발견되지 않는다. 게다가 우리 민법은 등기를 믿은 자보다 부동산 권리자를 원칙적으로 보호하는 시스템을 가지고 있다. 그러므로 허위표시자가 본등기의 계기를 제공하였다는 점만으로 허위표시자가 의도하거나 승인한 바 없는 별도 원인에 기한 새로운 위험을 허위표시자에게 쉽사리 귀속시켜서는 안 된다.

결국 원고는 민법 제108조 제2항 소정의 제3자에 해당하지 않는다는 대상판결의 결론은 타당하다. 아울러 가등기와 본등기를 단절시켜 본등기만 신뢰 대상으로 삼은 것은 다소 작위적인 논리 전개이나, B의 일방적 행위에 기한 원인무효의 본등기가 개재되었음을 들어 원고의 제3자성을 부정한 것은 앞서 설명한 권리자의 귀책성 정도 및 새롭게 창출된 위험의 귀속 가능성이라는 관점에서 수긍할 수 있는 논리 전개이다. 한편 위에서 살펴본 법규범의 체계(특히 부동산 등기의 공신력과 관련된 일련의 법규범)나 민법 제108조 제2항의 입법 의도 및 해석론에 비추어 보면, 법 체계 전체의 관점에서도 원고를 A보다 우선하여 보호하기는 어려우므로 민법 제108조 제2항의 유추 적용도 정당화되기 어렵다.

---

29) 조경임, "허위표시 제3자의 신뢰 보호 범위 - 대법원 2010. 3. 25. 선고 2009다35743 판결을 중심으로 -", **서울법학**, 제21권 제3호(2014), 678면 이하에서는 가장행위로부터 예상되는 파생적 법률관계에 대한 신뢰보호의 문제를 다룬다.

제척기간과 민법 제495조의 유추 적용
(대법원 2019. 3. 14. 선고 2018다255648 판결)

가. 사실관계

원고는 2012. 4.경 피고를 위해 폐기물파쇄기와 1호 분쇄기를 제작·설치하기로 하고, 수개월 내에 그 제작·설치를 마쳤다(제1계약). 이어 2013. 4.경에는 피고에게 2호 분쇄기를 추가 공급하기로 하고, 마찬가지로 수개월 내에 그 제작·설치를 마쳤다(제2계약). 2013. 6.경에는 피고에게 분쇄기 고정도를 공급하며, 분쇄기감속기를 수리하기로 하였고(제3계약), 기어오일펌프를 제공하기로 하였다(제4계약). 원고는 제3, 4계약에 따른 물품수리, 제작 및 공급도 모두 마쳤다. 그런데 피고가 원고에게 대금을 지급하지 않자, 원고는 2015. 3. 23. 피고를 상대로 위 대금의 지급을 구하는 소를 제기하였다. 피고는 2015. 5. 11.자 답변서를 통해서 1호 분쇄기와 2호 분쇄기에 하자가 발생하였고 원고가 그 하자보수를 해주지 않아 손해를 입었다고 주장하였다. 이어서 2018. 1. 9.자 준비서면을 통해서는 위 1호 및 2호 분쇄기의 하자로 인하여 발생한 손해배상채권을 원고의 위 미지급 대금채권과 상계한다고 주장하였다. 한편 피고가 원고로부터 위 1호 및 2호 분쇄기를 각각 인도받은 날부터 1년 내에 원고에게 하자 보수나 손해배상을 요구했다고 볼 만한 자료는 없었다. 따라서 피고가 도급인으로서 원고에게 가지는 손해배상채권은 민법 제670조 제1항에 따른 1년의 제척기간이 지난 상태였다.

나. 소송의 경과

1심법원은 "소멸시효가 완성된 채권이 그 완성 전에 상계할 수 있었던 것이면 그 채권자는 상계할 수 있다."는 민법 제495조가 제척기간에도 유추 적용될 수 있다고 하여, 피고의 상계 항변을 받아들였다.[1] 원심법원은 1심법원과 같이 민법 제495조의 유추 적용을 긍정하였다.[2] 제척기간의 적용을 받는 채권의 당사자에 대

---

[1] 의정부지방법원 고양지원 2016. 10. 26. 선고 2015가단74629 판결.
[2] 의정부지방법원 2018. 7. 13. 선고 2016나60489 판결.

하여도 공평의 원칙에 비추어 민법 제495조를 유추 적용하는 것이 타당하고, 통상의 거래관념과도 부합한다는 이유에서였다. 다만 원심법원은 공평의 원칙 또는 신의성실의 원칙에 따라 하자로 인한 하자로 인한 손해배상액을 감액한 뒤 상계를 허용하였다. 대법원 역시 원심법원의 판단을 지지하면서, 다음과 같이 판시하였다.

민법 제495조는 "소멸시효가 완성된 채권이 그 완성 전에 상계할 수 있었던 것이면 그 채권자는 상계할 수 있다."라고 정하고 있다. 이는 당사자 쌍방의 채권이 상계적상에 있었던 경우에 당사자들은 채권·채무관계가 이미 정산되어 소멸하였거나 추후에 정산될 것이라고 생각하는 것이 일반적이라는 점을 고려하여 당사자들의 신뢰를 보호하기 위한 것이다. 매도인이나 수급인의 담보책임을 기초로 한 매수인이나 도급인의 손해배상채권의 제척기간이 지난 경우에도 민법 제495조를 유추 적용해서 매수인이나 도급인이 상대방의 채권과 상계할 수 있는지 문제 된다. 매도인의 담보책임을 기초로 한 매수인의 손해배상채권 또는 수급인의 담보책임을 기초로 한 도급인의 손해배상채권이 각각 상대방의 채권과 상계적상에 있는 경우에 당사자들은 채권·채무관계가 이미 정산되었거나 정산될 것으로 기대하는 것이 일반적이므로, 그 신뢰를 보호할 필요가 있다. 이러한 손해배상채권의 제척기간이 지난 경우에도 그 기간이 지나기 전에 상대방에 대한 채권·채무관계의 정산 소멸에 대한 신뢰를 보호할 필요성이 있다는 점은 소멸시효가 완성된 채권의 경우와 아무런 차이가 없다. 따라서 매도인이나 수급인의 담보책임을 기초로 한 손해배상채권의 제척기간이 지난 경우에도 제척기간이 지나기 전 상대방의 채권과 상계할 수 있었던 경우에는 매수인이나 도급인은 민법 제495조를 유추 적용해서 위 손해배상채권을 자동채권으로 해서 상대방의 채권과 상계할 수 있다고 봄이 타당하다.

다. 분석

신뢰보호는 우리 민법이 추구하는 중요한 가치 중 하나이다. 신뢰 보호는 민사관계의 여러 국면에서 다양하게 구현된다.[3] 상계도 신뢰 보호를 구현하기 위한 제도 중 하나이다. 합리적인 사람이라면 상대방과 서로 대립하는 채권·채무관계가 있을 때 각자 채권을 행사하여 추심하는 수고를 들이기보다는 대등액 범위 내에서

---

3) 이에 대해서는 권영준, "계약관계에 있어서 신뢰보호", **서울대학교 법학**, 제52권 제4호(2011. 12), 225면 이하 참조.

양 채권이 당연 결제 또는 당연 정산되리라고 기대한다. 이러한 기대 내지 신뢰는 충분히 보호될 만한 가치가 있다. 상계 가능성에 대한 기대 내지 신뢰가 법적으로 정당하다면, 그에 기초하여 자신의 채권을 적극적으로 행사하지 않는 행동도 허용되어야 한다. 그러한 행동이 소멸시효 기간을 넘어서서 지속되는 경우에도 그러하다.[4] 민법 제495조는 위와 같은 사고방식을 반영하여 "소멸시효가 완성된 채권이 그 완성 전에 상계할 수 있었던 것이면 그 채권자는 상계할 수 있다."라고 규정하고 있다. 즉 소멸시효 완성 전에 상계적상 상태가 존재하였다면, 그 상계적상에 기초한 채권자의 신뢰를 보호하겠다는 취지이다.[5] 그 결과 상계권자는 자동채권의 소멸시효 완성 후에도 상계할 수 있게 된다.

대법원은 민법 제495조를 연체차임의 임대차보증금 당연 공제에도 유추 적용하여 그 적용 범위를 넓힌 바 있다. 민법 제495조는 서로 대립하는 채권의 이행기 도래를 요건으로 하는 상계적상이 있을 때 적용된다. 한편 임차인의 임대차보증금 반환채권과 임대인의 차임채권은 서로 대립하는 채권인데, 그중 임대차보증금반환 채권은 임대차계약이 종료된 때 비로소 이행기가 도래한다. 그러므로 임대차 존속 중 차임채권의 소멸시효가 완성된 경우에는 그 완성 전 상계적상을 요건으로 하는 민법 제495조가 직접 적용될 수 없다. 그러나 대법원은 임대차 존속 중 차임이 연체되고 있음에도 임대차보증금에서 연체차임을 충당하지 않고 있었던 임대인의 신뢰와 차임연체 상태에서 임대차관계를 지속해 온 임차인의 묵시적 의사를 감안하면 연체차임은 민법 제495조의 유추 적용에 의하여 임대차보증금에서 공제할 수 있다고 판시하였다.[6]

대상판결에서는 민법 제495조의 유추 적용이 다시 한 차례 수면 위로 떠올랐다. 이번에는 이 조항이 소멸시효가 아닌 제척기간에 유추 적용될 수 있는지가 문제되었다.[7] 유추 적용은 입법자가 의도하지 않았던 규율의 공백이 있는 사안에 대하여 법

---

4) 양 채권이 상계적상에 있을 때에는 이행청구 등으로 채권을 적극적으로 행사하여 소멸시효를 중단시키지 않는 경우가 많을 것이다. 곽윤직 편, **민법주해(XI)**(박영사, 1995), 404면(윤용섭 집필부분); 김용담 편, **주석민법 채권총칙(4)** 제4판, 한국사법행정학회(2013), 613면(조용구 집필부분).

5) 이러한 취지의 조항은 외국 입법례나 국제규범에서도 발견된다. 독일 민법 제215조, 일본 민법 제508조, 유럽계약법원칙 14:503, 공통참조기준초안 Ⅲ.-7:503 참조.

6) 대법원 2016. 11. 25. 선고 2016다211309 판결.

7) 학설로는 유추 적용 긍정설이 통설이다. 김상용, **채권총론** 개정판증보(법문사, 2000), 523면; 곽윤직, **채권총론** 제6판(박영사, 2002), 282면; 김증한·김학동, **채권총론** 제6판(박영사, 2007), 396면; 장재현, "상계에서의 몇 가지 문제", **법학논고**(경북대학교), 제28집(2008), 509면; 이은영, **채권총론** 제4판(박영사, 2009), 752면; 김용담 편, **주석민법 총칙(3)** 제4판(한국사법행정학회, 2010), 508

규범의 체계, 입법 의도와 목적 등에 비추어 정당하다고 평가되는 한도 내에서 그와 유사한 사안에 관한 법규범을 적용하는 것을 말한다.[8] 유추 적용이 승인되려면 법률의 직접 적용을 받는 사안과 문제되는 해당 사안 사이의 공통점이 차이점을 넘어서야 할 뿐만 아니라, 그 공통점으로 인해 마치 해당 사안이 법률의 직접 적용을 받는 것처럼 취급되는 것이 공통의 상위 법 원리에 의해 정당화될 수 있어야 한다.[9]

소멸시효와 제척기간 사이에는 공통점도 있고 차이점도 있다. 양자는 모두 시간 경과에 따른 권리 소멸의 문제를 다룬다는 점, 이를 통해 법적 안정성이라는 가치를 도모한다는 점에서 공통된다.[10] 다만 제척기간에서는 법률관계의 조속한 확정 필요성이 더욱 전면에 나선다는 차이점이 있다.[11] 그렇다면 어느 경우에 소멸시효가 아닌 제척기간이 부가되는가? 대세적·형성적 효과를 가지는 형성권은 그 행사 여부에 따라 대세적 법률관계의 형성 여부 및 이에 의존하는 제3자의 이해관계가 좌우되므로, 이에 대해서는 소멸시효가 아닌 제척기간이 부가되는 경우가 많다. 청구권은 일반적으로 소멸시효의 적용 대상이지만, 청구권을 둘러싼 법률관계를 조속히 확정해야 할 정책적 필요성이 있으면 이에 소멸시효가 아닌 제척기간이 부가되기도 한다.[12] 법률관계의 조속한 확정을 전면에 내세우는 제척기간의 성질상, 제척기간은 소멸시효와 달리 그 중단이나 정지가 인정되지 않고,[13] 신의칙에 따라 제척기간의 적용이 배제될 여지도 현저히 줄어든다.[14] 또한 제척기간은 그 공익성 때문에 소멸시효와 달리 법원의 직권조사대상이 된다. 따라서 당사자가 제척기간

면(이연갑 집필부분); 송덕수, **신민법강의** 제12판(박영사, 2019), 1012면. 반면 유추 적용 부정설로는 김기환, **상계**(경인문화사, 2018). 75면. 또한 대상판결 선고 이후의 문헌으로는 이동진, "하자담보책임의 제척기간이 도과한 뒤 한 상계의 효력", **법조**, 통권 제736호(2019), 276면 이하.
8) 대법원 2018. 3. 22. 선고 2012다74236 전원합의체 판결의 다수의견에 대한 대법관 김재형의 보충의견 참조. 또한 권영준, "위약벌과 손해배상액 예정 − 직권감액 규정의 유추 적용 문제를 중심으로", **저스티스**, 통권 제155호(2016), 217면.
9) 권영준(주 8), 219−220면.
10) 이상태, "제척기간의 본질에 관한 연구", **저스티스**, 제72호(2003), 121면; 김진우, "제척기간의 정지 및 중단 여부에 관하여", **재산법연구**, 제24권 제3호(2008), 17−18면.
11) 대법원 1995. 11. 10. 선고 94다22682, 22699 판결.
12) 이에 해당하는 것으로 점유 침탈 상태를 조속히 정리하기 위한 점유보호청구권, 하자 관련 분쟁 가능성을 조속히 정리하기 위한 하자보수청구권 등이 있다.
13) 대법원 1980. 4. 22. 선고 79다2141 판결; 대법원 1992. 7. 28. 선고 91다44766 44773 판결; 대법원 2000 8. 18. 선고 99므1855 판결; 대법원 2003. 1. 10. 선고 2000다26425 판결; 대법원 2004. 7. 22. 선고 2004두2509 판결.
14) 대법원 1992. 8. 18. 선고 92다21180 판결.

경과를 주장하지 않더라도 법원은 제척기간 경과 여부를 직권조사하여 판단해야 한다. 이처럼 소멸시효와 제척기간 사이에는 엄연한 차이점이 존재하므로 소멸시효에 관한 민법 제495조가 제척기간에 직접 적용될 수는 없다. 하지만 이 조항을 제척기간에 유추 적용할 여지는 남아 있다. 대상판결은 이 문제를 최초로 다룬 대법원 판결이다.[15] 참고로 독일과 일본 판례는 이미 이 문제를 다룬 바 있다.

우선 독일 판례를 살펴보자. 독일 민법 제215조(이 조항은 본래 제390조 제2문이었으나 2002년 독일 민법 개정 시 제215조로 바뀌었다)는 상계 가능 시점에 채권의 소멸시효가 완성되지 않았다면 그 후 소멸시효가 완성되더라도 그 채권을 자동채권으로 하여 상계할 수 있다고 규정한다. 이는 형평성과 합목적성의 관점에서 상계권자의 신뢰를 보호하기 위한 조항으로서,[16] 우리 민법 제495조와 유사한 내용을 담고 있다. 종래 독일 연방대법원은 이 조항이 제척기간에 유추 적용될 수 있다고 보았다.[17] 그러나 그 후 입장을 변경하여 유추 적용을 부정하였다.[18] 학설도 대체로 이에 찬동한다.[19] 유추 적용을 부정한 판결에서는 근로자의 사용자에 대한 권리의 제척기간이 경과한 경우 그 경과 전에 상계적상이 존재하였다는 이유로 뒤늦게 상계할 수는 없다고 하면서 다음과 같은 이유를 제시하였다. 제387조에 따른 상계가 가능하려면 상계 시점에 양 채권이 완전히 유효하게 존재해야 한다. 또한 제390조 제1문에 따르면 항변권이 부착된 채권을 자동채권으로 삼아 상계할 수 없다. 다만 제390조 제2문은 소멸시효 항변권이 부착된 채권에 기한 상계를 허용한다. 이는 제390조 제1문에 대한 특별한 예외로 설정된 것이다. 그런데 제척기간이 경과하면 해당 채권에 항변권이 부착되는 것에 그치지 않고 채권 그 자체가 소멸한다. 이처럼 존재하지 않게 된 채권에는 제390조 제2문이 유추 적용될 수 없다. 제척기간에도 제390조 제2문이 유추 적용될 수 있다고 보았던 종전 판결은 이러한 법적 효과의 본질적 차이를 충분히 고려하지 못하는 문제가 있으므로, 더 이상 유지될 수 없다.

---

15) 하급심 판결 중에는 유추 적용을 인정한 예들이 있었다. 부산고등법원 1988. 12. 7. 선고 88나2298 판결(확정); 부산지방법원 2003. 8. 20. 선고 2002가합11918 판결(확정). 이상 이창현, "제척기간이 경과한 채권을 자동채권으로 한 상계", **법조**, 통권 제738호(2019), 382‒383면 참조.

16) *Münchener Kommentar zum BGB*/Grothe, 8. Auflage (C. H. Beck, 2018), §215, Rn. 5.

17) BGHZ 26, 304 = NJW 1958, 143.

18) BAGE 20, 156 = NJW 1968, 813.

19) 예컨대 Grothe(주 16), §215, Rn. 5; Palandt, *Bürgerliches Gesetzbuch,* 78. Auflage (C. H. Beck, 2019), §215, Rn. 1.

그런데 유추 적용을 부정한 독일 판례는 다음 사항을 염두에 두고 이해해야 한다. 독일 판례가 시효완성 후 상계에 대한 민법 조항을 제척기간에 유추 적용하지 않은 것은 제척기간과 소멸시효의 법적 효과에 차이가 있기 때문이다. 독일 민법은 시효완성의 효과에 관하여 상대적 소멸설을 취하여, 소멸시효가 완성하면 권리가 소멸하는 것이 아니라 채무자가 급부거절권을 가질 뿐이라고 규정한다(제214조). 반면 우리 판례는 시효완성의 효과에 관하여 대체로 절대적 소멸설을 취하고 있어, 법적 효과 측면에서 제척기간과 소멸시효 사이에 차이가 없다. 따라서 독일 판례를 뒷받침하였던 가장 중요한 근거가 우리 법 아래에서는 유효한 근거가 될 수 없다. 또한 대상판결의 사안처럼 도급인의 하자보수 관련 권리가 문제되었더라면 독일 법원도 대상판결과 같은 결론에 이르렀을 것이다. 왜냐하면 대상판결 사안에서 문제된 도급인의 손해배상청구권은 독일 민법상 제척기간이 아닌 소멸시효의 적용 대상이기 때문이다(제634조의a). 즉 독일 민법 아래에서 대상판결과 같은 사안은 제215조(종전의 제390조 제2문)의 직접 적용 대상이므로, 위 조항의 유추 적용이 문제 될 여지가 없다. 대상판결과 관련하여 독일 판례를 참고할 때에는 이 점도 고려해야 한다.

다음으로 일본 판례를 살펴보자. 일본은 대상판결의 쟁점에 관한 한, 독일과 유사한 민법 조항을 가지고 있다. 일본 민법 제508조에 따르면 시효로 인하여 소멸한 채권이 그 소멸 이전에 상계에 적합하게 되어 있었던 경우에는 그 채권자는 상계할 수 있다. 독일 민법 제215조와 대동소이한 규정이다. 한편 일본 민법 제145조에 따르면 시효는 당사자가 원용할 때에만 법원이 그 원용에 따라 재판할 수 있다. 소멸시효 완성으로 인해 권리가 절대적으로 소멸하지 않는다는 점에서, 일본 민법 제145조는 소멸시효 완성의 효과로서 채무자의 급부거절권만을 규정한 독일 민법 제214조와 대동소이한 규정이다. 그런데 흥미롭게도 일본은 제척기간에 제508조를 유추 적용하는 문제에 대해서는 독일과 반대되는 입장을 취한다. 종래 일본 대심원은 시효완성 후 상계 조항이 제척기간에 유추 적용될 수 없다는 입장을 취하였다.[20] 그런데 그 후 일본 최고재판소는 이 판결을 폐기하고 유추 적용을 긍정하는 입장으로 선회하였다.[21] 일본 최고재판소 사안에서는 도급인이 수급인에게 가지는 목적물의 하자보수에 갈음한 손해배상청구권의 제척기간이 문제되었다.

---

20) 日 大判 1928(昭和 3). 12. 12. 民集 7-2, 71.
21) 日 最判 1976(昭和 51). 3. 4. 民集 30-2, 48.

최고재판소는 그 손해배상청구권의 제척기간이 경과하기 전에 손해배상청구권과
도급대금청구권이 상계적상에 있었다면 그 이후 제척기간이 경과하였더라도 제
508조의 유추 적용에 의해 상계가 가능하다고 보았다. 그 이유로는 공평의 견지에
서 도급인의 신뢰는 보호되어야 하고 그 점에서 소멸시효와 제척기간의 경우 결론
을 달리할 합리적 이유가 없다는 점을 들었다. 학설로는 판례와 같은 긍정설이 더
유력한 것으로 보인다.[22]

　우리 판례는 독일이나 일본과 달리 소멸시효 완성과 제척기간 경과의 법적 효
과를 동일하게 파악한다. 즉 소멸시효가 완성되거나 제척기간이 경과하면 그 권리
는 소멸한다. 따라서 독일이나 일본보다 소멸시효에 관한 민법 제495조의 유추 적
용 가능성이 더 높아진다. 또한 서로 대립하는 채권 간에 상계적상이 존재할 때
양 채권이 당연 결제되리라는 신뢰는 그 채권에 소멸시효가 적용되는 경우와 제척
기간이 적용되는 경우에 별반 다르지 않다. 물론 소멸시효와 제척기간 사이에는
법률관계를 조속히 확정시킬 필요성의 정도에 차이가 있다. 만약 이러한 필요성이
상계권자의 신뢰 보호 필요성을 압도할 정도로 중대하다면 민법 제495조의 유추
적용이 부정될 수도 있다.[23] 그런데 제척기간이 적용되는 사안 유형은 긴 스펙트
럼처럼 다양하게 펼쳐져 있어, 법률관계의 조속한 확정에 대한 요청이 강하게 나
타나는 사안도 있는 반면, 그렇지 않은 사안도 있다.[24] 따라서 민법 제495조가 제
척기간에 유추 적용되는지는 일률적으로 말할 수 없고, 제척기간이 부가되는 구체적
사안 유형을 놓고 논해야 한다.

　대상판결의 사안에서는 도급인이 수급인에게 가지는 민법 제667조 소정의 하자
보수청구권 내지 하자보수에 갈음하는 손해배상청구권이 문제 되었다. 민법 제670
조에 따르면 이 권리는 목적물의 인도를 받은 날(목적물의 인도를 요하지 않는 경우
에는 일이 종료한 날)부터 1년 내에 행사해야 한다. 이 조항은 시간이 흐를수록 하
자 판정이 곤란해지는 점을 염두에 두고 법률관계의 조속한 확정 및 이를 통한 수
급인의 법적 안정성 보장을 도모한다.[25] 매매계약의 하자담보책임을 준용하면서도 하
자 인식 시점이 아닌 목적물 인도 시점 또는 일의 종료 시점을 기산점으로 하는

---

22) 예컨대 山本 豊 編, **新注釈民法**(14)(有斐閣, 2018), 221면(笠井 修 집필부분).
23) 김기환(주 7), 74-76면.
24) 김준호, "하자담보에 기한 매수인의 손해배상청구권-제척기간과 소멸시효의 양립-", **연세법학**,
　　제20권(2012), 111-112면.
25) 김용담 편, **주석민법 채권총칙**(4) 제4판, 한국사법행정학회(2013), 362면(이준형 집필부분).

것이 이러한 특성을 잘 반영한다. 따라서 민법 제667조에서 정한 권리행사기간은 소멸시효가 아니라 제척기간으로 해석된다.[26]

그런데 민법 제667조의 제척기간이 여러 사안 유형에서 다양하게 나타나는 제척기간의 스펙트럼 안에서 어디에 위치하는지는 생각해볼 문제이다. 우선 민법 제667조에서 규정하는 도급인의 권리가 '형성권'이 아닌 '청구권'이라는 점에 주목할 필요가 있다. 청구권에 관한 제척기간은 소멸시효와 비슷하게 기능한다.[27] 소멸시효와 마찬가지로 의무자를 보호하며, 시간의 경과에 따라 입증이 곤란해진 청구권 행사를 억제한다. 반면 형성권에 관한 제척기간은 소멸시효와 구별되는 독자적인 역할을 수행한다.[28] 형성권자가 조기에 형성권을 행사하도록 유도함으로써 조속히 법률관계가 확정되도록 하고, 형성권자의 상대방을 법적으로 불확정적인 상태에서 해방시킨다.[29] 일반적으로 말하면 법률관계의 조속한 확정이라는 요청은 청구권에 관한 제척기간보다 형성권에 관한 제척기간에서 강하게 나타난다. 그러므로 청구권에 관한 제척기간인 민법 제670조의 제척기간은 제척기간으로서의 성격이 약한 제척기간, 소멸시효와 비슷한 성격을 가지는 제척기간으로 이해할 수 있다.

그렇기 때문에 이러한 도급인의 권리를 제척기간과 소멸시효 중 어느 쪽의 적용 대상을 삼을 것인가는 권리의 본질보다는 입법정책에 의해 좌우된다. 독일 민법 제634조의a, 스위스 채무법 제371조, 제210조는 하자보수청구권을 제척기간이 아닌 소멸시효의 적용 대상으로 규정하고 있고, 오스트리아 민법 제933조는 이를 제척기간으로 규정하다가 소멸시효로 바꾸었다.[30] 우리나라에서도 민법 제670조에 대해 도급인의 하자보수청구권을 과도하게 약화시킨다는 입법론적 비판이 제기되고 있다.[31] 이러한 일련의 입법례나 입법론은 도급인의 권리가 입법정책에 따라서

---

26) 대법원 1988. 3. 8. 선고 87다카 2083,2084 판결; 대법원 2010. 1. 14. 선고 2008다88368 판결; 대법원 2011. 4. 14. 선고 2009다82060 판결; 대법원 2012. 4. 13. 선고 2011다46036 판결 등. 한편 대법원 1990. 3. 9. 선고 88다카31866 판결; 대법원 2000. 6. 9. 선고 2000다1537 판결은 이러한 제척기간이 재판상 청구를 위한 출소기간이 아니라고 한다.

27) 김진우, "소멸시효와 제척기간", **재산법연구**, 제25권 제3호(2009), 173-174면.

28) 김준호(주 24), 112면은 형성권의 이러한 특성에 비추어, 형성권은 제척기간으로 제어하는 것이 어울린다고 설명한다.

29) 김진우(주 27), 174면.

30) 김화, "민법상의 수급인의 담보책임의 제척기간규정에 대한 비판적 고찰", **법학연구**(연세대학교), 제25권 제4호(2015), 112, 116, 119면 참조.

31) 김화(주 30), 103-142면. 한편 일본 민법 제637조 제1항은 우리 민법 제670조 제1항과 마찬가지로 목적물 인도 시로부터 1년의 제척기간을 규정하고 있으나, 2020년 4월 1일부터 시행될 일본 개정 민법 제637조 제1항에서는 이를 "도급인이 그 부적합을 안 때로부터 1년 이내에 수급인에게

는 얼마든지 소멸시효로 재규정될 수 있음을 의미한다. 그만큼 유추 적용의 가능성은 높아진다.

한편 유추 적용을 통해 상계권자인 도급인의 신뢰를 보호한다고 하여 수급인의 신뢰가 중대하게 침해되는 것도 아니다. 수급인은 도급인이 제척기간 내에 실제로 손해배상청구를 하지 않았으므로 이제 하자에 대한 법적 책임을 지지 않을 것이라고 생각할 수도 있다. 다른 한편 하자가 있다면 향후 공사대금을 정산하는 과정에서 그 하자만큼 감액될 것이라고 생각할 수도 있다. 만약 수급인이 후자와 같은 기대를 가지는 것이 일반적이라면, 도급인의 상계를 제한함으로써 보호하여야 할 수급인의 신뢰는 존재하지 않는 셈이다. 반대로 수급인이 전자와 같은 기대를 가지는 것이 일반적이라고 하더라도, 그러한 기대가 보호 가치가 높은 신뢰라고 보기는 어렵다. 하자가 존재하는데도 불구하고 단지 제척기간이 경과하였다는 이유로 도급인은 아무런 권리를 행사하지 못하는 반면, 수급인은 그 일의 대가를 온전히 받을 수 있게 되는 것은 정의 관념에도 어긋난다. 그러므로 일단 제척기간이 경과하였으니 하자에 대해서는 상계의 방법으로도 책임을 지지 않으리라는 수급인의 신뢰는 강하게 보호되어야 할 대상이 아니다. 어차피 입법자는 민법 제495조를 통해 소멸시효의 경우에도 이러한 채무자의 신뢰를 보호해 주지 않기로 하였고, 이러한 취지는 제척기간이라고 해서 본질적으로 달라질 이유가 없다.

한편 도급인의 손해배상청구권과 수급인의 대금청구권 사이에 밀접한 견련관계가 있다는 점도 중요하게 고려되어야 한다.[32] 자동채권과 수동채권 사이에 밀접한 견련관계가 있을수록 양 채권을 함께 처리해야 할 필요성이 커지기 때문이다. 또한 이러한 필요성은 자동채권이 소멸시효와 제척기간 중 어느 쪽에 걸리는가와 무관하게 존재하는 것이므로 유추 적용의 당위성을 더욱 높여준다. 종래의 긍정설 중에는 이처럼 자동채권과 수동채권 사이에 견련관계가 있는 경우에 한하여 민법 제495조가 유추 적용될 수 있다는 입장이 있었다.[33] 대상판결이 선고된 이후 마

그 취지를 통지하지 않은 때에는 주문자는 그 부적합을 이유로 하여 이행추완, 보수감액, 손해배상청구 및 계약해제를 할 수 없다."라고 하여 주관적 기산점을 채택함으로써 도급인의 권리를 대폭 강화한 점에 주목할 필요가 있다.
32) 이러한 견련관계에 기초하여, 민법 제667조 제3항은 양 채권이 동시이행관계에 있다고 규정한다. 김용담 편(주 25), 305면(이준형 집필부분)은 위와 같은 조항이 도급인의 소극적 권리(하자에 기한 손해를 이유로 수급인에 대한 보수의 지급을 소극적으로 거절할 수 있는 권리)를 간접적으로 언급한 것이라고 설명한다.
33) 민법주해/윤용섭(주 4), 408면.

찬가지 입장을 취한 판례평석도 간행되었다.[34] 조속한 법률관계의 확정을 도모하는 제척기간의 취지와 상계를 통한 당연 정산의 기대를 보호하고자 하는 민법 제495조의 취지를 적절하게 조화하는 타당한 입장이라고 생각한다. 대상판결은 이러한 견련관계의 요건이 충족되는 도급인의 손해배상청구권과 수급인의 대금청구권 사이의 상계 문제를 다루었으므로 민법 제495조의 유추 적용이 승인되는 것이 타당하다. 이러한 제한적 이해 하에 대상판결에 찬성한다.

---

34) 이창현(주 15), 403면.

6 임대차보증금반환채권의 소멸시효
(대법원 2020. 7. 9. 선고 2016다244224 판결)

가. 사실관계

A는 피고(반소원고, 이하 '피고'라 한다)로부터 임대권한을 위임받아 1998. 5. 31. 피고를 임대인으로 하여 X주택 102호를 임대기간 2년으로 원고(반소피고, 이하 '원고'라 한다)에게 임대하였다. 원고는 그 무렵 피고에게 임대차보증금 2,500만 원을 지급하고 X주택 102호에 입주하였다. 임대기간이 끝날 무렵 피고는 원고에게 위 102호의 인도를 요구하였다. 그러나 원고는 보증금 반환을 요구하며 인도를 거부하였고, 임대기간이 만료된 2000. 5. 30. 이후에도 계속 거주하였다. 원고는 2008. 5.경 결혼하면서 위 102호에 기본적인 가재도구를 남겨둔 채 2013년 무렵까지 우편물 정리와 집기류 확인 등을 위해 원고의 모친 B 등으로 하여금 위 102호에 출입하게 하면서 위 102호를 점유하였다.

피고는 2014. 12. 14. C에게 위 102호를 매도하고 2015. 6. 19. C 앞으로 소유권이전등기를 마쳤다. 원고는 2015. 6. 23. C에게 위 102호를 인도한 뒤 피고를 상대로 임대차보증금 반환을 구하는 소를 제기하였다. 이에 피고는 원고를 상대로 임대차목적물 반환 및 차임 상당의 부당이득반환을 구하는 반소를 제기하였다. 제1심법원은 원고의 본소청구는 인용하고 피고의 반소청구는 기각하였다.[1]

나. 원심판결과 대상판결

원심법원은 제1심판결을 취소하고, 원고의 본소청구와 피고의 반소청구를 모두 기각하였다.[2] 원심법원이 원고의 본소청구인 임대차보증금반환청구를 기각한 이유는 2000. 5. 30. 임대기간 만료로 임대차가 종료된 때로부터 10년이 경과함으로써 임대차보증금반환채권의 소멸시효가 완성되었다는 것이었다. 그런데 대법원은 소멸시효 제도의 존재 이유와 취지에 대해 일반적인 판시를 한 뒤, 다음과 같은

---

1) 서울중앙지방법원 2015. 9. 10. 선고 2014가단84532, 2015가단500418 판결.
2) 서울중앙지방법원 2016. 7. 13. 선고 2015나55891, 2015나55914 판결.

이유로 원심판결 중 원고의 본소청구 부분을 파기하였다.[3]

임대차가 종료함에 따라 발생한 임차인의 목적물반환의무와 임대인의 보증금반환의무는 동시이행관계에 있다. 임차인이 임대차 종료 후 동시이행항변권을 근거로 임차목적물을 계속 점유하는 것은 임대인에 대한 보증금반환채권에 기초한 권능을 행사한 것으로서 보증금을 반환받으려는 계속적인 권리행사의 모습이 분명하게 표시되었다고 볼 수 있다. 따라서 임대차 종료 후 임차인이 보증금을 반환받기 위해 목적물을 점유하는 경우 보증금반환채권에 대한 권리를 행사하는 것으로 보아야 하고, 임차인이 임대인에 대하여 직접적인 이행청구를 하지 않았다고 해서 권리의 불행사라는 상태가 계속되고 있다고 볼 수 없다.

임차인의 보증금반환채권과 동시이행관계에 있는 임대인의 목적물인도청구권은 소유권 등 물권에 기초하는 경우가 많으므로, 임대인이 적극적으로 권리를 행사하는지와 관계없이 권리가 시효로 소멸하는 경우는 거의 발생하지 않는다. 만일 임차인이 임대차 종료 후 보증금을 반환받기 위해 목적물을 점유하여 적극적인 권리행사의 모습이 계속되고 있는데도 보증금반환채권이 시효로 소멸한다고 보면, 임차인은 목적물반환의무를 그대로 부담하면서 임대인에 대한 보증금반환채권만 상실하게 된다. 이는 보증금반환채무를 이행하지 않은 임대인이 목적물에 대한 자신의 권리는 그대로 유지하면서 보증금반환채무만을 면할 수 있게 하는 결과가 되어 부당하다. 나아가 이러한 소멸시효 진행의 예외는 어디까지나 임차인이 임대차 종료 후 목적물을 적법하게 점유하는 기간으로 한정되고, 임차인이 목적물을 점유하지 않거나 동시이행항변권을 상실하여 정당한 점유권원을 갖지 않는 경우에 대해서까지 인정되는 것은 아니다. 따라서 임대차 종료 후 보증금을 반환받기 위해 목적물을 점유하는 임차인의 보증금반환채권에 대하여 소멸시효가 진행하지 않는다고 보더라도 그 채권에 관계되는 당사자 사이의 이익 균형에 반하지 않는다.

주택임대차보호법 제4조 제2항은 "임대차기간이 끝난 경우에도 임차인이 보증금을 반환받을 때까지는 임대차관계가 존속되는 것으로 본다."라고 정하고 있다(2008. 3. 21. 법률 제8923호로 개정되면서 표현이 바뀌었을 뿐 그 내용은 개정 전과 같다). 2001. 12. 29. 법률 제6542호로 제정된 상가건물 임대차보호법도 같은 내용의 규정을 두고 있다(제9조 제2항). 이는 임대차기간이 끝난 후에도 임차인이 보증금을 반환받을 때까지는 임차인의 목적물에 대한 점유를 임대차기간이 끝나기 전과 마찬가지 정도로 강하게 보호함으로써 임차

---

3) 대법원 2020. 7. 9. 선고 2016다244224, 244231 판결.

인의 보증금반환채권을 실질적으로 보장하기 위한 것이다. 따라서 임대차기간이 끝난 후 보증금을 반환받지 못한 임차인이 목적물을 점유하는 동안 위 규정에 따라 법정임대차관계가 유지되고 있는데도 임차인의 보증금반환채권은 그대로 시효가 진행하여 소멸할 수 있다고 한다면, 이는 위 규정의 입법 취지를 훼손하는 결과를 가져오게 되어 부당하다.

　위와 같은 소멸시효 제도의 존재 이유와 취지, 임대차기간이 끝난 후 보증금반환채권에 관계되는 당사자 사이의 이익형량, 주택임대차보호법 제4조 제2항의 입법 취지 등을 종합하면, 주택임대차보호법에 따른 임대차에서 그 기간이 끝난 후 임차인이 보증금을 반환받기 위해 목적물을 점유하고 있는 경우 보증금반환채권에 대한 소멸시효는 진행하지 않는다고 보아야 한다.

다. 분석

　임대차보증금반환채권에도 소멸시효의 일반 법리가 적용된다. 임차인이 임대차보증금반환채권을 행사할 수 있는 때가 되면 그 소멸시효 기간은 진행된다(민법 제166조 제1항). 이때 채권을 행사할 수 있는가는 그 채권 행사에 법률상 장애가 있는가에 달려 있다.[4] 임대차보증금반환채권은 채권의 일반 소멸시효 기간인 10년에 걸린다(민법 제162조). 임차인은 소멸시효 진행 중 청구, 압류 또는 가압류, 가처분의 형태로 자신의 권리를 행사하여 소멸시효를 중단시킬 수 있다(민법 제168조 제1호, 제2호). 또한 임대인이 채무를 승인한 경우에도 소멸시효가 중단된다(민법 제168조 제3호). 이러한 일반 법리에 따르면 임대차 종료로 임대차보증금반환채권이 발생한 때로부터 10년이 경과하면 소멸시효가 중단되거나 정지되지 않는 한 그 채권은 시효 완성으로 소멸한다. 그런데 대상판결은 주택임차인이 보증금을 반환받기 위해 목적물을 점유하는 동안에는 그 보증금반환채권의 소멸시효가 진행되지 않는다고 보았다. 이는 부동산 매수인이 부동산을 점유하는 동안에는 소유권이전등기청구권이 소멸시효에 걸리지 않는다는 판례 법리[5]에 비견되는 획기적인 법리이다.

　대법원은 대상판결에서 임대차 종료 후 보증금을 반환받기 위해 목적물을 점유하는 것은 동시이행관계에 기하여 보증금반환채권에 대한 권리를 행사하는 것으

---

4) 대법원 1992. 3. 31. 선고 91다32053 판결 등 다수. 학설도 대체로 그러하다. 곽윤직·김재형, **민법총칙**, 제9판(박영사, 2013), 429면 등.
5) 대법원 1976. 11. 6. 선고 76다148 전원합의체 판결.

로 평가할 수 있다고 보았다. 대상판결이 전제하듯이, 임대차계약의 종료로 발생하는 임차인의 임차목적물 반환의무와 임대인의 보증금 반환의무는 동시이행의 관계에 있다.6) 따라서 임차인은 임대인으로부터 보증금을 반환받기까지는 임차목적물의 인도, 즉 점유 이전을 적법하게 거절하면서 임차목적물을 계속 점유할 수 있다. 이는 동시이행 항변권에 기초한 점유이다. 그런데 동시이행 항변권은 그 항변권 행사의 이유가 되는 계약상 권리와는 별개의 독립된 권리이다. 가령 매매계약에서 매도인의 목적물 소유권 이전 시까지 매수인이 매매대금의 지급을 거절할 수 있는 동시이행 항변권은 매수인이 가지는 목적물 소유권이전청구권과는 별개의 독립된 권리이다. 따라서 동시이행 관계에 기하여 상대방에 대한 채무 이행을 거절하는 것을 상대방에 대한 채권 행사라고 곧바로 평가할 수는 없다.

기존 판례는 이 점을 분명히 하였다. 가령 대법원은 점포임대차 청약금반환채권이 점포명도의무와 동시이행관계에 있어 청약자가 청약금을 반환받을 때까지 점포명도를 거절할 수 있더라도, 청약금반환채권은 청약에 대한 거절이 확정된 때로부터 소멸시효가 진행한다고 보았다.7) 또한 대법원은 부동산에 대한 매매대금채권이 소유권이전등기청구권과 동시이행의 관계에 있다고 할지라도 매도인은 매매대금의 지급기일 이후 언제라도 그 대금의 지급을 청구할 수 있는 것이며, 다만 매수인은 매도인으로부터 그 이전등기에 관한 이행제공을 받기까지 그 지급을 거절할 수 있는 데 지나지 아니하므로 매매대금채권은 그 지급기일 이후 시효의 진행에 걸린다고 보았다.8) 요컨대 대법원은 동시이행 관계에 따른 불이행 상태 또는 동시이행 항변에 기한 이행거절권 행사를 그 항변의 이유가 된 자신의 권리 행사와 동일하게 평가하지 않았다.

물론 소멸시효 진행을 막는 채권 행사 방법은 다양한 형태로 존재할 수 있다. 대상판결은 채무자에 대한 직접적인 이행청구 외에도 변제의 수령이나 상계, 소송상 청구 및 항변으로 채권을 주장하는 경우를 예시하였다. 하지만 상계나 소송상 청구, 항변에 따른 채권 주장9)은 모두 세부적인 형태를 달리할 뿐 그 채권 자체를 직접 행사하거나 주장하는 것이다. 또한 채권자의 변제 수령은 채무자의 변제 행

---

6) 대법원 1990. 12. 21. 선고 90다카24076 판결.
7) 대법원 1993. 12. 14. 선고 93다27314 판결.
8) 대법원 1991. 3. 22. 선고 90다9797 판결.
9) 여기에서의 항변은 가령 점유할 권리로서 매수인으로서의 권리를 주장하는 등 권리 그 자체에 기한 항변을 의미하는 것으로 이해된다.

위를 전제하는데, 이러한 채무자의 변제 행위는 소멸시효 중단 사유 중 하나인 채무자의 승인으로 평가할 수 있다.[10] 이러한 채무자의 승인은 채권자의 권리 행사와 규범적으로 동등하게 평가되는 시효중단 사유이다. 그러므로 변제 수령을 채권자의 권리 행사 범주로 굳이 끌어들일 필요가 없다. 그러므로 위와 같은 채권 행사 방법의 다양성은 대상판결의 결론을 뒷받침하는 논거가 될 수 없다.

또한 무엇이 소멸시효 진행을 막는 채권 행사인가를 판단할 때에는 소멸시효 중단 사유를 정해 놓은 민법 제168조의 취지도 고려해야 한다. 대상판결은 소멸시효 중단이 아니라 소멸시효 개시 장애를 논하고 있으나, 양자는 시효기간 진행을 억제한다는 점, 해당 사유가 소멸하면 처음부터 시효가 진행된다는 점에서 본질적으로 공통된다. 그런데 민법 제168조는 어떠한 권리 행사(청구, 압류, 가압류 또는 가처분)나 이에 준하는 사유(승인)가 소멸시효의 진행을 막을 수 있는 사유인지를 미리 정해놓고 있다. 이러한 법정 사유 외에 입법이 아닌 해석의 방법으로 추가 중단 사유를 인정할 수 있는지는 논란의 여지가 있으나, 원칙론으로서는 이러한 법정 사유의 범주 내에서 시효중단이 인정되는 것이 맞다. 그런데 이 사건에서의 목적물 점유는 그 법정 사유 어디에도 포함되지 않는다.[11] 또한 민법은 재판상 청구 또는 강제집행 등 공권력에 의거하는 정도의 권리 행사에 확정적 시효중단효를 부여하는 한편, 재판외 청구에는 잠정적 시효중단효만 부여한다. 그러므로 재판외 권리행사에 시효진행을 확정적으로 중단시키거나 애당초 시효진행을 불가능하게 하는 효력을 부여하는 것은 상당히 신중해야 한다. 따라서 이 사건에서의 목적물 점유를 청구 또는 이에 준하는 권리행사처럼 파악하더라도 그러한 행위에 보증금 반환채권의 재판상 청구 또는 강제집행에 상응하는 강력한 효력을 부여하기는 어렵다.[12]

한편 대법원은 종래 이러한 정형적인 법리의 틀을 넘어서서 부동산을 인도받은 매수인의 소유권이전등기청구권이 소멸시효에 걸리지 않는다고 판시한 바 있다. 즉 대법원은 시효제도의 존재 이유에 비추어 볼 때 부동산 매수인이 목적물을 인

---

10) 대법원 1980. 5. 13. 선고 78다1790 판결; 대법원 2013. 5. 23. 선고 2013다12464 판결.
11) 이는 동시이행 항변권보다 더 강력한 물권인 유치권의 행사로서 목적물을 점유하더라도 그 피담보채권의 소멸시효는 진행되는 것에서도 알 수 있다.
12) 또한 이 행위를 대법원 2020. 2. 6. 선고 2019다223723 판결이 판시한 것과 같은 계속적 최고로 파악하는 데에도 어려움이 있다. 위 판결에서의 최고는 재판상 이루어졌다는 점, 그 효력도 시효완성 유예에 그친다는 점에서 이 사건과 다르기 때문이다.

도받아 사용·수익하고 있는 경우에는 그 매수인이 권리 위에 잠자는 것으로 볼 수 없고, 매도인 명의로 잔존하는 등기보다는 매수인의 사용수익상태를 더욱 보호하여야 하므로 그 매수인의 등기청구권은 다른 채권과는 달리 소멸시효에 걸리지 않는다고 해석하였다.[13] 이러한 판례 법리는 그 후 부동산 매수인이 다른 사람에게 부동산을 처분하고 점유를 승계하여 준 경우,[14] 3자간 등기명의신탁에 의한 등기가 유효기간의 경과로 무효가 된 경우[15]에도 적용되었다. 이 법리는 특정한 채권은 일정한 요건 아래 애당초 소멸시효에 걸리지 않을 수 있다는 사례를 보여준 것으로서 대상판결을 뒷받침하는 수단으로 활용될 수 있다.

그런데 등기청구권에 관한 판례 법리는 물권변동에 관한 형식주의 채택 및 각종 특별조치법들의 시행에도 불구하고, 등기를 하지 않아도 이를 인도받아 사용·수익하는 자가 사실상 소유자로 보호받아야 마땅하다는 당시의 법 의식이나 등기를 중시하지 않아 등기청구권의 소멸시효 기간이 만료되는 사태가 빈발하던 거래 실정을 고려하여 이해해야 한다.[16] 이 판례는 특별조치법이라는 입법으로도 해결하지 못하던 당시의 특유한 상황을 해결하기 위한 법원의 법 형성이다. 하지만 그러한 상황이 더 이상 존재하지 않는 현재에도 이 판례가 유지되어야 하는지는 의문스럽다. 그러므로 이 판례 법리의 취지를 현 시점에서 섣불리 확장해서는 안 된다. 보증금반환채권을 둘러싸고 이 판례 법리의 배경에 비견할 만한 정도의 특수한 거래 현실이 존재한다고 보기 어렵다. 또한 대상판결이 제시한 부당한 결과(소유자 겸 임대인은 목적물 반환을 청구할 수 있는데, 임차인은 보증금 반환을 청구할 수 없는 상황)는 소유권의 속성과 소멸시효 법리에 따른 것으로서 법이 이미 예정한 결과이다. 이와 유사한 다른 상황 (가령 매수인에게 점유를 이전하여 준 부동산 매도인의 매매대금 채권은 시효로 소멸하는데도 등기를 게을리한 매수인의 등기청구권은 계속 존속하는 상황)도 얼마든지 발생할 수 있으나 이를 부당한 결과라고 말하지 않는다.

이처럼 대상판결이 지금까지 제시한 논거만으로는 대상판결의 결론을 뒷받침하기 어렵다. 하지만 대상판결이 또 다른 논거로 제시한 주택임대차보호법 제4조 제2항은 무게 있게 받아들여야 한다. 주택임대차보호법 제4조 제2항은 임대차 종료 후에도 임차인이 보증금을 반환받을 때까지는 임대차관계의 존속을 의제한다. 이

---

13) 대법원 1976. 11. 6. 선고 76다148 전원합의체 판결.
14) 대법원 1999. 3. 18. 선고 98다32175 전원합의체 판결.
15) 대법원 2013. 12. 12. 선고 2013다256647 판결.
16) 권영준, "민사재판에 있어서 이론, 법리, 실무", 서울대학교 법학, 제49권 제3호(2008), 334면.

조항은 1983. 12. 30. 법률 제3682호로 개정된 주택임대차보호법에 신설되었다. 개정이유에 따르면, 이 조항의 신설 목적은 "임대차기간이 만료되었음에도 임차보증금의 반환이 없는 경우 그 반환시까지 임대차관계가 존속하는 것으로 간주하여 임차보증금회수를 보장함"이다.[17] 이 조항은 학계에서 심도 있게 연구되지는 않았다. 실무상으로는 이 조항에 따라 임대차 종료 후에도 임차인이 임대차 목적물의 소유권이 변동되더라도 보증금을 반환받을 때까지 새로운 임대인에게 임대차관계의 존속을 주장하는 등[18] 보증금 반환확보 목적으로 요긴하게 활용되고 있다.

물론 이 조항은 임차인에게 임대차 종료 후에도 임대차관계의 존속 간주와 우선변제권 행사 가능성이라는 복수 선택지를 제공함으로써 임차인을 더욱 강하게 보호하기 위한 조항일 뿐, 임대차보증금반환채권의 소멸시효 진행을 막기 위한 조항은 아니다. 그러나 이 조항은 임대차보증금의 반환을 통해 임대차관계가 정상적으로 청산되기까지는 임대차 종료라는 사정만으로 임대인을 임대차라는 법적 틀에서 해방시켜 주지는 않겠다는 입법적 의지의 표현이다. 즉 임대차 종료 후에도 임대차 존속상태(가령 채권적 전세의 경우 임대인은 보증금을 보유하는 한편 임차인은 목적물을 사용·수익하는 상태)가 지속되는 것처럼 규범적으로 평가하겠다는 것이다. 그렇다면 임대차가 실제로 존속하는 중에는 임대차보증금반환채권이 소멸할 법적 가능성이 배제되듯이 임대차 종료 후에도 임대차 존속이 법적으로 의제되는 이상 임대차보증금반환채권이 소멸시효에 걸리지 않는다는 논리를 이 조항으로부터 도출하는 해석론도 가능하다. 특히 이 조항이 보증금반환 확보를 목적으로 만들어진 것임에 비추어 보더라도 그러하다.

지금까지 살펴보았듯이 일반적인 소멸시효 법리만으로는 대상판결의 결론을 곧바로 지지하기 어려우나, 주택임대차보호법 제4조 제2항 및 이를 기초로 형성된 일반인들의 법의식[19]을 토대로 한다면 대상판결의 결론을 지지하는 것도 가능하다. 상가건물 임대차보호법 제9조 제2항도 주택임대차보호법 제4조 제2항과 같은

---

17) 당시 법제사법위원회의 심사보고서에서도 이와 같은 취지로 이 조항의 입법 목적을 파악하는 한편 이 조항에 관하여 "별다른 문제점이 없음"이라고 평가하였다. 법제사법위원회, 주택임대차보호법 중 개정법률안 심사보고서(1983. 12. 15.), 3면, 5면.

18) 대법원 1997. 8. 22. 선고 96다53628 판결; 대법원 1997. 8. 29. 선고 97다11195 판결; 대법원 1998. 7. 10. 선고 98다15545 판결.

19) 주택임대차보증금을 반환받을 때까지는 마치 임대차가 존속하듯이 계속 목적물을 점유할 수 있고, 그 결과 목적물을 점유하는 도중에는 보증금반환채권이 단순한 기간 경과로는 소멸하지 않을 것이라는 막연하나 상식적인 법의식이나 기대를 말한다.

내용을 규정하고 있으므로, 대상판결의 법리는 주택임대차뿐만 아니라 위 법의 적
용 범위 내에서 상가건물 임대차에도 적용될 수 있다. 하지만 이러한 특별법 조항
을 소멸시효에 관한 특례적 법리의 주요 근거로 보는 이상 이 조항이 적용되지 않
는 일반적인 임차보증금반환채권의 경우에는 대상판결의 법리가 적용될 수 없다
고 보아야 한다. 한편 이러한 임차보증금반환채권의 소멸시효 문제는 입법적으로
해결하는 것이 더 깔끔하다. 관련 조항들로부터 대상판결과 같은 해석론을 끌어낼
수 있는가에 관하여는 논란의 여지가 없지 않기 때문이다. 그 경우 주택임대차보
호법이나 상가건물 임대차보호법에 소멸시효 정지에 관한 조항을 두는 것을 생각해
볼 수 있다.[20]

---

20) 독일 민법 제205조는 채무자가 채권자와의 약정에 기하여 급부거절권을 가지는 동안에 소멸시효
가 정지한다고 규정하고, 제207조는 혼인관계가 존속하는 동안 배우자 사이의 청구권의 소멸시효
가 정지한다고 규정한다. 이러한 형태를 참고하여 임대차 존속이 의제되는 기간 동안에는 임차보증
금반환채권의 소멸시효가 정지한다고 규정할 수 있다.

7 일부청구와 소멸시효 중단
(대법원 2020. 2. 6. 선고 2019다223723 판결)

가. 사실관계

원고는, 피고가 시행한 공익사업으로 인한 이주대책 일환으로 아파트를 분양받게 되었고, 2008. 10. 31.까지 그 분양대금을 완납하였다. 원고는 아파트 분양대금에 포함되어 있던 생활기본시설 설치비용은 본래 사업시행자인 피고가 부담하여야 하므로, 피고는 분양대금 일부로 납부한 위 설치비용 상당액의 부당이득을 원고에게 반환해야 한다고 주장하면서 2013. 7. 30. 피고를 상대로 소(이하 '이 사건 선행소송'이라고 한다)를 제기하였다. 이 사건 선행소송의 소장에는 '일부청구'라는 제목 아래 "원고는 부당이득금반환청구권이 있다고 할 것이나 정확한 금액은 추후 피고로부터 생활기본시설 관련 자료를 받아 계산하도록 하고 우선 이 중 일부인 2,000,000원에 대하여만 청구하게 되었습니다."라고 기재되어 있었다. 그러나 원고는 이 사건 선행소송이 종료될 때까지 청구취지를 확장하지 않았다. 법원은 2016. 10. 12. '피고는 원고에게 2,000,000원 및 이에 대한 지연손해금을 지급하라'는 판결을 선고하였고,[1] 2016. 11. 8. 이 판결이 확정되었다. 원고는 2017. 5. 18. 이 사건 선행소송에서 인정된 금액을 제외한 나머지 금액 18,808,243원 및 이에 대한 지연손해금을 청구하는 소를 제기하였다. 피고는 그 부분에 대한 원고의 부당이득반환청구권이 시효로 소멸하였다고 항변하였다. 제1심법원은 이 사건 선행소송의 제기로 원고의 부당이득반환청구권 전부에 관하여 시효중단의 효력이 발생하였다고 보아, 피고의 소멸시효 항변을 받아들이지 않았다.[2]

나. 원심판결과 대상판결

원심법원은 제1심판결을 취소하고 원고의 청구를 기각하였다.[3] 원심법원은, 이 사건 선행소송에서 인정된 금액을 제외한 잔액에 대한 원고의 부당이득반환청구

---

1) 서울중앙지방법원 2016. 10. 12. 선고 2013가단5102681 판결.
2) 서울중앙지방법원 2018. 7. 12. 선고 2018가단5035175 판결.
3) 서울중앙지방법원 2019. 2. 20. 선고 2018나52206 판결.

권은 2016. 11. 8. 이 사건 선행소송이 종료됨에 따라 그 소멸시효 중단의 효과가 소급적으로 소멸하였고 보았다. 또한 원고는 그로부터 6개월이 경과된 2017. 5. 18.에 비로소 다시 소를 제기하였으므로 민법 제170조 제2항이 적용 또는 유추 적용될 여지도 없다고 보았다. 대법원도 원심법원과 마찬가지로 부당이득반환청구 권의 소멸시효가 완성되었다고 보았다.[4] 다만 소멸시효 완성 여부를 판단하는 과 정에서 원심법원과 달리 '청구취지가 확장되지 않은 나머지 부분 청구에 대해서는 소송 계속 중 최고의 효력이 유지되므로 소송 종료 후 6개월 내에 민법 제174조 에 따른 조치를 취함으로써 시효를 확정적으로 중단시킬 수 있다'는 법리를 새롭 게 판시하였다.

하나의 채권 중 일부에 관하여만 판결을 구한다는 취지를 명백히 하여 소송을 제기한 경우에는 소제기에 의한 소멸시효중단의 효력이 그 일부에 관하여만 발생하고, 나머지 부 분에는 발생하지 아니하나, 소장에서 청구의 대상으로 삼은 채권 중 일부만을 청구하면서 소송의 진행경과에 따라 장차 청구금액을 확장할 뜻을 표시하고 당해 소송이 종료될 때까 지 실제로 청구금액을 확장한 경우에는 소제기 당시부터 채권 전부에 관하여 판결을 구한 것으로 해석되므로, 이러한 경우에는 소제기 당시부터 채권 전부에 관하여 재판상 청구로 인한 시효중단의 효력이 발생한다.

소장에서 청구의 대상으로 삼은 채권 중 일부만을 청구하면서 소송의 진행경과에 따라 장차 청구금액을 확장할 뜻을 표시하였으나 당해 소송이 종료될 때까지 실제로 청구금액 을 확장하지 않은 경우에는 소송의 경과에 비추어 볼 때 채권 전부에 관하여 판결을 구한 것으로 볼 수 없으므로, 나머지 부분에 대하여는 재판상 청구로 인한 시효중단의 효력이 발생하지 아니한다. 그러나 이와 같은 경우에도 소를 제기하면서 장차 청구금액을 확장할 뜻을 표시한 채권자로서는 장래에 나머지 부분을 청구할 의사를 가지고 있는 것이 일반적 이라고 할 것이므로, 다른 특별한 사정이 없는 한 당해 소송이 계속 중인 동안에는 나머지 부분에 대하여 권리를 행사하겠다는 의사가 표명되어 최고에 의해 권리를 행사하고 있는 상태가 지속되고 있는 것으로 보아야 하고, 채권자는 당해 소송이 종료된 때부터 6월 내에 민법 제174조에서 정한 조치를 취함으로써 나머지 부분에 대한 소멸시효를 중단시킬 수 있다.

---

4) 대법원 2020. 2. 6. 선고 2019다223723 판결.

원고가 소장 등에서 장차 청구금액을 확장할 뜻을 표시하였지만 이 사건 선행소송이 종료될 때까지 청구금액을 확장하지 아니한 이상, 원고는 이 사건 선행소송에서 2,000,000원 및 이에 대한 지연손해금에 관하여만 판결을 구하였다고 봄이 상당하므로, 이 사건 선행소송의 제기에 의한 소멸시효중단의 효력은 위 2,000,000원 및 이에 대한 지연손해금에 관하여만 발생하고, 나머지 부분에 대하여는 이 사건 선행소송이 계속 중인 동안에는 최고에 의해 권리를 행사하고 있는 상태가 지속되고 있었다고 할 것이나, 원고가 이 사건 선행소송이 종료된 때부터 6월 내에 이 사건 소송을 제기하는 등 민법 제174조에서 정한 조치를 취하지 아니한 이상 시효중단의 효력이 없어 소멸시효가 완성되었다.

다. 분석

(1) 일부청구와 시효중단에 관한 판례의 흐름

일부청구는 분할 가능한 청구권의 일부만 재판상 청구하는 것을 의미한다.[5] 일부청구는 다양한 이유로 행해진다. 일반적으로는 인지대 등 소송비용을 절약하거나, 강제집행할 책임재산이 부족하여 전부청구의 실익이 없거나, 전체 채권 액수를 명확히 알 수 없는 경우에 행해진다. 사적 자치 원칙과 처분권주의를 생각하면, 권리자가 권리의 일부만 행사하는 것을 비난하거나 금지해서는 안 된다.[6] 하지만 권리자가 일부청구만을 하면서 나머지 부분(이하 '잔부'라고 한다)에 대한 분쟁 가능성을 남겨놓으면, 일부청구에만 응해야 하는 의무자와 법원으로서는 한꺼번에 분쟁을 해결할 수 없는 부담을 안게 된다. 따라서 일부청구의 허용 여부와 그 실체법적, 소송법적 효과는 권리자의 권리행사 자유, 의무자의 신뢰 및 법적 안정성, 분쟁의 1회적 해결을 통한 사법자원의 효율적 이용 등을 종합적으로 고려하여 결정해야 한다.

일부청구는 기판력,[7] 중복제소,[8] 항소의 이익,[9] 과실상계,[10] 상계,[11] 시효중단

---

[5] 호문혁, **민사소송법**, 제14판(박영사, 2020), 322면; 양형우, "일부청구와 소멸시효의 중단", **재산법연구**, 제37권 제2호(2020), 60면. 재판외 일부청구는 일부청구의 논의 대상이 아니다.
[6] 호문혁(주 5), 322-323면. 다만 소액사건심판법 제5조의2는 소액사건심판법의 적용을 받을 목적으로 하는 일부청구를 제한한다.
[7] 대법원 1989. 6. 27. 선고 87다카2478 판결(명시설).
[8] 대법원 1985. 4. 9. 선고 84다552 판결(명시설).
[9] 대법원 2010. 11. 11. 선고 2010두14534 판결(명시적 일부청구의 경우 청구취지 확장을 위한 항소의 이익 부정).

등 다양한 국면에서 문제된다. 대상판결은 그 중 일부청구와 시효중단 문제를 다루었다.[12] 채권자가 일부청구를 한 경우 그 청구된 일부에 시효중단효가 발생하는 것은 분명하다(민법 제168조 제1호). 하지만 청구되지 않은 잔부에도 시효중단효가 발생하는가에 관하여는 전부중단설(잔부에 대한 시효중단 긍정), 일부중단설(잔부에 대한 시효중단 부정), 명시설(일부청구임을 명시한 경우에만 잔부에 대한 시효중단 부정) 등 다양한 학설들이 주장되어 왔다.[13]

판례는 "한 개의 채권 중 일부에 관하여만 판결을 구한다는 취지를 명백히 하여 소송을 제기한 경우에는 소제기에 의한 소멸시효중단의 효력이 그 일부에 관하여만 발생"한다고 하여 명시설을 취하면서도, "청구의 대상으로 삼은 채권 중 일부만을 청구한 경우에도 그 취지로 보아 채권 전부에 관하여 판결을 구하는 것으로 해석되는 경우에는 그 동일성의 범위 내에서 그 전부에 관하여 시효중단의 효력이 발생"한다고 하여 명시적 일부청구의 경우에도 채권 전부의 시효중단 가능성을 열어놓았다.[14] 이러한 판시는 대부분 소장을 제출하면서 일부청구임을 명시하면서도 법원의 손해액 감정결과에 따라 청구금액을 확장할 뜻을 표시한 사안에서 이루어졌다.[15]

다만 위 사안들에서는 청구취지 확장의 뜻이 표시되는 데 그치지 않고 실제로도 청구취지 확장이 이루어졌음에 주목할 필요가 있다. 이러한 사안들은 결국 채권 전체에 대한 청구가 현실적으로 행해졌다는 점에서 일부청구가 아닌 전부청구 사안으로 보아야 한다.[16] 한편 청구취지 확장의 뜻이 표시되기만 하고 실제로 확

---

10) 대법원 1976. 6. 22. 선고 75다819 판결(외측설).
11) 대법원 1984. 3. 27. 선고 83다323, 83다카1307 판결(외측설).
12) 이러한 일부청구와 시효중단의 문제가 기판력, 중복제소, 항소의 이익 등 다른 소송법적 문제와 동일한 방식으로 처리되어야 할 논리적 필연성이 있는 것은 아니다. 시효법에 특유한 여러가지 실체적 문제들이 개재되어 있기 때문이다. 이러한 문제의 독자성을 강조한 문헌으로 태기정, "일부청구의 소송물과 시효중단범위", **법학연구**(전북대학교 법학연구소), 통권 제55집(2018), 147면.
13) 학설 현황은 김용덕 편, **주석민법 총칙(3)**, 제5판(한국사법행정학회, 2019), 942-943면(전원열 집필부분); 김홍엽, **민사소송법**, 제9판(박영사, 2020), 392면; 전병서, "일부청구와 시효중단", **법조**, 통권 제741호(2020), 405-406면 참조.
14) 대법원 1992. 4. 10. 선고 91다43695 판결; 대법원 1992. 12. 8. 선고 92다29924 판결; 대법원 2001. 9. 28. 선고 99다72521 판결; 대법원 2006. 1. 26. 선고 2005다60017, 60024 판결. 이러한 판례의 태도를 명시설로 파악하는 견해(이시윤, **신민사소송법**, 제13판(박영사, 2019), 299면), 전부중단설로 보는 견해(정영환, **신민사소송법**, 개정신판(법문사, 2019), 468면)가 있다.
15) 대법원 1992. 4. 10. 선고 91다43695 판결; 대법원 1992. 12. 8. 선고 92다29924 판결; 대법원 2001. 9. 28. 선고 99다72521 판결.
16) 김홍엽(주 13), 392면; 양형우(주 5), 71면 참조. 다만 위 판결들은 청구취지 확장이 소멸시효 기간 경과 후에 이루어진 사안들을 다루었는데 이 경우에도 소 제기 시점으로 소급하여 시효중단효가 발생한다는 점을 분명히 하였다는 의미는 있다.

장되지 않는 전형적인 일부청구 사안에서도 전부중단효가 인정될지는 불분명하였다. 대상판결은 바로 그러한 사안을 다루면서 ① 실제 청구취지 확장까지 이루어진 사안에서는 전부중단효가 인정된다는 기존 판례를 재확인한 뒤, ② 실제 청구취지 확장까지 이루어지지 않은 경우에는 잔부에 관하여 재판상 청구의 확정중단효가 아니라 최고의 잠정중단효(민법 제174조)만을 인정하였다. ②의 판시는 대상판결에서 최초로 이루어졌다.

결국 대상판결을 통해 ① 「청구취지 확장 유보부 일부청구 + 청구취지 확장 = 전부 시효중단」 ② 「청구취지 확장 유보부 일부청구 + 청구취지 불확장 = 일부 확정적 시효중단 + 잔부 잠정적 시효중단」의 도식이 완성되었다. ②의 도식은 시효중단 및 시효정지의 결합과 유사한 모습을 띤다.[17]

(2) 대상판결 분석

대상판결에 대해서는 다음 두 가지 의제(fiction)가 개입했다는 의문이 든다.

첫째, 청구취지가 실제로 확장되지 않은 사안에서 애당초 청구취지를 확장하겠다는 뜻을 표시하였다는 것만으로 최고가 있었다고 할 수 있는가? 최고는 채무이행을 구하는 의사 통지이다.[18] 최고도 시효중단 사유인 '청구'의 일종이다. 민법 제168조 제1항의 청구는 재판상 청구[19]와 재판외 청구로 나누어지는데, 그중 재판외 청구가 곧 최고인 것이다. 그런데 청구취지를 확장하겠다는 뜻을 밝힌 것은 청구의 예고 내지 청구가능성의 유보일 수는 있어도 청구 그 자체는 아니지 않은가? 결국 대상판결은 실제 청구가 이루어지지 않은 사안에서 청구 없는 청구를 의제해 버린 것이 아닌가?

둘째, 최고가 청구로 평가될 수 있다고 가정하더라도, 그 최고가 소송 종료 시까지 계속되었다고 할 수 있는가?[20] 대상판결은 최고가 소송 종료 시까지 계속된다고 보았다. 그렇게 보아야 소송계속 중 시효기간이 경과하더라도 곧바로 시효가 소멸하지 않고, 소송종료 후 6개월이라는 유예기간을 확보할 수 있기 때문이다(민

---

17) 최고는 실질적으로 시효정지사유와 유사하다는 설명으로 주석민법/전원열(주 13), 965−966면.
18) 곽윤직·김재형, **민법총칙**, 제9판(박영사, 2013), 335면; 김증한·김학동, **민법총칙**, 제10판(박영사, 2013), 677면; 김상용, **민법총칙**, 제3판(법문사, 2014), 730면; 김민중, **민법총칙**(법영사, 2014), 546면; 주석민법/전원열(주 13), 966면.
19) 이러한 의미의 재판상 청구에는 소 제기(민법 제170조)뿐만 아니라 이에 준하는 법 절차에서의 권리 주장(민법 제171조, 제172조, 민법 외의 관련 법률조항들)도 포함된다.
20) 전병서(주 13), 415면이 이 점을 지적한다.

법 제174조 참조). 하지만 일반적으로 최고라는 의사 통지는 1회적인 행위로 이해된다. 그렇다면 왜 이 사건에서는 최고가 돌연 계속적 행위로 평가되는가? 그것은 일단 행해진 최고가 상대방에 의해 수령된 상태로 계속 머물러 있기 때문인가? 그러한 논리대로라면 모든 최고는 계속적 최고라야 하지 않는가? 결국 대상판결은 최고의 계속성을 의제해 버린 것이 아닌가?

이러한 의문들에 대한 답변의 실마리는 소송절차의 동태성에서 찾을 수 있다. 일반적인 최고와 달리 청구취지 확장 의사의 표시는 소송에서 행해진다. 이는 재판외에서 행해지는 청구의 예고 또는 청구 가능성의 유보와는 다르다. 소송절차에서 이러한 뜻을 표시함으로써 청구취지 확장 대상인 잔부를 확정해 나가기 위한 절차상 노력이 시작되었다는 점에서 잠정적이나마 청구 절차가 개시된다. 이 사건에서 원고는 "정확한 금액은 추후 피고로부터 생활기본시설 관련 자료를 받아 계산하도록 하고 우선 이 중 일부인 2,000,000원에 대하여만 청구하게 되었습니다."라고 밝혔다. 여기에서의 "정확한 금액"은 하늘에서 갑자기 떨어지지 않는다. "정확한 금액"은 소송을 통해 이를 밝히겠다는 원고의 뜻이 표시되는 순간부터, 동태적 소송절차가 종료될 때까지 서서히 그리고 지속적으로 규명되어 간다. 소송 종료 시까지 그 "정확한 금액"이 밝혀졌는지, 청구취지에 실제로 반영되었는지는 이러한 청구의 프로세스가 진행되었다는 사실 자체를 부정하지 못한다. 그렇다면 결과적으로 그 "정확한 금액"에 대한 재판상 청구가 끝내 이루어지지 못했더라도 최소한 그보다 낮은 단계의 청구 형태인 최고는 계속되었다고 평가할 수 있지 않을까?[21)

더구나 판례는 최고의 범위를 너그럽게 해석하여 왔다.[22) 여기에는 두 가지 배경이 숨어 있다. 첫째, 여기에는 시효중단제도는 권리자를 위하여 너그럽게 해석하는 것이 옳다는 생각이 깔려 있다.[23) 둘째, 최고는 6개월 내 재판상 청구 등 확실한 시효중단 조치를 담보하기 위한 잠정적 시효중단사유(실질은 시효완성유예사유)에 불과하므로,[24) 그 범위를 넓게 파악하는 것에 따른 부담이 덜하다. 더구나

---

21) 이처럼 행위 대신 상태에 초점을 맞추어 계속성을 도출하는 예로 동시이행 항변권을 상실시키기 위한 계속적 이행제공이 있다. 판례는 계속적 이행제공을 반복적인 이행제공 행위로 파악하기보다는 언제든지 이행이 이루어질 수 있는 상태의 계속으로 파악한다(대법원 1992. 7. 14. 선고 92다5713 판결; 대법원 1995. 12. 22. 선고 95다40397 판결).
22) 가령 대법원 1989. 11. 28. 선고 87다273, 274, 87다카1772, 1773 판결(경계시비 끝에 한 형사고소를 최고로 파악); 대법원 1992. 2. 11. 선고 91다41118 판결(재산관계명시신청 결정의 송달을 최고로 파악); 대법원 2009. 7. 9. 선고 2009다13430 판결(소송고지를 최고로 파악).
23) 대법원 1975. 7. 8. 선고 74다178 판결 등 다수.

판례는 이미 다른 사안 유형에서 계속적 최고 개념을 승인한 바 있다.[25] 이처럼 최고라는 개념을 유연하고 넓게 파악하는 기조는 대상판결 이전에 이미 판례를 통하여 형성되어 있었다. 이러한 최고 개념의 유연성과 확장성에다가 소송절차의 연속성과 동태성까지 종합해 보면, 대상판결의 법리는 이론적으로 수긍할 수 있다. 구체적 타당성의 측면에서 보더라도 대상판결은 일부청구와 시효중단의 문제를 둘러싼 여러 당사자들의 제반 이익을 절묘하게 절충함으로써 설득력을 갖추었다. 일부청구 주체에게는 잔부에 대해 잠정적으로나마 시효중단효를 부여하되, 소송종료 후 확정적 시효중단 조치를 취할 기간을 6개월로 한정함으로써 상대방과 법원의 부담도 경감해 주기 때문이다.

참고로 이러한 대상판결의 법리는 일본의 재판상 최고 이론과 유사하다.[26] 일본의 재판상 최고 이론에 따르면 명시적 일부청구를 하였으나 잔부에 대한 권리행사의 의사가 계속적으로 표시되었다고 볼 만한 특별한 사정이 있다면 그 잔부에 관하여 최고로서의 시효중단효를 인정한다.[27] 이러한 이론에는 특수한 배경이 있다. 2020. 4. 1.부터 시행된 개정 일본 민법전의 일본 민법에는 우리 민법 제170조 제2항[28]에 상응하는 조항이 없었다. 따라서 소를 제기하였으나 소송계속 중 소멸시효 기간이 경과한 뒤 소 취하나 각하 등이 이루어지면 곧바로 시효가 완성되어 버리는 문제가 있었다.[29] 재판상 최고 이론은 이때 소 제기에 계속적 최고로서의 효력을 인정함으로써 최소한 소 취하나 각하 이후에도 6개월의 유예기간을 확보하기 위하여 고안되었다. 우리나라에는 이러한 유예기간을 부여하는 민법 제170조 제2항이 있으므로 위와 같은 의미에서는 재판상 최고 이론이 필요하지 않다. 하지만 일본의 재판상 최고 이론은 일부청구와 시효중단의 문제로도 확장 적용되

---

24) 김증한·김학동(주 18), 677면; 김상용(주 18), 731면; 양창수·김형석, **민법 Ⅲ – 권리의 보전과 담보**, 제3판(박영사, 2018), 111면.

25) 대법원 1995. 5. 12. 선고 94다24336 판결; 대법원 2009. 7. 9. 선고 2009다14340 판결.

26) 이 이론에 대한 상세한 설명은 정소민, "명시적 일부청구와 소멸시효의 중단 – 대법원 2020. 2. 6. 선고 2019다223723 판결에 대한 평석 – ", **법학논총**(한양대학교 법학연구소), 제37집 제4호(2020), 256 – 263면 참조.

27) 日最判 2013. 6. 6.(民集 67, 1208). 한편 재판상 최고의 개념을 처음 인정한 것은 日最判 1963. 10. 30.(民集 17, 1252).

28) 우리 민법 제170조 제2항은 소 각하, 취하, 청구기각의 경우에도 6개월 내에 재판상의 청구 등을 하면 최초의 소 제기 시점에 시효가 중단된 것으로 본다고 규정한다.

29) 이 문제는 이러한 경우 6개월의 시효완성 유예기간을 두는 개정 민법 제147조를 통해 입법적으로 해결되었다. 松岡久和·松本恒雄·鹿野菜穂子·中井康之編 編, **改正債権法コンメンタール**(法律文化社, 2020), 137 – 138면.

었는데, 이는 소의 취하나 각하와는 다른 차원의 문제이다. 즉 일부청구와 시효중단을 둘러싼 이해관계인들의 이익을 적절하게 형량하는 도구로 확장 발전한 것이다. 대상판결은 이러한 일본의 이론을 참고한 결과물로 추측된다.

제 2 장

물권법 분야

1 배타적 사용·수익권의 제한
(대법원 2019. 1. 24. 선고 2016다264556 전원합의체 판결)

가. 사실관계

원고는 아버지 A가 소유하던 X토지를 1995. 5. 29. 상속받았다. X토지 일부분 (이하 "이 사건 계쟁토지 부분"이라고 한다) 지하에는 인근 주택들에서 나오는 오수가 유입되는 우수관이 매설되어 있었다. 이 사건 계쟁토지 부분 지상에는 A가 소유하던 Y주택이 있었으나, 원고가 Y주택을 철거하여 나대지 상태가 되었다. 원고는 우수관 관리 주체인 피고(지방자치단체)를 상대로 우수관 철거 및 이 사건 계쟁토지 부분 사용에 따른 차임 상당 부당이득반환을 청구하는 소송을 제기하였다. 피고는 A가 이 사건 계쟁토지 부분에 우수관을 매설할 수 있도록 스스로 토지를 제공함으로써 그 부분에 대한 독점적이고 배타적인 사용·수익권을 포기하였고, A의 상속인인 원고는 그러한 제한이 있는 토지를 상속하였으므로 원고의 청구는 인정될 수 없다고 주장하였다.

나. 소송의 경과

1심법원은 A의 배타적 사용·수익권 포기를 인정할 근거가 부족하다는 이유로 이러한 피고의 주장을 배척하고 원고의 청구를 인용하였다.[1] 원심법원은 우수관 매설 당시 A가 적극적으로 동의하였던 것으로 보이는 점, A도 자기가 소유하는 Y주택을 위하여 그 우수관을 사용하였을 것이라는 점, 원고가 Y주택을 철거하기 전에는 피고에게 우수관 철거 및 부당이득반환을 요구한 적이 없다는 점 등을 근거로 배타적 사용·수익권 포기를 인정한 뒤 1심법원과 달리 원고의 청구를 전부 기각하였다.[2] 원고는 이에 상고하면서, (1) 이 사건 계쟁토지 부분에 매설된 우수관은 하수도법상 공공하수처리시설에 해당하므로 법령상 절차에 따라 X토지에 대한 수용 및 손실보상이 이루어져야 하는 것이지 기존 판례의 배타적 사용·수익권 포

---

1) 수원지방법원 2014. 11. 12. 선고 2013가단53256 판결.
2) 수원지방법원 2016. 10. 12. 선고 2014나46157 판결.

기 법리가 적용되어서는 안 되고, (2) 원심이 든 여러 사정들만으로 이 사건에서
배타적 사용·수익권의 포기가 인정될 수 없다고 주장하였다. 대법원은 배타적 사
용·수익권 포기 법리의 타당성을 재확인한 뒤, A가 자신의 토지와 그 지상 주택
의 편의를 위하여 자발적으로 우수관 설치를 허용하였고, A의 배타적인 사용·수익
권 행사 제한을 정당화할 정도로 분명하고 확실한 공공의 이익이 인정된다는 점을 들어
상고를 기각하였다. 배타적 사용·수익권 포기 법리에 관한 대상판결의 요지(대상
판결의 해당 판시 부분을 그대로 옮긴 것이다)는 다음과 같다.

　배타적 사용·수익권의 행사를 제한하는 법리는 대법원이 오랜 시간에 걸쳐 발
전시켜 온 것으로서, 현재에도 여전히 그 타당성을 인정할 수 있다. 다만 토지 소
유자의 독점적이고 배타적인 사용·수익권 행사의 제한 여부를 판단하기 위해서는
토지 소유자의 소유권 보장과 공공의 이익을 비교 형량하여야 한다. 원소유자의
배타적 사용·수익권 행사가 제한되는 경우에도 특별한 사정이 있다면 특정승계
인의 배타적 사용·수익권 행사가 허용될 수 있다. 또한 토지 소유자의 배타적
사용·수익권 행사가 제한되는 경우에도 일정한 요건을 갖춘 때에는 사정변경의
원칙이 적용되어 소유자가 다시 배타적 사용·수익권을 행사할 수 있다고 보아야
한다.

　다만 소유권의 핵심적 권능에 속하는 사용·수익 권능의 대세적·영구적인 포기
는 물권법정주의에 반하여 허용될 수 없으므로, 토지 소유자의 배타적 사용·수익
권 행사가 제한되는 것으로 보는 경우에도, 일반 공중의 무상 이용이라는 토지이용
현황과 양립 또는 병존하기 어려운 토지 소유자의 독점적이고 배타적인 사용·수
익만이 제한될 뿐이고, 토지 소유자는 일반 공중의 통행 등 이용을 방해하지 않는
범위 내에서는 그 토지를 처분하거나 사용·수익할 권능을 상실하지 않는다. 위와
같은 법리는 토지 소유자가 그 소유의 토지를 도로 이외의 다른 용도로 제공한 경
우에도 적용된다. 또한 토지 소유자의 배타적 사용·수익권 행사가 제한되는 것으
로 해석되는 경우 특별한 사정이 없는 한 그 지하 부분에 대한 배타적 사용·수익
권의 행사 역시 제한되는 것으로 해석함이 타당하다.

　위와 같은 다수의견3)에 대해서는 두 가지 반대의견이 있었다. 대법관 조희대는
이 법리는 우리나라 법체계상 받아들이기 어려우므로 폐기하여야 한다는 반대의

---

3) 대법관 권순일, 대법관 박상옥, 대법관 민유숙이 다수의견에 대한 보충의견을 개진하였다.

견을 개진하였다. 대법관 김재형은 이러한 법체계 내지 법이론적 문제점을 지적하면서 배타적 사용·수익권 포기를 채권적 포기로 파악한 대법원 판결들을 제외한 나머지 판결들은 변경되어야 한다는 반대의견을 개진하였다.[4]

다. 분석

(1) 배타적 사용·수익권 포기 법리 일반론

배타적 사용·수익권 포기 법리는 독특한 법리이다.[5] 민법에는 이를 구체적으로 뒷받침할 수 있는 규정이 없다. 이 법리는 학설에 기초하여 형성된 것도 아니다. 민사법 영역의 법리로서는 드물게 외국에서 유례를 찾기도 어렵다. 그야말로 순수하게 우리 판례의 축적으로 형성된 한국적 법리이다. 이 흥미로운 법리는 사유지가 사실상 도로로 이용되는 상황에 주로 적용되어 왔다.[6] 토지 소유자가 그 도로의 점유·관리자인 지방자치단체를 상대로 행하는 부당이득반환청구 또는 물권적 청구를 제한하기 위한 목적으로 활용되었다. 사실상 도로는 일반 공중이 이용하는 공유재(公有財)의 실질(實質)을 지닌다. 하지만 사실상 도로로 이용되는 토지의 소유권은 특정인에게 귀속되어 있는 사유재(私有財)의 형식(形式)을 지닌다. 이러한 실질과 형식의 불일치에서 긴장관계가 발생한다. 특히 토지 소유자가 스스로 이러한 공유재 상태를 용인하여 놓고 사유재임을 전제로 뒤늦게 권리를 행사하는 행태는 불편함을 자아낸다.

과거 대법원은 지방자치단체의 점유 자체를 부정하는 방법으로 토지 소유자의 부당이득반환청구를 배척하기도 하였다.[7] 부당이득반환청구의 요건 중 하나인 '손실' 요건을 부정하여 부당이득반환청구를 배척하는 논리도 등장하였다. 이 논리는 대법원 1973. 8. 21. 선고 73다401 판결과 대법원 1974. 5. 28. 선고 73다399 판결에서 판시된 이래,[8] 1980년대 중반부터 지속적으로 관련 판례가 축적됨으로써

---

4) 대법관 김재형은 이 반대의견에 대한 보충의견을 추가로 개진하였다.
5) 대상판결은 배타적 사용·수익권 포기와 배타적 사용·수익권 제한이라는 개념을 모두 사용하고 있으나, 기존에는 배타적 사용·수익권 포기라는 표현이 압도적으로 많이 사용되었으므로 일단 여기에서도 이를 배타적 사용·수익권 포기 법리라고 일컫기로 한다.
6) 다만 토지 소유자가 그 소유의 토지를 도로 이외의 다른 용도로 제공한 경우에도 적용된다. 대법원 2017. 3. 9. 선고 2015다238185 판결 참조.
7) 대법원 1975. 12. 9. 선고 75다997 판결; 대법원 1986. 2. 11. 선고 84다카689 판결; 대법원 1987. 10. 13. 선고 87다카1470 판결; 대법원 1991. 2. 8. 선고 90다7166 판결.

확립된 법리의 지위를 차지하게 되었다.9) 토지 소유자가 스스로 그 토지를 주민의 통행로로 제공하거나 주민의 통행을 용인하여 소유자로서 배타적 사용·수익권을 포기 또는 상실한 사실이 있다면 지방자치단체의 점유로 인하여 토지 소유자에게 어떤 손실이 생긴다고 할 수 없으므로, 토지 소유자는 그 점유로 인한 부당이득의 반환을 청구할 수 없다는 것이 이 법리의 핵심이다. 이 법리는 부당이득반환청구권과 같은 금전채권뿐만 아니라 토지 인도청구권과 같은 물권적 청구권의 경우에도 적용되었다.10)

배타적 사용·수익권 포기 법리에 대해서는 물권법정주의나 공시주의에 반한다는 비판이 지속적으로 제기되어 왔다.11) 배타적 사용·수익권이 포기된 상태의 소유권은 우리 민법이 상정하고 있는 소유권이 아니다. 이러한 소유권을 인정하는 관습법이 있는 것도 아니다. 그러므로 배타적 사용·수익권이 포기된 소유권은 민법 제185조의 물권법정주의에 반한다. 또한 배타적 사용·수익권이 포기된 소유권은 등기를 통해 공시할 수 없어, 공시의 원칙에 반한다. 법 정책적으로 보면 배타적 사용·수익권 포기 법리는 시민의 재산권을 과도하게 제한하는 수단으로 활용될 위험도 있다. 본래 공적 목적으로 타인의 토지를 이용하려면 헌법 제23조 제3항 및 「공익사업을 위한 토지 등의 취득 및 보상에 관한 법률」의 관련 조항에 따라 공용수용이나 사용의 절차를 밟아야 하고, 이에 상응하는 정당한 보상도 이루어져야 한다.12) 정당한 보상을 행하지 않았다면, 사용·수익에 따른 부당이득을 반환해야 한다. 그런데 배타적 사용·수익권 포기를 이유로 부당이득반환의무까지 부정하는 것은 사실상 보상 없는 공용사용의 위험을 초래한다. 과연 배타적 사용·수익권 포기가 실제로 있었는지도 문제이다. 현실에서는 토지 소유자가 적극적으로 배타

---

8) 서경환, "배타적 사용·수익권 포기 법리의 문제점과 그 대안으로서의 통행지역권", **사법논집**, 제54집(2012), 476–481면.

9) 대상판결은 이러한 판례로 대법원 1985. 8. 13. 선고 85다카421 판결; 대법원 1989. 7. 11. 선고 88다카16997 판결; 대법원 1991. 2. 8. 선고 90다7166 판결; 대법원 1993. 5. 14. 선고 93다2315 판결 등을 언급하였다.

10) 대법원 2011. 5. 26. 선고 2010다84703 판결; 대법원 2013. 11. 14. 선고 2011다63055 판결 등.

11) 이하 비판론의 내용은 권영준, "배타적 사용수익권 포기 법리에 관한 비판적 검토", **서울대학교 법학**, 제47권 제4호(2006), 304–305면 참조. 대법원 1991. 2. 8. 선고 90다7166 판결도 이러한 문제점에 대한 인식의 일단을 표출한 바 있다.

12) 현행 법제는 도로에 연결된 사도(私道) 개설자에 대해서도 사용료 징수권을 인정하는 한편(사도법 제10조), 사실상의 사도도 보상 대상에 포함시킨다(「공익사업을 위한 토지 등의 취득 및 보상에 관한 법률 시행규칙」 제26조 참조).

적 사용·수익권을 포기하는 의사표시를 하기보다는 소극적으로 자기 토지의 이용에 관하여 이의를 제기하지 않는 정도의 사례가 대부분이다. 따라서 토지 소유자의 침묵으로부터 배타적 사용·수익권 포기의 의사표시를 끌어내는 것은 의사표시의 과도한 의제가 아닌가 하는 의문도 있다.

이러한 문제의식 때문인지 대법원의 태도가 변하기 시작하였다. 대법원 2009. 3. 26. 선고 2009다228, 235 판결은 "소유권의 핵심적 권능에 속하는 사용·수익의 권능이 소유자에 의하여 대세적으로 유효하게 포기될 수 있다고 하면, 이는 결국 처분권능만이 남는 민법이 알지 못하는 새로운 유형의 소유권을 창출하는 것으로서, 객체에 대한 전면적 지배권인 소유권을 핵심으로 하여 구축된 물권법의 체계를 현저히 교란하게 된다."라고 판시하여, 물권적 의미의 배타적 사용·수익권 포기는 인정할 수 없다는 점을 분명히 하였다. 이는 배타적 사용·수익권 포기 법리의 문제를 정면으로 지적한 최초의 판결로서 변화의 출발점이 되었다.[13) 그 후 대법원은 일련의 판결에서 배타적 사용·수익권 포기는 채권적인 의미만을 가진다고 판시하였다.[14) 또한 대법원 2013. 8. 22. 선고 2012다54133 판결은 "그 후 토지이용상태에 중대한 변화가 생기는 등으로 배타적 사용·수익권을 배제하는 기초가 된 객관적인 사정이 현저히 변경된 경우"에는 포기된 배타적 사용·수익권이 회복될 수 있다고 판시하였다. 만약 배타적 사용·수익권의 포기가 물권적 의미를 가진다면 사정변경에 따라 배타적 사용·수익권이 회복되는 현상을 설명하기 어려울 것이다. 따라서 이 판결도 배타적 사용·수익권 포기가 물권적 색채를 띠지 않는다는 전제 위에 서 있다. 대법원은 이러한 탈물권화(脫物權化) 작업을 통해 배타적 사용·수익권 포기 법리와 물권법정주의의 장벽을 우회하고자 하였다.

이러한 일련의 판례 변화는 학계의 비판론을 수용한 결과로 보인다. 그러나 배타적 사용·수익권 포기가 채권적인 의미를 가진다는 것만으로 이 법리가 온전히 정당화되지는 않는다. 그동안 대법원은 배타적 사용·수익권 포기의 효과가 특정승계인에게 미친다고 판시하여 왔다.[15) 그런데 배타적 사용·수익권 포기가 채권

---

13) 권영준, "사실상 도로로 이용되는 사유토지 소유권의 문제", **민사재판의 제문제**, 제21권(2012), 338면.

14) 대법원 2009. 7. 9. 선고 2007다83649 판결; 대법원 2012. 6. 28. 선고 2010다81049 판결; 대법원 2013. 8. 22. 선고 2012다54133 판결; 대법원 2017. 6. 19. 선고 2017다211528, 211535 판결; 대법원 2017. 10. 26. 선고 2017두50843 판결 등.

15) 대법원 1992. 7. 24. 선고 92다15970 판결은 특정승계인이 배타적 사용·수익권 포기의 사정을 "알고 있었다면" 부당이득반환을 구할 수 없다고 하였다. 그런데 그 이후 대법원 1994. 9. 30. 선고

적 효과만을 가진다면 특정승계인에게 배타적 사용·수익권 포기의 효과가 일률적으로 미치는 것을 설명하기 어렵다.[16] 채권적 효과는 그 채권관계의 당사자에게만 미치는 것이 원칙이기 때문이다. 배타적 사용·수익권을 포기하는 채권적 의사표시의 상대방이 누구인지도 불분명하다.[17] 만약 그 상대방이 일반 공중 또는 지방자치단체라면 실제로 이들을 상대로 각각 어떻게 의사표시가 이루어져야 하는지도 불분명하다. 결국 배타적 사용·수익권 포기 법리는 비판에 직면하여 자기 정당화 작업을 거쳐 왔으나, 깔끔한 설명을 내놓는 데에는 온전히 성공하지 못하였다.

(2) 대상판결 검토

대상판결은 그동안 배타적 사용·수익권 포기를 둘러싸고 존재하였던 이론적 혼란을 정리하고자 하였다. 이 와중에 기존 법리의 폐기가 정면으로 논의되었으나, 두 명의 대법관을 제외하고는 존치 쪽에 표를 던졌다. 그러나 배타적 사용·수익권 포기에 관한 기존 법리에 변화가 없었던 것은 아니다. 그동안 이 법리는 ① 배타적 사용·수익권 포기가 물권적인 영구 포기가 아니라 채권적인 일시 포기임을 분명히 하는 일련의 판례[18]를 통해 첫 번째로 변화하였고, ② 이러한 채권적인 일시 포기 역시 사정변경에 따라 철회될 수 있다는 판례[19]를 통해 두 번째로 변화하였다. 그런데 대상판결에서는 세 번째 변화가 시도되었다. 대상판결은 의도적으로 배타적

94다20013 판결; 대법원 1999. 5. 11. 선고 99다11557 판결; 대법원 2007. 2. 22. 선고 2006다32552 판결; 대법원 2011. 5. 26. 선고 2010다84703 판결; 대법원 2012. 7. 12. 선고 2012다26411 판결; 대법원 2013. 11. 14. 선고 2011다63055 판결은 "특별한 사정이 없는 한 그와 같은 사용·수익의 제한이라는 부담이 있다는 사정을 용인하거나 적어도 그러한 사정이 있음을 알고서 그 토지의 소유권을 취득하였다고 봄이 타당"하다고 하여 부당이득반환청구를 배척한다. 즉 대법원은 최초에는 포기의 사정을 알았는지 여부에 따라 배타적 사용·수익권 포기의 효과가 미치는지가 달라질 수 있다는 입장을 취하다가 그 이후에는 그러한 인식 자체를 의제하는 입장으로 전환한 것이다.

16) 권영준(주 11), 332−333면; 장성욱·이현석, "배타적 사용·수익권 포기 법리에 관한 비판", **일감법학**, 제41호(2018), 176면; 양형우, "토지소유자의 독점적·배타적인 사용·수익권 행사의 제한−대법원 2019. 1. 24. 선고 2016다264556 판결−", **홍익법학**, 제20권 제2호(2019), 541−542면; 이성진, "토지소유자의 배타적 사용수익권 포기−대법원 2019. 1. 24. 선고 2016다264556 전원합의체 판결−", **토지법학**, 제35권 제1호(2019), 220면.

17) 권영준(주 11), 321면; 장성욱·이현석(주 16), 176면; 양형우(주 16), 533면; 김상헌, "배타적 사용·수익권 포기 법리의 타당성 여부를 재론하며−대법원 2019. 1. 24. 선고 2016다264556 전원합의체 판결−", **재산법연구**, 제36권 제1호(2019), 19−20면.

18) 대법원 2009. 7. 9. 선고 2007다83649 판결; 대법원 2012. 6. 28. 선고 2010다81049 판결; 대법원 2017. 6. 19. 선고 2017다211528, 211535 판결 등.

19) 대법원 2013. 8. 22. 선고 2012다54133 판결.

사용·수익권의 '포기'를 대체하는 '제한'이라는 개념을 사용하였다. 또한 특정승계인에게 그 제한의 효과가 미치지 않을 수 있는 여지를 남김으로써, 배타적 사용·수익권 포기의 효력이 당연히 승계된다고 보았던 기존 판례의 입장을 완화하였다.

돌이켜 보면 대법원은 배타적 사용·수익권 포기 법리에 가해지는 이론적 도전에 직면하여 여러 차례 법리를 탈바꿈시켜 가며 문제점을 개선하여 왔다. 그렇다면 이제 와서 굳이 기존 법리를 폐기하고 수많은 대법원 판결들을 변경해야 할 실제적 필요성이 있는가 하는 회의가 들 수 있다. 또 배타적 사용·수익권 포기는 법관이 토지 소유자의 권리 행사를 제한해야 정의가 실현될 수 있다고 판단하는 경우에 기댈 수 있는 든든한 버팀목이기도 하다. 이러한 버팀목을 제거하는 것은 법관이 항상 유념해야 할 구체적 타당성의 요청을 좌절시킨다고 느낄 수도 있다. 대법관 권순일, 대법관 박상옥, 대법관 민유숙의 다수의견에 대한 보충의견이 이 점에 대한 언급을 담고 있다.

대법원 판례에 의하여 확립된 '독점적·배타적인 사용·수익권의 포기'에 관한 법리는 민법 등 조문의 해석론이 아니고, 학계의 추상적인 법이론에서 도출된 법리도 아니다. 토지 소유자와 이해관계인들 사이에서 구체적인 타당성을 도출하기 위한 실무상의 필요에서 발전해 왔다. 확립된 대법원 판례가 오랫동안 토지 소유자의 권리행사 제한에 관한 중요한 판단 기준으로 기능하여 온 것은, 많은 사건에서 위 법리를 적용함으로써 구체적 타당성을 실현하는 결론에 이르렀고, 그러한 결론이 일반인의 법의식과 법감정에 부합하기 때문이다. 즉, 위 법리는 토지 소유자가 해당 토지를 일반 공중의 사용에 제공함으로써 자신의 사용·수익권에 대한 제한을 수인하고 그에 대한 이익을 누린 것으로 평가되는 사안에서 관계자들 사이의 이해관계를 적절히 형량하는 법리로서 기능하여 온 것이다.

그동안 배타적 사용·수익권 포기 법리는 토지 소유자의 권리 제한 정도를 완화하는 방향으로 변화하여 왔다. 즉 대법원 스스로도 실무와 법리의 상호관계 속에서 무엇이 정의로운가에 대한 입장을 조금씩 조정하여 온 것이다. 대법관 조희대의 반대의견은 실무적 필요성에 기대어 법리적 문제를 외면해서는 안 된다는 지적과 함께, 한 걸음 더 나아가 기존 판례 법리의 과감한 폐기를 주문한다.

근래 '독점적·배타적 사용·수익권의 포기' 법리에 따른 불합리한 문제점을 인식하고 그 적용 범위를 제한하는 대법원판결들이 나오고 있으나, 그런 미봉책은 근본적인 해결방법이 될 수 없고 오히려 적용상의 혼란과 불공평을 초래할 뿐이다. 이제 아무런 법률상 근거가 없고 헌법과 민법에 배치되는 기존 판례의 법리를 과감하게 폐기하는 것이 옳다.

대법관 김재형의 반대의견도, 대법원은 기존 판결들의 모순 상황을 덮으려고만 할 것이 아니라 변경해야 할 판결과 존치해야 할 판결을 명확히 구별해 주어야 하는데, 이에 관한 다수의견의 태도가 불명확하다는 지적을 담고 있다.

배타적 사용·수익권 포기에 관한 판례 법리는 두 갈래로 나누어져 있다. 대법원 88다카16997 판결 등은 토지 소유자의 권리행사를 제한할 수 있는 법률요건으로서 '권리 포기'에 관한 법리를 선언하고 있다. 반면 대법원 2009다228 판결 등은 대법원 88다카16997 판결 등 법리의 적용 범위를 구체화하거나 한정한 것이 아니라, 권리 포기의 대세적·영구적 효력을 부정하고 채권적 효력만 인정하는 별개의 새로운 법리를 선언하고 있다. 이와 같이 양립할 수 없는 대법원 판결례가 현재까지 공존하고 있다. 법령에 관한 최종적인 해석권한을 가진 대법원은 '권리 포기라는 용어를 써 왔지만 그 용어의 실질적인 의미는 권리 포기가 아니었다.'는 자기 모순적인 판단을 해서는 안 된다. 대법원 전원합의체에서 이 문제를 다룬 이상 위와 같이 양립할 수 없는 판결례 중 어느 쪽을 유지할 것인지 분명하게 선언할 필요가 있다.

기존 판례를 굳이 폐기할 필요가 없다는 다수의견의 입장에 일단 공감이 가는 면이 있다. 판례의 점진적이고 유연한 자기 변신 또는 사실상의 판례 변경은 어느 정도까지는 허용되어야 하기 때문이다. 아울러 이러한 자기 변신이 일부 모순된다는 이유로 그 변신의 순간마다 과거 판례를 정리해야 하는 것도 아니다. 그러나 이러한 지속적인 자기 변신에도 불구하고 법리의 문제점을 극복하기 어렵다면 그 법리의 폐기를 진지하게 고민해야 한다. 배타적 사용·수익권 포기 법리는 그동안의 변신 과정을 거쳐 지금까지 생명력을 유지하여 왔지만, 부당이득반환청구권을 과도하게 제약한다거나 특정승계인이 포기의 효과를 승계하는 문제를 여전히 극복하지 못하고 있다. 그렇다면 이 법리의 문제점을 솔직히 인정하고 새로운 법적 구성 방법을 모색하는 것이 바람직하다.

결국 이 법리는 폐기하고, 1차적으로는 신의칙, 2차적으로는 사용대차계약, 소유권 포기, 묵시적 통행지역권[20] 등 일반 이론에 의거하여 문제 상황을 규율하는 것이 옳다. 법리적인 차원에서 보면, 배타적 사용·수익권 포기 법리는 독자적 근

---

20) 묵시적 통행지역권 이론에 의한 해결 가능성을 논하는 문헌으로는 김민정, "사실상 도로로 사용되는 토지에 대한 소유자의 배타적 사용·수익권의 포기란 무엇이고, 토지의 특정승계인에게는 어떤 효력이 있는가", **재판실무연구**(광주지방법원)(2011), 82면 이하; 서경환(주 8), 506–510면.

거를 가진 법리라기보다는 신의칙의 하부 원리로 이해될 수 있을 뿐이다.[21] 사정 변경에 따른 배타적 사용·수익권 회복에 관한 대법원 2013. 8. 22. 선고 2012다 54133 판결은 "금반언이나 신뢰보호 등 신의성실의 원칙"이 배타적 사용·수익권 포기 법리의 근거임을 밝힘으로써 배타적 사용·수익권 포기와 신의칙 사이의 연 결고리를 명시적으로 드러내었다.[22] 신의칙에는 여러 형태의 분칙(分則)들이 있는 데,[23] 배타적 사용·수익권 포기 법리도 결국 이러한 신의칙이 구체화된 분칙 중 하나로 이해할 수 있다.

그렇게 본다면 부당이득반환청구는 지금보다 넓게 허용되어야 한다. 대상판결의 법리에 따르면, 이러한 사안에서는 부당이득반환청구가 배척될 가능성이 높다. 이 른바 자발성과 효용성의 요건이 모두 갖추어졌고,[24] 객관적 사정의 현저한 변경도 딱히 발견되지도 않는 경우가 많기 때문이다.[25] 그러나 신의칙이 적용된다면 소유자의 부당이득반환청구는 받아들여질 가능성이 높다. 소유자가 처음에는 권리 행사를 자제하였다가 나중에 권리를 행사하는 것이 꼭 금반언의 원칙에 위반되는 것도 아 니고, 지방자치단체에게 소유자 또는 그 특정승계인이 앞으로도 계속 자신의 권리 를 행사하지 않으리라고 신뢰할 만한 정당한 규범적 기대가 형성되었다고 보기도 어렵기 때문이다. 오히려 소유자에게는 법이 허용하는 범위 내에서 변덕을 부릴 자유가 있고, 지방자치단체에게는 타인의 토지 소유권을 공적 목적으로 제한하는 데 따른 정당한 법적 보상을 할 의무가 있다. 더구나 철거 또는 인도청구가 아닌 금전지급청구를 신의칙 위반으로 보아 배제하는 경우는 드물다는 점도 고려해야 한다.

이처럼 부당이득반환청구를 허용하더라도 일반 공중의 통행이 방해되는 것이 아니고 지방자치단체가 금전을 지급할 의무만을 부담할 뿐이므로 공익을 현저히

---

21) 김문관, "배타적 사용·수익권이 포기된 토지를 제3자가 점유하는 경우, 토지 소유자의 방해배제 및 부당이득반환청구", **판례연구**(부산판례연구회), 제14집(2003), 110 – 111면; 권영준(주 11), 334면; 류준구, "종전 소유자가 독점적·배타적 사용·수익권을 포기한 토지의 소유권을 특정승계 한 자가 위 토지를 도로로 사용·점유하고 있는 지방자치단체를 상대로 인도 또는 부당이득반환을 구할 수 있는지 여부", **재판과 판례**(대구판례연구회), (2013), 169 – 173면.
22) 그 취지에 관하여는 권순호, "일반 공중의 통행에 제공된 토지에 관한 배타적 사용·수익권 행사 제한과 신의성실의 원칙", **대법원판례해설**, 제97호 하(2014), 72면; 권영준, "세밀한 정의를 향한 여정 – 박병대 대법관의 민사판결 분석", **박병대 대법관 퇴임기념 논문집**(2017), 69 – 70면 참조.
23) 실효의 원칙, 모순금지의 원칙, 사정변경의 원칙 등을 들 수 있다.
24) 자발성과 효용성의 두 가지 요건에 대해서는 권영준(주 11), 316 – 317면.
25) 사정변경 원칙의 요건이 모두 충족되어 이 원칙이 실제로 적용되는 사례는 거의 찾아보기 어렵다.

해치지도 않는다. 물론 부당이득반환이 늘어나면 그만큼 지방자치단체의 재정적 부담은 늘어나고 그것이 간접적으로 공익에 영향을 미칠 수도 있다. 그러나 원론적으로 말하자면 재정적 부담은 권리 행사의 제약 요소가 될 수 없다. 마치 대여금사건에서 무자력 항변은 성립할 수 없는 것처럼 말이다. 또한 지방자치단체에 대한 부당이득반환청구의 소멸시효 기간은 5년이다(지방재정법 제82조). 그러므로 실제로는 5년 내의 점유·사용에 관해서만 부당이득반환청구를 할 수 있게 된다. 또한 부당이득액은 사실상 도로로서 제한받는 상태, 즉 도로의 현황을 고려하여 산정된다.[26] 토지를 헐값에 매수한 뒤 부당이득을 청구하는 특정승계인에게도 이러한 산정 방법이 그대로 적용된다.[27] 결국 실제 부당이득 반환 액수는 합리적인 범위 내로 제한될 수밖에 없다. 지방자치단체의 재정적 부담이 그다지 치명적이지 않다는 말이다.

한편 물권적 청구권을 행사하는 경우에는 부당이득반환청구권을 행사하는 경우와 달리 보아야 한다. 우선 공법적 보상이나 사법적 부당이득반환이 이루어질 수 있다면 물권적 청구권을 행사할 이유는 줄어든다. 또한 물권적 청구권의 관철은 일반 공중의 통행 또는 인근 주민의 편익 등 공익을 심하게 저해할 위험이 있다. 신의칙의 일종인 권리남용금지 원칙에 대해서는 권리행사의 목적이 오직 상대방에게 고통을 주고 손해를 입히려는 데 있어야 한다는 주관적 요건을 요구하는 판례가 많기는 하다.[28] 이러한 판례의 태도가 신의칙에 따른 물권적 청구권 행사 제한의 저해 요소로 작용할 수는 있다.[29] 그러나 위와 같이 극단적인 주관적 요건을 요구하는 경향은 점점 완화되고 있다. 주관적 요건이 객관적 사정에 의하여 추인될 수 있다는 판례,[30] 상표권[31]이나 상계권 남용[32]처럼 일정한 영역에서는 주관적 요건을 요구

---

26) 대법원 1995. 11. 24. 선고 95다39946 판결; 대법원 1999. 4. 27. 선고 98다56232 판결; 대법원 2004. 9. 24. 선고 2004다7286 판결 등.
27) 설령 이러한 헐값 매수 후 소송으로 인한 투자 이익이 일시적으로 높게 나온다고 하더라도, 일단 부당이득반환청구의 가능성이 법적으로 승인되는 규칙이 확립되면 이러한 사정이 토지 가격에 반영되어 결국 헐값 매수 자체가 어려워질 것이다.
28) 대법원 1962. 3. 8. 선고 4294민상934 판결; 대법원 1986. 7. 22. 선고 85다카2307 판결; 대법원 2015. 3. 20. 선고 2012다17479 판결; 대법원 2017. 7. 11. 선고 2017다5310 판결 등 다수.
29) 이러한 근거에서 배타적 사용·수익권 포기가 문제 되는 사안을 신의칙으로 해결하는 데 반대하는 견해로 양형우(주 16), 531면.
30) 대법원 1998. 6. 26. 선고 97다42823 판결; 대법원 1999. 8. 24. 선고 99다23802 판결; 대법원 2005. 3. 24. 선고 2004다71522, 71539 판결 등.
31) 대법원 2007. 1. 25. 선고 2005다67223 판결; 대법원 2014. 8. 20. 선고 2012다6059 판결; 대법원 2008. 7. 24. 선고 2006다40461, 40478 판결. 다만 이와 반대 취지로 대법원 1989. 4. 24. 선고

하지 않는 판례도 있다. 이론적으로 볼 때에도 주관적 요건을 과도하게 요구하는 것은 타당하지 않다.[33] 그러므로 물권적 청구권 행사가 신의칙에 반한다고 볼 가능성은 부당이득반환청구권 행사의 경우에 비해 현저하게 높아진다. 요컨대 물권적 청구권은 상대적으로 널리 제한하되 금전지급청구권은 원칙적으로 허용하는 것이 온당하다. 이를 통해 소유권의 존속보장(Bestandschutz)이 아닌 가치보장(Werterhaltungsgarantie),[34] 동의규칙(property rule)이 아닌 보상규칙(liability rule)[35]이 전면에 나오는 것이다.

89다카2988 판결; 대법원 1998. 5. 22. 선고 97다36262 판결.
32) 대법원 2003. 4. 11. 선고 2002다59481 판결.
33) 권리남용금지의 주관적 요건은 요구되지 않는다는 것이 다수설이다. 곽윤직·김재형, **민법총칙** 제9판(박영사, 2013), 86면; 윤진수, "권리남용 금지의 경제적 분석", **민법논고 I** (박영사, 2007), 109-110면; 곽윤직 편, **민법주해 (I)**(박영사, 1992), 192-193면(윤용섭 집필부분); 김용담 편, **주석민법 총칙(1)** 제4판(한국사법행정학회, 2010), 230면(백태승 집필부분); 김용덕 편, **주석민법 총칙(1)** 제5판(한국사법행정학회, 2019), 198면(권영준 집필부분). 반면 주관적 요건이 요구된다는 견해로는 이동형, "권리남용에 있어서 주관적 요건의 필요성", **저스티스**, 통권 제107호(2008), 33면; 김천수, "권리남용과 권리행사상 신의칙", **민사판례연구**, 제22권(2010), 40면; 지원림, **민법강의** 제15판(홍문사, 2017), 49면 참조.
34) 소유권의 존속보장과 가치보장에 대해서는 이영준, **물권법** 전정신판(박영사, 2009), 417-418면 참조.
35) 동의규칙(property rule)과 보상규칙(liability rule)에 대해서는 Guido Calabresi & Douglas Melamed, "Property Rules, Liability Rules, and Inalienability: One View of the Cathedral", 85 *Harv. L. Rev.* 1089(1972) 참조.

2 명의신탁과 불법원인급여
(대법원 2019. 6. 20. 선고 2013다218156 전원합의체 판결)

가. 사실관계

A는 1998. 11. 27. 농지인 X토지의 소유권을 취득하였으나, 2000. 4.경 군수로 부터 '농지를 소유할 자격이 없으므로 일정한 기간 내에 위 부동산을 처분하라'는 농지처분의무 통지를 받았다. A는 2001. 4.경 B와 사이에 X토지에 관한 명의신탁 약정을 하고, 2001. 4. 12. B 앞으로 X토지에 관한 소유권이전등기를 마쳤다. 이후 B는 X토지에서 경작을 하면서, A에게 임대료로 매년 쌀 두 가마니를 보냈다. A가 2009. 1. 28. 사망하여, A의 처인 원고가 상속재산 협의분할로 X토지에 관한 A의 권리를 취득하였다. 한편 B는 2012. 3. 23. 사망하였고, B의 처인 피고가 협의분할에 의한 상속을 원인으로 하여 X토지에 관한 소유권이전등기를 마쳤다. 원고는 A와 B 사이의 명의신탁 약정은 무효이고, 그 약정에 따라 B 앞으로 마쳐진 소유권이전등기도 무효라고 주장하면서, 피고를 상대로 진정명의회복을 원인으로 한 소유권이전등기 이행을 구하는 소송을 제기하였다. 이에 대하여 피고는 위 명의신탁 약정은 반사회질서행위이고 B 앞으로 마쳐진 소유권이전등기는 불법원인급여에 해당하므로, 원고는 그 반환을 청구할 수 없다고 주장하였다.

나. 소송의 경과

1심법원은 원고의 청구를 인용하였다.[1] 원심법원은 피고의 항소를 기각하고, 1심법원의 판단을 유지하였다. 대법원은 「부동산 실권리자명의 등기에 관한 법률」(이하 "부동산실명법"이라고 한다)을 위반하여 무효인 명의신탁약정에 따라 명의수탁자 명의로 등기를 한 경우 명의신탁자가 명의수탁자를 상대로 그 등기 말소를 구하는 것이 민법 제746조의 불법원인급여에 해당하지 않고, 이는 농지법에 따른 제한을 회피하고자 명의신탁을 한 경우에도 마찬가지라고 판단하였다. 이에 대해서는 대법관 조희대, 대법관 박상옥, 대법관 김선수, 대법관 김상환의 반대의견이 있

---

1) 대전지방법원 서산지원 2013. 7. 17. 선고 2013가단975 판결.

었다.

다수의견의 근거는 다음과 같다.

① 부동산실명법 제4조는 명의신탁약정과 이에 기한 물권변동을 무효로 보는 한편, 그 무효는 제3자에게 대항하지 못한다고 규정함으로써, 부동산 소유권은 본래 실권리자에게 귀속되어야 함을 전제로 규율하고 있다. 또한 부동산실명법 제6조는 명의신탁자의 명의로 등기할 의무를 지우는 한편, 이를 위반할 경우 과징금 외에 이행강제금을 추가로 부과하도록 하고 있는데, 이 역시 명의신탁자로 하여금 신탁부동산에 관한 등기를 회복하도록 명하는 것으로서 신탁부동산의 소유권이 실권리자에게 귀속되는 것을 전제로 하고 있다.

② 입법자의 의사 역시 신탁부동산의 소유권을 실권리자에게 귀속시키는 것을 전제로 하고 있다. 이와 반대되는 내용의 법률안은 채택되지 않았다. 신탁부동산의 소유권을 명의수탁자에게 귀속시킬 경우 발생할 혼란과 당사자들의 반발, 우리 사회의 일반적 법의식을 바탕으로 형성된 오랜 관행과 거래 실무를 존중할 필요가 있다고 보았기 때문이다.

③ 명의신탁에 대하여 불법원인급여 규정을 적용하는 것은 재화 귀속에 관한 정의 관념에 반하는 불합리한 결과를 가져올 뿐만 아니라, 판례의 태도나 부동산실명법 규정에도 합치되지 않는다. 또한 명의신탁을 불법원인급여로 볼 경우 명의신탁자가 헌법상 향유하는 재산권의 본질적 부분을 침해할 소지가 크다.

④ 농지법에 따른 제한을 회피하기 위해 이루어진 명의신탁이라고 해서 불법원인급여 규정의 적용 여부를 달리 판단할 이유는 없다. 농지법상의 처분명령을 회피하는 방법으로 명의신탁약정을 한 경우처럼 명의신탁약정과 행정명령 불이행이 결합되어 있다고 하더라도, 그 이유만으로 불법원인급여 규정의 적용 여부를 달리 판단할 수는 없다.

반대의견의 근거는 다음과 같다.

① 부동산 거래의 정상화와 부동산실명제의 정착을 바라는 시대 상황의 변화, 투명한 재산거래의 중요성과 부동산등기제도를 악용하는 반사회적 행위인 명의신탁을 방지할 필요성에 대하여 현재 형성되어 있는 사회 일반인의 인식 등에 비추어 보면, 이제는 명의신탁이 불법원인급여에 해당한다고 판단하기에 충분한 법적 근거가 있다.

② 부동산실명법 제정 당시 입법자도 부동산실명법에서 금지한 명의신탁약정에

불법원인급여 제도가 적용되어 명의신탁자가 명의신탁 부동산에 관한 권리를 상실할 가능성을 예상하고 있었다.

③ 부동산실명법에 따라 명의신탁약정과 이에 기한 물권변동이 무효인 경우에도 그것이 불법원인급여에 해당하는지는 별도로 판단할 문제이다. 따라서 부동산실명법 제4조 제2항을 이유로 불법원인급여 제도의 적용을 배제하는 것은 타당하지 않다. 오히려 명의신탁약정은 반사회적 법률행위이므로 특별한 사정이 없는 한 불법원인급여에 해당한다고 보아야 한다.

④ 부동산실명법에서 과징금과 이행강제금 제도를 둔 것도 부동산실명법을 제정하면서 기존의 명의신탁자를 위한 유예기간을 두었던 것과 마찬가지로 명의신탁자가 부동산실명법을 위반한 명의신탁 상태를 스스로 해소할 것을 간접적으로 강제하기 위한 것뿐이다. 이를 불법원인급여 제도의 적용 배제 근거로 해석할 수는 없다.

⑤ 불법원인급여 제도의 적용을 긍정함으로써 명의신탁자가 명의신탁 부동산에 관한 권리를 상실하게 된다 하더라도, 이는 헌법과 법률에서 예정하고 있는 것으로서 재산권의 본질적 침해라고 할 수 없다.

다. 분석

불법의 원인으로 인하여 재산을 급여하거나 노무를 제공한 때에는 그 이익의 반환을 청구하지 못한다(민법 제746조 본문). 이처럼 불법원인급여는 부당이득반환청구권을 제한하는 사유 중 하나이다. 불법원인급여에서 말하는 '불법'이 있다고 하려면, 급여 원인이 된 행위가 그 내용이나 성격, 목적이나 연유 등으로 볼 때 선량한 풍속 기타 사회질서에 위반될 뿐 아니라 반사회성·반윤리성·반도덕성이 현저하거나, 급여가 강행법규를 위반하여 이루어졌지만 이를 반환하게 하는 것이 오히려 규범 목적에 부합하지 아니하는 경우 등에 해당하여야 한다.[2] 그러므로 어떤 행위를 금지하는 법률을 위반하여 이루어진 급여가 언제나 불법원인급여에 해당한다는 결론이 기계적으로 도출되지 않는다.[3] 부동산실명법 제1조가 법의 목적으로 "반사회적 행위" 방지를 들었다고 하여, 곧바로 명의신탁이 불법원인급여라는 결론이 도출되는 것도 아니다.[4] 불법원인급여 여부는 오히려 전체 법질서의 정신

---

2) 대법원 2017. 3. 15. 선고 2013다79887, 79894 판결.
3) 곽윤직 편, **민법주해**(XVII)(박영사, 2005), 449면(박병대 집필부분).

에 비추어 볼 때 그 급여를 궁극적으로 누구에게 귀속시키는 것이 타당한가 하는 규범적 기준에 따라 판단할 문제이다.[5)]

대상판결에서는 양자 간 명의신탁 사안에서 부동산 소유권의 귀속이 문제되었다. 만약 부동산 명의신탁 약정에 기초하여 이루어진 부동산 소유권 이전이 불법원인급여라면, 명의신탁자는 명의수탁자에게 그 부동산의 반환을 청구하지 못한다. 이처럼 명의신탁자의 반환청구가 금지되면 불법원인급여의 수익자인 명의수탁자는 반사적으로 부동산 소유권을 취득한다.[6)] 이 경우에도 수익자인 명의수탁자의 불법성이 급여자의 불법성보다 현저히 크다고 인정된다면, 예외적으로 급여자인 명의신탁자가 반환청구를 할 수 있기는 하다(민법 제746조 단서).[7)] 그러나 일반적으로 명의수탁자의 불법성이 명의신탁자의 불법성보다 현저히 크다고 하기는 어렵다. 대부분의 양자 간 명의신탁 사안에서 명의신탁 약정이 명의신탁자의 이익을 위하여 명의신탁자의 주도로 이루어지는 것을 떠올리면 더욱 그러하다. 결국 부동산 명의신탁을 불법원인급여로 보게 되면, 명의신탁자는 부동산 소유권을 상실하는 손해를 입고, 명의수탁자는 그 결과 부동산 소유권을 취득하는 이익을 얻게 된다. 명의신탁과 불법원인급여의 문제는 이러한 결과를 규범적으로 승인할 것인가의 문제이다.

대상판결 사안에서 던져야 할 핵심 질문은 과연 부동산실명법이 이러한 문제를 인식하여 이에 대한 입장을 표명하고 있는가 하는 점이다. 만약 이 질문에 긍정적으로 답변할 수 있다면, 명의신탁과 불법원인급여의 문제는 부동산실명법 자체의 해석론으로 해결하면 충분하다. 만약 이 질문에 부정적으로 답변하게 된다면, 이 문제는 부동산실명법 자체의 해석론으로는 불충분하고 그 바깥에 있는 민법상 불법원인급여 법리에 기초하여 별도로 해결해야 한다. 다수의견은 부동산실명법의 해석상 명의수탁자가 부동산 소유권을 취득할 수 없다고 보았다. 이러한 해석은

---

4) 나아가 여기에서의 "반사회적 행위"가 민법 제103조에서 규정하는 사회질서에 반하는 행위와 동일한 개념이라고 보기도 어렵다. 명의신탁이 그 자체로 윤리에 반하는 것은 아니기 때문이다. 이처럼 부동산실명법을 위반한 명의신탁이 언제나 민법 제103조의 반사회적 법률행위인 것은 아니라는 견해로 양창수·권영준, **민법 Ⅱ – 권리의 변동과 구제**, 제3판(박영사, 2017), 392면 등. 이와 달리 부동산실명법이 금지하는 명의신탁은 민법 제103조의 반사회적 법률행위라고 보는 견해로 이충훈, "명의신탁과 부당이득반환청구권", **홍익법학**, 제12권 제1호(2011), 99면 등.
5) 민법주해/박병대(주 3), 447−448면.
6) 대법원 1979. 11. 13. 선고 79다483 전원합의체 판결.
7) 대법원 1993. 12. 10. 선고 93다12947 판결; 대법원 1997. 10. 24. 선고 95다49530, 49547 판결; 대법원 2007. 2. 15. 선고 2004다50426 전원합의체 판결 참조.

부동산 명의신탁이 부동산 소유권 반환청구를 봉쇄하는 불법원인급여에 해당하지 않는다는 전제에 기초한 것이다.8) 반대의견은, 부동산실명법은 명의신탁과 이에 기초한 물권변동이 무효임을 선언한 법일 뿐이고, 부동산 소유권 귀속 문제는 불법원인급여의 관점에서 독자적으로 판단해야 한다고 보았다. 그러한 판단 결과, 부동산 명의신탁은 불법원인급여에 해당하므로 부동산 소유권이 명의수탁자에게 귀속된다고 보았다.9)

　법률해석은 문언으로부터 출발한다.10) 만약 어떤 문제를 규율하는 법률의 문언이 명백하다면, 다른 요소들을 살펴 볼 필요 없이 그 문언에 따르면 충분하다. 부동산실명법 제3조는 실권리자명의 등기의무에 관하여 규정하고, 제4조는 명의신탁약정과 이에 기한 물권변동을 무효로 한다고 규정한다. 부동산실명법 제5조는 실권리자명의 등기의무에 위반한 명의신탁자에게 과징금을 부과하는 한편, 제6조는 과징금을 부과받고도 자기 명의로 등기하지 않은 명의신탁자에게 이행강제금을 부과한다. 부동산실명법 제7조는 실권리자명의 등기의무 위반자에 대한 형사처

---

8) 명의신탁이 불법원인급여에 해당하지 않는다고 보는 견해로 양창수, "부동산실명법 제4조에 의한 명의신탁의 효력", **서울대학교 법학**, 제38권 제1호(1997), 83면 이하; 박재혁, "실명거래위반행위와 불법원인급여", **사법**, 제12호(2010), 145면 이하; 임건면 · 홍성민, "계약등기명의신탁을 둘러싼 몇 가지 법률적 쟁점에 대한 검토", **성균관법학**, 제23권 제3호(2011), 123면 이하; 김덕중, "계약명의신탁과 부당이득반환청구 – 판례를 중심으로 –", **원광법학**, 제29권 제1호(2013), 100면; 이홍렬, "「부동산 실권리자명의 등기에 관한 법률」에 관한 검토", **부동산법학**, 제22집(2018), 59면; 송오식, "3자간 등기명의신탁과 불법원인급여 해당 여부 – 대법원 전원합의체 2015다13850 사건과 관련하여 –", **재산법연구**, 제36권 제1호(2019), 73면; 양창수 · 권영준, **민법 Ⅱ – 권리의 변동과 구제**, 제3판(박영사, 2017), 394면; 민법주해//박병대(주 3), 515면; 김용담 편, **주석민법 물권**(2) 제4판(한국사법행정학회, 2011), 499 – 500면(권오창 집필부분); 송덕수, **신민법강의** 제12판(박영사, 2019), 418면.

9) 명의신탁이 불법원인급여에 해당한다고 보는 견해로 박종두, "부동산명의신탁의 규제와 실명전환", **수원지방변호사회지**, 제7집(1997), 47면; 강동명, "명의신탁약정에 의한 소유권이전등기의 불법원인급여 해당 여부", **재판과 판례**(대구판례연구회), 제21집(2012), 416 – 417면; 강봉석, "명의신탁에 관한 연구 – 계약명의신탁에서 부당이득의 반환문제", **홍익법학**, 제15권 제1호(2014), 163면; 오시영, "부동산 명의신탁과 불법원인급여 성립 여부에 대한 고찰", **동북아법연구**, 제10권 제2호(2016), 451면 이하; 정혜욱, "명의신탁의 반사회성 판단기준 – 대법원 2016. 5. 9. 선고 2014도6692 전원합의체 판결을 중심으로 –", **중앙법학**, 제18집 제3호(2016), 177면 이하; 이재학, "법질서의 통일성 및 명의신탁의 반사회성에 따른 부동산실명법의 입법적 개선방안에 관한 연구", **일감부동산법학**, 제14호(2017), 117면 이하; 장병주, "명의신탁과 불법원인급여 성립 여부", **민사법의 이론과 실무**, 제21권 제2호(2018), 24면 이하; 박동진, "부동산명의신탁과 불법원인급여 – 대법원 2019. 6. 20. 선고 2013다218156 전원합의체 판결", 법률신문(2019. 11. 28.자); 이충훈(주 4), 86면 이하; 김상현, "부동산명의신탁의 반사회성에 관한 연구", **일감부동산법학**, 제17권(2018), 139면 이하.

10) 송덕수, **민법총칙** 제4판(박영사, 2018), 41면.

벌에 관하여 규정한다. 이러한 조항들은 부동산실명법이 명의신탁자가 부동산 소유자라는 암묵적 전제 위에서 등기에 나타나는 외관도 그러한 실질에 맞추도록 유도하고 있음을 보여준다. 하지만 부동산실명법에는 부동산 명의신탁이 불법원인급여에 해당하는가를 직접적으로 다루는 조항이 없다. 따라서 부동산실명법의 문언 그 자체만으로 이 문제를 깔끔하게 해결할 수는 없다. 따라서 법률의 의미를 밝히기 위한 추가 작업이 필요하다.

불법원인급여의 요건인 '불법성'을 판단하기 위해서는 그 원인행위를 금지하는 법령의 목적을 살펴볼 필요가 있다. 부동산실명법 제1조는 법의 목적을 "부동산에 관한 소유권과 그 밖의 물권을 실체적 권리관계와 일치하도록 실권리자 명의(名義)로 등기하게 함으로써 부동산등기제도를 악용한 투기·탈세·탈법행위 등 반사회적 행위를 방지하고 부동산 거래의 정상화와 부동산 가격의 안정을 도모하여 국민경제의 건전한 발전에 이바지"하는 것이라고 선언한다. (1) 실체적 권리관계와 부동산등기부상 명의를 일치시키는 것, (2) 부동산등기제도를 악용한 반사회적 행위를 방지하는 것이 이 법의 목적임에는 틀림없다. 하지만 이러한 법의 목적으로부터 명의신탁의 불법원인급여 문제에 대한 답이 곧바로 도출되지는 않는다. 위의 (1)과 (2) 중 어느 것을 강조하는지에 따라 불법원인급여 여부에 대한 결론이 달라질 수 있기 때문이다. (1) 실체적 권리관계와 부동산등기부상 명의를 일치시키는 것을 법의 주된 목표라고 이해한다면, 민사적으로 실체적 권리자에게 부동산 명의를 복귀시켜 실체적 권리관계와 부동산등기부상 명의를 일치시켜야 한다는 해석에 이르게 된다. 그래야 명의신탁자가 명의신탁을 통해 도모하였던 강제집행 면탈이나 탈세의 목적을 좌절시킬 수 있다. 명의신탁 억제는 형사적·행정적 제재의 몫으로 남겨놓으면 충분하다. 이러한 관점에서는 명의신탁에 기한 부동산등기는 불법원인급여가 아니라고 볼 가능성이 높다.[11] 반면 (2) 부동산등기제도를 악용한 반사회적 행위를 방지하는 것이 법의 주된 목표라고 이해한다면, 민사적으로도 실체적 권리자에게 부동산 명의가 복귀되지 않도록 하는 제재를 가할 필요가 있다는 해석에 이르게 된다. 이러한 관점에서는 명의신탁에 기한 부동산등기가 불법원인급여라고 볼 가능성이 높다.[12] 요컨대 부동산실명법상 목적 조항의 내용만으로 명의신탁과 불법원인급여 문제를 온전히 해결하기는 어렵다.

---

11) 민법주해/박병대(주 3), 515면.
12) 이충훈(주 4), 101면; 김상현(주 9), 142면.

결국 대상판결에서 중요하게 고려되어야 하는 것은 입법자의 의도이다. 입법자는 일정한 의도를 가지고 법을 만든다. 법원은 법 해석을 통해 입법자의 의도에 구체적인 법적 효력을 부여한다. 입법자의 의도는 이미 토마스 아퀴나스나 토마스 홉스에 의해 법률 해석의 중심으로 여겨져 왔다.13) 특히 영미법계 국가들에서는 입법자의 의도를 법률 해석의 중요한 요소로 취급하여 왔다.14) 이에 대해 입법자의 의도라는 것은 실재하지 않고, 설령 그러한 것이 실체를 가지고 있더라도 법률의 의미는 사회 변화에 따라 지속적으로 변화되므로 여기에 구속되는 것은 타당하지 않다는 회의적 시각도 있다.15) 사실 입법자의 의도가 무엇인지가 명확하지 않은 경우도 있다. 이때에는 입법자의 가정적 의도를 탐색하기도 하나, 그러한 가정적 의도를 법관의 주관적 생각과 구별하는 것은 쉽지 않다. 입법자인 의회는 다양한 개인의 집합체이다. 어떤 경우에는 그 구성원들의 의도가 일치하기도 하지만, 어떤 경우에는 치열한 의견 대립 끝에 간발의 차로 입법이 이루어지기도 하고, 어떤 경우에는 구성원들의 의도가 제대로 반영되지 않은 채 이른바 날치기로 입법이 이루어지기도 한다. 즉 입법자의 의도에도 농담(濃淡)이 있다. 입법자의 의도를 확정할 수 있는 경우에도, 특정 시점에 존재하였던 입법자의 의도가 끊임없는 사회 변화에도 불구하고 영생(永生)을 누려야 하는지도 의문이다. 특히 오래전에 입법이 이루어졌고, 입법의 내용도 추상적인 경우에는 이러한 의문이 더욱 심각하게 제기된다.16)

그런데 부동산실명법은 비교적 새롭게 제정된 특별법이고, 그 입법자료에 나타난 입법자의 실제 의도도 비교적 명확하다. 부동산실명법안으로는 제14대 국회에 1995. 2. 23. 정부가 제출한 안과 1995. 3. 3. 조흥규 의원 외 91인이 발의하여 제출한 안이 있었다. 법제사법위원회는 이 두 안을 심사한 결과 1995. 3. 17. 제173회 국회(임시회) 제3차 법제사법위원회에서 이 두 안을 대신하여 만든 법제사법위원회 대안을 의결하여 이를 제안하게 되었다. 소위원회 함석재 위원장은 법제사법위원회에서 심사보고를 하면서 제안 경위에 관하여 다음과 같이 설명하였다.17)

---

13) Richard Ekins, *The Nature of Legislative Intent* (Oxford University Press, 2012), p. 1.
14) 대표적 판결로 Johnson v. Southern Pac. Co., 117 F. 462 (1902).
15) 예컨대 William N. Eskridge, *Dynamic Statutory Interpretation* (Harvard University Press, 1994), pp. 176–183.
16) 형식적으로는 1958년에 제정되었으나 그 내용의 뿌리는 더 장구한 역사를 거슬러 올라가야 발견할 수 있는 민법도 이러한 점에서는 오래된 법률이라고 말할 수 있다.
17) 제173회 국회 법제사법위원회회의록 제3호(1995. 3. 17), 48면

명의신탁약정에 따라 행하여진 등기에 의한 부동산물권변동의 효력에 관하여 정부안은 계약명의신탁의 경우를 제외하고는 이를 무효로 하고 있고 민주당안은 이를 유효한 것으로 하여 명의신탁대상 부동산물권을 등기부상의 명의자인 수탁자의 것으로 하고 있어 이를 검토한 결과, 명의신탁대상 부동산물권을 등기부상의 명의신탁자인 수탁자의 것으로 하는 것이 명의신탁을 근절시키고 그 법률관계를 명확히 하는 장점은 있으나 헌법상 사유재산권보장·소급입법에 의한 재산권박탈금지규정과 관련하여 위헌의 우려가 있어 정부안을 수용하기로 하고 위 정부안에 전문위원의 수정의견을 그대로 모두 받아들이기로 하였습니다. 이와 같이 명의신탁약정에 따라 행하여진 등기에 의한 부동산물권변동효력에 관하여 정부안을 수용함에 따라 실권리자명의등기의무의 이행확보를 위한 행정제재로서의 과징금 및 이행강제금규정과 형사처벌규정도 정부안을 그대로 수용하기로 하였습니다.

법제사법위원회에서 이루어진 토론에서는 이러한 위원회 대안이 별다른 이의 없이 그대로 가결되었다. 이는 다음 날인 1995. 3. 18. 제173회 국회(임시회) 제2차 본회의에서도 마찬가지로 별다른 이의 없이 원안대로 가결되었다. 결국 입법과정에서 명의신탁 부동산의 소유권을 수탁자에게 귀속시키자는 제안이 있었으나, 입법자는 이러한 제안을 채택하지 않는 의식적 결정을 하였던 것이다. 이러한 입법자의 결정에 뒤이어, 대법원은 명의신탁 부동산의 소유권이 명의수탁자에게 귀속되지 않는다는 전제에서 명의신탁의 문제를 규율하여 왔다.[18]

필자는 다수의견에 찬성한다. 소유권은 명의신탁자에게 남겨놓으려는 입법자의 의도가 명백하고, 법률의 문언이나 목적에 비추어 보더라도 그렇게 보는 것이 자연스럽기 때문이다.[19] 반대의견에 따를 때 명의신탁이라는 부정적인 사회 현상이 더욱 잘 억제될 수 있는 것은 사실이다. 특히 부동산실명법 시행에도 불구하고 명의신탁이 근절되지 않고 있고, 과징금 및 이행강제금의 징수도 제대로 이루어지지 않는 현실[20]에서 소유권 박탈은 상당한 위하 효과를 발휘할 수 있다. 그러나 이러한 위하 효과를 높이기 위해 명의신탁자의 소유권을 박탈하여 명의수탁자에게 귀속시키는 것이 타당한가? 이는 과잉금지 원칙의 관점에서 별도로 살펴보아야 한다. 대법원은 이미 명의신탁자가 궁극적으로 소유권을 이전받는 것을 전제로 부동산실

---

18) 대법원 2003. 11. 27. 선고 2003다41722 판결; 대법원 2010. 9. 30. 선고 2010도8556 판결; 대법원 2014. 7. 10. 선고 2013다74769 판결.
19) 백숙종, "부동산 실권리자명의 등기에 관한 법률에 위반한 명의신탁약정과 불법원인급여", **사법**, 제50호(2019), 568면은 현행 부동산실명법의 해석상으로는 명의신탁약정에 의한 소유권이전등기를 불법원인급여로 판단하기 어렵다고 한다.
20) 강동명(주 9), 406면; 장병주(주 9), 2면.

명법상 여러 제재가 과잉금지 원칙에 위배되지 않는 것으로 판단하였다.[21] 이는 바꾸어 말하면 만약 부동산 소유권을 명의수탁자에게 귀속시킨다면 과잉금지 원칙에 위배될 가능성이 있음을 뜻한다. 헌법재판소 역시 부동산 소유권을 언제나 명의수탁자에게 귀속시키는 것은 명의신탁자가 가지는 재산권의 본질적 부분을 침해하게 될 소지가 크다고 지적한 바 있다.[22] 이러한 점에 비추어 보더라도 명의신탁을 불법원인급여로 보지 않는 다수의견이 타당하다.[23] 한편 대상판결은 농지법을 위반한 명의신탁에도 이러한 법리가 적용된다고 보았다. 농지법을 위반하였다는 점만으로 명의신탁이 불법원인급여로 전환된다고 할 수는 없다. 이러한 대상판결의 태도 역시 타당하다.

---

21) 대법원 2007. 7. 12. 선고 2006두4554 판결.

22) 헌법재판소 2001. 5. 31. 선고 99헌가8, 99헌바71·111, 2000헌바51·64·65·85, 2001헌바2 병합 결정.

23) 명의신탁자의 부당이득반환청구를 제한하는 입법이나 법해석은 위헌 소지가 있다는 점에서 기존 판례에 찬성하는 견해로 박재완, "부동산실명법에 대한 입법론적 고찰", **법과 정책연구**, 제13권 제1호 (2013), 246 – 247면.

3 공유물 소수지분권자의 방해배제 및 인도청구
(대법원 2020. 5. 21. 선고 2018다287522 전원합의체 판결)

가. 사실관계

A와 B는 X토지의 1/2 지분씩을 공유하던 중 사망하였다. 원고는 B의 상속인으로서 이 사건 토지 중 B의 지분 전체에 관하여 1992. 11. 28. 소유권이전등기를 마쳤다. 피고는 A의 장남으로서, A가 1995년경 사망함에 따라 형제들과 함께 A의 재산을 공동상속하였다.[1] 피고는 2011년경부터 현재까지 X토지 일부에 소나무를 심어 그 부분 토지를 독점적으로 점유하고 있다. 원고는 피고를 상대로 (ⅰ) 소나무 등 시설물의 수거, (ⅱ) 피고가 독점적으로 점유하는 토지 부분의 인도, (ⅲ) 토지 점유·사용에 따른 부당이득반환을 구하는 소를 제기하였다. 제1심법원은 원고의 청구를 모두 인용하였다.[2]

나. 원심판결과 대상판결

원심법원은 제1심판결을 그대로 유지하였다.[3] 대법원은 원심판결의 토지 인도청구 부분과 부당이득반환청구 일부 부분[4]을 파기하였다.[5] 대법원은 공유물의 소수지분권자가 다른 공유자와 협의 없이 공유물의 전부 또는 일부를 독점적으로 점유·사용하고 있는 경우 다른 소수지분권자는 공유물의 보존행위로서 그 인도를 청구할 수는 없고, 다만 자신의 지분권에 기초하여 공유물에 대한 방해 상태를 제거하거나 공동점유를 방해하는 행위의 금지 등을 청구할 수 있다고 보았다. 공유물의 보존행위로서 그 인도를 청구할 수 있다고 본 대법원 1994. 3. 22. 선고 93다9392, 9408 전원합의체 판결(이하 '94년 전원합의체 판결'이라고 한다) 및 같은 취

---

1) 피고는 소수지분권자이나 그 정확한 지분은 어느 심급의 판결에도 나타나 있지 않다.
2) 의정부지방법원 2017. 11. 30. 선고 2015가단120970 판결.
3) 의정부지방법원 2018. 10. 18. 선고 2017나214900 판결.
4) 원심판결 중 토지 인도청구 부분을 파기하면서, 원고의 부당이득금반환청구 중 아직 확정적으로 발생하지 않은 원심 변론종결일 다음 날(2018. 9. 21.)부터 토지 인도 완료일까지 금원 지급을 명한 부분을 함께 파기한 것이다.
5) 대법원 2020. 5. 21. 선고 2018다287522 전원합의체 판결.

지의 판결들은 모두 변경하였다. 대법원이 소수지분권자의 인도청구를 부정한 이유는 다음과 같다.

① 공유자 중 1인인 피고가 공유물을 독점적으로 점유하고 있어 다른 공유자인 원고가 피고를 상대로 공유물의 인도를 청구하는 경우, 그러한 행위는 공유물을 점유하는 피고의 이해와 충돌한다. 애초에 보존행위를 공유자 중 1인이 단독으로 할 수 있도록 한 것은 보존행위가 다른 공유자에게도 이익이 되기 때문이라는 점을 고려하면, 이러한 행위는 민법 제265조 단서에서 정한 보존행위라고 보기 어렵다.

② 피고가 다른 공유자를 배제하고 단독 소유자인 것처럼 공유물을 독점하는 것은 위법하지만, 피고는 적어도 자신의 지분 범위에서는 공유물 전부를 점유하여 사용·수익할 권한이 있으므로 피고의 점유는 지분비율을 초과하는 한도에서만 위법하다고 보아야 한다. 따라서 피고가 공유물을 독점적으로 점유하는 위법한 상태를 시정한다는 명목으로 원고의 인도청구를 허용한다면, 피고의 점유를 전면적으로 배제함으로써 피고가 적법하게 보유하는 '지분비율에 따른 사용·수익권'까지 근거 없이 박탈하는 부당한 결과를 가져온다.

③ 원고의 피고에 대한 물건 인도청구가 인정되려면 먼저 원고에게 인도를 청구할 수 있는 권원이 인정되어야 한다. 원고에게 그러한 권원이 없다면 피고의 점유가 위법하더라도 원고의 청구를 받아들일 수 없다. 그런데 원고 역시 피고와 마찬가지로 소수지분권자에 지나지 않으므로 원고가 공유자인 피고를 전면적으로 배제하고 자신만이 단독으로 공유물을 점유하도록 인도해 달라고 청구할 권원은 없다.

④ 공유물에 대한 인도 판결과 그에 따른 집행의 결과는 원고가 공유물을 단독으로 점유하며 사용·수익할 수 있는 상태가 되어 '일부 소수지분권자가 다른 공유자를 배제하고 공유물을 독점적으로 점유'하는 인도 전의 위법한 상태와 다르지 않다.

⑤ 원고는 공유물을 독점적으로 점유하면서 원고의 공유지분권을 침해하고 있는 피고를 상대로 지분권에 기한 방해배제청구권을 행사함으로써 피고가 자의적으로 공유물을 독점하고 있는 위법 상태를 충분히 시정할 수 있다. 따라서 피고의 독점적 점유를 시정하기 위해 종래와 같이 피고로부터 공유물에 대한 점유를 빼앗아 원고에게 인도하는 방법, 즉 피고의 점유를 원고의 점유로 대체하는 방법을 사용하지 않더라도, 원고는 피고의 위법한 독점적 점유와 방해 상태를 제거하고 공유물이 본래의 취지에 맞게 공유자 전원의 공동 사용·수익에 제공되도록 할 수 있다.

이에 대해서는 대법관 5인의 반대의견(이하 '반대의견 1'이라고 한다)[6]과 대법관 1인의 반대의견(이하 '반대의견 2'라고 한다)[7]이 있었다. 반대의견 1은 94년 전원합의체 판결처럼 소수지분권자는 보존행위로서 다른 소수지분권자가 위법하게 점유하는 목적물의 인도를 청구할 수 있다고 보았다. 이를 통해 원고가 취득하는 점유는 모든 공유자들을 위한 점유이므로 피고의 위법한 단독점유와는 성격을 달리하고, 인도집행 과정에서 공유자의 일원이기도 한 피고가 배제되는 것은 위법 상태를 해소하기 위한 일시적 현상에 불과하다고 보았다. 반대의견 2는 민법 제263조에 근거한 공유물의 사용·수익권은 법령에 의하여서는 권리의 내용이 정하여져 있지 아니한 일반적·추상적 권리에 지나지 아니하므로, 공유물의 사용·수익 방법에 관하여 공유자들 사이에 과반수 지분에 의한 정함이 없는 경우에는 어느 공유자도 그 내용이 어떠하든지 간에 자신이 주장하는 바와 같은 방법으로 공유물을 사용·수익할 권리가 있다고 할 수 없다고 보았다. 따라서 소수지분권자의 인도청구와 방해배제청구는 모두 허용되지 않는다고 보았다. 정리하자면, 다수의견은 「인도청구 부정, 방해배제청구 긍정」, 반대의견 1은 「인도청구 긍정, 방해배제청구 부정적 유보[8]」, 반대의견 2는 「인도청구 부정, 방해배제청구 부정」이라는 입장을 취하였다.[9]

다. 분석

대상판결은 94년 전원합의체 판결의 결론을 뒤집었다. 94년 전원합의체 판결 당시 대법원은 다수의견 7, 반대의견 6으로 소수지분권자의 인도청구를 긍정하였다.[10]

---

6) 대법관 박상옥, 대법관 민유숙, 대법관 이동원, 대법관 김상환, 대법관 노태악이 반대의견 1을 개진하였다.

7) 대법관 이기택이 반대의견 2를 개진하였다.

8) 반대의견 1이 방해배제청구의 이론적 가능성까지 배제한 것인지는 명확하지 않다. 하지만 반대의견 1은 적어도 방해배제청구가 현실에서 기능하기 어렵다는 점은 강조하고 있다.

9) 대상판결 선고 이후 나온 평석을 보면 찬성론이 우세하다. 윤진수, **민법기본판례**, 제2판(홍문사, 2020), 218-220면; 장보은, "공유자간 이해의 충돌, 해결방안과 그 한계-소수지분권자의 배타적 공유물 점유 사안을 중심으로-", -대법원 2020. 5. 21. 선고 2018다287522 전원합의체 판결-", **법조**, 통권 제742호(2020), 384-412면. 반대 평석으로는 이진기, "'대법원 전원합의체 판결'과 법이론의 부조화-대판(전합) 2020. 5. 21. 2018다287522의 평석-", **민사법학**, 제92호(2020), 3-35면.

10) 이 판결에 대해서는 비판론이 많았다. 김영란, "공유자 상호간의 공유물명도청구", **사법행정**, 제35권 제6호(1994), 38면 이하; 고의영, "공유자 사이의 공유물 명도청구", **민사판례연구**, 제17권(1995), 32면 이하; 김재형, "공유물에 대한 보존행위의 범위", **민법론** Ⅰ(박영사, 2004), 199면 이하; 이현종, "집합건물 구분소유자의 보존행위에 관하여", **민사판례연구**, 제33-1권(2011), 341면

이러한 결론은 94년 전원합의체 판결 전에도 승인되던 바이고,[11] 그 후에도 최근까지 유지되어 왔다.[12] 그런데 이번에 대법원은 다수의견 7, 반대의견 6으로 소수지분권자의 인도청구를 부정하면서 방해배제청구는 긍정하였다. 대상판결 이후 집합건물 공용부분의 공유자가 공용부분을 독점적으로 점유하는 경우에도 대상판결의 법리가 적용된다는 후속판결이 선고되기도 하였다.[13]

대상판결의 다수의견과 반대의견 간 근소한 차이에서 알 수 있듯이 소수지분권자의 인도청구 등의 문제는 여전히 치열한 논란의 대상이다. 이 문제를 놓고 다양한 관점과 주장이 표출되었다. 그만큼 쟁점들도 복잡하게 얽혀 있다. 아래에서는 ① 공유물 사용·수익권의 본질은 무엇인가, ② 공유물 사용·수익방법에 관해 정할 수 없는 경우 규범적으로 존재해야 마땅한 공유물 사용·수익상태(이하 편의상 '규범적 원형상태'라고 한다)는 무엇인가, ③ 그 규범적 원형상태는 어떻게 실현할 수 있는가라는 세 가지 질문을 던짐으로써 대상판결의 제반 쟁점들을 다루고자 한다.

(1) 공유물 사용·수익권의 본질

공유물 사용·수익권의 본질은 무엇인가? 이는 내용이 공허한 일반적·추상적 권리인가, 아니면 일정한 실체적 내용을 담고 있는 개별적·구체적 권리인가? 민법 제263조는 "공유자는 … 공유물 전부를 지분의 비율로 사용·수익할 수 있다."라고 규정한다. 그런데 "지분의 비율로 사용·수익"하는 것이 무엇인지는 분명하지 않다.[14] 특히 사용·수익이 점유를 수반하는 경우가 더욱 그러하다. 점유의 대상은 목적물이지 지분이 아니기 때문이다.[15] 물론 공유자들은 합의를 통해 사용·수익 방법을 결정할 수 있다. 또한 공유자 전원의 합의가 이루어지지 않으면 공유자 지분의 과반수로써 결정할 수 있다. 공유물의 사용·수익 또는 그 전제가 되는 공유

이하; 이동진, "민법 중 공유에 관한 규정의 입법론적 고찰", **민사법학**, 제78호(2017), 138면; 김용덕 편, **주석민법 물권(2)**, 제5판(한국사법행정학회, 2019), 46면(최준규 집필부분) 등. 한편 일본 최고재판소는 다수지분권자도 특별한 사정이 없는 한 소수지분권자에게 인도를 구할 수 없다는 입장을 취하였다. 日最判 1966. 5. 19.(民集 20, 947). 소수지분권자 상호 간도 마찬가지이다. 日最判 2000. 4. 7.(民集 198, 1).

11) 대법원 1966. 4. 19. 선고 65다2033 판결; 대법원 1974. 6. 11. 선고 73다381 판결; 대법원 1979. 6. 12. 선고 79다647 판결; 대법원 1991. 1. 15. 선고 88다카19002, 19019 판결 등.

12) 대법원 2014. 5. 16. 선고 2012다43324 판결; 대법원 2014. 5. 29. 선고 2012다109804 판결 등.

13) 대법원 2020. 10. 15. 선고 2019다245822 판결.

14) 양창수·권영준, 민법Ⅱ-권리의 변동과 구제, 제3판(박영사, 2017), 323-324면.

15) 양창수·권영준(주 14), 259면; *Münchener Kommentar zum BGB/Schäfer*, 8. Auflage (2020), § 866, Rn. 1.

물의 점유는 공유물의 관리에 관한 사항이고,16) 민법 제265조 본문은 공유자 지분 과반수로써 공유물의 관리에 관한 사항을 결정한다고 규정하기 때문이다. 그러므로 과반수 지분권자가 있는 공유관계에서는 그가 다른 지분권자들과 협의를 거쳐 또는 단독으로 공유물의 관리에 관한 사항을 결정할 수 있다.17)

문제는 이 사건처럼 과반수 지분권자가 없고 과반수에 이르는 의사결정도 불가능한 상황이다. 이 경우에 주어진 것은 "공유자는 … 공유물 전부를 지분의 비율로 사용·수익할 수 있다"라는 추상적 규정뿐이다. 그렇다면 여기에서 공유물의 사용·수익권은 현실적으로 어떤 의미를 가지는가? 실제로 공유물을 사용·수익할 수 있도록 해 주고, 그것이 방해될 경우 구제수단을 취할 수 있도록 해 주는 개별적·구체적 권리인가? 그동안 공유물의 사용·수익권의 실효성은 몰라도 권리성은 별로 다투어지지 않았다.18) 그런데 반대의견 2는 공유물 관리에 관한 결정이 없는 상태에서는 이러한 사용·수익권은 일반적·추상적인 권리에 불과하여 이를 실현하기 위한 소송상 청구를 할 수 없다는 과감한 법리를 전개하였다. 이에 따르면 이 사건에서도 공유자는 자신의 사용·수익권을 실현하기 위한 인도청구나 방해배제청구를 할 수 없다.

반대의견 2는 공유관계 당사자의 자율적 결정을 최대한 존중하되, 그러한 자율적 결정이 없는 상태에서 법원의 후견적 관여는 최대한 자제하려는 방임주의적인 태도와 연결된다. 이 태도의 배후에는 이 사건과 같은 문제 상황에서 법원이 관여하더라도 문제를 제대로 해결할 수 없다는 우려도 있었을 것이다. 즉 인도청구는 권리보호의 이름하에 또다른 위법상태를 창출하는 문제가 있고, 방해배제청구는 그 방해배제의 모습을 정하거나 이를 관철시키기가 현실적으로 어렵다는 문제가 있다는 것이다. 이러한 태도에 따르면 공유자 1인이 공유물 전체를 홀로 무단점유하여 사용·수익하는 상황이 발생하면 이는 일단 방치될 수밖에 없다. 공유자들은 어떻게 해서든지 합의를 도출해 내려고 노력하거나, 그것이 여의치 않으면 공유물 분할을 통한 공유관계 해소의 길로 나아갈 수밖에 없다.

그런데 반대의견 2도 이러한 경우 다른 공유자들이 부당이득반환청구권이나 손해배상청구권을 행사할 수 있음을 부정하지는 않는다.19) 하지만 이러한 청구권은

---

16) 곽윤직 편, **민법주해**(Ⅴ)(박영사, 1992), 572면(민일영 집필부분).
17) 대법원 1995. 9. 5. 선고 95다24586 판결; 대법원 2002. 5. 14. 선고 2002다9738 판결.
18) 94년 전원합의체 판결에서도 공유물의 사용·수익권이 일반적·추상적 권리인지가 다투어지지는 않았다.

공유물 사용·수익권의 구체적 권리성을 전제로만 인정될 수 있다. 그 점에서 반대의견 2는 이미 공유물 사용·수익권의 구체적 권리성을 부분적으로나마 인정하는 셈이다. 한편 반대의견 2는 이를 넘어서서 인도청구나 방해배제청구는 허용되지 않는다고 한다. 하지만 공유물 사용·수익권이 오로지 이처럼 금전수취의 범위에서만 의미가 있다고 하게 되면 이는 물권의 속성을 지니는 공유지분권을 차임수취권으로 강등시키는 결과가 된다.[20] 물권적 청구권은 물권을 물권이게 만드는 핵심 속성으로서 물권과 불가분적으로 연결되어 있다. 그러므로 별도의 법률 규정이 없는 한 물권적 청구권을 박탈하는 해석론은 쉽게 수용하기 어렵다.

물론 양육비청구권처럼 그 구체적인 내용과 범위가 확정되기 전까지는 추상적인 청구권에 머무르는 사례가 있기는 하다.[21] 반대의견 2의 논리는 양육비청구권의 법리와도 닮아 있다. 그러나 양육비청구권을 둘러싼 추상적 청구권/구체적 청구권 준별론 자체에 대해서 비판이 제기되고 있다.[22] 또한 양육비의 경우 당사자의 합의가 없을 경우 가정법원이 비송절차를 통해 양육비의 구체적인 내용과 범위를 재량적·형성적으로 결정하도록 되어 있다. 이처럼 비송절차에서의 재량적·형성적 결정이 제도화되어 있는 경우에는 그 결정이 있기 전까지는 권리의 구체적 내용과 범위가 결정되지 않은 추상적 권리에 머무른다고 볼 여지가 있다. 하지만 공유물의 사용·수익관계에 대해서는 그러한 제도가 마련되어 있지 않다. 그러므로 권리의 구체화를 마냥 뒤로 미룰 수 없다.

결국 반대의견 2에는 찬성할 수 없다. 민법 제263조에서 엄연히 규정하고 있는 공유자의 권리를 일반적·추상적 권리라는 공허한 권리로 격하시킬 수는 없다. 민법 제263조의 문언이 추상적이기는 하나 그렇다고 그 문언에 기한 권리까지 추상적인 것은 아니다. 그러한 논리대로라면 추상적 문언을 즐겨 사용하는 민법의 수많은 권리들은 일반적·추상적 권리로 격하되어야 한다. 또한 권리 내용과 범위의 모호성은 정도의 차이가 있을 뿐 수많은 권리들에 공통적으로 내재된 속성이다. 그러한 모호성을 이유로 물권적 지분권의 핵심 내용인 인도청구나 방해배제청구 가능성을 제거해서는 안 된다. 이는 공유물의 사용·수익을 둘러싼 분쟁 상태를

---

19) 판례도 이를 인정한다. 대법원 1991. 9. 24. 선고 91다23639 판결 등 다수.
20) 대법관 김재형, 대법관 안철상의 다수의견에 대한 보충의견.
21) 대법원 2006. 7. 4. 선고 2006므751 판결.
22) 예컨대 임종효, "양육비청구권에 관한 기초 이론 및 실무상 쟁점", **사법논집**, 제51집(법원도서관, 2011), 270면 이하.

정글처럼 방임하겠다는 것과 다르지 않다. 해석론을 통해 가급적 그 모호성을 확실성으로 바꾸어 나가려는 적극적인 노력을 기울이는 것이 법원에게 기대되는 역할이다. 그러므로 공유물 사용·수익권은 개별적·구체적 권리로 보아야 한다.

(2) 규범적 원형상태의 모습

그렇다면 과반수 지분에 의한 공유물 사용·수익 방법의 결정이 불가능한 상태에서 공유자 각자가 가지는 개별적·구체적 권리로서의 공유물 사용·수익권은 어떻게 구현되어야 마땅한가? 즉 이러한 상황에서의 규범적 원형상태는 어떤 모습인가? 이러한 규범적 원형상태를 어떻게 상정하는가에 따라 법리 전개의 방향성이 결정된다. 민법은 이에 대해 침묵하고 있다. 하지만 공유의 본질과 속성 및 공유 관련 규정들의 취지에 비추어 규범적 원형상태를 상정하는 것은 불가능하지 않다.

우선 소수지분권 공유자의 1인(피고)이 나머지 소수지분권 공유자(원고)의 의사에 반하여 공유물 전체를 독점적·배타적으로 점유·사용·수익하는 상태는 위법하므로 규범적 원형상태라고 할 수 없다. 이 점에 관한 한 대법관들의 견해는 일치하였다. 그러므로 이러한 상태는 제거되어야 한다. 문제는 이를 제거하기 위한 방편으로 피고의 점유를 원고에게 이전시키는 인도청구가 타당한가이다. 이 점에 대해 다수의견과 반대의견 1은 다른 입장을 취하였다.

반대의견 1은 원고가 인도청구를 통해 새롭게 공유물을 단독점유하게 되는 것이 규범적 원형상태가 허용하는 범주에 들어온다고 보았다. 그 이유로 다음 두 가지 논거를 제시하였다. 첫째, 이는 법이 허용하는 보존행위에 따른 결과일 뿐이라는 것이다. 민법 제265조 본문은 공유물의 관리에 관한 사항을 공유자 지분 과반수로 결정하도록 하지만, 단서는 "보존행위는 각자가 할 수 있다"라고 규정한다. 반대의견 1은 인도청구가 보존행위에 해당한다면 그 인도청구에 따라 원고가 새롭게 공유물을 단독점유하는 것은 법이 이미 예정한 상황이라는 입장이다. 둘째, 피고의 점유가 배제되고 원고의 점유가 이를 대체하는 것은 "위법 상태를 해소하기 위한 일시적인 현상"에 불과하고, 원고의 점유는 "모든 공유자들을 위한 것"이므로 "공유물을 위법하게 독점하던 피고의 종전 점유와 같은 것이라고 할 수 없다"는 것이다. 그러나 이러한 반대의견 1의 입장에는 찬성하기 어렵다.

첫째 논거에 관하여 살펴보자. 소수지분권자인 원고의 인도청구가 보존행위인가는 94년 전원합의체 판결에서 치열하게 다투어졌던 쟁점이다.23) 보존행위는 공유물의 멸실·훼손을 방지하고, 그 현상을 유지하기 위하여 하는 사실적, 법률적 행위를 일컫는다.[24] 보존행위는 넓게 보면 관리행위의 일종이지만[25] 일반적인 관리행위와 달리 각 공유자가 단독으로 할 수 있다. 보존행위가 긴급을 요하는 경우가 많고 다른 공유자에게도 이익이 되는 것이 보통이기 때문이다.[26] 따라서 보존행위는 '모든 공유자의 이익에 부합하므로 모든 공유자가 찬성하였으리라 평가되는 행위'로 좁혀서 해석해야 한다. 다른 공유자의 반대가 있는 행위인데도 이를 소수지분권자가 단독으로 행할 수 있는 보존행위로 보게 되면 전원 또는 과반수의 결정에 의하지 않고서는 공유자의 의사에 반하는 관리행위를 할 수 없도록 한 민법 제265조의 취지가 몰각되기 때문이다.

그런데 원고의 인도청구를 허용하면 피고의 점유를 배제함으로써 그가 가지는 지분비율 범위 내의 공유물 사용·수익권까지 박탈하게 되어 엄연히 공유자의 일원인 그의 이익에는 반한다. 따라서 이를 '모든 공유자의 이익에 부합하므로 모든 공유자가 찬성하였으리라 평가되는 행위'라고 볼 수 없다. 반대의견 1은 피고가 위법 상태를 유지하면서 누리는 이익은 보존행위 시 고려해야 할 공유자의 이익에 포함되지 않는다고 한다. 그러나 문제는 인도청구 허용이 이러한 위법 이익을 넘어서서 적법 이익까지도 박탈한다는 데에 있다. 또한 반대의견 1은 원고에게 공유물이 인도된 후에도 피고는 공유물을 공동으로 사용·수익할 수 있다고 하나 이러한 공동 사용·수익이 현실적으로 얼마나 의미 있는지, 오히려 원고의 단독점유를 다시 박탈해야 할 때 비로소 현실성을 띠게 되는 것이 아닌지[27] 의문이 든다. 결국 원고의 인도청구는 보존행위에 해당하지 않는다.[28] 인도청구의 법적 근거는 보존행위에 관한 민법 제265조 단서가 아니라 원고의 지분권 그 자체에서 찾아야 한다.[29]

---

23) 그 이후 선고된 대법원 1995. 4. 7. 선고 93다54736 판결은 94년 전원합의체 판결과 다른 취지로 읽히기도 한다. 다만 이는 인도청구가 아니라 등기말소청구에 관한 사안이다.

24) 주석민법/최준규(주 10), 45면.

25) 민법 제265조의 내용은 보존행위가 관리행위의 일종임을 전제하고 있다. 이동진, "민법 중 공유에 관한 규정의 입법론적 고찰", **민사법학**, 제78호(2017), 137면.

26) 대법원 1995. 4. 7. 선고 93다54736 판결; 대법원 2019. 9. 26. 선고 2015다208252 판결.

27) 이는 결국 순환소송의 문제로 이어진다.

28) 장보은(주 9), 394 – 396면도 같은 취지.

29) 대상판결도 지분권설을 채택한 것으로 이해된다. 지분권설에 관하여는 김재형(주 10), 231면 참조. 다만 소유권과 지분은 구별되어야 하고, 지분은 독립적인 물권이 아니라는 이유에서 지분권에 기한 물권적 청구권은 존재할 수 없다는 반론도 있다. 이진기(주 9), 8 – 13면.

둘째 논거에 관하여 살펴보자. 반대의견 1은 인도청구 후 원고의 점유와 인도청구 전 피고의 점유는 다른 형태의 점유라고 보았다. 따라서 피고의 점유는 위법하지만 원고의 점유는 적법하다고 보았다. 그 결과 피고의 점유를 배제하기 위한 수단으로써 이루어지는 원고의 점유는 규범적으로 용인할 수 있는 점유라고 보았다. 그러나 우리 민법은 이러한 점유의 구별을 알지 못한다. 원고의 점유이건 피고의 점유이건 단독으로 공유물을 사실상 지배한다는 면에서 구별되지 않는다. 반대의견 1이 상정하는 "모든 공유자들을 위한" 점유는 그 실질에 있어서는 신탁적 점유 또는 공동점유에 가깝다. 그러나 신탁적 점유는 민법이나 그 해석론상 인정되는 개념이 아니다. 이러한 개념을 인정하더라도 청구한 공유자와 다른 공유자들 사이에 이른바 점유의 신탁관계를 인정할 만한 법적, 계약적 근거가 없다. 또한 원고만 인도청구를 하는 상황에서 그 청구가 받아들여지면 논리적으로 원고가 단독점유를 하게 되는 것이고, 인도청구를 하지도 않은 다른 공유자들과의 공동점유가 형성되도록 할 방법이 없다. 또한 원고가 일단 단독점유를 취득한 뒤 이를 다른 공유자들과의 공동점유로 전환할 수 있으나 이러한 전환은 원고의 의사에 달린 것이지 법원이 명할 수 있는 문제가 아니다. 결국 원고의 단독점유를 매개로 한 "모든 공유자들을 위한" 점유는 일종의 메타포(metaphor)일 수는 있어도 법적으로 승인되어 관철될 수 있는 현상이 아니다. 이러한 현상을 규범적 원형상태에 포함시킬 수 없다.

그렇다면 과반수 지분에 의한 결정이 불가능한 경우 공유물의 점유·사용·수익에 관한 규범적 원형상태는 ① 피고의 위법한 단독점유 상태는 배제하되, ② 그렇다고 원고의 새로운 단독점유는 창설하지 않는 중간 상태로 보아야 한다. 이러한 중간 상태를 더욱 구체적이고 적극적으로 정의하는 데에는 한계가 있으나, 최소한 그 누구도 공유물을 홀로 독점적·배타적으로 점유하면서 타인의 점유 내지 사용·수익을 불가능하게 만들지는 않는 상태를 의미한다는 점 정도는 말할 수 있다. 이는 공유관계의 제약을 받는 공동점유 상태로 표현할 수 있다.[30] 이러한 상태는 공동점유 설정 청구의 소 및 이에 기한 강제집행을 통하여 가장 잘 구현될 수 있으나,[31]

30) Nomos Kommentar, BGB Schuldrecht/Hoeren, 3. Auflage (2012), § 866, Rn. 1; Staudinger BGB/Gutzeit, Neubearbeitung, 2018, § 866, Rn. 8.
31) 독일민법 제985조 및 LG Osnabrück Urt. v. 11.4.2018 – 1 S 345/17. Münchener Kommentar zum BGB/Baldus, 8. Auflage (2020), § 985, Rn. 11.에서 인용. 또한 정병호, "소수지분권자에 의해 공유토지 점유로부터 배제된 다른 소수지분권자의 점유회복 방법과 로마법 – 대법원 2020.

이러한 법리가 정립되어 있지 않은 우리나라에서는 다수의견처럼 원고의 인도청구는 불허하되 방해배제청구는 허용함으로써 유사하게나마 도달할 수 있다.

(3) 규범적 원형상태의 실현 가능성

그렇다면 이처럼 다수의견이 상정하는 규범적 원형상태인 비독점적 공동사용상태는 실현 가능한 것인가? 바꾸어 말하면 다수의견이 이러한 상태에 도달하기 위하여 동원하는 방해배제청구는 실제 공유관계에서 별 문제 없이 확정되고 관철될 수 있는 것인가? 이 질문에 대해 다수의견은 긍정적인 입장을 취하였지만, 반대의견 1과 반대의견 2는 부정적인 입장을 취하였다. 반대의견 2는 "공유물의 관리에 관한 아무런 정함이 없음에도 공유자들이 특정한 방법으로 물건을 공동으로 점유·사용하는 제3의 영역은 법리적으로 존재하지 않는다."라고 하며, 공유물의 사용·수익권에 기하여 방해배제청구를 하는 것은 법적으로 애당초 허용되지 않는다고 보았다. 반대의견 1은 이러한 청구가 법적으로는 불가능하지는 않지만 "'비독점적인 공유물의 공동사용'은 극히 제한적인 경우(토지의 통행 등)를 제외하고는 현실적으로 이를 상정하기 어렵다."면서, 방해배제청구의 특정, 방해배제판결 및 집행의 가능 범위 등 여러 국면에서 실무적 어려움이 예상된다고 보았다.

한편 다수의견에 대한 보충의견은 방해배제나 방해금지는 현실적으로도 가능하다고 하면서 여러 사례들을 예시하였다. 가령 공유자 중 1인이 공유 토지에 지상물을 설치하여 이를 무단 점유하는 경우에는 지상물 설치행위의 중지 또는 지상물의 철거·수거를 통해, 그 후 공동점유를 방해하는 행위를 하는 경우에는 토지에 대한 출입 방해금지를 구할 수 있다는 것이다. 또한 공유자 중 1인이 공유 주택의 거실과 주방을 독점적으로 점유·사용하는 경우에는 다른 공유자의 공동 점유·사용을 물리적으로 방해하는 행위나 자신의 가구 등을 쌓아두는 행위 등의 금지를 구할 수 있다는 것이다. 이러한 경우 반대의견 1에 따르면 피고의 점유가 완전히 배제되고, 반대의견 2에 따르면 금전보상 또는 공유물분할 외에는 아무런 법적 조치를 취하지 못하게 되는데, 이는 원고가 애초에 가진 권리를 아예 인정하지 않거나 원고가 가진 권리를 초과한 청구를 인정하는 양극단에 선 것으로 부당하다는 것이다. 이러한 의견에 따르면, 방해배제나 방해금지는 현실적으로도 가능할 뿐만

---

5. 21. 선고 2018다287522 전원합의체 판결 -", **법조**, 제69권 제5호(2020), 417-424면은 조심스럽게 우리 법상으로도 공동점유 회복청구의 소가 가능하지 않을까 하는 견해를 개진한다.

아니라 규범적으로 바람직한 방법 중 하나이다.[32]

　반대의견 1에서도 비독점적 공동사용상태의 실현가능성을 부정하는 것은 아니라고 보인다. 반대의견 1은 "원고는 보존행위의 취지에 따라 인도받은 공유물을 독점적으로 점유·사용하여서는 아니 되고 정상적인 공유관계에서의 본래 모습이 구현될 수 있도록 공유물을 선량하게 보관하여야 한다."라고 한다. 이는 다수의견이 상정하는 비독점적 공동사용상태와 크게 다르지 않다. 또한 원고가 다른 공유자와 협의 없이 공유물을 독점적으로 점유·사용한다면 다른 공유자들은 "그 뒤에 원고를 상대로 다시 방해배제와 인도 등을 청구할 수 있다."라고 하여 공유자 간 방해배제청구 가능성을 언급한다. 결국 반대의견 1은 원고의 단독점유라는 중간 단계를 거치기는 하나 종국적으로는 다수의견이 상정하는 상태로의 이행을 염두에 두고 있는 것이다.

　다수의견이 제시한 방해배제청구라는 선택지가 실무상 고민할 바를 안겨준 것은 사실이다. 특히 동산의 경우에는 비독점적 공동사용상태가 현실적으로 어떻게 구현될 수 있을지는 고민스러운 문제이다.[33] 이론적으로는 누군가 동산을 독점적인 사실상 단독지배상태에 이르지 않는 정도로 일시적·잠정적으로 소지하면서 다른 공유자의 의사에 반하여 그 공유자의 사용·수익 가능성은 배제하지 않는 상태를 상정할 수는 있다.[34] 그러나 이를 소송의 국면에서 어떻게 구현하고 집행할지는 분명하지 않다. 다만 현실적으로는 동산 공유관계가 법적 분쟁화할 가능성은 미미하다. 이러한 미미한 분쟁 가능성으로 인한 실무적 문제 때문에 법리에 따른 결론을 바꿀 필요는 없다. 이는 궁극적으로는 실무가 법리를 얼마나 뒤흔들 수 있는가의 문제로도 귀착된다. 필자는 다른 문헌에서 실무상 어려움이 법리에 어떤 영향을 미치는가에 관하여 서술한 바 있다.[35] 그 서술을 다시 옮기면, "실무는 불완전한 언어로 표현된 법리 체계와 실제로 존재하는 사건 사이의 상호작용 사이에

---

32) 대법원 2010. 2. 25. 선고 2008다73809 판결은 집합건물에 관한 것이기는 하나 공용부분을 공유하는 구분소유자 간의 방해배제청구를 허용하였다.

33) 이진기(주 9), 27면이 이 점을 지적한다.

34) 어떤 공유자가 일시적으로 동산을 소지한다고 하여 곧바로 비독점적 공동사용상태가 깨지는 것은 아니다. 번갈아가며 그 동산을 소지하는 상태거나 어떤 공유자가 그 동산을 소지하더라도 다른 공유자의 사용 및 수익은 허락하는 상태도 가능하기 때문이다. Schäfer(주 15), Rn. 4.

35) 권영준, "2018년 민법 판례 동향", **서울대학교 법학**, 제60권 제1호(2019), 286면. 더 일반적인 논의로는 권영준, "민사재판에 있어서 이론, 법리, 실무", **서울대학교 법학**, 제49권 제3호(2008), 314－315, 334－335, 337, 347－348면.

서 일어나는 갈등을 중재"하고, 이를 통해 "법의 사회적응성을 높이고, 사회의 법적합성을 높임으로써 양자의 간격을 좁혀나간다." 이를 실무의 최적화 기능이라고 할 수 있다. 공유자의 비독점적 공동사용상태를 구현하는 과정에서 실무상 어려움이 발생할 수도 있고 그 해법이 일단 불완전해 보일 수도 있다. 그럼에도 불구하고 규범적으로 온당하다고 생각되는 상태를 구현하기 위한 노력을 기울이는 것이야말로 법원이 재판실무를 통해 점진적으로 수행해 나가야 할 몫이 아닐까?

4 공유물분할청구권의 대위행사
(대법원 2020. 5. 21. 선고 2018다879 전원합의체 판결)

가. 사실관계

원고는 A에 대한 양수금채권자이다. 한편 본래 B의 소유이던 이 사건 아파트에 관하여 피고 앞으로 협의분할에 의한 상속을 원인으로 한 소유권이전등기가 되었다. 그러나 이 소유권이전등기에 관하여 사해행위 취소를 원인으로 이 사건 아파트의 7분의 1 지분(이하 '이 사건 공유지분'이라고 한다)은 A, 나머지 7분의 6 지분은 피고의 공유로 경정하는 등기가 이루어졌다. 이 사건 아파트에는 위 소유권이전등기가 되기 전부터 농업협동조합중앙회 앞으로 채무자 C, 채권최고액 2억 4,000만 원인 근저당권과 채무자 C, 채권최고액 합계 1억 800만 원인 근저당권이 설정되어 있었다.

한편 A의 채권자인 신용보증기금은 이 사건 공유지분에 대한 강제경매를 신청하여 경매절차가 개시되었다. 하지만 경매법원은 '이 사건 공유지분의 최저매각가격 59,000,000원이 압류채권자의 채권에 우선하는 부동산의 부담 296,297,784원(근저당권, 체납조세, 공과금)에 미치지 못한다'는 이유로 경매신청을 기각하였다. 그러자 원고는 무자력인 A를 대위하여 피고를 상대로 공유물분할을 구하는 소를 제기하였다. 제1심법원은 보전의 필요성이 인정되지 않는다는 이유로 소를 각하하였다.[1]

나. 원심판결과 대상판결

원심법원은 보전의 필요성을 인정한 뒤 제1심판결을 취소하고, 원고의 청구를 인용하여 대금분할 방식으로 X아파트의 분할을 명하였다.[2] 하지만 대법원은 원심판결을 파기하였다.[3] 이유는 다음과 같다.

---

[1] 인천지방법원 부천지원 2017. 7. 12. 선고 2016가단28561 판결.
[2] 인천지방법원 2017. 12. 5. 선고 2017나8494 판결.
[3] 대법원 2020. 5. 21. 선고 2018다879 전원합의체 판결. 이에 따라 대법원 2015. 12. 10. 선고 2013다56297 판결은 변경되었다.

권리의 행사 여부는 그 권리자가 자유로운 의사에 따라 결정하는 것이 원칙이다. 채무자가 스스로 권리를 행사하지 않는데도 채권자가 채무자를 대위하여 채무자의 권리를 행사할 수 있으려면 그러한 채무자의 권리를 행사함으로써 채권자의 권리를 보전해야 할 필요성이 있어야 한다. 여기에서 보전의 필요성은 채권자가 보전하려는 권리의 내용, 채권자가 보전하려는 권리가 금전채권인 경우 채무자의 자력 유무, 채권자가 보전하려는 권리와 대위하여 행사하려는 권리의 관련성 등을 종합적으로 고려하여 채권자가 채무자의 권리를 대위하여 행사하지 않으면 자기 채권의 완전한 만족을 얻을 수 없게 될 위험이 있어 채무자의 권리를 대위하여 행사하는 것이 자기 채권의 현실적 이행을 유효·적절하게 확보하기 위하여 필요한지 여부를 기준으로 판단하여야 하고, 채권자대위권의 행사가 채무자의 자유로운 재산관리행위에 대한 부당한 간섭이 되는 등 특별한 사정이 있는 경우에는 보전의 필요성을 인정할 수 없다.

채권자가 자신의 금전채권을 보전하기 위하여 채무자를 대위하여 부동산에 관한 공유물분할청구권을 행사하는 것은, 책임재산의 보전과 직접적인 관련이 없어 채권의 현실적 이행을 유효·적절하게 확보하기 위하여 필요하다고 보기 어렵고 채무자의 자유로운 재산관리행위에 대한 부당한 간섭이 되므로 보전의 필요성을 인정할 수 없다. 또한 특정 분할 방법을 전제하고 있지 않은 공유물분할청구권의 성격 등에 비추어 볼 때 그 대위행사를 허용하면 여러 법적 문제들이 발생한다. 따라서 극히 예외적인 경우가 아니라면 금전채권자는 부동산에 관한 공유물분할청구권을 대위행사할 수 없다고 보아야 한다.

이는 채무자의 공유지분이 다른 공유자들의 공유지분과 함께 근저당권을 공동으로 담보하고 있고, 근저당권의 피담보채권이 채무자의 공유지분 가치를 초과하여 채무자의 공유지분만을 경매하면 남을 가망이 없어 민사집행법 제102조에 따라 경매절차가 취소될 수밖에 없는 반면, 공유물분할의 방법으로 공유부동산 전부를 경매하면 민법 제368조 제1항에 따라 각 공유지분의 경매대가에 비례해서 공동근저당권의 피담보채권을 분담하게 되어 채무자의 공유지분 경매대가에서 근저당권의 피담보채권 분담액을 변제하고 남을 가망이 있는 경우에도 마찬가지이다.

이에 대해 위와 같이 공유물분할의 방법에 따르면 채무자인 공유자에게 배분될 몫이 남을 수 있는 경우에는 채권자가 채무자의 재산권에 속하는 공유물분할청구권을 대위행사하여 채권의 현실적 이행을 유효·적절하게 확보할 수 있도록 허용해야 한다는 대법관 4인의 반대의견이 있었다.[4]

다. 분석

(1) 보전의 필요성 일반론

대상판결은 공유물분할청구권의 대위 행사가 가능한가의 문제를 다루었다. 채권자대위권은 채권자가 자신의 권리(피보전권리)를 보전하기 위하여(보전의 필요성) 채무자의 권리(피대위권리)를 대신 행사하는 권리이다. 이 사건에서 채권자인 원고에게는 피보전권리인 금전채권이 있었다. 채무자인 A에게는 공유물분할청구권이 있었다. 공유물분할청구권은 일신전속권이 아니므로 피대위권리가 될 수 있다.[5] 문제는 원고가 A의 공유물분할청구권을 행사할 보전의 필요성이 있었는가이다. 이 사건에 관하여 다수의견은 보전의 필요성을 부정하였으나, 반대의견은 보전의 필요성을 인정하였다.

보전의 필요성은 어떻게 판단하는가? 민법 제404조 제1항은 "자기의 채권을 보전하기 위하여" 채무자의 권리를 행사할 수 있다고 규정할 뿐 더 이상의 가이드라인을 제시하지 않는다. 그러므로 보전의 필요성의 의미는 해석론을 통해 규명해야 한다. 종래 대법원은 피보전권리가 금전채권인 경우에는 채무자의 무자력 여부에 따라 보전의 필요성을 판단하였다.[6] 즉 채무자가 무자력이면 보전의 필요성이 있고, 그렇지 않으면 보전의 필요성이 없다는 것이다. 이러한 판단 기준은 종래에는 몇몇 예외[7]를 제외하고는 대체로 관철되었다.[8] 한편 피보전권리가 비금전채권인 경우에는 채무자의 무자력을 묻지 않고,[9] 피보전권리와 피대위권리의 밀접한 관련성으로 인해 피대위권리 행사가 피보전권리의 현실적 이행 확보에 필요한 때에 보전의 필요성을 인정하였다.[10] 학설은 피보전권리가 금전채권인 경우를 본래형,

4) 대법관 권순일, 대법관 김재형, 대법관 박정화, 대법관 김선수가 반대의견을 개진하였다.
5) 곽윤직 편, **민법주해**(Ⅸ)(박영사, 1995), 767면(김능환 집필부분); 양창수·김형석, **민법 Ⅲ - 권리의 보전과 담보**, 제3판(박영사, 2018), 154면; 대법원 2000. 1. 28. 선고 98다17183 판결.
6) 대법원 1963. 4. 25. 선고 63다122 판결; 대법원 1969. 7. 29. 선고 69다835 판결; 대법원 1969. 11. 25. 선고 69다1665 판결; 대법원 1993. 10. 8. 선고 93다28867 판결; 대법원 2009. 2. 26. 선고 2008다76556 판결.
7) 대법원 1964. 4. 3. 선고 63마54 판결; 대법원 1968. 6. 18. 선고 86다663 판결; 대법원 1981. 6. 23. 선고 80다1351 판결; 대법원 1989. 4. 25. 선고 88다카4253, 4260 판결.
8) 대법원 2009. 2. 26. 선고 2008다76556 판결 등 다수.
9) 대법원 1989. 4. 25. 선고 88다카4253, 4260 판결; 대법원 1992. 10. 27. 선고 91다483 판결.
10) 이러한 판시는 대법원 2001. 5. 8. 선고 99다38699 판결에 처음 등장하였고, 그 후 대법원 2007. 5. 10. 선고 2006다82700, 82717 판결; 대법원 2013. 6. 13. 선고 2011다83820 판결 등에서 반복되었다.

피보전권리가 비금전채권[11]인 경우를 전용형으로 분류하기도 하였다.[12]

그러나 피보전권리가 금전채권인가 여부에 따라 보전의 필요성을 나누어 판단하는 이원론적 접근방법은 실정법에 근거를 둔 것이 아니다. 피보전권리가 금전채권인 경우에는 채무자의 무자력 여부가 보전의 필요성을 판단할 때 중요한 고려요소임에 틀림 없다.[13] 그 점에서 위와 같은 분류는 현실적 유용성을 지닌다. 그러나 종국적으로는 '피대위권리를 행사해야 피보전권리가 만족받을 수 있는 관계', 즉 피대위권리와 피보전권리의 상호 연결 관계가 보전의 필요성 판단의 핵심이다. 따라서 피보전권리가 금전채권인 경우에도 채무자의 무자력 유무에 따라 기계적으로 보전의 필요성을 판단하는 것은 적절하지 않다.[14] 이 점 때문에 대법원은 2000년대 이후 피보전권리가 금전채권인 경우에도 피보전권리와 피대위권리 사이에 밀접한 관련성이 있는 사안 유형에서는 채무자가 무자력이 아니라도 채권자대위권 행사를 인정하여 왔다.[15]

이 사건에서도 금전채권이 피보전권리였다. 그런데 대법원은 대상판결에서 "채권자가 채무자의 권리를 대위하여 행사하지 않으면 자기 채권의 완전한 만족을 얻을 수 없게 될 위험이 있어 채무자의 권리를 대위하여 행사하는 것이 자기 채권의 현실적 이행을 유효·적절하게 확보하기 위하여 필요한지 여부를 기준으로 판단" 해야 한다고 판시한 뒤 채무자의 자력 유무는 보전의 필요성 판단에 있어서 종합적인 고려 대상의 하나에 불과하다는 점을 분명히 하였다. 2000년대 이후 이른바 무자력 도그마에서 벗어나는 경향성을 보여 오던 판례의 흐름을 재확인하고 재강조한 것이다. 이러한 대상판결의 태도는 옳다.

(2) 이 사건 보전의 필요성에 대한 대상판결의 태도

그렇다면 이 사건의 경우 채무자의 공유물분할청구권을 대위 행사하는 경우에

---

11) 이를 특정채권이라고 표현하는 것이 더 일반적이다. 대상판결의 반대의견 및 강봉석, "채권자대위권에 있어서 채권보전의 필요성", **민사판례연구**, 제24권(2002), 190면 등.
12) 민법주해/김능환(주 5), 744면; 곽윤직, **채권총론**, 제6판(박영사, 2014), 135-138면.
13) 이처럼 채무자의 무자력을 요구하는 태도는 프랑스 민법 제1166조의 해석론으로 거슬러 올라간다. 강봉석(주 11), 174면.
14) 박종윤, "채권자대위권-무자력이론과 기판력에 관한 재검토-", **사법논집**, 제6집(1975), 49면 이하.
15) 대법원 2002. 1. 25. 선고 2001다52506 판결; 대법원 2014. 12. 11. 선고 2013다71784 판결; 대법원 2017. 7. 11. 선고 2014다89355 판결.

보전의 필요성이 인정되는가? 이 사건 사실관계에 따르면, 원고로서는 무자력 채무자인 A의 공유물분할청구권을 행사하면 자신의 채권을 일부라도 만족받을 수 있으나, 그렇지 않으면 자신의 채권을 만족받기 어려운 상황이었다. 물론 이는 대금분할을 전제하는 것인데 이 사건 아파트의 경우 현물분할 가능성이 낮으므로 그 전제 역시 현실적으로는 충족될 수 있는 상황이었다. 판례의 표현을 빌리면 "채권자가 채무자의 권리를 대위하여 행사하지 않으면 자기 채권의 완전한 만족을 얻을 수 없게 될 위험이 있어 채무자의 권리를 대위하여 행사하는 것이 자기 채권의 현실적 이행을 유효·적절하게 확보하기 위하여 필요"한 상황이었다. 공유물분할청구권을 대위 행사할 보전의 필요성이 모든 사안에서 일반적으로 인정된다고는 할 수 없으나,[16] 적어도 이 사건에서는 위와 같은 이유로 보전의 필요성을 인정할 여지가 충분한 사건이었다.

그런데 대법원은 결론적으로 "채권자대위권의 행사가 채무자의 자유로운 재산관리행위에 대한 부당한 간섭이 되는 등 특별한 사정이 있는 경우에는 보전의 필요성을 인정할 수 없다."[17]는 법리에 의거하여 보전의 필요성을 부정하였다. 채권자대위권은 1차적으로는 채권의 현실적 이행을 유효·적절하게 확보하기 위한 권리이지만, 그 행사 과정에서 2차적으로는 채무자 또는 제3자의 이익 상황을 고려하지 않을 수 없다.[18] 따라서 대상판결이 제시한 법리는 일단 그 관점에서 이해할 수 있다. 다만 채권자대위권은 원래 채권자의 권리 보전을 위해 채무자의 자유로운 재산관리행위를 간섭하도록 제도적으로 허용한 권리이다.[19] 따라서 위 법리에서 밝히듯이 채무자의 자유 문제는 "특별한 사정이 있는 경우"에 한하여 2차적으로 고려되어야 한다.[20]

실제로 지금까지 대법원에 의해 "부당한 간섭"이 실제로 인정된 사안 유형은 성취 가능성이 낮은 정지조건이 부가된 권리 보전을 위해 그 미성취에 책임이 있는

---

16) 오태환, "금전채권자가 채무자의 공유물분할청구권을 대위행사할 보전의 필요성이 있는 경우", **대법원판례해설**, 제105호(2016), 5−6면.
17) 대법원 2001. 5. 8. 선고 99다38699 판결; 대법원 2007. 5. 10. 선고 2006다82700, 82717 판결; 대법원 2013. 5. 23. 선고 2010다50014 판결; 대법원 2017. 7. 11. 선고 2014다89355 판결 등.
18) 이소은, "금전채권자의 공유물분할청구권 대위행사와 보전의 필요성", **법조**, 통권 제743호(2020), 535−536면.
19) 그 점에서 채무자의 자유에 대한 간섭이라는 사정에 초점을 맞추어 채권자대위권을 쉽사리 부정하는 것은 제도의 취지에 반한다. 이소은(주 18), 550면.
20) 이소은(주 18), 536면.

채권자로 인해 현실적 불이익을 입고 있는 채무자의 권리를 대위 행사함으로써 채무자의 재산권 행사에 더 커다란 불이익을 입힐 수 있었던 특수한 경우뿐이었다.[21] 이는 "부당한 간섭" 법리가 풍기는 일반성과는 달리 현실적으로 "부당한 간섭"을 이유로 채권자대위권이 부정된 사례는 극히 적을 뿐만 아니라 그 유형 역시 극히 한정되어 있음을 보여준다. 반면 이 사건에서 원고는 조건이 부가되지 않은 양수금 채권을 가지고 있었고, 채무자인 A는 채무를 이행하지 않은 무자력자로서 공유물분할이 되더라도 경제적으로 큰 불이익을 입는 상황에 있지도 않았다.

대법원은 보전의 필요성을 부정하는 결론에 도달하는 과정에서 여러 이유들을 제시하였다. 그러나 그중에는 설득력이 떨어지는 이유들도 있다. 가령 장차 공동근저당권자의 근저당권 실행 또는 변제로 인한 근저당권의 소멸을 기다렸다가 공유지분에 대한 권리를 행사하면 충분하다는 논변은 아직 일어나지 않은 장래의 일을 현재로 끌어들여 보전의 필요성을 판단하라는 것과 다름없다. 이러한 논변을 연장해 가면 보전의 필요성을 인정할 사안은 하나도 남지 않는다. 장래에는 보전의 필요성을 부정하는 어떤 일이건 일어날 수 있기 때문이다. 또한 공유물분할을 한다고 책임재산이 증가하지 않기 때문에 보전의 필요성이 인정되지 않는다는 논변은 채권자대위권의 본질에서 벗어난 것이다. 책임재산 증가 여부는 채권자대위권 행사의 요건이 아니기 때문이다. 채권자대위권의 중심이 책임재산 보전에서 채권 보전으로 옮겨진 지 오래이다. 설령 이러한 논변을 받아들여 책임재산에 초점을 맞추더라도 이 사건에서는 여전히 그 설득력이 떨어진다. 이 사건에서는 대금분할 시 현실적으로 책임재산이 오히려 증가하는 효과가 발생하기 때문이다. 그것이 공유지분 경매로는 채권을 만족받지 못하는 원고가 굳이 공유물분할청구권을 대위 행사하려는 이유이기도 하다.

필자가 보기에 대상판결을 실질적으로 뒷받침하는 중요한 논변은 다음 두 가지이다. 하나는 '공유자 중 어느 누구도 공유물의 분할을 희망하지 않는데도 단순히 금전채권자의 채권 보전을 위하여 채무자의 재산뿐만 아니라 다른 공유자의 공유지분 전부가 경매되는 것은 채무자를 포함한 공유자들에게 지나치게 가혹하다.'는 것이다(공유자들에 대한 공유물분할 강제에 대한 거부감). 다른 하나는 '특정 분할방법

---

21) 대법원 2013. 5. 23. 선고 2010다50014 판결. 같은 사안 유형에 대한 같은 취지의 판결로 대법원 2013. 5. 23. 선고 2010다50021 판결; 대법원 2013. 5. 24. 선고 2010다33422 판결; 대법원 2013. 6. 13. 선고 2011다83820 판결. 이 판결들은 모두 토지거래허가 신청절차의 협력의무 이행청구권을 피보전권리로 한 특정한 사안 유형을 다루었다. 이소은(주 18), 536면.

을 전제하고 있지 않는 공유물분할청구권의 성격 등에 비추어 볼 때 그 대위행사를 허용하면 여러 법적 문제들이 발생한다'는 것이다(공유물분할방법에 대한 법원의 자유재량 침해에 대한 거부감). 이처럼 채무자가 아닌 제3자의 이해관계 또는 법원의 자유재량 보호는 일반적인 보전의 필요성 논의에는 등장하지 않는 특수한 요소들이다. 그 특수성은 공유물분할청구권의 특수성에서 비롯되었다. 결국 대상판결에서의 핵심은 이러한 특수성을 보전의 필요성 일반론 차원에서 어떻게 바라보고 반영할 것인가이다.

(3) 대상판결에 대한 의문

첫째, 공유자들에 대한 공유물분할 강제 문제에 관하여 살펴본다. 이 사건에서 공유물분할청구권의 대위행사를 허용하면 공유자들은 자신들이 원하지 않는 공유물분할 사태에 직면하게 된다. 이는 확실히 공유물분할청구권의 대위행사를 일단 주저하게 만드는 사정이기는 하다. 그러나 원하지 않는 공유물분할 가능성은 대위행사와 무관하게 이미 공유관계에 내재되어 있다. 공유자 중 1인은 다른 약정이 없는 한 언제든지 공유물분할을 청구할 수 있고(민법 제268조), 이 경우 다른 공유자들은 반드시 이에 응해야 하기 때문이다. 채권자가 그 청구권을 대위행사한다고 다르게 평가할 이유가 없다. 채권자대위권은 본질상 타인의 재산관리 개입권이다. 따라서 어떤 권리가 피대위권리의 자격을 갖추는 한 그 권리관계 당사자들의 의사와 무관하게 그 권리가 행사될 수 있다는 점은 법이 이미 예정하는 바이다.22) 또한 공유물분할이 부정적 뉘앙스를 가진 사태로만 평가되어서도 안 된다. 공유물분할은 어정쩡하게 공유관계가 존속되는 것보다 오히려 공유물의 효용을 높이는 경우가 많기 때문이다.

물론 공유물분할청구권의 대위행사에는 다른 권리의 대위행사에서 발견되지 않는 특수성이 있다. 가령 금전채권이 피대위권리라면 제3채무자는 대위행사에 응한다는 것이 자신이 본래 이행해야 할 채무를 이행하는 것을 의미할 뿐이어서 자신의 법적 지위에 아무런 차이가 생기지 않는다. 그러나 공유물분할청구권이 피대위권리로 재판상 행사되는 경우 다른 공유자들은 협의분할 기회(민법 제269조 제1항)

---

22) 나아가 공유자가 공유물분할로 낯선 공유자와 새롭게 공유관계를 유지해야 한다거나, 그 공유자와 협의가 잘 되지 않아 공유물을 제대로 사용·수익하지 못할 위험이 있다는 점 역시 대위행사에 장애가 될 수 없다. 이 역시 제도적으로 인정되는 공유물분할에 이미 내재한 위험이기 때문이다.

및 공유지분 우선매수권 행사 기회(민사집행법 제140조)를 상실한다. 그러나 공유물 분할제도는 협의전치주의를 채택하지 않으므로 공유자는 다른 공유자가 협의 없이 공유물분할소송을 제기하였다는 이유만으로 분할을 거절할 지위에 있지 않다.[23] 더구나 소 제기 후에도 협의는 얼마든지 가능하므로 협의의 기회가 완전히 봉쇄된 것도 아니다. 또한 공유지분 우선매수권은 공유지분이 강제집행되는 특정한 상황에 부여되는 권리일 뿐이다. 그 외의 상황(예컨대 공유지분의 임의매도 또는 대금분할 방식에 의한 공유물분할)에까지 그러한 권리가 부여되지는 않는다. 즉 공유지분 우선매수권은 늘 필연적으로 보호되어야 할 절대적 권리가 아니다. 공유지분 우선매수권을 확보해 주기 위해 공유물분할청구권의 대위행사를 금지하는 논리는 본말이 전도된 것이다.

우리 판례는 채권자대위권의 행사로 채무자를 넘어서서 제3자의 법적 지위가 영향을 받는 현상을 수용하여 왔다. 예컨대 대법원은 신탁계약 해제권,[24] 전화가입계약 해지권,[25] 골프클럽 회원가입계약 해지권,[26] 임대차계약 해지권,[27] 조합탈퇴권[28]의 대위행사를 허용하여 왔다. 이러한 권리의 대위행사는 단순한 채무이행의 차원을 넘어서서 채무자와 제3자에게 계약관계의 원하지 않는 해소를 강제하는 결과까지 가져온다.[29] 채권자가 채무자의 공유물분할청구권을 대위행사함으로써 공유자들이 원하지 않는 공유물분할이 이루어지고 이에 따른 결과를 감수하는 현상은 위 현상과 별반 다르지 않다. 더구나 공유자는 공유물분할을 통해 자신의 몫을 받아가므로 감정적 차원의 불편함이 있을 수는 있어도 경제적으로 손해를 입는다고는 할 수 없다.

둘째, 공유물분할방법에 대한 법원의 자유재량 문제에 관하여 살펴본다. 이 사건에서 원고는 법원이 대금분할을 할 것을 전제로 채권자대위권을 행사하였다. 하

---

23) 실무상으로는 협의불성립을 주장하면 충분할 뿐 이를 증명할 필요는 없다. 문영화, "공유물분할소송의 소송물", **성균관법학**, 제28권 제3호(2016), 451면.
24) 대법원 1963. 1. 24. 선고 62다825 판결.
25) 대법원 1976. 2. 24. 선고 76다52 판결.
26) 대법원 1989. 11. 10. 선고 88다카19606 판결.
27) 대법원 2007. 5. 10. 선고 2006다82700, 82717 판결.
28) 대법원 2007. 11. 30.자 2005마1130 결정.
29) 그와 반대로 채권자대위권은 쌍방이 원하는 계약 해소를 금지하기도 한다. 채권자대위권의 통지가 이루어지면 처분금지효가 발생하여(민법 제405조 제2항) 채무자와 제3채무자 사이의 합의해제도 금지되기 때문이다. 대법원 1996. 4. 12. 선고 95다54167 판결; 대법원 2007. 6. 28. 선고 2006다85921 판결.

지만 공유물분할의 원칙적 모습은 현물분할이다.[30] 또한 현물분할을 할지 대금분할을 할지는 법원이 당사자의 주장에 구애받지 않고 자유롭게 판단하여 결정할 문제이다.[31] 바로 이러한 점 때문에 공유물분할소송을 형식은 소송이나 실질은 비송인 형식적 형성소송이라고 일컫기도 한다.[32] 따라서 채권자가 채무자를 대위하여 대금분할청구를 하였더라도 법원은 현물분할을 할 수 있고, 이 경우 채권자는 대위소송의 목적을 이루지 못한다.[33] 다수의견은 이러한 점에 착안하여 보전의 필요성을 부정하였다.

그러나 아파트가 문제되는 이 사건에 관한 한 전면적 가액보상에 따른 현물분할이 아닌 순수한 의미의 현물분할을 상정하기는 어렵다.[34] 따라서 이 사건 유형으로 범위를 좁혀 논의하는 한 '현물분할이 될지도 모르니 보전의 필요성이 없다'는 논리는 힘을 잃는다. 만약 현물분할 방식이 합리적이라고 판단된다면 이를 이유로 보전의 필요성을 부정하면 된다. 다수의견은 현물분할 방식의 채택 여부는 본안심리를 거쳐 확정될 문제인데 이에 의거하여 소송요건인 보전의 필요성을 판단하는 것은 본말이 전도된 것이라고 한다. 그러나 반대의견이 지적하듯 소송요건은 본안요건과 마찬가지로 변론종결 시점을 기준으로 판단하므로[35] 시간적으로 소송요건이 본안요건보다 꼭 먼저 심리되어야 하는 것은 아니다. 또한 확인의 이익 등 본안 판단과 밀접한 관련이 있는 소송요건도 있으므로 본안심리와 소송요건 판단이 결부되는 것도 부자연스러운 일이 아니다. 요컨대 법원이 공유물분할방법을 채택한다는 사정이 대금분할을 전제한 공유물분할청구권의 대위행사를 저지할 수는 없다. 프랑스에서도 공유물분할방법 채택에 관한 법원의 자유재량이 인정되나 이와 무관하게 공유물분할청구권의 대위행사가 허용된다.[36] 이는 일본의 재판례에서도 마찬가지이다.[37]

---

30) 대법원 1991. 11. 12. 선고 91다27228 판결.
31) 대법원 1991. 11. 12. 선고 91다27228 판결.
32) 민일영 편, **주석 민사소송법(IV)**, 제8판(한국사법행정학회, 2018), 16면(강영수 집필부분).
33) 분할 후 공유자들이 취득하는 부동산은 여전히 기존 근저당권의 공동담보가 되고, 그 경제적 가치가 분할 전 공유지분과 일치한다면 근저당권 실행 후 매각대금이 남을 가능성이 없는 점은 매한가지기 때문이다.
34) 이 점에 관한 한 다수의견에 대한 보충의견과 반대의견은 일치된 인식을 보였다.
35) 대법원 1976. 7. 13. 선고 75다1086 판결.
36) 공유물분할청구권의 대위행사에 관하여는 프랑스 민법 제815-17조 제3항, 공유물분할의 방법에 관하여는 프랑스 민법 제840조, 프랑스 민사소송법 제1361조 내지 1377조 참조. 이러한 프랑스 법제에 관하여는 여하윤, "우리 법상 공유물분할청구권의 대위행사를 허용할 것인지 여부", **법조**, 통권 제743호(2020) 참조.

(4) 소결

결론적으로 이 사건에서는 종전 판례 및 반대의견과 같이 공유물분할청구권의 대위행사가 허용될 수 있다고 생각한다. 이러한 공유물분할청구권의 대위행사는 비교법적으로도 결코 낯선 모습이 아니다. 우리나라의 채권자대위권 제도는 프랑스 및 일본에서 비롯되었는데, 프랑스는 입법을 통해, 일본은 판례를 통해 이러한 대위행사를 허용한다. 다수의견도 "극히 예외적인 경우"에 금전채권자가 공유물분할청구권을 대위행사할 수 있다고 보아 대위행사의 길을 완전히 봉쇄하지는 않았다. 그런데 이 사건에서도 대위행사가 불허된다면 대위행사가 허용되는 "극히 예외적인 경우"는 현실적으로 상정하기 어렵다.[38] 결국 다수의견은 사실상 공유물분할청구권의 대위행사를 부정한 것과 마찬가지이다. 이는 다수의견이 "공유물분할청구권도 채권자대위권의 목적이 될 수 있다."라고 밝힌 것과도 사실상 모순되는 측면이 있다.

입법적 차원에서는 프랑스처럼 공유물분할청구권의 대위행사 국면에서 공유자들의 이해관계를 더욱 잘 보호하는 절차들을 마련할 필요가 있다.[39] 이를 통해 채권자와 공유자들의 상호 이익이 극대화될 수 있다. 그러나 이러한 입법이 먼저 이루어져야만 공유물분할청구권의 대위행사가 허용될 수 있다고 생각하지는 않는다. 앞서 설명하였듯이 이러한 대위행사는 해석론으로도 허용될 수 있다. 오히려 이러한 입법을 촉진한다는 면에서도 공유물분할청구권의 대위행사를 허용하는 해석론이 유용하다. 대상판결대로라면 채권자의 공유물분할청구권 대위행사의 길이 사실상 막힐 뿐만 아니라, 공유자의 이해관계를 보호하는 입법을 통해 상호 이익 증진을 시도해 볼 계기나 동기도 사라진다.

---

37) 東京地判 2013. 2. 8.(平成 21 (ワ) 43960); 東京地判 2014. 9. 30.(平成 25 (ワ) 21494).
38) 대법관 박정화의 반대의견에 대한 보충의견이 이 점을 지적한다.
39) 여하윤(주 36), 451면.

5 집합건물 공용부분에 대한 부당이득반환청구
(대법원 2020. 5. 21. 선고 2017다220744 전원합의체 판결)

가. 사실관계

X건물은 지하 4층, 지상 9층의 상가건물로서 18개의 점포로 구성된 집합건물이다. 원고는 「집합건물의 소유 및 관리에 관한 법률」(이하 '집합건물법'이라고 한다) 제23조에 따라 X건물의 구분소유자 전원을 구성원으로 하는 관리단이다. 피고는 X건물 1층의 전유부분인 상가 101호, 102호를 매수하여 2012. 2. 2. 소유권이전등기를 마친 후 2012. 7. 31.부터 골프연습장을 운영하였다. 피고는 그 무렵부터 X건물 1층 복도와 로비에 골프연습장 부대시설로 퍼팅연습시설, 카운터, 간이자판기 등 시설물을 설치하고, 이를 골프연습장 내부 공간처럼 배타적으로 사용하였다. 원고는 피고에게 1층 복도와 로비를 전유부분처럼 이용하는 것은 규약에 위배된다면서 그 이용 중단을 요구하였으나 피고는 이를 거절하였다. 원고는 피고를 상대로 1층 복도와 로비 인도 및 부당이득반환을 구하는 소를 제기하였다. 제1심법원은 무변론 판결로 원고 청구를 인용하였다.[1]

나. 원심판결과 대상판결

원심법원은 원고의 인도청구는 인용하였으나, 부당이득반환청구는 기각하였다.[2] "집합건물의 복도, 계단 등과 같은 공용부분은 구조상 이를 점포로 사용하는 등 별개의 용도로 사용하거나 그와 같은 목적으로 타에 임대할 수 있는 대상이 아니므로 특별한 사정이 없는 한 구분소유자 중 일부가 아무런 권원 없이 이를 점유·사용하였다고 하더라도 이로 인하여 다른 구분소유자에게 임료 상당의 이익을 상실하는 손해가 발생하였다고 볼 수 없다"는 종전 판례[3]에 따른 것이었다. 대법원은

---

1) 청주지방법원 2013. 10. 11. 선고 2013가단155743 판결.
2) 청주지방법원 2017. 2. 14. 선고 2013나26167 판결.
3) 대법원 1998. 2. 10. 선고 96다42277, 42284 판결; 대법원 2005. 6. 24. 선고 2004다30279 판결; 대법원 2006. 5. 12. 선고 2005다36779 판결; 대법원 2011. 4. 28. 선고 2010다26097 판결; 대법원 2013. 11. 14. 선고 2011다86423 판결; 대법원 2014. 7. 24. 선고 2014다202608 판결; 대법원 2015. 11. 26. 선고 2014다31684 판결; 대법원 2018. 12. 28. 선고 2018다260138 판결 등.

종전 판례를 변경하고, 다음과 같이 새로운 법리를 제시하였다.[4]

구분소유자 중 일부가 정당한 권원 없이 집합건물의 복도, 계단 등과 같은 공용부분을 배타적으로 점유·사용함으로써 이익을 얻고, 그로 인하여 다른 구분소유자들이 해당 공용부분을 사용할 수 없게 되었다면, 공용부분을 무단점유한 구분소유자는 특별한 사정이 없는 한 해당 공용부분을 점유·사용함으로써 얻은 이익을 부당이득으로 반환할 의무가 있다. 해당 공용부분이 구조상 이를 별개 용도로 사용하거나 다른 목적으로 임대할 수 있는 대상이 아니더라도, 무단점유로 인하여 다른 구분소유자들이 해당 공용부분을 사용·수익할 권리가 침해되었고 이는 그 자체로 민법 제741조에서 정한 손해로 볼 수 있다. 이러한 법리는 구분소유자가 아닌 제3자가 집합건물의 공용부분을 정당한 권원 없이 배타적으로 점유·사용하는 경우에도 마찬가지로 적용된다.

이에 대해서는 종전 판례를 유지해야 한다는 반대의견이 있었다.[5] 반대의견에 따르면, 필수적 공용부분은 별개 용도로 사용하거나 그러한 목적으로 임대할 수 있는 대상이 아니므로 구분소유자 중 일부나 제3자가 점유·사용하였더라도 이로 인하여 다른 구분소유자에게 차임 상당의 이익을 상실하는 손해가 발생하였다고 볼 수 없다는 것이다.

다. 분석

민법 제741조에 따르면 부당이득 성립요건은 이익, 손해, 양자 간 인과관계, 법률상 원인의 부존재의 네 가지로 정리된다. 이 사건에서는 구분소유자의 집합건물 공용부분 무단점유로 관리단이 손해를 입었는지가 문제되었다. 그렇다면 부당이득 성립요건으로서의 손해는 무엇인가? 우선 부당이득에서의 손해는 위법행위를 전제하지 않는다는 점에서 불법행위나 채무불이행으로 인한 손해와 다르다.[6] 또한 부

---

4) 대법원 2020. 5. 21. 선고 2017다220744 전원합의체 판결. 이에 대해서는 대법관 박상옥의 반대의견이 있었다.

5) 대법관 박상옥이 반대의견을 개진하였다.

6) 손해 대신 손실이라는 용어를 사용하는 판례들도 상당수 있다(대법원 1995. 5. 12. 선고 94다25551 판결 등). 입법론으로는 손해보다 손실의 개념을 사용하는 것이 좋다(일본 민법 제703조, 독일 민법 제812조 제1항 참조). 의용 민법은 손실이라고 규정하였으나 현행 민법을 제정하면서 손해로 바뀌었다. 하지만 뚜렷한 입법 이유는 발견되지 않는다. 손해라는 용어를 사용한 중화민국 민법 제179조를 참조하였으리라 추측된다. 상세한 내용은 권영준, "부당이득에 관한 민법개정안 연

당이득에서 손해가 차지하는 비중은 손해배상에서 손해가 차지하는 비중과 다르다. 손해배상에서 회복 대상은 손해이지만 부당이득에서 회복 대상은 이익이다. 따라서 부당이득에서의 손해는 손해배상에서의 손해와 달리 중심 요건이 아니다. 손해는 수익자가 취득한 이익의 이면(裏面)에 해당하는 요건이다. 따라서 법률상 원인 없이 누군가로부터 이익을 취하였다면 특별한 사정이 없는 한 그 누군가는 그에 상응하는 손해를 입었다고 평가된다. 손해배상법처럼 그 손해의 현존성과 확정성을 따져야 하는 것이 아니다.[7] 요컨대 부당이득법에서 손해 요건은 제한적 의미만 가진다.[8] 손해 요건은 운용이익의 예처럼 이익 반환을 부정하거나[9] 그 범위를 제한[10]하거나 부당이득반환청구 주체가 누구인지를 결정해야 하는 사안에서 비로소 독자적 기능을 수행한다.

　손해의 내용은 부당이득 유형별로 살펴보는 것이 유용하다. 우리나라에서는 과거에 부당이득 제도 취지를 공평의 이념이라는 하나의 통일된 원리로 이해하여 오다가(이른바 '공평설' 내지 '통일설') 독일의 영향 아래 1980년대 이후 부당이득을 유형화하여 고찰하려는 논의가 활발하게 되었다(이른바 '유형설' 내지 '비통일설').[11] 이러한 유형화의 사고 방식은 판례에도 반영되었다.[12] 대상판결도 그 연장선상에 있다. 유형설에 따르면 부당이득은 ① 급부관계가 청산되어야 하는 경우에 발생하는

구", **서울대학교 법학**, 제55권 제4호(2014), 159－162면 참조.

7) 지원림, **민법강의**, 제17판(홍문사, 2020), 1673면.

8) 양창수·권영준, **민법Ⅱ－권리의 변동과 구제**, 제3판(박영사, 2017), 502면. 한편 지원림(주 7), 1673면에서는 침해부당이득에서 손실 요건은 부당이득의 성립 여부와 무관하다고 설명한다. 그러나 민법 제741조에 명시된 이상 이 요건을 완전히 제거할 수는 없다. 박설아, "집합건물 공용부분 무단점유에 따른 부당이득의 성립 여부", **사법**, 제53호(2020), 885면. 지원림(주 7), 1673면도 그러한 취지라고까지는 생각되지 않는다.

9) 배타적 사용·수익권 포기를 이유로 손해 요건이 충족되지 않았다고 하여 부당이득반환책임을 부정한 대법원 1985. 8. 13. 선고 85다카421 판결 등 다수. 이 법리는 시간이 흐르며 수정되긴 하였으나 대법원 2019. 1. 24. 선고 2016다264556 전원합의체 판결에서도 재확인되었다.

10) 수익자는 손해의 한도 내에서만 이득을 반환하면 된다고 한 대법원 1997. 7. 11. 선고 96다31581 판결; 대법원 2008. 1. 18. 선고 2005다34711 판결. 이에 대해서는 비판론이 유력하다. 가령 이계정, "부당이득에 있어서 이득토출책임의 법리와 그 시사점－반환범위에 있어 손해중심에서 이득중심으로의 전환－", **저스티스**, 통권 제169호(2018), 68－70면; 송덕수, **신민법강의**, 제11판(박영사, 2018), 1338면 등. 다만 실제 손해한도설을 취한 판례 사안들을 살펴보면 피고가 얻은 영업이익이 운용이익에 해당하여 부당이득으로 인정할 수 없다는 취지로 판시한 것이라고 한다. 박설아(주 8), 884면.

11) 김용담 편, **주석민법, 채권각칙(5)**, 제4판(한국사법행정학회, 2016), 379－384면(김문석 집필부분).

12) 대법원 2008. 9. 11. 선고 2006다46278 판결; 대법원 2012. 4. 13. 선고 2012다97864 판결; 대법원 2018. 1. 24. 선고 2017다37324 판결.

급부부당이득, ② 타인의 권리를 객관적으로 침해하는 행위가 있는 경우에 발생하는 침해부당이득, ③ 의무 없이 객관적으로 타인에 속하는 사무를 자신의 비용으로 처리한 경우에 발생하는 비용부당이득[13]으로 유형화된다.[14] 급부부당이득은 계약법, 침해부당이득은 불법행위법, 비용부당이득은 사무관리법의 보충 규범으로 각각 이해된다. 급부부당이득에서는 급부, 침해부당이득에서는 배타적으로 할당된 이익 침해, 비용부당이득에서는 비용 지출이 각각 법률상 원인 없이 이루어지면 손해 요건이 충족된다.

이 사건에서는 그중 침해부당이득이 문제된다. 침해부당이득에서의 손해는 배타적으로 할당된 법적 이익의 침해 상태를 의미한다. A의 토지를 B가 무단점유하여 이용하는 사례를 생각해보자. A는 소유자이므로 토지를 점유하여 사용·수익할 이익은 A에게 할당되어 있고,[15] B는 A의 허락 아래에서만 그 할당된 이익을 향유할 수 있다. 그런데 B는 A의 토지를 무단점유함으로써 그 범위 내에서 이러한 이익 할당 상태를 침해하였다. 이러한 침해 상태, 또는 A의 사용·수익 가능성 박탈상태 자체가 곧 침해부당이득에서의 손해를 구성한다.[16] 결국 침해부당이득에서 이득과 손실은 동전의 양면 또는 객체와 그 거울상(mirror image)의 관계에 있다.[17] 이는 침해부당이득의 반환청구권이 물권적 청구권과 유사한 논리 구조를 가지고 있다는 점을 보여주는 것이기도 하다.[18]

집합건물의 경우도 마찬가지이다. 집합건물 구분소유자들은 공용부분을 공유한다. 공유도 물건을 사용·수익·처분할 수 있는 소유권의 속성을 가진다. 따라서 공용부분 공유자들은 그 부분을 그 용도에 따라 사용할 수 있고(집합건물법 제11조), 규약에 달리 정한 바가 없으면 그 지분비율에 따라 공용부분에서 생기는 이익

---

13) 타인의 채무를 변제한 경우에 발생하는 구상부당이득이 네 번째 유형으로 논의되는 경우도 많다. 다만 비용부당이득의 범주를 넓게 파악한다면 구상부당이득도 비용부당이득에 포함시켜 논의할 수 있다.

14) 양창수·권영준(주 8), 499면.

15) *Münchener Kommentar zum BGB/Schwab*, 8. Auflage (2020), § 812, Rn. 297.

16) 곽윤직 편, **민법주해**(XVII)(박영사, 2005), 244-245면(양창수 집필부분). 이 점에서 부동산 소유자에게 임료 상당 이익이 발생할 여지가 없는 경우 부당이득반환을 청구할 수 없다고 한 일련의 판례들(대법원 1988. 4. 25. 선고 87다카1073 판결; 대법원 1997. 7. 22. 선고 96다14227 판결; 대법원 2002. 12. 6. 선고 2000다57375 판결 등)은 재고되어야 한다. 다만 이용 가능성 자체가 법적으로도 박탈되어 있다면 손해가 없는 경우가 발생할 수 있다.

17) 유럽의 공통참조기준초안(Draft Common Frame of Reference) VII.-3:102조는 부당이득의 손실 요건에 관하여 정하는데, 타인이 어떤 자의 재산을 이용하면 그 자가 곧 손실자가 된다고 한다.

18) 민법주해/양창수(주 16), 245면.

을 취득한다(집합건물법 제17조). 그런데 공유자 중 1인이 공용부분을 배타적으로 무단사용하면 그 범위 내에서 다른 공유자들에게 할당된 법적 이익으로서의 사용·수익권이 그 무단사용 공유자에게 귀속시키는 듯한 상태가 발생하고 이로써 다른 공유자들의 사용·수익권이 침해된다. 이러한 상태는 곧 부당이득법상 손해를 구성한다.[19] 다른 공유자들에게 실제로 손해가 발생하였는지, 목적물을 제3자에게 임대하여 차임을 수령할 수 있었는지 별도로 따질 필요가 없다.[20]

　반대의견은 다수의견이 집합건물 공용부분의 무단점유로 인해 구분소유자들에게 발생한 손해가 무엇인지, 즉 해당 공용부분을 사용·수익할 권리가 침해된 손해가 구체적으로 무엇인지, 그 손해를 어떻게 산정할 것인지를 분명하게 밝히고 있지 않다고 비판하였다. 그러나 부당이득의 반환대상은 이익이므로, 반환액의 산정대상은 이익이지 손해가 아니다. 손해는 예외적으로 이익의 반환을 부정하거나 제한하는 보조적 도구 개념일 뿐이다. 이 사건에서 피고가 공용부분을 무단사용하여 이익을 얻는 점은 분명하다. 그 이익액을 합리적 기준에 따라 산정하면 된다. 임대하였더라면 얻었을 이익액, 즉 차임 상당액이 일반적으로 생각할 수 있는 합리적 기준이다. 다만 여기에서 차임은 공용부분의 사용가치를 금전적으로 표상하기 위한 하나의 수단일 뿐이다.[21] 만약 공용부분의 사용가치를 산정할 수 있는 더욱 합리적인 기준이 있다면 그에 따라 부당이득액을 산정하면 충분하다.[22] 따라서 차임 상당액이라는 표현에 얽매여 임대 가능성이라는 새로운 부당이득 성립요건을 추가할 필요는 없다.

　반대의견은 이 사건 복도와 로비가 일반인도 자유롭게 통행할 수 있는 곳이고, 관리단집회의 결의로도 이러한 일반인의 이용을 제한할 수 없다고 한다. 따라서 손해 발생 여부와 범위도 이 점을 고려하여 판단해야 한다고 한다. 하지만 이러한 반대의견의 이해와는 달리 일반인의 이용은 관리단집회의 결의를 통해 제한하거

---

19) 박설아(주 8), 896면.
20) 다수의견에 대한 대법관 김재형의 보충의견.
21) 박설아(주 8), 894면.
22) 예컨대 관리단규약으로 공용부분을 특정 구분소유자에게 일정기간 동안 배타적으로 사용하도록 허용하고 사용료를 징수하도록 정하였다면 그 사용료가 부당이득액의 기준이 될 수 있다. 한편 이 글을 대법원 민사실무연구회에서 발표하고 자유 토론을 하는 과정에서 윤진수 교수님께서 독일의 예를 들어 손해배상액의 재량 산정에 관한 민사소송법 제202조의2의 유추 적용 가능성에 대해서도 언급하여 주셨고, 박진수 재판연구관님께서 공용 부분을 제3자에게 일시 사용하게 하고 대가를 지급받는 사례들을 참고하여 산정할 가능성을 언급하여 주셨다.

나 금지할 수도 있다.[23] 그 점에서 일반인의 공용부분 이용은 법적으로 당연히 확보되어 있는 권리에 기한 것이 아니다. 또한 일반인이 공용부분을 이용할 수 있다고 하여 구분소유자들의 사용·수익권이 곧바로 부정되지도 않는다. 일반인의 이용과 구분소유자들의 사용·수익은 양립할 수도 있기 때문이다. 오히려 상가에서는 복도나 엘리베이터 등을 일반인 고객들이 이용할 수 있도록 해 주는 것이 구분소유자들의 이해관계와도 일치한다. 이처럼 일반인의 이용과 무관하게 구분소유자들의 사용·수익권이 있음을 인정하고, 나아가 그 사용·수익권이 침해됨으로써 본래 법이 예정한 재산상태 배분이 왜곡되었음을 인정한다면, 침해부당이득의 성립을 부정할 이유가 없다. 아울러 그 경우 부당이득 반환범위는 합리적 기준에 따라 산정하면 충분하다.

반대의견은 설령 부당이득반환청구권이 인정되더라도 그 권리는 구분소유자들에게 분할 귀속되는 것인데 다수의견은 왜 구분소유자들이 아닌 관리단이 이를 행사할 수 있는지를 밝히지 않는다고 비판하였다. 그러나 관리단은 관리행위를 위해 구성된 비법인사단이고 공용부분의 무단이용 상태를 물리적 또는 금전적으로 회복하여 그 정상적 이용을 도모하는 것은 관리행위의 범주에 포함될 수 있다. 또한 공용부분의 관리에 관한 사항은 통상의 집회결의로 결정하여야 하는데(집합건물법 제16조 제1항), 이러한 집회결의나 규약이 있다면 관리단은 이러한 결의나 규약에 따라 부당이득반환청구권을 행사할 수 있다.

아울러 관리단이 건물 관리 및 사용에 관한 공동이익을 위해 구분소유자의 권리를 행사할 수 있다는 점은 법에 명시되어 있기도 하다(집합건물법 제23조의2, 제25조 제1항 제1호, 제3호). 일부 구분소유자의 공용부분 무단점유에 따른 부당이득의 반환청구는 공용부분 관리행위의 일환으로서 건물 관리 및 사용에 관한 공동이익을 위한 행위이다. 따라서 관리단은 구분소유자와 별도로 부당이득반환청구권을 행사할 수 있다.[24] 정책적으로도 각각의 구분소유자가 이 권리를 행사하기보다는 관리단이 구분소유자들을 위해 행사하도록 하는 것이 더욱 효율적이고 간명하다.[25]

물론 관리단과 구분소유자가 모두 부당이득반환청구권을 행사할 수 있다고 보면 법률관계가 복잡해질 수는 있다. 그러나 하나의 권리를 여러 주체가 행사할 수

---

23) 다수의견에 대한 대법관 이기택의 보충의견.
24) 대법원 2003. 6. 24. 선고 2003다17774 판결 등 다수.
25) 다수의견에 대한 대법관 이기택의 보충의견.

있는 법적 상태는 종종 발생한다. 다수 당사자가 하나의 권리를 행사하는 경우나 본인과 대리인이 하나의 권리를 행사하는 경우가 그 예이다. 이중변제가 일어나지 않도록 소송 또는 집행절차에서 필요한 조치를 취하면 된다. 현실적으로는 관리단 규약을 통해 부당이득반환청구권의 행사 주체를 관리단으로 통일함으로써 복수 주체의 권리행사로 인해 복잡해질 수 있는 법률관계를 미리 분명히 할 수도 있다.[26]

　대상판결은 부당이득의 성립요건인 손해의 의미를 좀 더 명확하고 구체적으로 규명하면서 특히 유형론의 연장선상에서 부당이득의 한 유형인 침해부당이득의 본질을 더욱 잘 이해하는 데 도움이 되는 판결이다. 대법원은 대상판결을 통해 종래 판례를 변경하면서 집합건물 공용부분의 무단점유자에게 부당이득반환을 구할 수 있다는 새로운 법리를 선언하였다. 이는 어찌 보면 지극히 상식적이고 합리적인 결론이다. 종래 판례는 '이익은 있을지 몰라도 손해가 없으므로 부당이득 반환책임이 없다'는 논리에 기초하였다는 점에서 배타적 사용·수익권 포기 법리를 연상시킨다. 그러나 배타적 사용·수익권 포기 법리는 법률상 원인(가령 사용대차계약) 또는 부당이득 성립요건론을 넘어서서 신의칙의 관점에서 이해하는 것이 옳다.[27] 그러므로 집합건물 공용부분에 관한 법리이건 배타적 사용·수익권 포기 법리이건 침해부당이득에 있어서 침해로 인한 이익을 인정하면서도 그에 상응하는 손해를 부정하는 논리는 폐기되어야 한다. 대상판결은 이 점을 명확히 하였다. 대상판결에 찬성한다.

---

26) 日最判 2015. 9. 18.(民集 69, 1711)은 구분소유자단체(우리 관리단에 해당)만 부당이득반환청구권을 행사할 수 있다는 취지를 집회에서 결의하거나 규약에서 정한 경우 구분소유자는 별도로 그 청구권을 행사할 수 없다고 한다.
27) 권영준, "2019년 민법 판례 동향", **서울대학교 법학**, 제61권 제1호(2020), 484면.

6 누적적 근저당권과 변제자대위
(대법원 2020. 4. 9. 선고 2014다51756, 51763 판결)

가. 사실관계

A은행은 B회사에 75억 원을 여신기간만료일 2010. 10. 16., 이율 연 10%, 지연배상금률 최고 연 25%로 정하여 대출하였다(이하 '이 사건 대출금'이라고 한다). 원고 1은 같은 날 B회사가 A은행에 대하여 현재 및 장래 부담하는 채무를 97억 5,000만 원의 범위에서 연대보증하였다. 또한 B회사와 원고들은 2009. 10. 14. A은행과 사이에 B회사가 A은행에 대하여 현재 및 장래에 부담하는 채무를 포괄 담보하기 위하여 다음과 같은 세 그룹의 근저당권을 설정하는 계약을 각각 체결하고, 2009. 10. 16. A은행 앞으로 해당 근저당권의 설정등기를 마쳤다.

> ① 그룹 근저당권 : B회사 소유의 X건물 4개 호실과 원고 1 소유의 Y아파트를 공동담보로 하고 채권최고액을 25억 원으로 하는 근저당권
> ② 그룹 근저당권 : 원고 1이 소유하는 Z토지와 Z'건물, 원고들이 각 1/2 지분씩 공유하는 W토지를 공동담보로 하고 채권최고액을 40억 원으로 하는 근저당권
> ③ 그룹 근저당권 : B회사 소유의 X건물 36개 호실에 관하여 각 부동산별로 채권최고액을 약 9,000만 원 내지 16억 원으로 하는 각 근저당권

당사자들은 공동근저당권으로 등기된 이 사건 ①그룹 내 근저당권 상호 간 및 이 사건 ②그룹 내 근저당권 상호 간을 제외하고는, 각 근저당권 사이에 담보 범위 중첩 없이 이 사건 대출금 채권 전체를 누적적으로 담보할 의사로 각 근저당권을 설정하였다.

이후 이 사건 ①그룹 내지 ③그룹 근저당권의 목적물에 관한 법률관계는 다음 표와 같이 전개되었다. 간단히 요약하면, ①그룹 및 ③그룹 담보목적물 중 채무자 B회사 부동산(X건물 각 호실)에 피고 명의의 후순위 근저당권이 설정되었는데, 그 후 물상보증인인 원고들의 부동산(W토지) 수용 및 물상보증인 겸 연대보증인 원고1의 변제로 A은행에 대한 채권 일부가 만족받게 되었고, 이로써 물상보증인 또는

연대보증인인 원고들이 채무자 B회사에게 구상권을 취득하였다.

그 룹	담보목적물(소유자)	내 용
① 그룹 (채권최고액 25억 원)	X건물 4개 호실 (채무자 B회사)	• 피고(후순위 근저당권자)가 2010. 9. 7. B회사에 대한 공사대금 채권을 담보하기 위하여 X건물 전체를 공동담보로 채권최고액을 19억 5,000만 원으로 하는 후순위 근저당권설정등기를 마침
	Y아파트 (물상보증인 겸 연대보증인 원고 1)	• A은행이 ①그룹 근저당권에 기하여 Y아파트에 관한 임의경매개시결정을 받자, 원고 1이 매각기일 연기를 위해 B 회사를 위해 2012. 2. 23. A은행에 이 사건 대출금 중 2억 원을 변제함
② 그룹 (채권최고액 40억 원)	Z토지, Z'건물 (물상보증인 겸 연대보증인 원고 1)	
	W토지 (물상보증인 원고들 공유)	• 「공익사업을 위한 토지 등의 취득 및 보상에 관한 법률」에 따른 공익사업이 시행되어 그 사업시행자가 W토지를 협의취득함 • 사업시행자는 협의취득 보상금에 대한 A은행의 물상대위권 행사에 따라 2010. 4.경부터 7월경까지 A은행에 원고 1을 위하여 1,011,463,842원을, 원고 2를 위하여 1,013,000,000원을 각 지급함
③ 그룹 (채권최고액은 호실별로 다름)	X건물 36개 호실 (채무자 B회사)	• 피고(후순위근저당권자)가 2010. 9. 7. B회사에 대한 공사대금 채권을 담보하기 위하여 X건물 전체를 공동담보로 채권최고액을 19억 5,000만 원으로 하는 후순위 근저당권설정등기를 마침

한편 A은행은 2012. 3. 21. C회사에게 이 사건 대출금 채권과 이 사건 ①그룹 내지 ③그룹 근저당권을 모두 양도하고 2012. 4. 3. C회사 앞으로 근저당권이전 부기등기를 마쳤다. 그 후 피고 등 채권자들의 신청에 따라 X건물 38개 호실(이 사건 ③그룹 근저당권이 설정된 36개 호실 전체와 이 사건 ①그룹 근저당권이 설정된 4개 호실 중 2개 호실)에 관하여 임의경매절차가 진행되었다. 배당법원은 2013. 2. 12.과 2013. 3. 12. 2차에 걸친 배당기일에서 실제 배당할 금액 중 당해세 압류권자, 소액임차인, 1순위 근저당권자 C회사 등 선순위 채권자에게 배당하고 난 나머지 금액 1,608,205,161원(1차 배당)과 162,457,379원(2차 배당)을 모두 피고와 피고의 배당

금 전부채권자에게 배당하고, 원고들에게는 전혀 배당하지 않는 내용으로 배당표를 작성하였다.

원고들은 구상권자로서 그 구상권 범위에서 변제자대위에 의해 A은행의 근저당권을 대위할 수 있으므로 그에 따른 우선변제권을 가진다는 이유로 피고 배당액에 대해 이의하고 이 사건 각 배당이의의 소를 제기하였다. 제1심법원은 원고들이 이 사건 ①그룹 및 ③그룹 선순위 근저당권을 대위행사할 수 있다고 보아, 원고들의 청구를 일부인용하였다.[1] 이에 대하여 원고들과 피고 모두 항소하였다.

나. 원심판결과 대상판결

원심법원은 구체적 배당액에 관하여는 제1심법원과 다소 판단을 달리하였으나, 큰 틀에서는 제1심법원의 판단을 유지하였다.[2] 대법원도 제1심법원 및 원심법원과 같은 취지로 판단하였다.[3] 그 이유는 다음과 같다.

당사자 사이에 하나의 기본계약에서 발생하는 동일한 채권을 담보하기 위하여 여러 개의 부동산에 근저당권을 설정하면서 각각의 근저당권 채권최고액을 합한 금액을 우선변제받기 위하여 공동근저당권의 형식이 아닌 개별 근저당권의 형식을 취한 경우, 이러한 근저당권은 민법 제368조가 적용되는 공동근저당권이 아니라 피담보채권을 누적적으로 담보하는 근저당권에 해당한다. 이와 같은 누적적 근저당권은 공동근저당권과 달리 담보의 범위가 중첩되지 않으므로, 누적적 근저당권을 설정받은 채권자는 여러 개의 근저당권을 동시에 실행할 수도 있고, 여러 개의 근저당권 중 어느 것이라도 먼저 실행하여 그 채권최고액의 범위에서 피담보채권의 전부나 일부를 우선변제받은 다음 피담보채권이 소멸할 때까지 나머지 근저당권을 실행하여 그 근저당권의 채권최고액 범위에서 반복하여 우선변제를 받을 수 있다.

채권자가 하나의 기본계약에서 발생하는 동일한 채권을 담보하기 위하여 채무자 소유의 부동산과 물상보증인 소유의 부동산에 누적적 근저당권을 설정받았는데 물상보증인 소유의 부동산이 먼저 경매되어 매각대금에서 채권자가 변제를 받은 경우, 물상보증인은 채무자에 대하여 구상권을 취득함과 동시에 민법 제481조, 제482조에 따라 종래 채권자가 가지고 있던 채권 및 담보에 관한 권리를 행사할 수 있다. 이때 물상보증인은 변제자대위에 의하여 종래

---

1) 의정부지방법원 2013. 10. 2. 선고 2013가합1775, 2013가합2693 판결.
2) 서울고등법원 2014. 6. 24. 선고 2013나69240, 2013나69257 판결.
3) 대법원 2020. 4. 9. 선고 2014다51756, 51763 판결.

채권자가 보유하던 채무자 소유 부동산에 관한 근저당권을 대위취득하여 행사할 수 있다고
보아야 한다.

다. 분석

(1) 일반론

대상판결은 누적적 근저당권의 물상보증인이 변제자대위를 할 수 있는지를 다
루었다. 물상보증인이 변제자대위를 통해 선순위 근저당권을 취득하면 그 근저당
권이 설정된 채무자 소유 부동산에 관하여 선순위근저당권의 채권최고액에 이르
기까지 우선변제를 받을 수 있게 된다. 이 경우 그 부동산에 관한 후순위근저당자
의 배당액은 그만큼 줄어들 수 있다. 여기에서 누적적 근저당권자가 물상보증인의
부동산을 통해 채권을 변제받은 경우 채무자 소유 부동산에 관하여 물상보증인과
후순위근저당권자 중 누구를 우선적으로 보호할 것인가가 문제된다. 우선 누적적
근저당권과 물상보증인의 변제자대위에 관해 일반적으로 살펴본다.

(가) 누적적 근저당권

국내 문헌들에 따르면, 누적적 근저당권은 동일한 채권을 담보하기 위해 여러
개 부동산에 근저당권을 설정하면서 각각의 저당권 채권최고액을 합한 금액을 우
선변제받기 위하여 공동근저당이 아닌 개별적 · 중첩적 근저당의 형식으로 설정된
근저당권을 의미한다.[4] 민법은 근저당권에 관한 조항(제357조)과 공동저당권에 관
한 조항(제368조)을 두고 있으나, 공동근저당권이나 누적적 근저당권에 관한 조항
은 별도로 두고 있지 않다.[5] 참고로 일본의 경우 1971년 민법 개정 시 저당권 관련
규정들을 대대적으로 정비하면서 누적적 근저당권에 관한 조항(제398조의18)을 신

---

4) 김용덕 편, **주석민법, 물권(4)**, 제5판(한국사법행정학회, 2019), 231면(오민석 집필부분); 이지영,
  "누적적 근저당권과 물상보증인의 변제자대위", **대법원판례해설**, 제123호(법원도서관, 2020), 90면.
5) 법무부 민법개정위원회가 마련한 2014년 민법개정시안에서는 근저당권에 관하여 기존의 제357조
  외에 제357조의2부터 제357조의12(제357조의3은 최종 논의과정에서 삭제)까지 모두 10개 조항을
  신설하였다. 이 조항들은 채권최고액, 피담보채권의 범위, 채무자의 변경(제357조의2), 근저당권의 공
  동귀속(제357조의4), 채권양도, 채무인수 등과 근저당권의 관계(제357조의5), 상속, 법인의 합병 · 분
  할과 근저당권의 관계(제357조의 6 내지 8), 원본채권의 확정청구 및 확정사유(제357조의9, 10),
  채권최고액의 감액청구(제357조의11), 물상보증인의 근저당권소멸청구(제357조의12)에 관하여 다
  루고 있다. 그러나 누적적 근저당권에 관한 조항은 별도로 두지 않았다. 상세한 내용은 권영준,
  2014년 법무부 민법개정시안 해설 – 민법총칙 · 물권편 – (법무부, 2017), 607 – 667면 참조.

설하였다. 이 조항은 "수개의 부동산에 대한 근저당권을 가지는 자는 제398조의1 6[6])의 경우를 제외하고 각 부동산의 대가에 대하여 각 채권최고액에 이르기까지 우선권을 행사할 수 있다."라고 규정한다. 그런데 우리나라에 이러한 명문 규정이 없더라도 근저당권과 공동저당권에 관한 민법 제357조, 제368조는 여러 개 부동 산에 공동담보가 아닌 누적담보 형태로 복수의 근저당권을 설정하는 것을 금지하 지는 않는다. 즉 여러 개의 부동산을 공통의 담보로 삼기 위해 근저당권을 설정하 는 경우에 관한 성문법적 규율이 없고, 공동근저당권과 구별되는 누적적 근저당권 설정을 금지할 성문법적 근거도 없는 상황에서 이를 불허할 수는 없다. 판례도 이처럼 공동근저당권과 개념적으로 구별되는 누적적 근저당권 설정이 가능하다는 입장을 취해 왔다.[7])

　현재까지 학설과 판례에 의해 이해되는 바에 따르면 공동근저당권과 누적적 근 저당권은 다음과 같은 차이를 가진다. 공동근저당권은 여러 개의 부동산에 관하여 공통 채권최고액 범위에서 모든 부동산을 공동담보로 파악하는 반면, 누적적 근저 당권은 여러 개의 부동산에 관하여 개별적 채권최고액의 범위에서 각각의 부동산 을 개별담보로 파악한다. 가령 채권자가 동일한 피담보채권에 관하여 채권최고액 10억 원으로 하여 부동산 1, 2, 3에 관하여 근저당권을 설정한 경우 그 근저당권 이 공동근저당권이라면 채권자는 부동산 1, 2, 3을 통틀어 공통 채권최고액 10억 원까 지 우선변제를 받을 수 있지만, 그 근저당권이 누적적 근저당권이라면 채권자는 부동산 1, 2 3 각각에서 각각 개별 최권최고액 10억 원씩 통틀어 30억 원까지 우 선변제를 받을 수 있다. 또한 공동근저당권에는 공동저당에 관한 민법 제368조가 적용되므로 동시배당의 경우 경매대가에 비례한 분담, 이시배당의 경우 선경매 부 동산 후순위저당권자의 선순위자 대위가 일어나지만, 누적적 근저당권에는 공동저 당에 관한 민법 제368조가 적어도 직접 적용되지는 않는다.[8]) 그 외에도 누적적

---

6) 공동근저당에 관한 조항이다.

7) 대법원 2010. 12. 23. 선고 2008다57746 판결은 판결이유에서 누적적 근저당권이라는 표현을 쓰 지는 않지만 그러한 형태의 근저당권이 가능함을 전제하고 있다. 또한 이지영(주 4), 94-95면에 서는 누적적 근저당권에 관한 선행판결로 대법원 2002. 8. 13. 2002다17142 판결, 대법원 2014. 12. 11. 선고 2014다219033 판결, 대법원 2015. 12. 23. 선고 2015다219245 판결을 소개한다. 이 판결들은 미공간 판결들로서 종합법률정보 등 일반적 경로로는 검색되지 않는다.

8) 柚木 馨・高木多喜男 編, **新版注釈民法(9), 物権(4)**, 改訂版(有斐閣, 2015), 541면(高木多喜男 집필 부분); 道垣内弘人, **担保物権法**, 第3版(有斐閣, 2007), 253면도 같은 취지. 한편 양형우, "누적적 근저 당과 물상보증인의 변제자대위 인정여부-대법원 2020. 4. 9. 선고 2014다51756, 51763 판결-", **홍익 법학**, 제21권 제4호(2020), 391-393면은 누적적 근저당에서도 동시배당의 경우에는 민법 제368

근저당권은 개별 부동산별로 채권최고액, 피담보채권의 내용을 개별적으로 결정할 수 있고, 근저당권별 처분이 더 용이하며, 근저당권의 확정도 따로 발생하므로[9] 근저당권자의 담보력이 더 강화된다.[10]

공동근저당권과 누적적 근저당권은 등기를 통해 구별되는 경우가 많다. 공동저당권의 경우 공동담보를 등기기록에 표시해야 하기 때문이다(부동산등기법 제78조, 부동산등기규칙 제133조 내지 제135조). 그런데 판례는 공동저당관계의 등기가 공동저당권의 성립요건이나 대항요건이 아니라는 입장을 취한다.[11] 이에 따르면 공동저당관계의 등기가 없는 공동근저당권도 있을 수 있다.[12] 결국 공동저당관계의 등기가 없는 경우 복수의 근저당권을 공동근저당권과 누적적 근저당권 중 어느 것으로 볼 것인가는 당사자의 의사 해석 문제로 귀결된다.[13] 당사자의 의사는 근저당권설정계약서의 내용을 비롯한 제반 사정을 고려하여 규명해야 한다. 이때 피담보채권과 채권최고액의 관계는 중요한 고려 요소가 된다. 가령 앞서 든 예에서 부동산 1, 2, 3에 기록된 채권최고액 10억 원보다 피담보채권 액수가 높다면 누적적 근저당권을 의도하였을 가능성이 크다. 이를 공동근저당권으로 보면 과소담보를 설정한 셈이 되는데 일반적으로 채권자가 이러한 상황을 의도하지는 않을 것이기 때문이다. 또한 피담보채권이 이미 확정되어 있는 누적저당권의 경우와 달리 피담보채권이 증감·변동하는 누적 근저당권에서는 근저당권 존속기간 중 피담보채권이 지속적으로 확장될 수도 있으므로, 이러한 가능성까지도 고려하여 당사자의 의사를 해석해야 한다.

(나) 물상보증인의 변제자대위

변제자대위는 채무자가 종국적으로 부담해야 할 채무를 제3자가 변제 등의 방법으로 대신하여 소멸시킴으로써 그 제3자가 채무자에게 가지게 되는 구상권의

조 제1항이 유추 적용될 수 있다고 본다.

9) 高木多喜男(주 8), 545면.
10) 그 대신 공동근저당권처럼 부동산 전체를 공동담보로 삼음으로써 위험을 분산하는 것이 불가능하므로 개별 부동산에 대한 채권최고액보다 피담보채권이 다액이면 채권 만족을 얻을 수 없는 경우가 발생할 수 있고, 전체적인 등록세 부담도 늘어날 수 있다.
11) 대법원 2010. 12. 23. 선고 2008다57746 판결.
12) 이와 달리 일본 민법 제398조의16은 근저당권에 관하여는 공동근저당이라는 취지가 등기되지 않으면 공동저당에 관한 제392조 및 제393조는 적용되지 않는다는 점을 명시한다. 거래관계 안정성을 위해 이러한 방향이 바람직하다.
13) 이지영(주 4), 95−96면은 대법원 2005. 4. 29. 선고 2005다3137 판결에 기초하여 대법원도 이를 법률행위 해석의 문제로 본다고 소개한다.

실현을 확보하기 위해 본래의 채권자가 가지던 채권과 담보권(통틀어 피대위권리)을 구상권자인 제3자에게 그대로 법적으로 이전시켜 주는 것을 말한다(민법 제480조 내지 제482조). 대위변제자가 가지게 되는 구상권과 피대위권리는 별도의 권리이나,14) 피대위권리는 구상권 실현을 확보하기 위한 수단적 권리이므로 대위변제자는 구상권 범위 내에서만 피대위권리를 행사할 수 있다.15)

구상권은 자신의 출재로써 타인이 종국적으로 부담해야 할 채무를 대신 이행하거나 사무를 대신 관리하여 준 경우 그 타인으로부터 그 출재액을 상환받을 수 있는 권리이다. 불가분채무자(제411조), 연대채무자(제425조 이하),16) 보증인(제441조) 등 공동채무자의 1인이 변제한 경우에는 다른 공동채무자에 대하여 구상권을 가진다. 물상보증인은 채무자가 아니라 타인의 채무를 위해 담보를 제공한 자에 불과하지만, 물상보증인이 채무자를 위해 변제하거나 담보권의 실행에 의하여 자신이 제공한 담보물의 소유권을 상실한 때에도 채무자에 대하여 구상권을 가진다(제341조, 제355조, 제370조).17)

한편 물상보증인이 변제 기타 출재로 채권을 소멸시켰다면 그는 변제할 정당한 이익이 있는 자에 해당하므로(민법 제481조) 물상보증인이 가지는 구상권 확보를 위해 당연히 변제자대위가 발생한다(민법 제486조). 이 경우 본래의 채권자가 가지고 있던 채권 및 담보권 등 피대위권리는 법률상 당연히 그 대위변제자에게 이전된다.18) 만약 채권자가 근저당권을 가지고 있었다면 대위변제자는 변제자대위에 의해 그 근저당권도 피대위권리로써 행사할 수 있다. 그 근저당권의 객체인 부동산이 경매되면 본래의 채권자 겸 근저당권자를 대위하는 물상보증인은 그 근저당권의 채권최고액에 이르기까지 그 근저당권자의 순위에 따라 우선변제를 받는다.

(2) 대상판결 분석

대상판결에서는 각 그룹 부동산에 설정된 근저당권은 공동근저당권이 아니라 누적적 근저당권에 해당한다고 본 원심판결의 사실인정을 기초로 판단하였다. 이

---

14) 대법원 1997. 5. 30. 선고 97다1556 판결.
15) 대법원 1997. 5. 30. 선고 97다1556 판결; 곽윤직 편, 민법주해(XI)(박영사, 1995), 201면(이인재 집필부분).
16) 여기에는 부진정연대채무자도 포함된다. 대법원 2010. 5. 27. 선고 2009다85861 판결.
17) 대법원 1994. 5. 10. 선고 93다25417 판결 등; 주석민법/오민석(주 4), 269면.
18) 대법원 1997. 5. 30. 선고 97다1556 판결.

사안에서는 공동저당관계의 등기가 이루어지지 않았다. 또한 전체 근저당권의 채권최고액 합계액은 이 사건 대출금 채권액을 초과하지만 근저당권 개별 채권최고액은 이 사건 대출금 채권의 원본에도 미치지 못하였다. 원심법원은 이러한 사실관계에 비추어 볼 때 전체 근저당권 설정계약 당사자들의 의사는 누적적 근저당권을 설정하려는 데에 있었다고 보았다. 당사자들의 의사를 이렇게 파악한 원심판결의 태도는 충분히 수긍할 수 있다.

그렇다면 이러한 누적적 근저당 사안에서 원고들은 물상보증인으로서 변제자대위를 할 수 있는가? 원고들은 일단 변제자대위 요건을 모두 갖추었다. 원고들은 자신의 출재로써 채무자인 B회사의 채무를 소멸시켰다. 물상보증인은 이러한 경우 채무자에게 구상권을 가지게 된다. 그 결과 원고들은 그 구상권 확보를 위해 채권자 A은행이 채무자 B회사에게 가지던 채권과 담보권을 법률상 당연히 이전받는다. 따라서 원고들은 A은행이 채무자 B회사 소유의 X아파트에 대해 가지던 근저당권을 대위행사할 수 있다.

그런데 이러한 변제자대위에는 한 가지 전제가 있다. 즉 위 근저당권의 피담보채무가 물상보증인이 자신의 부동산으로 담보하고자 했던 피담보채무(또는 그 피담보채무의 기초가 되는 거래)와 동일성이 인정되어야 한다는 전제이다. 바꾸어 말하면 물상보증인은 자신이 담보하고자 했던 피담보채무에 관한 담보권을 대위행사할 수 있을 뿐이고, 그와 무관한 다른 담보권을 대위행사할 수는 없다. 그렇게 보지 않으면 물상보증인은 법이 예정하지 않았고 본인도 기대하지 않던 망외의 이익을 얻게 되기 때문이다. 요컨대, 변제자대위는 피담보채무의 동일성을 전제한다. 이러한 전제 위에서 대상판결도 누적적 근저당권을 "당사자 사이에 하나의 기본계약에서 발생하는 동일한 채권을 담보하기 위한 것"이라고 정의하였다. 따라서 동일성이 인정되지 않는 피담보채권을 담보하기 위해 여러 부동산에 각각 근저당권을 설정하였다면 이는 더 이상 누적적 근저당권이 아니고 서로 무관한 복수의 근저당권일 뿐이다.[19]

그런데 대법원 2002. 8. 13. 선고 2002다17142 판결은 "한 개의 채권을 여러 부분으로 분할하여 각 부분의 채권에 대하여 독립적인 저당권을 설정하는 것은 이론상 가능할 뿐만 아니라, 저당목적물의 소유자가 다른 경우에 이를 설정할 필요

---

19) 高木多喜男(주 8), 541면.

성도 있는데, 이러한 경우에는 각 저당권은 각 담보 범위가 서로 다르므로 공동저당으로 되지 아니한다."라는 내용을 담고 있다.[20] 이 판결 사안은 누적적 근저당권의 문제를 다룬 것으로 보이는데, 판시 내용만 보면 대법원이 누적적 근저당권은 분할되어 동일성을 상실한 별도 피담보채권을 각각 담보하기 위한 것이라고 본 듯 하다. 하지만 나머지 판결이유를 보면 "각 부동산별로 적당히 책임을 안분하여 정한 금액을 채권최고액으로 하여 이 사건 근저당권을 설정한 사실"을 기초로 논리를 전개하고 있다. 이처럼 이 판결은 부동산별 책임 분할을 상정한 것일 뿐, 누적적 근저당권이 피담보채권 분할을 전제로 한다는 법리를 정면으로 판시한 것으로 이해되어서는 안 된다.[21] 그 뒤에 선고된 판결들은 누적적 근저당권도 피담보채권의 동일성을 전제한다는 점을 밝히고 있다.[22]

이러한 판례의 태도를 유형별로 정리하자면, 「① 공동근저당 ⇒ 동일 피담보채권, 동일 채권최고액, ② 누적적 근저당 ⇒ 동일 피담보채권, 별도 채권최고액, ③ 별도의 복수 근저당 ⇒ 별도 피담보채권, 별도 채권최고액」으로 요약할 수 있다. 이처럼 누적적 근저당권도 공동근저당권과 마찬가지로 동일한 피담보채권을 담보하기 위해 설정되는 것이라면, 이 사건에서 물상보증인인 원고들은 자신의 출재로 소멸된 그 피담보채권을 담보하기 위해 누적적으로 제공되었던 채무자 소유 부동산에 대해 변제자대위를 할 수 있다. 그렇게 보는 것이 채무자 소유 부동산의 담보 자력을 기대하고 자신의 부동산을 담보로 제공한 물상보증인의 일반적인 의사나 기대이익과도 부합한다. 또한 공동근저당권의 경우에도 후순위저당권자는 물상보증인과의 관계에서 우선하지 못한다는 것이 판례의 태도이므로,[23] 누적적 근저당권의 경우에 물상보증인의 변제자대위를 인정한다고 하여 후순위저당권자의 이익이 부

---

20) 이 판결은 미공간 판결로 종합법률정보에서 검색되지 않으나 이지영(주 4), 94면에 소개되어 있다.
21) 이지영(주 4), 94면.
22) 대법원 2014. 12. 11. 선고 2014다219033 판결; 대법원 2015. 12. 23. 선고 2015다219245 판결. 이지영(주 4), 94-95면 참조.
23) 공동저당관계에서 물상보증인 소유 부동산이 먼저 경매된 경우 채무자 소유 부동산의 후순위저당권자의 대위(민법 제368조 제2항)보다 물상보증인의 변제자대위(민법 제481조, 제482조)가 우선한다는 대법원 1994. 5. 10. 선고 93다25417 판결; 대법원 2009. 5. 28.자 2008마109 결정; 대법원 2011. 8. 18. 선고 2011다30666, 30673 판결 참조. 동시배당의 경우 채무자 소유 부동산의 경매대가가 우선적으로 채권 만족에 제공되어야 한다는 대법원 2010. 4. 15. 선고 2008다41475 판결 및 사해행위 취소의 국면에서 그 연장선상의 판시를 한 대법원 2008. 4. 10. 선고 2007다78234 판결 및 대법원 2013. 7. 18. 선고 2012다5643 전원합의체 판결도 물상보증인의 우선적 보호 사고와 관련된다. 물상보증인 우선설과 후순위저당권자 우선설 및 이에 대한 평가는 김형석, "공동저당의 실행과 이해관계의 조정-민법 제368조 재론-", **서울대학교 법학**, 제57권 제4호(2016), 79-84면 참조.

당하게 침해되는 것은 아니다.

　물론 변제자대위를 통해 물상보증인이 X아파트에서 선순위로 배당받게 되면 그만큼 X아파트의 후순위근저당권자인 피고에게 배당될 몫은 줄어들 수 있다. 이는 일단 피고의 불이익이라고 볼 여지도 있다. 그러나 피고는 선순위근저당권자의 채권최고액만큼은 자신이 우선변제를 받지 못할 수 있다는 점을 인식하고 이를 공제한 나머지 교환가치를 담보가치로 파악하여 근저당권을 취득한 자이다. 이처럼 피고는 이미 이러한 상황을 감수한 자이므로 대상판결의 결론이 피고의 신뢰를 침해하여 부당한 불이익을 주는 것이라고 보이지는 않는다.24)

---

24) 주석민법/오민석(주 4), 233면; 양형우(주 8), 395면.

제 3 장

채권법 분야

1 양도금지특약을 위반한 채권양도의 효력
(대법원 2019. 12. 19. 선고 2016다24284 전원합의체 판결)

가. 사실관계

피고(농업협동조합중앙회)는 2009. 5. 27. 농산물 종합유통센터 신축공사에 관하여 총 계약금액 24,900,000,000원(그중 건축공사 부분 계약금액은 23,245,600,000원이다. 이하 건축공사 부분을 "이 사건 공사"라고 한다), 착공일 2009. 6. 1., 준공예정일 2010. 11. 30.로 정하여 도급계약(이하 "이 사건 도급계약"이라고 한다)을 체결하였는데, 이 사건 공사에 관하여는 A건설, 나머지 소방공사 부분에 관하여는 B회사를 각각 계약상대자로 하였다. 이 사건 도급계약에 포함된 공사계약 일반조건에는 다음 내용이 포함되었다. (1) 계약상대자인 A건설 등은 이 공사의 이행을 위한 목적 이외의 목적을 위하여 이 계약에 의하여 발생한 채권(공사대금청구권)을 제3자에게 양도하지 못한다(제5조 제1항, 이하 "이 사건 채권양도금지특약"이라고 한다). (2) 피고는 '계약상대자인 A건설 등의 책임 있는 사유로 인하여 준공기한까지 공사를 완성하지 못하거나 완성할 가능성이 없다고 인정되는 경우', '계약상대자인 A건설 등의 부도발생 등으로 정상적인 공사수행 가능성이 없다고 판단될 경우'에 해당하면 이 사건 도급계약의 전부 또는 일부를 해제 또는 해지할 수 있다(제37조 제1항 제2호, 제4호).

A건설은 2010. 10. 21. 이 사건 공사를 완료하지 못한 채 부도처리되었는데, 그 이전인 2010. 10. 15. 이 사건 공사대금채권 중 일부를 C회사, 그 이후인 2010. 10. 22. 다른 일부를 D회사에게 각각 양도하였다(이하 C회사와 D회사를 통틀어 "채권양수인들"이라고 한다). 피고는 2010. 11. 25. A건설의 부도를 이유로 이 사건 도급계약을 해제한다는 의사를 표시하여 그 의사표시가 2010. 11. 29. 도달하였다. A건설에 대하여는 2010. 12. 10. 회생절차가 개시되었는데, 2017. 1. 25. 회생절차 폐지결정이 내려지고 2017. 3. 17. 회생절차폐지결정이 확정됨과 동시에 파산선고가 내려지면서 원고가 파산관재인으로 선임되었다. 원고는 피고에게 미지급 공사대금을 구하는 소를 제기하였다. 피고는 채권양수인들에게 양도된 부분에 관하여

는 A 건설이 더 이상 채권자가 아니므로 그 파산관재인인 원고에게 채무를 이행할 수 없다고 다투었다. 원고는 이 사건 도급계약에 채권양도금지특약이 있고, 그 특약에 위반하여 이루어진 채권양도는 무효이므로 A건설이 여전히 채권자라고 주장하였다.

나. 소송의 경과

1심법원은 채권양도가 무효이므로 A건설이 채권자라는 원고의 주장을 받아들였다.[1] 원심법원도 1심법원과 마찬가지로 채권양도가 무효라고 보아 1심법원과 같은 결론에 이르렀다.[2] 대상판결에서는 양도금지특약에 위반한 채권양도가 무효인지가 주된 쟁점으로 다루어졌다.

다수의견은 다음과 같은 이유로 양도금지특약에 위반한 채권양도가 무효라고 보았다. (1) 민법 제449조 제2항 본문이 당사자가 양도를 반대하는 의사를 표시한 경우 채권을 양도하지 못한다고 규정한 것은 양도금지특약을 위반한 채권양도의 효력을 부정하는 의미라고 해석하여야 한다. (2) 이처럼 해석하는 것이 지명채권의 본질과 특성을 보다 잘 반영할 수 있다. (3) 채권자와 채무자가 그들 사이에 발생한 채권의 양도를 금지하는 특약을 하였다면 이는 그 채권의 내용을 형성할 뿐만 아니라 그 속성을 이루는 것이어서 존중되어야 한다. (4) 민법에서 별도의 규정까지 두어 양도금지특약에 관하여 규율하는 것은 이러한 특약의 효력이 당사자 사이뿐만 아니라 제3자에게까지 미치도록 하는 데 그 취지가 있다고 보아야 한다. (5) 채권은 이전되더라도 본래 계약에서 정한 내용을 그대로 유지함이 원칙이고 양도금지특약도 이러한 계약의 내용 중 하나에 속하므로, 원칙적으로 채무자는 지명채권의 양수인을 비롯하여 누구에게도 양도금지특약이 있음을 주장할 수 있다고 보아야 하고, 민법 제449조 제2항 본문은 명문으로 이를 다시 확인한 규정이다. (6) 양도금지특약이 있는 경우 채권의 양도성이 상실되어 원칙적으로 채권양도가 일어나지 않는다고 보는 것이 악의의 양수인과의 관계에서 법률관계를 보다 간명하게 처리하는 길이다. (7) 양도금지특약이 있는 채권에 대한 압류나 전부가 허용되는 것은 양도금지특약의 법적 성질과 상관없이 민사집행법에서 압류금지재산을 열거적으로 규정한 데에 따른 반사적 결과에 불과하다. 양수인이 악의라도 전득자가 선

---

1) 서울중앙지방법원 2014. 11. 28. 선고 2012가합69321, 2014가합41006 판결.
2) 서울고등법원 2016. 4. 7. 선고 2015나4353, 2015나4360 판결.

의이면 채권을 유효하게 취득한다는 기존 판례의 입장은 채권의 양도성을 제한하려는 당사자의 의사보다는 거래의 안전을 도모하려는 민법 제449조 제2항 단서의 취지를 중시하여 제3자의 범위를 넓힌 것으로 받아들여야 한다. (8) 채권의 재산적 성격과 양도성을 제고하는 것이 국제적 흐름이라 하더라도 이는 대부분 제한적 범위 내에서 해석이 아닌 법규정을 통해 달성되고 있음에 유의하여야 한다.

이에 대해 다음과 같은 이유로 양도금지특약은 채권양도의 효력 자체에 영향을 미치지 않는다는 대법관 권순일, 대법관 김재형, 대법관 안철상, 대법관 노정희의 반대의견이 제시되었다.[3] (1) 양도금지특약의 당사자는 채권자와 채무자이므로 그 약정의 효력은 원칙적으로 채권자와 채무자만을 구속한다. (2) 민법 제449조 제2항 본문의 문언과 체계에 비추어 볼 때 양도금지특약은 당사자 사이에만 효력이 미치는 것으로 보는 것이 합리적이다. (3) 민법은 채권의 양도가 가능함을 원칙으로 삼고(제449조 제1항 본문), 예외적인 경우에 한하여 이를 제한하고 있으므로(제449조 제2항), 양도금지특약은 채권양도의 자유를 침해하지 않는 범위 내에서만 인정되어야 한다. (4) 재산권의 귀속주체인 채권자가 이를 처분하여 투하자본의 조기회수라는 경제적 목적을 달성할 수 있도록 더욱 자유로운 양도가능성이 보장되어야 한다. (5) 채권자와 채무자 그리고 양수인 세 당사자의 이익을 비교해 보더라도 채권적 효력설이 타당하다. (6) 채권거래가 증가함에 따라 양도금지특약을 위반한 채권양도에 관하여 채권적 효력만 인정하는 입법례가 많아지고 있다. (7) 양도금지특약을 위반한 채권양도의 효력에 대한 증명책임의 분배와 선의의 전득자 보호에 관한 판례도 채권적 효력설을 따를 때 합리적으로 설명할 수 있다. (8) 양도금지특약이 있더라도 압류·전부명령에 따라 해당 채권은 이전이 가능하고 압류채권자의 선의 여부는 그 효력에 영향을 미치지 못하는데, 양도금지특약이 있는 경우에 채권양도에 따른 채권의 이전이 금지되는 것은 불필요한 혼란을 가져온다. 아울러 양수인이 악의인 경우에도 일단 채권양도는 유효하되, 채무자는 양수인이 악의임을 들어 양수인에 대한 이행거절 항변을 하고 양도인에게 이행하거나, 악의의 양수인에 대한 이행거절 항변권을 포기하고 그에게 이행하여야 한다.

---

3) 다수의견에 대한 대법관 민유숙, 대법관 이동원의 보충의견, 반대의견에 대한 대법관 김재형의 보충의견도 있었다.

다. 분석

(1) 채권적 효력설의 우월성

채권자와 채무자는 계약자유의 원칙에 따라 채권양도금지특약을 체결할 수' 있다. 이러한 특약에 직접적인 법 형성력을 인정하여 채권의 양도성을 물권적으로 박탈하는 효력, 즉 물권적 효력을 인정하는 입장을 물권적 효력설이라고 한다. 이러한 특약에 일반적인 계약과 같은 채권적 효력만을 인정하여 특약에 위반한 양도도 유효라고 보고 채권자는 특약위반에 따른 채무불이행책임을 질 뿐이라는 입장을 채권적 효력설이라고 한다. 물론 이러한 두 가지 입장은 양도금지특약에 관한 전형적인 입장일 뿐이므로, 두 가지를 절충하거나 각각의 입장이 변형된 제3의 입장도 존재할 수 있다. 다만 논의를 단순화하기 위해 여기에서는 두 가지 입장을 중심으로 설명하기로 한다.

판례[4]와 종래 다수설[5]은 물권적 효력설을 취하여 왔다. 최근 학계에서는 채권적 효력설이 우세하다.[6] 대상판결의 다수의견은 물권적 효력설을, 반대의견은 채권적 효력설을 지지하였다.[7] 두 가지 입장 중 무엇이 좋은 법 해석론인가? 좋은 법 해석론은 성문법에 반하지 않아야 한다. 성문법에 반하는 이론은 입법론일 수는 있어도 해석론일 수는 없기 때문이다. 좋은 법 해석론은 해석 대상인 법의 목적, 나아가 일반적인 법 가치 체계에 비추어 좋은 결과를 가져오는 것이라야 한다. 다만 일반적으로 법 체계가 하나의 가치만을 추구하는 것은 아니므로, 둘 이상의 가

---

4) 대법원 2000. 4. 7. 선고 99다52817 판결; 대법원 2009. 10. 29. 선고 2009다47685 판결. 그러나 간척농지 분배 기대권에 관한 대법원 1981. 6. 23. 선고 80다2664 판결, 골프장 회원권의 양도에 관한 대법원 1989. 11. 10. 선고 88다카19606 판결이나 대법원 2000. 3. 10. 선고 99다70884 판결은 채권적 효력설에 가까운 태도를 취하는 것처럼 보인다.

5) 김용한, **채권법총론**(박영사, 1986), 437면; 김기선, **한국채권법총론**(법문사, 1987), 278면; 김주수, **채권총론**(삼영사, 1996), 324면; 김형배, **채권총론**(박영사, 1998), 577면; 곽윤직, 채권총론, 제6판(박영사, 2002), 291면.

6) 최수정, "지명채권의 양도금지특약 재고", 민사법학, 제38호(2007), 154 – 155면; 윤철홍, "채권양도의 금지특약에 관한 소고", **법조**, 통권 651호(2010), 17면; 전원열, "채권양도금지 특약의 효력", **민사법학**, 제75호(2016), 188면; 지원림, "지명채권양도에서 양수인의 지위", **비교사법**, 제24권 제3호(2017), 974면. 물권적 효력설을 지지하는 견해로 오수원, "채권양도금지특약의 법적 성질과 양도금지채권양도의 사후승낙의 소급효", **인권과 정의**, 통권 제465호(2017), 18면; 추신영, "채권양도금지특약과 전부명령", **영남법학**, 제43권(2016), 37면.

7) 물권적 효력설과 채권적 효력설 대신 절대적 효력설과 상대적 효력설로 지칭하기도 한다. 지원림(주 6), 972면; 지원림, **민법강의** 제16판(홍문사, 2019), 1258면; 오수원(주 6), 14면.

제3장 채권법 분야 **137**

치 가운데 어느 것을 중시하는지에 따라 무엇이 좋은 결과인지에 대한 결론이 달라질 수 있다. 좋은 법 해석론은 설명력이 뛰어나야 한다. 관련 법 문제를 좀 더 논리 정연하게 설명할 수 있어야 한다. 채권양도처럼 속성상 국경을 뛰어넘어 이루어지는 법 현상에 관한 좋은 법 해석론은 국제적 흐름을 합리적으로 반영한 해석론이라야 한다. 이러한 기준에 따르면 필자는 채권적 효력설이 더 좋은 법 해석론이라고 생각한다.

(가) 첫째, 채권적 효력설은 성문법에 반하지 않는다. 민법 제449조 제1항에는 채권의 양도성이 선언되어 있고, 제2항에는 "채권은 당사자가 반대의 의사를 표시한 경우에는 양도하지 못한다. 그러나 그 의사표시로써 선의의 제삼자에게 대항하지 못한다."라고 규정되어 있다. 다수의견은 제2항의 "양도하지 못한다"가 "양도의 효력이 없다"는 의미라고 보았다. 이러한 입장에 따르면 채권적 효력설은 성문법의 문언에 반하는 해석론이다. 그러나 "양도하지 못한다"와 "양도의 효력이 없다"는 같은 의미가 아니다. "양도하지 못한다"는 양도금지의 당위를 선언한 것일 뿐이고, 그 금지에 위반한 행위의 효력은 별도 문제로 다루어져야 한다.[8] 강행규정과 임의규정의 논의가 그러하듯이, 마치 어떤 행위를 금지하는 규정이 있다고 하여 그 금지에 위반한 행위의 효력이 언제나 부정되지는 않는 것과 같다. 물론 선의의 양수인 보호에 관한 제2항 단서는 물권적 효력설과 좀 더 자연스럽게 어울리는 것이 사실이다. 하지만 다른 한편 물권적 효력설은 계약은 당사자에게만 효력이 미친다는 계약법의 일반 원리에 반한다. 이처럼 계약법의 일반 원리에 반하는 예외를 인정할 만한 실정법적 근거 역시 찾기 어렵다.[9] 이러한 점을 고려하면 민법의 문언상 물권적 효력설이 채권적 효력설보다 절대 우위에 있다고 보기 어렵다.

(나) 둘째, 채권적 효력설은 물권적 효력설보다 더 좋은 결과를 가져온다. 물론 양설 중 어느 쪽을 택하건 실제 나타나는 결과가 크게 달라지는 것은 아니다.[10]

---

8) 김용담 편, **주석민법 채권총칙(3)** 제4판(한국사법행정학회, 2014), 349면(최수정 집필부분). 한편 계약법의 일반원칙상 채권양도금지특약의 효력에 따라 양도가 금지되는 것은 당연하므로 채권적 효력설에 따르면 제2항이 계약법의 일반원칙을 확인하는 의미로 전락한다는 비판도 가능하기는 하다. 그러나 제2항은 계약뿐만 아니라 일방적 의사표시에 의한 양도금지도 가능하게 하므로 채권적 효력설에 따르더라도 계약법의 일반원칙을 선언한 확인적 조항에 그치는 것이 아니다.
9) 지원림(주 6), 973면.
10) 서민, **채권양도에 관한 연구**(경문사, 1985), 58면; 곽윤직 편, **민법주해(X)**(박영사, 1995), 568면 (이상훈 집필부분); 박효관, "채권양도금지특약과 선의의 양수인", **판례연구**(부산판례연구회) 제8집(1998), 230면; 윤철홍(주 6), 15면.

어느 설에 따르건 양수인이 악의[11]이면 채무자는 양수인에게 채무를 이행하지 않아도 되고, 양수인이 선의이면 채무자는 양수인에게 채무를 이행해야 한다(민법 제466조 제2항 단서). 물권적 효력설은 제2항 단서를 선의 양수인 "보호" 규정으로, 채권적 효력설은 제2항 단서를 악의 양수인 "배제" 규정으로 파악한다고 하나,[12] 그것은 같은 결과에 관한 다른 이론 구성일 뿐이다. 한편 증명책임의 소재는 물권적 효력설에 따르면 양수인이 자신의 선의를, 채권적 효력설에 따르면 채무자가 양수인의 악의를 증명하는 것이 논리적이다. 그런데 판례는 물권적 효력설을 취하면서도 채무자가 양수인의 악의 또는 중과실에 대한 증명책임을 진다고 한다.[13] 따라서 실제로는 증명책임의 소재에 관해서도 양설에 따른 결과가 다르지 않다. 채권을 누구의 책임재산으로 취급하는가,[14] 그 연장선상에서 양도인이 채무자로부터 변제받은 뒤 도산한 경우 도산절차에서 그 변제금이 누구에게 귀속되는가[15] 등의 측면에서 양설에 따른 결과가 달라지기는 한다. 다만 어느 쪽 결과가 더 낫다고 확언하기는 어렵다.

전체적으로 보면 물권적 효력설은 양도금지특약의 실효성(實效性)을 높이고 채무자의 법적 안정성을 보장한다는 장점을 지닌다. 하지만 특약의 실효성은 채권의 양도성 자체를 박탈하기보다는 위약금 약정이나 채권양도에 추가적인 요건을 부여하는 약정 등 다른 계약적 장치를 통해 관철시키는 것이 정도(正道)이다. 또한 어차피 양수인의 선·악의 여부에 따라 채무자의 법적 지위가 좌우되는 상황에서 물권적 효력설을 취한다고 하여 채무자 보호가 의미 있게 강화된다고 보기 어렵다. 양도금지특약을 주로 사용하는 채무자는 국가나 지방자치단체, 은행 등 채권자보다 강한 협상력을 가진 채무자라는 점도 고려할 필요가 있다.[16] 반면 채권적 효력설은 채권의 유통성 강화에 좀 더 가시적 영향을 줄 수 있다. 채권양도는 자

---

11) 판례는 양수인이 중과실인 경우도 악의인 경우와 마찬가지로 취급한다. 대법원 1996. 6. 28. 선고 96다18281 판결; 대법원 1999. 2. 12. 선고 98다49937 판결. 이러한 태도는 타당하다고 보기 어렵다. 윤철홍(주 6), 7면; 지원림(주 6), 975면; 양창수·권영준, 민법Ⅱ-권리의 변동과 구제, 제3판(박영사, 2017), 180-181면.

12) 지원림(주 6), 973면.

13) 대법원 1999. 12. 18 선고 99다8834 판결; 대법원 2003. 1. 24. 선고 2000다5336, 5343 판결; 대법원 2015. 4. 9. 선고 2012다18020 판결.

14) 물권적 효력설은 양도인, 채권적 효력설은 양수인의 책임재산으로 취급한다.

15) 물권적 효력설은 양도인, 채권적 효력설은 양수인에게 귀속된다고 한다. 전원열(주 6), 172-173면 참조.

16) 양창수·권영준(주 11), 180면.

산유동화와 결합하여 현대 경제의 근간을 이루고 있다.[17] 혹시 있을지도 모르는 양도금지특약 때문에 채권양도 자체가 무효가 될 수 있다는 메시지는 그 자체만으로도 채권거래의 원활화에 위협적인 요소이다. 더구나 채권양수인이 악의가 아니라 중과실인 경우에도 양도금지특약이 무효로 돌아갈 수 있다고 하면, 양도금지특약 유무를 조사하지 않은 것이 중과실로 평가될 위험성을 우려하는 채권양수인은 일일이 양도금지특약 유무를 조사해야 하는 부담을 지게 된다.[18] 구체적으로 어느 경우에 중과실이 인정되는지에 관한 판례의 태도가 명확하지 않은 상황에서, 채권양수인의 조사 및 확인 부담은 더욱 커질 수밖에 없다.[19] 집합채권양도가 대거 이루어지는 현실에서 채권적 효력설을 취하여 이러한 부담을 경감시키는 것은 중요한 의미를 가진다. 또한 현행 동산채권담보법제하에서는 등기에 의한 집합채권 담보권 설정이 가능하다. 그런데 물권적 효력설에 따르면 양도금지특약이 부가된 채권담보권 설정은 원칙적으로 무효가 된다. 공시되지 않는 당사자 간 양도금지특약이 등기로 공시되는 채권담보권의 효력을 뒤집는 셈이다. 일반적으로 등기가 계약보다 우월한 공시수단이라는 점을 감안하면 이는 부당한 결과이다. 이는 채권담보제도의 실효성을 해친다. 채권적 효력설의 채택은 이러한 결과를 막아준다.

  (다) 셋째, 채권적 효력설이 관련 법 문제에 대한 설명력이 더 뛰어나다. 채무자가 양수인의 악의 또는 중과실에 대한 증명책임을 진다고 하는 판례[20]는 채권적 효력설에 의할 때 더 잘 설명될 수 있다. 악의의 양수인으로부터 다시 선의로 양수한 전득자에게는 그 전득 시부터 양도금지특약의 효력을 주장할 수 없다는 판례[21]도 채권적 효력설에 의할 때 더 잘 설명될 수 있다.[22] 양도금지특약이 있는 채권에 대해서는 그 특약이나 압류채권자의 선·악의와 무관하게 압류 및 전부가 허용된다는 판례[23]도 채권적 효력설에 의할 때 더 잘 설명될 수 있다. 이에 관해

---

17) 전원열(주 6), 167 – 168면.
18) 가령 대법원 2014. 1. 23. 선고 2011다102066 판결은 양수인이 "채무자에게 채권양도금지 특약 여부에 관해서 물어보았더라면 설비공사의 공사대금채권과 관련하여 채권양도금지 특약이 있다는 것을 쉽게 알 수 있었는데도 그러한 확인을 하지 아니"한 사정을 중과실 인정의 근거로 들었다.
19) 김동훈, "채권양도금지특약에 관한 민법 규정의 운용방향", **법학논총**(국민대학교), 제29권 제1호 (2016), 42 – 49면은 양도금지특약에 위반한 채권양도의 효력을 다룬 대법원 판결들을 정리하면서, 판례에 나타난 채권양수인의 중과실 판단 기준이나 채권양도의 효력 판단 기준이 명확하다고 보기 어렵다는 입장을 취한다.
20) 대법원 1999. 12. 18 선고 99다8834 판결; 대법원 2003. 1. 24. 선고 2000다5336, 5343 판결; 대법원 2015. 4. 9. 선고 2012다18020 판결.
21) 대법원 2015. 4. 9. 선고 2012다118020 판결.
22) 김동훈(주 19), 48면.

물권적 효력설의 입장에서는 민법 제449조 제2항에서 말하는 양도는 임의양도를 뜻하는 것이므로 압류 등 강제집행은 제한 없이 허용된다고 설명한다. 그러나 물권적 효력설의 핵심은 양도금지특약이 있으면 채권은 "양도성을 상실"한다는 것이다.[24] 양도성이 상실된다면 양도성을 전제로 하는 압류 및 전부도 허용되지 않는 것이 더욱 논리적이다.[25]

계약의 일반 원리와 더 잘 부합하는 것도 채권적 효력설이다. 물권적 효력설의 치명적 약점은 당사자 간에만 효력이 미치는 계약 때문에 제3자에 대한 채권양도의 효력이 영향을 받는다는 데에 있다. 물권적 효력설은 ① 양도금지특약으로 인해 채권의 양도성이 상실되고, ② 채권자는 이미 양도성이 상실된 상태의 채권을 제3자에게 양도하는 것일 뿐이므로("누구도 자기가 가진 것 이상의 권리를 타인에게 줄 수 없다."), ③ 제3자는 채무자에게 채권을 행사할 수 없다는 논리를 취한다. 그러나 당사자의 의사표시에 불과한 양도금지특약으로 채권의 본질적 속성인 양도성이 물적으로 박탈된다는 점(다시 말해 성질상 양도 가능한 채권이 성질상 양도 불가능한 채권으로 화학적 변환이 이루어진다는 점)은 법적으로 잘 설명하기 어렵다. 양도금지특약은 다른 일반 계약과 마찬가지로 특약 당사자가 그 상대방에게만 주장할 수 있는 성질의 것이다. 물권적 효력설은 채권의 인적 성질이 강조되던 결과 채권의 양도성을 가급적 제한하고자 하였던 고대 법 이론의 현대적 잔영이다.

(라) 넷째, 채권적 효력설이 국제적 흐름과 더 가깝다.[26] UN 국제채권양도협약 (UN Convention on the Assignment of Receivables in International Trade) 제9조 제1항은 양도금지특약에도 불구하고 채권양도는 유효하다고 규정한다.[27] 따라서 양수인이 악의인 경우에도 채권양도는 유효하다.[28] 국제상사계약원칙(Principle of International Commercial Contracts) 제9.1.9조 제1항,[29] UNIDROIT의 국제팩토링에 관한 협약(Convention on International Factoring) 제6조 제1항[30]도 마찬가지로 규

---

23) 대법원 1976. 10. 29. 선고 76다1623 판결; 대법원 2003. 12. 11. 선고 2001다3771 판결.
24) 대법원 2009. 10. 29. 선고 2009다47685 판결은 이 점을 명확히 판시한다.
25) 물권적 효력설을 지지하면서 판례의 태도에 반대하는 견해로 추신영(주 6), 49면.
26) Nils Jansen & Renhard Zimmermann, *Commentaries on European Contract Laws* (Oxford, 2018), p. 1682.
27) 다만 국제채권양도협약 제3조 제3항은 채권의 종류에 따라 특약의 효력을 달리하고 있다.
28) 석광현, **국제채권양도협약연구**(법무부, 2002), 10면.
29) 다만 제2항에서는 비금전 급부채권에 대한 양도금지특약에 위반된 양도의 효력은 부정하고 있다. 채권의 성격에 따라 양도금지특약 위반에 따른 양도의 효력을 달리 보는 것이다.
30) 이는 UN 국제채권양도협약에 앞서 성안되어 여기에 영향을 미친 조항이다.

정한다. 유럽계약법원칙(Principles of European Contract Law) 제11:203조는 양도금지특약에 반하는 양도가 양도인과 양수인 간의 법률관계에 영향을 미치지 않는다고 규정한다. 미국의 통일상법전(Uniform Commercial Code)은 양도금지특약이 채권양도의 효력에 영향을 미치지 않는다고 규정하거나,[31] 그러한 특약의 효력 자체를 부정한다.[32] 우리나라 민법 제449조의 모태였던 일본 민법 제446조는 개정되어 채권적 효력설을 채택하였다.[33] 2016년 개정된 프랑스 민법 제1321조 제4항에서는 채권양도에 채무자의 동의가 필요하지 않으나, 당사자 사이에서 채권양도를 금지하기로 한 경우에는 채무자의 동의가 필요하다고 규정하였다.[34] 채권적 효력설을 취하였다고 보기는 어려운 입법이나, 파기원은 양도인과 채무자 사이의 양도금지특약이 양수인을 구속하지 않는다는 입장을 취한다.[35] 독일은 여전히 물권적 효력설을 원칙으로 하나 이에 대한 비판론도 상당하고, 1994년에 개정된 독일상법전 제354조 a항은 상행위로 인한 금전채권 또는 채무자가 공법인이나 공공재단인 금전채권의 경우 양도금지특약에 위반한 채권양도도 유효하다고 규정하여 그 범위 내에서는 채권적 효력설을 채택한 것과 마찬가지 결과가 되었다.[36]

이러한 국제적인 흐름은 우리나라에도 영향을 미쳐 왔다. 우리나라에서도 종래에는 물권적 효력설이 다수설의 지위를 차지하였으나, 최근에는 물권적 효력설에 대한 비판론이 오히려 다수설의 지위를 점한 것으로 보인다.[37] 이러한 해석론의 변동은 입법론에도 영향을 미쳤다. 법무부 민법개정위원회의 2013년 민법 개정시안 제449조의2에서는 "채권양도를 금지하거나 제한하는 약정은 그에 반하여 행해진 채권양도의 효력에 영향을 미치지 아니한다. 다만, 양수인이 그 약정이 있음을 안 경우에는 양수인에게 대항할 수 있다."라고 규정하여 채권적 효력설을 채택하였다.

---

31) 제2A-303조(2), 제9-401조(b).
32) 제9-406조(d), 제9-407조(a), 제9-408조(a).
33) 개정 일본 민법의 신구조문 대비표(http://www.moj.go.jp/content/001242222.pdf) 69면 참조. 다만 예적금채권에 관하여는 물권적 효력설을 유지하는 특칙(제466조의5 제1항)을 두었다.
34) 김은아, "개정 프랑스민법전에서의 채권양도", **아주법학**, 제12권 제3호(2018), 114면
35) Cass. com., 21 nov. 2000 : *Bull. civ.* 2000, IV, n°180., 김은아(주 34), 114면에서 재인용.
36) 류창원, "금전채권의 국제적 양도에 관한 연구 – 채권양도금지특약을 중심으로 – ", **무역상무연구**, 제71권(2016), 72면.
37) 최수정(주 6), 154 – 155면; 전원열(주 6), 188면; 지원림(주 6), 974면.

(2) 다수의견의 채권적 효력설 비판에 대한 검토

(가) 다수의견은 채권적 효력설이 양수인이 악의인 경우의 채무이행관계를 잘 설명할 수 없다고 한다. 반대의견에 따르면 양수인이 악의이더라도 채권양도는 유효하므로 양수인에게 일단 채권이 귀속된다. 따라서 채무자는 양수인에게 이행할 수도 있으나, 그가 악의임을 내세워 양도인에게 이행할 수도 있다. 다수의견에 대한 보충의견은, 이처럼 채무자가 이행의 상대방을 선택할 수 있다거나 채무자에 대한 악의 항변이라는 사후적 사정을 매개로 이미 채권을 상실한 양도인에게 이행할 수 있다는 반대의견의 입장은 논리적으로 모순된다고 비판한다.38) 그러나 채무자의 이행 상대방 선택은 채권적 효력설에 고유한 태생적 흠이라기보다는 현행 채권양도법제가 취하는 대항요건주의하에서 발생이 예정되어 있는 현상이다. 가령 지명채권이 유효하게 양도되었으나 대항요건이 아직 갖추어지지 않은 상태에서, 양수인은 일단 채권을 취득하지만 채무자는 양수인에게 대항요건이 갖추어지지 않았음을 이유로 이행을 거절하고 양도인에게 이행할 수 있다. 하지만 다른 한편 채무자는 스스로 채권양도를 승낙하고 양수인에게 이행할 수도 있다. 또한 사후적 사정을 매개로 법률관계가 달라지는 것은 물권적 효력설을 취할 때에도 일어날 수 있다. 예컨대 양도금지특약에 반한 양도가 이루어진 후에 채무자가 그 양도를 승낙한 경우 물권적 효력설에 의하면 이러한 사후적 사정을 매개로 무효이던 채권양도가 유효처럼 취급된다.39) 물권적 효력설을 취하는 판례의 입장에 따르더라도 악의 양수인으로부터 다시 선의로 양수한 전득자에게는 그 전득 시부터 더 이상 양도금지특약의 효력을 주장할 수 없게 되는데,40) 이 역시 사후적 사정으로 법률관계가 달라지는 예이다.

(나) 다수의견은 물권적 효력설이 입법자의 의도에 부합한다고 한다. 입법자의

---

38) 참고로 개정 일본 민법 제466조 제4항은 악의·중과실의 양수인 등은 채무자가 이행하지 않는 경우에 채무자에게 상당한 기간을 정하여 양도인에게 이행하도록 최고하고, 그 기간 안에 채무자가 이행을 하지 않으면 채무자는 이행거절권을 잃는다고 규정함으로써 이러한 교착 상태를 입법적으로 해결하였다.

39) 대법원 2009. 10. 29. 선고 2009다47685 판결. 일본 판례도 같은 태도를 취하나(最判 1977(昭和 52), 3. 17. 民集 31-2-308), 우리나라 판례와 달리 승낙의 소급효를 원칙적으로 인정한다는 차이가 있다. 오수원(주 6), 22면은 이 점에서 채권양도금지특약에 위반하여 이루어진 채권양도의 효력은 확정적 무효가 아닌 '유동적 무효'라고 설명한다.

40) 대법원 2015. 4. 9. 선고 2012다118020 판결.

의도는 법률해석에서 중요한 의미를 가진다. 입법자의 의도가 확실히 드러날수록 더욱 그러하다.[41] 그런데 1950년대의 우리 민법 입법자료에서는 물권적 효력설을 의도적으로 채택하였다고 볼 만한 단서가 발견되지 않는다.[42] 우리 민법 제449조가 의용민법 제466조에 의거하여 동일하게 규정되었다는 점만 확인될 뿐이다. 의용민법 제466조, 즉 일본 민법 제466조[43]는 1898년 제정 이래 바뀌지 않았다. 따라서 굳이 입법자(?)의 의도를 파악하려면 일본 민법 제정 당시이던 19세기 후반으로 돌아가야 한다. 그런데 그 당시에도 입법자가 양도금지특약의 효력에 관하여 어떤 입장을 취하였는지는 입법자료상 분명하지 않다.[44] 설령 그때 어떤 의도가 분명히 존재하였더라도 19세기 후반 일본에서의 입법 논의가 2019년의 한국 법해석론을 과도하게 좌우해서는 안 된다. 더구나 그 당시는 채권의 양도성 자체를 놓고도 치열한 논쟁이 벌어지던 시기이다.[45] 이제 채권의 양도성은 당연하게 받아들여질 뿐만 아니라 앞서 살펴보았듯이 세계적으로는 그 양도성을 강화하려는 움직임이 발견된다.[46] 입법자의 의도는 이러한 흐름에 비추어 재해석되어야 한다.

(다) 다수의견은 채권적 효력설은 입법론이라면 몰라도 해석론의 차원에서는 수용할 수 없다는 입장을 취한다. 그리고 위와 같은 세계적 흐름은 대체로 입법론의 차원에서 논의될 수는 있어도 해석론으로 반영되기는 어렵다는 입장을 취한다. 물론 이 문제가 입법으로 정리될 수 있다면 더 바람직하기는 할 것이다. 양도금지특약 위반에 관하여 채권적 효력설을 취하면서 양도인, 양수인 채무자 사이의 이행관계나 공탁 문제 등을 상세하게 규율한 개정 일본 민법이 이 문제를 입법적으로 정리한 예이다. 그러나 채권적 효력설은 입법론은 물론이고 해석론의 차원에서도 수용할 수 있다고 생각한다. 사실 해석론과 입법론의 경계가 늘 분명한 것은

---

41) 가령 독일의 경우 독일 민법 제1초안 제295조 제2항은 양도금지특약이 채권적 효력만 가진다는 점을 명시하였는데, 제2초안 제343조는 제295조에서 제2항을 삭제하였다. 그런데도 입법자가 과연 물권적 효력을 채택한 것인지에 대해서는 학설 대립이 있다. 최수정(주 6), 147 – 149면 참조.

42) 민의원 법제사법위원회 민법안심의소위원회, 민법안심의록, 상권(1957), 265면 등.

43) 개정 전 일본 민법을 말한다. 개정 일본 민법은 2020년 4월 1일부터 시행된다.

44) 이에 대해서는 최수정(주 6), 146면 참조.

45) 일본 민법 제466조 제1항 본문에서 채권의 양도성을 선언한 뒤 제1항 단서와 제2항 본문에서 채권의 양도성을 제한하면서도, 또 다시 제2항 단서에서 선의의 제3자를 보호하는 규정을 두어 채권의 양도성을 보존한 것은 이러한 치열한 논쟁에 뒤따른 타협의 결과였다. 박정기, "일본민법개정 법안상의 채권양도규정", **법학논고**(경북대학교), 제58집 (2017), 212면.

46) 채권양도금지특약에 관한 세계 각국의 태도를 일목요연하게 정리한 문헌으로 전원열(주 6), 190 – 191면; 전우정, "채권양도금지 특약에 대한 비교법적 연구 및 법경제학적 분석", **비교사법**, 제26권 제2호(2019), 124면 이하 참조.

아니다. 그 경계의 회색지대에서 해석론과 입법론 중 어느 쪽으로 갈 것인가를 결정함에 있어서는 대상이 되는 법률의 성격도 고려해야 한다. 민법은 장구한 세월에 걸쳐 축적된 선현들의 지혜가 응축되어 추상적이고 포괄적인 형태로 존재하는 기본법이다. 민법은 어느 나라를 막론하고 쉽게 바꿀 수 있는 법이 아니다. 우리나라에서도 두 차례에 걸친 전면적이고 야심찬 민법(재산법) 개정 시도가 좌절되었다. 이러한 역사적 경험에 비추어 보면 적어도 민법 중 재산법 부분은 연성법률이 아니라 경성법률이다. 따라서 법을 바꾸면 된다는 말은 민법에서 다른 의미를 가진다. 그에 비례하여 법의 문언에 반하지 않는 범위 내에서 그 문언의 의미를 구체화하는 법원의 역할은 중요한 의미를 가진다. 민법의 문언이 중립적이고, 입법자의 의도도 명확하지 않다면 변화된 사회상과 세계적 논의 흐름을 해석론에 반영하지 못할 이유가 없다. 그러한 점에서 채권적 효력설은 해석론으로도 충분히 채택할 수 있는 입장이다.

2 채권양도와 이의를 보류한 승낙
(대법원 2019. 6. 27. 선고 2017다222962 판결)

가. 사실관계

원고(은행)는 2014. 1. 20. 의사인 소외 A에게 3억 원을 변제기 2015. 1. 20., 이율 연 8.5%로 정하여 대여하고, 6억 원은 변제기 2017. 1. 20., 이율 연 8.9%로 정하여 대여하였다. A는 위 각 대출금채무를 담보하기 위하여 2014. 1. 17. 원고에게, 자신이 피고(국민건강보험공단)에게 가지는 채권으로서 이미 발생하였거나 장래 발생할 국민건강보험법에 근거한 요양급여비용 채권과 의료급여법에 근거한 의료급여비용 채권 중 210억 원에 달할 때까지의 금액 부분을 양도하였다. A는 2014. 1. 17. 피고에게 내용증명우편으로 채권양도 사실을 통지하였고, 그 통지가 그 무렵 피고에게 도달하였다.

한편 피고는 그 이후인 2014. 1. 20. A에게 '압류진료비 채권압류 확인서'를 발급하여 원고에게 팩스로 송부하였다. 그 확인서에는 '발급목적'란에 '확인용', '결정일자'란에 '2014. 1. 17.', '접수일자'란에 '2014. 1. 20.', '채권자'란에 '원고', '압류유형'란에 '채권양도'로 기재되어 있고, 하단에 "본 자료는 「개인정보 보호법」에 의거 엄격히 개인의 비밀이 유지되어야 하며, 기재된 발급목적 외 용도로 사용할 수 없으며, 타 업무의 증빙자료로 사용되어 발생되는 모든 책임은 본인에게 있으므로 공단에는 일체의 이의를 제기할 수 없습니다. 또한, 확인서 발행일 현재 압류채권자 접수등록 누락된 사건이 있을 수 있습니다."라는 내용이 부동문자로 기재되어 있었다.

A는 원고에게 원리금을 일부 상환하다가, 2015. 11. 19. 자신이 운영하던 병원을 폐업하였다. A가 병원 운영을 시작한 이후 폐업일인 2015. 11. 19.까지 발생한 요양급여비용 채권 중 피고가 A에게 지급을 보류하고 있는 요양급여비용은 681,324,890원이었다. 한편 A는 2008. 9. 5.에 '2007. 11. 1.부터 의료기관을 개설할 수 없는 비의료인과 동업으로 병원을 운영하기로 하고, 의사인 자신의 명의를 빌려주어 비의료인이 의료기관을 개설하도록 하였다.'는 범죄사실로 벌금 700만 원의 약식명령을

받았고, 이후 그 약식명령이 확정되었다. 피고는 2007. 11. 1.부터 위 약식명령 발령일인 2008. 9. 5.까지 A에게 요양급여비용으로 합계 914,284,680원을 지급하였다. 원고는 피고에게 양수금채권의 지급을 구하는 소송을 제기하였다. 피고는 A가 의료법 위반행위로 피고로부터 지급의무 없는 요양급여비용을 받은 것은 민사상 불법행위에 해당하므로, 피고는 채권양도 전에 이미 A에게 914,284,680원의 손해배상채권을 가지고 있었고, 이 손해배상채권으로 원고가 피고에 대하여 가지는 양수채권과 상계한다고 항변하였다.

나. 소송의 경과

1심법원은 피고의 항변을 받아들여 원고의 청구를 기각하였다.[1] 원심법원은 1심판결을 취소하고, 원고의 청구를 일부 인용하였다.[2] 피고가 A의 채권양도에 대하여 이의를 보류하지 않은 승낙을 한 이상, 위 손해배상채권으로 원고에게 상계로 대항할 수 없다는 원고의 주장을 받아들인 것이다. 원심판결이 위와 같이 판단한 이유는 다음과 같다. (1) 위 확인서는 민원업무 처리 과정에서 발급된 것이기는 하나, 피고가 A 또는 원고에게 A의 원고에 대한 채권양도 사실에 관하여 인식하고 있음을 표명한 것으로서, 민법 제451조 제1항에서 정한 '승낙'에 해당한다. (2) 위 확인서에는 앞에서 본 부동문자가 기재되어 있을 뿐, 그 기재사항 이외에 당시 이미 발생되어 있던 A에 대한 대항사유, 즉 A의 의료법 위반에 따라 피고에게 발생한 손해배상채권 등에 관해서는 아무런 기재가 없다. 따라서 확인서는 비밀유지, 발급목적 외 사용금지, 다른 압류채권자 접수등록이 누락된 사건이 있을 수 있다는 취지를 표시하고 있을 뿐, 이를 두고 피고가 발급신청자인 A에 대한 위 손해배상채권 등으로 이 사건 채권양도에 대하여 이의를 유보하였다고 보기는 어렵다. (3) 더구나 피고는 확인서를 발급한 다음 2014. 1. 23.경부터 2015. 3. 16.까지 지속적으로 원고에게 위 양수채권에 대한 변제로 합계 3,331,377,890원을 지급하기도 하였다.

대법원은 다음과 같이 원심판결을 파기하였다.

민법 제451조 제1항 본문은 "채무자가 이의를 보류하지 아니하고 전조의 승낙을 한 때에는 양도인에게 대항할 수 있는 사유로써 양수인에게 대항하지 못한다."

---

1) 서울서부지방법원 2016. 9. 28. 선고 2015가합39388 판결.
2) 서울고등법원 2017. 3. 28. 선고 2016나2072328 판결.

라고 정하고 있다. 이 조항은 채무자의 이의를 보류하지 않은 승낙이라는 사실에 공신력을 주어 양수인을 보호하고 거래의 안전을 꾀하기 위한 것이다. 여기에서 양도인에게 대항할 수 있지만 양수인에게는 대항하지 못하는 사유는 협의의 항변권에 한정되지 않고 넓게 채권의 성립·존속·행사를 저지하거나 배척하는 사유를 포함한다. 채무자가 이 조항에 따른 이의를 보류하지 않은 승낙을 할 때에 명시적으로 항변사유를 포기한다거나 양도되는 채권에 대하여 이의가 없다는 뜻을 표시할 것까지 요구하지는 않는다. 그러나 이의를 보류하지 않은 승낙으로 말미암아 채무자가 양도인에 대하여 갖는 대항사유가 단절되는 점을 감안하면, 채무자가 이 조항에 따라 이의를 보류하지 않은 승낙을 했는지 여부는 문제되는 행위의 내용, 채무자가 그 행위에 이른 동기와 경위, 채무자가 그 행위로 달성하려고 하는 목적과 진정한 의도, 그 행위를 전후로 채무자가 보인 태도 등을 종합적으로 고려하여 양수인으로 하여금 양도된 채권에 대하여 대항사유가 없을 것을 신뢰하게 할 정도에 이르렀는지를 감안하여 판단해야 한다.

이 사건에서 (1) 위 확인서는 피고의 민원업무를 신속하고 획일적으로 처리하기 위해서 발급목적과 용도가 채권압류 확인으로 제한되어 있고, 발급목적 외 다른 용도로 사용하는 것이 엄격히 금지되어 있으며, (2) 이 사건 채권양도의 대상이 된 채권은 장래 발생할 채권이 다수 포함된 집합채권인데, 그 상황에서 피고가 양도인에 대한 모든 대항사유를 포기한 채 채권양도를 승낙하였으리라고는 통상적으로 기대하기 어렵고, (3) 피고가 2007. 11. 1.부터 2008년까지 있었던 소외인의 의료법 위반 사실을 미리 알았더라면 의료법 위반에 따른 손해배상채권을 이유로 그 즉시 지급을 중단하거나 상계권을 행사하였을 것으로 보는 것이 자연스럽다. 이에 비추어 보면, 피고는 이 사건 채권양도 통지를 받고 양수인인 원고에게 변제한 것일 뿐, 이를 이유로 피고가 이 사건 채권양도에 대하여 이의를 보류하지 않은 승낙을 한 것으로 보기는 어렵다. 또한 확인서에는 진료비채권에 대한 압류확인 외의 목적으로 확인서를 사용하는 것을 금지하고 확인서의 발급으로 인해서 어떠한 책임도 피고에게 물을 수 없다는 내용이 기재되어 있다. 피고는 위와 같은 기재내용을 통하여 대항사유의 단절이라는 법적 책임이나 불이익을 지지 않음을 포괄적으로 표시하였다고 볼 수도 있다.

다. 분석

(1) 대상판결의 쟁점

지명채권의 양수인이 채무자에게 권리를 행사하려면 양도인의 통지 또는 채무자의 승낙이 있어야 한다(민법 제450조 제1항). 채무자의 승낙은 이의를 보류하거나 보류하지 않고 할 수 있다. 양도인의 통지 또는 이의를 보류한 채무자의 승낙이 있으면 채무자는 채권양도 전 양도인에게 대항할 수 있던 사유로 양수인에게 대항할 수 있다(민법 제451조 제1항, 제2항). 이러한 대항 사유에는 상계가 포함된다.[3] 또한 채권양도 당시 상계원인이 있었다면 상계적상에 있지 않더라도 그 후 상계적상에 이른 때 채무자는 양수인에게 상계로 대항할 수 있다.[4] 반대로 이의를 보류하지 않은 채무자의 승낙이 있으면 채무자는 양도인에게 대항할 수 있는 사유로써 양수인에게 대항할 수 없다(민법 제451조 제1항).[5] 이처럼 채권양도의 대항요건 중 이의를 보류하지 않은 채무자의 승낙은 채무자의 양도인에 대한 항변을 단절시키는 법적 효과를 야기한다는 점에서 다른 대항요건과 구별된다.[6] 이와 관련하여 대상판결에서는 이처럼 항변 단절효를 가지는 이의 무보류 승낙이 행해졌는지가 다투어졌다.

먼저 살펴보아야 할 것은 채권양도 통지라는 대항요건이 갖추어진 이후 다시 승낙이 행해질 수 있는가 하는 점이다. 통지와 승낙은 모두 채권양도의 대항요건이라는 공통점을 가진다. 하지만 이의 무보류 승낙은 항변 단절효를 수반한다는 점에서 통지 등 다른 대항요건과는 구별된다. 그러므로 양도인의 통지가 행해짐으로써 일단 채무자에 대한 대항요건을 갖춘 이후에도 이의 무보류 승낙이 있었는지

---

3) 이처럼 민법 제451조 제2항의 '대항할 수 있는 사유'에 상계 항변도 포함된다고 보는 것이 일반적인 견해이다. 다른 취지의 견해로 윤철홍, "채권양도의 승낙과 통지의 효력(제451조)에 대한 개정론", 동아법학, 제52호(2011), 524－525면.

4) 대법원 1999. 8. 20. 선고 99다18039 판결.

5) 이처럼 이의를 보류하지 않은 승낙이 있었다는 증명책임을 누가 부담하는가에 대해서는 견해가 갈린다. 이에 관한 상세한 설명으로는 김정만, "지명채권양도의 요건사실 및 입증책임", 청연논총, 제6집(2009), 15면 이하 참조. 사견으로는 양수인이 그 증명책임을 부담하는 것이 타당하다고 생각한다. 이은영, "채권양도에 관한 최근 판례 동향", 고시계, 제45권 제11호(2000), 29면; 곽윤직 편, 민법주해(Ⅹ)(박영사, 1995), 595면(이상훈 집필부분)도 같은 입장이다.

6) 다만 양수인이 대항사유를 알고 있었거나 알지 못한 데 중과실이 있다면 항변 단절효를 주장할 수 없다. 대법원 1999. 8. 20. 선고 99다18039 판결.

여부는 여전히 독자적인 법적 의미를 가진다. 대상판결 역시 통지 이후에도 승낙이 행해질 수 있다는 전제에서 양도인의 통지가 이루어진 이후의 이의 무보류 승낙 문제를 다루었다.

다음으로 살펴보아야 할 것은 피고가 '압류진료비 채권압류 확인서'(이하 "확인서"라고 한다)를 발급한 행위가 채권양도 대항요건인 승낙에 해당하는가 하는 점이다. 만약 이러한 행위가 승낙에 해당하지 않는다면 그 승낙이 이의를 보류하지 않은 승낙인지 검토할 필요성이 없기 때문이다. 본래 승낙은 청하는 바를 들어준다는 사전적(辭典的) 의미를 가진다. 계약의 성립요건으로서 청약에 대응하여 행해지는 승낙이 그러한 의미를 가진다. 그런데 채권양도 대항요건으로서의 승낙은 채권양도 사실에 대한 인식을 표명하는 관념의 통지에 불과하므로,[7] 통상적 의미의 승낙과는 다른 의미를 가진다.[8] 이처럼 승낙을 채권양도 인식 표명으로 파악한다면 확인서 발급행위 역시 승낙에 해당한다. 피고는 이 사건 확인서를 통해 이 사건 채권양도 사실을 확인하여 주었는데, 이는 채권양도 인식에 대한 표명을 담고 있기 때문이다.

마지막으로 살펴보아야 할 것은, 피고가 확인서를 통해 이 사건 채권양도를 승낙할 때 이의를 보류하지 않았다고 볼 수 있는가 하는 점이다. 이것이 대상판결의 핵심 쟁점이다. 이의를 보류한다는 것은 채무자가 채권의 불성립이나 성립상 하자, 소멸 등에 관한 항변을 양도인에게 가지고 있다는 점을 나타내 보이는 것을 의미한다.[9] 그런데 이 사건 확인서에는 이러한 내용을 찾아볼 수 없다. 확인서에는 "확인서 발행일 현재 압류채권자 접수등록 누락된 사건이 있을 수 있습니다."라는 내용이 포함되어 있지만, 이는 다른 압류채권의 존재에 대한 보류일 수는 있어도 항변 사유 일반에 대한 보류는 아니다. 또한 확인서에는 "…기재된 발급목적 외 용도로 사용할 수 없으며, 타업무의 증빙자료로 사용되어 발생되는 모든 책임은 본인에게 있으므로 공단에는 일체의 이의를 제기할 수 없습니다."라는 내용

---

7) 대법원 2013. 6. 28. 선고 2011다83110 판결. 채권양도 사실에 대한 채무자의 승인이라고 표현한 판결들도 있다. 대법원 2011. 6. 30. 선고 2011다8614; 대법원 2014. 11. 13. 선고 2012다52526 판결; 대법원 2016. 7. 14. 선고 2015다242559 판결. 학설도 대체로 이를 관념의 통지라고 본다. 곽윤직, 채권총론, 제6판(박영사, 2002), 216면; 민법주해/이상훈(주5), 582면; 지원림, "지명채권 양도에서 양수인의 지위", **비교사법**, 제24권 제3호(2017), 1002면 등.
8) 대법원 2011. 2. 24. 선고 2010다96911 판결. 양창수·권영준, **민법 Ⅱ-권리의 변동과 구제**, 제3판(박영사, 2017), 201면.
9) 민법주해/이상훈(주 5), 594면.

도 포함되어 있지만, 이 역시 확인서의 목적 외 사용에 관한 내용일 뿐이다. 반대로 이 사건 확인서에는 "이의를 보류하지 않는다"는 취지의 내용이 명시적으로 포함되어 있지도 않다. 이처럼 이의 보류 여부에 관하여 아무런 의사 표명이 없는 단순한 승낙은 이의 무보류 승낙인가, 아니면 이의 보류 승낙인가? 이는 어느 것을 기본형(default)으로 볼 것인가 하는 문제와 연결된다.

(2) 이의 무보류 승낙의 인정 범위

우리나라 학설은 대체로 아무런 의사 표명이 없는 단순한 승낙은 이의를 보류하지 않은 승낙으로 보는 입장을 취하여 왔다.[10] 즉 이의 무보류 승낙을 기본형(default)으로 본 것이다. 그런데 이의를 보류하지 않은 승낙은 항변 단절이라는 불이익으로 이어진다. 그러한 점에서 승낙 주체인 채무자에게는 적극적인 이의 보류의 책무 또는 간접의무가 부과되는 셈이다.[11] 통설과 판례는 이러한 법리가 채무자의 승낙이라는 사실에 공신력을 주어 양수인을 보호하고 지명채권양도의 안전을 꾀하기 위한 것이라고 설명한다(이른바 공신설).[12] 이러한 관점에서 "침묵 = 이의 무보류"라는 통설의 도식은 일단 수긍이 가는 측면이 있다. 그러나 항변 단절효와 결합하여 도출되는 "침묵 = 항변 단절"이라는 도식은 쉽게 받아들이기 어렵다. 양수인의 신뢰 보호 필요성을 감안하더라도, 이의를 보류하지 않은 승낙에 부여되는 법적 효과는 지나치게 가혹하다.

일반적으로 개인에게는 침묵의 자유가 있고, 무언가를 적극적으로 말해야 할 의무는 없다. 따라서 침묵을 이유로 법적 불이익을 부과하는 데에는 신중을 기해야 한다. 예컨대 청약의 상대방은 승낙 의무를 부담하지 않으므로, 침묵을 지켰다고 하여 계약 성립의 효과가 발생하지 않는다.[13] 그렇게 보려면 상법 제53조[14]와 같은 특별한 규정이 있어야 한다. 또한 타인의 권리 침해에 침묵하였다고 하여 자신

---

10) 가령 민법주해/이상훈(주 5), 594면; 송덕수, **채권법총론**, 제4판(박영사, 2018), 377면.
11) 이은영(주 5), 28면.
12) 대법원 1997. 5. 30. 선고 96다22648 판결; 대법원 2002. 3. 29. 선고 2000다13887 판결; 대법원 2013. 6. 28. 선고 2011다83110 판결. 국내 학설에 대해서는 오영준, "이의를 보류하지 않는 채권양도에 대한 승낙의 법적 성질과 효과 등", **대법원 판례해설**, 제95호(법원도서관, 2013), 119면 참조.
13) 대법원 2007. 5. 10. 선고 2007다4691 판결.
14) 상법 제53조는 "상인이 상시 거래관계에 있는 자로부터 그 영업부류에 속한 계약의 청약을 받은 때에는 지체 없이 낙부의 통지를 발송하여야 한다. 이를 해태한 때에는 승낙한 것으로 본다."라고 규정한다.

의 권리를 포기한 것으로 취급되지도 않는다. 마찬가지로 자신과 무관하게 이루어진 양도인과 양수인 간의 채권양도 사실에 대한 인식을 표명하였다는 이유만으로 자신이 본래 가지던 항변권이 상실되는 결과가 초래되는 것은 선뜻 이해하기 어렵다.[15]

이의 무보류 승낙을 기본형(default)으로 보는 사고방식도 재고가 필요하다. 정상적이고 합리적인 사람이라면 자신이 가지던 항변권을 상실시키는 행동을 하지 않을 것이다. 또한 법률 전문가가 아닌 일반인이 적극적인 이의를 보류하지 않은 채 채권양도 사실에 대한 인식을 표명하면 자신의 항변권이 상실된다는 점을 알기도 어려울 것이다. 즉 위와 같은 통설의 사고방식은 실재하는 일반인의 합리적 통념과 부합하지 않는다. 그래서 이의 무보류 승낙의 범위를 지나치게 넓게 파악하는 통설에 대해서는 비판론이 제기되어 왔다.[16] 이러한 비판론의 취지는 타당하다. 침묵이 이의 무보류로 평가되어 항변 단절효를 발생시키려면 단순한 침묵 또는 모든 형태의 침묵이 아니라 더 이상 양수인에게 항변권을 행사하지 못하게 되어도 무방하다는 의미의 침묵이라야 한다.

(3) 대상판결 검토

대상판결 역시 이의 무보류 승낙이 채무자의 지위에 미치는 영향과 이에 대한 경계의 필요성을 염두에 두고 선고되었다. 관념의 통지인 승낙에도 그 성질에 반하지 않는 한 의사표시에 관한 규정이 유추 적용되는데,[17] 의사표시의 내용이 외견상 명확하지 않은 경우 그 의사표시는 제반 사정을 고려하여 규범적으로 해석되어야 한다. 대상판결에 따르면 이의 무보류 승낙인지 여부는 "문제되는 행위의 내용, 채무자가 그 행위에 이른 동기와 경위, 채무자가 그 행위로 달성하려고 하는

15) 지원림(주 7), 999-1000면은 이러한 항변 단절효의 근거를 채무자의 자기구속에서 찾는다. 스스로 승낙을 하면서 대항사유를 밝히지 않은 채무자가 이후 양수인에게 대항사유를 주장하는 것은 신의칙상 허용되지 않는다는 것이다. 그러나 애당초 왜 승낙을 하는 자가 대항사유를 적극적으로 밝혀야 하는지 의문이다.
16) 전원열, "채권양도에 대한 이의보류 없는 승낙에 있어서 대항사유의 단절", **재산법연구**, 제33권 제3호(2016), 26-27면. 한편 이은영(주 5), 28면에서는 오히려 거래경험이 많은 양수인(상인)이 채무자(소비자)에게 승낙을 구할 때에는 이의 없는 승낙이 인적 항변을 절단시키므로 이의를 해야 한다는 점을 알려줄 고지의무를 부과해야 한다고까지 한다.
17) 대법원 2003. 3. 28. 선고 2002다62500 판결. 이러한 견지에서 판례는 채무자의 승낙은 대리인을 통하여 할 수 있고(대법원 2013. 6. 28. 선고 2011다83110 판결), 채무자의 승낙에 조건을 부가할 수도 있다고 한다(대법원 1989. 7. 11. 선고 88다카20866 판결; 대법원 2011. 6. 30. 선고 2011다8614 판결).

목적과 진정한 의도, 그 행위를 전후로 채무자가 보인 태도를 종합적으로 고려하여 양수인으로 하여금 양도된 채권에 대하여 대항사유가 없을 것을 신뢰하게 할 정도에 이르렀는지를 감안하여 판단해야" 한다. 한편 이 사건에서 피고는 국민건강보험공단이고, 공단의 재정 건전성은 국민보건 향상과 사회보장 증진에 이바지하는 건강보험제도를 지탱하는 근간이다. 일반적으로 피고가 재정 건전성, 나아가 공단의 존재 이유인 공익을 해칠 항변권 포기행위를 할 리 만무하고, 누구나 이러한 점은 쉽게 예측할 수 있다. 이 사건 확인서는 민원업무의 일환으로 신속하고 획일적으로 발급되는 서류에 불과하였다. 그 서류의 발급 목적과 용도는 엄격하게 제한되어 있었다. 더구나 피고는 승낙 당시 상계권을 행사할 수 있다는 점을 알지 못하였다. 따라서 그에게 이의를 보류하리라 기대하기도 어려웠다. 이후 피고는 상계 가능성을 알지 못한 채 원고에게 일부 금액을 변제하였으나, 그러한 변제 행위가 상계권을 포기하는 의사로 해석되는 것은 무리이다.[18] 또한 피고가 통지를 받은 뒤 추가로 양수인을 배려하여 확인서를 발급하여 주었다는 사정 때문에 통지만 받고 더 이상의 협조를 하지 않는 경우보다 더욱 열악한 지위에 놓이게 되는 것도 석연치 않다. 결국 위와 같은 사실관계에서는 피고가 향후 상계권 등 항변권을 행사할 수 있다는 점을 구체적으로 표명하지 않았다는 이유로 항변 단절효를 초래하는 이의 무보류의 승낙을 하였다고 해석하기는 어렵다.[19]

이렇게 해석하는 것이 또 다른 대항요건인 통지와의 균형에도 부합한다. 채권양도의 대항요건은 채무자에게 채권자가 누구인지를 명백하게 알려주는 기능 외에도, 채권자가 누구인지에 대한 채무자의 인식을 통하여 채권에 관한 거래를 원활하게 하는 기능을 수행한다. 어떤 채권에 관하여 거래를 하려고 하는 제3자는 그 채권의 존재, 내용, 귀속 등에 관한 정보를 취득하고, 그 정보의 토대 위에서 거래에 참여하고자 한다. 부동산에 관한 거래를 하려는 사람이 등기부를 확인하는 것과 마찬가지로, 지명채권에 관한 거래를 하려는 사람은 채무자에게 탐문하여 그 채권에 관한 정보를 취득한다. 이를 통하여 채권의 유통이 원활해지고, 일반 거래이익이 증진된다.[20] 그런데 이러한 메커니즘이 작동하려면 채무자가 채권양도 사

---

18) 박설아, "채권양도에 대한 채무자의 이의를 보류하지 않은 승낙(2019. 6. 27. 선고 2017다222962 판결: 공2019하, 1453)", **대법원 판례해설**, 제119호(법원도서관, 2019), 29면.

19) 박설아(주 18), 24면은 대상판결의 사안과 같이 장래 발생할 집합채권을 양도담보로 제공한 경우에는 이의 보류 없는 승낙을 인정하는 데 더욱 신중할 필요가 있다고 한다.

20) 대법원 2011. 2. 24. 선고 2010다96911 판결이 이러한 취지를 언급하고 있다. 또한 지원림(주 7),

실을 인식할 수 있어야 한다. 채무자가 채권양도 사실을 인식하려면 채권양도 사실이 채무자에게 통지되어야 한다. 채무자에 대한 통지는 채무자로 하여금 채권양도 사실을 인식하게 하는 행위이다. 만약 채무자가 통지와 무관하게 채권양도 사실을 이미 인식하고 있다면 통지는 필요하지 않다. 하지만 채무자가 채권양도 사실을 인식하고 있는지는 외부에서 알기 어렵다. 따라서 채무자가 승낙을 통해 그러한 인식을 외부에 표명할 때 대항요건이 충족된 것으로 취급하는 것이다. 결국 통지이건 승낙이건 채무자로 하여금 채권양도 사실을 인식하게 함으로써 공시 매개체의 역할을 하게 하는 데 취지가 있다. 그렇게 본다면 승낙은 이러한 취지 아래에서 통지와 동가치(同價値)의 것이다. 어떤 의미에서는 통지의 대용물이기도 하다. 본래 통지해야 할 사항을 채무자가 친절하게도(?) 먼저 표명함으로써 통지의 번거로움을 덜어주기 때문이다. 그런데 승낙한 채무자를 통지한 채무자에 비해 불이익한 지위에 놓아 다르게 취급하는 것은 통지와 승낙의 동가치성에 비추어 타당하지 않다.

결국 민법 제451조 제1항은 그러한 가혹한 결과를 완화하는 방향으로 해석되어야 한다. 이러한 완화론의 예는 양수인이 악의 또는 중과실인 경우에서 이미 찾아볼 수 있다. 대법원은 채무자가 채권의 양도나 질권의 설정에 대하여 이의를 보류하지 않고 승낙을 한 경우에도, 항변사유의 존재에 관하여 양수인이나 질권자가 악의 또는 중과실이라면 채무자가 그 승낙 당시까지 양도인 또는 질권설정자에 대하여 생긴 사유로써 양수인 또는 질권자에게 대항할 수 있다고 한다.[21] 민법 제451조 제1항의 취지를 양수인의 신뢰보호에서 찾은 뒤, 악의 또는 중과실의 양수인에게는 신뢰보호가 없으므로 민법 제451조 제1항이 적용되지 않는다는 논리 전개이다.[22] 민법 제451조 제1항은 양수인의 악의 또는 중과실을 항변 단절의 제한 사유로 규정하고 있지 않다. 그럼에도 불구하고 대법원은 이미 민법 제451조 제1항을 규범적, 합목적적으로 제한 해석하여 온 것이다. 이러한 태도는 이의 무보류의 승낙의 범위를 좁히는 데에도 그대로 적용될 수 있다.

999－1000면도 같은 취지로 설명한다.

21) 대법원 1999. 8. 20. 선고 99다18039 판결; 대법원 2002. 3. 29. 선고 2000다13887 판결. 한편 악의의 경우에만 항변 단절을 제한해야 한다는 견해로는 홍준호, "지명채권양도에 대한 이의보류 없는 승낙의 효과와 상계항변의 절단 여부", **민사판례연구**, 제23권(2001), 284면; 최수정, "지명채권양도에서의 대항요건주의: 그 내재적 한계와 극복을 위한 과정", **민사법학**, 제52호(2010), 403면.

22) 이은영(주 5), 27－28면.

입법론적으로는 이의 무보류 승낙의 항변 단절을 인정하는 민법 제451조 제1항을 삭제하거나 합리적 범위 내에서 양수인의 신뢰보호를 도모하는 것이 타당하다.23) 이의를 보류하지 않았다는 사실로부터 항변권 포기라는 의사를 도출해 내는 것은 무리이다. 만약 채무자에게 권리 포기 내지 채무의 무조건부 승인의 의사가 있다면, 민법 제451조 제1항에 기대지 않고도 의사표시의 일반론에 따라 그 효력을 인정하면 충분하다.24) 양수인의 신뢰 보호 필요성도 실제로는 크지 않다. 채무자의 승낙은 채권양도 이후에 이루어지는 경우가 많은데, 이때에는 양수인이 '채권양도 당시에' 채무자의 이의 무보류 승낙을 신뢰하였다고 말하기 어렵기 때문이다. 민법 제451조 제1항은 같은 내용을 담고 있는 일본 민법 제468조를 제외하고는 유사례를 찾기 어려운 이례적인 조항이다.25) 양수인보다 채무자 보호에 초점을 두고 있는 다수의 입법례와 달리, 채무자보다 양수인 보호를 내세우는 예외적인 조항이다.26) 그런데 일본은 최근 채권법 부분을 전면 개정하면서 학설의 비판을 고려하여 이 조항 중 이의 무보류 승낙 시 항변 단절효가 발생한다는 취지의 부분을 삭제하였다.27) 2009년부터 2014년까지 진행되었던 우리나라 법무부 민법개정위원회의 개정시안에는 이러한 내용이 반영되지 않았으나, 향후 우리 민법의 입법론에도 참고할 만한 점이다.

---

23) 삭제하자는 견해로 이진기, "지명채권의 양도－제450조의 대항요건에 관하여－", **민사법학**, 제81호(2017), 22면; 오수원, "채무자의 이의를 보류하지 아니한 채권양도승낙의 법적 성질과 그 채권양도의 포섭범위", **저스티스**, 통권 제166호(2018), 103－104면. 한편 이동진, "지명채권양도에서 채무자의 이의보류 없는 승낙에 의한 항변차단", **재산법연구**, 제36권 제3호(2019), 86－87면은 이 조항을 아예 삭제하는 것보다는 DCFR과 같이 개별·구체적인 신뢰 보호를 도모하는 것이 바람직하다고 본다.

24) 송덕수, "지명채권 양도에 대한 채무자의 승낙 등", **법학논집**(이화여자대학교), 제18권 제4호(2014), 485면; 이진기(주 23), 18－19면; 오수원(주 23), 96－97면 참조.

25) 진홍기, "채권양도에 대한 이의를 보류하지 않은 승낙과 제항변의 승계·절단효", **비교사법**, 제18권 제1호(2011), 98면; 전원열(주 16), 7면; 박설아(주 18), 13면.

26) 진홍기(주 25), 100면; 오수원(주 23), 103－104면.

27) 解説, **民法(債權法)改正のポイント**(有斐閣, 2017), 290면 이하 참조. 이에 관한 국내 문헌의 설명으로 박정기, "일본민법개정법안상의 채권양도규정", **법학논고**(경북대학교), 제58집 (2017), 217－218면. 일본 개정 민법은 2020. 4. 1.부터 시행될 예정이다.

3 사정변경과 임대차계약의 해지
(대법원 2020. 12. 10. 선고 2020다254846 판결)

가. 사실관계

원고는 용인시 기흥구 신갈동 상미지구단위계획구역 내 주택건설사업(이하 '이 사건 사업'이라고 한다)을 추진하던 중 A회사에게 사업시행 용역을 위임하는 시행대행계약을 체결하였다. 한편 원고는 피고와 사이에 보증금 1억 원, 차임 3,000만 원, 기간 3년으로 하여 신갈동 소재 피고 소유 토지(이하 '이 사건 토지'라고 한다)를 임차하는 계약(이하 '이 사건 임대차계약'이라고 한다)을 체결하였다. 이 사건 임대차계약의 특약사항으로 '① 양지상미 지주공동 사업의 견본주택 건축을 목적으로 한다. ② 피고는 계약과 동시에 가건물 건축 인허가에 필요한 제반서류를 제공한다.'는 내용이 포함되어 있었다.

원고는 이 사건 사업을 위하여 주택건설사업자로 등록하고 이 사건 토지에 견본주택을 건축하기 위하여 기흥구에 가설건축물 축조신고서(이하 '이 사건 신고'라고 한다)를 제출하였으나 위 신고가 반려되었다. 그러자 원고는, 이 사건 임대차계약은 이 사건 토지를 견본주택 건축부지로 사용하는 것을 전제하였는데 이 사건 신고의 반려로 그 사용이 불가능하게 됨에 따라 이 사건 임대차계약을 해제하거나 착오를 이유로 취소한다고 주장하면서 그 원상회복 또는 부당이득으로서 원고에게 이미 지급한 보증금 및 1년 차임의 반환을 구하였다. 제1심법원은 원고의 청구를 기각하였다.[1]

나. 원심판결과 대상판결

원심에서는 원고가 사정변경을 이유로 한 해제 또는 해지 주장을 추가하였다. 원심법원은 견본주택 건축이 이 사건 임대차계약에서 매우 중요한 점, 피고는 이 사건 사업 추진위원회의 추진위원으로서 이 사건 사업 진행 내용 등을 잘 알고 있었으므로 견본주택이 건축되지 않을 경우 원고가 이 사건 토지를 사용할 이유가

---

[1] 수원지방법원 2018. 11. 8. 선고 2018가단521112 판결.

없다는 점을 인식하고 있었던 점, 이 사건 토지는 이 사건 임대차계약 체결 후에
도 소외인이 무단 점유하고 있어 피고가 원고에게 이 사건 토지를 사용·수익 가
능한 상태로 인도한 것으로 볼 수도 없는 점 등을 들어 이 사건 임대차계약을 그
대로 유지하는 것은 원고와 피고 사이에 중대한 불균형을 초래하는 경우에 해당한다고
보아 원고의 해지 주장을 받아들였다.[2]

대상판결은, "계약 성립의 기초가 된 사정이 현저히 변경되고, 당사자가 계약의
성립 당시 이를 예견할 수 없었으며, 그로 인하여 계약을 그대로 유지하는 것이
당사자의 이해에 중대한 불균형을 초래하거나 계약을 체결한 목적을 달성할 수 없
는 경우에는 계약준수 원칙의 예외로서 사정변경을 이유로 계약을 해제하거나 해
지할 수 있다."라는 일반 법리를 선언한 뒤 위와 같은 원심 판단을 그대로 수긍한다고
판시하였다.[3]

다. 분석

(1) 사정변경 원칙 일반론

사정변경 원칙은 당사자 간에 계약으로 배분되지 않은 현저한 사정변경 위험을
사후적으로 배분하는 원칙이다.[4] 이 원칙은 대법원 판례에 의해서도 승인되었
다.[5] 사정변경 원칙은 계약이 준수되어야 한다는 계약법의 대원칙과 긴장관계를
구성한다. "계약자유의 원칙이 미치지 않거나 제대로 작동할 수 없는 영역을 테이
블 위에 올려놓고 분석"하는 과정에서 "자율과 후견의 상관관계, 계약당사자와 법
원의 역학관계, 대칭적 정보 부족과 이로 인한 위험의 배분 등 계약법의 근본적인
문제들"을 다룬다.[6] 따라서 사정변경 원칙은 이론적으로 매우 중요한 의미를 가진
다. 하지만 이 원칙이 재판실무상 실제로 적용되는 경우는 거의 없다. 공간된 판결

---

2) 수원지방법원 2020. 7. 7. 선고 2018나87538 판결. 판결이유만으로는 정확히 알 수 없으나 원고와 피
    고 누구도 채무를 이행한 바가 없다면 계약의 해지 대신 해제도 가능하였을 것이다.
3) 대법원 2020. 12. 10. 선고 2020다254846 판결.
4) 박영복, "책임제한사유로서의 불가항력과 사정변경", **외법논집**, 제35권 제4호(2011), 95면.
5) 사정변경 원칙 일반론을 처음 명시적으로 판시한 대법원 2007. 3. 29. 선고 2004다31302 판결은
    해제 주장 당사자의 귀책사유 부존재, 신의칙에 현저히 반하는 결과도 요건으로 요구하였으나 대
    법원 2017. 6. 12. 선고 2016다249557 판결은 귀책사유 요건을 삭제하고 신의칙 요건 대신 불균
    형 및 목적좌절이라는 두 가지 유형을 제시하였다. 이러한 태도는 대법원 2020. 5. 14. 선고 2016
    다12175 판결에서도 반복되었다.
6) 권영준, "위험배분의 관점에서 본 사정변경의 원칙", **민사법학**, 제51호(2010), 204면.

을 기준으로 보면, 대상판결은 사정변경 원칙에 기초한 계약 해제 또는 해지를 실제로 인정한 최초의 판결이다.[7] 그 점에서 대상판결은 원심의 판단을 그대로 수긍하였을 뿐 새로운 법리를 제시하지는 않았지만, 그 결과 때문에 상당한 폭발력을 지닌다.

사정변경 원칙은 그 명칭을 달리할지는 몰라도 전 세계적으로 널리 인정되는 원칙이다. 근래에는 1999년 대만(제227조의2), 2002년 독일(제313조), 2016년 프랑스(제1195조), 2020년 중국(제533조)이 사정변경 원칙을 민법전에 규정하였다. 우리나라도 법무부 민법개정위원회의 2004년 민법 개정안 제544조의4와 2014년 민법 개정시안 제538조의2에서 사정변경 원칙을 명문화하였으나 실제 입법에는 이르지 못하였다.[8] 그러나 이 원칙은 학계와 실무계에서 널리 받아들여지고 있다.

하지만 사정변경 원칙은 마치 칼날이 없는 장식도(裝飾刀)와 같은 존재였다. 일찍이 대법원은 한국전쟁으로 인한 경제적 격변으로 임야 가액이 약 1,620배 급등하였던 사건에서조차도 사정변경 원칙을 적용하지 않았다.[9] 또한 대법원은 건축을 목적으로 토지를 매수하였는데 그 후 토지가 공공공지로 지정되어 건축이 불가능해진 사건,[10] 온라인연합복권 판매액이 당초 예상 매출액의 11배가 넘어 온라인 복권시스템 운용 수수료 액수가 7배 이상 증가한 사건,[11] 계약 체결 당시 제1종 일반주거지역이었던 부동산 일대에 근린공원을 신설하기로 하는 도시관리계획 결정이 고시되어 주택개발사업이 좌절된 사건,[12] 통화옵션계약 체결 후 환율이 급등함으로써 일방 당사자가 풋옵션 계약금액의 2배를 행사환율에 매도할 의무를 부담하게 된 사건,[13] 석유탐사 개발사업에서 광구의 경제성이 예상을 훨씬 뛰어넘

---

7) 권영준(주 6), 216면 이하에서는 이현종, "법원 판결과 경제적 효율성 분석", **경제적 효율성과 법의 지배**(박영사, 2009), 98면 이하에 소개된 내용을 인용하여 사정변경에 따른 공사계약 해지를 인정한 원심판결을 수긍한 사례(대법원 2008. 7. 24. 선고 2008다24731 판결)를 소개한 바 있으나, 이는 심리불속행 판결로 공간되지 않았다. 또한 이사의 지위에서 회사 채무를 보증한 뒤 퇴사한 경우 보증계약 해지를 인정한 일련의 판결들(예컨대 대법원 1992. 5. 26. 선고 92다2332 판결)은 일반적인 신의칙이나 법률해석의 차원에서 이해해야 한다. 대법원 2000. 3. 10. 선고 99다61750 판결 참조.

8) 2014년 민법 개정시안 제538조의2의 배경과 내용에 대해서는 김재형, "계약의 해제·해지, 위험부담, 사정변경에 관한 민법개정안", **서울대학교 법학**, 제55권 제4호(2014), 48－55면 참조.

9) 대법원 1963. 9. 12. 선고 63다452 판결.

10) 대법원 2007. 3. 29. 선고 2004다31302 판결.

11) 대법원 2011. 6. 24. 선고 2008다44368 판결.

12) 대법원 2012. 1. 27. 선고 2010다85881 판결.

13) 대법원 2013. 9. 26. 선고 2012다13637 전원합의체 판결.

는 폭으로 하회하는 것으로 밝혀진 사건14)에서 모두 사정변경 원칙 적용을 부정하였다.

코비드 19 사태를 맞이하면서 사정변경 원칙은 재조명받게 되었다. 당초 상정하였던 모든 상황들이 급변하는 사태에 즈음하여 사정변경 원칙이라고 해서 뒷방에만 앉아있을 수 없게 되었다.15) 사정변경 원칙은 별도의 조항에 근거한 것이 아니라 민법 제2조 소정의 신의칙에 기초한 것이다.16) 대법원은 그동안 다양한 법률관계에 신의칙을 과감하게 적용하는 모습을 보여 왔다.17) 그런데 대법원은 신의칙의 분칙인 사정변경 원칙에 관한 한 전혀 다른 태도를 보인다. 이처럼 사정변경 원칙 또는 그에 준하는 원칙을 매우 엄격하게 적용하는 태도는 우리나라에만 국한되지 않는다. 다만 그동안 사정변경 원칙이 적용된 바가 없으니 앞으로도 당연히 적용될 일이 없으리라는 고정관념은 버려야 한다. 개별 사안과 그 사안을 둘러싼 상황의 중대함에 따라서는 사정변경 원칙을 적용할 수 있는 경우가 있을 수 있다. 해당 사안이 그러한 경우에 해당하는지를 진지하게 고민해 나가는 것이 위험사회(Risikogesellschaft)를 살아가는 학자와 실무가들의 몫이기도 하다.

(2) 대상판결 분석

그렇다면 대상판결 사안은 사정변경 원칙을 적용하여 해결할 수 있는 사안인가? 필자는 해당 임대차계약관계를 해소한 대상판결의 결론에는 찬성한다. 하지만 대상판결 사안이 사정변경 원칙의 적용 대상에 해당하는지에 대해서는 의문이 든다. 이러한 결론은 사정변경 원칙의 전단계인 계약 해석의 차원에서도 도출될 수 있었기 때문이다.

대상판결이 판시하였듯이, 확립된 판례 법리에 따르면 사정변경 원칙을 적용하기 위해서는 계약 성립의 기초가 된 사정이 현저히 변경된 것을 넘어서서 당사자가 이러한 사정변경을 계약 성립 당시 예견할 수 없었어야 한다. 견본주택 건설이

---

14) 대법원 2020. 5. 14. 선고 2016다12175 판결.
15) Prütting/Wegen/Weinreich, *BGB Kommentar/Stürner*, 15. Auflage (2020), §313, Rn. 13은 코비드 19가 향후 많은 계약관계의 행위기초 장애 사유로 작용할 것이라고 예상한다.
16) 김용덕 편, 주석민법, 총칙(1), 제5판, 한국사법행정학회(2019), 151면(권영준 집필부분).
17) 대법원 1984. 10. 10. 선고 84다카453 판결(계속적 보증인 책임 제한); 대법원 2004. 12. 10. 선고 2002다60467, 60474 판결(불법행위 손해배상책임 제한); 대법원 2012. 4. 12. 선고 2011다107900 판결(수임인 보수 감액); 대법원 2020. 9. 3. 선고 2017다218987, 218994 판결(조합 임원의 인센티브 감액) 등 다수.

라는 이 사건 임대차계약의 목적 및 이를 위한 피고의 인허가 서류 협조의무는 임대차계약서에도 특약사항으로 명시되었으므로 "이 사건 임대차 목적 달성을 위해서는 견본주택 관련 인허가를 받아야 한다"는 사정은 묵시적으로 계약의 내용이 되었거나 최소한 계약 성립의 기초가 된 사정에는 해당한다. 그런데 이러한 예상과 달리 견본주택 관련 인허가를 받지 못하여 견본주택 건설이 불가능하게 된 것은 계약 성립의 기초가 된 사정의 현저한 변경에 해당할 수는 있다. 그러나 당사자가 이러한 사태를 예견할 수 없었다고 보기는 어렵다. 인허가를 못받는 사태는 일반적으로 예견할 수 있는 사태이다. 특히 이 사건에서 당사자들은 인허가에 관한 특약사항까지 둔 이상 당사자는 인허가의 존재를 염두에 두고 있었음에 틀림없고, 그 인허가 여부는 행정관청에 달려 있으므로 인허가를 못 받는 사태가 발생할 수도 있었음을 예견할 수 있었다.

이는 위험배분의 관점에서도 설명할 수 있다. 일반적으로 어떤 사태에 대한 위험은 그 위험에 더 가까운 자, 그 위험을 더 적은 비용으로 예견하거나 회피할 수 있는 자, 그 위험을 더 잘 감수할 수 있는 자가 부담하는 것이 효율적이다. 이러한 일반론은 당사자가 어떤 사태에 대한 위험을 어떻게 배분하였는지를 해석하는 과정에서 고려되어야 한다. 그런데 일반적으로 인허가를 요하는 사업을 추진하는 자가 그 사업을 위해 부동산을 매수하거나 임차하는 경우 매도인이나 임대인보다는 매수인이나 임차인이 인허가와 관련된 위험을 부담하는 것이 효율적이다. 매수인이나 임차인이 사업 추진 주체로서 사업 및 사업 관련 인허가 가능성에 대해 더 많은 정보를 가지고 있고, 인허가를 직접 신청하는 과정에서 그 인허가와 관련된 위험을 더욱 잘 통제할 수 있는 지위에 있기 때문이다.[18] 따라서 이러한 인허가 위험을 원고가 아닌 피고가 부담하기로 하였다는 특별한 사정이 없다면 원칙적으로는 원고가 그 위험을 부담해야 한다.[19] 그렇게 보는 이상 사정변경 원칙은 적용될 수 없다.[20]

---

[18] 독일에서도 인허가 좌절로 인한 부동산 매매 목적 좌절 위험은 매수인이 부담하는 것이 원칙이고, 매도인이 이러한 사정을 알았다거나 그 매매 목적을 계약서에 명시하였다고 하여 그러한 위험부담이 달라지지 않는다고 한다. *Münchener Kommentar zum BGB/Finkenauer*, 8. Auflage (2019), § 313, Rn. 254; Krebs/Jung/Nomos *Kommentar, BGB Schuldrecht,* 3. Auflage (2016), § 313, Rn. 71.

[19] 이러한 위험배분이 거래전형적인 위험배분(Finkenauer(주 18), Rn. 68. 참조)에 해당한다.

[20] 그동안의 판례도 공공공지 편입(대법원 2007. 3. 29. 선고 2004다31302 판결), 도로개설 보류(대법원 2014. 5. 16. 선고 2011다5578 판결), 도시관리계획 결정(대법원 2012. 1. 27. 선고 2010다

이 사건은 영국의 목적 좌절(frustration of purpose) 법리도 연상케 한다.[21] 본래 영국에서는 원시적 불능(initial impossibility)만 인정되고 후발적 불능(subsequent impossibility)은 인정되지 않았다. 그런데 1863년 Taylor v Caldwell 판결[22], 1903년 Krell v Henry 판결[23]을 통해 계약 목적 달성에 필수적인 사정이 예견치 못하게 변경되었고 당사자의 귀책사유 없이 이행이 불가능하거나 의미 없게 되었다면 계약이 해소된다는 목적 좌절의 법리가 정립되었다. 한편 1956년 Davis Contractors Ltd v Fareham UDC 판결[24]에서 이러한 사정 변경이 원래의 계약 의무의 본질을 근본적으로 바꾸어 놓을 정도에 이르러야 한다는 엄격한 판단기준이 제시되면서 목적 좌절은 매우 엄격하게 해석되고 있다. 가령 수에즈 운하 폐쇄로 인해 아프리카 대륙을 통째로 우회하여 물품을 운송해야 하는 경우에도 목적 좌절의 법리는 적용되지 않았다.[25] 또한 채무 이행이 사후에 위법하게 된 경우에도 목적 좌절의 법리는 적용되지 않았다.[26] 우리 판례는 목적 좌절도 사정변경의 한 유형으로 든다. 그러나 이러한 비교법적 배경을 참고하면, 이 사건을 쉽사리 목적 좌절에 해당한다고 하기가 주저된다.[27]

한편 이 사건에서는 사정변경 원칙 외에 계약관계를 해소하기 위한 다른 방법들을 생각해 볼 수 있다. 이 사건에서 원고는 착오를 이유로 한 계약 취소를 주장하였다. 원심법원은 견본주택 설치 여부는 동기에 불과하고, 설령 계약 내용이더라도 중요 부분이 아니라는 이유로 그 주장을 배척하였다. 하지만 계약서 특약사항에는 견본주택 건축이 임대차의 목적임이 명시되어 있고 또 이는 중요부분이다. 그러므로 위와 같은 이유로 착오 취소 주장을 배척한 것은 옳지 않다. 하지만 이 사건에서는 원고의 장래에 대한 기대와 달리 인허가를 받지 못한 것일 뿐 계약 당시에 어떤 착오가 있었다고 보기는 어렵다.[28]

85881 판결) 등 계약 목적 사업과 관련된 행정청의 결정에 대한 위험은 매수인에게 부담시키고 사정변경 원칙의 적용을 부정하여 왔다.

21) 이 법리는 미국에도 수용되었다. Restatement (Second) of Contracts 제265조 참조.
22) [1863] 122 ER 309. 공연장 대관계약을 체결하였는데 공연 전에 공연장이 소실된 사안을 다루었다.
23) [1903] 2 KB 740 (CA). 왕의 대관식을 잘 보기 위해 전망이 좋은 아파트를 빌렸는데 대관식이 취소된 사안을 다루었다.
24) [1956] AC 696.
25) Tsakiroglou & Co Ltd. v. Noblee & Thörl GmbH [1962] AC 93.
26) National Carriers Ltd v Panalpina (Northern) Ltd 1981] AC 675.
27) 대상판결이 수긍한 원심판결은 이 사건을 목적 좌절이 아닌 중대한 불균형 사안으로 보았다. 그러나 이 사건 임대차에 원고와 피고 급부 간 중대한 불균형이 객관적으로 존재하는지 의문이다.
28) 대법원 1972. 3. 28. 선고 71다2193 판결; 대법원 2013. 11. 28. 선고 2013다202922 판결; 대법원

또한 원고는 이 사건에서 견본주택 건축 불가를 약정해지사유로 정하였다고 주장하였다. 이는 사실 인정의 문제이나, 일반적으로 말하면 위와 같은 특약사항을 기재하였다는 점만으로 이를 약정해지사유로 하는 묵시적 합의가 있었다고까지 보기는 어려울 것이다.[29] 실제로 원심법원은 착오 및 약정해지 주장을 모두 배척하였다. 이 사건에서는 임대인이 토지를 인도하지 않았으므로 임대인의 채무불이행을 이유로 한 계약해지의 여지가 있었으나 이는 원고에 의하여 주장되지 않았다.

그 외에 이론적으로는 불능 법리 또는 신의칙에 의한 해지 법리의 적용도 생각해 볼 수 있다. 그러나 이 사건에서는 원고와 피고의 채무 그 어느 쪽도 불능에 빠지지 않았으므로 불능 법리를 적용할 수 없다. 또한 판례는 당사자 일방의 부당한 행위 등으로 계약의 기초가 되는 신뢰관계가 파괴되어 계약의 존속을 기대할 수 없는 중대한 사유가 있는 경우에 계약을 해지할 가능성을 열어놓았으나,[30] 이 사건에는 이러한 신뢰관계 파괴 행위가 없었다. 또한 중대한 사유에 기한 계속적 계약관계의 해지에 관한 독일 민법 제314조[31]와 같은 명문 조항이 없는 우리나라에서 신의칙이라는 이름하에 계속적 계약의 해지 가능성을 쉽게 확장해서도 안 된다.

그런데 대상판결 사안에서 원고와 피고가 임대차계약의 목적을 분명히 알고 있었고, 이를 특약사항에 기재하기까지 하였으며, 피고가 이 사건 사업의 추진위원이라는 점을 감안하면 이 사건 임대차계약을 그대로 존속시키는 것은 온당한 해결책이라고 보기는 어렵다. 이와 관련하여 이 사건에 보충적 해석이 가능한지를 따져볼 필요가 있다. 보충적 해석은 계약 당사자가 계약에서 다루지 않은 사항에 관하여 규율이 필요할 상황에 처하였을 때에 법원이 계약 당사자들이 계약 체결 당시에 가졌을 가정적 의사를 탐구하여 그 공백을 메우는 해석 방법이다.[32] 이 사건

2020. 5. 14. 선고 2016다12175 판결. 또한 전원열, "착오 개념의 정립을 위한 소고", **저스티스**, 통권 제146-1호(2015), 166면. 다만 verba(말)과 res(실재)가 일치하지 아니할 위험의 규율이라는 평가적 관점에서는 착오와 사정변경이 본질적으로 구별되지는 않는다는 견해로 이동진, "계약위험의 귀속과 그 한계 : 사정변경, 불능, 착오", **비교사법**, 제26권 제1호(2019), 80–82면.

29) 일본에는 표층합의와 전제적 합의(가령 계약 내용이 되지 않은 계약 목적에 관한 합의)를 구별하면서 양자가 후발적으로 달라질 경우 계약을 무효화하자는 논의도 있다(加藤雅信, **民法總則**, 第2版(有斐閣, 2005), 271–273면). 이에 따르면 이 사건 계약도 무효화할 수 있다. 그러나 위와 같은 이원적인 합의 이론은 일본과 한국 어디에서도 일반적인 해석론으로 받아들여지지 않고 있다.

30) 대법원 2013. 4. 11. 선고 2011다59629 판결.

31) 독일 민법 제314조는 "개별적인 경우의 모든 사정을 고려하고 양 당사자의 이익을 형량하면 해지 당사자에게 약정된 종료시기까지 또는 해지기간이 경과할 때까지 계약관계의 존속을 기대할 수 없는 때"에 중대한 사유가 있다고 한다. 그 영향 하에 우리나라 법무부 민법개정위원회 2014년 민법개정시안 제544조의3 제2항에도 유사한 내용이 규정되었다.

에서 원고와 피고는 특약사항을 둔 것을 고려하면 견본주택 건축이 가능하다는 점을 계약의 당연한 전제로 삼았다고 보이나 그 불가능을 계약 해지사유로 합의하지는 않았다. 하지만 실제로 견본주택 건축이 불허되리라는 점을 알았더라면 위와 같은 사실관계에 비추어 이를 계약의 해지사유로 합의하였을 개연성이 크다.33) 그렇다면 예견가능성이 없지는 않았지만 계약에서 규율하지는 않았던 견본주택 건축 불가능이라는 사태에 관하여 계약의 공백이 존재한다고 보아 보충적 해석을 한다면 사정변경 원칙이 적용되지 않더라도 대상판결과 같은 결론에 이를 수 있었을 것이다.

이와 관련하여 1980년 독일연방대법원 판결이 참고가 된다.34) 이 판결은 별장 건축 사업을 위한 부동산 매매계약 사안을 다루었다. 부동산 매매계약 후 부동산 매수인인 피고는 이 건축 사업에 필요한 행정관청의 인허가를 받지 못하여 그 사업을 추진하기 어렵게 되었다. 이 사건에서는 부동산 매도인인 원고가 별장 건축 사업을 위한 매매계약이라는 사실, 또한 매매대금이 결국 이 건축 사업으로부터 전부 충당된다는 사실을 알고 있었고, 매매계약서에 별장 건축 사업에 관한 기재도 포함되어 있었다. 원고는 피고에게 부동산 매매잔금의 지급을 구하는 소를 제기하였고, 피고는 별장 건축이 어렵게 되었음을 들어 이를 거부하였다. 이와 관련하여 행위기초의 탈락(Wegfalls der Geschäftsgrundlage)에 관한 독일 민법 제313조가 적용될 수 있는지가 문제되었다. 독일연방대법원은 이러한 경우에도 별장 건축과 관련된 위험은 부동산 매수인이 스스로 부담한다고 보았다. 그러나 교섭 과정에서 별장 건축이 계약의 기초가 되었던 점 등 제반 사실관계에 비추어 볼 때 별장 건축이 무위에 그칠 경우에 어떻게 계약을 체결하였을 것인가에 대한 보충적 해석 가부를 심리해 보았어야 한다는 점을 들어 원심판결을 파기하였다.35)

한편 대상판결의 결론과 직접 연결되는 문제는 아니지만, 사정변경 원칙의 효과로서 계약의 해제 또는 해지 외에도 계약 수정이 인정되어야 한다는 점도 언급하고자 한다.36) 이는 사정변경 원칙의 효과론에 속하는 논의이지만, 사정변경 원칙

---

32) 대법원 2006. 11. 23. 선고 2005다13288 판결.
33) 대법원 2006. 11. 23. 선고 2005다13288 판결은 계약 당사자의 가정적 의사를 판단할 때 고려해야 할 첫 번째 요소로 계약의 목적을 들었다. 이 사건 특약사항을 비롯한 계약 내용에 따르면 견본주택 신축은 당사자 사이에 공유된 이 사건 임대차계약의 목적이었다.
34) BGH Urteil vom 03.10.1980-V ZR 100/79.
35) 민법 제313조 대신 보충적 해석의 가능성을 다룬 또 다른 판결로 BGH Urteil vom 27.09.1991-V ZR 191/90.

의 요건론에도 영향을 미친다. 계약 수정이라는 유연한 구제책이 있다는 점은 계약 존속 또는 해소라는 일도양단식 결과에 부담감을 완화시켜 요건론의 엄격함도 완화시킬 수 있기 때문이다. 이 경우 계약 해소에 앞서 계약 수정 가능성을 먼저 모색해야 한다. 참고로 행위기초론에 관한 독일 민법 제313조도 계약 수정이 불가능하거나 기대하기 어려운 경우에 계약을 해제 또는 해지할 수 있다고 하여 계약수정을 우선시킨다. 계약 수정이 가능한지는 사안별로 판단하는 수밖에 없다. 독일에는 영업장 이전은 전력공급계약 해지 사유가 될 수 없지만 민법 제313조에 따라 계약기간이 수정될 수 있다고 본 고등법원 판결이 있는가 하면,[37] 맥주의 계속적 공급계약은 그 맥주를 공급받는 주점이 전쟁으로 인하여 파괴된 경우에는 행위기초가 탈락된 것으로 보아 해지될 수 있다고 본 판결이 있다.[38]

---

36) 권영준(주 6), 243-253면에서는 계약 수정을 사정변경 원칙의 효과로 인정하는 것이 세계적인 흐름에 부합할 뿐만 아니라 이론적으로도 정당하다는 점을 설명하고 있다. 또한 우리나라의 2003년 민법 개정안 제544조의4와 2014년 민법 개정시안 제538조의2는 계약 수정을 인정하고 있다.
37) OLG Karlsruhe vom 14.12.1979-10 U 133/79.
38) BGH Urteil vom 20.03.1953-V ZR 123/51.

4 약관의 설명의무
(대법원 2019. 5. 30. 선고 2016다276177 판결)

가. 사실관계

원고는 2012. 10.경 신용카드 회사인 피고와 카드 회원가입계약을 체결하고 신용카드를 발급받았다. 피고는 신용카드 고유의 서비스 외에도 카드사용금액 1,500원당 2마일의 크로스 마일리지[1]를 제공하는 부가서비스를 제공하기로 약정하였다. 그런데 피고는 2010. 12. 13. 개인회원 표준약관을 변경하면서 제14조 제3항(이하 "이 사건 약관 조항"이라고 한다)을 신설하였다. 이 사건 약관 조항에는 "신용카드 이용 시 제공되는 포인트 및 할인혜택 등의 부가서비스는 신용카드의 신규 출시 이후 1년 이상 축소, 폐지 없이 유지되고, 부가서비스 변경 시에는 변경사유, 변경내용 등에 대하여 변경일 6개월 이전에 홈페이지, 이용대금명세서, 우편서신, 전자우편 (E-MAIL) 중 2가지 이상의 방법으로 고지하여 드립니다. 다만 부가서비스 제공과 관련된 제휴업체의 일방적인 제휴조건 변경, 도산, 천재지변, 금융환경의 급변, 신용카드업자의 경영위기 및 그 밖에 이에 준하는 사유에 따른 불가피한 변경의 경우에는 그러하지 않습니다."라고 규정되어 있었다. 피고는 2013. 2. 26.경 카드 회원들에게 제공하던 크로스 마일리지를 2013. 9. 1.부터 카드사용금액 1,500원당 2마일에서 1.8마일로 축소한다고 발표하고, 2013. 9. 1.부터는 변경된 기준에 따라 회원들에게 크로스 마일리지를 제공하였다. 원고도 변경된 기준에 따라 2013. 9. 1.부터 2015. 4. 30.까지 피고로부터 210,897 크로스 마일리지를 제공받았다.

원고는 이 사건 약관 조항은 약관의 중요한 부분인데 피고가 이에 관한 설명의무를 이행하지 않았으므로 「약관의 규제에 관한 법률」(이하 "약관규제법"이라고 한다) 제3조에 따라 원고에게 이를 계약 내용으로 주장할 수 없고, 설령 이를 계약 내용으로 주장할 수 있더라도 이 사건 약관 조항은 불공정하여 무효라고 주장하였다. 그러므로 피고는 원고에게 이 사건 약관 조항 신설 이전 기준에 따른 크로스

---

1) 신용카드사가 항공사와 제휴하여 신용카드 사용금액에 상응하여 지급하는 항공사 마일리지를 말한다.

마일리지를 제공하여야 한다는 것이었다. 피고는, ① 원고가 이 사건 약관 조항의 내용을 잘 알고 있었거나 별도의 설명 없이도 이를 충분히 예상할 수 있었고, ② 이 사건 약관 조항은 이미 법령에 의하여 정하여진 것을 되풀이하거나 부연하는 정도에 불과하므로 이 사건 약관에 대한 설명의무를 지지 않는다고 다투었다.

나. 소송의 경과

1심법원은 피고의 주장을 배척하고 원고의 청구를 일부 인용하였다.[2] 원심법원은 ① 원고를 비롯한 회원들이 이 사건 약관 조항의 내용을 잘 알고 있었거나 별도의 설명 없이도 이를 충분히 예상할 수 있었다고 인정할 근거가 없고, ② 구 여신전문금융업감독규정(2012. 10. 15. 금융위원회 고시 제2012-24호로 개정되기 전의 것) 제25조 제1항(이하 "이 사건 고시규정"이라고 한다)[3]은 여신전문금융업법 및 그 시행령과 결합하여 대외적 구속력이 있는 법규로서의 효력을 가진다고 볼 여지가 있지만, 이 사건 약관 조항이 이미 법령에 정하여진 것을 되풀이하거나 부연하는 정도에 불과하다고 볼 수는 없다고 하여 1심판결을 유지하였다.[4] 대법원도 설명의무가 면제되지 않는다는 원심판결의 결론을 유지하면서 다음과 같이 판시하였다.

사업자에게 약관의 명시·설명의무를 요구하는 것은 어디까지나 고객이 알지 못하는 가운데 약관의 중요한 사항이 계약 내용으로 되어 고객이 예측하지 못한 불이익을 받게 되는 것을 피하고자 하는 데 근거가 있다. 따라서 약관에 정하여진 사항이라고 하더라도 거래상 일반적이고 공통된 것이어서 고객이 별도의 설명 없이도 충분히 예상할 수 있었던 사항이거나 이미 법령에 의하여 정하여진 것을 되풀이하거나 부연하는 정도에 불과한 사항이라면, 그러한 사항에 대하여서까지 사

---

2) 서울중앙지방법원 2016. 2. 3. 선고 2015가합10764 판결.
3) 이 사건 고시규정은 다음과 같이 정하고 있었다.
  제25조(신용카드업자의 금지행위 세부유형) ① 다음 각 호의 어느 하나에 해당하는 경우에는 시행령＜별표 1의3＞ 제1호 마목에 따른 금지행위에 해당하지 아니한다.
   1. 신용카드 이용시 제공되는 추가적인 혜택(이하 "부가서비스")과 관련된 제휴업체의 일방적인 제휴조건 변경·도산, 천재지변, 금융환경의 급변, 신용카드업자의 경영위기 및 그 밖에 이에 준하는 사유에 따른 불가피한 변경
   2. 신용카드업자가 부가서비스 변경시 다음 각 목의 요건을 모두 충족하는 경우
    가. 신용카드등의 신규 출시 이후 출시 당시의 부가서비스를 1년 이상 축소변경하지 아니할 것
    나. 부가서비스 변경시 변경사유, 변경내용 등에 대하여 변경일 6개월 이전에 고지할 것
    다. 나목에 따른 고지시 해당 신용카드업자의 인터넷 홈페이지, 신용카드등의 대금청구서, 우편서신, 이메일 중 2가지 이상의 방법으로 고지할 것
4) 서울고등법원 2016. 11. 10. 선고 2016나2017536 판결.

업자에게 설명의무가 있다고 할 수는 없다. 사업자의 설명의무를 면제하는 사유로서 '거래상 일반적이고 공통된 것'이라는 요건은 해당 약관 조항이 거래계에서 일반적으로 통용되고 있는지의 측면에서, '고객이 별도의 설명 없이도 충분히 예상할 수 있는 사항'인지는 소송당사자인 특정 고객에 따라 개별적으로 예측가능성이 있었는지의 측면에서 각 판단되어야 한다.

다음으로 약관에 정하여진 사항이 '이미 법령에 의하여 정하여진 것을 되풀이하거나 부연하는 정도에 불과한지'는 약관과 법령의 규정 내용, 법령의 형식 및 목적과 취지, 해당 약관이 고객에게 미치는 영향 등 여러 가지 사정을 종합적으로 고려하여 판단하여야 한다. 여기에서 말하는 '법령'은 일반적인 의미에서의 법령, 즉 법률과 그 밖의 법규명령으로서의 대통령령, 총리령, 부령 등을 의미하고, 이와 달리 상급행정기관이 하급행정기관에 대하여 업무처리나 법령의 해석·적용에 관한 기준을 정하여 발하는 이른바 행정규칙은 일반적으로 행정조직 내부에서만 효력을 가질 뿐 대외적인 구속력을 갖는 것이 아니므로 이에 해당하지 않는다.

다만 행정규칙이라 하더라도, 법령의 규정이 특정 행정기관에 법령 내용의 구체적 사항을 정할 수 있는 권한을 부여함으로써 법령 내용을 보충하는 기능을 가지고, 그 내용이 해당 법령의 위임한계를 벗어나지 않아 법령과 결합하여 대외적 구속력이 있는 법규명령으로서의 효력을 가지는 등의 특별한 사정이 인정된다면, 달리 볼 수 있다. 그러나 대외적 구속력이 인정되지 않는 행정규칙으로서의 고시는, 약관이 포함된 계약의 일방 당사자인 고객에게 당연히 법률효과가 미친다고 할 수 없을 뿐만 아니라 고객이 별도의 설명 없이 내용을 예상할 수 있었다고 보기도 어려우므로, 약관 조항에서 고시의 내용을 되풀이하거나 부연하고 있다는 이유만으로 사업자의 설명의무가 면제된다고 할 수 없다. 그런데 이 사건 고시규정은 그 내용이 법과 시행령의 위임 범위를 벗어난 것으로서 법규명령으로서의 대외적 구속력을 인정할 수 없다.

다. 분석

(1) 설명의무 일반론

약관규제법에 따르면 사업자는 약관에 정하여져 있는 중요한 내용을 고객이 이해할 수 있도록 설명하여야 한다(제3조 제3항). 사업자가 설명의무를 위반하면 그 약관을 계약의 내용으로 주장하지 못한다(제3조 제4항). 다만 계약의 성질상 약관의 중요한 내용을 설명하는 것이 현저하게 곤란한 경우에는 설명의무가 면제된다(제3조 제3항 단서). 공정거래위원회나 법원의 판단에 의해 사후적으로 결정되는 약관 불공정성 문제와 달리, 설명의무는 숱한 약관 거래의 모든 현장에서 사업자의 설명이라는 실제적이고 구체적인 행위를 개별적으로 요구한다. 따라서 약관규제법의 설명의무 조항은 실제 약관거래에서 중요한 비중을 차지한다.

　설명의무는 1차적으로 고객들에게 계약 체결에 필요한 정보를 제공하는 기능을 수행한다.[5] 정보제공기능은 고객이 계약 내용을 알고 체결할 가능성을 높임으로써 계약 당사자인 고객의 자율적 의사결정의 질을 높인다.[6] 또한 고객이 예측하지 못한 내용이 계약에 편입되어 예측하지 못한 불이익을 입을 위험성을 감소시킨다.[7] 설명의무는 2차적으로 약관의 불공정성을 통제하는 기능을 수행한다. 사업자는 설명 과정에서 약관의 공정성을 자기검열할 기회를 가지고, 고객은 설명을 듣는 과정에서 약관의 공정성에 대해 스스로 판단할 기회를 제공받는다. 이를 통해 약관의 불공정성을 사전에 통제한다.[8]

　우리나라 약관규제법의 설명의무 조항은 비교법적으로 독특한 조항이다. 우리나라 약관규제법은 독일 약관규제법을 모델로 하여 제정되었다. 그런데 독일 약관규제법에는 설명의무 조항이 없었다. 약관 관련 조항이 대거 민법에 편입된 현재에도 그러하다. 인식 가능성 부여를 약관의 계약 편입 요건으로 규정할 뿐(독일 민법 제305조 제2항 제2호), 약관 중요 내용의 설명의무를 부과하지 않는다.[9] 일본에는

---

5) 김동훈, "약관규제에 관한 최근 판례상의 쟁점", **법학논총**(국민대학교), 제18집(2006), 113면.
6) 박설아, "약관의 해석에 관한 연구", 박사학위논문, 서울대학교(2016), 73면은 이 점에서 약관의 설명의무가 약관의 계약적 성질을 강화하는 기능을 한다고 설명한다.
7) 대법원 2018. 10. 25. 선고 2014다232784 판결 등 다수. 다만 이러한 정보제공기능의 현실적 효용이 얼마나 큰지에 대해서는 의문이 제기되기도 한다. 이소은, "약관 중요내용의 설명의무와 그 면제사유에 관한 고찰 – 대법원 2019. 5. 30. 선고 2016다276177 판결을 중심으로 –", **홍익법학**, 제20권 제3호(2019), 91면. 또한 미국에는 개시의무(duty to disclose)가 강화되어 개시되는 정보가 많을수록 오히려 정보를 이해하기가 어려워지고 소비자들이 더욱 그 내용에 무관심하게 되는 역설적 현상이 발생한다는 연구 결과들이 있다. 대표적으로 Omri Ben-Shahar, "The Futility of Cost-Benefit Analysis in Financial Disclosure Regulation", 43 *J. Legal Stud.* 253 (2014); Yannis Bakos, Florencia Marotta-Wurgler, & David R. Trossen, "Does Anyone Read the Fine Print? Consumer Attention to Standard-Form Contracts", 43 *J. Legal Stud.* 1 (2014) 등 참조.
8) 곽윤직 편, **민법주해**(XII)(박영사, 1997), 308면(손지열 집필부분); 서희석, "약관규제와 계약법", 이병준 편, **약관규제법 시행 30년과 법적 과제**(세창출판사, 2018), 90면.
9) 독일 민법 제305조 제2항 제2호는 "약관사용자가 알 수 있는 상대방 당사자의 신체적 장애도 상

약관규제법 자체가 없고, 우리 약관규제법 제3조에 규정한 바와 동일한 내용의 설명의무 법리는 존재하지 않는다.10) 미국도 마찬가지이다. 약관을 포함하여 계약법의 일반 문제를 규율하는 주요 국제협약이나 모델법11)에서도 설명의무 조항은 발견되지 않는다.

그렇다면 설명의무 조항은 어떤 경위로 약관규제법에 도입된 것인가? 한 국내 문헌의 설명에 따르면, 우리나라에서 약관규제법을 제정할 당시 약관으로 인한 소비자의 피해가 극심하다는 점을 염두에 두고 외국법에서는 찾아보기 어려운 설명의무 조항을 도입한 것이라고 한다.12) 이러한 설명의무 조항에 관하여, 판례는 다음과 같은 해석론을 전개하여 왔다. 설명의무 대상인 약관의 중요 내용은 '고객의 이해관계에 중대한 영향을 미치기 때문에 계약체결시에 고객이 반드시 알아두어야 할 사항으로서, 사회통념상 당해 사항의 지·부지가 계약 체결의 여부에 영향을 미칠 수 있는 것'이다.13) 일반적으로 급부의 변경, 계약의 해제사유, 사업자의 면책, 고객의 책임 가중, 부제소합의 등 고객에게 불리할 수 있는 사항을 중요 내용으로 보는 경향성이 강하다.14) 대상판결에서 문제된 부가서비스 축소 및 폐지에 관한 약관조항도 고객에게 불리할 수 있는 사항이므로 중요 내용에 해당한다.15) 다만 거래상 일반적이고 공통된 것이어서 별도의 설명이 없더라도 충분히 예상할 수 있었던 사항이나 이미 법령에 의하여 정하여진 것을 되풀이하거나 부연하는 정도에

당하게 고려하는 바의 기대가능한 방법으로 약관의 내용을 인식할 수 있는 가능성을 상대방 당사자에게 부여하는 것"을 약관의 계약 편입 요건으로 규정한다. 이 조항이 별도로 중요 내용을 설명할 것까지 요구하는 것은 아니다.

10) 약관편입단계에 관한 일본법 일반론에 대한 설명으로는 河上正二, **約款規制の法理**(有斐閣, 1988), 178-209면 참조. 일본 하급심 판례 중에는 통상의 보험약관에는 존재하지 않는 특약조항에 관하여 충분히 설명하지 않은 채 보험증권만 송부한 경우에 그 특약 내용은 계약에 포함되었다고 해석할 수 없다고 한 것이 있으나, 우리 약관규제법에 상응하는 설명의무 법리를 제시한 재판례라고는 할 수 없다. 札幌地判 1979(昭和 54). 3. 30. 判時 941-111.

11) 유럽계약법원칙(PECL), 국제상사계약원칙(PICC), 공통참조기준초안(DCFR), 유럽공통매매법 초안(CESL), 국제물품매매계약에 관한 UN협약(CISG) 등을 들 수 있다.

12) 김대규, "금융기본약관의 사전계약편입에 대한 연구-은행기본약관을 중심으로-", **기업법연구**, 제17집(2004), 127면. 이러한 비교법적 이례성 때문에 적어도 국제거래에 관한 한 설명의무를 면제하거나 그 의무 이행 정도를 완화해야 한다거나(김진우, "약관의 편입통제", **동북아법연구**, 제8권 제3호(2015), 334면), 약관규제법상 설명의무를 폐지하고 그에 갈음하여 독일의 예처럼 단순한 인식 가능성 요건을 규정하는 입법을 고려해야 한다는 입법론도 제시된다(김진우, "국제계약규범에서의 계약조항의 편입", **법조**, 통권 제663호(2011), 120면).

13) 대법원 2007. 8. 23. 선고 2005다59475, 59482, 59499 판결.

14) 이은영, **약관규제법**(박영사, 1995), 118면.

15) 대법원 2013. 2. 15. 선고 2011다69053 판결.

불과한 사항은 설명의무 대상이 아니라고 한다.[16] 대상판결에서는 이 사건 약관조항이 위와 같은 면제사유에 해당하는지가 주된 쟁점으로 다루어졌다.

(2) 대상판결 검토

(가) 예상 가능성의 판단 기준

대상판결의 첫 번째 중요 판시 사항은 사업자의 설명의무를 면제하는 사유로서 '거래상 일반적이고 공통된 것'이라는 요건은 해당 약관 조항이 거래계에서 일반적으로 통용되고 있는지의 측면에서, '고객이 별도의 설명 없이도 충분히 예상할 수 있는 사항'인지는 소송당사자인 특정 고객에 따라 개별적으로 예측가능성이 있었는지의 측면에서 각각 판단되어야 한다는 것이다. '거래상 일반적이고 공통된 것'인지는 고객이 가지는 주관적 기준이 아니라 거래계에 존재하는 객관적 기준에 따라 판단해야 하는 것이 당연하다. 문제는 이에 대한 예상 가능성의 판단 기준이다. 평균적 고객과 특정 고객 중 누구의 예상 가능성을 기준으로 판단할 것인가? 이에 관한 기존 판례의 태도는 확실하지 않았다.[17] 대상판결은 특정 고객을 기준으로 해야 한다고 판시하였다.

여기에서의 핵심 문제는, 거래상 일반적이고 공통된 사항이어서 평균적 고객이라면 굳이 설명을 듣지 않고도 충분히 예상할 수 있으나, 소송당사자인 특정 고객의 특성상 이를 예상할 수 없는 경우에 사업자에게 그 특정 고객을 위한 설명의무를 부과할 것인가이다. 대상판결의 결론에 따르면 사업자는 이러한 경우 그 특정 고객에게 설명의무를 이행하여야 한다. 하지만 본래 계약 당사자는 계약 내용을 세세히 알지 못하더라도 제시된 내용대로 계약을 체결한다는 '포괄적 동의(blanket assent)'를 함으로써 계약을 유효하게 체결할 수 있다.[18] 그러므로 약관

---

16) 대법원 1998. 11. 27. 선고 98다32564 판결 이후 확립된 법리로 자리 잡았다. 김원규, "약관의 설명의무의 대상 및 면제범위에 관한 판례의 입장에 대한 소고", **법학연구**(한국법학회), 제16권 제1호(2016. 3), 193면; 이소은(주 7), 94면.

17) 대법원 2007. 4. 27. 선고 2006다87453 판결; 대법원 2010. 9. 9. 선고 2009다105383 판결; 대법원 2013. 2. 15. 선고 2011다60953 판결; 대법원 2013. 6. 28. 선고 2012다107051 판결은 평균적 고객을, 대법원 2008. 8. 21. 선고 2007다57527 판결; 대법원 2010. 3. 25. 선고 2009다91316, 91323 판결은 개별 고객을 각각 염두에 둔 것으로 보이나 실제로 대법원이 그 점을 의식하여 표현한 것인지는 알 수 없다. 기존 판례에 대한 상세한 설명은 이소은(주 7), 97-98면 참조.

18) 약관을 통한 계약에서도 마찬가지이다. 고객이 약관에 대한 편입합의를 하였다면, 그 약관의 내용을 알지 못한다고 하더라도 약관을 통한 계약의 구속력이 발생한다. 박설아(주 6), 40, 64-65면.

규제법상 설명의무는 계약의 본질에서 당연히 도출되는 의무라기보다는 고객 보호라는 정책 목적에 기초하여 추가된 법정의무이다.[19] 그런데 법률은 일반성과 보편성을 지니고, 법률에 의해 부과된 의무도 속성상 그러해야 한다. 약관규제법이 고객의 개별적 능력과 상황에 따라 그때그때 이행 여부가 달라지는 맞춤형 설명의무까지 부과할 수는 없다.[20] 약관거래의 대량성과 정형성에 비추어 볼 때 사업자가 개별 고객의 지식과 경험 정도를 파악하여 설명의무 이행 여부를 결정하여 실행하는 것이 현실적으로 가능하지도 않다.

대상판결의 태도에 따르면, 설명의무 위반에 따른 책임을 지지 않으려는 사업자로서는 거래상 일반적이고 공통된 사항조차 알지 못하는 개별 고객이 혹시 있을지도 모른다는 생각에 그러한 내용을 전체 고객에게 설명하게 될 가능성이 있다. 이는 확실히 고객 보호를 더욱 두텁게 하는 장점이 있기는 하다. 지식과 경험이 평균적 고객에 미치지 못하는 고객에게 해당 사항을 이해할 수 있는 기회가 부여되기 때문이다. 하지만 그렇게 보면 설명의무의 범위를 합리적으로 획정하여 사업자와 고객 사이의 균형을 꾀하려는 판례의 설명의무 면제 법리는 존재 의의를 상실하게 된다.[21] 이는 설명의무 면제 법리 자체를 부정하면 몰라도 그 법리를 인정하는 전제에서는 받아들이기 어려운 결과이다. 고객 보호는 '거래상 일반적이고 공통된 것' 또는 '충분히 예상할 수 있는 사항'이라는 요건을 보다 엄격하게 해석하는 방법으로 달성하는 것이 타당하다. 따라서 대상판결이 주관적 기준설을 채택한 것에는 찬성할 수 없다.

다만 대상판결의 사안을 놓고 보면, 부가서비스의 축소·폐지 가능성과 절차에 관한 약관 조항의 내용이 '거래상 일반적이고 공통된 것'이어서 '충분히 예상할 수 있는 사항'이라고 보기는 어렵다. 참고로 이 사건과 마찬가지로 마일리지 제공 기준 변경에 관한 약관 조항의 설명의무 문제를 다룬 대법원 2013. 2. 15. 선고 2011다60953 판결도 이러한 사정이 거래상 일반적이고 공통된 것이어서 카드회

---

19) 설명의무가 진정한 의무가 아닌 '책무'의 성격을 띤다고 보는 견해로 김원규(주 16), 195면; 이병준, "약관의 형식적 요건에 관한 고찰", 서울법학, 제24권 제2호(2016), 119면.

20) 우리 설명의무 조항에 대응하는 독일 민법 제305조 제2항 제2호의 인식가능성 부여 요건의 충족 여부는 법률 전문가가 아닌 평균적 고객을 기준으로 판단한다. Ulmer/Brandener/ Hensen, *AGB-Recht Kommentar*, 12. Auflage (ottoschmidt, 2016), §305, Rn. 151.

21) 이병준(주 19), 139면은 설명의무의 범위를 제한하지 않으면 사업자에게 지나친 부담이 된다고 지적하면서, 판례의 설명의무 면제사유 법리가 설명의무의 범위를 제한하는 역할을 해왔다고 한다.

원이 별도의 설명 없이도 그 변경 가능성을 충분히 예상할 수 있다고 보기 어렵다고 판시한 바 있다. 그러므로 피고는 이 점에 관하여 설명의무를 이행하였어야 한다. 따라서 대상판결이 이를 설명의무의 대상이라고 본 결론 그 자체에는 찬성한다.

(나) 법령상 내용에 대한 설명의무 여부

대상판결의 두 번째 중요 판시 사항은 대외적 구속력이 없는 행정규칙에 규정된 내용은 '이미 법령에 의하여 정하여진 것'에 해당하지 않아 설명의무가 면제되지 않는다는 것이다. 그런데 어떤 규범의 대외적 구속력 여하에 따라 설명의무 여부가 달라진다는 법리는 지나치게 도그마틱한 법리이다. 아마도 이 법리의 배후에는 다음 논리가 숨어 있을 것이다. 대외적 구속력 있는 법령 또는 법령의 위임에 따라 법령과 결합하여 법규적 성질을 가지게 되는 행정규칙은 사업자가 그 내용을 약관에 포함시키지 않더라도 계약 당사자에게 효력을 미친다.[22] 또한 이 경우에는 그 법령의 내용이 약관에 포함되어 있지 않으므로 설명의무를 이행해야 하는 문제도 애당초 발생하지 않는다. 그런데 사업자가 친절하게도 대외적 구속력 있는 법령의 내용을 약관에 포함시킨 경우에는 오히려 그에 관한 설명의무를 이행하여야만 이를 비로소 계약 내용으로 주장할 수 있다고 보는 것은 균형이 맞지 않다.

그러나 법령상 내용이 일단 약관에 포함되면 그것이 아무리 중요한 내용이라도 설명의무 대상이 아니라는 법리가 과연 실정법상 근거에 바탕을 둔 것인지 의문스럽다.[23] 법령상 내용 중에도 쉽게 예측하기 어렵거나 고객에게 불리하여 계약 체결 여부 결정에 중요한 변수가 되는 사항이 있을 수 있기 때문이다. 따라서 법령상 내용에 관한 사항은 독립적인 설명의무 면제사유라기보다는 "거래상 일반적이고 공통된 것이어서 보험계약자가 별도의 설명 없이도 충분히 예상할 수 있었던 사항"의 예시로 파악하여야 한다. 그렇게 파악할 만한 단서를 남겨 놓은 판례들도 있다.[24] 만약 이러한 입장을 취한다면 대외적 구속력 여부에 따라 설명의무 대상

---

22) 대법원 1999. 9. 7. 선고 98다19240 판결 참조.

23) 이 점에 대한 비판론으로 김성태, "보험자의 약관설명의무", **민사판례연구**, 제12권(2000), 463면; 이상훈, "판례를 통하여 본 보험약관의 명시설명의무", **청연논총**, 제7집(2010), 109면; 윤진수, "한국법상 약관규제법에 의한 소비자보호", **민사법학**, 제62호(2013), 322면; 김성욱, "약관의 내용통제 및 해석과 관련한 법적 문제", **외법논집**, 제39권 제4호(2015), 90면; 이소은(주 7), 98면.

24) 예컨대 대법원 2007. 4. 27. 선고 2006다87453 판결("이 사건 약관은 위 상법규정을 풀어서 규정한 것에 지나지 아니하는 것으로서 거래상 일반인들이 보험자의 개별적인 설명 없이도 충분히 예상할 수 있었던 사항이라고 볼 수 있는 점"); 대법원 2010. 3. 25. 선고 2009다91316, 91323 판결

인지 여부가 결정되어야 할 필연적 이유도 없다. 1차적으로는 고객의 계약 체결에 관한 의사결정에 영향을 미치는 중요한 내용인지, 2차적으로는 그것이 거래상 일반적이고 공통된 것이어서 굳이 설명의무를 이행하게 할 필요가 없는 내용인지를 검토하면 충분하다. 그 점에서 법령인지 행정규칙인지, 행정규칙이라면 대외적 구속력이 인정되는지에 따라 설명의무 대상인지 여부를 판단한 대상판결 판시 부분은 비록 기존의 판례를 그대로 원용한 것이기는 하나 그 타당성이 의문스럽다.

("원고가 보험계약 체결 당시 이를 명시하여 설명하지 않는다면 망인으로서는 이를 예상하기 어려웠을 것으로 보이므로, 이 사건 약관조항의 내용이 단순히 법령에 의하여 정하여진 것을 되풀이하거나 부연하는 정도에 불과하다고 볼 수도 없고").

5 배당이의를 하지 않은 경우의 부당이득반환청구
(대법원 2019. 7. 18. 선고 2014다206983 전원합의체 판결)

가. 사실관계

A 소유의 X부동산에 관하여 1995. 5. 25. 주식회사 B 은행 앞으로 채권최고액 2억 원, 채무자 C회사로 하는 근저당권이 설정되었다. 이후 위 근저당권부 채권은 D회사에게 양도되었고, D회사의 신청에 따라 2011. 10. 13. X부동산에 대한 경매가 개시되었다. 원고는 2011. 11. 1. A 등에 대한 집행력 있는 정본을 가진 채권자로서 배당요구를 하였다. 한편 E회사는 2011. 11. 18. A에 대한 집행력 있는 정본에 근거하여 배당요구를 하였고, 피고가 2012. 5. 2. E 회사의 A에 대한 채권을 양수한 후 2012. 7. 3. 권리신고를 하였다. 위 경매절차에서 2012. 8. 17. 배당기일이 열렸는데, 경매신청채권자인 D회사로부터 그 근저당권 채권을 양수한 F은행에게 2순위로 148,417,809원이 배당되고, 1순위부터 5순위까지 채권액 전부(배당비율 100%)가 배당되었다. 일반채권자인 원고와 피고 등에게는 6순위로 자신들의 채권금액 중 일정금액(배당비율 0.53%)이 배당되었다. 피고는 2012. 8. 17. 배당기일에 출석하여 F은행의 배당금에 관하여 이의하고, 같은 날 F은행을 상대로 배당이의의 소를 제기하였다. 피고는 그 배당이의소송에서 위 근저당권의 피담보채권이 시효로 소멸하였다고 주장하였고, F은행은 곧바로 청구를 인낙하였다. 이에 법원은 기일 외에서 위 배당금을 모두 피고에게 배당하는 것으로 배당표를 경정하는 내용의 화해권고결정을 하였다. 위 화해권고결정은 2012. 11. 23. 확정되었고, 피고는 2012. 12. 13. 경정된 배당표에 따라 위 배당금 전액을 수령하였다. 한편 원고는 2012. 8. 17. 배당기일에 출석하였지만 이의하지 않았고, 피고와 F은행 사이의 위 화해권고결정이 확정된 이후인 2013. 2. 28. 피고를 상대로 위 배당금에 대한 6순위 채권자들(원고, 피고, G회사, H회사, I협동조합 중앙회)의 채권액 비율에 따른 안분액 중 원고의 몫인 99,733,514원에 대하여 부당이득반환을 구하는 소를 제기하였다.

나. 소송의 경과

1심법원은 원고의 청구를 인용하였다.[1] 원심법원은 피고의 항소를 기각하고, 1심법원의 판단을 유지하였다.[2] 대상판결에서는 배당절차에 참가한 채권자가 배당기일에 출석하고도 이의하지 않아 배당표가 확정된 후에도 그 배당절차에서 배당금을 수령한 다른 채권자를 상대로 부당이득반환청구를 할 수 있는지가 주된 쟁점으로 다루어졌다. 다수의견은 기존 판례에 따라 1심 및 원심법원의 결론을 유지하였지만, 반대의견은 판례 변경을 주장하면서 그 결론에 반대하였다.

다수의견은 다음과 같은 이유로 기존 판례를 유지하여야 한다는 입장을 취하였다.[3] 대법원은 배당받을 권리 있는 채권자가 자신이 배당받을 몫을 받지 못하고 그로 인해 권리 없는 다른 채권자가 그 몫을 배당받은 경우에는 배당이의 여부 또는 배당표의 확정 여부와 관계없이 배당받을 수 있었던 채권자가 배당금을 수령한 다른 채권자를 상대로 부당이득반환청구를 할 수 있다는 입장을 취해 왔다. 이러한 법리의 주된 근거는 배당절차에 참가한 채권자가 배당이의 등을 하지 않아 배당절차가 종료되었더라도 그의 몫을 배당받은 다른 채권자에게 그 이득을 보유할 정당한 권원이 없는 이상 잘못된 배당의 결과를 바로잡을 수 있도록 하는 것이 실체법 질서에 부합한다는 데에 있다. 나아가 위와 같은 부당이득반환청구를 허용해야 할 현실적 필요성(배당이의의 소의 한계나 채권자취소소송의 가액반환에 따른 문제점 보완), 현행 민사집행법에 따른 배당절차의 제도상 또는 실무상 한계로 인한 문제, 민사집행법 제155조의 내용과 취지, 입법 연혁 등에 비추어 보더라도, 종래 대법원 판례는 법리적으로나 실무적으로 타당하므로 유지되어야 한다.

반대의견[4]은 다음과 같은 이유로 판례를 변경하여야 한다는 입장을 취하였다. 종래 판례와 같이 배당절차 종료 후 배당이의 등을 하지 않은 채권자의 부당이득반환청구를 허용하는 것은 민사집행법 제155조의 문언과 민사집행법의 전체 취지에 반할 뿐만 아니라, 확정된 배당절차를 민사집행법이 예정하지 않은 방법으로 사후에 실질적으로 뒤집는 것이어서 배당절차의 조속한 확정과 집행제도의 안정 및 효율적 운영을 저해한다. 또한 배당절차에서 이의할 기회가 있었음에도 배당이

---

1) 대전지방법원 2013. 9. 12. 선고 2013가단203205 판결.
2) 대전지방법원 2014. 2. 11. 선고 2013나103573 판결.
3) 다수의견에 대하여는 보충의견이 개진되었다.
4) 반대의견은 대법관 조희대, 대법관 이기택, 대법관 안철상에 의하여 개진되었다.

의 등을 하지 않은 채권자는 더 이상 해당 절차로 형성된 실체적 권리관계를 다투지 않을 의사를 소극적으로 표명한 것이므로, 그러한 채권자의 자주적 결정은 배당금의 귀속에 관한 법률상 원인이 될 수 있다. 그런데도 배당절차 종료 후 배당이의 등을 하지 않은 채권자의 부당이득반환청구를 허용하는 것은 금반언의 원칙에 반하는 것일 뿐만 아니라, 일련의 배당절차와 이에 투입된 집행법원과 절차 참가자들의 노력을 무시하는 결과를 초래한다. 따라서 채권자가 적법한 소환을 받아 배당기일에 출석하여 자기의 의견을 진술할 기회를 부여받고도 이러한 기회를 이용하지 않은 채 배당절차가 종료된 이상, 그 배당절차에서 배당받은 다른 채권자를 상대로 부당이득반환청구의 소를 제기하여 새삼스럽게 자신의 실체법적 권리를 주장하는 것을 허용해서는 안 된다.

다. 분석

(1) 배당절차 일반

배당절차는 실체법상 채권자가 집행절차에서 배당재원인 매각대금 등을 통해 자신의 채권을 만족받는 절차이다(민사집행법 제145조 제1항, 제147조). 배당받을 채권자는 ① 배당요구의 종기까지 경매신청을 한 압류채권자, ② 배당요구의 종기까지 배당요구를 한 채권자, ③ 첫 경매개시결정등기전에 등기된 가압류채권자, ④ 저당권·전세권, 그 밖의 우선변제청구권으로서 첫 경매개시결정등기 전에 등기되었고 매각으로 소멸하는 것을 가진 채권자이다(민사집행법 제148조). ①의 압류채권자, ③의 가압류채권자, ④의 채권자 중 경매개시결정 등기 전에 등기한 채권자는 별도로 배당요구를 할 필요가 없다. ②의 채권자[5] 및 ④의 채권자 중 경매개시결정 전 등기하지 않았거나 등기할 수 없는 채권자[6]는 별도로 배당요구를 해야 배당받을 수 있다.

집행목적물의 매각대금으로 배당받을 채권자 모두를 만족시킬 수 없으면 법률

---

5) 집행력 있는 정본을 가진 채권자, 경매개시결정이 등기된 뒤에 가압류등기를 한 채권자를 의미한다.
6) 예컨대 주택임대차보호법 및 상가건물 임대차보호법상 우선변제권이 인정되는 임차보증금반환채권, 최우선변제권이 인정되는 소액보증금반환채권, 근로기준법상 우선변제권이 인정되는 임금, 재해보상금, 그 밖에 근로관계로 인한 채권, 최우선변제권이 인정되는 최종 3개월분의 임금 및 재해보상금채권 등을 가지는 채권자, 등기로 공시되는 권리라도 경매개시결정 이후에 등기된 권리가 그 예이다.

상 우선순위에 따라 배당한다(민사집행법 제145조 제1항). 법원은 배당기일을 정하고 이해관계인과 배당요구 채권자에게 통지하여야 한다(민사집행법 제146조). 법원은 배당기일 3일 전에 배당표원안(配當表原案)을 작성하여 법원에 비치하여야 한다(민사집행법 제149조 제1항). 법원은 출석한 이해관계인과 배당요구 채권자를 심문하여 배당표를 확정하여야 한다(민사집행법 제149조 제2항). 채무자와 채권자는 배당기일에 채권 및 그 순위에 대하여 이의를 제기할 수 있다(민사집행법 제151조). 이의에 대한 관계인의 인정 또는 관계인 간 합의가 있으면 법원은 이에 따라 배당표를 경정하고 배당을 실시하여야 한다(민사집행법 제152조). 집행력 있는 집행권원의 정본을 가지지 않은 채권자(가압류채권자를 제외한다)에 대하여 이의한 채무자와 다른 채권자에 대하여 이의한 채권자는 배당이의의 소를 제기하여야 한다(민사집행법 제154조 제1항). 배당이의 판결에서는 배당액에 대한 다툼이 있는 부분에 관하여 배당을 받을 채권자와 그 액수를 정하여야 하고, 그렇게 정하는 것이 적당하지 않으면 판결에서 배당표를 다시 만들고 다른 배당절차를 밟도록 명하여야 한다(민사집행법 제157조).

(2) 배당이의와 부당이득

배당절차는 실체법상 권리를 실현하여 주는 절차이다. 따라서 실체법상 권리 유무와 범위, 우선순위는 배당절차에 영향을 미친다. 반면 배당절차 그 자체는 원칙적으로 실체법상 권리를 확정, 형성, 변경하는 절차가 아니다.[7] 가령 법원이 실체법상 권리관계와 어긋난 배당표를 작성하였다고 하여 실체법상 권리관계가 그 배당표대로 변경되지 않는다. 배당표에는 실체법상 권리관계를 확정, 형성, 변경하는 효력이 인정되지 않기 때문이다. 따라서 배당표는 부당하게 배당을 받은 채권자에게 실체법적 정당성을 부여하는 원인이 될 수 없고, 반대로 부당하게 배당을 받지 못한 채권자로부터 실체법적 정당성을 박탈하는 원인이 될 수도 없다.[8] 배당이의소송의 본안판결 확정으로 인한 기판력을 매개로 하여 그 기판력을 받는 당사자 사이에 법률상 원인이 인정되는 경우가 있을 뿐이다.[9] 이러한 일련의 논리는 실체법상

---

7) 대법원 1964. 7. 14. 선고 63다839 판결; 대법원 1977. 2. 22. 선고 76다2984 판결; 대법원 1996. 12. 20. 선고 95다28304 판결; 대법원 1997. 2. 14. 선고 96다51585 판결.
8) Dieter Eickmann, *Zwangsversteigerungs-und Zwangsverwaltungsrecht* (C. H. Beck, 2004), S. 247.
9) 대법원 2000. 1. 21. 선고 99다3501 판결.

권리관계와 배당절차의 관계를 주종 관계 또는 목적－도구 관계로 파악하는 사고
방식에 기초한다.

　물론 배당절차에서 실체법상 권리관계를 변경하기로 하는 이해관계인 전원의
합의가 있다면 그에 따라 변경이 이루어질 수 있다. 그러나 이러한 권리관계 변경
은 합의라고 하는 새로운 실체법적 원인에 기인하는 것이다.[10) 배당기일에서 배당
이의를 하지 않았거나, 배당이의를 하였다가 배당이의의 소를 제기하지 않아 배당
이의가 완결되지 않은 사정 자체는 합의와 동일한 효력을 가지지 않는다. 따라서
이처럼 배당이의를 하지 않은 행위가 실체법상 권리 또는 그로부터 파생되는 부당
이득반환청구권의 포기라는 실체법적 원인으로 평가될 수 있거나, 그렇게 보는 법
률의 규정이 있지 않는 한 이로 인해 실체법상 권리관계가 변경되지는 않는다. 더구나
일반적으로 배당이의를 하지 않았다는 사실로부터 위와 같은 권리 포기의 의사를
곧바로 도출하기는 어렵다.

　이러한 사고방식에 기초하여 판례는 본래 실체법적으로 배당을 받아야 할 채권
자가 배당을 받지 못하고 그 결과 다른 채권자가 배당을 더 받게 된 경우 배당을
받지 못한 채권자는 배당이의 여부와 무관하게 다른 채권자를 상대로 부당이득반
환청구권을 가진다는 입장을 취하여 왔다.[11) 또한 부당이득반환청구권을 행사할

---

10) 이러한 합의가 소송절차에서의 자백과 같은 소송법상 효력을 가지는 결과 권리관계가 확정되는
　　것은 아니다. 배당절차는 소송절차가 아니기 때문이다.
11) 대법원 1977. 2. 22. 선고 76다2984 판결; 대법원 1988. 11. 8. 선고 86다카2949 판결; 대법원
　　1994. 2. 22. 선고 93다55241 판결; 대법원 1997. 2. 14. 선고 96다51585 판결; 대법원 2000. 10.
　　10. 선고 99다53230 판결; 대법원 2007. 2. 9. 선고 2006다39546 판결; 대법원 2011. 2. 10. 선고
　　2010다90708 판결. 판례의 태도와 같은 긍정설로는 채영수, "배당이의와 부당이득반환청구", **대법
　　원 판례해설**, 제10호(법원도서관, 1989), 100－101면; 김교창, "임의경매절차상 청구금액의 확정
　　시기", **민사재판의 제문제**, 제8권(1994), 886면; 이주흥, "배당절차와 관련된 부당이득반환청구",
　　판례실무연구, 제1권(1997), 579－580면; 권성우, "배당절차 종료 후 부당이득반환청구권의 성립
　　요건에 관한 검토", **재판과 판례**(대구판례연구회), 제12집(2004), 379－380면; 김봉석, "민사집행
　　법상 집행법원의 배당에 대한 불복방법 및 그 문제점", **민사집행법연구**, 제1권(2005), 131면; 강대
　　성, **민사집행법**(삼영사, 2006), 417면; 오시영, **민사집행법**(학현사, 2007), 557면; 김능환·민일영
　　편, **주석 민사집행법**(Ⅳ)(한국사법행정학회, 2012), 257면(손홍수 집필부분); 김홍엽, **민사집행법**
　　제4판(박영사, 2017), 289－292면. 부정설로는 정호영, "배당이의의 소", 강제집행·임의경매에 관
　　한 제문제(하), **재판자료**, 제36집(법원행정처, 1987), 421면; 조정래, "배당이의와 부당이득반환청
　　구", **판례연구**(부산판례연구회), 제1집(1991), 488면; 오종윤, "배당이의와 부당이득반환청구", **사
　　법논집**, 제26집(1995), 326－329면; 정동윤, "배당절차 종료 후의 부당이득반환청구에 관하여",
　　판례실무연구, 제1권(1997), 608면; 민일영, "체납처분과 배당요구, 그리고 부당이득반환청구", **민
　　사재판의 제문제**, 제10권(2000), 847면; 김상원 외 편, **주석 민사집행법**(Ⅲ)(한국사법행정학회,
　　2007), 943－947면(민일영 집필부분); 민일영, **경매와 임대차**(박영사, 2009), 359－369면; 김태
　　관, "민사집행절차에서 저당권자의 지위－절차보장과 실권의 관점에서", **법조**, 통권 제729호

수 있는 주체에는 우선변제권을 가지는 채권자뿐만 아니라 일반채권자도 포함된다는 입장을 취하여 왔다.[12] 대상판결의 다수의견 역시 이러한 기존 판례의 태도를 유지하였다.

한편 대상판결의 반대의견은 민사집행법 제155조의 반대해석상 배당이의를 하지 않은 채권자는 부당이득반환청구권을 행사할 수 없다고 보았다. 민사집행법 제155조는 "이의한 채권자가 제154조 제3항[13]의 기간을 지키지 아니한 경우에도 배당표에 따른 배당을 받은 채권자에 대하여 소로 우선권 및 그 밖의 권리를 행사하는 데 영향을 미치지 아니한다."라고 규정한다.[14] 즉 배당이의를 한 뒤 1주 이내에 배당이의의 소를 제기하지 않았다고 하여 실체법상 권리 행사가 저지되지는 않는다는 취지이다. 그런데 이 조항은 배당이의를 하였으나 배당이의의 소를 제기하지 않은 경우에 대해서만 규정하고 있으므로, 배당이의 자체를 하지 않은 경우에는 반대해석상 실체법상 권리 행사가 저지된다고 볼 여지도 있다.

그러나 결론적으로 말하면 민사집행법 제155조가 배당이의를 하지 않은 것을 실체법상 권리박탈사유로 상정한 조항이라고 해석하기는 어렵다. 민사집행법 제155조의 적용 범위는 배당이의를 하였으나 배당이의의 소를 제기하지 않은 경우에만 미친다. 배당이의 자체를 하지 않은 경우는 민사집행법 제155조의 직접적인

(2018), 231면. 대상판결 선고 후 발표된 연구물로서 박종원, "배당이의하지 아니한 일반채권자의 부당이득반환청구권에 대한 소고", **민사판례연구**, 제43권(2021) 역시 실체법상으로 부당이득이 성립하지 않는다는 입장을 취한다. 우선변제권이 있는 채권자와 일반채권자를 달리 보는 제한적 긍정설도 주장되고 있다. 이시윤, **신민사집행법** 제6보정판(박영사, 2014), 374－375면.

12) 대법원 2001. 3. 13. 선고 99다26948 판결; 대법원 2007. 2. 9. 선고 2006다39546 판결. 일본의 경우 저당권자와 같은 우선변제권자는 부당이득반환청구를 할 수 있지만(最判 1991(平成 3). 3. 22. 民集 45-3, 322), 일반채권자는 부당이득반환청구를 할 수 없다는 것(最判 1998(平成 10). 3. 26. 民集 52-2, 513)이 판례의 태도이다. 일반채권자에게는 부당이득 요건인 손실이 발생하지 않는다는 점을 근거로 든다.

13) 민사집행법 제154조는 배당이의의 소에 관한 조항인데 그 제3항은 "이의한 채권자나 채무자가 배당기일부터 1주 이내에 집행법원에 대하여 제1항의 소를 제기한 사실을 증명하는 서류를 제출하지 아니한 때 또는 제2항의 소를 제기한 사실을 증명하는 서류와 그 소에 관한 집행정지재판의 정본을 제출하지 아니한 때에는 이의가 취하된 것으로 본다."라고 규정한다.

14) 본래 이 조항은 민사집행법 제정 전에는 구 민사소송법 제593조에 동일한 내용으로 존재하였다. 일본의 구 민사소송법 제634조에도 같은 취지의 조항이 있었다. 그런데 우리나라는 2002년 민사집행법을 제정하면서 구 민사소송법 제593조에 해당하는 제155조를 그대로 둔 반면, 일본은 1979년 민사집행법을 제정하면서 구 민사소송법 제634조에 해당하는 조항을 두지 않았다. 실체적 권리 행사 가부는 실체법상 해석 문제로 남겨 놓기 위한 것이었다고 한다. 田原睦夫, "配当後の不当利得返還請求と配当異議の要否", **別冊ジュリスト**, No. 127(1994), 114면 참조. 일본의 판례와 학설에 대한 상세한 소개는 정태윤, "과오배당과 부당이득 반환청구에 관한 비교법적 검토", **法学論集**(이화여자대학교), 제20권 제2호(2015), 43－55면 참조.

적용 범위 바깥에 있다.[15] 따라서 배당이의 자체를 하지 않은 경우에 실체법상 권리가 박탈되는가 하는 문제에 대한 답은 민사집행법 제155조의 해석으로부터 곧바로 도출되지 않는다. 반대의견은 민사집행법 제155조의 반대해석에 기대었다. 그러나 문언상 명확한 근거가 없는 한, 실체법상 권리박탈을 초래하는 반대해석을 취하는 것은 신중하게 해야 한다.

또한 앞서 살펴보았듯이 배당절차는 실체법상 권리관계를 실현하는 절차이지 이를 변경하는 절차가 아니라는 점을 염두에 두어야 한다.[16] 배당절차에서 이의를 진술하지 않았다는 점이 곧바로 실체법상 권리박탈로 이어진다는 것은 이러한 배당절차의 본질과 잘 맞지 않다. 더구나 경매신청을 하지 않은 채권자 입장에서 배당절차는 그의 의사와 관계없이 개시되고 진행되는 것이다. 이러한 절차에서 특정한 시점에 특정한 진술을 하지 않았다는 이유로 실체법적 권리를 박탈하는 것은 경매신청을 하지 않은 채권자가 자신의 의사와 무관한 사정으로 더욱 불리한 지위에 놓이게 되는 결과를 초래한다. 본래 그 채권자는 소멸시효가 완성되거나 그밖에 권리가 소멸되는 사정이 없는 이상, 자신의 권리를 주장할 수 있는 법적 지위를 가지고 있었기 때문이다.

한편 배당이의를 하였으나 배당이의의 소를 제기하지 않은 경우와 배당이의 자체를 하지 않은 경우는 넓게 보면 배당이의가 완결되지 않았다는 점에서 공통점을 가진다. 따라서 민사집행법 제155조는 배당이의 자체를 하지 않은 경우에 실체법상 권리가 박탈된다는 취지로만 좁혀 해석하기보다는 배당이의가 완결되지 않은 어떤 경우라도 실체법상 권리가 온존한다는 취지로 넓게 해석하는 것이 오히려 더 타당하다. 그러한 점에서 민사집행법 제155조는 배당이의가 완결되지 않은 경우를 포괄하는 확인적·예시적 조항이라고 볼 수 있다.[17]

---

15) 김태관(주 11), 221면.

16) 독일 민사소송법 제878조 제2항은 우리나라 민사집행법 제155조와 유사하게 배당이의를 한 채권자가 일정한 기간(1개월) 내에 배당이의의 소를 제기하지 못한 경우에도 실체법상 권리가 배제되지 않는다고 규정한다. 독일에서 위 조항은 배당이의 여부가 실체법적 권리에 따라 영향을 미치지 않는다는 원칙을 표현한 조항으로 이해된다. 그러므로 배당이의를 하지 않은 경우에도 부당이득반환청구권 행사가 금지되지 않는다고 한다. Dörndorfer, *Münchener Kommentar zur ZPO, 5. Auflage* (C. H. Beck, 2016), §878, Rn. 31; RGZ 58, 156; 119, 326; 166, 252; BGHZ 4, 87＝NJW 1952, 263; BGHZ 39, 242＝NJW 1963, 1497. 그 외에 국내문헌 중 독일 민사소송법 제878조 제2항의 해석론을 다룬 것으로 유남석, "독일법상 집행채권자의 청구금액 확장 여부와 강제집행절차에서의 배당 후 부당이득반환청구", **판례실무연구**, 제1권(1997), 617면 참조.

17) 이무상, "과오배당에 대하여 이의하지 아니한 채권자의 부당이득반환청구－배당절차 종료의 실권

배당절차의 실제 모습에 비추어 볼 때에도, 배당이의를 하지 않았다는 사정만으로 실체법상 권리를 박탈하는 것은 설득력이 떨어진다. 배당절차는 채권자가 제출한 채권계산서 등으로 배당표를 작성하고 이에 따른 배당을 하는 절차일 뿐, 소송과 같이 양측의 의견을 듣고 심리하여 배당 내용을 결정하는 절차가 아니다. 더구나 배당표원안은 배당기일 3일 전에 비치되는데, 해당 채권자가 다른 채권자들의 권리 존부와 범위, 내역을 알지 못하는 상태에서 배당표원안만 보고 섣불리 배당이의를 하기는 어렵다. 특히 배당이의를 둘러싼 권리관계를 이해하려면 상당한 법적 지식이 요구된다는 점을 고려하면 더욱 그러하다. 배당기일에서 심문이 이루어질 수는 있으나 소송절차처럼 변론이 이루어지지는 않는다. 배당기일에 모든 채권자들의 출석이 강제되는 것도 아니고, 채권자들의 의견을 들어 배당기일을 지정하는 것도 아니다. 공시송달에 의하여 배당기일을 통지하는 경우도 적지 않다. 이처럼 일방적으로 정하여진 배당기일에 출석하지 못하여 배당이의의 기회조차 가지지 못한 상황에서 실권효를 부과하는 것은 현실적으로 가혹하다. 물론 배당이의를 하지 않아 실권효가 부과되더라도 해당 채권자가 채무자의 다른 책임재산을 통하여 자신의 채권을 만족받을 길은 열려 있기는 하다. 그러나 채무불이행으로 인해 이미 집행절차에 복속되었던 채무자에게 다른 의미 있는 책임재산이 있는 경우는 많지 않을 것이다.

배당이의를 하지 않은 것에 실권효를 부과하면 이제 채권자들은 실권효를 피하기 위해 배당표의 내용을 자세히 모르더라도 일단 배당이의를 하고 배당이의소송으로 이행하는 전략을 택할 유인을 가질 수도 있다. 이는 해당 채권자들뿐만 아니라 사법부를 포함한 사회 전체의 무익한 비용 증가로 이어진다. 그리고 그 비용은 해당 채권자들이 나중에 부당이득반환청구를 하여 발생하게 되는 사회적 비용보다 높을 것으로 보인다. 물론 집행절차를 통하여 실체법상 권리관계가 완전히 정리될 수 있다면 가장 효율적일 것이다. 반대의견이 강조한 집행제도의 효율적 운영이나 배당받은 채권자의 신뢰보호, 법률관계의 안정성 확보도 더 잘 이루어질 수 있을 것이다. 그러나 현재 존재하는 제도의 모습만으로는 그러한 깔끔한 정리를 담보하기에는 부족하다. 그러므로 반대의견이 지향하는 상태가 실현되려면 현행 제도를 어떻게 개선할 것인가에 관한 논의가 선행되어야 한다.18)

효에 관한 시론을 중심으로-", 법조, 통권 제627호(2008), 125면; 김정환, "배당이의의 소와 부당이득반환청구의 소", 홍익법학, 제12권 제2호(2011), 88면.

배당절차에서 배당이의를 하지 않았다가 나중에 부당이득반환청구를 하는 것이 금반언의 원칙에 위반된다고 볼 수도 없다. 금반언(estoppel)의 원칙은 영미 형평법상의 원칙이다. 우리 법에서 이에 대응하는 것은 신의칙의 한 분칙인 모순행위금지 원칙이다. 모순행위금지 원칙은 권리자의 권리행사가 그의 선행행위와 모순되는 것이어서 그러한 후행행위대로 법률효과를 인정하는 것이 선행행위로 인하여 야기된 상대방의 신뢰를 해치는 경우에 그와 같은 권리행사를 제한한다.[19] 즉 모순행위금지 원칙은 자신이 스스로 잘못된 신뢰를 부여한 뒤 이를 뒤집고 상대방의 신뢰를 해치는 것을 막기 위한 원칙이다. 그러나 앞서 살펴 본 실체법적 질서와 배당절차의 상관관계, 배당절차의 제도적·실무적 운영 현황, 기존의 확립된 판례 태도 등에 비추어 보면, 배당기일에 출석하여 이의를 진술하지 않는 것이 "잘못된 신뢰를 부여"하는 행위인지, 또한 이로 인하여 배당기일에 출석하여 이의를 진술하지 않은 권리자는 앞으로도 자신의 실체법상 권리를 행사하지 않으리라는 정당한 신뢰가 발생하는 것인지 의문스럽다.

---

18) 주석 민사집행법/민일영(주 11), 945면(민일영 집필부분)은 부당이득반환청구 부정설의 입장을 취하면서도, 채권자에게 배당이의 기회가 주어지지 않았다면 부당이득반환청구를 긍정하여야 한다고 본다.

19) 김용담 편, **주석민법 총칙**(1) 제4판(한국사법행정학회, 2010), 132면(백태승 집필부분).

6 약제 상한금액 인하와 불법행위
(대법원 2020. 11. 26. 선고 2018다221676 판결)

가. 사실관계

A회사는 약제학적 화합물인 이 사건 특허발명(존속기간 2011. 4. 24.)의 특허권자이다. 원고는 2002. 4. 19. 식품의약품안전청장(이하 '식약청장'이라고 한다)으로부터 위 약제학적 화합물을 성분으로 하는 의약품(이하 '원고 제품'이라고 한다)에 관한 수입품목허가를 받고 이를 국내로 수입하여 판매해 왔다. 원고 제품은 국민건강보험의 요양급여대상으로 결정되고 급여 상한금액이 정해져 약제급여목록표로 고시되었다.

피고는 2010. 3. 31. 식약청장에게 피고 제품에 관한 제조품목 신고를 하였다. 피고 제품은 원고 제품과 동일성분·동일제형의 약제이다. 피고는 그 후 건강보험심사평가원장에게 피고 제품에 관한 이 사건 요양급여대상 결정신청을 하는 한편, 피고 제품의 판매예정시기를 이 사건 특허발명의 특허권 존속기간 만료일로 기재하여 제출하였다. 보건복지부장관은 피고 제품을 요양급여대상으로 결정하고 약제급여목록표에 등재·고시하였다.

특허법원은 2010. 11. 5. 소외 주식회사가 제기한 심결취소 소송에서 이 사건 특허발명의 진보성이 부정되므로 특허등록이 무효라는 판결을 선고하였다. 그러자 피고는 2010. 11. 23. 건강보험심사평가원장에게, 이 사건 특허발명에 관한 특허 분쟁 진행상황 등을 고려할 때 그 특허가 무효로 될 가능성이 있어 피고 제품은 '등재 후 즉시 또는 특허권 관련 분쟁과정 중 판매 가능한 것으로 밝혀졌을 때'에 해당한다는 사유로, 피고 제품의 판매예정시기를 2010. 12. 6.로 변경하는 이 사건 판매예정시기 변경신청을 하였다. 보건복지부장관은 2010. 12. 28. 보건복지부 고시 제2010-130호로 약제급여목록표를 개정하여 원고 제품의 상한금액 인하 시행일을 2011. 4. 25.에서 2011. 1. 1.로 변경하고 그 상한금액을 2011. 2. 1. 이전까지의 최종 상한금액의 80%로 한다는 이 사건 고시를 하였다.

A회사는 2010. 11. 24. 진보성 부정 판결에 불복하여 상고하였고, 대법원은

2012. 8. 23. 이 사건 특허발명의 진보성이 부정되지 않는다는 이유로 파기환송 판결(대법원 2010후3424 판결)을 선고하였다. 환송 후 특허법원은 2012. 11. 29. 환송취지에 따른 판결을 선고하여 그대로 확정되었다. 이에 A회사와 원고는 피고를 상대로 특허권 침해 및 독점적 통상실시권 침해에 관한 불법행위를 이유로 한 손해배상을 구하는 소를 제기하였다. 제1심법원은 A회사의 손해배상청구는 전부 인용하고, 독점적 통상실시권 침해에 관한 불법행위를 이유로 한 원고의 손해배상청구는 일부 인용하였다.[1] 이에 대해 A회사 부분은 쌍방이 항소하지 않아 확정되고, 원고 부분은 쌍방이 항소하였다.

나. 원심판결과 대상판결

원심법원은 제1심법원과 마찬가지로 과실, 위법행위, 손해, 인과관계의 요건이 모두 충족되었다고 보면서 손해배상액에 대한 판단을 달리하면서 원고의 청구를 일부 인용하였다.[2] 그런데 대법원은 원고는 이 사건 특허발명의 독점적 통상실시권자로 볼 수 없으므로 원고가 독점적 통상실시권자라고 판단한 원심판결에는 잘못이 있다고 보았다.[3] 또한 대법원은 피고의 행위가 위법하다거나 피고의 행위와 원고 제품의 상한금액 인하 사이에 상당인과관계가 있다고 볼 수 없으므로 이러한 점에서도 원심판결에는 잘못이 있다고 보았다. 대법원이 위법성과 인과관계를 부정한 이유는 다음과 같다.[4]

① 원고가 약제급여목록표에 등재된 원고 제품의 상한금액에 관하여 가지는 이익은 국민건강보험법령에서 정한 약제 상한금액 조정사유가 있는 경우 보건복지부장관의 적법한 조정에 따라 변동될 수도 있는 이익이다.

② 피고는 원래 피고 제품을 이 사건 특허발명의 특허권 존속기간 만료 후 요양급여대상 약제로 판매하고자 이 사건 요양급여대상 결정신청을 하여 피고 제품이 약제급여목록표에 등재·고시되었고, 이는 관련 규정에 따른 것으로서 피고의 이 사건 요양급여대상 결정신청이 위법하다고 할 수 없다.

---

1) 서울중앙지방법원 2017. 9. 15. 선고 2014가합555650 판결.
2) 특허법원 2018. 2. 8. 선고 2017나2332 판결.
3) 대법원 2020. 11. 26. 선고 2018다221676 판결.
4) 판결이유 일부분은 지면관계상 요약하거나 생략하였다.

③ 특허를 무효로 한다는 심결이 확정되어야 그 특허권은 처음부터 없었던 것으로 되므로 (특허법 제133조 제3항), 특허무효심결이 확정되기 전까지는 특허는 무효가 아니다. 그렇지만 피고는 특허법원이 진보성 부정 판결을 선고하자 이를 근거로 관련 규정에서 원고 제품의 특허권에도 불구하고 피고 제품을 약제급여목록표 등재 후 즉시 요양급여대상 약제로 판매할 수 있는 사유로 예시한 '특허분쟁의 승소가능성 등'을 소명하여 이 사건 판매예정시기 변경신청을 한 것으로, 이러한 피고의 행위를 위법하다고 평가하기는 어렵다.

④ 피고의 이 사건 판매예정시기 변경신청은 원고 제품의 상한금액을 인하해 달라는 약제 상한금액 조정신청이 아니고, 제네릭 의약품인 피고 제품의 상한금액은 관련 규정에 따라 최초등재제품인 원고 제품 상한금액의 일정 비율로 정해지므로, 피고가 원고에게 원고 제품의 상한금액 인하라는 손해를 가할 의도로 이 사건 판매예정시기 변경신청을 했다고 보기도 어렵다. 나아가 원고 제품의 상한금액 인하 시행시기를 언제로 정할지는 보건복지부장관의 재량에 달려 있다.

⑤ 원고 제품의 상한금액이 2011. 2. 1.부터 인하된 것은 보건복지부장관이 이 사건 고시를 했기 때문이지 피고가 피고 제품을 제조·판매했기 때문이 아니므로, 원고가 주장하는 일련의 피고 제품 출시행위 중 피고 제품의 제조·판매행위를 원고 제품 상한금액 인하의 원인이라고 볼 수 없다.

⑥ 피고가 제네릭 의약품인 피고 제품에 관하여 이 사건 요양급여대상 결정신청과 이 사건 판매예정시기 변경신청을 한 이후 보건복지부장관이 이 사건 고시로써 원고 제품의 상한금액 인하 시행시기를 변경하여 원고가 원고 제품의 상한금액 인하라는 불이익을 입게 된 측면은 있다. 그렇지만 피고의 신청행위를 위법하다고 보기 어려운 점, 보건복지부장관의 이 사건 고시를 위법한 처분이라고 볼만한 자료도 없는 점, 관련 규정의 취지가 국민건강보험 재정을 건전화하여 원활한 요양급여를 지속적으로 보장하는 데에 있다는 점과 국민건강보험제도의 공익적 성격 등을 고려하면, 위와 같은 원고의 불이익은 제네릭 의약품의 요양급여대상 결정신청이 있으면 보건복지부장관이 최초등재제품의 상한금액을 인하할 수 있고, 최초등재제품 특허의 무효가능성이 소명되면 제네릭 의약품을 약제급여목록표 등재 후 즉시 요양급여대상 약제로 판매할 수 있도록 한 관련 제도를 채택한 결과에 따른 것이다. 결국 원고가 원고 제품의 상한금액에 관하여 갖는 이익은 이러한 제도의 테두리 내에서 보호될 수 있는 것에 불과하고, 그 제도에서 정한 절차에 따른 결과가 원고에게 불리하게 작용하더라도 이를 피고의 책임으로 돌릴 것은 아니다.

다. 분석

(1) 약가 인하 제도

약가 인하 제도는 건강보험 제도와 밀접한 관련이 있다. 건강보험이 적용되는 의약품의 가격은 소비자와 국민건강보험공단이 함께 부담한다. 따라서 국민건강보험공단은 그 의약품의 가격에 큰 이해관계를 가진다. 정부는 건강보험 재정건전성 확보를 위해 개별 약제마다 건강보험으로 부담할 수 있는 금액의 상한을 보건복지부장관의 고시로 정한다. 의약품을 생산, 판매하는 제약회사와 이를 소비자에게 직접 판매하는 병원, 약국 등의 요양기관은 건강보험으로 상환받을 수 있는 의약품 가격에 상한선이 정해져 있는 셈이다. 요양기관은 상한가 범위 내에서는 건강보험공단으로부터 약가를 모두 지급받을 수 있어 거래가격을 인하하고자 하는 유인(誘因)을 가지지 않는 반면, 제약회사는 더 높은 이익을 올리고 향후 상한가의 하향 조정을 막기 위해서 현행 상한가까지 거래가격을 올리고자 하는 유인(誘因)을 가지고 있어, 실제 거래에서는 거의 예외 없이 보건복지부장관의 고시에 따른 상한가가 바로 거래가격이 되고 있다.[5] 따라서 고시로 약가(즉 상한가)를 인하한다는 것은 사실상 실거래가의 인하를 의미한다.

한편 특허 발명에 기초한 의약품(이른바 오리지널 의약품)은 특허존속기간 동안 특허권에 의한 보호를 받는다. 따라서 그 의약품과 동일한 성분을 가진 복제 의약품(이른바 제네릭 의약품)의 생산·판매는 원칙적으로 금지된다. 특허가 무효이거나 특허권 존속기간이 만료되면 제네릭 의약품의 생산·판매가 가능해지는데, 이처럼 경쟁상태로 돌입하게 되면 공급 증가로 오리지널 의약품의 가격이 인하되는 것이 경제학적 원리에 부합하기 때문에 제네릭 의약품의 진입에 발맞추어 오리지널 의약품의 약가도 인하된다. 한편 제네릭 의약품을 만드는 제약회사는 건강보험 재원으로 약가를 지급받기 위해 건강보험 적용대상으로 지정해 달라는 요양급여대상

---

5) 적어도 이 사건에서 약가 인하가 시행된 2011년 무렵에는 그러했던 것으로 보인다. 신정원, "실거래상환제의 재검토", **행정법연구**, 제24호(2009), 198면; 윤희숙, **건강보험약가제도의 문제점과 개선방향**(KDI, 2008), 30면에서도 상한가가 곧 실거래가로 통용되는 현상은 제도 시행 시부터 지속되고 있다고 한다. 그 이후 문헌인 박성민·정용익·신혜은, "후발의약품 진입 후 신약 보험약가 인하와 손실 배분의 정의(正義) – 우리나라 허가특허연계제도 하에서의 해석론과 입법론 –", **정보법학**, 제20권 제3호(2016), 6–7면도 실거래가는 상한금액과 같거나 거의 같은 수준에서 형성되는 경우가 많다고 서술한다.

결정신청을 한다. 보건복지부는 요양급여대상 여부와 상한금액을 결정하여 고시한다(국민건강보험 요양급여의 기준에 관한 규칙 제10조의2 제1항, 제11조의2 제1, 6항). 또한 위와 같은 결정신청이 있는 경우 건강보험심사평가원장은 판매예정시기를 제출하게 하고, 판매예정시기의 변경이 있을 때에도 이를 즉시 통보하도록 하고 있다(약제 상한금액의 산정기준 제1호 가목의(1) 후단규정 시행에 관한 세부지침).

　이 사건처럼 오리지널 의약품의 특허존속기간 중에 제네릭 의약품에 대한 요양급여대상 결정신청을 하는 경우가 있다. 그런데 특허존속기간 중 제네릭 의약품 판매는 특허권을 침해하므로 그 판매예정시기는 특허존속기간 만료 후로 하는 것이 정상이다. 특허 의약품에 대한 특허무효 쟁송이 있는 경우에도 그 쟁송 결과가 확정된 후 제네릭 의약품을 판매하는 것이 특허권 침해 위험을 없애는 길이다. 하지만 이 사건에서 피고는 특허의 진보성을 부정한 판결이 선고되자 그 확정 전에 제네릭 의약품을 즉시 판매할 수 있도록 판매예정시기를 앞당겨 달라는 변경신청을 통보하였고, 그 직후 제네릭 의약품 판매를 시작하였다. 이처럼 특허존속기간 중에 제네릭 의약품이 선두주자로 시장에 진입하면 그 제약회사는 제네릭 의약품 시장을 선점하며 이익을 누리게 되지만 오리지널 의약품의 약가는 인하되므로 오리지널 의약품의 특허권자나 독점적 통상실시권자는 그만큼 판매수익이 줄어들게 된다. 이 사건에서는 특허가 유효임이 판명되었고, 원고는 피고가 유효한 특허존속기간 중 제네릭 의약품을 판매함으로써 약가 인하 상당액의 손해를 입혔다는 이유로 손해배상을 청구한 것이다.

(2) 대상판결 분석

　대상판결은 원고가 독점적 통상실시권자인지 여부, 피고의 행위가 불법행위 성립 요건을 갖추었는지를 다루었다. 원고가 독점적 통상실시권자인지 여부는 법리의 문제라기보다는 사실인정의 문제이므로 이 글에서 다루기에는 적절하지 않다. 다만 이론적으로는 원고가 독점적 통상실시권자인지에 따라 불법행위로 인한 손해배상청구권을 행사할 수 있는가가 기계적으로 좌우되는 것은 아니라는 점은 언급하고자 한다. 우리 민법 제750조는 고의 또는 과실, 위법행위, 손해, 인과관계만을 불법행위의 성립요건으로 정하는 열린 불법행위 개념을 채택하고 있다. 또한 권리침해를 불법행위의 성립 요건으로 삼지 않는다. 따라서 영업이익 등 법률상 보호받는 이익의 침해가 불법행위로 인정될 가능성이 열려 있다.[6] 특히 대법원은 제약회사는 자신이 공급하는 약제에 관하여 약제상한금액고시의 근거 법령에 의하여 보호되는 직접적이고 구체적인 법률상 이익을 향유한다고 판시한 바도 있다.[7] 독점적 통상실시권을 가지면 이러한 법률상 이익이 더욱 강고한 모습을 띠게 되나, 독점적 통상실시권이 없다고 손해배상청구 가능성이 완전히 봉쇄되는 것은 아니다. 어쨌든 대상판결은 원고의 독점적 통상실시권을 부정하였는데, 만약 이 권리가 인정되었더라면 불법행위가 성립하였을까?

대상판결은 피고의 행위가 위법성과 인과관계 등 불법행위 성립요건을 갖추지 못하였다고 부정하였다. 그러나 이러한 결론에 대해 다음과 같은 의문이 든다. 이 사건에서 피고는 타인의 유효한 특허존속기간 중에 그 특허를 침해하여 제네릭 의약품을 판매한 것으로 드러났다. 그러므로 피고는 그 특허침해행위로 인하여 특허권자가 입은 손해를 배상해야 마땅하다. 또한 원고가 그 특허품의 국내 독점판매권 또는 이에 준하는 영업권을 가진 자였다면, 피고의 특허침해행위가 일반 불법행위로서의 성립요건도 갖추는 이상 원고가 입은 손해도 배상해야 마땅하다. 이 사건에서 원고가 손해를 입었다는 사실은 쉽게 인정된다. 그렇다면 과실, 행위의 위법성, 인과관계는 인정되는가?

피고의 과실은 인정될 수 있다. 이 사건 특허발명의 진보성을 부정하는 판결이 선고되었다는 사정만으로 피고의 과실을 부정할 수 없다. 특허는 행정행위이므로 공정력을 가진다. 그러므로 특허무효가 사법절차로 확정되기 전까지는 누구든지 특허침해를 삼가야 할 주의의무를 진다.[8] 분쟁 중에 굳이 무단으로 특허실시행위를 한 자는 장차 특허가 유효로 확정되었을 경우에 특허침해로 인한 법적 책임을 감수한 것이다. 또한 특허법 제130조는 특허권 침해행위의 과실을 추정한다. 대법원은 과실 추정 번복을 위해 ① 특허권의 존재를 알지 못하였다는 점을 정당화할 수 있는 사정이 있거나, ② 자신이 실시하는 기술이 특허발명의 권리범위에 속하

---

6) 대법원 2004. 3. 18. 선고 2001다82507 전원합의체 판결; 대법원 2007. 5. 11. 선고 2004다11162 판결; 대법원 2010. 8. 25.자 2008마1541 결정 등 다수.

7) 대법원 2006. 9. 22. 선고 2005두2506 판결.

8) 박성수, **특허침해로 인한 손해배상액의 산정**(박영사, 2007), 18면. 또한 상표권 침해가 아니라는 전문가의 자문과 감정을 믿은 경우에도 상표법 위반의 형사책임을 인정한 대법원 1998. 10. 13. 선고 97도3337 판결; 대법원 1995. 7. 8. 선고 95도702 판결, 등록된 자신의 실용신안권에 기해 실시행위를 하였는데 나중에 그 실용신안권에 대한 무효심결이 확정되었고 그 실시행위가 타인의 실용신안권 침해에 해당한다면 설령 그 실시행위가 등록된 자신의 실용신안권에 기한 것이라고 믿었더라도 민사책임을 져야 한다는 대법원 2009. 1. 30. 선고 2007다65245 판결 참조.

지 않는다고 믿은 점을 정당화할 수 있다는 사정을 주장·증명해야 한다고 판시하였는데,[9] 실제 이러한 추정 번복을 받아들인 대법원 판례는 찾아보기 어렵다. 이러한 법리는 특허권자와의 관계뿐만 아니라 그 특허권에 기초하여 법률상 보호되는 독점적 이익을 가지는 자와의 관계에도 고려되어야 한다. 그러므로 특허무효분쟁 중 특허권에 기초한 타인의 법적 이익이 침해될 수 있음을 알면서도 특허침해행위를 한 피고에게는 과실이 인정될 수 있다.

피고 행위의 위법성도 인정될 수 있다. 대상판결은 원고의 이익이 침해되기에 이르는 일련의 과정을 분해한 뒤 각각의 행위 내지 단계에 위법성이 인정되지 않으므로 피고 행위의 위법성이 인정되지 않는다는 접근방법을 취하였다. 가령 원고의 요양급여대상 결정신청 자체는 위법하지 않고, 판매예정시기 변경신청 자체도 위법하지 않으며, 이러한 신청에 따른 보건복지부장관의 적법한 고시에 기하여 제품을 제조·판매한 행위 자체도 위법하지 않으므로 피고 행위는 위법하지 않다는 것이다. 그러나 이러한 단절적 사고방식은 사건의 본질에 부합하지 않는다. 대상판결이 분리하여 거시한 각각의 단계는 이러한 위법행위를 실행하기 위해 상호 연결된 구성부분일 뿐이다. 큰 그림에서 보면 타인의 특허 발명과 동일한 복제 의약품을 제조하여 판매함으로써 원고에게 손해를 입혔다는 것이 이 사건의 본질이다. 이 사건의 위법행위 여부도 이러한 실질을 고려하여 판단해야 한다.

이와 관련하여 대상판결은 "위법성은 관련 행위 전체를 일체로만 판단하여 결정하여야 하는 것은 아니고, 문제가 되는 행위마다 개별적·상대적으로 판단하여야 한다."라는 법리를 일반론으로 설시하였다. 이러한 법리는 대상판결이 개별 행위별로 위법성을 판단하는 데 영향을 미친 것으로 보인다. 그러나 이는 대상판결이 취한 단절적 사고방식을 지지해 주는 법리로 활용될 수 없다. 이 법리는 환경침해 사건에서 특정한 행위(가령 공사허가를 받아 공사하는 행위)가 적법하더라도 그로 인해 발생하는 손해(가령 소음, 진동, 일조방해 등)와의 관계에서는 위법성을 띨 수 있다는 점을 강조하기 위하여 생겨나서 활용되어 왔다. 이는 이 법리가 처음 명시된 대법원 2001. 2. 9. 선고 99다55434 판결에서도 그러했고, 대상판결에서 인용한 대법원 2010. 7. 15. 선고 2006다84126 판결에서도 그러했다. 즉 이 법리는 오히려 위법성의 범위를 넓히기 위해 도구적으로 마련된 법리이다.

---

9) 대법원 2006. 4. 27. 선고 2003다15006 판결.

　또한 대상판결은 원고의 불이익은 약가 인하 제도를 채택한 결과에 따른 것이므로, 원고가 원고 제품의 상한금액에 관하여 갖는 이익은 이러한 제도의 테두리 내에서 보호될 수 있을 뿐이고 그 제도에서 정한 절차에 따른 결과가 원고에게 불리하게 작용하더라도 이를 피고의 책임으로 돌릴 것은 아니라고 판시하였다. 그러나 약가 인하 제도는 적정한 약가를 설정함으로써 국민건강보험 재정을 건전화하여 원활한 요양급여를 지속적으로 보장하는 목적을 가진 제도일 뿐, 사인(私人) 간의 특허침해 및 관련 불법행위로 인한 손해배상의 문제까지 규율하는 제도는 아니다. 따라서 보건복지부장관은 약가 인하 시 특허분쟁 관련 소명을 받기는 하나 특허침해에 대한 법적인 심리나 판단을 하지 않는다.[10) 오히려 이 제도는 이러한 손해배상 문제는 특허법 또는 민법에 따라 그들 간에 별도로 해결되거나 사법부의 별도 판단을 받아야 함을 전제로 설계된 것이다. 실제로 보건복지부장관이 약가 인하를 시행한 후 제네릭의약품이 특허침해제품으로 밝혀지면 그때부터 인하된 상한금액을 본래의 금액으로 회복하나 인하 시점부터 회복 시점까지 인하로 입은 손해를 회복해 주지는 않는다. 이 부분의 손해는 민사법리에 따라 별도 민사소송에서 회복되어야 한다. 만약 약가 인하 제도가 이러한 별도의 손해에 대한 배상청구권까지 배제하는 제도라면 이는 심지어 행정작용에 의한 재산권 침해로서 위헌이라는 의심도 받을 수 있다.

　피고 행위와 원고 손해 사이의 인과관계도 인정될 수 있다. 대상판결은 피고 행위와 원고 손해 사이에 보건복지부 장관의 고시가 개입함으로써 인과관계가 단절되었다고 본 듯 하다. 인과관계의 단절은 어떤 행위와 결과 사이에 제3의 요소가 개입하여 행위와 결과 사이의 인과관계가 인정되지 않는 상태를 의미한다. 엄밀히 보면 인과관계의 존부를 따지면 충분하고 일단 존재하는 인과관계가 단절되었는지를 따질 이유가 없다.[11) 하지만 인과관계의 단절 개념은 우리나라 외에도 일본(因果關係の切斷 또는 因果關係の中斷), 독일(Unterbrechung des Kausalzusammenhangs), 미국(breaking the chain of causation) 등 외국에서도 사용되고 있다. 우리나라에는 도중에 국가기관의 행정작용이나 결정이 개입한 경우 인과관계의 단절 문제를 다룬 대법원 판결들이 있으나, 실제로 이를 인정한 사례는 찾기 어렵다. 대법원은 경

---

10) 원심법원이 판시한 바에 따르면 약가 인하 결정 시 제네릭 의약품이 특허권을 침해하는지 여부는 심사·검토되지 않는다고 하고, 피고 역시 이를 인정하였다고 한다.
11) *Münchener Kommentar zum BGB/Oetker*, 8. Auflage (2019), §249, Rn. 142.

매법원 공무원이 이해관계인 통지 등에 관하여 저지른 절차상 과오는 원고의 손해
배상과 상당인과관계가 있다고 하면서, 경매법원의 경락허가결정, 대금지급기일
지정 및 그 실시, 소유권이전등기의 촉탁 등의 재판행위가 개입되어 있었다고 하여
달리 볼 것은 아니라고 보았다.[12] 또한 대법원은 법무장 사무장의 과실에 의한 등
기신청으로 인하여 발생한 손해에 관하여 도중에 등기관의 등기라는 행정행위가
개입하였더라도 인과관계가 단절되지 않았다고 보았다.[13] 그 외에 행정청의 결정
이 중간에 개재된 경우에도 손해배상을 인정한 판결,[14] 부당한 보전처분 집행으로
인한 손해배상을 인정한 판결[15]도 다수 있는데, 이때에도 행정청이나 법원의 작용
이 개입하였음을 이유로 인과관계를 부정하지는 않는다.

이처럼 인과관계는 어떤 변수가 중간에 개입하였다는 이유만으로 기계적으로
부정될 수는 없고, 위법행위 주체가 어떤 결과를 예견할 수 있었는가의 관점에서
규범적으로 판단되어야 한다. 민법 제763조에 의하여 불법행위에 준용되는 민법
제393조는 채무불이행으로 인한 손해배상은 통상손해 또는 예견 가능한 특별손해
를 한도로 한다고 규정한다. 이는 예견가능성을 기준으로 손해배상책임의 존부를
가리는 조항이다.[16] 그런데 판례는 이를 상당인과관계의 근거 조항으로 이해한
다.[17] 결국 우리 민법상 상당인과관계의 가장 중요한 판단기준은 민법 제393조에
서 규정된 예견가능성이다. 그렇다면 이 사건에서 피고의 행위와 원고의 손해 사
이에 인과관계가 인정되는지는 예견가능성의 견지에서 판단해야 한다.[18]

참고로 인과관계 단절에 관한 논의가 비교적 상세하게 펼쳐지고 있는 미국에서는

---

12) 대법원 2008. 7. 10. 선고 2006다23664 판결.
13) 대법원 2004. 4. 28. 선고 2003다66905 판결.
14) 대법원 1974. 10. 22. 선고 74다79 판결; 대법원 2010. 7. 8. 선고 2010다21276 판결.
15) 대법원 2001. 11. 13. 선고 2001다26774 판결 등 다수.
16) 이는 Hadley v. Baxendale [1854] EWHC J70에서 출발한 영미법계 법리에 기초한 조항이다.
17) 대법원 2008. 6. 12. 선고 2007다36445 판결 등 다수. 상당인과관계 이론(Adäquanztheorie)은
독일에서 유래한 것으로서, 독일 민법이 취하는 완전배상주의하에서 인과관계가 무한정 확장되는
것을 규범적으로 제어하고 이를 통해 손해배상책임의 성립과 그 범위를 합리적으로 제한하기 위해
등장하였는데, 이와는 달리 예견가능성을 전면에 내세운 우리 민법 제393조와 잘 어울리는지에
대해서는 의문이 제기되고 있다. 김용담 편, **주석민법, 채권총칙(1)**, 제4판(한국사법행정학회,
2014), 833−834면(이기택 집필부분).
18) 참고로 독일 민법은 우리 민법 제393조와 같이 예견가능성에 기초한 책임범위 설정 규정을 두고
있지 않으므로 독일 민법상 인과관계 단절 논의는 개입 변수의 경중에 초점을 두고 이루어진다. 한
주석서의 설명에 따르면, 판단기준은 중간 개입 사건이 손해의 관점에서 볼 때 매우 강력하게 작
동함으로써 최초의 사건이 완전히 밀려나서(vollständig verdrängt) 더 이상 그 손해를 최초의 사
건으로 귀속시킬 수 없는 정도에 이르는가이다. Oetker(주 11), Rn. 143.

어떤 요소가 인과관계를 단절시키는 개입 또는 대체 요소(intervening and superseding cause)로 인정되려면 일반적으로 ① 본래의 가해행위와는 완전히 독립된 요소일 것, ② 그 요소가 손해를 발생시킨 유일한 근접 원인(sole proximate cause)일 것,[19] ③ 가해행위에 의하여 야기되거나 촉발된 요소가 아닐 것,[20] ④ 그러한 요소의 개입을 합리적으로 예견할 수 없었을 것[21]이라는 요건이 충족되어야 한다.[22] 위와 같은 엄격한 요건 때문에 실제 인과관계의 단절은 매우 드물게만 인정되고 있다.[23]

다시 이 사건으로 돌아와 보면, 피고는 제네릭 의약품의 판매를 위해 약가 등재 절차를 밟고, 특허권자의 허락 없이 그 의약품을 제조하며, 등재된 약가에 의거하여 그 의약품을 판매하는 일련의 과정에서 원고의 의약품 약가 상한이 인하되리라는 사정을 충분히 예견할 수 있었다.[24] 물론 대상판결이 판시하였듯이 이론적으로는 약가 상한 인하 여부는 보건복지부장관이 결정할 사항이지만, 원심판결에 따르면 실제로는 이 사건처럼 판매예정시기를 변경하는 신청이 있으면 시장에 대체재가 존재한다고 보아 오리지널 의약품의 약가를 일률적으로 인하하는 방식을 취하였다고 한다. 설령 원심판결이 인정하였듯이 기계적이고 일률적인 인하가 이루어지지 않고, 보건복지부장관이 인하를 거절하거나 인하 폭을 달리 결정한 사례가 있었다고 하더라도 이러한 점만을 이유로 예견가능성이 부정된다고는 할 수 없다. 더 나아가 피고는 그 과정에 중간 변수로 개입한 보건복지부장관의 고시를 예견하는 것을 넘어서서 이를 의도적으로 유발한 측면도 있다. 이러한 경우 자신이 유발한 보건복지부장관 고시를 방패삼아 자신의 책임을 회피할 수는 없다. 앞서 미국

---

19) General Motors Corp. v. Lahocki, 286 Md. 714, 410 A.2d 1039 (1980); Coleman v. Blankenship Oil Corp., 221 Va. 124, 267 S.E.2d 143 (1980); Sisco v. Broce Mfg., Inc., 1 Fed. Appx . 420 (6th Cir. 2001). 따라서 개입 요소가 가해자의 가해행위와 병행하거나 가해행위에 기여하는 역할을 한다면 그 요소로 인과관계를 단절시킬 수 없다고 한다. Layman v. Braunschweigische Maschinenbauanstalt, Inc., 343 N.W.2d 334 (N.D. 1983).

20) Milwaukee & St. P.R. Co. v. Kellogg, 94 U.S. 469, 24 L. Ed. 256 (1876); Thropp v. Bache Halsey Stuart Shields, Inc., 650 F.2d 817 (6th Cir. 1981); Hill Const. Co. v. Bragg, 291 Ark. 382, 725 S.W.2d 538 (1987) 등 다수.

21) McDermott v. Midland Management, Inc., 997 F.2d 768 (10th Cir. 1993); Lindsey v. Navistar Intern. Transp. Co., 150 F.3d 1307 (11th Cir. 1998); Marcus v. Staubs, 736 S.E.2d 360 (W. Va. 2012) 등 다수 판결.

22) Restatement (Second) of Torts 제442조, 제449조 참조.

23) 57A Am. Jur. 2d Negligence § 571.

24) 원심판결은 제약업계에 널리 알려진 관행을 기초로 피고가 이를 잘 알 수 있었다는 점을 상세하게 판시하고 있다.

논의에서 가해행위에 의하여 야기되거나 촉발된 요소는 인과관계 단절 사유가 없다고 한 것은 그 점에서 이 사건에도 시사하는 바가 있다.

지금까지 살펴본 바를 종합하면, 보건복지부장관의 고시가 중간에 개입하였다는 사정에 주목하여, 특허권을 침해한 것으로 밝혀진 피고의 행위에 위법성이 없다거나 그 행위와 원고의 손해 사이에 상당인과관계가 없다고 한 대상판결에는 찬성하기 어렵다. 대상판결은 고권적 행정작용이 가지는 독자성에 무게를 둔 판결로 이해되나, 이러한 행정작용이 중간에 개입한 경우에도 사인 간의 민사책임 문제는 별도 차원에서 해결해야 한다. 또한 대상판결은 유효성 분쟁 중인 특허 때문에 제네릭 의약품의 시장 진입이 늦어지면 국민건강보험은 오리지널 의약품에 고가의 약가를 상환해야 하고 국민들도 제네릭 의약품에 대한 접근성이 저하된다는 점을 고려한 판결로 이해되나, 위와 같은 공익이 특허침해의 토대 위에서 구현되어서는 안 된다. 특허 제도를 인정하는 이상 특허가 무효라고 믿고 무단으로 특허 발명을 이용하는 자는 자신의 위험 부담 아래 그렇게 하는 것이고, 사후에 특허침해로 밝혀진 행위에 따른 손해배상은 부담하는 것이 맞다. 또한 위와 같은 제네릭 의약품의 조기 개발과 조기 시장 진입이 가지는 공익이 그토록 크다면 이는 입법을 통해 반영해야 한다.25)

---

25) 박성민·정용익·신혜은(주 5), 38면은 "특허도전에 성공한 후발의약품의 조기 진입 이후의 부당한 신약 보험약가 인하에 대하여는 국민건강보험공단이 신약 제약회사에게 손실보상을 하고 후발 의약품 진입 지연으로 인한 신약 보험약가 인하 지체에 대하여는 신약 제약회사가 국민건강보험공단에게 그로 인한 망외의 이익을 반환하도록 하는 입법적 개선"을 제언하고 있다.

7 성과 도용에 관한 부정경쟁행위
(대법원 2020. 3. 26. 선고 2016다276467 판결)

가. 사실관계

원고들은 X골프장, Y골프장, Z골프장(이하 '이 사건 골프장'이라고 한다)을 소유·운영하고 있다. 피고는 국내외 여러 골프장의 실제 모습을 촬영하고 그 사진 등을 토대로 실제 골프장의 모습을 거의 그대로 재현한 스크린골프 시뮬레이션 시스템용 3D 골프코스 영상을 제작하여 스크린골프장 운영업체들에게 제공하는 사업을 해 왔다. 피고가 제작한 골프코스 영상은 이용자들로 하여금 특정 골프장을 선택하면 그 골프장에서 골프를 즐기는 것과 같은 환경을 제공해 주고 있는데, 그중에는 이 사건 골프장도 포함되어 있다. 피고는 이 사건 골프장을 촬영한 다음 그 사진 등을 토대로 3D 컴퓨터 그래픽 등을 이용하여 이 사건 골프장의 골프코스를 거의 그대로 재현한 입체적 이미지의 골프코스 영상을 제작한 다음, 2009년 무렵부터 2015. 2. 23.까지 스크린골프장 운영업체에 제공하였다. 원고들은 위와 같은 피고의 행위가 자신들의 저작재산권을 침해한다고 주장하면서, 피고를 상대로 손해배상을 청구하였다. 피고는 이 사건 골프장의 골프코스는 저작물로 볼 수 없고, 원고들은 이 사건 골프장의 골프코스의 저작권자가 아니라고 주장하였다. 제1심법원은 원고들의 저작재산권이 침해되었다고 보아 피고의 손해배상책임을 인정하였다.[1]

나. 원심판결과 대상판결

원고들은 원심에서 「부정경쟁방지 및 영업비밀보호에 관한 법률」(이하 '부정경쟁방지법'이라고 한다)상 부정경쟁행위 또는 민법상 불법행위를 이유로 한 손해배상청구를 추가하였다. 원심법원은 저작재산권 침해를 이유로 한 손해배상청구는 받아들이지 않고, 부정경쟁행위 또는 민법상 불법행위를 이유로 한 손해배상청구는 받아들였다.[2] 원심법원은 이 사건 골프코스가 건축저작물에 해당하나, 저작재산권자

---

1) 서울중앙지방법원 2015. 2. 13. 선고 2014가합520165 판결.
2) 서울고등법원 2016. 12. 1. 선고 2015나2016239 판결.

는 건축주인 원고들이 아니라 설계자이므로 원고들은 저작재산권 침해를 이유로 손해배상을 청구할 수 없다고 보았다. 한편 이 사건 골프장의 명칭을 제외한 골프코스의 종합적인 이미지는 원고들이 이룩한 성과로 볼 수 있고, 이러한 성과를 공정한 상거래 관행이나 경쟁질서에 반하는 방법으로 피고의 영업을 위하여 무단으로 사용함으로써 원고들의 경제적 이익을 침해한 피고의 행위는 2014. 1. 30.까지는 민법상의 불법행위, 그 이후부터는 부정경쟁방지법 제2조 제1호 (차)목(부정경쟁방지법이 2018. 4. 17. 법률 제15580호로 개정되면서, (카)목으로 변경. 이하 편의상 '(카)목'이라 지칭한다)의 부정경쟁행위에 해당하므로 손해배상청구를 할 수 있다고 보았다.

대법원도 원심법원의 판단을 유지하였다.[3] 대법원은 (카)목의 신설 취지 및 보충적 일반조항으로서의 성격을 판시한 뒤 다음과 같은 법리를 전개하였다.

위와 같은 법률 규정과 입법 경위 등을 종합하면, (카)목은 그 보호대상인 '성과 등'의 유형에 제한을 두고 있지 않으므로, 유형물뿐만 아니라 무형물도 이에 포함되고, 종래 지식재산권법에 따라 보호받기 어려웠던 새로운 형태의 결과물도 포함될 수 있다. '성과 등'을 판단할 때에는 위와 같은 결과물이 갖게 된 명성이나 경제적 가치, 결과물에 화체된 고객흡인력, 해당 사업 분야에서 결과물이 차지하는 비중과 경쟁력 등을 종합적으로 고려해야 한다. 이러한 성과 등이 '상당한 투자나 노력으로 만들어진' 것인지는 권리자가 투입한 투자나 노력의 내용과 정도를 그 성과 등이 속한 산업분야의 관행이나 실태에 비추어 구체적·개별적으로 판단하되, 성과 등을 무단으로 사용함으로써 침해된 경제적 이익이 누구나 자유롭게 이용할 수 있는 이른바 공공영역(public domain)에 속하지 않는다고 평가할 수 있어야 한다. 또한 (카)목이 정하는 '공정한 상거래 관행이나 경쟁질서에 반하는 방법으로 자신의 영업을 위하여 무단으로 사용'한 경우에 해당하기 위해서는 권리자와 침해자가 경쟁관계에 있거나 가까운 장래에 경쟁관계에 놓일 가능성이 있는지, 권리자가 주장하는 성과 등이 포함된 산업분야의 상거래 관행이나 경쟁질서의 내용과 그 내용이 공정한지, 위와 같은 성과 등이 침해자의 상품이나 서비스에 의해 시장에서 대체될 수 있는지, 수요자나 거래자들에게 성과 등이 어느 정도 알려졌는지, 수요자나 거래자들의 혼동가능성이 있는지 등을 종합적으로 고려해야 한다.

---

3) 대법원 2020. 3. 26. 선고 2016다276467 판결.

다. 분석

(카)목의 입법은 2010년 대법원 결정에서 비롯되었다.[4] 이 결정에서 대법원은 "경쟁자가 상당한 노력과 투자에 의하여 구축한 성과물을 상도덕이나 공정한 경쟁질서에 반하여 자신의 영업을 위하여 무단으로 이용함으로써 경쟁자의 노력과 투자에 편승하여 부당하게 이익을 얻고 경쟁자의 법률상 보호할 가치가 있는 이익을 침해하는 행위는 부정한 경쟁행위로서 민법상 불법행위에 해당한다."라고 판시하였다. 이 결정은 두 가지 점에서 중요하다. 첫째, 성과물 무단도용행위를 부정한 경쟁행위로서 민법상 불법행위로 보았다.[5] 둘째, 그 불법행위에 대한 금지청구권을 인정하였다. 첫째 판시는 2013. 7. 30. 법률 제11963호로 개정된 부정경쟁방지법 제2조 제1호 (차)목의 신설로 이어졌고, 이것이 이후 (카)목으로 변경되었다. 둘째 판시는 법무부 민법개정위원회 2014년 민법 개정시안 제766조의2[6]에 반영되었으나 실제 입법으로 이어지지는 않았다.

(카)목은 "그 밖에 타인의 상당한 투자나 노력으로 만들어진 성과 등을 공정한 상거래 관행이나 경쟁질서에 반하는 방법으로 자신의 영업을 위하여 무단으로 사용함으로써 타인의 경제적 이익을 침해하는 행위"를 부정경쟁행위의 하나로 규정하였다. 대상판결의 판시에 따르면 이는 "새로이 등장하는 경제적 가치를 지닌 무형의 성과를 보호하고 입법자가 부정경쟁행위의 모든 행위를 규정하지 못한 점을 보완하여 법원이 새로운 유형의 부정경쟁행위를 좀 더 명확하게 판단할 수 있도록 함으로써, 변화하는 거래관념을 적시에 반영하여 부정경쟁행위를 규율하기 위한 보충적 일반조항"이다. 다만 여기에서의 "보충적" 일반조항이라는 점이 (카)목 위반과 다른 부정경쟁행위 위반이 병존할 수 없다는 의미를 가지는 것은 아니다.[7]

---

4) 대법원 2010. 8. 25.자 2008마1541 결정.
5) 이는 국내외의 여러 입법례와 논의를 종합하여 판시한 것으로 보이는데 특히 미국의 부정이용 (misappropriation) 법리에 가깝다. International News Service v. Associated Press, 248 U.S. 215 (1918); National Basketball Association v. Motorola, Inc., 105 F.3d 841 (2d. Cir. 1997) 참조.
6) 제1항은 "타인의 위법행위로 인하여 손해를 입거나 입을 염려가 있는 자는 손해배상에 의하여 손해를 충분히 회복할 수 없고 손해의 발생을 중지 또는 예방하도록 함이 적당한 경우에는 그 행위의 금지를 청구할 수 있다.", 제2항은 "제1항의 금지를 위하여 필요한 경우에는 손해를 입거나 입을 염려가 있는 자는 위법행위에 사용되는 물건의 폐기 또는 그 밖에 적절한 조치를 청구할 수 있다."라고 규정한다.
7) 최승재, "제품의 형태와 색채 모방행위와 부정경쟁행위에 대한 소고 : 비아그라 판결과 세레타이드

또한 보충적 "일반조항"이라는 점에 기대어 부정경쟁행위 범위가 자의적으로 확장되어서는 안 된다는 점도 분명하다.8)

(카)목의 신설은 지식재산권과의 관계에서 보면 기나긴 부정경쟁행위의 목록에 하나가 추가된 것 이상의 특별한 의미를 가진다. 특허권이나 저작권과 같은 지식재산권은 세상에 부가가치를 더하는 창조행위에 대한 인센티브 내지 보상으로 부여된다. 그런데 이러한 지식재산권은 물권과 유사한 보호를 받으므로 일정한 독점상태를 창출한다. 그만큼 자유경쟁과 자유이용은 억제된다.9) 따라서 지식재산권 제도는 그 권리의 주체, 존속기간, 보호범위를 최대한 명확하게 획정하는 한편, 자유이용의 영역을 일정 부분 확보함으로써 보상과 공유의 균형, 독점과 자유의 균형을 유지하고자 한다. 그런데 (카)목의 부정경쟁행위가 보호하고자 하는 성과는 기존 지식재산권에 비해 내포와 외연이 명확하지 않고, 기존 지식재산권처럼 자유이용의 영역이 입법적으로 확보되어 있지 않으면서도, 기존 지식재산권처럼 강한 보호를 받을 뿐만 아니라, 존속기간의 면에서는 아무런 제한도 받지 않아 오히려 기존 지식재산권보다 강력하다. 이는 성과 등 보유자의 입장에서는 강력한 보호 가능성을 제공하는 조항이지만, 지식재산권법을 토대로 형성되어 온 재화보호의 전체 질서 관점에서는 이질적이고 불균형한 요소로 여겨질 가능성도 있다.

그러나 지식재산권법이 아닌 민법의 관점에서 접근하면 (카)목은 결코 이질적이라고만 말할 수 없는 조항이다. 불법행위에 관한 우리 민법 제750조는 열린 조항이다. 따라서 불법행위의 보호법익을 제한하는 일부 법계(가령 미국이나 독일, 영국)와는 달리 보호법익에 법문상 제한이 없다. 침해대상이 꼭 절대권을 비롯한 권리 형태라야 할 것을 요구하지 않으므로 영업이익을 비롯한 순수한 경제적 이익도 불법행위법의 보호대상이 될 수 있다. 또한 위법성을 판단할 때에는 결과불법뿐만 아니라 행위불법도 중요하게 고려된다. 그렇게 본다면 (카)목이 지식재산권으로 보호되지 않는 성과 등을 위법한 행태의 도용행위로부터 보호하는 것은 불법행위법에서는 결코 낯선 장면이 아니다. 물론 이러한 행위에 대해 금지청구권이 명문으로

판결을 중심으로", **상사판례연구**, 제30집 제2권(2017), 213면. 대법원 2020. 7. 23. 선고 2020다 220607 판결에서도 (차)목과 (카)목이 함께 적용되었다.

8) 나종갑, "'성과'모방' 도그마와 부정경쟁방지법 제2조 제1항 (카)목의 적용범위─서울연인단팥빵사건을 중심으로─", **산업재산권**, 제62호(2020), 195면.

9) 이규홍, "부정경쟁방지법 제2조 제1호 차목(변경 후 카목)에 대한 연구", **정보법학**, 제22권 제2호 (2018), 80면.

인정된다는 점(부정경쟁방지법 제4조)이 일반 불법행위와 다르기는 하다. 그러나 불법행위에 대한 금지청구권은 해석론상 불가능하지 않을 뿐만 아니라[10] 이러한 부정경쟁행위에 대한 금지청구권은 (카)목 신설 전부터 이미 판례로 인정되었다는 점[11]에서도 (카)목은 기존에 없던 새로운 보호를 추가 제공하는 조항이 아니다.

결국 '지식재산권의 보호대상은 아니지만 민법상 보호가치가 있는 대상에 대한 부정한 경쟁행위'를 둘러싼 제반 법적, 정책적 요청들을 형량하면서 (카)목의 의미를 구체화해 나갈 부담은 오롯이 그 조항의 해석권을 가진 법원에 맡겨지게 되었다. (카)목은 그 문언의 추상성 때문에 상당히 넓은 적용 가능성을 자랑하고 있어 그동안 하급심 사건들에서 꽤 자주 활용되어 온 것으로 보인다.[12] 하지만 (카)목의 역사가 오래되지 않고, 그 성립요건도 추상적으로 규정되어 있는데다가, 민법, 경쟁법, 지식재산권법이 교차하는 난해한 영역이기도 하여 대법원 차원에서의 법리 선언이 요청되는 상황이었다. 대상판결 및 같은 일자의 대법원 2020. 3. 26.자 2019마6525 결정[13]은 (카)목 부정경쟁행위의 성립요건과 판단 시 고려사항들을 상세하게 제시함으로써 (카)목 적용에 대한 가이드라인을 제공하였다.[14] 대상판결이 제시한 법리에서 주목할 만한 점들은 다음과 같다.

첫째, 보호 대상인 '성과 등'의 범위와 판단 기준을 제시하였다. 대상판결은 성과 등에 유형물과 무형물, 지식재산권법의 보호를 받지 않는 새로운 형태의 결과물이 포함된다는 점을 분명히 하였다. 또한 성과 등의 판단 시 고려해야 할 요소들을 예시하였다. 대상판결에서 특히 주목할 만한 점은 성과 등을 무단으로 사용함으로써 침해된 경제적 이익이 공공영역(public domain)에 속하지 않는다고 평가되어야 한다는 판시 부분이다. 앞서 보았듯이 (카)목의 해석·적용에서는 지적재산권법과의 균형을 고려하여야 한다. 그런데 성과 등보다 더 공고한 지식재산권에 대해서도 보호기간이나 보호범위와 관련하여 공공영역이 설정되어 있다. 그렇다면 이보다 더 완화된 형태의 성과 등에는 그러한 공공영역의 설정 필요성이 더욱 크다. 다만 구체적으로 무엇이 공공영역에 속하는가는 대상판결의 내용만으로는 분

---

10) 권영준, "불법행위와 금지청구권", LAW & TECHNOLOGY, 제4권 제2호(2008), 12-13면.
11) 대법원 2010. 8. 25.자 2008마1541 결정.
12) 이규홍(주 9), 79-80면. 다만 실제로 부정경쟁행위로 인정되는 경우는 적다고 한다. 최호진, "개정 부정경쟁방지법 (차)목 및 (카)목의 해석·적용에 관한 고찰", **인권과 정의**, 제476호(2018), 21면.
13) 방탄소년단(BTS) 소속사의 허락 없이 방탄소년단에 대한 특집 기사나 사진을 대량 수록한 별도 책자나 DVD 등을 제작한 행위를 (카)목 부정경쟁행위로 본 결정이다.
14) 그 이후 대법원 2020. 7. 23. 선고 2020다220607 판결도 동일한 판시를 하였다.

명하지 않다. 이는 향후 해석론으로 해결해야 할 문제이다. 해당 성과 등과 유사한 결과물을 보호하는 해당 지식재산권 법령의 태도가 중요하게 참고될 수 있을 것이다.

둘째, 금지대상 행위인 무단사용인지를 판단할 때 고려해야 할 사항들을 제시하였다. 대상판결은 경쟁관계를 첫 번째 고려요소로 제시하였다. (카)목의 출발점인 2010년 대법원 결정[15]은 '경쟁자'를 행위 주체로 특정함으로써 경쟁관계를 요구하였으나, (카)목을 신설하면서는 이를 명시하지 않았다. 이를 두고 (카)목이 경쟁관계를 전제하는지에 대해 견해가 갈렸다.[16] 대상판결에서는 고려요소의 하나로 경쟁관계를 제시하는데 그쳤으나, 그 전반적인 취지상 경쟁관계를 요건으로 요구하는 것으로 이해된다. 이는 부정'경쟁'행위를 규율하는 (카)목의 속성이나 (카)목의 과도한 확장 억제 필요성에 비추어 타당하다. 그 외에도 대상판결은 상거래 관행이나 경쟁질서의 내용과 그 공정성, 대체 가능성, 성과 등의 주지성, 혼동가능성 등을 고려요소로 제시하였다. 그중 상거래 관행이나 경쟁질서의 공정성을 언급한 점도 주목되어야 한다. 관행이나 경쟁질서 그 자체는 당위(Sollen)가 아닌 존재(Sein)의 영역이므로 관행 등이 곧바로 규범적 판단 기준이 될 수는 없다.[17] 따라서 대상판결이 공정성을 언급한 것은 관행 등에 기계적으로 따를 것이 아니라 이에 대한 규범적 평가를 거쳐 고려해야 함을 의미한다.

대상판결의 사안으로 돌아와 보자. 지형, 경관, 조경요소, 설치물 등이 결합된 이 사건 골프코스의 종합적 이미지는 '성과 등'에 해당한다. 원고가 설계도를 골프코스로 실제 구현하는 과정에서 부지 물색, 인허가, 골프장 조성공사 등에 상당한 투자와 노력이 이루어졌다. 따라서 '상당한 투자나 노력으로 만들어진 성과 등'의 요건은 충족된다. 한편 원고들과 피고는 그 업종의 특성상 경쟁관계에 있었다.[18] 그런데 피고는 원고들의 이 사건 골프코스의 종합적 이미지를 이용하여 자신의 영업에 제공하였고, 이러한 경우 통상적으로 원고들의 사용허락을 얻어야 한다는 점

---

15) 대법원 2010. 8. 25.자 2008마1541 결정.
16) 긍정설로는 박정희, "부정경쟁방지법 제2조 제1호 차목의 적용범위", **특허법원 개원 20주년 기념논문집**(특허법원, 2018), 843면; 이규호(주 9), 84면; 부정설로는 유영운, "부정경쟁방지법 일반조항의 적용범위에 관한 고찰", LAW & TECHNOLOGY, 제11권 제4호(2015), 54−55면.
17) 참고로「가맹사업거래의 공정화에 관한 법률」제12조의3 제1항은 가맹본부가 부당하게 가맹사업자의 영업시간을 구속하는 행위인지 여부를 판단하는 기준으로 "정상적인 거래관행"이라는 표현을 사용하고 있다.
18) 원심판결이 인용한 실증조사 결과에 따르면 스크린골프와 필드골프 수요자들은 겹치고 계절에 따라 양자의 이용률이 서로 반비례관계를 보이고 있어 서로 대체적 관계에 있다.

을 인식하면서도 그렇게 하지 않았다.[19] 그러므로 '공정한 상거래 관행이나 경쟁 질서에 반하는 방법으로 자신의 영업을 위하여 무단으로 사용'할 것이라는 요건도 충족된다. 마지막으로 (카)목은 '경제적 이익을 침해하는' 결과를 요구한다. 그런데 이러한 무단이용은 원고들과 피고의 경쟁관계에 비추어 원고의 경제적 이익 침해로 이어진다고 볼 수 있다. 결국 피고의 행위가 (카)목의 부정경쟁행위에 해당한다고 한 원심법원 및 대법원의 판단은 타당하다.[20]

---

19) 실제로 피고는 원고 일부와는 사용허락 여부를 협상하였으나 사용허락 계약을 체결하지 않았고, 나머지 원고들의 영업양도인과는 사용허락 계약을 체결하기도 하였으나 영업양수인과는 사용허락 계약을 체결하지 않았다.

20) 다만 이 경우 저작권자와 피고의 관계는 어떠한지, 만약 피고가 저작권자에 대해서도 저작권침해책임을 져야 한다면 원고들에 대한 부정경쟁행위책임과는 어떤 관계에 있는지는 좀 더 생각해 볼 사항이다.

8 일용 근로자의 가동연한
(대법원 2019. 2. 21. 선고 2018다248909 전원합의체 판결)

가. 사실관계

피고 회사는 피고 A시로부터 수영장 사용 허가를, 피고 B구로부터 유원시설업 허가를 받아 일반 유원시설 업체로서 X수영장을 설치·운영하고 있었다. 피고 C는 X수영장의 본부장으로서 시설물 관리 및 이용객 등의 안전관리책임자로 근무하고 있었다. 2015. 8. 9. D(4세)가 가족들과 함께 X수영장을 방문하였다가 물에 빠지는 사고가 발생하였고, D는 이로 인해 사망하였다. D의 가족인 원고들은 피고 A시 및 B구가 사고 예방 의무를 다하지 않았고, 피고 회사와 피고 C가 업무상 주의의무를 위반하여 사고가 발생하였다고 주장하면서, 피고들을 상대로 손해배상책임을 묻는 소송을 제기하였다.

나. 소송의 경과

1심법원은 원고들의 피고 A시 및 B구에 대한 청구를 기각하는 한편, 피고 회사 및 피고 C에 대한 청구를 일부 인용하였다.[1] 1심법원은 D의 일실수입을 산정함에 있어서 D가 성인이 된 후 21개월의 군 복무를 마친 2031. 12. 7.부터 만 60세가 되는 2071. 3. 6.까지를 D의 가동연한으로 보았다. 원심법원도 1심법원과 마찬가지로 D의 가동연한을 만 60세까지로 보되 위자료를 증액하였다.[2] 그런데 대법원은 D의 가동연한을 만 60세가 아닌 만 65세까지로 보아 원심판결을 파기하였다.[3] 대상판결의 주요 부분을 옮기면 다음과 같다.[4]

대법원은 1989. 12. 26. 선고한 88다카16867 전원합의체 판결(이하 "종전 전원합의체 판결"이라고 한다)에서 일반육체노동을 하는 사람 또는 육체노동을 주로 생계

---

1) 인천지방법원 2018. 2. 6. 선고 2017가합53896 판결.
2) 서울고등법원 2018. 6. 14. 선고 2018나2016032 판결.
3) 대상판결과 함께 공개변론 대상이 되었던 광주고등법원 2018. 8. 17. 선고 2017나15118 판결에서는 일용 근로자의 가동연한을 만 65세로 보았다. 이 사건에서는 만 49세 11개월 남성이 난간 파손으로 추락사하였다.
4) 다수의견에 대하여는 대법관 박상옥, 대법관 김선수의 보충의견이 제시되었다.

활동으로 하는 사람(이하 "육체노동"이라 한다)의 가동연한을 경험칙상 만 55세라고 본 기존 견해를 폐기하였다. 그 후부터 현재에 이르기까지 육체노동의 가동연한을 경험칙상 만 60세로 보아야 한다는 견해를 유지하여 왔다. 그런데 우리나라의 사회적·경제적 구조와 생활여건이 급속하게 향상·발전하고 법제도가 정비·개선됨에 따라 종전 전원합의체 판결 당시 위 경험칙의 기초가 되었던 제반 사정들이 현저히 변하였기 때문에 위와 같은 견해는 더 이상 유지하기 어렵게 되었다. 이제는 특별한 사정이 없는 한 만 60세를 넘어 만 65세까지도 가동할 수 있다고 보는 것이 경험칙에 합당하다. 한편 사실심 법원이 일실수입 산정의 기초가 되는 가동연한을 인정할 때에는, 국민의 평균여명, 경제수준, 고용조건 등의 사회적·경제적 여건 외에 연령별 근로자 인구수, 취업률 또는 근로참가율 및 직종별 근로조건과 정년 제한 등 제반 사정을 조사하여 이로부터 경험칙상 추정되는 가동연한을 도출하거나 피해자의 연령, 직업, 경력, 건강상태 등 구체적인 사정을 고려하여, 그 가동연한을 인정할 수 있다. 원고들은 항소이유서에서 A의 가동연한이 적어도 만 65세라고 주장하였고, 육체노동의 가동연한을 만 60세까지로 보았던 종전의 경험칙은 앞에서 본 것처럼 그 기초가 된 경험적 사실의 변화에 따라 더 이상 유지하기 어렵게 되었다. 그러므로 원심은, 경험칙의 기초가 되는 제반 사정들을 조사하여 이로부터 경험칙상 추정되는 육체노동의 가동연한을 도출하거나 망아의 가동연한을 새로이 도출된 경험칙상 가동연한과 달리 인정할 만한 특별한 구체적 사정이 있는지를 심리하여, 그 가동연한을 정하였어야 한다.

한편 대법관 조희대, 대법관 이동원의 별개의견(이하 "별개의견 1"이라고 한다)은, 만 60~64세의 경제활동참가율이 약 60% 정도이고, 그 연령대 이후 사망 확률이 급격히 증가하는 점, 특히 피해자가 어릴수록 위 연령대에 이르지 못하고 사망할 확률이 높을 수밖에 없다는 점, 일반적인 법정 정년 및 연금 수급개시연령이 2018년 현재 만 63세를 넘어서지 못하고 있고 가까운 미래에도 크게 달라질 것으로 보이지 않는다는 점 등 제반 사정을 고려하면, 통상의 경우 만 63세까지 경제활동을 한다고 보는 것이 상당하고, 결국 평균여명, 경제활동참가율, 사회보장제도와의 연관성 등을 적절히 반영한 만 63세가 육체노동의 적정 가동연한이라고 보았다.

대법관 김재형의 별개의견(이하 "별개의견 2"라고 한다)은 가동연한을 특정 연령으로 단정하는 것에 대해 다음과 같이 반대하였다. 현재 경험칙상 가동연한을 만

65세 또는 만 63세로 단정하여 선언할 수 있을 만큼 경험적 사실에 관해 확실한 변화가 있다고 보기 어렵다. 피해자의 건강상태 등 개인적 요소를 고려하지 않고 가동연한을 일률적으로 정하는 것이 경험칙이라고 할 수도 없다. 그뿐만 아니라, 경험칙상 가동연한을 달리 인정해야 할 경험적 사실의 변화가 있을 때마다 대법원이 경험적 사실을 조사하여 전원합의체 판결로 경험칙상 가동연한을 특정하여 선언하는 것이 적정한지도 의문이다. 하급심 판결들이 엇갈리고 있기 때문에, 대법원이 통일적 기준을 제시할 필요성이 있다. 그러나 대법원이 통일적 기준을 제시하는 방법은 다수의견과 같이 일률적으로 가동연한을 만 65세라고 단정하여 선언하는 방식이 아니라, '육체노동의 일반적인 가동연한을 만 60세 이상이라고만 제시하고 만 65세로 인정한 별개의 사건에서 사실심 판결이 옳다고 판단하는 방법'으로 충분하다.

다. 분석

일용 근로자의 가동연한은 중요한 의미를 가진다. 다른 직종의 가동연한을 산정하는 요긴한 기준이 되기 때문이다. 일용 근로자의 가동연한은 실제 일용 근로자 외에도 무수입자[5] 또는 다른 직종에 종사하되 일용 근로자보다 적은 수입을 올리는 사람에게 적용된다. 일용 근로자보다 짧은 가동연한을 가지는 다른 직종 종사자의 정년 후 일실수입 산정에도 적용된다. 일용 근로자의 가동연한이 가지는 상징성과 중요성 때문에 그 가동연한 변경은 정년제도, 연금수급 개시연령, 보험료율의 수준, 보험약관의 내용, 사회복지 제도, 노인과 청년의 고용률과 실업률, 이에 따른 노동시장과 산업계의 재편 등 다양한 영역에서 심대한 사회 변화를 초래하게 된다.

대상판결은 이 점에서 특수하다. 일반적으로 법원은 과거에 일어난 구체적 분쟁을 해결한다. 이때 법원은 현재의 판단 시점에서 과거를 돌아보는 관점, 즉 사후적(ex post) 관점을 취한다. 그런데 법원의 판결은 장래의 행위 및 재판 지침이 될 수 있고, 이를 통해 사회에 파급효과를 초래할 수 있다. 이때 법원은 아직 일어나지 않은 장래의 일을 미리 그려보는 관점, 즉 사전적(ex ante) 관점을 활용한다. 사후적 관점은 분쟁해결적 사고방식과 결합하기 쉽고, 사전적 관점은 정책적 사고방

---

5) 무직자 외에도 취업 전 미성년자, 학생, 전업주부를 포함한다.

식과 결합하기 쉽다.6) 일반적인 민사사건에서는 사전적 관점보다 사후적 관점이 더 중요하다. 법원은 장래를 바라보고 거시적 정책을 수립하는 정책기관이 아니라, 과거에 일어난 구체적 분쟁을 다루는 사법기관이고, 이러한 특성은 민사사건에서 더욱 두드러지기 때문이다. 그런데 대상판결에서는 예외적으로 사전적 관점이 더욱 중요한 역할을 수행하였다. 일용 근로자의 가동연한 변경은 장차 우리 사회에 심대한 전방위적 변화를 초래할 수 있기 때문이다. 실제로 대상판결은 2019년에 선고된 판결 중에서 사회에 미칠 파급효과가 가장 큰 판결이다. 그래서인지 대상판결에서의 논전(論戰)도 단순한 분쟁해결적 관점을 넘어서서 사회정책적 관점에 상당한 무게를 두고 펼쳐졌다.

대법원은 일용 근로자의 가동연한을 만 55세로 보았다가, 1989년 전원합의체 판결을 통해 이를 만 60세로 상향 조정하였다.7) 그로부터 약 30년이 흐른 시점에서 대법원은 대상판결을 통해 일용 근로자의 가동연한을 만 65세로 한 번 더 상향 조정하였다.8) 이러한 결론에 이르는 과정에서 세 가지 쟁점이 문제되었다. 첫째, 대법원이 경험칙상 가동연한을 특정 연령으로 정하여 선언할 수 있는가? 둘째, 현재 만 60세로 되어 있는 일용 근로자의 경험칙상 가동연한은 적정한가? 셋째, 적정하지 않다면 그 가동연한은 몇 살로 보는 것이 적정한가? 아래에서 이 쟁점들을 차례대로 살펴본다.

(1) 가동연한의 통일적 제시

대법원이 경험칙상 가동연한을 특정 연령으로 정하여 선언할 수 있는가? 민사소송법 제202조는 "법원은 변론 전체의 취지와 증거조사의 결과를 참작하여 자유로운 심증으로 사회정의와 형평의 이념에 입각하여 논리와 경험의 법칙에 따라 사실주장이 진실한지 아닌지를 판단한다."라고 규정한다. 사실에 대한 자유로운 판단권을 법관에게 부여한 조항이다.9) 개별 사건에서 개별 피해자의 가동연한은 사실 문제이다. 따라서 개별 사건에서 개별 피해자의 가동연한 판단은 사실심 법관의 몫

---

6) 권영준, "민법학, 개인과 공동체, 그리고 법원", **비교사법**, 제22권 제4호(2015) 462면.

7) 대법원 1989. 12. 26. 선고한 88다카16867 전원합의체 판결.

8) 1990년대 중반 무렵, 법원이 다시 제반 사정을 고려하여 가동연한을 변경해야 한다는 주장이 제기되기도 하였다. 손기식, "일반육체노동자의 가동연한", **법과 정의: 경사이회창 선생 화갑기념**(1995), 657–658면.

9) 민일영·김능환 편, **주석 민사소송법**(Ⅲ) 제7판(한국사법행정학회, 2012), 204면(강승준 집필 부분).

이다. 별개의견 2는 이 점을 강조하였다. 대법원이 개별 사건에 존재하는 피해자의 개인적 요소를 고려하지 않은 채 일률적으로 경험칙상 가동연한을 만 65세로 선언해서는 안 된다는 것이다.

그런데 자유심증주의는 형식적·법률적인 증거 규칙으로부터의 해방을 뜻할 뿐 법관의 주관적 판단을 무제한적으로 용인한다는 의미는 아니다.[10] 민사소송법 제202조가 한편으로는 "자유로운 심증"을 말하면서도 다른 한편으로는 "사회정의와 형평의 이념에 입각하여 논리와 경험의 법칙에 따라" 판단하도록 규정하는 것도 그러한 이유 때문이다. 여기에서 "경험의 법칙", 즉 경험칙은 법관의 자유로운 판단이 합리성과 보편성의 한계를 넘지 않도록 해 준다. 이러한 속성 때문에 경험칙은 개별 사건이나 개별 심급의 차원을 뛰어넘는 추상성, 객관성, 보편성을 지니고 있고, 또 지녀야 한다.[11] 따라서 경험칙에 관한 가이드라인은 대법원이 제공하는 것이 바람직하다.[12] 이러한 가이드라인 때문에 사실심 법관의 판단재량이 부당하게 침해되는 것도 아니다. 대법원이 인정한 경험칙을 그대로 적용할 수 없는 개별 사건의 특수한 사정이 있다면 사실심 법관은 이러한 사정을 반영하여 달리 판단할 수 있고, 또 그렇게 하여야 하기 때문이다.[13]

이처럼 통일적인 가이드라인을 제시하되 그와 다른 판단의 여지를 남겨 놓는 경험칙의 정립은 당사자의 증명 부담과 법원의 사실인정 부담을 덜어주어 사회적 비용을 감소시키고, 사건 간의 차별적 취급을 방지하여 재판에서의 평등을 드높이고, 이를 통해 사법에 대한 신뢰를 제고한다. 특히 인신사고에 대한 법적 분쟁은 일상적으로 발생하기 때문에 그 손해배상액 산정 기준인 가동연한에 관하여 보편적인 경험칙을 제시하는 것은 더욱 절실하게 요구되는 바이다.[14] 만약 이러한 경

---

10) 대법원 2018. 12. 27. 선고 2015다58440, 58457 판결. 또한 주석 민사소송법/강승준(주 9), 203면; 강현중, "변론주의와 자유심증주의", **민사소송**, 제3권(2000), 184면; 김홍엽, **민사소송법** 제8판(박영사, 2019), 702면; 반흥식, "자유심증주의에서의 법관의 사실인정과 심증형성 과정의 합리화와 연계", **민사소송**, 제18권 제1호(2014), 120－121면.
11) 이용우, "판례를 통해서 본 경험칙", **재판자료**, 제25집(1985), 126면; 반흥식(주 10), 136면.
12) 사실심 법관의 사실인정이 경험칙에 위반된 경우에는 법률문제가 된다. 주석 민사소송법/강승준(주 9), 222면.
13) 대법원 1999. 5. 25. 선고 99다748 판결; 대법원 1999. 6. 22. 선고 99다12093 판결; 대법원 2003. 10. 10. 선고 2001다70368 판결은 피해자의 일실수입을 1일 노임에 관한 통계사실에 기초하여 평가하는 경우 법원에 현저한 사실을 포함한 각종 통계자료 등에 나타난 월평균 근로일수와 직종별 근로조건 등 여러 사정들을 감안하고 그 밖의 적절한 자료들을 보태어 합리적인 사실인정을 하여야 한다고 보고, 그러한 합리적인 사실인정의 과정을 거치지 않고 단지 경험칙에 근거하여 가동일수를 인정한 것은 잘못이라고 보았다.

험칙이 제시되지 않는다면 가동연한을 전제로 한 수많은 분쟁이나 제도적 문제(가령 정년제도, 연금수급 개시연령, 보험료율의 수준, 보험약관의 내용 등)들은 나침반을 잃은 채 개별적으로 해결될 수밖에 없다. 이러한 사태는 상당한 사회적 비용과 혼란을 초래한다.

따라서 대법원이 그동안 일용 근로자의 경험칙상 가동연한을 특정 연령으로 정하여 선언했던 점, 또한 대상판결에서 다시금 새로운 특정 연령을 일용 근로자의 경험칙상 가동연한으로 선언함으로써 통일적 기준을 제시한 점은 타당하다. 대상판결은 "사실심 법원이 일실수입 산정의 기초가 되는 가동연한을 인정할 때에는, 국민의 평균여명, 경제수준, 고용조건 등의 사회적·경제적 여건 외에 연령별 근로자 인구수, 취업률 또는 근로참가율 및 직종별 근로조건과 정년 제한 등 제반 사정을 조사하여 이로부터 경험칙상 추정되는 가동연한을 도출하거나 피해자의 연령, 직업, 경력, 건강상태 등 구체적인 사정을 고려하여, 그 가동연한을 인정할 수 있다."라고 함으로써,[15] 사실심 법원이 개별 사건의 구체적인 사정에 기초하여 경험칙상 가동연한과 다른 가동연한을 인정할 수 있는 길을 열어 놓았다. 따라서 대상판결이 사실심의 자유로운 판단재량을 전적으로 박탈한 것도 아니다.

(2) 가동연한의 변경 필요성

현재 만 60세로 되어 있는 일용 근로자의 경험칙상 가동연한은 적정한가? 경험칙은 개연적 진실을 합리적으로 담보할 뿐 확정적 진실을 고정적으로 선언하는 것이 아니다. 자연과학적 경험칙이 아닌 사회과학적 경험칙은 더욱더 그러하다.[16] 이러한 경험칙은 사회 변화와 이에 대한 평가에 따라 달라질 수 있다.[17] 물론 사회 변화를 실시간으로 반영한다는 명분 아래 경험칙이 너무 빈번하게 바뀌는 것은

---

14) 만약 사실심 법관이 개별 사건에서 그때 그때 가동연한에 관한 경험칙을 정립하여야 한다면, 수많은 인신사고 관련 사건을 처리하는 것이 현실적으로 불가능할 것이다. 선례 존중의 효율성에 관한 설명으로 윤진수, "판례의 무게-판례의 변경은 얼마나 어려워야 하는가-", **법철학연구**, 제21권 제3호(2018), 171면.
15) 대법원 2011. 5. 13. 선고 2009다100920 판결도 같은 취지이다.
16) 경험칙에는 자연과학적 경험칙과 사회과학적 경험칙이 있다. 양천수, "형사소송에서 사실인정의 구조와 쟁점-법적 논증의 관점에서-", **형사정책연구**, 제26권 제4호(2015), 76면; 김대휘, "통계자료와 법원에 현저한 사실-사실적 규범으로서의 경험칙", **법조**, 통권 제494호(1997), 162-163면.
17) 권오걸, "자유심증에서의 경험칙과 한계", **법학연구**(한국법학회), 제48권(2012), 250면.

바람직하지 않다. 그러나 이와 반대로 경험칙의 고정성을 지나치게 강조하여 법원에 의하여 선언된 경험칙과 사회 현실 사이의 간극이 지나치게 벌어지는 것도 바람 직하지 않다. 이러한 간극은 분쟁의 정의로운 해결에 장애가 될 뿐만 아니라, 사 법불신 또는 사법냉소주의의 원인이 되기 때문이다. 가동연한에 관한 경험칙은 그 속성상 입법으로 해결할 수도 없다. 그렇다면 법원, 특히 대법원이 사회 변화를 적 정한 시기에 경험칙의 내용에 반영함으로써 경험칙의 생명력을 계속 유지해 나가야 한다.

대상판결에서 대법관들은 만 60세의 가동연한이 상향 조정되어야 할 필요성에 대해 모두 공감하였다. 경험칙상 가동연한은 건강 수준,18) 평균 수명, 경제 수준, 경제활동 참가율, 경제활동 참가 의지, 중도퇴직과 고용률 등 고용 환경, 법적 정 년 연령, 실질적 퇴직 연령, 연금 제도와 연금 수급 개시연령 등 여러 가지 요소들 을 고려하여 결정한다. 일용 근로자의 경험칙상 가동연한을 만 60세로 선언한 것 은 1989년의 일이다. 그로부터 30년이 흐른 시점에서 가동연한에 영향을 주는 요 소들은 상당한 변화를 겪었다. 대상판결에는 각종 통계와 법령에 기초하여 1989 년 이후의 사회 변화가 상세하게 설명되어 있다(표 1, 표 2 참조).

<표 1> 1989년 기준 주요 지표 변화

지 표	1989년 당시	비교 시점	비 고
국민의 평균여명 (0세 기준)	남자 67.0세 여자 75.3세	남자 79.7세 여자 85.7세	비교 시점=2017년
1인당 GDP	6,516달러	30,000달러	비교 시점=2018년
육체적 업무를 수행하는 기능직 공무원의 정년	만 58세	만 60세	비교 시점=2013년 이후 (*민간부문도 2017. 1. 1.부터 정년 만 60세 이상 / 2016년 현재 정년제 운영 중인 사업자의 평균 정년=60.4세)
60~64세 경제활동참가율	52.0%	61.5%	비교 시점=2017년 12월

---

18) 건강 수준은 의료기술이나 생활여건의 영향을 받으므로 그 사회의 경제적 환경과도 밀접하게 관련 된다.

<표 2> 기타 주요 변화

지 표	내 용	비 고
실질 은퇴연령	남성 72.0세, 여성 72.2세 (2011년~2016년 기준)	OECD 평균 남성 65.1세, 여성 63.6세
고용보험법 적용대상	1993. 12. 27. 제정 당시 60세 미만으로서 새로이 고용된 자에 적용되었으나, 2013. 6. 4. 개정 이후 65세 미만으로서 고용되거나 자영업을 개시한 자에 대하여도 적용하되 65세 이후에 새롭게 고용되거나 자영업을 개시한 자만을 제외	법률 제11864호로 개정되어 2013. 6. 4. 시행된 고용보험법 제10조 제1호
국민연금 수급개시연령	2013~2017년 : 61세 2018~2022년 : 62세 2023~2027년 : 63세 2028~2032년 : 64세 2033년 이후 : 65세	법률 제11143호로 개정되어 2012. 7. 1.부터 시행된 국민연금법 제62조 제1항 및 그 부칙 제6조
공무원연금 및 사립학교교직원 연금 수급개시연령	2021년 : 60세 2022년 : 61세 2024년 : 62세 2027년 : 63세 2030년 : 64세 2033년 이후 : 65세	법률 제13387호로 개정되어 2016. 1. 1.부터 시행된 공무원연금법 제46조 제1항 제1호 및 그 부칙 제7조, 법률 제13561호로 개정되어 2016. 1. 1.부터 시행된 사립학교교직원 연금법 제42조 및 그 부칙 제7조
사회보장법령상 고령자 내지 노인 연령	65세 이상	기초연금법 제3조 제1항, 노인장기요양보험법 제2조
노령화지수 및 노년부양비 산출 기준	• 노령화지수 : 유소년인구 100명당 65세 이상 인구비율 • 노년부양비 : 생산가능인구 100명당 65세 이상 인구비율 산출	저출산·고령사회기본법 관련 통계청의 산출방법

위와 같은 변화들은 ① 신체적 측면(평균 수명 10년 이상 증가), ② 경제적 측면(1인당 GDP 4.5배 증가, 60~64세 경제활동참가율 및 실질은퇴연령 상승), ③ 규범적 측면(사회보장법령 및 연금법령이 65세까지의 근로를 전제로 변화 중)에서 전방위적으로

일어났다. 경험칙의 고정성을 내세워 외면할 수 없는 큰 변화라고 생각된다. 이러한 변화에 기초하여 만 60세의 가동연한을 상향 조정한 대상판결의 태도는 타당하다.

(3) 적정 가동연한

가동연한을 특정하여 선언한다면 이를 몇 세로 보는 것이 적정한가? 다수의견은 만 65세, 별개의견 1은 만 63세가 적정하다고 보았다. 다수의견은 사회보장법령상 고령자 내지 노인의 연령과 실질은퇴연령, 만 60세~64세의 경제활동참가율 상승에 초점을 맞추었다. 또한 만 55세에서 만 60세로 5년을 상향 조정하였던 1989년 전원합의체 판결의 전례로부터도 영향을 받았으리라 추측된다. 별개의견 1은 만 60세~64세의 경제활동참가율이 여전히 60% 정도에 머무른다는 점, 피해자가 어릴수록 위 연령대에 이르지 못하고 사망할 확률이 높다는 점, 법정 정년 및 연금수급개시연령이 아직 만 63세를 넘어서지 못하는 점 등에 초점을 맞추었다. 만 65세인가, 만 63세인가의 문제 앞에서 논리필연적인 정답은 있을 수 없다. 가동연한은 단순히 통계를 기초로 도출되는 실증적 문제가 아니라 고도의 법적인 평가가 수반되는 규범적 문제이기 때문이다.[19] 활용되는 통계의 종류와 평가의 관점에 따라 만 65세를 지지하는 입장과 만 63세를 지지하는 입장 어느 쪽이건 나름대로 합리적 근거를 제시할 수 있다. 이처럼 어느 한 쪽이 틀리다고는 할 수 없지만 그렇다고 어느 한 쪽만 절대적으로 정당화하기 어려운 회색 영역에서는 문제가 되는 법 개념의 본질과 기능을 떠올려 볼 필요가 있다.

손해배상사건에서 가동연한을 정하는 문제는 궁극적으로 인신사고에 대한 배상액을 정하는 문제이다. 인신사고 배상액, 특히 장래의 일실수익에 기초한 소극적 손해배상액의 산정 영역에서는 어느 정도의 법적 의제(擬制)가 불가피하다.[20] 법관은 손해배상청구소송이 제기된 이상 장래의 일실수익을 예상하여 결론을 내려야 할 책무를 지는데, 법관을 포함하여 그 누구도 장래를 미리 완벽하게 예상할 수 없기 때문이다. 인신사고가 일어나지 않았더라면 펼쳐졌을 가정적 미래에서 피해자는 가동연한에 이르기 전에 사망할 수도 있고, 가동연한을 훨씬 넘어서서 생존하며 일할 수도 있다. 전자의 경우에는 과잉배상의 위험이, 후자의 경우에는 과

---

19) 반홍식(주 10), 141면은 경험칙이 객관적인 통계자료에 의해 결정되어서는 안 된다고 지적한다.
20) 이양희, "경험칙상 도시일용노동의 가동연한", **사법**, 제49호(2019), 531면.

소배상의 위험이 존재한다. 일정 연령으로 가동연한을 정하는 이상, 위와 같은 불명확성으로 인한 위험을 완전히 없애는 것은 불가능하다. 문제는 이처럼 불가피하게 발생하는 불명확성의 위험을 누구에게 부담시킬 것인가에 관한 방향 설정이다. 가동연한을 낮게 설정할수록 과소배상의 위험성이 커지고, 높게 설정할수록 과잉배상의 위험성이 커진다. 인신사고로 인한 배상액 산정의 불명확성은 전자의 경우 피해자 측, 후자의 경우 가해자 측이 떠안게 된다. 그런데 인신사고에 대한 배상 문제는 단순히 피해를 금전으로 회복하는 문제가 아니다. 인간의 생명과 신체에 대한 존중을 표현하는 법적 방식의 하나이다. 어차피 완벽하게 정확한 배상액을 산정할 수 없다면, 합리적 범위 내에 있는 한 그 불명확성은 인신사고를 야기한 가해자 측에게 귀속시켜야 한다.

별개의견 1은 특별한 사정이 없는 한 만 65세가 될 때까지 가동할 수 있다는 경험칙에는 "통상인이라면 의심을 품지 않을 정도로 진실하다고 확신을 가질 수 있는 정도에 이르는 고도의 개연성"이 없다고 지적하였다. 그러나 경험칙에도 여러 종류가 있고, 그 종류별로 요구되는 진실의 개연성 정도도 달라진다.[21] 자연과학적 경험칙과 사회과학적 경험칙만 떠올려 보아도 그러하다.[22] 사회과학적 경험칙 안에서도 그 경험칙의 내용과 속성에 따라 요구되는 개연성의 정도가 각각 달라진다.[23] 별개의견 1이 위와 같은 의심 없는 고도의 개연성을 요구하는 근거로 제시한 대법원 2010. 10. 28. 선고 2008다6755 판결은 경험칙상 화재가 담뱃불로 인한 것인지를 다루었다.[24] 하지만 이처럼 화재사고의 책임을 지우는 사실인정의 국면에서 작동하는 경험칙과 인신사고의 일실수익 산정의 기초가 되는 가동연한 인정의 국면에서 작동하는 경험칙에 요구되는 개연성이 똑같아야 할 필요는 없다.

---

21) 강현중(주 10), 201면은 경험칙 중에는 고도의 개연성이 있는 것, 단순한 개연성이 있는 것, 사회사상(事象)으로서 가능성이 있는 정도의 것 등이 있고, 경험칙마다 개연성의 정도가 다를 수 있다고 설명한다. 박주현, "의료과오소송에 있어서 과실과 인과관계의 인정에 관하여 – 경험칙을 중심으로 –", 의료법학, 제7권 제2호(2006), 202면도 법원이 사용하는 경험칙에는 개연성이 높은 것과 낮은 것이 모두 포함되어 있다고 한다.

22) 김대휘(주 16), 163면은 자연법칙인 경험칙과 달리 사회적 법칙인 경험칙은 불확실하고 가변적이라고 한다.

23) 강현중(주 10), 201면은 객관적인 일반적 지식으로서 존재하는 경험칙은 자유로운 증명으로 족하지만, 특수하고 전문적인 지식으로서 존재하는 경험칙은 엄격한 증명이 필요하다고 본다. 반면 김대휘(주 16), 165면은 특수하고 전문적인 지식의 경우에도 자유로운 증명으로 족하다고 본다.

24) 별개의견 1이 추가로 제시한 대법원 2000. 2. 25. 선고 99다65097 판결은 검색되지 않아 그 내용을 알 길이 없다. 한편 별개의견 1이 제시하지는 않았으나 같은 취지인 대법원 1990. 6. 26. 선고 89다카7730 판결도 전신마취로 인한 사망 사실을 인정하는 데 경험칙이 동원되었던 판결이다.

판례가 다른 손해에 비해 일실수익 상당 손해의 증명도를 상당 부분 경감하는 것도 이러한 개연성의 다양성 차원에서 이해할 수 있다.[25]

별개의견 1은 만 60~64세 고령자의 경제활동참가율이 증가 추세에 있기는 하나 여전히 60% 초반대에 머무른다는 점을 지적하였다. 그러나 가동연한은 실제로 일하고 있는가가 아니라 일할 수 있는 상태인가를 따지는 개념이다. 경제활동에 실제로 참가하지 않는 고령자라고 하여 가동능력이 없는 것이 아니다. 그러므로 만 60~64세 고령자 중 가동능력이 있는 사람의 비율은 실제로 경제활동에 참가하고 있는 사람의 비율보다 높을 것이다. 실제 경제활동참가율을 고려하여 가동연한을 설정할 때에는 이러한 점을 염두에 두어야 한다. 별개의견 1이 피해자가 어릴수록 위 연령대에 이르지 못하고 사망할 확률이 높다는 점을 근거로 제시한 것에도 찬성할 수 없다. 통계적으로 그러한 경향성이 있을 수는 있으나, 유아라는 이유만으로 성인보다 그 인신에 대한 가치 평가가 달라지는 것은 규범적으로 옳지 않기 때문이다.

그 외에 일본과 독일, 호주 등에서는 가동연한을 만 67세로 보고 있는 점,[26] 통계청의 「경제활동인구조사」에서는 만 15세부터 만 64세까지를 생산가능인구로 파악하고 있는 점,[27] 「농어업인 삶의 질 향상 및 농어촌지역 개발촉진에 관한 특별법」 제19조의5에서는 정부가 자동차보험에 관한 표준약관 등에서 취업가능연한의 기준이 만 65세 이상이 되도록 하는 등 필요한 시책을 수립·시행해야 한다고 규정하고 있는 점, 그 밖에 만 65세 이상을 '부양 및 보호가 필요한 노인'[28] 또는 '근로를 할 것이 기대되지 않는 사람'[29]으로 전제하고 있는 법률들이 다수 시행되고 있다

---

25) 대법원 1987. 2. 10. 선고 86다카1453 판결; 대법원 1990. 11. 27. 선고 90다카10312 판결; 대법원 1992. 4. 28. 선고 91다29972 판결.

26) 일본과 독일의 예는 대상판결에 소개되어 있다. 호주의 경우는 Allianz Limited v Habib & ORS (2015) NSW SC1719 참조.

27) e-나라지표 웹사이트(http://www.index.go.kr/potal/main/EachDtlPageDetail.do?idx_cd=1496) 참조.

28) 가령 「5·18민주유공자예우에 관한 법률」 제55조, 「고엽제후유의증 등 환자지원 및 단체설립에 관한 법률」 제8조의2, 「국가유공자 등 예우 및 지원에 관한 법률」 제63조는 "65세 이상"의 남성 또는 사람을 양로시설 지원 대상으로 규정하고 있다. 또한 「노인복지법」은 65세 이상의 사람에게 특별한 보호를 부여하며, 「장애인·고령자 등 주거약자 지원에 관한 법률」은 65세 이상인 사람을 주거약자로 규정한다.

29) 가령 고용보험법 제10조는 65세 이후에 고용된 사람에게는 실업급여를 지급하지 않는다고 규정하고, 국민건강보험법 제75조 제1항은 65세 이상인 사람의 보험료를 경감할 수 있다고 규정한다. 한편 국민연금법상 노령연금의 수급 개시 연령은 60세이지만, 수급자의 희망에 따라 65세까지 지급을 연기할 수 있다.

는 점 등까지 고려하면, 가동연한을 만 65세로 본 대상판결의 태도는 타당하다. 그 이후 선고된 판결들도 모두 대상판결이 제시한 대로 만 65세를 경험칙상 가동연한으로 보고 있다.30)

---

30) 대법원 2019. 4. 3. 선고 2018다291958 판결; 대법원 2019. 6. 13. 선고 2018다271725 판결.

9 온라인서비스제공자의 주의의무
(대법원 2019. 2. 28. 선고 2016다271608 판결)

가. 사실관계

원고는 온라인 교육정보 제공, 당구용품 제조 등의 사업을 하는 사람으로서, 당구 강좌 동영상을 제작하여 자신이 운영하는 웹사이트에서 유료 동영상강좌를 개설, 운영하고 있다. 피고는 인터넷 포털사이트를 운영하는 온라인서비스제공자로서, 특정한 범위의 사람들이 친목 도모 등을 위하여 사용하는 전자게시판인 '카페' 서비스와 피고 사이트에 업로드된 모든 동영상을 이용할 수 있는 '티비팟' 서비스를 제공하고 있다. 원고는 피고 사이트 회원들이 카페에 자신의 당구 강좌 동영상을 무단 업로드하였고, 티비팟에서도 그 동영상을 시청할 수 있다는 사실을 알게 되었다. 원고는 피고에게 이러한 문제를 해결하는 조치를 촉구하는 요청서를 보냈다. 그 요청서에는 위 동영상을 찾을 수 있는 검색어와 피고 사이트 내 카페의 대표주소가 기재되어 있었고, 위 동영상 일부를 캡처한 사진이 첨부되어 있었다. 그러나 위 동영상이 게시된 페이지의 URL이나 게시물 제목 등은 구체적으로 특정되어 있지 않았다. 피고는 원고의 요청서 내용 및 그에 첨부된 자료를 단서로 하여 특정 가능한 일부 게시물을 삭제하였다. 그 과정에서 피고는 원고에게 추가로 삭제할 게시물들을 구체적으로 특정해 달라는 요구를 여러 차례 하였으나, 원고는 답변을 하지 않은 채 피고가 간단한 검색어만 입력하면 문제의 동영상을 쉽게 찾을 수 있음에도 그러한 노력을 하지 않는다고 주장하였다. 사실심 변론종결일 무렵까지 피고 사이트에 위 동영상이 무단 업로드된 게시물은 약 3,000개였고, 총 조회수는 약 500만 회였다. 원고는 피고가 게시물 삭제, 차단 등 조치를 취할 의무를 이행하지 않았다고 주장하면서, 피고를 상대로 방조에 의한 불법행위책임을 묻는 소를 제기하였다.

나. 소송의 경과

1심법원은 피고에게 위와 같은 사정만으로는 동영상 삭제 등의 의무가 인정되지 않는다고 보아, 피고의 책임을 부정하였다.[1] 원심법원은 다음과 같은 이유로 1심판결을 취소하고 피고의 공동불법행위책임을 인정하였다.[2] 피고 사이트에서 원고가 제시한 검색어를 입력하면 위 동영상을 무단 업로드한 게시물이 쉽게 검색되고, 그 검색결과의 섬네일(thumbnail)만으로도 위 동영상을 무단으로 업로드한 게시물이라는 것을 쉽게 식별할 수 있다. 섬네일로 식별할 수 없는 해당 동영상도 몇 초 또는 몇 분만 재생하여 보면 무단 업로드한 게시물인지 여부를 쉽게 식별할 수 있다. 또한 피고로서는 검색어 기반 필터링 기술 등을 통하여 위 동영상이 업로드, 검색, 재생되는 것을 막거나, 그 검색어로 검색되는 동영상을 일정 주기마다 삭제하는 등의 기술적 조치를 할 수 있고, 원고에게 위 동영상의 원본 파일을 요구하여 특징 기반 필터링 기술을 통한 조치도 충분히 취할 수 있다. 그런데 피고는 위와 같은 조치를 취할 의무를 위반하여 피고 회원들의 저작권 침해를 쉽게 하였으므로, 부작위에 의한 방조자로서 공동불법행위책임을 진다.

대법원은 다음과 같은 이유로 원심판결을 파기하였다. 인터넷 포털사이트를 운영하는 온라인서비스제공자가 제공한 인터넷 게시공간에 타인의 저작권을 침해하는 게시물이 게시되었고 그 검색 기능을 통하여 인터넷 이용자들이 위 게시물을 쉽게 찾을 수 있더라도, 그러한 사정만으로 곧바로 온라인서비스제공자에게 저작권 침해 게시물에 대한 불법행위책임을 지울 수는 없다. 온라인서비스제공자가 제공한 인터넷 게시공간에 타인의 저작권을 침해하는 게시물이 게시되었다고 하더라도, 온라인서비스제공자가 저작권을 침해당한 피해자로부터 구체적·개별적인 게시물의 삭제와 차단 요구를 받지 않아 게시물이 게시된 사정을 구체적으로 인식하지 못하였거나 기술적·경제적으로 게시물에 대한 관리·통제를 할 수 없는 경우에는, 게시물의 성격 등에 비추어 삭제의무 등을 인정할 만한 특별한 사정이 없는 한 온라인서비스제공자에게 게시물을 삭제하고 향후 같은 인터넷 게시공간에 유사한 내용의 게시물이 게시되지 않도록 차단하는 등의 적절한 조치를 취할 의무가 있다고 보기 어렵다. 이 사건에서 원고는 피고에게 구체적·개별적인 게시물에 대한 삭제 및 차단 요구를 하지 않았고, 달리 피고가 저작권 침해 게시물이 게시된 사정을 구체적으로 인식하고 있었다고 보기도 어렵다. 또한 원고가 작성한 요청서 내용 및 그에 첨부된 자료만으로 저작권 침해 게시물을 찾아 삭제 등의 조치를 하는 것은

---

1) 서울남부지방법원 2015. 8. 17. 선고 2013가합107912 판결.
2) 서울고등법원 2016. 11. 3. 선고 2015나2049406 판결.

기술적으로 어려울 뿐 아니라 과도한 비용을 발생시킬 우려가 있어, 피고로서는 저작권 침해 게시물에 대한 관리·통제가 기술적·경제적으로 불가능하였다. 따라서 피고가 원고의 저작권을 침해하는 게시물을 삭제하고 피고 사이트에 유사한 내용의 게시물이 게시되지 않도록 차단하는 등의 조치를 할 의무를 부담한다고 보기 어렵다.

다. 분석

(1) 온라인서비스제공자의 책임 일반론

인터넷에서 이루어지는 저작권 침해나 명예훼손 등 위법행위에 대한 책임은 그 위법행위를 직접 행한 자가 1차적으로 부담해야 한다.[3] 그런데 인터넷의 익명성 때문에 직접 행위자를 찾기 어려운 경우가 많고, 설령 직접 행위자를 찾더라도 그가 충분한 자력을 가지고 있지 못할 가능성이 있다. 반면 온라인서비스제공자는 접근성이 높고, 직접 행위자에 비해 자력이 있을 가능성도 높다. 그래서 피해자는 온라인서비스제공자에게 민법 제760조 제1항 소정의 공동불법행위 또는 제760조 제3항 소정의 방조책임을 묻는 경우가 많다.[4] 많은 경우 온라인서비스제공자가 직접 불법행위를 하였다고 보기 어렵고, 온라인서비스제공자가 고의로 불법행위를 방조하였다고 보기도 어려우므로, 실제로는 부작위에 의한 과실 방조책임을 묻는 경우가 대부분이다.[5]

대상판결에서도 저작권 침해에 대한 온라인서비스제공자의 부작위에 의한 과실 방조책임이 문제되었다. 과실 방조책임이 성립하려면 방조자의 과실, 즉 주의의무 위반이 인정되어야 한다.[6] 이러한 주의의무는 직접 행위자의 저작권 침해행위에 도움을 주지 않을 법적 의무를 내용으로 한다. 만약 법령이나 계약에 온라인서비

---

3) 온라인서비스제공자가 제공하는 서비스의 성격에 따라, 온라인서비스제공자가 저작권을 직접 침해한 것으로 볼 수 있는 사안도 있을 것이다. 가령 원격 방송프로그램 저장 서비스가 그러하다. 신지혜, "온라인서비스제공자의 방조책임 성립요건 – 대법원 2019. 2. 28. 선고 2016다271608 판결 –", **법조**, 통권 제736호(2019), 775면.
4) 김정완, "저작권법상 온라인서비스제공자의 책임 제한", **법학논총**(전남대학교), 제33권 제2호(2013), 252면; 신승남, "온라인 서비스 제공자의 미국 저작권법(DMCA)상의 면책 규정과 이에 대한 최신 판례 동향 연구", **법학논집**(이화여자대학교), 제17권 제3호(2013), 305면.
5) 과실에 의한 방조도 가능하다. 대법원 2003. 1. 10. 선고 2002다35850 판결; 대법원 2007. 1. 25. 선고 2005다11626 판결 참조.
6) 양창수·권영준, 민법 Ⅱ-권리의 변동과 구제, 제3판(박영사, 2017), 692면.

스제공자의 주의의무가 정해져 있으면 그 법령이나 계약을 해석하여 주의의무의 내용과 범위를 확정한 뒤 주의의무 위반 여부를 판단하면 된다. 반면 법령이나 계약에 온라인서비스제공자의 주의의무가 정해져 있지 않으면 조리(條理)에 따라 주의의무 인정 여부와 그 내용 및 범위를 확정한 뒤 주의의무 위반 여부를 판단해야 한다.7)

위법행위에 대한 온라인서비스제공자의 주의의무 법리는 그동안 일련의 판결들을 통해 형성되어 왔다.8) 그 요지는 다음과 같다. 첫째, 일반적으로는 온라인서비스제공자에게 사전적 감시의무가 인정되지 않는다. 즉 온라인서비스제공자에게는 인터넷 게시공간에 위법행위가 없는지를 상시적으로 모니터링할 의무가 없다.9) 둘째, 온라인서비스제공자의 주의의무는 위법행위를 방지하거나 제거할 경제적·기술적 가능성이 있을 때 인정된다. 셋째, 온라인서비스제공자의 주의의무는 위법행위에 대한 실제 인식 또는 인식 가능성이 있을 때 인정된다. 그중 인식 가능성에 관한 법리 부분은 논란의 대상이 되고 있다.10)

온라인서비스제공자의 위법행위 인식 가능성에 관한 리딩 케이스는 대법원 2009. 4. 16. 선고 2008다53812 전원합의체 판결이다.11) 이 판결에서는 명예훼손에

7) 박준석, **인터넷서비스제공자의 책임**(박영사, 2006), 61−62면.
8) 명예훼손에 관한 판결로 대법원 2001. 9. 7. 선고 2001다36810 판결; 대법원 2003. 6. 27. 선고 2002다72194 판결; 대법원 2009. 4. 16. 선고 2008다53812 전원합의체 판결, 저작권침해에 관한 판결로 대법원 2007. 1. 25. 선고 2005다11626 판결; 대법원 2010. 3. 11. 선고 2009다4343 판결, 상표권침해에 관한 판결로 대법원 2012. 12. 4.자 2010마817 결정.
9) 저작권법 제102조 제3항은 이 점을 명문으로 규정하고 있다. 이 조항에 대한 설명으로 김정완(주 4), 274면; 구성원, "디지털저작물 침해행위에 대한 온라인서비스제공자의 법적 책임", **과학기술과 법**(충북대학교), 제5권 제1호(2014), 9면.
10) 인식 가능성 기준에 대한 비판으로 권영준, "인터넷상 표현의 자유와 명예의 보호", **저스티스**, 통권 제91호(2006), 21면; 정상조, "명예훼손에 대한 포털의 책임−대법원 2009. 4. 16. 선고 2008다53812 판결에 대한 비판적 검토−", **서울대학교 법학**, 제51권 제2호(2010), 256−257면; 최나진, "온라인 명예훼손에 대한 온라인서비스제공자의 민사책임", **아주법학**, 제10권 제2호(2016), 89면. 반면 권태상, "인터넷상 명예훼손에 대한 인터넷 서비스 제공자의 민사책임−대법원 2009. 4. 16. 선고 2008다53812 판결−", **법학논집**(이화여자대학교), 제17권 제2호(2012), 300−301면은 피해자가 온라인서비스제공자의 실제 인식을 증명하기는 어려우므로, 인식 가능성을 증명하여 손해배상을 받을 수 있는 길을 열어주어야 한다고 본다.
11) 위 판결에 대한 평석으로 권태상(주 10); 문재완, "인터넷상의 명예훼손과 인터넷포털사이트의 법적 책임−대법원 2009. 4. 16. 선고 2008다53812 판결을 중심으로−", **공법연구**, 제38권 제1호(2009); 이상욱, "명예훼손에 대한 인터넷서비스제공자(ISP)의 불법행위책임−대법원 2009. 4. 16. 선고 2008다53812 전원합의체 판결", **영남법학**, 제34권(2012); 정상조(주 10); 추신영, "제3자의 게시물로 인한 인터넷 종합정보제공사업자의 불법행위책임−대법원 2009. 4. 16. 선고 2008다53812 전원합의체 판결−", **인권과 정의**, 통권 제409호(2010) 등 참조.

관한 온라인서비스제공자의 책임 문제를 다루었다. 이 판결에서 대법원은 "인터넷 종합 정보제공 사업자가 제공하는 인터넷 게시공간에 게시된 명예훼손적 게시물의 불법성이 명백하고, 위 사업자가 위와 같은 게시물로 인하여 명예를 훼손당한 피해자로부터 구체적·개별적인 게시물의 삭제 및 차단 요구를 받은 경우는 물론, 피해자로부터 직접적인 요구를 받지 않은 경우라 하더라도 그 게시물이 게시된 사정을 구체적으로 인식하고 있었거나 그 게시물의 존재를 인식할 수 있었음이 외관상 명백히 드러나며, 또한 기술적, 경제적으로 그 게시물에 대한 관리·통제가 가능한 경우에는, 위 사업자에게 그 게시물을 삭제하고 향후 같은 인터넷 게시공간에 유사한 내용의 게시물이 게시되지 않도록 차단할 주의의무가 있고, 그 게시물 삭제 등의 처리를 위하여 필요한 상당한 기간이 지나도록 그 처리를 하지 아니함으로써 타인에게 손해가 발생한 경우에는 부작위에 의한 불법행위책임이 성립한다."라고 판시하였다. 이 판단 기준은 그 후 저작권 침해[12]와 상표권 침해[13] 사건에도 그대로 원용되어 왔다.[14]

그런데 게시물의 불법성이 명백한지, 또한 그러한 불법게시물의 존재를 인식할 수 있었음이 외관상 명백한지의 판단 기준이 명백하다고는 생각되지 않는다. 특히 게시물의 불법성이 명백한지는 판단하기가 쉽지 않다.[15] 위법한 저작권 침해가 성립하려면 유효한 저작권의 존재, 저작물과 문제되는 작품 사이의 실질적 유사성, 양자 사이의 의거관계 등 위법성의 적극적 요건이 충족되어야 할 뿐만 아니라 공정이용 등 저작권 제한사유와 같은 위법성의 소극적 요건이 존재하지 않아야 한다. 그런데 실질적 유사성이나 의거관계, 저작권 제한사유의 충족 여부는 저작권법 전문가조차 판단하기 어려운 경우가 있다. 명예훼손의 위법성 판단도 복잡하기는 마찬가지이다. 명예훼손의 위법성 판단은 ① 공공성(객관적으로는 공공의 이해에

---

12) 대법원 2010. 3. 11. 선고 2009다4343 판결.
13) 대법원 2012. 12. 4.자 2010마817 결정.
14) 엄밀히 말하면 위법행위 유형에 따라 온라인서비스제공자가 부담하는 주의의무의 세부 내용은 달라질 여지가 있다. 각 유형에서 문제되는 이익 양상이 다르기 때문이다. 가령 명예훼손에서는 명예권과 표현의 자유, 저작권 침해에서는 저작권과 자유이용이라는 상이한 가치가 대립한다. 참고로 미국에서는 표현의 자유를 중시하는 기조 아래, 제3자의 명예훼손행위에 관하여는 온라인서비스제공자가 통신품위법(Communication Decency Act) 제230조(c)(1)에 의해 항상 면책되지만, 제3자의 저작권 침해행위에 관하여는 온라인서비스제공자가 디지털밀레니엄저작권법(Digital Millenium Copyright Act) 제512조에 따른 요건을 갖춘 경우에만 면책되는 법 제도를 마련하고 있다.
15) 정상조(주 10), 257-258면; 신지혜(주 3), 791면.

관한 사항인지, 주관적으로는 공공의 이익을 위한 목적에서 표현행위가 이루어졌는지 여부), ② 진실성(표현의 내용이 진실한지 여부) 내지 상당성(만약 표현의 내용이 진실하지 않다면 표현자가 그 내용을 진실하다고 믿을 만한 상당한 이유가 있었는지 여부)의 두 가지 기준에 의해 이루어진다.16) 그런데 이러한 위법성 판단 역시 법률 전문가에게조차 미묘한 문제이다. 그럴진대 온라인서비스제공자(실제로는 그 담당 직원)는 위법성 판단에 더욱더 어려움을 겪게 된다. 먼 훗날에는 정교한 알고리즘을 이용하여 이를 기계적으로 판단할 수 있게 될 지도 모른다. 그러나 아직까지의 기술 수준으로는 이러한 방식으로 자동화된 위법성 판단을 하는 데에도 한계가 있다. 결국 온라인서비스제공자의 섣부른 판단에 따른 삭제 내지 차단은 또 다른 책임 논란을 불러일으킬 수 있다. 또한 이는 표현의 자유를 위축시키는 냉각 효과(chilling effect)로 이어질 수도 있다. 온라인서비스제공자는 책임이 두려워 일단 게시물을 삭제하고, 온라인서비스 이용자도 이를 의식하여 아예 표현 자체를 스스로 검열하고 자제하게 되는 것이다.

그러므로 위법행위에 대한 인식 가능성 요건은 온라인서비스제공자가 그 위법행위의 존재를 실제로 인식하고 있었던 경우가 아닌 한, 피해자가 위법한 게시물을 구체적으로 특정하여 삭제 또는 차단 요구를 하였을 때 비로소 충족된다고 보아야 한다. 피해자는 자신의 권리가 침해되었다는 사정에 관한 정보를 가지고 있다. 그러한 정보를 조사하고 수집할 유인도 높다. 직접적인 이해 당사자이기 때문이다. 반면 온라인서비스제공자가 이 정보를 취득하려면 인터넷 공간을 지속적으로 모니터링해야 한다. 그렇게 하는 것보다는 피해자가 관련 정보를 제공하도록 하는 쪽이 더 효율적이다.17) 한편 온라인서비스제공자는 권리 침해 사정을 해결할 수 있는 기술적 수단을 가지고 있다. 따라서 위법한 게시물에 대한 삭제 또는 접근 차단 조치를 취하는 역할은 온라인서비스제공자의 몫으로 하는 것이 더 효율적이다. 각자 더 잘 할 수 있는 것을 하도록 역할 분담을 하게 하는 것이다. 2008다53812 전원합의체 판결의 별개의견은 "인터넷 종합 정보제공 사업자의 명예훼손

---

16) 대법원 2002. 1. 22. 선고 2000다37524,37531 판결; 대법원 2003. 1. 24. 선고 2000다37647 판결; 대법원 2006. 3. 23. 선고 2003다52142 판결 등.

17) 물론 법이 온라인서비스제공자의 모니터링 의무를 규정하고 있는 경우에는 온라인서비스제공자가 인터넷 공간을 지속적으로 모니터링하여야 한다. 예컨대 전기통신사업법 제22조의3, 「아동·청소년의 성보호에 관한 법률」 제17조는 각각 불법음란정보와 아동·청소년이용음란물에 관하여 온라인서비스제공자에게 일반적인 모니터링 의무를 부과하고 있다.

게시물에 대한 삭제의무는 특별한 사정이 없는 한 위 사업자가 피해자로부터 명예
훼손의 내용이 담긴 게시물을 '구체적·개별적으로 특정'하여 '삭제하여 달라는 요
구'를 받았고, 나아가 그 게시물에 명예훼손의 불법성이 '현존'하는 것을 '명백'히
인식하였으며, 그러한 삭제 등의 조치를 하는 것이 '기술적·경제적으로 가능'한
경우로 제한하는 것이 합리적이고 타당하다"라고 하여 이러한 사고방식을 내비친
바 있다.

저작권법 제103조에는 이미 이러한 사고방식이 구현되어 있다.[18] 자신의 권리
가 침해되었음을 주장하는 자(이하 "권리주장자"라고 한다)는 그 사실을 소명하여 온
라인서비스제공자에게 저작물등의 복제·전송을 중단시킬 것을 요구할 수 있다(제
1항). 이 경우 온라인서비스제공자는 즉시 그 저작물등의 복제·전송을 중단시키고
권리주장자와 저작물등의 복제·전송자에게 그 사실을 통보하여야 한다.[19] 통보를
받은 복제·전송자가 자신의 복제·전송이 정당한 권리에 의한 것임을 소명하여 그
복제·전송의 재개를 요구하는 경우 온라인서비스제공자는 재개요구사실 및 재개예정
일을 권리주장자에게 지체 없이 통보하고 그 예정일에 복제·전송을 재개시켜야
한다. 다만, 권리주장자가 복제·전송자의 침해행위에 대하여 소를 제기한 사실을
재개예정일 전에 온라인서비스제공자에게 통보한 경우에는 그러하지 아니하다(제3
항). 온라인서비스제공자는 이러한 복제·전송의 중단 및 그 재개의 요구를 받을
자를 지정, 공지하여야 한다(제4항). 온라인서비스제공자가 제4항에 따른 공지를
하고 제2항과 제3항에 따라 그 저작물등의 복제·전송을 중단시키거나 재개시킨
경우에는 저작권등의 침해 또는 복제·전송자에게 발생하는 손해에 대한 책임으로
부터 면제된다. 다만 온라인서비스제공자가 이러한 요구를 받기 전에 침해사실을 안
경우에까지 그 책임이 면제되지는 않는다(제5항). 정당한 권리 없이 제1항 및 제3
항의 규정에 따른 그 저작물등의 복제·전송의 중단이나 재개를 요구하는 자는 그
로 인하여 발생하는 손해를 배상하여야 한다(제6항).[20] 요컨대 온라인서비스제공

---

18) 아래 내용은 2006. 12. 28. 법률 제8101호로 전부개정되어 2007. 6. 29.부터 시행된 저작권법에
   처음 규정되었다. 미국의 디지털 밀레니엄 저작권법(Digital Millenium Copyright Act)의 영향을
   받아 입법된 것이다. 관련 내용에 대해서는 박준석(주 7), 80면 이하; 김정완(주 4), 259면 이하;
   신승남(주 4), 314면 이하; 김현경, "저작권법상 온라인서비스제공자(OSP) 면책조항의 실효성에 관
   한 비판적 검토", **토지공법연구**, 제51권(2010), 313-315면.
19) 저작물등의 복제·전송자에게 통보해야 하는 주체는 제102조 제1항 제3호 및 제4호의 온라인서비
   스제공자이다. 제3호는 저작물등을 자신의 컴퓨터에 저장하는 행위, 제4호는 정보검색도구를 통하여
   이용자에게 저작물 등의 위치를 알 수 있게 하거나 연결하는 행위에 관하여 규정한다.

자는 권리주장자와 복제·전송자 사이의 분쟁에 깊숙이 관여하기보다는 중간 매개자로서 통지 및 제거절차(notice and takedown)를 취할 의무를 부담하고, 그 의무를 이행하면 면책되도록 하는 것이다.[21]

(2) 대상판결 검토

대상판결은 명예훼손 방조책임에 관한 대법원 2009. 4. 16. 선고 2008다53812 전원합의체 판결, 저작권 침해 방조책임에 관한 대법원 2010. 3. 11. 선고 2009다4343 판결 등에서 제시되었던 온라인서비스제공자의 과실 판단 기준을 더욱 엄격하게 파악하였다. 위 판결들은 온라인서비스제공자가 피해자로부터 구체적·개별적인 게시물의 삭제와 차단 요구를 받지 않아 게시물이 게시된 사정을 구체적으로 인식하지 못하였더라도 게시물의 불법성이 명백하고 그 게시물의 존재를 알 수 있었음이 외관상 명백하다면 주의의무를 부담한다고 보았다. 반면 대상판결은 온라인서비스제공자의 주의의무 일반론을 전개하면서 위와 같은 인식 가능성 요건을 제거하였다. 이러한 대상판결의 입장은 온라인서비스제공자와 피해자 사이의 효율적 역할분담론에 기초한 것으로서 2008다53812 전원합의체 판결의 별개의견의 연장선상에 있다. 앞서 일반론에서 살펴보았듯이 대상판결의 태도는 현행 저작권법의 규정 내용에 부합하는 방향으로 온라인서비스제공자의 주의의무를 파악하고 기준의 명확성을 높였다는 점에서 타당하다.[22]

한편 해당 사실관계에 관한 대상판결의 구체적 판단에 대해서는 좀 더 생각할 점이 있다. 대상판결 사안에서 피해자인 원고는 온라인서비스제공자인 피고에게 자신의 권리가 침해되었으니 필요한 조치를 취해 달라는 요청을 하였다. 그러나

---

20) 한편 온라인서비스제공자의 저작권 침해에 대한 방조책임이 문제 된 사건에서, 법원이 온라인서비스제공자의 책임을 부정하는 근거로 저작권법 제103조를 적극적으로 적용하고 있는 것 같지는 않다. 이에 관한 분석으로 박준석, **인터넷상 정보 유통에 대한 새로운 저작권 규율 방향 모색**(집문당, 2015), 76면 이하.

21) 이러한 통지 및 제거절차 제도가 저작권자 및 이용자의 이익 보호, 온라인서비스 관련 산업의 발전 등 여러 가치를 가장 조화롭게 고려하는 해결책이라고 평가된다. 박준석(주 20), 63-64면. 참고로 정보통신망을 통하여 이루어지는 사생활 침해, 명예훼손 등에 관한 「정보통신망 이용촉진 및 정보보호 등에 관한 법률」 제44조의2도 큰 틀에서는 저작권법 제103조와 비슷한 태도를 취하고 있다.

22) 참고로 미국의 UMG Recordings, Inc. v. Shelter Capital Partners, 667 F. 3d 1022 (9th Cir. 2011) 판결도 피해자의 통지에 따른 구체적 인식이 있어야 온라인서비스제공자에게 책임을 지울 수 있다고 한다.

그 과정에서 원고는 동영상을 찾을 수 있는 검색어와 카페의 대표주소만 기재하였을 뿐 동영상이 게시된 실제 페이지의 URL이나 게시물 제목 등을 구체적으로 특정하지 않았다. 또한 이러한 정보를 구체적으로 특정해 달라는 피고의 거듭된 요청에 대해서는 피고가 검색을 통하여 특정한 뒤 조치를 취해 달라고 대응하였다. 이처럼 대상판결 사안은 '피해자의 요구가 있었으나 개별 게시물을 특정할 정도로 구체적이지는 않았던 상황'을 다루었다는 특수성을 지닌다. 그렇다면 피해자의 요구가 구체적이라고 평가받기 위해서는 피해자가 게시물을 개별적으로 특정하였어야 하는가?

저작권법과 그 하위 법령들은 개별 게시물의 개별적 특정을 요구하고 있다. 저작권법 제103조 제2항, 저작권법 시행령 제40조 제1항, 저작권법 시행규칙 제13조에 따르면 피해자는 저작권법 시행규칙 별지 제40호 서식 「복제·전송 중단 요청서」에 의하여 복제·전송 중단을 요청하여야 한다.[23] 이 요청서에는 복제·전송 중단 요청 대상 게시물의 이름과 위치정보(URL) 등을 기재하도록 되어 있다. 실무상으로도 온라인서비스제공자는 이처럼 개별 대상 게시물을 특정할 수 있는 정보가 담긴 요청서가 접수되어야 복제·전송 중단 조치를 취하고 있다. 피고 역시 이러한 절차와 실무 관행에 따라 대응하였다. 물론 법적 구속력이 없는 행정규칙상 서식의 기재 요구사항에 따라 온라인서비스제공자의 주의의무가 전적으로 좌우되는 것은 아니다. 따라서 원심법원의 입장처럼 이러한 서식의 기재 요구사항을 예시적인 것으로 파악하면서, 꼭 각각의 개별 게시물을 특정하지 않더라도 그 게시물 특정에 필요한 기초 정보와 검색 방법을 알려주면 충분하다는 입론도 가능하다. 특히 이 사건에서는 불법 게시물의 숫자가 약 3,000개 정도였는데, 그 게시물의 URL을 특정하는 작업 부담은 개인인 원고보다 회사인 피고가 져야 한다고 볼 여지도 있다.

그러나 이에 관한 규칙을 설정함에 있어서는 작업 부담뿐만 아니라 조사 및 판단 부담도 염두에 두어야 한다. 저작권법의 기본 입장은 온라인서비스제공자를 중립적 매개체로 보아 저작권 침해 여부의 조사 및 판단 부담으로부터 자유롭게 하려는 것이다. 온라인서비스제공자는 소극적인 매개체 기능을 수행하는 한 "침해행위에 관하여 적극적으로 조사할 의무"를 지지 아니하고(제102조 제3항), 권리 침해

---

23) 해당 저작물의 위치정보(URL 등)는 2007. 6. 29. 문화관광부령 제166호로 전부 개정된 저작권법 시행규칙 제13조에 따른 별지 제40호 서식에서 요구된 이래 현재까지 계속 요구되고 있다.

에 관한 주장이 제기되어 침해 분쟁이 발생한 경우에도 권리주장자와 복제·전송자 중 어느 한쪽에도 치우치지 않고 소정의 절차에 따라 중립적·기계적인 방식으로 조치하면 충분하다(제103조). 온라인서비스제공자는 권리주장자가 복제·전송자에 대한 법적 조치를 위해 일정한 정보를 요구하는 경우 스스로 정보를 제공하거나 저작권보호심의위원회의 명령에 따라 정보를 제공하여야 한다(제103조의3). 이러한 저작권법의 태도는 단지 온라인서비스제공자의 작업 부담을 덜어주려는 차원뿐만 아니라 중립적 매개체인 온라인서비스제공자가 민감하고 첨예한 저작권 침해분쟁의 소용돌이 속에서 실체적 역할을 수행하도록 요구하는 것은 사회 전체의 관점에서도 바람직하지 않다는 차원에서 이해해야 한다. 온라인서비스제공자가 권리주장자의 가이드라인하에 개별 게시물의 저작권 침해 여부를 일일이 조사하여 판단하게 하는 것은 이러한 큰 정책 방향과 조화되기 어렵다. 그러므로 피고에게 이러한 주의의무까지 인정되지는 않는다고 한 대상판결은 타당하다.[24]

---

24) 같은 취지로 신지혜(주 3), 789면 이하.

10 해군본부 게시판 항의글 삭제에 따른 책임
(대법원 2020. 6. 4. 선고 2015다233807 판결)

가. 사실관계

정부는 2009. 1.경부터 제주해군기지 건설사업(이하 '이 사건 사업'이라고 한다)을 추진해 왔다. 민주당은 2011. 6. 8. 정부에 대하여 합리적인 갈등해소 방안이 마련될 때까지 이 사건 사업을 일시 중단하라는 성명서를 발표하였고, 그 외 여러 사람들과 단체들이 이 사건 사업의 중단을 촉구하는 기자회견을 열었다. 원고 1은 위 기자회견에 참석하였으며, 2011. 6. 9. 자신의 트위터(twitter)에 해군 홈페이지 자유게시판에 이 사건 사업에 대한 항의글, 공사 중단 요청글을 남겨 달라는 내용의 글을 게시하였다. 이에 원고들을 포함하여 원고 1의 의견에 동조하는 여러 사람들이 같은 날 해군 홈페이지 자유게시판에 이 사건 사업에 반대한다는 취지의 항의글을 100여 건 게시하였다. 해군본부는 원고들이 게시한 항의글을 포함하여 100여 건의 항의글을 자유게시판에서 삭제하였다(이하 '이 사건 삭제 조치'라고 한다). 원고들은 위 항의글이 「해군 인터넷 홈페이지 운영규정」(이하 '이 사건 운영규정'이라고 한다)에서 정한 삭제 사유[1]에 해당하지 않는데도 해군본부가 임의로 이를 삭제한 조치는 위법한 직무수행에 해당하며 이를 통해 원고들의 표현의 자유와 행복추구권이 침해되었다고 주장하면서, 해군본부가 속한 법인격 주체인 피고 대한민국을 상대로 국가배상청구를 하였다. 제1심법원은 원고들의 청구를 기각하였다.[2]

---

1) 「해군 인터넷 홈페이지 운영규정」 제9조 제2호는 홈페이지에 게시된 이용자의 게시물은 삭제하지 않는 것을 원칙으로 하나, 홈페이지 관리책임자는 홈페이지의 건전한 운영을 위하여 이용자가 게시한 자료가 '국가안전을 해할 수 있거나 보안 관련 규정에 위배되는 경우', '정치적 목적이나 성향이 있는 경우', '특정 기관, 단체, 부서를 근거 없이 비난하는 경우', '동일인 또는 동일인이라고 인정되는 자가 똑같은 내용을 주 2회 이상 게시하거나 유사한 내용을 1일 2회 이상 게시하는 경우', '기타 오류, 장난성의 내용 등 기타 본 호의 규정에 비추어 삭제가 필요하다고 판단되는 경우'에는 삭제할 수 있고, 필요시 그 사유를 해당 게시판에 공지하거나 게시자(전화번호나 전자우편주소가 명확할 경우)에게 통보할 수 있다고 규정하고 있었다.
2) 서울중앙지방법원 2014. 11. 27. 선고 2013가단5106270 판결.

나. 원심판결과 대상판결

원심법원은 원고의 청구를 일부인용하였다.[3] 원고들이 작성한 항의글은 이 사건 운영규정에서 정한 삭제 사유에 해당하지 않고, 달리 해군본부가 이를 삭제할 수 있는 합리적인 근거를 찾을 수 없으며, 게시물의 추이를 살피거나 홈페이지 실무위원회를 개최하는 등의 추가적인 조치를 취하지 않은 채 위 항의글을 게시 당일 곧바로 삭제한 것은 객관적 정당성을 결여한 위법행위에 해당하고 이에 대한 담당 공무원의 과실이 인정된다는 이유에서였다. 대법원은 원심판결을 파기하였다.[4] 그 이유는 다음과 같다.

정부의 정책에 대하여 정치적인 반대의사를 표시하는 것은 헌법이 보장하는 정치적 자유의 가장 핵심적인 부분이다. 자신의 정치적 생각을 집회와 시위를 통해 설파하거나 서명운동 등을 통해 자신과 의견이 같은 세력을 규합해 나가는 것은 국가의 안전에 대한 위협이 아니라, 우리 헌법의 근본이념인 '자유민주적 기본질서'의 핵심적인 보장 영역에 속한다. 정부에 대한 비판에 대하여 합리적인 홍보와 설득으로 대처하는 것이 아니라, 비판 자체를 원천적으로 배제하려는 공권력의 행사는 대한민국 헌법이 예정하고 있는 자유민주적 기본질서에 부합하지 아니하므로 그 정당성을 인정할 수 없다.

그러나 공무원의 행위를 원인으로 한 국가배상책임을 인정하려면 '공무원이 직무를 집행하면서 고의 또는 과실로 법령을 위반하여 타인에게 손해를 입힌 때'라고 하는 국가배상법 제2조 제1항의 요건이 충족되어야 한다. 여기서 '법령을 위반하여'라고 함은 엄격하게 형식적 의미의 법령에 명시적으로 공무원의 행위의무가 정하여져 있음에도 이를 위반하는 경우만을 의미하는 것은 아니고, 인권존중·권력남용금지·신의성실과 같이 공무원으로서 마땅히 지켜야 할 준칙이나 규범을 지키지 아니하고 위반한 경우를 비롯하여 널리 그 행위가 객관적인 정당성을 결여하고 있는 경우를 포함한다.

일반적으로 국가기관이 자신이 관리·운영하는 홈페이지에 게시된 글에 대하여 정부의 정책에 찬성하는 내용인지, 반대하는 내용인지에 따라 선별적으로 삭제 여부를 결정하는 것은 특별한 사정이 없는 한 국민의 기본권인 표현의 자유와 자유민주적 기본질서에 배치되므로 허용되지 않는다. 그러나 원고들이 작성한 항의글은 군의 정치적 중립성 요청에 따라 이 사

---

3) 서울중앙지방법원 2015. 8. 12. 선고 2014나63734 판결.
4) 대법원 2020. 6. 4. 선고 2015다233807 판결.

건 운영규정에서 정한 게시글 삭제사유인 '정치적 목적이나 성향이 있는 경우'에 해당하는 것으로서 자유게시판의 일반적인 존재 목적, 기능, 게시판 운영 원칙의 삭제 사유,[5] 이 사건 사업에 대한 결정 주체 및 다른 게시글의 방해효과 등과 아울러 해군본부에게 게시물을 영구히 또는 일정 기간 보존하여야 할 의무가 있다고는 볼 수 없는 점, 이 사건 삭제 조치는 표현행위 자체를 금지하거나 제재한 것이 아니라 결과물을 삭제한 것일 뿐이고 삭제 이유를 밝히는 입장문도 공개적으로 게시하는 등 반대의견 표명을 억압하거나 여론을 호도·조작하려는 시도로 볼 수 없다는 점 등을 고려하면, 이 사건 삭제 조치의 경우에는 객관적 정당성을 상실한 위법한 직무집행에 해당한다고 보기 어렵다.[6]

다. 분석

대상판결의 결론에 찬성하나, 그 이유에 대해서는 좀 더 생각해 볼 바가 있다.

우선 대상판결은 국가기관의 홈페이지 게시글 내용에 따라 선별적으로 삭제 여부를 결정하는 것은 표현의 자유를 침해한다고 보았다. 이러한 일반론은 옳다. 그런데 대상판결은 이 사건 운영규정에서 '정치적 목적이나 성향이 있는 경우'를 게시글 삭제 사유로 삼은 것은 군의 정치적 중립성 요청을 구체화한 것이고, 해당 게시글은 '정치적 목적이나 성향이 있는 경우'에 해당하므로 이 사건 삭제조치는 위법하지 않다고 보았다. 헌법 제5조 제2항은 "국군은 국가의 안전보장과 국토방위의 신성한 의무를 수행함을 사명으로 하며, 그 정치적 중립성은 준수된다."라고 규정함으로써 군의 정치적 중립성 요청을 선언한다. 공무원의 정치적 중립성을 규정하는 헌법 제7조에 더하여 헌법 제5조에서 군의 정치적 중립성을 다시 강조한 것은 우리 헌정사에서 군의 정치개입을 되풀이하지 않겠다는 의지의 표현이다.[7] 또한 대상판결이 판시하였듯이 군의 정치적 중립성 요청은 정치권이 국가에 부당한 영향력을 행사해서는 안 된다는 이념도 담고 있다. 그러나 이러한 군의 정치적 중립성 요청이 국민의 정치적 표현을 제한하는 근거가 될 수는 없다. 또한 그 표현의 장이 해군 홈페이지 자유게시판이라고 해서 달라질 이유가 없다. 중요한 것

---

5) 위 '게시판 운영 원칙'은 "건전한 토론문화의 정착을 위해 특정 개인·단체에 대한 비방·욕설 등 명예훼손, 음란·저속한 표현, 상업적 광고, 유언비어나 선동하는 글, 동일내용 중복게시, 특정 개인의 정보유출, 반정부선동, 이적행위, 특정 종교 찬양 및 비방 등 게시판의 취지에 어긋나는 글을 올리는 경우 사전 예고 없이 삭제될 수 있음을 알려드립니다"라는 내용을 담고 있었다.

6) 이 문장은 대법원 판결이유를 압축하여 서술한 것이다.

7) 헌법재판소 2016. 2. 25. 선고 2013헌바111 결정; 헌법재판소 2018. 7. 26. 선고 2018헌바139 결정.

은 이러한 정치적 표현에 대해 군이 정치적 목적이나 성향에 기초하여 대응하지
않는 것이지, 국민의 정치적 표현 자체를 제한하는 것이 아니다.

그러한 관점에서 '정치적 목적이나 성향이 있는 경우'를 게시글 삭제 사유로 삼
은 이 사건 운영규정이 적절한지 의문스럽다. 우선 이는 군의 정치적 중립성 요청
과 직접 연결되지 않을 뿐만 아니라, 대상판결이 우려한 내용에 기초한 삭제로 이
어질 위험성이 크다. 또한 '정치적 목적이나 성향이 있는 정치적 표현'과 '정치적
목적이나 성향이 없는 정치적 표현'을 구별하는 것은 현실적으로 매우 어렵다. 상
당수의 표현은 목적이나 성향과 무관하게 정치적 맥락을 띠기 때문이다. 결국 이
는 정치적 표현 자체를 금지하는 것과 마찬가지인데, 국가기관의 자유게시판을 개
설한 이상 이러한 정치적 표현 금지는 지나친 표현의 자유 침해이다. 오히려 군이
게시글의 정치적 목적이나 성향을 판단하여 선별적으로 삭제하는 과정에서 군의
정치적 목적이나 성향이 은연중에 작동하거나 명시적으로 나타날 우려도 있다. 그
것이야말로 군의 정치적 중립을 해치는 것이다.

한편 이 사건 운영규정은 법령이 아니라 행정규칙에 불과하므로 대외적 구속력을
가지지도 않는다. 또한 이 사건 운영규정은 약관이라고 보기도 어렵다.8) 약관은
계약의 형태인데, 대한민국과 게시판 이용자 사이에 이 사건 운영규정을 계약의
내용으로 편입시키는 합의가 있었다고 보기는 어렵다. 설령 이를 약관이라고 하더
라도 이 사건에서 그 중요한 내용에 대해 설명의무가 이행되었다고 보기 어렵기
때문이다. 또한 원고들의 게시글이 「정보통신망 이용촉진 및 정보보호 등에 관한
법률」 제44조의7에 따라 삭제할 수 있는 불법정보, 또는 제50조의7에 따라 삭제
할 수 있는 영리 목적의 광고성 정보라고 하기도 어렵다. 그러므로 이 사건 운영
규정 등 국가기관이 일방적으로 작성한 행정규칙은 국가배상의 성립요건인 과실
이나 위법성을 판단하는 과정에서 중요하게 고려되어야 하기는 하지만, 그 자체가
국민에 대한 국가배상책임을 판단하는 절대적인 기준이 되어서는 안 된다.

대상판결이 이 사건 사업의 시행 여부를 결정할 권한은 국방부장관에게 있으므
로 이 사건 사업 시행에 대해 항의하더라도 국방부장관이나 국무총리 또는 대통령
에게 하는 것이 적절하지 결정권이 없는 해군본부나 그 기관장인 해군참모총장에

---

8) 이 사건 운영규정이 약관이라면 그 약관에 무효사유가 없는 한 약관에 기한 삭제조치는 법적으로
  정당화된다. 약관에 기한 게시물 삭제를 정당하다고 본 대법원 1998. 2. 13. 선고 97다37210 판결
  참조.

게 하는 것은 적절하지 않다고 판시한 것에도 의문이 든다. 이 사건 사업은 제주 해군기지 건설사업이므로, 국민이 해군기지 건설사업에 대한 의견을 해군 자유게 시판에 개진하는 것은 자연스러운 일이다. 행정안전부 장관에게 결정권이 있는 사항에 대해 지방자치단체 민원담당 직원에게 의견을 개진하는 것이 자연스럽듯이 말이다. 중요한 점은 게시글의 내용에 관하여 누가 최종적으로 결정권을 가지는가가 아니라 게시글의 내용이 게시판의 개설 취지나 목적에 현저히 동떨어진 것인가이다. 원고들의 게시글 내용은 해군 자유게시판의 개설취지나 목적에 현저히 동떨어졌다고 보이지 않는다.9)

이처럼 헌법상 군의 정치적 중립성 요청이나 정치적 목적이나 성향의 게시글 삭제에 관한 이 사건 운영규정만으로는 원고들의 게시글 삭제행위를 충분히 정당화할 수 없다. 그런데 이 사건에서는 게시글의 내용이 아니라 게시 방법 및 그 방법이 게시판에 미치는 영향에 주목해야 한다. 국가기관은 자유게시판을 운영함에 있어서 모든 사람들의 표현의 자유가 평등하게 행사되도록 보장해 주는 한편, 그 표현을 통해 국민들의 알 권리도 보장해줄 책무가 있다. 그러한 점에서 국가기관이 운영하는 게시판은 공공재이고 이를 사실상 사유화하는 것은 제한되어야 한다.10) 그리고 국가기관은 이러한 공적 자원의 왜곡된 사용을 막기 위해 표현의 자유 행사에도 적정한 한계를 설정할 수 있다.

참고로 미국에서는 정부재산(government property)에서 표현의 자유가 얼마나 규제될 수 있는가에 대해 공적 광장 이론(public forum doctrine)이 형성되어 왔다.11) 미국 연방대법원의 공적 광장 이론은 1939년 Hague 판결12)에서 비롯되어 1983년 Perry 판결13)에서 체계화되었다. Perry 판결에서 Byron R. White 대법관

---

9) 이 사건 운영규정 제1조는 "여론수렴"을 홈페이지 목적의 하나로 들고 있다.
10) 대상판결에 대한 판례해설인 이상덕, "국가기관 홈페이지 게시글 삭제 조치에 따른 국가배상책임 성립 여부", **대법원판례해설**, 제123호(법원도서관, 2020), 213면 이하에서는 국가기관 홈페이지가 공물 또는 영조물로서의 성격을 가진다고 서술하고 있는데, 이 역시 국가기관 홈페이지가 가지는 공공재적 성격을 염두에 둔 설명이다.
11) 이상덕(주 10), 227–229면. 미국의 공적 광장 이론은 유형화, 내용, 의미 등을 둘러싸고 매우 복잡하게 얽혀 있어 혼란을 초래하는 면도 있다. Daniel A. Farber & John E. Nowak, "The Misleading Nature of Public Forum Analysis: Content and Context in First Amendment Adjudication", 70 *Virginia L. Rev.* 1219, 1219–1220 (1984), 심지어 어떤 학자는 이를 칡(kudzu)이라고 표현하기도 했다. Aaron H. Caplan, "Invasion of the Public Forum Doctrine", 46 *Willamette L. Rev.* 647, 647 (2009~2010).
12) Hague v. Committee for Industrial Organization, 307 U.S. 495 (1939).
13) Perry Education Association v. Perry Local Educator's Association, 460 U.S. 37 (1983).

은 표현적 행동에 제공된 정부재산을 전통적 공적 광장(traditional public forum),[14] 지정된 공적 광장(designated public forum),[15] 비공적 광장(non-public forum)으로 나누었다. 공적 광장에서는 내용에 기초한 표현 규제는 엄격한 심사기준 하에서만 허용되고, 내용에 기초하지 않는 시간, 장소, 방법에 대한 표현 규제는 표현 행위의 다른 대안이 있고 중요한 국가 이익을 위한 것이라면 가능하다.[16] 가령 거리에서의 표현의 자유는 강하게 보호되어야 하지만 지나친 소음을 규제하는 것은 가능하다.[17] 전자게시판이 어떤 유형의 공적 광장인지에 대한 판례 이론은 아직 정립되어 있지 않지만, 그 속성상 지정된 공적 광장으로 볼 가능성이 크다.[18] 이러한 미국의 공적 광장 이론은 표현의 자유에 관한 문화와 역사, 법제가 다른 우리나라에 그대로 적용될 수는 없으나, 표현 행위가 일어나는 곳의 특성을 고려해야 한다는 점, 표현 내용 규제와 표현 방식 규제를 달리 취급해야 한다는 점에서 우리나라에도 시사하는 바가 있다.

이 사건에서 해군은 자유게시판을 개설하였는데, 이러한 자유게시판은 미국의 지정된 공적 광장처럼 국가가 의도적으로 개설하였으나 그 개설 의무는 없으므로 언제든지 폐쇄할 수 있는 공간이다.[19] 또한 해군은 목적과 취지를 달리하는 게시

---

14) 공원, 거리, 인도처럼 전통적으로 정치적 표현, 집회, 토론에 제공된 공적인 장소이다. Hague v. Committee for Industrial Organization, 307 U.S. 495, 515 (1939).
15) 전통적 공적 광장은 아니지만 정부가 공적 표현 활동을 위해 의도적으로 개방한 장소이다. Perry Education Association v. Perry Local Educator's Association, 460 U.S. 37, 46 (1983). 다른 목적을 위해 폐쇄할 수 있다는 점에서 전통적 공적 광장과 구별된다. 한편 Perry 판결에서는 정부가 특정 목적, 특정 집단, 특정 주제로 표현 활동을 한정하는 제한된 공적 광장(limited public forum)도 지정된 공적 광장과 같은 카테고리로 묶었는데 양자를 묶어서 중간 광장(middle forum)이라고 하기도 한다. Note, Strict Scrutiny in the Middle Forum, 122 *Harv. L. Rev.* 2140 (2009) 및 이를 인용한 박승호, "표현의 자유와 공적광장이론-미연방대법원 판례를 중심으로-", **법학논고**(경북대학교 법학연구원), 제41집(2013), 293면.
16) Perry Education Association v. Perry Local Educator's Association, 460 U.S. 37, 45 (1983).
17) Kovacs v. Cooper, 336 U.S. 77 (1949).
18) 최근 공공기관의 전자게시판이나 SNS에서의 표현 삭제를 계기로 공적 광장 이론이 문제된 소송들이 있었으나 모두 화해로 종결되었다. Hawaii Defense Foundation v. City and Country of Honolulu, No. 2012 WL 3642832 (D. Haw. 2012); Quick et al v. City of Beech Grove, No. 1:16-cv 1709 (S.D. Ind. 2016); PETA v. Michael Young, No. 4:18-cv-01547 (S.D. Tex. 2018). 한편 미국 연방대법원은 Packingham v. North Carolina, 777 S.E.2d 738 (2017)은 성범죄자의 주정부 SNS 이용을 제한하는 노스캐롤라이나주법이 표현의 자유를 침해한다고 판시하였는데, 가상공간이 어떤 공적 광장인지를 명시하지는 않았으나 전체 판결 취지상 이를 지정된 공적 광장으로 이해한 것으로 보인다.
19) 현행법상 게시글의 보존의무가 인정되지 않는다는 대상판결 판시도 그 연장선상에서 이해할 수 있다.

판을 여럿 개설한 뒤 그 게시판의 성격에 맞지 않는 글은 이전하거나 삭제할 수도 있다. 만약 게시판을 개설하는 순간 표현의 자유 때문에 이러한 조치를 전혀 취할 수 없게 된다면 국가기관은 아예 게시판 자체 또는 자유게시판을 개설하지 않는 쪽을 선택할 가능성이 크고, 이는 궁극적으로 표현의 자유를 더욱 좁히는 결과로 이어진다. 이처럼 해군의 자유게시판은 아예 개설하지 않거나 폐쇄할 수도 있는 공간이라는 점에서 광화문 광장과는 다른 의미를 가진다. 그러므로 해군이 자유게시판의 원활한 운영을 위해 일정한 규칙을 정하고 관철시키는 것은 합리적 범위 내에서는 존중되어야 한다.

또한 이러한 공적 광장을 개설한 이상 원칙적으로 내용이나 관점에 기초한 선별적 삭제는 허용되지 않아야 하지만, 그 표현 방식에 관한 합리적 규제는 허용되어야 한다. 가령 어떤 사람이나 집단이 단시간 내에 대량의 유사 게시물을 올리는 경우에는 그 게시물을 삭제한다는 규정을 만들 수 있고, 그 규정에 따라 그 글을 삭제할 수 있다고 보아야 한다. 이러한 표현 행위는 다른 이용자의 게시판 이용 의욕을 저하시키고 다른 이용자가 올린 게시물에 대한 접근 가능성을 저하시키거나 그 존재감을 희석시켜 그 게시자의 표현의 자유와 게시판 이용자의 알 권리를 실질적으로 방해할 위험이 있기 때문이다. 한편 원고들에게는 그러한 유형의 주장을 위해 열려 있는 제도를 이용할 기회가 있다는 점도 염두에 두어야 한다. 가령 원고들은 해군기지에 관하여 공식적인 민원 또는 청원을 제기하거나 공공장소에서 시위를 하거나 그 외 인터넷 공간에서 표현행위를 할 수 있다.

대상판결은 여러 이유를 들어 국가배상책임을 부정하였다. 각각의 이유가 모두 동일한 정도의 설득력을 가지지는 않는다.[20] 또한 이 사건에서 해군이 게시물을 삭제하지 않거나 일단 블라인드 처리를 한 뒤 내부 논의를 거쳐 최종적인 삭제 여부를 결정하는 너그럽고 신중한 모습을 보여줬을 수도 있다는 생각이 든다. 어떤 사회적 쟁점이 있을 때 관련 국가기관 홈페이지의 자유게시판에 다수인이 동일한 목소리를 내는 것은 그 정도와 방식에 따라 다르기는 하지만 일반적으로는 허용되어야 한다. 그러나 이 사건에서 국가배상책임이 발생하는지는 다른 차원에서 검토될 필요가 있다. 이 사건 운영규정이나 게시판 운영원칙은 법령과 같은 구속력을

---

20) 대상판결은 그 외에 반대의견 표출 행위 자체를 금지한 것이 아니라 그 결과물을 삭제한 것이라거나 해군본부가 삭제 이유를 입장문 형식으로 밝혔다는 점을 근거로 들고 있으나 이는 설득력이 높지 않다. 결과물을 게시 당일 삭제하는 것은 표현 행위의 효과를 무력화하는 것이고, 삭제 이유를 밝혔는가보다 그 삭제 이유가 정당한가가 더 중요하기 때문이다.

가지지는 않지만 이러한 문제를 규율할 별도의 법령이 없는 경우에는 그 내용은 합리성의 범위를 벗어나지 않는 한 국가배상책임 성립 여부를 판단할 때 중요하게 고려되어야 한다. 이 사건에서 동일한 지침하에 다수인이 단시간 내 유사한 게시물을 100건 이상 게시하는 상황은 이 사건 운영규정상 '동일인 또는 동일인이라고 인정되는 자가 똑같은 내용을 주 2회 이상 게시하거나 유사한 내용을 1일 2회 이상 게시하는 경우', 또는 게시판 운영원칙상 '동일내용 중복게시'에 해당하거나 이에 준하여 평가할 수 있다. 아울러 앞서 보았듯이, 자유게시판은 원고들뿐만 아니라 일반 국민 모두가 원활하게 이용할 공공재적 성격도 가진다. 이러한 사정을 고려하면, 이 사건은 공무원이 "직무를 집행하면서 고의 또는 과실로 법령을 위반하여 타인에게 손해를 입"힌(국가배상법 제2조 제1항) 사건이라고까지 평가하기는 어렵다. 그러므로 대상판결에 찬성한다.[21]

---

21) 한편 이 사건의 결론에 직결된 문제는 아니지만 대상판결에서 언급한 객관적 정당성 결여 요건의 체계적 지위와 적절성은 이론적 검토 대상이다. 이 문제를 포함하여 국가배상책임의 이론적 문제들을 상세하게 검토한 최근 문헌으로 박정훈, "국가배상법의 개혁-사법적 대위책임에서 공법적 자기책임으로-", **행정법연구**, 제62호(2020) 참조.

공작물책임과 핸드 공식
(대법원 2019. 11. 28. 선고 2017다14895 판결)

가. 사실관계

피고는 서울특별시 A구청장이 지정하는 체육시설의 관리 및 운영 등을 위해 지방공기업법에 따라 설립된 법인이다. 피고는 A구에 있는 이 사건 수영장을 관리·운영하면서 매년 여름 일반인들이 유료로 이 사건 수영장을 이용할 수 있도록 개장하였다. 이 사건 수영장의 수영조는 수면 위에 떠 있는 코스로프로 성인용 구역(깊이 1.2m)과 어린이용 구역(깊이 0.8m)을 구분하고 있다. 코스로프 양쪽 끝 부분에는 감시탑이 하나씩 세워져 있다. 어린이용 구역의 테두리 부분에 "0.8m", 성인용 구역의 테두리 부분에 "1.2m"라고 수심이 표시되어 있고, 그 앞에는 130cm 높이의 '키 재기 판'이 하나씩 세워져 있다. 이 사건 수영장 입구 등 3곳에는 안전수칙 표지판이 설치되어 있는데, 그중 하나에는 '초등학교 미만의 어린이의 경우 반드시 보호자가 동행하여 수영장에 들어가야 한다'는 내용이 표시되어 있다.

원고 4는 나이 만 6세 7개월, 키 133cm의 어린이로, 2013. 7. 6. 어머니인 원고 2, 누나인 원고 3 등과 함께 이 사건 수영장에 입장하였다. 원고 4는 원고 2, 원고 3과 함께 어린이용 구역에서 물놀이를 하다가 밖으로 나와 쉰 다음, 17:00경 물놀이를 하기 위해 혼자서 수영조 쪽으로 뛰어갔다. 그런데 17:05경, 이용객 B가 튜브 없이 성인용 구역에 빠져 의식을 잃고 있는 원고 4를 발견하여 원고 4를 안고 수영조 밖으로 나왔고, 이용객 C가 원고 4에게 심폐소생술을 실시하였다. 이후 원고 4는 대학병원 응급실로 이송되었으나 위 익수 사고로 무산소성 뇌손상을 입어 사지마비, 양안실명 등에 이르렀다. 원고 4와 원고 4의 부모인 원고 1 및 원고 2, 누나인 원고 3은 피고를 상대로 안전관리의무 위반으로 인한 불법행위책임과 안전요원들의 주의의무 위반으로 인한 사용자책임을 묻는 소를 제기하였다.

나. 소송의 경과

1심법원은 원고들의 청구를 모두 기각하였다.[1] 원고들은 항소심에서 공작물책임에 관한 주장을 선택적으로 추가하였다. 구체적으로는 피고가 어린이 진입금지 경고표시를 설치하지 않은 점, 어린이용 구역과 성인용 구역을 하나의 수영조에 설치한 점, 두 구역의 경계를 코스로프로만 구분하고 다른 안전시설을 갖추지 않은 점, 수영조 벽면에 수심 표시를 하지 않은 점 등이 설치·보존상 하자에 해당한다고 주장하였다. 원심법원은 다음과 같은 이유로 공작물책임 주장을 배척하였다.[2] 어린이용 구역과 성인용 구역을 물리적으로 구분하여 설치하지 않은 것이 「체육시설 설치·이용에 관한 법률」(이하 "체육시설법"이라고 한다) 시행규칙 위반이라거나 이 사건 수영장의 설치·보존상 하자라고 볼 수 없다. 수영조 벽면에 수심 표시가 되어 있지 않은 것은 체육시설법 시행규칙 위반이지만 그 위반행위와 사고 사이에 상당인과관계가 있다고 보기 어렵다.

대법원은 원심판결을 파기하였다. 우선 대법원은 다음과 같은 일반론을 제시하였다. 민법 제758조 제1항의 '공작물의 설치·보존상의 하자'란 공작물이 그 용도에 따라 통상 갖추어야 할 안전성을 갖추지 못한 상태에 있음을 말하고, 위와 같은 안전성의 구비 여부를 판단할 때에는 그 공작물을 설치·보존하는 자가 그 공작물의 위험성에 비례하여 사회통념상 일반적으로 요구되는 정도로 위험방지조치를 다하였는지 여부를 기준으로 판단하여야 한다. 이때에는 위험의 현실화 가능성의 정도, 위험이 현실화하여 사고가 발생하였을 때 침해되는 법익의 중대성과 피해의 정도, 사고 방지를 위한 사전조치에 드는 비용이나 위험방지조치를 함으로써 희생되는 이익 등을 종합적으로 고려하여야 한다. 이러한 법리는 '불합리한 손해의 위험'을 최소화하기 위한 조치로서 위험으로 인한 손해를 위험을 회피하기 위한 부담과 비교할 것을 요구한다는 측면에서 법경제학에서의 비용·편익 분석임과 동시에 균형접근법에 해당한다. 법관이 법을 만들어나가는 속성을 지닌 불법행위법에서 법관이 수행해야 할 균형 설정의 역할이 중요함에도 불구하고, 이러한 균형 설정은 구체적 사안과의 관련성 속에서 비로소 실질적인 내용을 가지는 것이므로, 미리 세세한 기준을 작성하여 제시하기는 어려운 것이 현실이다. 이때는 이른바 'Hand Rule'을 참고하여, 사고 방지를 위한 사전조치를 하는 데 드는 비용(B)과 사고가 발생할 확률(P) 및 사고가 발생할 경우 피해의 정도(L)를 살펴, 'B < P·L'인 경우에는 공작물의 위험성에 비하여 사회통념상 요구되는 위험방지

---

1) 서울동부지방법원 2015. 7. 23. 선고 2013가합18859 판결.
2) 서울고등법원 2017. 2. 8. 선고 2015나24241 판결.

조치를 다하지 않은 것으로 보아 공작물의 점유자에게 불법행위책임을 인정하는 접근 방식도 고려할 수 있다.

이러한 일반론 위에서 대법원은 체육시설 관련 법령에서 성인용 구역과 어린이용 구역을 같은 수영조에 설치하는 것을 금지하는 규정이 없다는 이유로 설치·보존상의 하자를 당연히 부정할 수는 없고, 오히려 체육시설 관련 법령은 운동시설인 수영장과 편의시설인 어린이용 수영조를 구분하여 설치하는 것을 전제로 하고 있다고 보았다. 또한 대법원은 수영장 시설에서 성인용 구역과 어린이용 구역을 분리하지 아니함으로 인하여 어린이가 물에 빠지는 사고가 발생할 가능성과 그와 같은 사고로 인하여 예상되는 피해의 정도를 성인용 구역과 어린이용 구역을 분리하여 설치하는 데 추가로 소요되는 비용 내지 이미 설치된 기존시설을 위와 같이 분리하는 데 소요되는 비용과 비교하면, 전자가 훨씬 더 클 것임을 충분히 예상할 수 있으므로, 이러한 관점에서도 이 사건 수영장에는 설치·보존상의 하자가 있다고 볼 수 있어, 수영장 관리자로서 위와 같은 조치를 취하지 아니한 피고에게 공작물 관리자로서의 책임이 없다고 할 수는 없다고 보았다.

다. 분석

불법행위책임의 성립 요건인 과실은 주의의무를 위반한 상태를 의미한다. 그러므로 과실 여부를 판단할 때에는 주의의무의 내용과 수준을 확정하여야 한다. 주의의무는 행위자 개인의 구체적 능력이나 주관적 사정이 아니라 그 개인이 속한 사회의 추상적·객관적 요구를 토대로 결정된다.[3] 이러한 주의의무 판단기준은 공작물책임의 성립 요건인 하자를 판단할 때에도 참고될 수 있다. 하자는 공작물이 그 용도에 따라 통상 갖추어야 할 안전성을 갖추지 못한 상태에 있음을 의미하는데, 그러한 안전성이 갖추어졌는지는 공작물을 설치·보존하는 사람이 그 공작물의 위험성에 비례하여 사회통념상 일반적으로 요구되는 정도의 위험방지의무[4]를 다하였는지를 기준으로 판단하기 때문이다.[5] 주의의무 판단에 관해서는 상당한 정도

---

3) 권영준, "불법행위의 과실 판단과 사회평균인", **비교사법**, 제22권 제1호(2015), 109면.
4) 대체로 방호조치의무라고 표현하는 경우가 많으나, 대법원 2015. 2. 26. 선고 2012다48916 판결의 표현례에 따라 위험방지의무라고 표현하기로 한다. 대상판결도 "위험방지조치를 다하였는지 여부"를 주된 쟁점으로 하였다.
5) 대법원 1997. 10. 10. 선고 97다27022 판결; 대법원 2010. 2. 11. 선고 2008다61615 판결; 대법원 2018. 7. 12. 선고 2015다68348 판결; 대법원 2018. 8. 1. 선고 2015다246810 판결 외 다수.

의 판례와 이론이 축적되어 있다. 하지만 구체적인 사건에 맞닥뜨려 주의의무의 내용과 수준을 확정하는 것은 결코 쉬운 작업이 아니다.[6] 대상판결은 주의의무의 정도를 결정하는 공식으로서 그동안 주로 학술적으로 논의되던 핸드 공식을 처음 언급한 대법원 판결이라는 점에서 특별한 의미를 가진다.

(1) 핸드 공식

불법행위법의 과제 중 하나는 자유(liberty)와 안전(security)의 두 가지 상반된 요청을 조화롭게 풀어내는 것이다.[7] 누구나 사고가 없는 안전한 세상에서 살기를 원한다. 그러나 개인의 행동은 거의 언제나 다소간의 위험을 수반한다.[8] 따라서 안전을 추구하는 과정에서 개인의 행동이 제약될 수 있다. 또한 안전 조치를 취하는 데에는 비용도 수반된다. 운전자가 도로 위 장애물을 피하려다가 교통사고를 일으킨 경우를 생각해보자.[9] 장애물을 적시에 제거하여 도로를 안전하게 하려면, 도로의 관리 주체가 도로를 자주 순찰해야 한다. 그런데 관리 주체에게 주어진 자원(resource)은 한정되어 있으므로, 순찰에 투입하는 인력과 예산만큼 도로 정비 등 다른 유형의 안전조치에 투입할 인력과 예산이 줄어든다. 따라서 안전성을 높인다는 이유로 특정 조치에 자원을 무한정 투입할 수는 없다. 그에 따르는 비용과 편익을 분석해야 한다.

핸드 공식은 비용/편익 분석(cost-benefit analysis)[10]에 기초하여 사회의 총효용을 극대화하는 방향으로 주의의무의 정도를 결정하는 공식이다.[11] 불법행위법의 경

---

6) 권순일, "불법행위상 주의의무의 기준", **법조**, 통권 제486호(1997), 72-73면도 이러한 어려움을 지적한다.

7) 권영준, "불법행위법의 사상적 기초와 그 시사점-예방과 회복의 패러다임을 중심으로-", **저스티스**, 통권 제109호(2009), 93면. 사고법(accident law)에서의 자유와 안전의 상호관계에 관하여는 Gregory Keating, "Reasonableness and Rationality in Negligence Theory", 48 *Stan. L. Rev.* 311, 321-325 (1996) 참조.

8) 권순일(주 6), 86면.

9) 대법원 1992. 9. 14. 선고 92다3243 판결의 사안이 그러하다. 이 판결에 관한 평석으로는 윤진수, 민법기본판례(홍문사, 2016), 471-475면 참조.

10) 이는 위험/효용 분석(risk-utility analysis)의 형태로 나타나기도 한다. Barbara Ann White, "Risk-Utility Analysis and the Learned Hand Formula: A Hand that Helps or a Hand that Hides?", 32 *Ariz. L. Rev.* 77, 79 (1990); Stephen G. Gilles, "On Determining Negligence: Hand Formula Balancing, the Reasonable Person Standard, and the Jury", 54 *Vand. L. Rev.* 813, 822 (2001).

11) 본래의 핸드 공식은 총비용과 총효용을 비교한다. 하지만 한계비용과 한계효용을 비교하는 것이 더 정확하다. Richard A. Posner, *Economic Analysis of Law*, 6th ed (Aspen, 2003),

제적 분석에서 기본 원리로 등장하는 공식이기도 하다. 핸드 공식의 내용은 다음과 같다.[12] 사고를 방지하는 데 드는 비용과 사고의 기대손실(사고확률×사고비용)을 비교하여, 후자가 전자보다 큰데도 그 사고를 방지하기 위한 조치를 취하지 않았다면 주의의무 위반이 인정된다. 반대로 전자가 후자보다 큰 경우에는 사고 방지 조치를 취하지 않았어도 주의의무 위반이 인정되지 않는다.[13] 핸드 공식은 일반 불법행위책임에서의 주의의무뿐만 아니라 공작물책임의 위험방지의무를 정하는 기준으로도 요긴하게 참고될 수 있다.[14]

핸드 공식은 효용의 증대를 추구하는 공리주의적 관점에 기초한 공식이다.[15] 그래서 핸드 공식에 대해서는 "차갑고 비인간화된 대수학적 공식(cold, dehumanized algebraic equation)"이라거나,[16] 비용/편익 분석이라는 미명하에 도덕적으로 받아들이기 어려운 결론을 정당화한다는 비판[17]이 가해지기도 한다. 실무상 핸드 공식의 유용성에도 한계가 있다. 실제 사건에서 비용과 편익을 숫자로 산출하는 것은 간단한 문제가 아니기 때문이다. 그러므로 핸드 공식은 숫자를 대입하여 사건의 결론을 자동적으로 도출하는 공식이라기보다는 불법행위책임의 득실을 객관적으로 균형 있게 고려하라는 합리적 정의의 요청을 표현한 사고의 틀일 뿐이다.[18]

---

pp. 168-169.

12) 핸드 공식은 United States v. Carroll Towing Co. 사건(159 F. 2d 169 (2d. Cir. 1947))에서 처음 등장하였다. 위 판결의 사안에서는 예인선이 선창에 밧줄로 매어 있던 바지선을 끌어가려고 하다가 다른 바지선들도 밧줄에서 풀리는 바람에 미국 정부 소유의 밀가루를 싣고 있던 바지선 한 척이 침몰하였다. 당시 그 바지선에는 아무도 타고 있지 않았고, 밧줄이 풀린 시점에 침몰 사고를 방지하는 것이 거의 불가능하였다. 미국 정부가 예인선의 소유자인 Carroll Towing Co.를 상대로 제기한 소송에서, Carroll Towing Co.는 당시 바지선에 선원이 탑승하고 있었더라면 바지선이 침몰하는 사고를 방지할 수 있었을 것이라고 주장하였다. 러니드 핸드(Learned Hand) 판사는 선박 침몰 사고의 기대손실이 바지선에 선원을 탑승시키는 등의 사고 방지 비용보다 크다고 보고, 위의 공식에 기초하여 Carroll Towing Co.의 주장을 받아들였다.

13) 박세일 등 공저, **법경제학** 재개정판(박영사, 2019), 315면.

14) 공작물책임에서 핸드 공식의 적용 가능성을 언급한 문헌으로 윤진수(주 9), 474-475면.

15) Richard W. Wright, "Justice and Reasonable Care in Negligence Law", 47 *Am. J. Juris.* 143, 178 (2002); Daniel P. O'Gorman, "Contract Law and the Hand Formula", 75 *La. L. Rev.* 127, 156 (2014). 따라서 공리주의에 대한 비판은 핸드 공식에도 그대로 적용된다. Richard W. Wright, "Hand, Posner, and the Myth of the 'Hand Formula'", 4 *J. Theoretical Inquiries in Law* 145, 146 (2003).

16) Leslie Bender, "A Lawyer's Primer on Feminist Theory and Tort", 38 *J. Legal Educ.* 3, 34-35 (1988).

17) William E. Nelson, "The Moral Perversity of the Hand Calculus", 45 *St. Louis U. L.J.* 759 (2001).

18) 이러한 균형적 사고방식이 굳이 불법행위법의 영역에만 머물러야 할 이유는 없다. 핸드 공식이

그렇다고 하여 핸드 공식이 무용한 것은 아니다. 이 공식은 추상적이고 무정형하게 흐르기 쉬운 주의의무 판단을 체계적이고 균형 잡힌 사고의 틀 아래 행할 수 있도록 도와준다. 실제로 핸드 공식은 과실의 의미를 객관화하고 명확히 하는 데 큰 기여를 한 것으로 평가되고 있고,[19] 미국의 판례와 학설, 나아가 불법행위 제3차 리스테이트먼트에도 받아들여졌다.[20] 그런데 핸드 공식에 담겨 있는 균형적 사고방식은 핸드 공식이 제시되기 이전부터 과실을 판단하는 기준으로 기능해왔다.[21] 우리나라의 경우도 마찬가지이다. 가령 대법원은 은행이 예금 청구자에게 정당한 예금인출권한이 있는지를 조사할 주의의무를 부담하지 않는다고 판단한 바 있다.[22] 금융기관에게 추가적인 확인의무를 부과하는 것보다는 예금자에게 비밀번호 등의 관리를 철저히 하도록 요구하는 것이 사회 전체적인 거래비용을 줄일 수 있다는 이유에서였다. 또한 대법원은 주의의무의 내용과 위반 여부를 논할 때에는 문제된 행위로부터 생기는 결과발생의 가능성의 정도, 피침해법익의 중대성, 결과회피의무를 부담함에 의해서 희생되는 이익 등을 함께 고려해야 한다고 판시하였다.[23] 이러한 판결들은 모두 핸드 공식에 담겨 있는 균형적 사고방식이 다른 형태로 표출된 것들이다.

(2) 대상판결 검토

대상판결 사안에서는 이 사건 수영장에 민법 제758조 제1항 소정의 '공작물의 설치·보존상의 하자'가 있는지가 문제되었다. '공작물의 설치·보존상의 하자'는 공작물이 그 용도에 따라 통상 갖추어야 할 안전성을 갖추지 못한 상태이다. 안전성 결여 여부는 공작물을 설치·보존하는 자가 그 공작물의 위험성에 비례하여 사회통념상 일반적으로 요구되는 정도로 위험방지조치를 다하였는지를 기준으로 판단하여야 한다.[24] 공작물 점유자는 이러한 위험방지의무를 다하였다는 점을 증명

계약법 영역에도 확장 적용되어야 한다는 견해로 O'Gorman (주 15).

19) 박세일 등 공저(주 13), 315면; Stephen G. Gilles (주 10), pp. 816–817.

20) Restatement (Third) of Torts: Liab. for Physical & Emotional Harm § 3 cmt. d, reporter's note (2010).

21) Posner(주 11), p. 169.

22) 대법원 2007. 10. 25. 선고 2006다44791 판결. 윤진수, "법의 해석과 적용에 있어서 경제적 효율의 고려는 가능한가?", **서울대학교 법학**, 제50권 제1호(2009), 66–67면은 위 판결에서 과실 개념에 관한 법경제학적 사고방식을 발견할 수 있다고 한다.

23) 대법원 1995. 8. 25. 선고 94다47803 판결.

24) 대법원 1996. 2. 13. 선고 95다22351 판결; 대법원 1997. 10. 10. 선고 97다27022 판결; 대법원

함으로써 책임을 면할 수 있다(민법 제758조 제1항 단서).[25] 반면 공작물 소유자는 하자에 관하여 무과실책임을 진다.

그렇다면 이 사건에서 공작물 점유자인 피고는 위험방지의무를 다하였는가? 이를 판단하려면 피고가 이행해야 하는 위험방지의무가 무엇인지 확정해야 한다. 위험방지의무의 내용을 확정하려면 먼저 관련 법령의 내용을 살펴보아야 한다. 수영장의 안전성을 규율하는 주된 법령은 체육시설법, 동법 시행령 및 시행규칙이다. 이 사건 수영장은 대체로 관련 법령에 따른 안전성 기준을 충족하였으나, 수영조 벽면에 수심 표시를 하도록 규정한 동법 시행규칙 제8조 [별표 4] 제2호 자목의 기준은 따르지 않았다.

그렇다면 수심 표시 기준과 같은 시설기준 위반은 언제나 위험방지의무 위반에 해당하는가? 그렇지는 않다. 관련 법령상 시설기준 위반이 위험방지의무 위반에 해당할 가능성이 큰 것은 사실이다.[26] 그러나 이러한 기준은 규제 목적을 위해 설정된 것이지 사법상 주의의무인 위험방지의무를 부과하기 위한 목적으로 설정된 것이 아니다. 그러므로 관련 법령상 시설기준 위반이 사법상 위험방지의무 위반에 해당하려면 그 시설기준이 규제 목적을 넘어서서 타인의 안전을 보호하기 위한 사법상 주의의무 기준에도 해당한다고 평가될 수 있어야 한다. 그렇게 평가될 수 있는지는 해당 시설의 위험성 정도 및 시설기준과 위험 방지의 상관관계를 고려하여 판단해야 한다.[27] 그런데 이 사건 수영장은 적어도 어린이 이용객에게는 상당한 위험성을 내포한 시설이다. 수심 표시 기준은 이러한 위험성을 사전에 경고하여 사고를 예방하기 위한 것이다. 그리고 수심 표시는 법적 의무로서 부과되는 것이다. 따라서 수심 표시 기준이 준수되지 않았다면 위험방지의무 위반이 인정되고, 위험방지의무 위반이 인정되면 수영장은 안전성이 결여된 상태에 있다. 이 점에서 이 사건 수영장에는 하자가 있다.

설령 수심 미표시가 하자에 해당하지 않더라도, 이 사건 수영장에 하자가 있다고 볼 만한 다른 사정들도 있다. 우선 이러한 사정들이 반드시 법령 위반에 해당

2006. 1. 26. 선고 2004다21053 판결.

25) 대법원 2003. 8. 22. 선고 2001다79846 판결.

26) 대법원 2010. 2. 11. 선고 2008다61615 판결.

27) 대법원 1994. 10. 28. 선고 94다16328 판결은 "고도의 위험을 수반하는 공작물의 경우"에 시설기준 위반이 특별한 사정이 없는 한 하자에 해당한다고 하여 공작물의 위험성을 고려해야 한다는 입장을 취한다.

해야 하는 것은 아니라는 점부터 언급한다. 공법적 규제를 위해 마련된 관련 법령이 사법상 위험방지조치를 빠짐없이 열거하기는 어렵다. 따라서 관련 법령을 위반하지 않은 경우에도 사법상 위험방지조치의무를 다하지 않은 사정이 있으면 하자가 인정될 수 있다는 것이 판례의 태도이다.[28] 그렇다면 이 사건에는 그러한 사정들이 있는가?

이 사건 수영장의 근본적인 문제점은 성인용 구역과 어린이용 구역이 하나의 수영조에 설치되어 있다는 데에 있다. 공통 설치가 법령으로 금지되어 있지는 않다. 그러나 그만큼 수영장의 안전성이 떨어지는 것도 사실이다. 특히 어린이는 성인에 비해 사리 분별력이 떨어진다. 어린이가 무모하게 성인용 구역에 진입할 위험성은 충분히 예견할 수 있다. 만약 수영조를 별도로 설치하지 않아 이러한 위험성을 높였다면, 그 높아진 위험성에 비례하여 강화된 안전조치가 필요하다. 즉 공통 설치된 수영장일수록 안전조치에 대한 잣대가 더 높아져야 한다는 것이다.

구체적으로 어떤 내용의 안전조치가 추가되어야 하는지 일률적으로 말하기는 어려우나, 예시적으로는 다음과 같은 조치들을 생각해 볼 수 있다. 성인용 구역과 어린이용 구역의 경계를 시각적으로 분명히 구별하고, 어린이는 성인용 구역에 혼자 진입하지 못하도록 하는 경고표지판이나 현수막을 설치할 수 있다. 양 구역을 코스로프나 부표로 수면 부분만 구분하기보다는 그물이나 다른 형태의 차단막을 이용하여 수중에서의 이동을 차단할 수 있다. 바닥의 미끄럼 방지 조치를 강화하여 어린이용 구역에서 성인용 구역으로 미끄러져 빠지지 않도록 배려할 수 있다. 어린이용 구역에서 성인용 구역으로의 바닥 경사도를 낮출 수 있다. 이러한 물적 조치 외에도 수영장 설치·관리자는 공통의 수영조 설치로 인해 높아진 위험성을 고려하여 좀 더 많은 숫자의 안전요원들을 배치하여 어린이의 성인용 구역 진입을 감시할 수 있다.[29] 일정 연령 이하의 어린이에게 구명조끼나 튜브의 착용을 권장하거나 강제할 수 있다.

이러한 강화된 안전조치에는 비용이 추가적으로 소요되나, 안전성 제고라는 편익도 추가적으로 얻게 된다. 대상판결에서는 비용과 편익을 실증적으로 비교하지는 않았으나, 위에 예시한 안전조치의 추가 비용은 그리 높지 않은 반면, 이로 인

---

28) 대법원 1981. 3. 10. 선고 80다2550 판결.
29) 적정한 안전요원의 숫자는 수영장의 위험성을 고려하여 결정한다. 안전요원들이 입장객들의 용태를 하나 하나 감시할 수 있을 정도로 많아야 하는 것은 아니다. 대법원 2001. 9. 14. 선고 2001다24105 판결.

한 안전성 제고의 편익은 그보다 높을 것이라고 보인다. 또한 민법 제758조 제1항
이 일반 불법행위와 달리 점유자에 대해서는 과실의 증명책임이 전환된 중간적 책
임을, 소유자에 대해서는 무과실책임을 부과함으로써 공작물을 관리·소유하는 자
의 책임을 가중하고 있다는 점도 고려해야 한다.30) 위험원(危險源)을 관리하며 수
익을 얻는 자에게 그 위험의 현실화로 인한 책임을 지우는 것이 공평하다는 사고
방식의 발로이다.31) 그래서인지 점유자가 면책 증명에 성공하는 경우는 실제로 드
물고, 공작물책임 인정의 문턱은 그다지 높지 않다.32) 피고는 이 사건 수영장을
운영하며 수익을 얻고 있는 만큼, 이 사건 수영장에 존재하는 위험이 현실화되
었을 때 그로 인한 책임도 피고가 부담하는 것이 공평하다.

한편 공작물책임이 인정되려면 하자가 존재해야 할 뿐만 아니라 그 하자와 해
당 사고 사이에 인과관계가 있어야 한다. 이 사건 수영장의 하자가 사고의 유일한
원인이라고 단정하기는 어렵다. 피해자의 보호자가 피해자를 제대로 보호하지 못
한 점도 사고의 원인 중 하나이다. 그러나 인과관계가 인정되기 위해 하자가 사고
의 유일한 원인일 필요는 없다.33) 앞서 살펴 본 이 사건 수영장의 하자가 사고 발
생의 공동 원인임을 부정하기는 어렵다. 따라서 하자와 사고 사이의 인과관계도
인정된다. 이처럼 하자의 존재와 하자와 사고 사이의 인과관계가 인정되고, 달리
피고의 면책 사유가 증명되었다고 보기 어려운 이상 피고에게 법적 책임을 지운
대상판결은 타당하다.

---

30) 곽윤직 편, **민법주해(XIX)**(박영사, 2005), 11면(유원규 집필부분); 윤진수(주 9), 472면. 대법원
    2018. 8. 1. 선고 2015다246810 판결.
31) 대법원 2018. 8. 1. 선고 2015다246810 판결.
32) 김용담 편, **주석민법 채권각칙(6)** 제4판(한국사법행정학회, 2016), 167면(이연갑 집필부분).
33) 대법원 2007. 6. 28. 선고 2007다10139 판결; 대법원 2010. 4. 29. 선고 2009다101343 판결; 대법
    원 2013. 3. 28. 선고 2010다71318 판결; 대법원 2015. 2. 12. 선고 2013다61602 판결.

민법판례연구

제 4 장

가족법 분야

1 아동의 출생등록될 권리
(대법원 2020. 6. 8.자 2020스575 결정)

가. 사실관계

신청인은 2013. 6. 5. 귀화허가를 받아 대한민국 국적을 취득한 대한민국 국민이다. 신청인은 2013. 8.경부터 중국 국적 여성 A와 사실혼 관계에 있었고, 그 사이에서 딸인 사건본인이 출생하였다. 신청인과 A는 곧바로 사건본인의 출생증명서를 첨부하여 관할 주민센터에 출생신고를 하였다. 그러나 주민센터는 사건본인은 혼인 외 출생자이므로 모가 출생신고를 하여야 하고, 모 A가 외국인이므로 중국 재외공관에 출생신고하거나, 부인 신청인이 출생신고를 하려면 A의 혼인관계증명서, A가 자녀의 출생 당시 유부녀가 아니었음을 공증하는 서면, 2명 이상의 인우보증서 중 하나를 첨부하여야 하는데(제정 2010. 2. 3. 가족관계등록선례 제201002－1호), 이러한 서류가 제출되지 않았다는 이유로 출생신고를 반려하였다.

A는 2009년경 중국 당국으로부터 여권 갱신이 불허되었고, 그 후 일본 정부로부터 난민 지위를 인정받아 일본 정부가 발행한 여행증명서를 이용하여 대한민국에 출입하였기 때문에, 신청인이 출생신고를 하는 데 필요한 위 첨부서류를 갖출 수 없는 상황이었다. 이에 신청인은 가족관계의 등록 등에 관한 법률(이하 '가족관계등록법'이라고 한다) 제57조 제2항[1])에 의하여 관할 가정법원의 확인을 받아 친생자출생의 신고를 하려고 제1심법원에 그 확인을 구하였으나 2019. 4. 16. 기각결정을 받았다.[2])

나. 원심결정과 대상결정

원심법원은 제1심법원의 판단을 유지하였다.[3]) 이 사건에서는 모가 외국인이지

---

1) 가족관계등록법 제57조는 부의 친생자출생신고에 의한 인지에 관한 조항인데, 제2항은 "모의 성명·등록기준지 및 주민등록번호를 알 수 없는 경우에는 부의 등록기준지 또는 주소지를 관할하는 가정법원의 확인을 받아 제1항에 따른 신고를 할 수 있다."라고 규정한다.
2) 청주지방법원 2019. 4. 16.자 2019호기10010 결정. 이 결정에는 신청이 이유 없다는 것 외에는 다른 이유가 기재되어 있지 않다.
3) 청주지방법원 2020. 3. 3.자 2019브24 결정.

만 출생증명서에 성명, 출생연월일, 국적 등 인적사항이 기재되어 있었으므로 가
족관계등록법 제57조 제2항의 '모의 성명·등록기준지 및 주민등록번호를 알 수
없는 경우'에 해당하지 않고, 관련 예규에 따른 서류도 제출되지 않았다는 이유에
서였다. 대법원은 원심결정을 파기하였다.[4] 그 이유는 다음과 같다.

　　대한민국 국민으로 태어난 아동에 대하여 국가가 출생신고를 받아주지 않거나 절차가 복
잡하고 시간도 오래 걸려 출생신고를 받아주지 않는 것과 마찬가지 결과가 발생한다면 이는
아동으로부터 사회적 신분을 취득할 기회를 박탈함으로써 인간으로서의 존엄과 가치, 행복추
구권 및 아동의 인격권을 침해하는 것이다(헌법 제10조). 현대사회에서 개인이 국가가 운영
하는 제도를 이용하려면 주민등록과 같은 사회적 신분을 갖추어야 하고, 사회적 신분의 취득
은 개인에 대한 출생신고에서부터 시작한다. 대한민국 국민으로 태어난 아동은 태어난 즉시
'출생등록될 권리'를 가진다. 이러한 권리는 '법 앞에 인간으로 인정받을 권리'로서 모든 기본
권 보장의 전제가 되는 기본권이므로 법률로써도 이를 제한하거나 침해할 수 없다(헌법 제37
조 제2항). 가족관계등록법 제57조 제2항의 취지, 입법연혁, 관련 법령의 체계 및 아동의 출
생등록될 권리의 중요성을 함께 살펴보면, 가족관계등록법 제57조 제2항은 같은 법 제57조
제1항에서 생부가 단독으로 출생자신고를 할 수 있게 하였음에도 불구하고 같은 법 제44조
제2항에 규정된 신고서의 기재내용인 모의 인적사항을 알 수 없는 경우에 부의 등록기준지
또는 주소지를 관할하는 가정법원의 확인을 받아 신고를 할 수 있게 하기 위한 것으로, 문언
에 기재된 '모의 성명·등록기준지 및 주민등록번호를 알 수 없는 경우'는 예시적인 것이므로,
외국인인 모의 인적사항은 알지만 자신이 책임질 수 없는 사유로 출생신고에 필요한 서류를
갖출 수 없는 경우 또는 모의 소재불명이나 모가 정당한 사유 없이 출생신고에 필요한 서류
발급에 협조하지 않는 경우 등과 같이 그에 준하는 사정이 있는 때에도 적용된다고 해석하는
것이 옳다.

다. 분석

(1) 가족관계등록법 제57조 제2항의 신설 및 관련 실무

부(父)가 가정법원의 확인을 받아 혼인 외 출생자의 신고를 할 수 있도록 한 제

---

4) 대법원 2020. 6. 8.자 2020스575 결정.

57조 제2항은 2015. 5. 18. 법률 제13285호로 가족관계등록법이 개정되면서 신설되었다. 가족관계등록법에 따르면 혼인 외 출생자의 원칙적인 출생신고 의무자는 모이다(제46조 제2항). 한편 개정 전 가족관계등록법 제57조는 "부가 혼인 외의 자녀에 대하여 친생자출생의 신고를 한 때에는 그 신고는 인지의 효력이 있다."라고 규정함으로써 혼인 외 출생자의 부도 출생신고를 할 길을 열어놓고 있었다.[5] 그런데 출생신고서에는 모의 인적사항을 기재하도록 되어 있으므로(제44조 제2항), 모의 인적사항을 알 수 없으면 이러한 출생신고를 곧바로 할 수 없었다.[6] 따라서 모가 출생신고를 하지 않고, 부는 모의 인적사항을 알지 못하는 경우 부가 출생신고를 하려면 후견인 지정 신청, 가족관계등록 창설 및 성본 창설, 인지라는 절차를 거쳐야만 하였다.[7] 하지만 이러한 절차는 복잡하고 시간도 많이 소요되어 출생신고 공백 상태가 장기화될 위험이 있었다. 이에 2015년 가족관계등록법 개정 시 제57조 제2항이 신설된 것이다.

원래 제안된 개정안[8])에서는 혼인 외 출생자의 출생신고 공백이 발생하지 않도록 출생신고 의무자인 모(가족관계등록법 제46조 제2항) 외에 부도 부득이한 사정이 있는 경우에는 대법원규칙으로 정하는 기관 또는 단체에서 발급한 확인서를 첨부하여 출생신고를 할 수 있도록 규정하고 있었다(개정안 제46조 제2항 단서 신설). 그러나 법안 심사 과정에서 '부득이한 사정'이나 '대법원규칙으로 정하는 기관 또는 단체에서 발급한 확인서'의 내용이 불분명하고, 위와 같은 확인서 발급 방식이 진실과 다른 법적 부자관계 창설에 악용될 위험이 있다는 점이 지적되었다.[9] 이에 가족관계등록법 제46조 대신 제57조에 제2항 이하를 신설하여 '모의 성명·등록기준지 및 주민등록번호를 알 수 없는 경우'에 '가정법원의 확인'을 받아 출생신고를 할 수 있

---

5) 이는 구 호적법 제62조의 내용과 동일하다.
6) 권영준 대표집필, 로앤비 온주(http://www.onju.com) 가족관계의등록등에관한법률 제57조(양진섭 집필부분).
7) 자녀의 성과 본에 관한 가족관계등록사무 처리지침(가족관계등록예규 제518호) 제2조 제3항은 "…혼인외의 자라도 부의 성과 본을 알 수 있는 경우에는 부의 성과 본을 따라 가족관계등록을 할 수 있다. 그러나 그 자녀가 인지되기 전에는 가족관계등록부상 부란에 부의 성명을 기록할 수 없다."라고 규정하고 있다. 또한 아직 가족관계등록부에 부로 기록되지 않은 자가 자녀를 대리하여 가족관계등록을 창설하려면 미성년 후견인 선임심판청구를 하여 자녀에 대한 후견인으로 지정받아야 한다.
8) 의안번호 1908602호 가족관계의등록등에관한법률 일부개정법률안(2013. 12. 18. 서영교의원 등 10인 발의).
9) 해당 법안에 대한 국회 법제사법위원회 검토보고서(2014. 4.) 및 심사보고서(2015. 4.) 참조.

는 것으로 수정가결되었다.

이러한 법 개정 이후 가족관계등록법 제57조 제5항10)의 위임에 따라 개정된 대법원 규칙인 「가족관계의 등록 등에 관한 규칙」 제87조의2 제1항에서는 법 제57조 제2항에 따른 가정법원의 확인사건에 비송사건절차법을 준용한다고 규정하는 한편, 제87조의2 제7항에서는 그 밖에 필요한 사항은 대법원 예규로 정하도록 다시 위임하였다. 이에 따라 2015. 10. 23. 제정된 관련 예규11)에서는 가정법원의 확인 대상이 '모의 성명·등록기준지 및 주민등록번호를 알 수 없는 경우'에 국한된다는 전제하에 지침과 서식을 마련하였다. 다른 관련 예규12)에서는 부가 혼인 외 자녀에 대한 출생신고를 할 때에는 그 혼인 외 자녀에게 다른 사람의 친생추정이 미치지 않음을 확인하기 위해 모의 혼인관계증명서를 제출하거나 그것이 어려운 경우에는 모에게 배우자가 없음을 증명하는 공증서면 또는 2명 이상의 인우인의 보증서를 제출하도록 하였다.

(2) 대상결정 분석

대상결정은 혼인 외 출생자의 부(父)가 출생신고를 할 때 모(母)의 인적사항은 알고 있으나 관련 첨부서류를 제출할 수 없는 상황에서 가족관계등록법 제57조 제2항에 의한 가정법원의 확인이 가능한가를 다루었다. 가족관계등록법 제57조 제2항은 가정법원의 확인 대상을 '모의 성명·등록기준지 및 주민등록번호를 알 수 없는 경우'로 규정하고 있는데, 대상결정의 요지는 모의 성명 등 인적사항을 알 수 있더라도 부의 귀책사유 없이 출생신고 시 첨부서류를 확보하기 어려운 경우도 확인 대상에 포함된다는 것이다. 대법원은 이러한 확장 해석의 근거로 ① 대한민국 국민으로 태어난 아동은 태어난 즉시 '출생등록될 권리'라는 기본권을 가진다는 점, ② 제57조 제2항의 취지와 입법연혁 등에 비추어 보면 '모의 성명·등록기준지 및 주민등록번호를 알 수 없는 경우'는 예시적인 것이므로 이 사건과 같이 이에 준하는 사정도 포함되어야 한다는 점을 들었다.

---

10) 제57조 제5항은 "확인절차 및 신고에 필요한 사항은 대법원 규칙으로 정한다."라고 규정되어 있다.
11) 「가족관계의 등록 등에 관한 법률」 제57조에 따른 가정법원의 확인절차 및 신고 등에 관한 사무처리지침(제정 2015. 10. 23. 가족관계등록예규 제482호).
12) 출생신고에 관한 사무처리지침(제정 2015. 1. 8. 가족관계등록예규 제412호) 제8조.

(가) 출생등록될 권리

우선 ①은 아동의 출생등록이 가지는 중요성을 강조함으로써 제57조 제2항의 확장 해석을 용이하게 하기 위한 판시 내용으로 이해된다. 출생등록이 이루어지지 않으면 교육, 보건, 복지 등 삶의 많은 영역에서 혜택을 받지 못하고, 출생기록이 없다 보니 범죄에 노출될 위험도 더 높다. 따라서 출생미등록 방치는 그 자체로 아동에 대한 폭력적 사태이다.[13] 이러한 불행한 사태를 방지하는 것은 현행법상으로는 일단 부모의 의무이나, 궁극적으로는 국가의 책무이기도 하다.[14] 국내법 질서에 편입된 「아동의 권리에 관한 협약」(Convention on the Rights of the Child, 이하 '아동권리협약'이라고 한다) 제7조 제1항이 '아동은 태어난 즉시 출생등록되어야 하며, 출생 시부터 이름을 갖고, 국적을 취득하며, 가능한 한 부모를 알고, 부모에게 양육받을 권리가 있다.'라고 선언함으로써 아동을 의무이행의 객체에서 권리의 주체로 승격시키고 있는 점에도 주목해야 한다.[15] 이러한 아동권리협약의 존재는 '출생등록될 권리'를 선언한 대상결정에 상당한 영향을 미친 것으로 보이므로 이 협약에 대해 좀 더 살펴본다.

아동권리협약은 1989. 11. 20. 유엔에서 채택되어 1990. 9. 2. 발효되었다. 우리 나라는 1990. 9. 25. 이 협약에 가입하여 1991. 11. 30. 이를 비준하였다. 2020. 12. 현재 협약 가입국은 총 196개국이다.[16] 협약 가입국은 정기적으로 유엔에 국가보고서를 제출하도록 되어 있다. 우리나라가 유엔에 국가보고서(제5·6차 보고서)를 제출한 최종 시점은 2017. 12.이다. 유엔 아동권리위원회는 이를 심의한 뒤 2020. 9. 27.에 우리나라에 권고의견을 제시하였다.[17] 이 권고의견에서 유엔은 출생등록에 관해 부모의 법적 지위나 출신지와 관계없이 온라인을 포함하여 출생신고 제도의 보편적 이용 보장, 출생 시 등록을 보장하기 위한 미혼부 자녀등록절차 간소

---

13) 김상원·김희진, "아동인권 보장을 위한 출생등록 제도 개선방안", **한국아동복지학**, 제65호(2019), 3면.
14) 미국, 캐나다, 영국, 호주, 뉴질랜드, 독일 등에서는 출생 당시 병원 등 관계기관에게 1차적인 출생 통보 의무를 부여함으로써 출생등록의 공백을 최소화한다. 서종희, "출생신고 및 등록절차에 관한 비교법적 연구-국내입법방향에 대한 소고-", **연세법학**, 제27호(2016), 47-50면.
15) 그 외에 우리나라가 가입한 「UN 장애인의 권리에 관한 협약」(Convention on the Rights of Persons with Disabilities) 제18조 제2항에서도 아동의 출생등록권을 규정하고 있다.
16) 아동권리협약은 가장 많은 국가들이 가입한 협약이다. 구미영, **「유엔아동권리협약」의 이해**(국가인 권위원회, 2019), 5면.
17) United Nations Committee on the Rights of the Child, Concluding observations on the comb ined fifth and sixth periodic reports of the Republic of Korea, CRC/C/KOR/CO/5-6(2019. 9. 27).

화, 미등록 출생아동 파악을 위한 모든 필요한 조치, 출생신고 중요성에 관한 인식을 제고하는 캠페인 실행을 촉구하였다.[18] 우리나라는 2024. 12.까지 이에 대한 후속조치 등을 담은 제7차 국가보고서를 유엔 아동권리위원회에 제출해야 한다.[19]

이러한 아동권리협약 및 이에 기초한 국제기구의 권고사항 외에 헌법 제10조(인간의 존엄과 가치 및 행복추구권), 제11조(평등권), 제36조 제1항(혼인과 가족생활의 성립과 유지) 및 가족관계등록법이나 아동복지법 등 관련 법령 역시 아동의 출생등록이 원활하게 이루어져야 함을 규범적으로 요청하고 있다. 이러한 방향성은 이 사건에서 가족관계등록법 제57조 제2항을 해석함에 있어서도 고려되어야 한다. 그 일환으로 대상판결에서 아동의 출생등록될 권리를 강조한 것은 뒤에 살펴볼 가족관계등록법 제57조 제2항의 확장 해석의 토대를 놓는 작업의 일환으로 이해할 수 있다. 다만 출생등록될 권리에 대한 대법원의 일반적인 판시 내용과 관련해서는 몇 가지 의문이 있다.

대법원은 "출생 당시에 부 또는 모가 대한민국의 국민인 자는 출생과 동시에 대한민국 국적을 취득한다(국적법 제2조 제1항)"라는 문장으로 일반론을 시작하였다. 그리고 그로부터 "대한민국 국민으로 태어난 아동"의 기본권에 관해 판시하였다. 그런데 이 사건에서 사건본인은 출생과 동시에 대한민국 국적을 취득하지 않는다.[20] 국적법 제2조 제1항의 부(父)는 법률상 부를 의미한다.[21] 하지만 사건본인 출생 당시 신청인은 법률상 부가 아니었다. 따라서 사건본인은 부의 인지 및 법무부장관에 대한 신고를 통해 향후 국적을 취득할 수 있을 뿐이다(국적법 제3조 제1항, 국적법 시행령 제2조, 가족관계등록법 제93조, 가족관계등록예규 제429호). 이처럼 사건본인이 출생 즉시 대한민국 국민이 되는 것이 아니라면 그에 대해서는 곧바로 가족관계등록법에 따른 출생등록이 이루어질 수 없다. 그러므로 그에게 "출생등록될 권리"

---

18) 유엔 아동권리위원회는 2011. 10.에 표명한 권고의견에서도 우리나라 출생신고제도의 미흡함을 지적한 바 있다. 이와 관련하여 보편적 출생신고 내지 출생등록에 대한 논의가 꾸준히 이루어져 왔는데, 정부는 2019. 5. 23. 관계부처 합동으로 발표한 '포용국가 아동정책'에서 모든 아동의 출생등록될 권리 보장을 위해 출생통보제를 주요 추진과제에 포함시켰고, 법무부 산하 「포용적 가족문화를 위한 법제개선위원회」(위원장: 윤진수)도 2020. 5. 8. 국내 의료기관에서 출생한 모든 아동을 국가기관에 알려야 하는 출생통보제 도입을 권고했다.
19) 나달숙, "아동의 인권에 관한 법적 조명－아동권리협약을 중심으로", **법학연구**(한국법학회), 제20권 제2호(2020), 23면.
20) 이 점은 민사실무연구회 발표 후 자유토론 과정에서 이태종 전 서울서부지방법원장님이 지적하여 주신 것이다.
21) 대법원 2018. 11. 6.자 2018스32 결정.

라는 기본권이 출생과 동시에 부여된다고 말하기도 어렵다.

또한 대법원이 출생등록될 권리를 "모든 기본권 보장의 전제가 되는 기본권이므로 법률로써도 이를 제한하거나 침해할 수 없다."라고 판시한 부분도 좀 더 논의가 필요하다. 출생등록이 국민으로서의 기본권 보장의 토대가 되는 절차임에는 틀림없다. 그리고 아동이 출생등록될 권리를 보장받아야 할 당위성도 인정된다. 다만 이것이 위와 같은 독자적이고 강력한 기본권의 지위를 가지는지는 좀 더 따져보아야 한다. 이는 헌법상 기본권으로 명시되지는 않은 수많은 권리들 중 어떤 권리에 독자적 기본권의 타이틀을 부여할 수 있는가, 그중에서도 법률로써도 제한하거나 침해할 수 없는 강력한 기본권은 무엇인가, 국가가 아동의 즉각적 출생등록을 담보하지 않는 현 상황은 그 자체로 위헌적인가 등 여러가지 어려운 헌법적 문제와 연결되어 있다. 출생등록될 권리가 기본권 체계에서 어떤 의미와 지위를 가지는지는 대상결정의 선언으로 마무리될 논의 주제가 아니다. 사실 이러한 일반론은 이 사건의 결론에 영향을 주는 것도 아니다. 법원은 가족관계등록법 제57조 제2항의 해석을 통해 아동의 출생등록 여부를 판단하면 충분하다. 위 판시는 일단 출생등록의 중요성 및 이에 대한 아동의 권리주체성을 강조하는 취지로 이해하면 족하지 않을까?[22]

(나) 제57조 제2항의 해석

앞서 설명하였듯이 대상결정의 핵심은 아동이 헌법상 출생등록될 기본권을 가지는가에 있기보다는 제57조 제2항에 따라 부의 출생신고가 가능한가의 법률해석 문제이다. 문리해석에 따르면 제57조 제2항의 '모의 성명·등록기준지 및 주민등록번호를 알 수 없는 경우'는 모의 인적사항을 알 수 없는 경우를 의미하므로, 모의 인적사항을 알고 있으나 관련 첨부서류를 제출하기 어려운 경우는 여기에 해당하지 않는다고 볼 수 있다. 그동안의 가족관계등록실무나 이 사건의 원심결정도 이러한 이해에 기반하고 있었다.[23] 그런데 대법원은 제57조 제2항의 취지, 입법연혁, 관련 법령의 체계 및 아동의 출생등록될 권리의 중요성에 기초하여 이 조항을

---

22) 아동의 출생등록될 권리를 헌법 차원에서 파악한다면 헌법 제10조(인간의 존엄과 가치), 제11조(평등권), 제34조(인간다운 생활을 할 권리), 제36조 제1항(혼인과 가족생활의 성립과 유지) 등에서 그 근거를 찾을 수 있을 것이나, 이것이 별도의 독자적 기본권으로서의 위상을 차지할 수 있는지는 좀 더 입체적인 논의가 필요한 주제이다.

23) 이러한 취지의 하급심 재판례 및 이에 대한 비판으로 소라미, "아동인권의 관점에서 본 현행 출생신고제도의 문제점 및 제도개선 방안", **가족법연구**, 제30권 제3호(2016), 488 – 489면.

달리 해석하였다.

앞서 설명하였듯이, 원래 발의된 개정안에는 '모의 성명·등록기준지 및 주민등록번호를 알 수 없는 경우'라는 문언 대신 '부득이한 사정이 있는 경우'라는 문언이 사용되고 있었다.[24] 그런데 심사과정에서 '모의 성명·등록기준지 및 주민등록번호를 알 수 없는 경우'라는 문언으로 대체되었다. 그 계기가 된 회의는 2014. 11. 18. 열린 법제사법위원회 제1소위원회 제2차 회의로 보인다.[25] 이 회의에서는 개정안이 미혼모에 관한 정보를 알 수 없는 경우뿐만 아니라 미혼모에 관한 정보를 알 수 있더라도 미혼모가 출생신고의무를 이행하지 않는 경우까지 규율한다는 점이 언급되었다. 그런데 법원행정처차장 강형주는 "미혼부의 경우에는 생모의 인적사항을 알면 현재 제도하에서도 출생신고가 가능"하다고 진술하였고, 전문위원 강남일도 생모의 인적사항을 모르는 경우에 한하여 부에 의한 출생신고가 이루어지고 있다는 점을 확인하였다. 이러한 진술은 당시 법원의 가족등록실무에 기초한 것이기도 하다. 그 이후 소위원회에서는 '부득이한 사정이 있는 경우'를 '모의 성명·등록기준지 및 주민등록번호를 알 수 없는 경우'라는 좁혀 규정한 수정안을 만들었고, 이 수정안이 가결된 것이다. 하지만 이 사건의 경우처럼 모의 인적사항을 알더라도 모에 관한 첨부서류를 제출할 수 없어 출생신고가 이루어지지 않는 경우도 존재한다는 점이 심도 있게 논의된 흔적은 찾을 수 없다.

최초의 개정안은 미혼부 출생신고의 어려움으로 버려지는 아이들이 많은 실정에 대한 입법적 대응으로서 발의되었다.[26] 최종적으로 가결된 개정안의 개정이유에서도 "태어나자마자 버려지는 아이들의 생명권을 보장"하는 것을 입법 목적으로 설명하였다.[27] 이처럼 입법의 방점이 단순한 행정절차 간소화를 넘어서서 아동의 복리 보호에 있다면, 모의 인적사항을 모르는 경우 외에도 부의 귀책사유 없이 모의 사정으로 출생신고를 마칠 수 없는 경우를 규율 대상에서 제외할 이유가 없다. 어느 경우이건 아동과 무관한 모의 사정으로 출생등록되지 않아 법의 사각지대에 놓이게 되는 상황은 다르지 않기 때문이다. 이러한 입법 목적 및 앞서 살펴본 문

---

24) 의안번호 1908602호 가족관계의등록등에관한법률 일부개정법률안(2013. 12. 18. 서영교의원 등 10인 발의) 의안원문 참조.
25) 이하 회의 내용은 제329회 국회(정기회) 법제사법위원회회의록(법안심사제1소위원회) 제2호 (2014. 11. 18.) 참조.
26) 의안번호 1908602호 가족관계의등록등에관한법률 일부개정법률안(2013. 12. 18. 서영교의원 등 10인 발의) 의안원문 참조.
27) 법률 「제정·개정이유」 참조.

언의 수정 경위, 아동 권리보호의 당위성을 고려하면, '모의 성명·등록기준지 및 주민등록번호를 알 수 없는 경우'는 모의 사정으로 인해 부가 출생신고를 하려 해도 할 수 없는 경우의 대표적 예시라고 해석하는 것이 가능하다.

한편 출생신고의 간소화는 민법상 친생추정 제도와 불편한 관계를 형성할 가능성은 있다. 가령 모가 타인과 혼인관계 중에 부와의 사이에서 출산한 자녀는 타인의 친생추정을 받게 된다. 따라서 이때 부가 그 자녀를 자신의 친생자로 출생신고하게 되면 그 자녀는 가족관계등록부상으로는 부의 친생자이면서 실체적으로는 타인의 친생추정을 받게 되는 상태에 놓인다. 부의 출생신고 시 모의 인적사항을 특정하고 모의 혼인관계증명서 등을 통해 모가 타인과 혼인 중에 있지 않다는 점을 확인하는 이유이다. 그런데 이러한 제한을 완화하면 그만큼 타인의 친생추정을 받는 자녀인지를 제대로 확인하지 못한 채 출생신고가 되는 사태가 발생할 수 있다.

그러나 이러한 위험성은 모의 인적사항을 모르는 경우이건 모의 인적사항을 알지만 첨부서류를 제출받을 수 없는 경우이건 별반 다르지 않다. 따라서 전자만 출생신고가 가능하고, 후자는 출생신고가 불가능하다고 다르게 취급할 이유가 없다. 근본적으로는 위와 같이 출생신고와 친생추정이 경합하는 사태를 완전히 막는 것이 불가능하다. 따라서 일단 신속한 출생신고를 통해 아동의 권리를 보호하는 방향으로 제도를 설계하되, 친생추정과 관련된 법적 분쟁이 있다면 그 분쟁은 별도의 법적 절차를 거쳐 해결하도록 하는 쪽이 타당하다.[28]

또한 가족관계등록법 제57조 제3항에서는 가정법원이 제2항에 따른 확인을 위하여 필요한 사항을 직권조사하거나 각종 국가기관 등에게 자료제출을 요구할 수 있도록 규정함으로써 출생신고를 위한 확인의 진정성을 보장하는 장치를 두고 있다. 특히 유전자검사를 통해 혈연관계를 간편하고 정확하게 확인할 수 있다. 이처럼 출생신고의 진정성을 보장하기 위한 절차는 제57조 제2항의 문언을 확장하여 해석하는 것에 따른 부담을 덜어준다.

이러한 점들을 종합하여 보면, 제57조 제2항이 외국인인 모의 인적사항은 알지만 자신이 책임질 수 없는 사유로 출생신고에 필요한 서류를 갖출 수 없는 경우 또는 모의 소재불명이나 모가 정당한 사유 없이 출생신고에 필요한 서류 발급에 협조하지 않는 경우 등과 같이 그에 준하는 사정이 있는 때에도 적용된다고 본 대상결정

---

28) 이와 관련하여 제21대 국회에서도 부의 혼외자 출생신고 요건 완화를 명문화하는 입법안들(의안번호 666호, 제894호, 제978호)이 발의되어 있는 상태이다.

의 해석은 옳다. 이러한 대상결정은 행정절차로서의 측면보다 아동의 권리 보장 출발점으로서의 측면에 초점을 맞추어 출생신고를 바라보았다는 점에서 출생신고에 대한 실무의 인식 전환 계기를 제공하였다. 아울러 대상결정은 UN의 권고와 결부하여 이루어지던 보편적 출생등록제 논의를 촉진하는 계기를 제공하였다는 점에서도 법 정책적으로 중요한 의미를 가진다.[29]

---

29) 이와 관련하여 출생등록이 대한민국 국민에게만 적용되는 가족관계등록제도와 연계되어 있는 한계를 지적하며 부모나 아동의 국적이나 체류자격을 넘어서는 보편적 출생등록제가 요청된다는 논의가 있다. 대표적으로 현소혜, "외국인 아동을 위한 보편적 출생등록제의 도입필요성과 도입방안", **가족법연구**, 제34권 제2호(2020).

2 인공수정, 유전자형 배치와 친생추정
(대법원 2019. 10. 23. 선고 2016므0000 전원합의체 판결)

가. 사실관계

원고(남편)는 A(아내)와 1985. 8. 2. 혼인신고를 하였다. 원고는 1992년경 X병원에서 무정자증 진단을 받았다. A는 원고의 동의 아래 제3자의 정자에 의한 인공수정으로 임신하였다. A는 1993. 3. 29. X병원에서 피고 1을 출산하였다. 원고는 피고 1의 출생에 대해 아무런 문제를 제기하지 않은 채 피고 1을 자신과 A의 자녀로 출생신고하였다. 그 후 원고와 A는 줄곧 피고 1과 동거해 왔다. 그 기간 동안 원고는 피고 1과의 친자관계에 대해 이의를 제기하지 않았다. 원고와 A는 2013. 6. 28. 법원에 협의이혼의사 확인신청서를 제출하였다. 그런데 원고는 2013. 7. 28. 피고 1 등에게, 피고 1에 대한 인공수정 당시 자신이 무정자증이라는 것을 알고 있었고, X병원에서 피고 1을 낳기로 동의하였으며, 그에 따라 피고 1을 자신의 딸로 대하며 피고 1이 결혼할 때까지 책임질 생각이었다고 이야기했다.

한편 A는 남편과의 혼인기간 중 혼외관계를 통해 피고 2를 임신하고 출산하였다. 원고는 1997. 8. 6. 피고 2를 원고와 A의 자녀로 출생신고하였다. 원고는 늦어도 피고 2가 초등학교 5학년 무렵이던 2008년경 병원 검사를 통하여 피고 2가 자신의 친자가 아니라는 사실을 알게 되었다. 그러나 원고는 피고 2와 동거하면서 아버지로서 피고 2를 보호·교양해 왔고, 그동안 피고 2가 친생자로 출생신고된 사실에 대해 아무런 문제를 제기하지 않고 있었다.

원고와 A의 협의이혼의사 확인신청은 취하되었으나 그 후 이혼조정절차를 거쳐 이혼소송으로 이행되었다. 한편 원고는 2013. 9. 26. 피고들을 상대로 친생자관계부존재확인의 소를 제기하였다.

나. 소송의 경과

1심법원은 피고들에게는 친생추정이 미치므로 이러한 추정을 번복하기 위해서는 친생부인의 소를 제기하여야 하고 친생자관계존부확인의 소로 다툴 수 없으므로 원고의 소가 부적법하다고 하여 각하하였다.[1] 원심법원은 피고 1에게는 친생추정이 미치지만, 피고 2에게는 친생추정이 미치지 않는다고 보았다. 다만 피고 2에 대해서는 양친자관계가 성립하였는데, 재판상 파양사유가 존재하지 않으므로 친생자관계부존재확인의 소를 구할 확인의 이익이 없어 부적법하다고 보았다. 이러한 이유로 1심법원의 결론을 그대로 유지하면서 원고의 항소를 기각하였다.[2] 대법원도 원고의 상고를 기각하였다. 이에 대해서는 대법관 권순일, 대법관 노정희, 대법관 김상환의 별개의견(이하 "별개의견 1"이라고 한다), 대법관 민유숙의 별개의견(피고 1 부분, 이하 "별개의견 2"라고 한다)과 반대의견(피고 2 부분)이 있었다. 대상판결의 내용을 간단히 요약하면 아래와 같다.

우선 피고 1에 관하여는, 아내가 혼인 중 제3자의 정자를 제공받아 인공수정으로 임신하여 출산한 자녀에 대해서도 친생추정이 미치는지, 또한 피고 1을 자신의 자녀로 키워 온 원고가 뒤늦게 친생부인을 구할 수 있는지가 쟁점이 되었다. 다수의견은 친생추정 규정은 임신하게 된 구체적 경위에 따라 적용 여부가 결정되지 않으므로, 제3자의 정자에 의한 인공수정으로 임신하여 출산하게 된 자녀도 친생추정 규정에 따라 남편의 자녀로 추정된다고 보았다. 또한 남편이 인공수정에 동의하거나 동의가 있는 경우와 마찬가지로 취급할 수 있는 경우 나중에 그 동의를 번복하고 친생부인의 소를 제기하는 것은 자의 출생 후 친생자임을 승인한 후 친생부인의 소를 제기하지 못하게 하는 민법 제852조의 취지나 신의칙에 비추어 볼 때 허용될 수 없다고 보았다. 별개의견 1은 다수의견의 결론에 동의하면서도 이유는 달리하였다. 남편과 아내의 동의하에 이루어진 인공수정으로 출생한 자녀는 그 부부의 친생자가 되므로 친생자관계부존재 확인의 소는 각하가 아니라 기각되어야 하나, 원고만 상고한 이상 불이익변경금지 원칙에 따라 원심판결을 유지할 수밖에 없다는 것이다. 별개의견 2도 다수의견의 결론에 동의하면서도, 인공수정 관련 친생추정은 아내가 혼인 중 남편의 동의를 받아 인공수정 시술로 자녀를 출생한 경우에만 미친다고 보는 한편, 그 동의 인정 요건은 강화되어야 하지 완화되어서는 안 된다는 입장을 표명하였다.

피고 2에 관하여는, 나중에 혈연관계가 없음이 확인된 경우에도 친생추정이 미치는지가 쟁점이 되었다. 다수의견은 가족관계가 혈연관계만으로 구성되는 것이

---

1) 서울가정법원 2015. 10. 23. 선고 2013드단00000 판결.
2) 서울가정법원 2016. 9. 21. 선고 2015르0000 판결.

아니고, 나중에 혈연관계가 없다고 밝혀졌다는 이유로 친생추정이 미치지 않아 이를 친생부인의 소에 의하지 않고도 번복할 수 있다고 보면, 원고적격과 제소기간을 제한하는 친생부인의 소는 무색해진다고 보았다. 따라서 위와 같은 사정만으로 친생추정이 미치지 않는다는 해석론은 받아들이기 어렵다고 하였다. 별개의견 1은 친생추정의 예외 인정의 필요성은 자녀의 복리 관점에서 검토되어야 한다고 전제한 뒤, 남편과 자녀 사이에 혈연관계가 없음이 과학적으로 증명된 경우에는 사회적 친자관계의 형성 및 파탄 여부에 따라 친생추정의 예외를 인정할 것인지를 결정해야 한다고 보았다. 반대의견은 외관설이 판단 기준으로 삼은 '아내가 남편의 자녀를 임신할 수 없는 외관상 명백한 사정'에는 '동거의 결여'뿐만 아니라 '아내가 남편의 자녀를 임신할 수 없었던 것이 외관상 명백하다고 볼 수 있는 다른 사정'도 포함하는 것으로 확대해석되어야 한다는 법리를 제시한 뒤, 피고 2에게는 이러한 이유로 친생추정이 미치지 않는다고 보았다.

다. 분석

(1) 친생추정 일반론

어머니와 자녀의 관계는 출산 사실로 확정된다.[3] 반면 아버지와 자녀의 관계는 출산 사실로 확정될 수 없다.[4] 그러므로 아버지와 자녀 사이에 친자관계를 성립시켜 줄 매개체가 필요하다. 이와 관련하여 민법 제844조는 아내가 혼인 중 임신한 자녀를 남편의 자녀로 추정함으로써 둘 사이의 친자관계를 형성하여 준다. 이러한 친생추정은 자녀의 친부일 가능성이 높은 사람에게 1차적으로 법적인 의미의 아버지로서의 지위를 부여한다는 의미를 가진다.[5] 친생추정 제도를 통해 자녀는 출생 후 공백 없이 아버지를 가지게 된다.[6] 그 결과 자녀는 어머니뿐만 아니라 아버지로부

---

3) 윤진수 편, **주해친족법 제1권**(박영사, 2015), 557면(권재문 집필부분); 윤진수, 친족상속법, 제2판(박영사, 2018), 159면.
4) 현소혜, "부자관계의 결정기준: 혼인과 혈연", **가족법연구**, 제33권 제2호(2019), 44면.
5) 김상용, "친생추정에 관한 법리의 검토 – 하급심 판결에 나타난 법리를 중심으로 –", **중앙법학**, 제21집 제3호(2019), 60면.
6) 현소혜(주 4), 47면; 김천수, "의견서 – '2016므0000 친생자관계부존재확인' 사건 관련 –", **가족법연구**, 제33권 제2호(2019), 526면; 한국가정법원상담소, "의견서 – 대법원 2016므0000 친생자관계부존재확인 –", **가족법연구**, 제33권 제2호(2019), 539면; 류일현, "민법상 친생추정 제도에 관한 일고 – 제3자 정자를 이용한 인공수정 사례를 소재로 –", **법학논고**(경북대학교), 제67집(2019), 204면; 승이도, "'혼인종료 후 300일 이내에 출생한 자'의 친생추정에 관한 연구", 가족법연구, 제29권

터도 출생 시점부터 부양을 받을 수 있는 복리를 누리게 된다. 또한 부부는 별도로 친자 확인이나 조사 절차를 거치지 않고도 친생추정의 법적인 힘을 빌려 부부와 자녀 사이의 공동친자관계를 형성하게 됨으로써 불필요한 시간과 비용의 낭비를 막고 가정의 평화를 도모할 수 있다.[7]

물론 친생추정은 어디까지나 추정이므로 나중에 번복할 수 있다. 하지만 친생추정을 번복하는 유일한 제도적 방법은 친생부인의 소를 제기하여 친생부인 취지의 확정판결을 받는 것이다.[8] 이 점에서 친생추정은 강한 추정으로 평가된다.[9] 친생추정이 미치는데도 친생부인의 소가 아닌 친생자부존재확인의 소를 제기하면 그 소는 부적법하여 각하된다.[10] 친생부인의 소는 "그 사유가 있음을 안 날부터 2년 내"[11] 제기해야 한다(제847조). 이처럼 제소기간을 제한하는 이유는 부자관계가 장기간 불확정한 상태로 방치되어 자녀의 지위가 불안정해지는 것을 막기 위함이다.[12] 이러한 친생부인의 소를 제기할 수 있는 주체는 남편 또는 아내이다.

이처럼 현행 민법 제847조는 제소권자와 제소기간 두 측면에서 친생부인의 요건을 제한한다. 하지만 종래의 민법 조항과 비교해 보면 이 조항은 친생부인의 요건을 상당히 완화한 결과물이다. 1958. 2. 22.에 제정된 민법 제847조는 친생부인의 소의 제소권자를 부(夫)로만 한정하는 한편, 제소기간도 "그 출생을 안 날로부터 1년 내"로 규정하고 있었다. 이 조항은 처(妻)에게 제소권을 인정하지 않았기 때문에 남녀평등의 관점에서 문제가 있었다. 또한 제소기간의 기산점을 출생 시로 삼을 뿐 친생부인 사유를 알았는지 여부를 전혀 고려하지 않음으로써 뒤늦게 친생부인 사유를 알게 된 제소권자의 친생부인권을 과도하게 제한한다는 점에서도 문제

제1호(2015), 279면.

7) 김종세, "친생자 추정과 당사자의 기본권 – 헌법재판소 2015. 4. 30. 2013헌마623", **법학연구**(한국법학회), 제16권 제3호(2016), 375면; 이은정, "가족제도의 변화와 친자법 개정의 필요성", **법학논고**(경북대학교), 제33집(2010), 385면은 이 점에서 친생추정제도가 여전히 유지될 필요가 있다고 한다.

8) 대법원 1992. 7. 24. 선고 91므566판결; 대법원 1997. 2. 25. 선고 96므1663 판결; 대법원 2000. 8. 22. 선고 2000므292 판결 등.

9) 승이도(주 6), 268면.

10) 대법원 1984. 9. 25. 선고 84므84 판결; 대법원 1992. 7. 24. 선고 91므566 판결; 대법원 2000. 8. 22. 선고 2000므292 판결 등.

11) 소송 상대방이 될 자가 모두 사망한 때에는 그 사망을 안 날부터 2년 내이다.

12) 윤진수(주 3), 161면; 현소혜(주 4), 45–46면; 양천수·우세나, "친생자 추정 논의에 관한 법학방법론적 문제", **가족법연구**, 제33권 제2호(2019), 78면; 김상훈, "의견서 – 대법원 2016므0000 친생자관계부존재확인 – ", **가족법연구**, 제33권 제2호(2019), 548면.

가 있었다. 이러한 과도한 엄격성 때문에 해석론으로 친생추정 범위를 제한함으로써 친생부인의 길을 넓히려는 시도가 있었다(이른바 "제한설").

제한설은 ① 외관설(아내가 남편의 자녀를 포태할 수 없음이 외관상 명백한 사정이 있는 경우에 친생추정이 미치지 않는다는 설), ② 혈연설(과학적으로 혈연관계가 없음이 증명된 경우에 친생추정이 미치지 않는다는 설), ③ 가정파탄설(법률상 아버지와 어머니의 혼인관계가 파탄에 이른 경우에 친생추정이 미치지 않는다는 설), ④ 동의설(과학적으로 혈연관계가 없음이 증명되었고 부모와 자녀 모두 동의한 경우에 친생추정이 미치지 않는다는 설), ⑤ 사회적 친자관계 부존재설(과학적으로 혈연관계가 없음이 증명되었고, 부자 간에 사회적 친자관계도 존재하지 않는 경우에 친생추정이 미치지 않는다는 설) 등 여러 갈래로 주장되었다.13) 대법원은 1983년 전원합의체 판결에서 "민법 제844조는 부부가 동거하여 처가 부의 자를 포태할 수 있는 상태에서 자를 포태한 경우에 적용되는 것이고 부부의 한쪽이 장기간에 걸쳐 해외에 나가 있거나 사실상의 이혼으로 부부가 별거하고 있는 경우 등 동서의 결여로 처가 부의 자를 포태할 수 없는 것이 외관상 명백한 사정이 있는 경우에는 그 추정이 미치지 아니"한다고 판시하여 외관설을 취하였고,14) 그 이후의 판례들도 외관설을 유지하고 있다.15)

그런데 헌법재판소는 1997년 위 제847조 제1항 중 "그 출생을 안 날로부터 1년 내" 부분은 헌법에 합치되지 않는다고 결정하였다.16) 이에 따라 2005. 3. 31. 개정된 민법 제846조는 제소권자에 처를 추가하는 한편, 제소기간을 "그 사유가 있음을 안 날부터 2년 내"로 변경하였다. 이러한 요건은 여전히 엄격하나, 친생자가 아니라는 점을 안 때로부터 제소기간이 기산된다는 점, 종래 1년보다 더 긴 2년이라는 기간이 부여된다는 점, 그 기간 동안 친생부인을 할 것인지를 결정할 기회가 부여된다는 점에서 개정 전 민법 제847조 제1항의 문제점을 대폭 극복한 것으로 평가될 수 있다. 그럼에도 불구하고 개정 전 민법 제847조 제1항의 문제점을 우회

---

13) 이에 대한 일반적 설명은 양진섭, "친자관계의 결정에 관한 연구", 박사학위논문, 서울대학교 (2018), 107－118면 참조. 이 논문은 사회적 친자관계설을 지지하고 있다. 한편 무제한설도 주장되어 왔다. 정귀호, "친생자의 추정과 친생자부인의 소", **민사판례연구**, 제6권(1984), 195－196면; 권재문, **친생자관계의 결정기준**(경인문화사, 2011), 297－298면.

14) 대법원 1983. 7. 12. 선고 82므59 전원합의체 판결.

15) 대법원 1988. 4. 25. 선고 87므73 판결; 대법원 1988. 5. 10. 선고 88므85 판결; 대법원 1992. 7. 24. 선고 91므566 판결; 대법원 1997. 2. 25. 선고 96므1663 판결; 대법원 2000. 1. 28. 선고 99므1817 판결; 대법원 2000. 8. 22. 선고 2000므292 판결.

16) 헌법재판소 1997. 3. 27. 선고 95헌가14, 96헌가7 결정.

하기 위하여 채택되었던 외관설이 아직도 그대로 유지되어야 하는지는 재고를 요
한다.17) 대상판결에서도 외관설 폐기 여부가 정면으로 다루어지지는 않았으므로,
이 문제는 향후 과제로 남게 되었다.

(2) 대상판결 검토

(가) 인공수정과 친생추정

피고 1과 관련해서는, 제3자의 정자를 제공받아 인공수정으로 출산한 자녀에게
도 친생추정이 미치는지의 문제가 다루어졌다. 인공수정은 자연적인 성행위 이외
의 방법으로 정자와 난자를 결합시켜 수정시키는 것을 말한다.18) 인공수정은 남편
의 정자를 제공받아 이루어지는 경우와 남편이 아닌 제3자의 정자를 제공받아 이
루어지는 경우로 나누어진다. 전자의 경우 친생추정이 미치는 것은 당연하다. 남
편의 정자를 제공받아 아내가 임신하였다는 것은 남편과 아내가 모두 인공수정에
동의하였음을 전제한다. 그렇게 하여 태어난 자녀와 남편 사이에는 혈연관계가 존
재한다. 임신의 방법이 직접적인 성 접촉인지 아니면 인공수정인지는 본질적으로
중요한 요소가 아니다. 그러므로 친생추정을 부인할 이유가 없다. 문제는 제3자의
정자를 제공받은 경우이다. 여기에는 남편이 동의하지 않은 상황도 포함될 수 있다.
또한 제3자의 정자를 제공받은 경우에는 남편과 자녀 사이에 혈연관계가 없다는
점이 명백하다. 따라서 제3자의 정자를 제공받은 경우에도 친생추정이 미치는가가
문제된다. 대상판결은 이 경우에도 친생추정이 미친다고 보았다.

1958. 2. 22. 민법 제정 당시는 인공수정 기술이 존재하지 않았다. 따라서 민법
제847조는 인공수정 기술을 염두에 두지 않고 만들어진 조항이다. 그렇다면 인공
수정이 행해지는 오늘날 민법 제847조는 어떻게 해석되어야 하는가? 입법자가 법
제정 당시에 예상하지 못하였던 현상을 사법부가 법해석을 통해 규율해야 하는 경
우는 드물지 않게 등장한다. 법이 장차 일어날 모든 변화를 미리 예상하는 것은
불가능하다. 이를 예상할 수 있다고 하더라도, 모든 가능한 변화를 법에 규정하는

---

17) 판례의 태도인 제한설이 법문언에 반하는 법형성으로서 허용될 수 없다는 견해로는 양천수·우세
    나(주 12), 91-92면. 제철웅, "생물학적 부모, 법적 부모, 그리고 사회적 부모-아동 복리 우선의
    관점에서 본 친자관계 확정을 중심으로-", **비교사법**, 제26권 제2호(2019), 29면은 당초 외관설을
    채택하였던 전원합의체 판결이 "결론의 정당성에 집착하여 해석론으로서는 매우 낯선 방법을 선
    택한 것"이라고 평가한다.
18) 윤진수(주 3), 188면.

것은 입법 기술상 매우 어려울뿐더러, 그처럼 복잡하고 상세한 입법이 바람직한지
도 의문이다. 그렇다고 사회 변화가 일어날 때마다 법을 실시간으로 개정하여 그
사회 변화를 법에 담아낼 수도 없다. 법률안이 국회를 통과할 때까지 적지 않은
시간이 소요되는 현실에서 사회 변화를 실시간으로 법에 반영하는 것은 불가능하다.
법에 대한 국민의 인식이나 신뢰가 형성되기도 전에 다시 법이 바뀌어버린다면,
그 법은 법이 가져야 할 안정성을 상실할 수밖에 없기 때문이다. 요컨대 법과 사
회 사이에 일정한 시간적 간극이 생기는 것은 너무나 당연한 일이다. 이러한 간극
을 예상하여 법 문언은 일정한 추상성과 포괄성을 띤다. 이를 통해 탄력적으로 사
회 변화에 대처한다. 하지만 이 경우에도 법 문언의 가능한 범위를 넘어서는 해석을
해서는 곤란하다. 그것은 더 이상 해석이 아니라 입법이기 때문이다.

그런데 민법 제844조는 인공수정 문제를 규율할 수 있을 만큼 충분히 유연하다.
이 조항은 아내가 혼인 중 임신한 자녀일 것을 요건으로 하고 있을 뿐, 임신을 하
게 된 경위나 혈연관계의 존재를 친생추정의 요건으로 설정하고 있지 않다. 어떤
경위로 임신하였는지 따지지 않으므로 인공수정이라는 방법에 의하여 임신하게
된 상황도 규율 대상에 포함된다. 혈연관계의 존재를 따지지 않으므로 제3자의 정
자 제공에 의한 인공수정에 의해 임신하게 된 상황도 규율 대상에 포함된다. 그러
므로 인공수정의 경우에 민법 제844조를 적용하지 못할 이유가 없다. 또한 민법
제844조를 적용하여 도출되는 결과가 정의에 어긋나는 것도 아니다. 이와 같이 현
행법의 해석론으로 문제를 해결할 수 있다면 군이 법원이 새로운 법 형성을 시도
할 필요가 없다.

인공수정에 동의한 아버지와 그 인공수정으로 인하여 태어난 자녀 사이에 양친
자관계가 성립하였다고 보는 관점도 있다.[19] 이 관점의 논리는 다음과 같다. 남편이 인
공수정에 동의하였다면 그는 인공수정으로 장차 출생할 자녀에 대해 법적인 아버
지로서 책임을 지겠다는 의사를 표시한 것이다. 그 후 출생한 자녀를 자신의 친생
자로 출생신고하면 그 출생신고는 입양신고와 같은 의미를 가진다. 이를 통해 남
편과 자녀 사이에는 양친자관계가 성립한다. 원심법원이 이러한 관점을 채택하였
다. 이러한 관점은 자녀가 인공수정으로 출생한 경우에 친생추정이 미치지 않는다
는 전제 위에 서 있다. 친생자를 입양한다는 것은 논리적으로 앞뒤가 맞지 않기

19) 차선자, "친생추정의 법리와 혈연 진정성", **가족법연구**, 제33권 제2호(2019), 13면.

때문이다.[20] 그러므로 인공수정으로 출생한 자녀에 대하여도 민법 제844조가 적용될 수 있다고 보는 이상, 이러한 관점은 지지되기 어렵다. 또한 입양은 친생부모의 존재를 전제한다. 그러나 제3자가 정자를 제공하였다고 하여 인지절차도 없이 곧바로 친부가 되는 것은 아니다. 현실적으로는 정자를 제공한 제3자가 누구인지 특정하기 어려운 경우도 있다. 특정할 수도 없는 사람에게 친부의 지위를 부여하기도 어렵고, 친부로서의 역할을 기대하기는 더욱 어렵다.[21] 또한 현행법상 미성년자를 입양하려면 법정대리인의 동의 또는 승낙, 부모의 동의, 가정법원의 허가가 요구된다(민법 제867조 내지 제870조). 그런데 인공수정에 의한 출생과 이에 따른 출생신고에 이르는 일련의 과정에서 이러한 요건이 당연히 충족되는 것도 아니다.[22] 아울러 출생 후 입양 요건이 갖추어질 때까지 아버지의 공백 사태도 벌어진다. 그러므로 인공수정에 의한 친자관계를 친생자관계가 아닌 양친자관계로 보아서는 안 된다.

한편 친생추정이 이루어지는 경우에도 아버지는 자녀와의 혈연관계가 없음을 이유로 이를 안 날부터 2년 내에 친생부인의 소를 제기할 수 있다. 그러나 만약 남편이 동의하여 인공수정으로 자녀가 출생하였다면, 남편이 그 자녀를 상대로 친생부인의 소를 제기하는 것은 민법 제852조에 의해 금지된 친생자 승인 후 친생부인 주장에 해당하거나,[23] 선행행위(동의)에 모순되는 행위로서 허용될 수 없다고 보아야 한다.[24] 이는 제소기간인 2년이 경과하기 전에 친생부인의 소를 제기하는 경우도 마찬가지이다.[25] 여기에서의 동의는 꼭 인공수정 시술에 대한 동의서 등 특정한 서면으로 증명해야 하는 것은 아니다. 일반적인 의사표시와 마찬가지로 동의 여부는 남편이 아버지로서의 법적 책임을 인수하였다고 볼 수 있는지의 관점에

20) 또한 김상용(주 5), 82면은 혈연관계가 없는 자녀도 모가 혼인 중에 임신하고 출산한 이상 '혼인 중의 자'에 해당하는데, 우리 법체계상 '혼인중의 자'를 입양하는 것은 가능하지 않다고 한다.

21) 이러한 점 때문에 정자를 제공한 제3자와 자녀 사이에는 친자관계가 성립할 수 없다는 견해도 주장되고 있다. 류일현(주 6), 214면; 맹광호, "인공생식에 관한 가족법의 문제점", 가족법연구, 제21권 제3호(2007), 31면.

22) 류일현(주 6), 216면. 또한 맹광호(주 21), 22-24면은 입법적 해결 없이는 남편과 인공수정으로 출생한 자녀 사이에 양친자관계를 인정할 수 없다고 한다.

23) 윤진수, "의견서-대법원 2016므0000 친생자관계부존재확인-", 가족법연구, 제33권 제2호(2019), 523면; 한국가정법원상담소(주 6), 542면; 김상훈(주 12), 550면; 제철웅(주 17), 34면; 김성은, "AID자의 법적 지위에 관한 연구", 가족법연구, 제26권 제3호(2012), 178면.

24) 윤진수(주 23), 523면; 김상훈(주 12), 550면.

25) 배인구, "친생추정의 적용과 예외-대법원 2019. 10. 23. 선고 2016므2510 전원합의체 판결-", 법률신문(2019. 11. 14.자) 참조.

서 법관이 제반 사정을 종합하여 자유심증에 따라 평가할 수 있다. 다수의견이 동
의가 있는 경우와 마찬가지로 취급하여야 한다고 판시한 부분은 결국 법관이 동의가 있
다고 평가할 수 있는 경우로 이해할 수 있다.

대상판결의 사안에서는 남편인 원고의 동의하에 인공수정을 거쳐 아내인 A가
피고 1을 출생하였다. 피고 1은 인공수정으로 출생한 자녀이지만 민법 제844조에
따른 친생추정을 받는다. 원고는 친생추정을 번복하기 위해 제소기간 내에 친생부
인의 소를 제기하여야 하는데 친생자관계부존재확인의 소를 제기하였다. 이 소는
각하되어야 한다. 1심법원, 원심법원, 대법원은 모두 그러한 입장을 취하였다.[26]
이러한 대상판결의 입장에 찬성한다.

(나) 유전자형 배치와 친생추정

피고 2와 관련해서는, 남편과 자녀 사이에 혈연관계가 없음이 사후적으로 명백
하게 밝혀진 경우에 친생추정이 미치지 않는지가 다루어졌다. 앞서 설명하였듯이
판례는 혈연관계 유무에 따라 친생추정 여부가 정해지지는 않으나 동거[27]의 결여
로 아내가 남편의 자녀를 임신할 수 없는 것이 외관상 명백한 사정이 있는 경우에
한하여 친생추정이 배제된다는 태도를 취하여 왔다. 그런데 대상판결이 다룬 사안
에서는 동거의 결여라는 사정이 존재하지 않으므로 외관설이 적용되지 않는다. 따
라서 과학적 검사를 통해 부자 간에 유전자형 배치가 달라 혈연관계가 없음이 사
후적으로 명백하게 드러났더라도 민법 제844조에 따라 친생추정이 미치게 된다.[28]
친생추정이 미치는지 여부는 출생 시를 기준으로 판단해야 한다는 점도 고려해야
한다.[29] 친생추정 제도는 출생과 동시에 법률상 친자관계를 부여함으로서 법적 공
백을 막기 위한 것이다. 그러므로 사후에 혈연관계가 없다고 밝혀졌다는 점 때문
에 출생 당시에 친생추정이 미치지 않는다고 보는 것은 논리적으로 타당하지 않다.[30] 한
편 남편 또는 아내는 혈연관계가 없음을 안 날부터 2년 내에 친생부인의 소를 제
기할 수 있다. 그리고 그 판결이 확정되면 자녀의 출생 시로 소급하여 친자관계가
소멸한다.[31] 그러나 이를 알고도 제소기간 내에 친생부인의 소를 제기하지 않았다

---

26) 설령 원고가 친생부인의 소를 제기하였더라도 제소기간이 이미 경과한 데다가, 친생자 승인 후
   친생부인 주장에 해당하므로 받아들여질 수 없었을 것이다.
27) 종래 판례에서는 이를 동서(同棲)라고 표현하였다.
28) 김상용(주 5), 61면.
29) 윤진수(주 23), 517-518면; 김상용(주 5), 65면.
30) 윤진수, "친생추정에 관한 민법개정안", **가족법연구**, 제31권 제1호(2017), 11면.

면 그 이후에 뒤늦게 친생부인의 소를 제기하는 것은 허용되지 않는다. 친생추정이 미치는 이상 친생자관계부존재확인의 소를 제기할 수도 없다.

별개의견 1과 반대의견은 혈연관계가 없는 경우 친생추정의 예외를 인정하고자하였다. 별개의견 1에서는 혈연관계가 없음이 과학적으로 증명된 경우 ① 아버지와자녀 사이에 사회적 친자관계가 형성되지 않았거나 파탄된 경우에는 친생추정의예외를 인정하여 친생부인의 소에 의하지 않고도 친자관계를 부정할 수 있도록 하되, ② 사회적 친자관계가 형성되어 있는 경우에는 친생추정의 예외가 인정될 수없어 친자관계를 부정할 수 없다고 보았다.[32] 이는 자녀의 복리를 위해 마련된 친생추정 조항의 정신을 친생추정 예외의 국면에까지 확장하려는 시도로 이해할 수있다. 또한 별개의견 1이 인공수정과 친생추정의 문제에서도 보여 주었던 '법원에의한 적극적 법 형성'을 지향하는 태도가 다시 한 번 발현된 것이라고도 볼 수 있다. 한편 반대의견에서는 일정한 요건 하에 친생추정의 예외를 인정하는 종래의대법원 판례(즉 외관설에 관한 판례)가 유지되어야 할 뿐만 아니라, 오히려 확대해석되어야 한다고 보았다. 그것이 변화된 사회상을 반영하는 길이고, 친생부인의요건을 완화하는 방향으로 이루어져 온 민법 개정의 흐름에도 부합하며, 자녀의복리를 증진하는 기능도 수행한다는 것이다.

이러한 다양하고 창의적인 해석론은 현행 친생추정 제도의 문제점에 대한 예리한 통찰을 기초로 전개되었다. 특히 자녀의 복리를 증진하려는 해석론적 시도라는점에서 경청할 만하다. 그런데 친생추정 제도, 특히 친생부인의 소 제도는 아버지와자녀의 관계를 맺고 끊는 문제를 다룬다. 그러한 점에서 친생추정 제도는 혼인 및가족제도 전반의 근간을 이루는 제도이다. 그러므로 친생추정에 관한 법적 문제는원칙적으로 제도적 차원에서 거시적으로 해결하는 것이 더 적절하다.[33] 실제로도그동안 친생추정을 둘러싼 복잡한 법적 긴장관계는 대체로 점진적인 법 개정을 통하여 해결되어 왔다. 친생부인의 소에 관한 민법 제847조, 혼인관계가 종료한 날부터 300일 내에 출생한 자녀에 관한 친생추정 예외 규정인 민법 제844조 제3항,

---

31) 김상용(주 5), 61면.

32) 정구태, "친생추정의 한계 및 친생부인의 소의 원고적격", **법학연구**(충북대학교), 제26권 제1호 (2015), 131면은 대상판결의 별개의견 1과 같은 입장을 취하면서, 이러한 입장이 남편의 이익과 자녀의 이익의 이익형량으로서 가장 타당하다고 설명한다.

33) 제철웅(주 17), 36면도 입법으로 해결하여야 할 문제에 법원의 법창설로 대응하는 것은 바람직하지 않다고 지적한다.

친생부인 허가에 관한 민법 제854조의2, 인지 허가에 관한 민법 제855조의2의 입법사가 바로 그 예이다.[34] 다수의견과 별개의견, 반대의견의 치열한 의견 대립에서 알 수 있듯이 이러한 변화를 겪고 지금의 모습을 갖추게 된 친생추정 제도가 바람직한 제도인가에 대해서는 여전히 이견이 있을 수 있다. 그러나 적어도 현행 친생추정 제도에 법 형성이나 과감한 법 해석론을 동원해서라도 반드시 메워야만 할 제도적 결함이 있다는 공감대가 형성되어 있는지는 의문이다. 이러한 상황에서 현행 친생추정 제도의 모습을 화학적으로 변화시키는 것이 바람직한지는 생각해볼 필요가 있다. 좀처럼 개정되지 않았던 재산법과 달리 가족법은 사회의 큰 관심 속에서 그동안 지속적으로 개정되어 왔다. 사회적으로 이러한 공감대가 형성되면 가족법 분야의 개정은 이루어질 수 있다는 점도 염두에 두어야 한다.

별개의견 1과 반대의견의 저변에 흐르는 자녀의 복리 증진이 어떤 모습의 제도에 의해 더 잘 달성될 수 있는지도 명확하지 않다. 자녀가 혈연관계와 부합하는 친자관계를 형성할 수 있도록 하는 근본적인 해결책은 친생추정의 예외를 넓히는 것이 아니라 친생부인의 소의 제기 요건을 완화하는 것이다.[35] 가령 자녀도 친생부인의 소를 제기할 수 있게 하거나, 제소기간을 연장하는 등의 법 개정을 생각해볼 수 있다.[36] 친생추정의 예외를 넓혀 친생관계 부존재확인의 소를 제기할 수 있도록 하는 것은 우회적인 해결책에 지나지 않을뿐더러, 여러 가지 부작용이 따를 수 있다. 친생관계 부존재확인의 소는 제소기간에 아무런 제한이 없고, 제소권자도 그 범위가 매우 넓다.[37] 자녀에게 법적 아버지가 없어질 수 있는 위험이 장기간 지속되고, 그 위험의 현실화 여부가 다른 여러 사람들의 손에 달려 있게 된다. 법적 아버지는 자신과 자녀 사이에 혈연관계가 없다는 이유만으로 그 자녀에 대한

---

34) 민법 제844조 제3항, 제854조의2, 제855조의2는 헌법재판소의 헌법불합치 결정(헌법재판소 2015. 4. 30. 선고 2013헌마623 결정)에 따라 2017. 10. 31. 법률 제14965호로 개정된 조항들이다. 이러한 개정을 통하여 혼인관계가 종료된 날부터 300일 이내에 출생한 자녀의 경우 친생추정을 배제하는 것이 다소간 쉬워졌다. 법 개정 과정에서의 논의 및 개정 법률안에 관한 상세한 설명으로 윤진수(주 30) 참조.
35) 권재문, "혈연진실주의 실현을 위한 친생부인의 요건완화와 조정절차의 활용", **법조**, 통권 제579호(2004), 154면.
36) 이에 관한 입법론으로 권재문(주 35), 154면 이하.
37) 판례에 따르면 민법 제777조 소정의 친족은 그와 같은 신분을 가졌다는 사실만으로 당연히 친자관계 부존재확인의 소를 제기할 이익이 있다. 대법원 1983. 3. 8. 선고 81므77 판결; 대법원 1967. 9. 19. 선고 67므22 판결. 김상용, "가족법과 혈연진실주의", **법철학연구**, 제22권 제1호(2019), 181면은 우리 판례의 태도와 같이 넓은 범위의 사람들에게 제소기간의 제한 없이 친자관계의 존부를 다툴 수 있도록 하는 예는 비교법적으로 찾아보기 어렵다고 한다.

책임을 언제든 털어버릴 수 있게 된다. 이러한 결과가 자녀의 건강한 성장에 도움이 된다고 보기는 어렵다.[38]

별개의견 1이나 반대의견에 따를 때 반드시 자녀의 복리가 증진된다고 말할 수 있는지도 의문이다. 혈연관계가 없는 법적인 아버지와 친자관계를 끊어내고자 하는 자녀의 의사를 존중하는 것이 자녀의 복리에 부합하는가? 자녀가 혈연관계 있는 생부(生父)와 친자관계를 형성할 수 있게 하는 것이 자녀의 복리에 부합하는가? 자녀가 출생 후 상당 기간 동안 아버지로 생각하고 동거해온 법적 아버지와 친자관계를 유지하도록 하는 것이 자녀의 복리에 부합하는가? 이러한 질문에 대해 일의적이고 일관된 답을 내리기는 어렵다. 자녀가 처한 현실에 따라 '자녀의 복리'는 다른 모습으로 나타날 수 있기 때문이다.[39] 그렇다고 하여 개별 사건마다 제도의 모습을 달리하는 것은 장기적으로 자녀의 복리를 더 해치는 길일 수도 있다.[40] 그러므로 자녀의 복리라는 추상적인 개념에 기대어 제도 변화의 방향을 한쪽으로 설정하는 것은 설득력이 부족하다.

혈연의 진실성이나 사회적 친자관계에 기초하여 친자관계의 존부가 좌우되어야 하는 것도 아니다. 이미 우리 민법은 친생추정 제도나 양친자 제도를 통해 혈연관계가 없는 친자관계를 제도적으로 승인하고 있다. 가족의 모습이 다양해지면서 혈연관계가 친자관계에서 가지는 의미는 더 엷어질 것이다. 또한 일단 법적 친자관계가 성립하면 그 친자관계를 함부로 해소할 수 없도록 하는 것이 우리 민법의 기본적인 태도이다. 혈연관계가 있는 친자관계는 설령 사실상 파탄에 이르더라도 계속 지속된다. 서로 안 보고 살더라도 친자관계는 친자관계인 것이다. 파양 역시 엄격한 요건 아래에서만 인정된다. 그렇다면 2년간 친생부인의 기회를 부여하여 친자관계를 해소시킬 수 있도록 하되, 그 기간 중에 해소를 선택하지 않으면 친자관계를 확정하는 현행 제도가 꼭 결함이 있는 것인지에 대해서도 의문이 든다. 만약 2년이라는 기간이 숙려하기에 짧은 기간이라면 이를 늘리는 입법을 고려하면 된다.

대상판결의 사안에서는 아내인 A가 원고와 혼인 중에 혼외관계를 통해 피고 2

---

38) 제철웅(주 17), 30면.
39) 류일현(주 6), 208면. 또한 김상용(주 5), 73—74면은 유전자형이 배치되는 경우 친생추정이 미치지 않는다고 보는 법리는 사안에 따라 자녀의 복리를 증진시키기도 하고 자녀의 복리를 현저히 침해할 수도 있다고 하면서, 사안에 따라 이처럼 상반된 결론이 도출될 수 있는 법리는 받아들이기 어렵다고 한다.
40) 김상용(주 5), 72면은 "자녀의 가족관계와 법률상의 신분이 언제든지 이해관계에 따라 부정되고 변동될 수 있다는 사실" 자체만으로 자녀의 복리가 침해될 수 있다고 지적한다.

를 출산하였다. 피고 2는 혼인 중 아내가 임신하여 출산한 자녀이므로 민법 제844조에 따른 친생추정을 받는다. 사후적으로 피고 2가 원고와 혈연관계가 없다는 점이 밝혀졌고, 원고도 이를 알게 되었다. 그러나 원고는 이를 문제 삼지 않은 채 아버지로서 피고 2를 보호·교양하여 왔다. 그러다가 A와 이혼하는 과정에서 뒤늦게 친생자관계부존재확인의 소를 제기하였다. 원심법원은 원고와 피고 2 사이에 양자관계가 성립되었으나 파양 사유가 없다는 이유로 소를 각하하였으나, 친생추정이 미치기 때문에 친생자관계부존재확인의 소가 부적법하다는 이유로 소를 각하하였어야 했다. 대상판결은 이 점을 지적하면서 원심판결의 결론은 그대로 유지하였다. 대상판결의 입장에 찬성한다.

3 친생자관계존부확인의 소의 원고적격
(대법원 2020. 6. 18. 선고 2015므8351 전원합의체 판결)

가. 사실관계

A는 1909. 8. 10. 사망하였는데, 2010. 8. 15. 건국훈장 4등급 애국장 포상대상자로 결정되었다. A의 장녀 B(사망)의 자녀인 C(독립유공자의 손녀)가 행정소송을 통해 구 독립유공자예우에 관한 법률(2012. 2. 17. 법률 제11332호로 개정되기 전의 것, 이하 '구 독립유공자예우법'이라고 한다)에 따른 독립유공자의 유족으로 인정되자, A의 장남 소외 D의 손자(독립유공자의 증손자)인 원고는 검사를 상대로 A와 B 및 A의 처인 E와 B 사이에 친생자관계가 존재하지 않는다는 확인을 구하는 소를 제기하였다. 제1심법원은 이러한 친생자관계가 부존재한다고 할 근거가 부족하다고 보아 원고의 청구를 기각하였다.[1]

나. 원심판결과 대상판결

원심법원은 원고가 위와 같은 친생자관계부존재확인판결을 받더라도 원고가 구 독립유공자예우법상 선순위자인 나이가 가장 많은 생존하는 손자녀가 아니므로 어차피 독립유공자의 유족으로 등록될 수 없고, 달리 친생자관계부존재확인을 구할 이해관계가 없다는 이유로 원고적격을 부정하고 소를 각하하는 판결을 하였다.[2] 이에 대해 원고는 자신이 A와 민법 제777조의 친족관계에 있으므로, 종전 대법원 판례에 따라 당연히 친생자관계존부확인의 소를 제기할 이익이 있다고 주장하면서 상고하였다. 대법원은 원심법원의 판단을 지지하면서, 종전 대법원 판례를 변경하였다. 그 이유는 다음과 같다.

대법원 1981. 10. 13. 선고 80므60 전원합의체 판결은 구 인사소송법(1961. 12. 6. 법률 제803호로 제정되어 1962. 1. 1.부터 시행되었고 1990. 12. 31. 법률 제4300호로 폐지되었다.

---

1) 광주가정법원 2015. 2. 11. 선고 2014드단12127 판결.
2) 광주가정법원 2015. 5. 26. 선고 2015르3081 판결.

이하 같다) 제35조가 "당사자 및 법정대리인 또는 민법 제777조의 규정에 의한 친족은 언제 든지 혼인무효의 소를 제기할 수 있다."라고 규정한 제26조를 민법 제865조에서 정한 친생자 관계존부확인의 소에 준용하고 있음을 이유로, 민법 제777조에서 정한 친족관계에 있다는 사 실만으로 당연히 친생자관계존부확인의 소의 원고적격이 인정된다고 하였다. 그 후 대법원은 구 인사소송법이 적용되는 사안에 대해서는 물론, 구 인사소송법이 폐지되면서 새로 제정된 가사소송법(1990. 12. 31. 법률 제4300호로 제정되어 1991. 1. 1.부터 시행되었다. 이하 같다) 의 적용을 받는 사안에 대해서도 같은 취지로 판단하였다. 그러나 구 인사소송법 등의 폐지 와 가사소송법의 제정·시행, 호주제 폐지 등 가족제도의 변화, 신분관계 소송의 특수성, 가족 관계 구성의 다양화와 그에 대한 당사자 의사의 존중, 법적 친생자관계의 성립이나 해소를 목적으로 하는 다른 소송절차와의 균형 등을 고려할 때, 민법 제777조에서 정한 친족이라는 사실만으로 당연히 친생자관계존부확인의 소를 제기할 수 있다고 한 종전 대법원 판례는 더 이상 유지될 수 없게 되었다고 보아야 한다.

이에 대해서는 대법관 2인의 별개의견이 있었다.[3] 별개의견은 판례 변경에는 찬성하면서도 원고는 부 또는 처의 직계비속(민법 제865조 제1항, 제851조 참조)에 해당할 뿐만 아니라 이 판결 결과에 따라 독립유공자의 유족으로 등록될 수 있는 지에 대해 영향을 받을 가능성이 있으므로 제소권자에 포함되어야 한다고 보았다. 다 만 원고의 소가 적법하더라도 원심이 가정적으로 판단한 대로 오히려 친생자관계가 존 재한다고 보아 원고의 청구를 기각하여야 하는데, 원고만 상고한 이 사건에서는 불이익변경금지 원칙상 원고의 상고를 기각할 수밖에 없다고 보았다.

다. 분석

(1) 대상판결 이전의 상황

친생자관계존부확인의 소는 특정인 사이의 친생자관계의 존재 또는 부존재의 확인을 구하는 소이다(민법 제865조).[4] 이 소는 친생자관계를 확정하는 다른 절차 (예컨대 부의 결정, 친생부인, 인지에 대한 이의, 인지청구)가 가능한 경우에는 허용되 지 않는다는 점에서[5] 보충성을 띤다.[6] 이 소의 제소권자는 "제845조, 제846조,

---

3) 대법관 안철상, 대법관 민유숙이 별개의견을 개진하였다.
4) 윤진수, **친족상속법강의**, 제3판(박영사, 2019), 197면.

제848조, 제850조, 제851조, 제862조와 제863조의 규정에 의하여 소를 제기할 수
있는 자"이다(민법 제865조).7) 이를 풀어서 정리하면 이 소의 제소권자는 ① 부,
모, 자녀(민법 제845조, 제846조, 제862조, 제863조), ② 자녀의 직계비속과 그 법정
대리인(민법 제863조), ③ 성년후견인, 유언집행자, 부 또는 처의 직계존속이나 직계
비속(민법 제848조, 제850조, 제851조. 단 각 조항이 요구하는 요건을 갖추었을 때), ④ 이
해관계인(민법 제862조)이다.

민법 제777조의 친족8)은 제소권자로 명시되어 있지 않지만 이해관계인의 범주
에 포함시킬 여지는 있다. 그렇다면 친족이라는 이유만으로 당연히 이해관계인의
자격을 획득하는가? 이에 관하여 초기 판례는 일관되지 않았으나,9) 대법원 1981.
10. 13. 선고 80므60 전원합의체 판결(이하 '81년 전원합의체 판결'이라고 한다)에 이
르러 민법 제777조의 친족에 해당하면 특별한 사정이 없는 한 그와 같은 신분관
계를 가졌다는 사정만으로 당연히 친생자관계 존부확인의 소를 제기할 수 있다는
법리가 선언되었다.

이 판결은 구 인사소송법10)의 해석에 기초한 것이다. 구 인사소송법 제35조에
따르면 친생자관계존부확인의 소에는 혼인무효의 제소권자에 관한 구 인사소송법
제26조가 적용되었다. 구 인사소송법 제26조는 혼인무효의 제소권자를 "당사자 및
그 법정대리인 또는 민법 제777조의 규정에 의한 친족"으로 정하였다. 이러한 조
항들을 연결해 보면, 민법 제777조의 친족은 당연히 친생자관계존부확인의 소에

---

5) 윤진수(주 4), 197면. 대법원 1992. 7. 24. 선고 91므566 판결; 대법원 1997. 2. 14. 선고 96므738
   판결; 대법원 1997. 2. 25. 선고 96므1663 판결.
6) 박정화, "친생자관계존부확인소송의 심리에 관하여", 실무연구 Ⅷ(서울가정법원, 2002), 192면; 윤
   진수 편, 주해친족법 제1권(박영사, 2015), 663면(권재문 집필부분); 박동섭·양경승, 친족상속법,
   제5판(박영사, 2020), 342면.
7) 제845조는 부의 결정, 제846조는 자의 친생부인, 제848조는 성년후견인의 친생부인, 제850조는
   유언집행자의 친생부인, 제851조는 부(夫) 또는 처(妻) 사망 시 그 직계존속이나 직계비속의 친생부
   인, 제862조는 인지에 대한 이의의 소, 제863조는 인지청구의 소에 관한 규정이다.
8) 민법 제767조는 배우자, 혈족 및 인척을 친족으로 한다고 규정하고, 민법 제777조는 친족관계로
   인한 법률상 효력은 법률에 다른 특별한 규정이 없는 한 8촌 이내 혈족, 4촌 이내 인척, 배우자에
   게 미친다고 규정한다.
9) 친족이라는 이유만으로 당연히 제소권자가 되는 것은 아니고 친생자관계 부존재로 권리를 얻거나
   의무를 면하는 이해관계가 필요하다는 판례(대법원 1960. 9. 29. 선고 4293민상314 판결; 대법원
   1966. 7. 26. 선고 66므11 판결 등)와 민법 제777조의 친족이면 당연히 제소권자가 된다는 판례(대
   법원 1967. 9. 19. 선고 67므22 판결 등)가 병존하였다. 학설로서는 후자를 찬성하는 견해가 발견된다.
   김주수, 주석 친족상속법, 수정판(법문사, 1967), 394면.
10) 1961. 12. 6. 법률 제803호로 제정되어 1990. 12. 31. 법률 제4300호로 폐지되었다.

관한 원고적격을 가진다고 자연스럽게 해석할 수 있었다.

그런데 1990. 12. 31. 가사소송법이 제정되면서 81년 전원합의체 판결 법리의 기초가 되었던 구 인사소송법이 폐지되었다. 가사소송법 제28조(준용규정)에서는 구 인사소송법과 달리 친생자관계존부확인의 소에 혼인무효의 제소권자에 관한 제23조[11]를 준용하지 않고, 혼인무효 등 소의 상대방에 관한 제24조만 준용하였다.[12] 이로써 민법 제777조의 친족이 당연히 친생자관계존부확인의 소의 제소권자가 된다고 볼 만한 실정법적 근거가 사라졌다.

그런데도 대법원은 그 이후에도 81년 전원합의체 판결에 따라 민법 제777조의 친족이면 당연히 친생자관계존부확인의 소를 제기할 수 있다고 판시하여 왔다.[13] 다수설도 이러한 판례의 태도에 따랐다.[14] 반면 민법 제777조의 친족이라고 하여 당연히 제소권자가 되는 것은 아니고 별도의 이해관계가 인정되어야 한다는 견해,[15] 4촌을 넘어서는 친족은 별도의 이해관계가 인정되어야 한다는 견해,[16] 민법 제865조가 열거하는 각 절차의 목적과 요건을 고려하여 개별적으로 원고적격자를 판단해야 한다는 견해[17]도 있었다.

(2) 민법 제777조의 친족에게 일률적으로 원고적격이 인정되는지 여부

이는 민법 제865조에 의해 준용되는 민법 제862조의 이해관계인을 어떻게 해석할 것인가에 관한 문제이다. 대상판결은 이해관계인을 "다른 사람들 사이의 친생자관계가 존재하거나 존재하지 않는다는 내용의 판결이 확정됨으로써 일정한 권리를 얻거나 의무를 면하는 등 법률상 이해관계가 있는 제3자"라고 정의한 뒤, 민

---

11) 가사소송법 제23조에 의한 혼인무효 제소권자에 포함된 친족의 범위도 4촌 이내의 친족으로 규정함으로써 구 인사소송법에 규정되었던 민법 제777조의 친족보다 축소되었다.
12) 당시 심사보고서나 회의록 등 입법자료를 살펴보아도 혼인무효 제소권자 규정을 준용 대상에서 제외한 이유는 나타나 있지 않다.
13) 대법원 1998. 10. 20. 선고 97므1585 판결(다만 이 판결은 종합법률정보에서 검색되지 않는다); 대법원 2004. 2. 12. 선고 2003므2503 판결. 한편 이경희, **가족법**, 9정판(법원사, 2017), 206면은 대법원 1990. 7. 13. 선고 90므88 판결을 반대 취지의 판결로 소개하고 있으나, 이 판결은 친족이 당연히 이해관계인에 해당하는지를 다룬 판결이 아니다.
14) 김주수·김상용, **친족·상속법**, 제15판(법문사, 2018), 337면; 신영호·김상훈, **가족법강의**, 제3판(세창출판사, 2018), 172면; 이경희(주 13), 206면; 박동섭·양경승(주 6), 345면.
15) 송덕수, **신민법강의**, 제11판(박영사, 2018), 1530면; 지원림, **민법강의**, 제17판(홍문사, 2020), 2008면.
16) 박동섭, **친족상속법**, 제4판(박영사, 2013), 287면. 다만 박동섭·양경승(주 6), 345면에서는 친족은 당연히 이해관계인에 해당한다고 견해를 바꾼 것으로 보인다.
17) 주해친족법/권재문(주 6), 664-665면.

법 제777조의 친족이라는 이유만으로 당연히 이러한 이해관계인에 해당한다고 볼 수 없다고 하였다. 즉 이러한 친족은 민법 제865조에 의하여 준용되는 다른 조항의 제소권자로 명기되어 있거나, 별도의 이해관계가 인정되어야 친생자관계존부확인의 소의 원고적격이 인정되는 것이다.

대법원은 그 이유로서 ① 구 인사소송법이 폐지되고 가사소송법이 시행됨으로써 종전 판례의 법률적 근거가 사라진 점, ② 호주제가 유지되던 때와 달리 오늘날에는 민법 제777조의 친족이라는 이유만으로 밀접한 신분적 이해관계를 가진다고 볼 법률적, 사회적 근거가 약해진 점, ③ 혈연관계뿐만 아니라 당사자의 의사를 기초로 법적 친자관계가 형성되기도 하는데, 이때 당사자의 자유로운 의사를 존중하고 제3자의 부당한 개입을 제한할 필요가 있다는 점, ④ 혈연관계 증명이 어렵지 않은 현실에서 친생자관계의 존부를 다툴 수 있는 자의 범위를 명문 규정 없이 함부로 확대하는 것은 신분질서 안정과 자율적 의사결정을 해치는 점, ⑤ 이러한 원고적격 확대는 친생자관계존부확인의 소를 다른 소송절차에 관한 요건이나 제한을 회피하기 위한 수단으로 변질시킬 우려가 있는 점, ⑥ 친족도 이해관계를 증명하면 제소할 수 있으므로 그들의 재판청구권을 부당하게 제약하는 것이 아닌 점을 들었다.

이러한 대상판결의 결론은 타당하다. 친생자관계존부확인의 소는 확인의 소의 일종이다. 따라서 이 소를 제기하려면 확인의 이익이 필요하다. 확인의 이익은 당사자의 권리 또는 법률상 지위에 현존하는 불안·위험이 있고, 확인판결이 그 불안·위험을 제거하는 가장 유효적절한 수단인 때에 인정된다.[18] 이러한 확인의 이익이 있는지는 미리 일률적으로 말할 수 없고, 확인을 구하는 당사자와 그 상대방의 제반 이익 및 사법자원의 효율적 배분 등을 고려하여 개별 사안별로 판단해야 한다. 그런데 이 사건에서 문제되는 유형의 친생자관계존부확인의 소는 확인 대상이 재산적 법률관계가 아니라 친생자관계라는 점, 확인을 구하는 주체가 친생자관계의 당사자가 아니라 제3자라는 점에서 특수하다. 친생자관계는 인간의 혈연적, 정서적 뿌리와 연결된 기초적 신분관계이다. 이는 수많은 법적 권리의무의 출발점일 뿐만 아니라 정서적으로도 개인과 가정의 평화롭고 안정된 삶의 토대를 이룬다. 친생자관계 분쟁은 이러한 삶의 토대를 흔들어 놓는다. 따라서 친자가 문제삼

---

18) 대법원 1991. 10. 11. 선고 91다1264 판결; 대법원 1994. 11. 22. 선고 93다40089 판결; 대법원 2011. 9. 8. 선고 2009다67115 판결.

지 않는 친생자관계에 대해 제3자가 확인의 소를 제기하도록 허용하려면 그럴만한 정당성이 충실하게 확보되어야 한다.

우리 민법은 친생자관계부존재확인의 제소권자를 명문으로 열거함으로써 이를 둘러싼 법적 불명확성을 제거하고자 하였다. 그 제소권자 중 추상적으로 규정된 주체가 이해관계인이다. 이는 법이 친생자관계를 둘러싸고 발생할 수 있는 모든 분쟁 양상을 미리 예상하여 구체적으로 열거하기 어려운 점을 고려하여 규정하여 둔 주체이다. 하지만 위와 같은 친생자관계의 특수성과 제소권자를 구체적으로 규정하여 온 입법 태도에 비추어 볼 때 이해관계인의 개념을 창구삼아 원고적격이 지나치게 확장되는 것은 바람직하지 않다. 따라서 민법 제777조의 친족이 제소권자가 된다는 취지의 구 인사소송법 제35조, 제26조가 폐지되었다는 사정은 원고적격의 해석론에 진지하게 고려되고 반영되어야 한다.

또한 81년 전원합의체 판결이 선고되던 당시와 비교할 때 친족의 실질적인 의미가 변화되었다. 그 당시와 비교할 때 촌수가 높은 친족과 가지는 신분적 이해관계의 밀도는 현저히 얕아졌다. 과거 친족문화의 근간을 이룬 사대봉사(四代奉祀)는 거의 사라졌다. 신분등록 공시제도가 가(家) 중심의 호주제에서 개인 중심의 가족관계등록제로 변화하면서 이제 공부(公簿)상으로는 누가 친족인지 알기도 어렵게 되었다. 또한 2005년에는 친족보다 좁은 범위의 가족에 관한 규정(민법 제779조)도 신설되었다. 민법 제777조의 친족이라는 이유만으로 발생하는 권리의무가 있기는 하나,[19] 가족의 범위를 넘어서서 이러한 권리의무가 문제되는 경우는 현실적으로 많지 않다.

민법 제777조의 친족 조항은 달리 정함이 없을 때에 적용되는 기본 조항(default rule)에 불과하다는 점도 염두에 두어야 한다. 실제로는 각각의 상황에서 문제되는 친족 범위를 개별적으로 정하는 법률 및 조항들이 매우 많다.[20] 이처럼 친족이 가

---

[19] 민법 제781조 제6항, 제909조의2, 제918조, 제922조의2, 제924조, 제924조의2, 제925조, 제926조, 제927조의2, 제940조, 제940조의3, 제940조의4, 제954조, 제959조의5, 10, 15, 17, 제974조, 제1053조 참조.

[20] 성년후견·한정후견 및 취소청구권에 관하여는 배우자, 4촌 이내의 친족(민법 제9조, 제11조, 제12조, 제14조), 증여계약해제에 관하여는 배우자, 직계혈족(민법 제556조 제1항 제1호), 생명침해에 대한 손해배상청구권에 관하여는 직계비속, 직계존속, 배우자(민법 제752조)가 규정되어 있고, 그 밖에 민법 제815조 제2 내지 4호, 민법 제816조 제1호, 민법 제818조 전단, 제870조, 제871조, 제885조, 제907조 제3호, 제974조, 제1000조, 제1003조, 제1072조 제1항 제1호, 제1112조, 형법의 형벌 가중 내지 감면사유, 소송법상 제척이나 증언거부권 등 많은 상황에서 해당 친족의 범위가 개별적으로 규정되어 있다.

지는 규범적 의미는 개별 상황에 따라 변화무쌍하게 변하는데도 민법 제777조의 친족이기만 하면 당연히 이해관계인으로서 친생자존부확인소송의 원고적격이 인정된다고 보는 것은 의제에 가깝다. 비교법적으로 볼 때에도 단지 친족이라는 이유만으로 원고적격을 인정하는 예는 찾아보기 어렵다.21) 결국 민법 제777조의 친족이라는 이유로 개별적 이해관계를 따지지 않고 일률적으로 원고적격을 부여해야 할 당위성은 줄어들었다.

(3) 이 사건에서 원고적격의 인정 여부

그렇다면 대상판결이 판시한 바와 같이 이 사건 원고는 민법 제777조의 친족이라는 점만으로 곧바로 원고적격이 인정되지는 않고 별도로 이해관계인임을 증명해야 한다. 이 사건에서 인정된 사실관계에 따르면, 원고는 독립유공자의 증손자이기는 하나 법령상 선순위자인 손자녀가 생존하여 있는 이상 친생자관계부존재확인판결을 받더라도 어차피 독립유공자의 유족으로 등록될 수 없는 상황이었다.22) 원심법원과 대법원은 이 점을 들어 원고적격을 부정하였다.

이에 대해 별개의견은 이 사건에서 원고가 독립유공자의 유족으로 등록될 수 있는지에 관하여 직권으로 엄격하게 심리·판단할 것은 아니고, 이 사건의 판결 결과에 따라 독립유공자의 유족으로 등록될 수 있는지에 대해 영향을 미칠 가능성이 있음이 밝혀지기만 해도 이해관계인으로서 제소권자에 포함된다고 보았다. 이해관계인에 해당하는지 여부가 원고의 주장이나 변론에 나타난 제반 사정을 토대로 법원이 원고의 권리 등에 미치는 구체적인 영향이 무엇인지를 판단해야 확정된다고 보게 되면 가정법원의 심리와 판단의 초점이 '혈연관계의 존부'가 아니라 '권리의무나 법적 지위에 미치는 영향'으로 옮겨가는 부작용이 발생할 우려가 있다는 이유 때문이다. 그러나 소송요건과 본안요건을 나누어 심리하고 판단하는 것 자체를 인정하는 이상, 소송요건 단계에서 원고가 이해관계인인지 여부를 심리하고 판단하기 위해 원고가 이 사건 판결 결과로부터 어떤 영향을 받는지를 살펴보는 것은

---

21) 정영호, "민법 제865조에 의한 친생자관계존부확인의 소의 원고적격", **사법**, 제54호(2020), 885-890면에서는 독일과 일본의 입법례 및 실무를 소개하고 있다. 특히 친족이라고 주장하는 것만으로도 확인의 이익을 인정해 오다가 그 후 판례를 변경하여 제3자가 그 확인으로 직접 특정한 권리를 얻거나 특정한 의무를 면하는 이해관계가 있어야 한다고 본 일본 사례 참조.

22) 구 독립유공자예우에 관한 법률 제5조 제1항, 제6조 제1항, 제12조 제2항 내지 제5항, 동법 시행령 제3조 제1항 제1, 2호.

필요한 일이다. 또한 그 영향을 얼마나 엄격하게 심리·판단할 것인가는 해당 재판부가 소송요건 충족 여부에 관한 심증을 형성하는 과정에서 사안에 따라 개별적으로 판단하면 충분한 일이다.

또한 별개의견은 원고가 민법 제865조에 의해 준용되는 민법 제851조에서 정한 '부 또는 처의 직계비속'에 해당하므로 이해관계인에 해당하는지 여부와 무관하게 원고적격이 있다고 보았다. 그러나 다수의견에 대한 보충의견이 설명하듯이, 민법 제851조에서 '부 또는 처의 직계비속'이 원고적격을 가지는 경우는 어디까지나 부(夫)가 자녀 출생 전에 사망하거나 부(夫) 또는 처(妻)가 친생부인권 행사기간 내에 사망한 때일 뿐이다. 즉 '부 또는 처의 직계비속'은 1차적이고 원칙적인 친생부인의 소의 제소권자가 아니라 2차적이고 예외적인 친생부인의 소의 제소권자이다. 이처럼 이들이 보충적으로만 제소권자가 될 수 있도록 한 것은 친생자관계에 관한 당사자의 생전 의사를 존중하고 신분질서의 안정을 도모하기 위한 것이다. 민법 제865조가 민법 제851조를 준용할 때에는 누가 제소권자인지만을 추출하여 준용한다기보다는 이러한 제소권자의 단계적 인정구조도 준용한다는 것을 의미하는 것으로 보아야 한다. 친생부인의 소와 친생자관계존부확인의 소는 다른 형태의 소이기는 하지만, 둘 다 친생자관계를 대상으로 한다는 점, 친생자관계는 그 당사자의 신분관계의 안정성이나 가정의 평온, 사생활과 밀접하게 연결되어 있다는 점, 따라서 제3자가 친생자관계를 다투는 범위는 제한적으로 해석해야 한다는 점에서는 공통되기 때문이다.

이 사건에서 원고는 민법 제865조에 의해 준용되는 민법 제851조의 보충적 제소요건을 갖추지 못하였다. 또한 원고는 민법 제865조에 의해 준용되는 민법 제862조의 이해관계인 요건도 갖추지 못하였다. 달리 원고적격을 인정할 만한 사유도 없었다. 따라서 원고적격을 인정하지 않은 대상판결의 결론은 타당하다.

4 양육비 감액 판단
(대법원 2019. 1. 31.자 2018스566 결정)

가. 사실관계

청구인과 상대방은 2010. 1. 7. 혼인신고를 마치고 그 사이에 미성년자인 사건 본인들을 자녀로 두고 혼인생활을 하다가 2013. 6. 14. 임의조정이 성립됨으로써 이혼하였다. 당시 작성된 조정조항 내용에 따르면, 청구인과 상대방은 위자료나 재산분할 없이 이혼하되, 사건본인들에 대한 친권자 및 양육자로 상대방을 지정하고, 청구인은 상대방에게 사건본인들의 양육비로 2013. 6.부터 사건본인들이 초등학교에 입학할 때까지 1인당 325,000원, 고등학교 입학 전까지 1인당 500,000원, 만 19세에 이를 때까지 1인당 600,000원을 매월 지급하기로 하였다. 그 후 청구인은 위 조정 당시보다 약 40~50만 원 정도 월 소득이 감액되었다는 등의 이유를 들어 양육비 부담 내용의 변경을 구하였다.

나. 소송의 경과

1심법원은 양육비를 중학교 입학 전까지 1인당 400,000원, 만 19세에 이를 때까지 1인당 500,000원을 매월 지급하는 것으로 감액 결정하였다.[1] 상대방은 1심 결정에 항고하였으나, 원심법원은 항고를 기각하였다.[2] 대법원은 다음 이유로 원심결정을 파기하였다.[3]

가정법원이 재판 또는 당사자의 협의로 정해진 양육비 부담 내용이 제반 사정에 비추어 부당하게 되었다고 인정되는 때에는 그 내용을 변경할 수 있지만, 종전 양육비 부담이 '부당'한지 여부는 친자법을 지배하는 기본이념인 '자녀의 복리를 위하여 필요한지'를 기준으로 판단하여야 할 것이다. 특히 양육비의 감액은 일반

---

1) 부산가정법원 2017. 9. 28.자 2017느단1061 결정.
2) 부산가정법원 2018. 3. 22.자 2017브20036 결정.
3) 파기환송심(부산가정법원 2019브20011)에서는 사건본인들이 성년에 이르기 전날까지 1인당 월 50만원씩 지급하고, 청구인은 특별한 사정이 없는 한 양육비 변경청구를 하지 않는 것으로 하는 조정이 성립되었다. 이선미, "양육비 감액과 자의 복리－대법원 2019. 1. 13.자 2018스566 결정－", 제412회 민사실무연구회 발표문(2019. 11. 11)(미공간), 4면.

적으로 자녀의 복리를 위하여 필요한 조치라고 보기 어려우므로, 가정법원이 양육비 감액을 구하는 심판청구를 심리할 때에는 양육비 감액이 자녀에게 미치는 영향을 우선적으로 고려하되 종전 양육비가 정해진 경위와 액수, 줄어드는 양육비 액수, 당초 결정된 양육비 부담 외에 혼인관계 해소에 수반하여 정해진 위자료, 재산분할 등 재산상 합의의 유무와 내용, 그러한 재산상 합의와 양육비 부담과의 관계, 쌍방 재산상태가 변경된 경우 그 변경이 당사자의 책임으로 돌릴 사정이 있는지 유무, 자녀의 수, 연령 및 교육 정도, 부모의 직업, 건강, 소득, 자금 능력, 신분관계의 변동, 물가의 동향 등 여러 사정을 종합적으로 참작하여 양육비 감액이 불가피하고 그러한 조치가 궁극적으로 자녀의 복리에 필요한 것인지에 따라 판단하여야 한다.

이 사건에서 청구인이 자신의 소득이 줄어들었다며 제출한 자료는 가족회사에서 작성된 급여내역서 또는 이에 근거한 것이어서 객관적 증빙자료라고 보기 어려운데다가 급여내역서에는 청구인 주장에 맞추어 월 급여 총액이 1,600,000원의 정액으로 기재되어 있어 선뜻 믿기 어려운 점이 있다. 청구인이 이혼 후 새로운 거주 부동산을 마련하기 위하여 대출원리금을 지출한다고 하더라도 이는 청구인의 자산 증식을 위한 투자 차원에서 이루어진 것이고, 사건본인들에게 지급해야 하는 양육비에 관한 고려는 충분히 이루어지지 않았다고 판단된다. 더구나 상대방은 임의조정 당시 청구인에게 상당한 재산이 있었는데도 청구인으로부터 양육비 외에는 위자료 및 재산분할로 받은 돈이 전혀 없었고, 그러한 사정이 양육비를 산정할 때 고려되었다고 주장하였는데도 원심이 이에 관하여 심리한 흔적을 기록상 찾을 수 없다.

다. 분석

(1) 양육비 변경 일반론

이혼을 하는 부모는 양육비용의 부담을 포함한 자녀의 양육에 관한 사항을 협의에 의하여 정한다(제837조 제1항, 제2항). 이러한 협의는 가족법상의 특수한 계약으로서, 자녀의 복리에 가장 잘 부합하는 내용으로 이루어져야 한다.[4] 당사자가 협의하여 정한 양육사항이 자의 복리에 반하는 경우(같은 조 제3항),[5] 양육사항에

---

4) 윤진수 편, **주해친족법** 제1권(박영사, 2015), 348면(이동진 집필부분).
5) 가령 양육비를 지급하지 않기로 협의한 경우, 양육비 액수가 부모의 재산 및 수입에 비추어 부당하

관한 협의가 이루어지지 않거나 협의할 수 없는 경우(같은 조 제4항)에는 가정법원이 이에 개입하여 양육사항을 정할 수 있다. 양육사항의 하나인 양육비는 부모가 미성년 자녀를 부양하는 데 드는 비용이다.[6] 부모가 이혼한 경우에도 자녀를 양육하지 않는 부모의 일방(비양육친)은 양육비 지급을 통해 부양의무를 이행해야 한다.[7] 다만 미성년 자녀가 심지어 재판까지 하면서 직접 비양육친을 상대로 이러한 권리를 행사하여 관철시키는 것은 적절하지 않은 경우도 있으므로, 양육친은 자기 이름으로 양육비 청구를 함으로써 자녀에 대한 부양의무 이행을 관철시킬 수 있다.[8]

　양육비는 일단 결정되더라도 그 이후에 변경될 수 있다. 양육비 변경에 관한 근거 조항은 민법 제837조 제5항이다. 이 조항은 2007. 12. 21. 법률 제8720호로 개정된 바 있다. 개정 전과 현행 조항의 내용을 비교하면 아래 표와 같다.

<표> 민법 제837조 개정 전후 비교표

개정 전 민법 제837조	현행 민법 제837조
① 당사자는 그 자의 양육에 관한 사항을 협의에 의하여 정한다.	① 당사자는 그 자의 양육에 관한 사항을 협의에 의하여 정한다.
	② 제1항의 협의는 다음의 사항을 포함하여야 한다. 1. 양육자의 결정 2. 양육비용의 부담 3. 면접교섭권의 행사 여부 및 그 방법
	③ 제1항에 따른 협의가 자(子)의 복리에 반하는 경우에는 가정법원은 보정을 명하거나 직권으로 그 자(子)의 의사(意思)·연령과 부모의 재산상황, 그 밖의 사정을 참작하여 양육에 필요한 사항을 정한다.

　게 소액인 경우 등이 이에 해당할 것이다. 김주수·김상용, **주석민법 친족(2)**(한국사법행정학회, 2016), 109면.

6) 정현수, "이혼시 자녀양육비 확보방안에 관한 연구", **가족법연구**, 제19권 제1호(2005), 262면; 이봉림, "이혼시 자녀양육비 확보제도에 관한 고찰", **성균관법학**, 제21권 제2호(2009), 107면; 윤진수, **친족상속법** 제2판(박영사, 2018), 230면.

7) 김주수·김상용(주 5), 121면; 소성규·허태갑, "이혼가정 미성년자녀의 양육적정화를 위한 법정책적 연구", **법과 정책연구**, 제13권 제3호(2013), 1159면.

8) 주해친족법/이동진(주 4), 348면.

② 제1항의 양육에 관한 사항의 협의가 되지 아니하거나 협의할 수 없는 때에는 가정법원은 당사자의 청구 또는 직권에 의하여 그 자의 연령, 부모의 재산상황 기타 사정을 참작하여 양육에 필요한 사항을 정하며 <u>언제든지 그 사항을 변경 또는 다른 적당한 처분을 할 수 있다.</u>	④ 양육에 관한 사항의 협의가 이루어지지 아니하거나 협의할 수 없는 때에는 가정법원은 직권으로 또는 당사자의 청구에 따라 이에 관하여 결정한다. 이 경우 가정법원은 제3항의 사정을 참작하여야 한다.
	⑤ 가정법원은 <u>자(子)의 복리를 위하여 필요하다고 인정하는 경우에는</u> 부·모·자(子) 및 검사의 청구 또는 직권으로 <u>자(子)의 양육에 관한 사항을 변경하거나 다른 적당한 처분을 할 수 있다.</u>
③ 제2항의 규정은 양육에 관한 사항외에는 부모의 권리의무에 변경을 가져오지 아니한다.	⑥ 제3항부터 제5항까지의 규정은 양육에 관한 사항 외에는 부모의 권리의무에 변경을 가져오지 아니한다.

표의 밑줄 친 부분에 나타난 것처럼 개정 전 민법 제837조 제2항은 "언제든지" 양육사항을 변경할 수 있도록 규정하고 있었다. 그러나 "언제든지"가 아무런 제한 없이 양육사항을 변경할 수 있다는 의미가 아님은 명백하다. 이와 관련하여 판례는 당초 결정 후에 특별한 사정변경이 있는 경우뿐만 아니라, 당초 결정이 제반 사정에 비추어 부당하게 되었다고 인정되는 경우에도 양육사항을 변경할 수 있다고 보았다.[9] 그런데 2007년 민법 개정을 통해 "언제든지"는 "자의 복리를 위하여 필요하다고 인정하는 경우"로 변경되었다. 이는 가볍게 지나칠 수 없는 개정 내용이다. 이에 더하여 2009년에는 제836조의2 제5항이 신설되어 (2009. 5. 8. 법률 제9650호로 개정된 것), 가정법원이 부모가 협의한 양육비 부담에 관한 내용을 확인하여 양육비부담조서를 작성하면 그 조서에 집행력을 인정하는 제도도 도입되었다. 이러한 변화들은 자의 복리에 부정적 영향을 미칠 수 있는 양육사항 변경은 제약하고, 양육비 채권의 집행은 간편하게 할 수 있도록 함으로써 자의 복리를 실질적으로 제고하려는 변화로 이해할 수 있다. 2007년 개정 이후에도 학설은 종래의 판례와 같이, 특별한 사정변경이 있거나 당초 결정된 양육사항이 부당하다고 인정되는 경우에 양육사항 변경이 가능하다고 설명하고

---

9) 대법원 1991. 6. 25. 선고 90므699 판결; 대법원 1998. 7. 10.자 98스17,18 결정; 대법원 2006. 4. 17.자 2005스18, 19 결정.

있다.10) 그러나 양육비 감액과 같이 자의 복리에 직접적 영향을 미치는 변경에 관하여는 이러한 일반적 차원의 설명을 넘어서는 구체적 기준 정립을 위한 노력이 필요하다.

(2) 대상결정 검토

그동안 양육사항 변경에 관한 재판례는 ① 2007년 민법 개정 전 제837조에 기초한 재판례이거나,11) ② 양육자 결정 또는 양육비 증액에 관한 재판례였다. 하지만 현행 민법 제837조 제5항에 기초한 양육비 감액에 대한 대법원 재판례는 존재하지 않았다. 대상결정은 현행 민법 제837조 제5항의 핵심 가치인 "자의 복리"를 양육비 변경에 어떻게 반영할 것인가, 이러한 관점에서 양육비 감액은 얼마나 엄격하게 이루어져야 하는가의 문제를 대법원 차원에서 처음 다룬 재판례이다.12) 따라서 대상결정은 향후 유사 사례에 관한 가이드라인을 제공하였다는 점에서 선례적 가치를 가진다.

일반적으로 양육비 감액은 자녀의 복리에 부정적 영향을 미친다. 따라서 양육비 증액과 비교할 때 양육비 감액은 더욱 엄격하게 인정되어야 한다.13) 대상결정도 양육비의 감액은 일반적으로 자녀의 복리를 위하여 필요한 조치라고 보기 어렵다는 점을 지적하면서, 양육비는 그 감액이 불가피하고 그러한 조치가 궁극적으로 자의 복리에 필요한 경우에 한하여 감액 가능하다는 취지로 판시하였다. 물론 양육비 임의이행율이 낮은 현실14)에서 자의 복리를 위한다며 실제 이행하기 어려운 양육비 액수만을 고집하는 것은 오히려 자의 복리를 해칠 수도 있다. 그러므로 양육비 감액 여부는 엄격하게 판단하여야 하나 여러 가지 사정을 종합적으로 고려한 결과 감액이 허용되는 경우도 있을 수 있다. 가령 기존 양육비가 과다 책정되었다거나, 감액 폭이 미미하거나, 위자료 또는 재산분할이 양육비 선지급의 의미를 가지거나, 비양육친의 자력이 예상치 못하게 현저히 악화되었다거나, 비양육친에게 양육해야 할 자녀들이 늘어나 그 자녀들의 복리도 고려해야 하거나, 화폐가치나

---

10) 김주수·김상용(주 5), 118면; 송덕수, **친족상속법** 제3판(박영사, 2017), 96면.
11) 대법원 1991. 6. 25. 선고 90므699 판결; 대법원 1998. 7. 10.자 98스17, 18 결정.
12) 전보성, "이미 성립된 양육비 협정에 따른 자녀의 양육비를 감액하는 경우 고려할 사항과 판단 기준", 대법원 판례해설, 제119호(법원도서관, 2019), 451면 이하에 따르면, 하급심 재판례로는 양육비 감액청구를 배척한 서울가정법원 2015. 8. 12.자 2014브36 결정이 있다.
13) 전보성(주 12), 445면.
14) 백주연, "양육비 이행확보 방안", 가정법원 50주년 기념논문집(2014), 49면.

물가 변동으로 인해 명목 양육비를 감액하더라도 실질 양육비에 큰 차이가 없거나, 당초의 양육비가 부당하게 결정된 경우[15] 등에는 양육비 감액이 허용될 수도 있다. 또한 대상결정이 명시하고 있지는 않으나 비양육친의 양육비지급액은 양육친의 경제 사정과의 상관관계에서도 고려되어야 한다. 단순히 부부 사이에 무엇이 정의인가를 따질 것이 아니라 양육을 위한 공동재원을 어떻게 활용하는 것이 자의 복리에 가장 부합하는가를 따져야 하기 때문이다.

한편 양육비 지급은 부모의 자녀에 대한 부양의 의미를 지니는데, 민법 제978조는 "부양을 할 자 또는 부양을 받을 자의 순위, 부양의 정도 또는 방법에 관한 당사자의 협정이나 법원의 판결이 있은 후 이에 관한 사정변경이 있는 때에는 법원은 당사자의 청구에 의하여 그 협정이나 판결을 취소 또는 변경할 수 있다."라고 규정한다. 즉 민법은 부양관계의 변경에 관하여 "사정변경"을 변경 요건으로 제시한다. 사정변경의 원칙은 주로 계약법 분야에서 논의되는 원칙이다. 판례는 사정변경을 이유로 한 해제 또는 해지의 세부적인 요건을 매우 엄격하게 설정하고 있다.[16] 실제로 사정변경을 이유로 한 해제 또는 해지, 나아가 수정은 거의 이루어지지 않고 있다. 그렇다면 민법 제978조의 "사정변경" 요건으로부터 양육비 감액이 엄격하게 이루어져야 한다는 결론을 도출할 여지도 있다.

대상결정에 대한 판례해설도 계약법상 사정변경 원칙의 적용 요건에 따라 양육비 감액 인정 여부를 판단하는 입장을 취하고 있다.[17] 가령 이 판례해설은 종래 판결에서 사정변경 원칙의 요건 중 하나로 제시되던 무유책성을 감액 요건 중 하나로 제시하고 있다. 그러나 대법원 2017. 6. 12. 선고 2016다249557 판결은 이를 더 이상 사정변경 원칙의 요건으로 제시하지 않는다. 또한 소득 감소에 관한 유책성 유무를 판단하는 것은 실제로 쉽지 않다. 예컨대 과거부터 꿈꾸어 왔던 더욱 높은 수준의 교육을 받기 위해 직장을 그만 둔 비양육친은 소득 감소에 관한 귀책사유가 있는가? 단순히 당장 월 소득이 줄어든다는 점에만 집착하여 비양육친의 결정을 귀책사유 있는 결정이라고 비난하는 것은 너무 단선적이다. 미국에서는 이러한

---

15) 대상결정은 종전 판례와 달리 이 점을 언급하고 있지 않으나 이를 변경사유에서 제외할 이유가 없다. 이선미(주 3), 14–21면 참조.

16) 대법원 2007. 3. 29. 선고 2004다31302 판결에 따르면 사정변경으로 인한 해제 또는 해지가 가능하려면 ① 현저한 사정변경, ② 예견 불가능성, ③ 해제 주장 당사자의 귀책사유 부존재, ④ 신의칙에 현저히 반하는 결과의 요건이 갖추어져야 한다. 다만 대법원 2017. 6. 12. 선고 2016다249557 판결은 귀책사유 부존재 요건을 삭제하는 등 기존의 요건론에 변경을 가하였다.

17) 전보성(주 12), 456면 이하.

자발적 퇴직에 따른 소득 감소의 경우에도 양육비 감액을 인정한 사례가 있다.[18] 결국 소득 감소를 둘러싼 비양육친의 행태나 이에 대한 비난 가능성은 종합적인 판단 과정에서 하나의 사정으로 고려되면 충분하다.

보다 근본적으로 말하면, 계약법상 사정변경 원칙은 양육비 변경과는 잘 어울리지 않는다. 물론 양육비 변경도 무언가 사정이 변경되었기에 논의되는 것이다. 그러므로 양육비 변경을 위해서는 이러한 넓은 의미의 사정변경이 요구되는 것은 사실이다. 그러나 이러한 사정변경은 계약법상 사정변경 원칙에서 상정하는 사정변경과 같은 의미를 가지지 않는다. 계약법상 사정변경의 원칙은 대등한 당사자 사이의 자유롭게 체결된 계약과 이로부터 도출되는 법적 구속력을 전제로 전개되는 논의이다. 양육비 변경은 양육비 협의 주체인 부모 또는 결정 주체인 가정법원이 아니라 그 양육비의 수혜자인 자의 복리를 중심에 놓고 후견적이고 유연하게 판단되어야 할 대상이다. 따라서 부양관계의 변경에 관한 민법 제978조에서 등장하는 "사정변경"은 계약법상 논의되는 "사정변경"과 동일한 정도의 엄격성을 요구하지 않는다. 더구나 양육비에 관한 직접적인 근거 조항인 민법 제837조는 오로지 "자의 복리"만을 내세울 뿐 "사정변경"이라는 요건을 두고 있지 않다. 그러므로 양육비 감액의 엄격성은 사정변경의 엄격성이라는 관점보다는 양육비 감액이 자의 복리에 미치는 부정적 영향이라는 관점으로부터 도출되어야 한다. 대상결정도 사정변경 원칙에 대해서는 언급하지 않은 채 자의 복리라는 관점에 의거하여 결론에 이르렀다.

해당 사안에 관한 대상결정의 결론도 타당하다고 생각한다. 대상결정의 사실관계에서는 양육비 감액이 허용될 만한 뚜렷한 사유를 찾기 어렵기 때문이다. 청구인의 소득이 줄었다는 점이 가장 중요한 감액 주장 사유로 보이나, 대상결정이 지적하였듯이 실제 그러한지를 면밀히 심리할 필요가 있다. 더구나 청구인이 자신을 증식할 목적으로 투자하는 과정에서 경제적 사정이 악화되었다면 이러한 경제적 사정의 악화가 자녀의 양육비 감액을 정당화하기는 어렵다. 만약 이러한 감액을 허용한다면 비양육친의 모랄 해저드(moral hazard)가 발생할 위험도 커질 것이기 때문이다. 무엇보다도 이 사건에서는 이혼 당시 청구인에게 상당한 재산이 있었음에도 위자료 및 재산분할이 전혀 이루어지지 않았던 점이 양육비 감액

---

18) Harvey v. Robinson, 665 A.2d 215 (Me. 1995). 이선미(주 3), 24-25면 참조.

을 더욱 주저하게 만드는 사정으로 작용했던 것으로 보인다. 위자료를 지급받거나 재산을 분할받지 못하였고, 스스로 소득도 높지 않으면서 양육의 책임을 부담하는 양육친의 입장에서 생각하더라도 위와 같은 정도의 사정은 비양육친의 양육비를 감액해야 할 사유가 되지 못한다.

배우자의 부양의무 이행과 기여분
(대법원 2019. 11. 21.자 2014스44, 45 전원합의체 결정)

가. 사실관계

피상속인은 1940. 10. 1. A와 혼인하여 그 사이에 청구인들 9명을 자녀로 두었다. 피상속인은 1971년 초 상대방 1을 만나, 상대방 1과 중혼적 사실혼 관계에 있었다. 피상속인과 상대방 1은 그 사이에 상대방 2, 상대방 3을 자녀로 두었다. A는 1984. 7. 26. 사망하였고, 피상속인과 상대방 1은 1987. 5. 16.에 이르러 혼인신고를 하였다. 피상속인은 2003. 3.부터 2008. 3. 1. 사망할 때까지 여러 병원에서 통원치료를 받았고, 10여 차례에 걸쳐 입원치료도 받았다. 상대방 1은 그 대부분 기간 동안 피상속인을 간호하였는데, 2008. 1.에는 자신도 암 수술을 받아 그 무렵에는 피상속인을 간호할 수 없었다. 상대방 1은 피상속인이 사망할 때까지 피상속인 소유 주택에서 함께 살았고, 피상속인을 간호하는 기간 동안 별다른 직업이 없었다. 상대방들은 대체로 피상속인의 수입에 의존해서 생활을 영위하였다. 상대방 1은 총 특별수익액의 약 30%에 해당하는 가장 많은 특별수익을 받았고 상대방 2, 상대방 3 역시 초과특별수익자에 해당하는 반면, 청구인들 중 상당수는 피상속인으로부터 특별수익을 전혀 받지 못하였다.

피상속인이 2008. 3. 1. 사망함에 따라, 청구인들은 상속재산분할 심판을 청구하였다. 상대방들은 피상속인이 사망하기 3년 전부터 상대방들이 피상속인을 간병하였으므로 그러한 기여를 인정하여 달라는 기여분결정 청구를 하였다.

나. 소송의 경과

1심법원은 상대방들이 피상속인을 부양한 것이 특별한 기여가 아니라고 보아 상대방들의 기여분 주장을 받아들이지 않았다.[1] 원심법원 역시 상대방들의 기여분 주장을 받아들이지 않았다.[2] 대상결정에서는 피상속인의 배우자가 상당한 기간에

---

1) 서울가정법원 2013. 1. 3.자 2010느합6, 260 결정.
2) 서울고등법원 2014. 1. 8.자 2013브12, 13 결정.

걸쳐 피상속인과 동거하면서 간호하는 방법으로 피상속인을 부양한 경우, 그 배우자에게 기여분을 인정할 것인지가 다루어졌다. 다수의견은 특별한 부양에 이르지 않는 한 기여분을 인정할 수 없다는 입장을 취하면서 다음과 같이 판시하였다. 기여분 인정 요건으로서 특별한 부양행위란 피상속인과 상속인 사이의 신분관계로부터 통상 기대되는 정도를 넘는 부양을 의미한다고 할 것이고 법률상 부양의무의 범위에서 피상속인을 부양한 행위는 법적 의무의 이행이라고 보아야 할 것이어서 특별한 부양행위에 해당하지 않는다. 민법은 배우자에게 더 높은 정도의 동거·부양의무를 부담시키고 있다. 배우자가 피상속인과 혼인이 유지되는 동안 동거·부양의무를 부담하는 측면은 공동상속인의 상속분의 5할을 가산하여 정하는 배우자의 법정상속분에 일부 포함되어 있으므로, 배우자의 통상적인 부양을 그와 같이 가산된 법정상속분을 다시 수정할 사유로 볼 수 없다. 그런데 장기간 동거·간호하였다는 점을 이유로 배우자에게만 기여분을 인정한다면 제1차 부양의무로서 부부 사이의 상호부양의무를 정하고 있는 민법 규정과 부합하지 않게 된다. 따라서 배우자가 장기간 피상속인과 동거하면서 피상속인을 간호한 경우, 민법 제1008조의2의 해석상 가정법원은 배우자의 동거·간호가 부부 사이의 제1차 부양의무 이행을 넘어서 '특별한 부양'에 이르는지 여부와 더불어 동거·간호의 시기와 방법 및 정도뿐 아니라 동거·간호에 따른 부양비용의 부담 주체, 상속재산의 규모와 배우자에 대한 특별수익액, 다른 공동상속인의 숫자와 배우자의 법정상속분 등 일체의 사정을 종합적으로 고려하여 공동상속인들 사이의 실질적 공평을 도모하기 위하여 배우자의 상속분을 조정할 필요성이 인정되는지 여부를 가려서 기여분 인정 여부와 그 정도를 판단하여야 한다.

이에 대해서는 상당한 기간 동거하며 간호하는 배우자의 부양행위는 '특별한 부양행위'에 해당하므로 그 배우자에게 기여분을 인정하여야 한다는 대법관 조희대의 반대의견이 있었다. 그 요지는 다음과 같다. 2005. 3. 31. 법률 제7427호로 개정된 민법 제1008조의2는 '특별한 부양'을 별개의 기여분 인정 요건으로 분리하고, 그 행위 태양을 '상당한 기간 동거·간호 그 밖의 방법'으로 구체화하였다. 이러한 개정 민법의 입법 취지는 배우자의 기여분을 적극적으로 인정하려는 것으로서, 상당한 기간 피상속인과 동거하면서 간호하는 행위는 그 자체로 특별한 부양행위에 해당한다고 보는 것이 문언에도 부합하므로, 이와 같은 방법으로 피상속인을 부양한 배우자에게 기여분을 인정하는 것이 개정 민법 제1008조의2 제1항의 문언과 입법 취지에 부합하는 해석이다. 또한 부부가 동거하고 부양할 의무가 있다는 것과 동거하고 부양할 의무를 성실히 이행한 배우자에 대하여 기여분을 인정하는 것은 양립불가능한 것이 아니다. 이는 앞에서 본 민법 제1008조의2의 개정 과정에서 드러난 입법자의 의사에서도 확인할 수 있다. 상당한 기간 동거·간호를 통한 배우자의 부양행위는 그것이 부부 사이의 통상적인 부양의무 이행의 범위를 초과한다고 보기 어려운 경우에도 민법 제1008조의2 제1항에서 정한 특별한 부양행위에 해당한다고 보아야 한다. '부양의 특별성' 요건을 엄격하게 해석하여 상당한 기간 동거·간호에 따른 부양행위를 한 배우자에 대해 기여분을 인정하기를 주저하는 것은 적극적으로 부양의무를 다한 배우자와 그렇지 않은 배우자를 똑같이 취급하는 결과가 되어 부당하다.

다. 분석

민법 제1008조의2 제1항은 공동상속인이 상당한 기간 동안 동거·간호 그 밖의 방법으로 피상속인을 특별히 부양하거나 피상속인의 재산의 유지 또는 증가에 특별히 기여한 경우에 그가 기여한 몫을 상속분에 가산하여 받을 수 있도록 한다. 이 조항은 1990년 민법 개정 시 신설되었다.[3] 이 조항에 규정된 기여분 제도는 균분상속의 원칙을 일률적으로 관철할 경우 야기될 수 있는 불합리를 제거하고, 공동상속인 사이의 실질적 형평을 도모하며, 가족관계의 건전한 가치관을 정립하기 위하여 마련된 것이다.[4] 그 후 이 조항은 2005년에 개정되었다.[5] 개정 전에는 "공동상속인 중에 피상속인의 재산의 유지 또는 증가에 관하여 특별히 기여한 자(피상속인을 특별히 부양한 자를 포함한다)"라고 규정되어 있던 문언이 개정을 통해 "공동상속인 중에 상당한 기간 동거·간호 그 밖의 방법으로 피상속인을 특별히 부양하거나 피상속인의 재산의 유지 또는 증가에 특별히 기여한 자"로 변경되었다.

민법 제1008조의2 제1항에서 규정되어 있듯이 기여분이 인정되려면 특별한 기여가 있어야 한다. 가족관계에서 일반적으로 기대되는 기여는 특별한 기여가 아니므로 기여분 인정의 근거가 될 수 없다.[6] 기여의 특별성을 인정하려면 상속재산을 원

---

3) 1990. 1. 13. 법률 제4199호로 개정되어 1991. 1. 1.부터 시행되었다.

4) 헌법재판소 2011. 11. 24. 선고 2010헌바2 결정.

5) 2005. 3. 31. 법률 제7427호로 개정된 민법.

6) 윤진수, **친족상속법**, 제2판(박영사, 2018), 406면; 박도희, "배우자의 기여분", **한양법학**, 제25권 (2009), 363-364면.

래의 상속분에 따라 분할하는 것이 명백히 기여자에게 불공평하다고 인식되는 정
도에 이르러야 한다.[7] 판례도 공동상속인 사이의 공평을 위하여 상속분을 조정하
여야 할 필요가 있을 만큼 특별한 기여가 있어야 한다는 입장을 취해 왔다.[8] 그러
므로 기여행위의 한 유형인 '피상속인 부양' 역시 특별성의 요건을 갖추어야 한
다.[9] 공동상속인이 법률상 부양의무의 범위 내에서 피상속인을 부양하였다면, 그
부양의 특별성이 인정되지 않는다.[10]

부양의무의 범위는 피상속인과 상속인 사이의 관계에 따라 달라진다. 그러므로
배우자가 피상속인을 부양한 경우와 자녀가 피상속인을 부양한 경우에 특별성 인정
여부가 달라질 수 있다.[11] 부부 사이의 부양은 제1차적 생활유지적 부양이고,[12]
자녀의 부모에 대한 부양은 제2차적 생활부조적 부양이다.[13] 따라서 부부 사이의
부양과 비교하여 자녀의 부모에 대한 부양은 특별한 기여로 평가될 가능성이 높
다.[14] 바꾸어 말하면, 배우자가 다른 배우자를 부양하였으므로 기여분을 인정해
달라는 주장은 그만큼 더 높은 잣대를 통과해야 받아들여질 수 있다.[15]

그렇다면 상당한 기간 동안 피상속인과 동거·간호하며 피상속인을 부양하였다
는 사정만으로 기여분을 인정할 만한 특별한 부양행위가 있었다고 곧바로 볼 수
있는가? 위 질문에 대한 답은 그 부양이 일반적인 법률상 부양의무의 범위 내에
있는 것인지, 아니면 그 범위를 벗어나는 특별한 것인지에 따라 달라진다. 대상결
정의 다수의견은 상당한 기간에 걸친 동거·간호가 일반적인 부양의무의 범위 내

7) 곽윤직, **상속법**(박영사, 2004), 118면; 윤진수 편, **주해상속법** 제1권(박영사, 2019), 209–210면(이봉민 집필부분); 김주수·김상용, **주석민법 상속(1)** 제4판(한국사법행정학회, 2015), 393면; 박종용, "공동상속인의 부양·간병행위로서의 기여분", **가족법연구**, 제18권 제2호(2004), 407면; 김소영, "상속재산분할사건에 있어서 배우자의 기여분에 대한 소고", **가사재판연구**, 제1권(2007), 837면; 박도희(주 6), 363–364면.
8) 대법원 1996. 7. 10.자 95스30, 31 결정; 대법원 2007. 8. 28.자 2006스3, 4 결정; 대법원 2014. 11. 25.자 2012스156, 157 결정 외 다수.
9) 이승우, "부양기여분 소고", **사법연구**, 제6집(2001), 45–46면.
10) 곽윤직(주 7), 119면; 주해상속법/이봉민(주 7), 212–213면; 박종용(주 7), 406면; 김소영(주 7), 837면; 박도희(주 6), 364면. 또한 김성우, "상당한 기간 피상속인을 동거·간호한 배우자의 기여분–대법원 2019. 11. 21.자 2014스44·45 전원합의체 결정", 법률신문(2020. 1. 2.자)는 이와 같이 해석하는 것이 다른 상속 규정들과의 체계적 해석에 비추어서도 합리적이라고 설명한다.
11) 윤진수 편(주 7), 213면(이봉민 집필부분); 박종용(주 7), 406면.
12) 대법원 2017. 8. 25.자 2014스26 결정.
13) 대법원 2012. 12. 27. 선고 2011다96932 판결; 대법원 2013. 8. 30.자 2013스96 결정.
14) 윤진수 편(주 7), 213면(이봉민 집필부분); 김소영(주 7), 837면.
15) 박종용(주 7), 410면; 김소영(주 7), 866면; 박도희(주 6), 360면.

에 있는 부양행위라고 보고, 이러한 사정만으로 당연히 특별한 부양이 인정되지는 않는다고 보았다. 반면 반대의견은 위와 같은 사정이 있다면 특별한 부양이 인정되어야 한다고 보았다.

반대의견은 크게 세 가지 근거를 제시하였다. 첫째, 그렇게 해석하는 것이 배우자의 부양에 따른 기여분을 적극적으로 인정하려는 2005년 민법 개정의 취지나 개정된 민법 제1008조의2 제1항의 문언에 부합한다. 둘째, 부부가 동거하고 부양할 의무가 있다는 것과 동거하고 부양할 의무를 성실히 이행한 배우자에 대하여 기여분을 인정하는 것은 양립 불가능하지 않고, 통상적인 부양의무 이행의 범위 내에 있는 배우자의 부양행위도 특별한 부양행위로 볼 수 있다. 셋째, 배우자의 부양에 대한 기여분을 적극적으로 인정하는 것이 우리 사회 현실에 비추어 바람직하고 자녀의 부담도 경감시켜 주는 길이다.

우선 둘째 근거, 즉 통상적인 부양의무 이행도 특별한 부양이 될 수 있다는 점은 선뜻 이해하기 어렵다. 기여분은 특별한 기여에 한하여 인정된다.[16] 기여분의 해석을 통해 법정상속분을 손쉽게 변경하는 결과를 막기 위함이다. 기여분이 인정되는 부양 역시 특별한 부양에 국한된다. 이러한 부양의 특별성은 민법 제1008조의2에 명시되어 있다. 그렇다면 통상적 부양과 특별한 부양을 개념적으로 구별하지 않을 수 없다. 따라서 통상적 부양행위도 기여분 인정의 근거가 되는 특별한 부양행위로 볼 수 있다는 반대의견의 논리는 수긍하기 어렵다. 그 외에 반대의견이 제시한 첫째 및 셋째 근거 역시 찬성하기 어렵다. 이에 대해서는 아래에서 상세하게 살펴본다.

(1) 민법 제1008조의2 제1항 개정과 기여분 해석론

2005년 민법 개정 취지나 문언에 비추어 공동상속인의 특별한 부양에 따른 기여분을 적극적으로 인정할 필요는 있다. 대상판결의 다수의견도 이 점에 대한 공감을 표시하였다. 하지만 민법 제1008조의2 제1항으로부터 상당한 기간 동거·간호를 통한 배우자의 부양행위가 그 자체로 특별한 부양행위에 해당한다는 반대의견의 해석론이 도출되지는 않는다.

---

16) 대법원 1996. 7. 10.자 95스30, 31 결정; 대법원 2011. 12. 13.자 2011스176, 177 결정; 대법원 2012. 10. 12.자 2010스7 결정; 대법원 2014. 11. 25.자 2012스156, 157 결정; 대법원 2015. 3. 5.자 2013스195 결정; 대법원 2015. 7. 17.자 2014스206, 207 결정.

　개정 경과를 먼저 살펴보자. 원래 관련 개정안은 2004. 6. 3. 정부에 의하여 제출되었다. 자녀의 부모 부양을 촉진시키는 것이 개정의 주된 목적이었다. 정부안은 제1008조의3을 신설하여 부양상속분 제도를 도입하고자 하였다. 이때 배우자는 부양상속분의 수혜자에서 제외되어 있었다.[17] 배우자에게는 이미 상속분 산정시 5할이 가산된다는 이유 때문이었다. 법안 심사 과정에서 이러한 정부안에 대해 비판적 의견이 개진되었고,[18] 법제사법위원회는 정부안 외에 2004. 9. 9. 이경숙 의원 등 156인이 발의한 개정안과 2004. 9. 14. 노회찬의원 등 10인이 발의한 개정안을 합쳐서 위원회안을 마련한 뒤 이를 대안으로 제안하기로 하였다.[19] 법안심사 제1소위원회가 마련한 대안에는 정부안에 있던 부양상속분 제도가 삭제되고 그 대신 제1008조의2를 개정하여 상당한 기간 동안 동거하면서 피상속인을 특별히 부양한 공동상속인에게 기여분이 인정되도록 하는 내용이 담겨 있었다. 2005. 2. 28. 열린 제252회 국회(임시회) 제6차 법제사법위원회에서는 위원회안을 대안으로 의결하였는데, 당시 회의록을 살펴보면 해당 대안 부분에 대해 별다른 이견이 없었다는 짧은 보고 내용만 있을 뿐 대안 제안의 배경과 취지를 상세하게 알 수 있는 내용은 없다.

　다만 이러한 일련의 입법 과정에서 몇 가지 단서를 얻을 수는 있다. 제1008조의2 개정의 전반적인 취지는 기여분을 매개로 부양을 유도하려는 것이었다는 점, 이러한 부양의 주체에는 배우자도 포함된다는 점이다.[20] 개정된 문언에서도 부양 촉진의 의도가 엿보인다. 개정 전 제1008조의2 제1항에서 특별한 부양은 재산의 유지·증가의 한 유형이었다. 개정된 제1008조의2 제1항에서 특별한 부양은 재산의 유지·증가와는 구분되는 독자적인 기여분 인정 사유로 격상되었다.[21] 이러한

---

[17] 정부안 제1008조의3 제12항은 "공동상속인중에 피상속인과 상당한 기간 동안 동거하면서 부양한 상속인(피상속인의 배우자를 제외한다)의 상속분은 그 고유의 상속분의 5할의 범위 내에서 이를 가산한다."라고 정하고 있었다.

[18] "상당한 기간"이라는 법문의 의미가 불분명하다거나, "동거"의 요건을 충족시키기 위해 노부모를 강제로 데려가는 폐해가 발생할 수 있다거나, 불가피한 사정으로 동거하지 못하면서도 특별한 부양을 한 상속인들이 제외되는 부당한 결과가 발생할 수 있다는 등의 비판이 그것이다. 민법중개정법률안(정부제출) 검토보고(법제사법위원회 전문위원 박성득)(2004. 9), 45-46면; 제17대 제250회 국회(정기회) 법제사법위원회 회의록 제2호(2004. 9. 8), 29면.

[19] 이경숙 의원과 노회찬 의원이 대표발의한 민법중개정법률안에는 호주제도의 폐지 등 다른 내용이 포함되어 있었을 뿐 기여분에 관한 내용은 포함되어 있지 않았다.

[20] 부양상속분에 관한 정부안이 배우자를 제외하고 있던 것과 달리, 실제 개정된 민법 제1008조의2 제1항은 배우자와 배우자 아닌 공동상속인을 구분하지 않는다.

[21] 양자를 각각 부양형 기여, 재산형 기여라고 부르기도 한다. 부양형 기여의 경우 부양을 통하여 피상속인 재산의 유지나 증가에 기여할 필요가 없다. 임채웅, "기여분 연구", **민사재판의 제문제**, 제19권(2010), 382면.

개정 취지나 문언에 비추어 공동상속인, 특히 배우자의 부양에 기초한 기여분을 좀 더 적극적으로 인정해야 한다는 해석론의 당위성을 도출할 수는 있다. 그러나 상당한 기간 동거·간호가 곧 특별한 부양행위에 해당한다는 구체적인 해석론까지 도출될 수는 없다.

위 조항의 문언에 따르면 "상당한 기간 동거·간호 그 밖의 방법"은 "특별한 부양"의 방법적 예시이지 독자적 요건이 아니다. 달리 말하면, "상당한 기간 동거·간호"라는 방법으로 부양하였더라도 그 부양이 특별한 정도에 이르지 않는다면 기여분이 인정될 수 없다. 가령 상속인이 피상속인과 상당한 기간 동안 동거하면서 간호하였지만, 피상속인의 병세가 그다지 심각하지 않았다거나 상속인이 간호에 그다지 많은 노력을 기울일 필요가 없었다면 그러한 부양은 특별한 것으로 인정되기 어렵다. 반대로 "상당한 기간 동거·간호" 외의 방법으로 특별히 부양한 경우에도 기여분이 인정될 수 있다. 가령 상속인이 피상속인과 동거를 하지는 않았지만, 피상속인을 지속적으로 방문하여 간호하고 약제비 등 경제적 부담도 짊어졌다면 그러한 부양은 특별한 것으로 인정될 수 있다. 이처럼 부양행위는 다양한 형태로 이루어질 수 있고, 어떤 부양행위가 기여분을 인정할 만큼 특별한 것인지를 판단하는 요소 또한 다양할 수밖에 없다.[22] 이러한 고려 때문에 제1008조의2 제1항은 가정법원이 실질적 공평의 관점에서 자유롭게 판단할 수 있도록 "특별한 부양"이라는 불확정적 요건을 두었다. 절차적으로는 이를 마류 가사비송사건으로 지정하여 [가사소송법 제2조 제1항 제2호 나목 10] 가정법원이 후견적 재량을 발휘할 수 있도록 하였다. 이러한 점에 비추어 반대의견의 해석론은 받아들이기 어렵다.

(2) 배우자의 기여분 인정에 관한 정책적 필요성

피상속인을 부양한 배우자의 기여분을 적극적으로 인정할 정책적 필요성이 있다는 점도 반대의견의 해석론을 온전히 정당화해 주지 못한다.

배우자의 기여분 요건을 완화하여야 한다는 주장[23]은 현재 상속제도가 배우자의 지위를 충분히 배려하여 주지 못하고 있다는 문제의식에서 비롯되었다. 이러한 주

---

22) 앞서 언급한 요소 외에도, 예컨대 동거·간호 기간의 장단(長短), 피상속인의 의사, 동거·간호를 하게 된 경위, 동거·간호 시기와 피상속인의 사망 시기의 관계, 간호의 정도와 방법, 간호에 관여한 가족 내외부 인원의 숫자와 관여도 등이 고려될 수 있을 것이다.
23) 예컨대 박도희(주 6), 360면; 최성경, "배우자 상속분 입법론에 관한 소고", **법학논총**(단국대학교), 제38권 제2호(2014), 153면.

장은 현행 상속제도가 배우자에게 좀 더 유리하게 재설계되어야 한다는 논의와도 맞닿아 있다. 우리 사회는 친자 간의 수직적 관계가 중시되던 사회에서 배우자 간의 수평적 관계가 중시되는 사회로 급격하게 변모하고 있다. 우리가 살아가는 현실 세계에서는 공적 부조가 완벽하게 갖추어져 있지 않으므로 결국 사람들은 상당한 정도로 사적 부양에 기대어 노후를 보내야 한다.24) 과거 이러한 노후 부양은 주로 자녀가 부모를 부양하는 형태로 이루어졌으나, 점점 더 배우자 일방이 타방을 부양하는 형태가 늘어나고 있다. 그만큼 부양에 관한 배우자의 책임이 늘어나고 있는 것이다. 더구나 피상속인의 사망 시점을 기준으로 보면, 자녀는 독자적인 경제활동을 영위하고 있으나 생존 배우자는 상속재산에 의존하지 않고서는 생활 자체가 어려운 경우가 많다. 그만큼 제도적으로 배우자를 두텁게 보호할 필요성이 있다.25)

현행 민법 제1009조 제2항에 따르면 피상속인의 배우자의 상속분은 공동상속인인 직계비속 또는 직계비속의 상속분에 5할을 가산하도록 되어 있다.26) 상속관계에서 배우자에 대한 입법적 배려는 이미 이 범위 내에서 이루어지고 있다. 물론 그러한 정도로는 배우자가 충분히 보호받지 못한다는 목소리도 높다. 현행 민법대로라면 배우자 외에 다른 공동상속인이 많을수록 배우자의 상속분이 줄어들게 된다.27) 자녀가 많은 가정의 배우자가 그렇지 않은 가정의 배우자보다 상속에서 불리하게 되는 것은 불합리하다.28) 또한 현행 민법대로라면 이혼 시 재산분할과 비교하여 적은 재산만을 상속하게 된다. 이혼을 한 배우자보다 피상속인이 사망할 때까지 혼인생활을 지속한 배우자가 오히려 더 불리한 지위에 놓이게 되는 것이다.29)

이러한 문제의식 때문에 상속관계에서 배우자의 지위를 더 강화하려는 입법적 시도도 몇 차례 있었다.30) 2005. 7. 19. 이계경 의원이 대표발의한 민법 일부개정

---

24) 제도적으로도 사적 부양이 우선된다. 가령 국민기초생활보장법 제3조 제2항은 부양의무자의 부양이 우선되어야 함을 선언한다.
25) 윤진수, "배우자의 상속법상 지위 개선 방안에 관한 연구", **가족법연구**, 제33권 제1호(2019), 4면; 박도희(주 6), 360면; 김상용, "사망으로 혼인이 해소된 경우 생존 배우자의 재산권 보호 - 선취분과 사망 시 재산분할청구권을 중심으로 -", **중앙법학**, 제17집 제2호(2015), 225면.
26) 이 조항은 1977. 12. 31. 법률 제3051호로 개정되어 1979. 1. 1.부터 시행된 조항이다. 그 이전 제정 민법에서는 피상속인의 배우자의 상속분은 남자인 직계비속 상속분의 2분의 1에 그치는 등 배우자의 지위가 훨씬 열악하였다.
27) 윤진수(주 25), 4면.
28) 김상용(주 25), 228면.
29) 윤진수(주 25), 4면; 김소영(주 7), 852면; 오시영, "배우자를 중심으로 한 상속분에 대한 재검토", **인권과 정의**, 제318호(2008), 23면; 김상용(주 25), 224면.
30) 정다영, "배우자 상속의 강화방안", **가족법연구**, 제31권 제3호(2017), 274면 이하 참조.

법률안(의안번호 제2278호) 제1009조 제2항은 피상속인의 배우자는 상속재산에서 피상속인이 혼인 중 취득한 재산에 대하여 균등한 비율로 기여분 청구를 할 수 있다고 규정하였다. 2006. 2. 7. 최순영 의원이 대표발의한 민법 일부개정법률안(의안번호 제2278호) 제1009조 제2항은 피상속인의 배우자는 부부의 공유로 추정되는 재산의 절반을 선취분으로 청구할 수 있다고 규정하였다. 2006. 11. 7. 정부가 제출한 민법 일부개정법률안(의안번호 제5283호) 제1009조 제2항은 혼인 중 재산분할을 받지 않은 배우자 상속분은 일률적으로 5할로 하고, 혼인 중 재산분할을 받은 배우자의 상속분은 공동상속인과 균분으로 하였다. 2014. 1. 15. 법무부 민법(상속편) 개정 특별분과위원회가 법무부에 제출한 상속법 개정시안 제1008조의4는 피상속인의 배우자는 혼인기간 동안 증가한 피상속인의 재산의 50%를 다른 공동상속인보다 먼저 선취분으로 취득한다고 규정하였다.[31] 이러한 일련의 입법적 시도는 모두 배우자의 상속권 강화를 목적으로 하였다. 그러나 그 어느 것도 실제로 개정에 이르지 못하였다.

이러한 현실 앞에서 입법적 해결이 이루어지기 전까지는 배우자의 생전증여에 대한 특별수익을 엄격하게 판단하거나,[32] 배우자의 기여분을 적극적으로 인정하는 것이 배우자의 상속권을 강화하는 것과 유사한 결과를 달성할 수 있는 방법이 될 수 있다.[33] 대상결정 이전에도 이미 하급심 판결에서는 배우자의 기여분을 다른 공동상속인보다 폭넓게 인정하려는 움직임이 나타나고 있었다.[34] 대상결정 역시 "피상속인의 배우자가 장기간 피상속인과 동거하면서 피상속인을 간호하여 부양한 사정만으로 배우자에 대하여 기여분을 인정할 수 있는 것은 아니지만, 기여분을 인정하는 요소 중 하나로 적극적으로 고려해 나가는 방향으로 기여분결정 심판 실무를 개선할 여지는 있다."라고 하여 이러한 해석론에 힘을 실어주고 있다.

결국 상속의 국면에서 배우자의 지위를 배려해야 할 사회 현실과 규범적 당위성에 관하여는 다수의견과 반대의견의 간극이 그리 크지 않다. 남는 문제는 「상당한 기간 동거·간호=특별한 부양」이라는 등식을 일종의 고정적인 규칙(rule)으로

---

31) 이에 관한 문헌으로는 서종희, "상속에 의한 배우자 부양－2014년 법무부 민법개정위원회의 상속법 개정시안에 대한 재평가", **가족법연구**, 제30권 제2호(2016); 정구태, "2014년 법무부 민법개정위원회의 상속법 개정시안에 대한 비판적 단상", **강원법학**, 제41권(2014); 홍순기, "배우자상속권 강화에 관한 법무부 개정시안 검토", **법학논총**(국민대학교), 제27권 제2호(2014).

32) 대법원 2011. 12. 8. 선고 2010다66644 판결 참조.

33) 김소영(주 7), 833면; 오시영(주 29), 39－40면.

34) 이에 관하여는 정다영(주 30), 284면 이하 참조.

받아들일 것인가이다. 그런데 이러한 규칙은 앞서 살펴보았듯이 제1008조의2 제1항의 문언으로부터 직접 도출되기도 어렵고, 개별 사안의 다양성에 기초한 구체적 타당성을 꾀하는 것도 어려워 정책적으로도 바람직하지 않다.[35] 결국 배우자 부양에 대한 기여분을 좀 더 적극적으로 인정해야 한다는 정책적 당위를 넘어서서 상당한 기간의 동거와 간호라는 일정한 행태에 대해 자동적으로 기여분을 인정하는 해석론은 옳다고 할 수 없다. 반대의견은 흥미롭게도 배우자의 상당 기간 동거·간호 행위가 곧 특별한 부양행위에 해당한다고 하면서도, "특별한 사정이 없는 한" 배우자에게 기여분을 인정하여야 한다고 함으로써 사안의 특성에 따른 재량적 판단의 여지를 열어 놓는 것 같기도 하다. 그런데 기여분을 부정할 만한 사정은 부양의 특별성 여부를 판단하는 단계에서 고려하면 충분하다. 「상당한 기간 동거·간호＝특별한 부양」이라는 규칙을 정립한 뒤 "특별한 사정"이라는 예외를 다시 인정하는 것보다는, 그 부양행위를 둘러싼 제반 사정을 모두 고려하여 부양의 특별성을 판단하고, 그 판단에 기초하여 기여분을 인정하거나 인정하지 않는 것이 간명하다. 또 그렇게 해석하는 쪽이 법 문언에도 부합한다. 이 점에서도 반대의견의 해석론은 받아들이기 어렵다.

---

35) 김성우, "상당한 기간 피상속인을 동거·간호한 배우자의 기여분－대법원 2019. 11. 21.자 2014스 44·45 전원합의체 결정", 법률신문(2020. 1. 2.자) 역시 사회 현실을 이유로 예외 없이 기여분을 인정하는 것보다는 법원이 구체적인 사건에서 사회 현실을 고려하여 '부양의 특별성'을 판단하도록 하는 것이 바람직하다고 지적한다.

6 특별한정승인의 제척기간과 법정대리인
(대법원 2020. 11. 19. 선고 2019다232918 전원합의체 판결)

가. 사실관계

소외 1은 피고에게 12,100,000원의 약속어음금 채무를 지고 있었다. 소외 1이 1993. 2. 18. 사망하여 그 배우자 소외 2와 자녀인 소외 3, 원고가 재산을 공동상속하였다. 당시 원고는 만 6세의 어린이였다. 피고는 원고를 비롯한 소외 1의 공동상속인들을 상대로 약속어음금 청구의 소를 제기하여 1993. 12. 20. 승소 판결을 받았고 그 무렵 판결이 확정되었다. 피고는 2003년 11월경 시효 연장을 위하여 원고를 비롯한 소외 1의 공동상속인들을 상대로 다시 소를 제기하였고, 2003. 12. 17. 이행권고결정이 확정되었다. 원고의 법정대리인인 소외 2는 위와 같은 두 번의 소송에서 모두 미성년자였던 원고를 대리하였다. 피고는 2013년 11월경 다시 시효 연장을 위하여 원고를 비롯한 소외 1의 공동상속인들을 상대로 소를 제기하였다. 위 소송은 공시송달로 진행되어 2014. 2. 12. 피고 승소 판결(이하 '이 사건 판결'이라고 한다)이 선고되어 확정되었다. 피고는 2017. 8. 31. 이 사건 판결을 집행권원으로 하여 원고의 은행 예금채권에 대하여 채권압류 및 추심명령을 받았다. 이에 원고는 2017. 9. 25. 상속한정승인 신고를 하여 이를 수리하는 심판을 받았고, 청구이의의 소를 제기하였다. 제1심법원은 법정대리인인 소외 2의 지·부지는 판단하지 않은 채 원고는 상속채무 초과 사실을 알지 못하다가 2017년 9월경 피고의 신청에 따른 채권압류 및 추심명령이 내려지면서 비로소 상속채무의 존재를 알게 되었으므로 그로부터 3월 내에 이루어진 특별한정승인 신고는 민법 제1019조 제3항 및 그 소급 적용에 관한 민법 부칙 제4항에 따라 적법하다고 보아 원고의 청구를 인용하였다.[1]

나. 원심판결과 대상판결

원심법원은 제1심법원의 판단을 그대로 유지하였다.[2] 대법원은 다음 법리를 판

---

1) 서울중앙지방법원 2018. 7. 17. 선고 2017가단103434 판결.

시하며 원심판결을 파기하였다.3)

상속인이 미성년인 경우 민법 제1019조 제3항이나 그 소급 적용에 관한 민법 부칙 제3항, 제4항에서 정한 '상속채무 초과사실을 중대한 과실 없이 제1019조 제1항의 기간 내에 알지 못하였는지'와 '상속채무 초과사실을 안 날이 언제인지'를 판단할 때에는 법정대리인의 인식을 기준으로 삼아야 한다. 따라서 미성년 상속인의 법정대리인이 1998. 5. 27. 전에 상속개시 있음과 상속채무 초과사실을 모두 알았다면, 앞서 본 민법 부칙 규정에 따라 그 상속인에게는 민법 제1019조 제3항이 적용되지 않으므로, 이러한 상속인은 특별한정승인을 할 수 없다. 또한 법정대리인이 상속채무 초과사실을 안 날이 1998. 5. 27. 이후여서 상속인에게 민법 제1019조 제3항이 적용되더라도, 법정대리인이 위와 같이 상속채무 초과사실을 안 날을 기준으로 특별한정승인에 관한 3월의 제척기간이 지나게 되면, 그 상속인에 대해서는 기존의 단순승인의 법률관계가 그대로 확정되는 효과가 발생한다. 이러한 효과가 발생한 이후 상속인이 성년에 이르더라도 상속개시 있음과 상속채무 초과사실에 관하여 상속인 본인 스스로의 인식을 기준으로 특별한정승인 규정이 적용되고 제척기간이 별도로 기산되어야 함을 내세워 새롭게 특별한정승인을 할 수는 없다.

이에 대해서는 상속인이 미성년인 동안 그의 법정대리인이 상속채무 초과사실을 알고도 3월 동안 상속인을 대리하여 특별한정승인을 하지 않은 경우 상속인이 성년에 이르러 상속채무 초과사실을 알게 된 날부터 3월 내에 스스로 특별한정승인을 하도록 허용해야 한다는 반대의견이 있었다.4)

다. 분석

(1) 쟁점 및 논변별 논거

대상판결에서는 원고의 한정승인 신고 및 수리의 유효성이 문제되었다. 한정승인은 상속인이 상속 개시 있음을 안 날부터 3개월 내에 해야 한다(민법 제1019조 제1항). 상속인이 제한능력자이면 3개월의 기간은 친권자 또는 후견인이 상속 개시 있

---

2) 서울중앙지방법원 2019. 5. 2. 선고 2018나48467 판결.
3) 대법원 2020. 11. 19. 선고 2019다232918 판결.
4) 대법관 민유숙, 대법관 김선수, 대법관 노정희, 대법관 김상환이 반대의견을 개진하였다.

음을 안 날부터 기산한다(민법 제1020조). 이 기간은 제척기간이다.[5] 기간 내 한정
승인 또는 포기를 하지 않으면 단순승인한 것으로 본다(법정단순승인, 민법 제1026
조 제2호). 법정단순승인 후에는 한정승인을 할 수 없다. 다만 상속인이 상속채무가
상속재산을 초과하는 사실을 중과실 없이 알지 못하였다면 그 사실을 안 날부터 3개월
내에 한정승인을 할 수 있다(특별한정승인, 민법 제1019조 제3항). 특별한정승인 제도
는 민법 제1026조 제2호에 대한 헌법재판소의 헌법불합치결정[6]에 따라 2002. 1. 14.
법률 제6591호로 개정된 민법에 신설되었다.

대상판결에서는 ① 상속인이 미성년인 경우 상속인과 법정대리인 중 누구의 인
식을 기준으로 특별한정승인 가부를 가려야 하는지, ② 미성년 상속인이 성년이
된 후 본인 스스로의 인식을 기준으로 새롭게 특별한정승인(이하 '별도 특별한정승
인'이라고 한다)을 할 수 있는지의 두 가지 쟁점에 대해 판단하였다.

① 쟁점에 관하여는, 기존 판례[7]에 따라 법정대리인의 인식을 기준으로 특별한
정승인 가부를 가려야 한다는 점에 대법관들의 의견이 일치하였다. 이는 법정대리
인을 기준으로 제척기간 기산점을 결정하도록 한 민법 제1020조의 문언상 분명할
뿐만 아니라, 민법 제116조 제1항으로부터 도출되는 대리인의 인식 귀속 법리[8]에 비추
어 보더라도 타당하다.

그런데 대상판결 사안은 법정대리인의 인식이 귀속되는 미성년자에 대한 후견
적 보호의 필요성이 있다는 특수성을 지닌다. 이에 따라 대리인의 인식 귀속에 관
한 일반 법리를 뛰어넘는 특수 법리가 필요한가가 논의될 여지가 있는데, 그것이
② 쟁점의 배경이다. ② 쟁점에 관하여는, 다수의견은 별도 특별한정승인을 허용
할 수 없다고 보았고, 반대의견은 이를 허용해야 한다고 보았다. 다수의견과 반대
의견의 논거를 표로 정리하면 다음과 같다.

---

5) 대법원 2003. 8. 11.자 2003스32 결정.
6) 헌법재판소 1998. 8. 27. 선고 96헌가22 등 결정.
7) 대법원 2012. 3. 15. 선고 2012다440 판결; 대법원 2015. 4. 23. 선고 2012다15268 판결.
8) 이에 대해서는 정신동, "인식 귀속의 법률상 기본규범으로서 민법 제116조 제1항에 대한 연구", **민사
법학**, 제83호(2018) 참조.

항 목	다수의견(보충의견 포함)	반대의견(보충의견 포함)
기존 특별한정승인 제도의 입법 취지 및 별도 특별한정승인 제도의 필요성	특별한정승인 제도는 별도 특별한 정승인까지 염두에 두고 입법된 것이 아님. 프랑스,9) 독일10) 등의 예에서 알 수 있듯이 입법론적으로는 미성년 보호를 위한 특별한 제도를 마련하는 것이 바람직하나, 반대의견처럼 해석론으로 이를 허용하는 것은 법률해석의 한계를 뛰어넘는 것임(아래 내용 참조)	헌법재판소 결정을 계기로 마련된 특별한정승인 제도는 자기책임 원칙 하에 상속인 자기결정권과 재산권을 보호하기 위해 마련된 것임. 이처럼 상속인을 보호하기 위한 입법취지에다가 미성년자 등 제한능력자를 더욱 강하게 보호하려는 법정대리인 제도 변화의 흐름까지 감안하면 별도 특별한정승인이 허용되어야 함
법률해석으로 별도 특별한정승인을 허용할 수 있는지 여부	대리행위는 본인에게 효력이 발생한다는 기본 원칙, 권리관계를 조기에 확정하는 제척기간의 본질, 상속채권자 등 이해관계인의 재산권 보호 및 소급입법 금지의 요청, 별도 특별한정승인을 뒷받침할 성문법적 근거 결여, 법정대리인 때문에 미성년자가 불리해질 수 있는 다른 사안 유형과의 균형, 미성년자 보호의 방식과 범위에 관한 입법재량의 존재 등에 비추어 해석론으로는 별도 특별한정승인 불가능	민법 제1020조의 적용 범위(상속인이 미성년인 경우에 한하여 적용), 미성년 상속인의 귀책사유 부존재, 특별한정승인이 가지는 인적 결단으로서의 성격, 신분행위에 대한 재산법 규정 적용 한계, 미성년자를 보호하기 위한 법정대리인 제도의 취지, 신의성실의 원칙, 상속채권자와의 이익 형량 결과, 언제 이루어질지 모르는 입법에 앞선 권리구제 필요성 등에 비추어 해석론으로도 별도 특별한정승인 가능

(2) 법률해석의 원칙과 한계

대상판결 사안에서 미성년자이던 상속인은 자신을 위해 한정승인이나 포기 여부를 숙고하고 결정해야 할 법정대리인이 제척기간 내에 한정승인을 하지 않아 법정단순승인이 이루어진 탓에 상속채무를 이행해야 하는 딱한 처지에 놓이게 되었다. 대법관들은 이러한 사안 유형에서 미성년자의 딱한 처지를 인식하였고, 미성년자 보호를 위한 제도 마련이 필요하다는 점에 따뜻한 가슴으로 공감하였다.11) 그런

9) 미성년자인 상속인의 법정대리인은 한정승인만 가능하고 상속재산이 채무를 초과하는 것이 명백한 경우에만 법원의 허가를 얻어 단순승인 가능(프랑스 민법 제507-1조).
10) 미성년자의 상속채무에 대한 책임을 그 미성년자가 성인이 되는 시점에 가진 재산에 한정(독일 민법 제1629조a).
11) 이처럼 최근 대법원 판결들에서는 법 해석 결과와는 별도로 약자 보호를 위한 정책적 필요성을

데 문제는 반대의견에 대한 보충의견이 지적하였듯이 "이 사건의 법리적 다툼의 지점은 결국, 민법의 문언적 해석상 반대의견이 제시한 해석론이 가능한지 여부"이다. 이는 법률해석의 원칙과 한계의 문제이다.

법률해석은 법원, 특히 대법원의 주업(主業)이다. 일반적으로는 문언, 의도, 목적이 가장 중요한 법률해석 기준이다. 아울러 각각의 기준은 법 체계와 법 원리와의 유기적 관계에서 이해되어야 한다. 하지만 이러한 기준의 정확한 의미와 기준 간 상호관계는 여전히 안개에 싸여 있다. 그래서 법원은 자신이 도달하려는 결론을 뒷받침하기 위해 여기에서는 이 기준, 저기에서는 저 기준을 강조하기도 한다. 이러한 사안과 기준 간 합종연횡의 배후에는 해당 사건에 직면한 법관의 가치 선호가 숨어 있는 경우가 많다.12) 어려운 법률해석 문제를 동반하는 민사사건에서는 ① 개인과 공동체의 관계, ② 법원과 의회의 관계라는 두 가지 축을 중심으로 가치 논변이 충돌하는 경우가 많다.13) 대상판결에서는 다양하고 세밀한 논전이 펼쳐졌는데 가지를 치고 줄기만 남기자면 즉 법원과 의회의 관계에 대한 관점 문제로 환원된다.

법원은 의회의 대리인인가, 아니면 의회의 동료인가는 기나긴 논쟁 대상이다.14) 법치주의 이념을 현실에 구현하는 과정에서 법원과 의회는 각자 수행해야 할 역할이 있다. 그 역할 분담의 기준은 다양하다. 그런데 법률해석을 둘러싼 역할 분담은 해석 대상인 텍스트(text), 즉 문언을 살펴보는 데에서 출발할 수밖에 없다.15) 문언이 법률해석에서 차지하는 위상은 문언중심적 해석론과 목적중심적 해석론 중 어느 쪽을 중시할 것인가에 따라 달라진다. 우리 판례가 어떤 해석론에 기울어져 있는지에 대한 평가는 다양하나,16) 주류적 판례의 태도를 필자의 버전(version)으로

방론으로 설시하는 예가 종종 보인다. 금년에 선고된 대법원 2020. 8. 27. 선고 2016다248998 전원합의체 판결(산재 유족 특별채용 조항에 관한 판결)도 또다른 예이다.
12) 권영준, 민법학의 기본원리(박영사, 2020), 9면. 또한 법관의 진술의무에 대해서는 이상윤, "법관의 진술에 관한 소고", 법철학연구, 제23권 제1호(2020), 235-286면 참조.
13) 권영준(주 12), 15면.
14) 미국의 대리인설과 동료설에 관하여 최봉철, "미국의 법률해석론 개관", 저스티스, 통권 제176호(2020), 222면 참조.
15) 미국의 엘렌 케이건 연방대법관의 표현을 빌리자면, 이 점에서 우리는 모두 문언중심론자(textualist)라고 말할 수도 있다.
16) 목적중심적 해석론을 지향한다는 평가(오세혁, "사법부의 해석방법론에 대한 비판: 재론(再論)-법해석방법의 우선순위에 대한 논의를 중심으로-", 중앙법학, 제22권 제3호(2020), 177면), 문언중심적 해석론을 지향한다는 평가(최봉철, "문언중심적 법해석론 비판", 법철학연구, 제2권(1999), 273-274면), 법원리를 고려하여 전체 법질서의 통일성을 추구한다는 평가(김도균, "우리 대법원

정리하면 다음과 같다.[17)

 법률해석은 문언에서 출발한다. 문언은 추상성을 지닐 수밖에 없는데, 문언으로
규율해야 할 사안은 복잡다기하다. 따라서 추상적인 문언의 의미는 여러 가지 가
공을 통해 구체화될 수밖에 없다. 이러한 가공 과정 내지 구체화 과정에서 입법자
의 의도, 법률의 목적, 법질서의 원리 등 다양한 요소들이 동원될 수 있다. 이처럼
문언의 의미를 현실에 재현하는 작업은 확인적인 성격을 넘어 구성적인 성격을 띠
므로 마치 연주자가 원곡의 의미를 무대에서 재현해 내듯 상상력과 창의성이 요구
된다. 그러나 마치 연주자가 넘어서는 안 될 선이 있듯이 법률해석 과정에서도 넘
어서는 안 될 선이 있다. 이러한 경계선은 '문언의 가능한 의미'이다.[18) 이처럼 문
언은 법률해석의 출발점이자 곧 경계선이기도 하다.

 이를 일응의 준칙으로 삼아 대상판결로 돌아와보자. 별도 특별한정승인은 문언
에 근거를 두고 있는가? 그렇다면 문언의 가능한 의미 범위에 들어와 있는가? 이
에 대한 답변은 문언을 얼마나 유연하게 파악하는가에 따라 달라질 수 있다.[19) 그
러나 이 사건에 관한 한 민법 제1019조와 제1020조를 비롯한 민법 관련 조항의
문언 어디에서도 별도 특별한정승인을 이끌어 낼 만한 단서를 발견하기 어렵다.
또한 별도 특별한정승인이 문언 뒤에 숨겨져 있다고 볼 만한 사정도 보이지 않는
다. 결국 반대의견은 법해석을 말하나 사실은 법형성을 주장하는 것이다. 그런데
법형성이 법해석의 이름으로 행해지는 것도 불가능하지는 않다. 해석은 그 정도의
차이가 있을 뿐 본질상 형성적 속성을 지니기 때문이다. 한편 법형성은 법률의 문
언에 반하는(contra legem) 법형성과 법률의 문언을 넘은(praeter legem) 법형성으
로 나누어 볼 수 있다.[20)

법해석론의 전환: 로널드 드워킨의 눈으로 읽기 – 법의 통일성을 향하여", **법철학연구**, 제13권
제1호(2010), 95–96, 135–137면; 공두현, "우리 대법원 법해석론의 흐름: 법실증주의, 법현실
주의, 법원리론", **법철학연구**, 제22권 제2호(2019), 231–232면)가 있다.
17) 대법원 2009. 4. 23. 선고 2006다81035 판결; 대법원 2013. 1. 17. 선고 2011다83431 전원합의체
판결; 대법원 2018. 6. 21. 선고 2011다112391 전원합의체 판결. 또한 형사판결이기는 하지만 대
법원 2018. 11. 1. 선고 2016도10912 전원합의체 판결; 대법원 2020. 8. 27. 선고 2019도11294
전원합의체 판결도 참조.
18) 법률해석을 다룬 민사판결들은 '문언의 통상적 의미'라는 표현을 쓰지만, 법률해석 한계를 설정하
는 표현으로서는 대법원 2020. 8. 27. 선고 2019도11294 전원합의체 판결 등 형사판결에 등장하
는 '문언의 가능한 의미'가 더 적절하다고 생각한다.
19) 문언주의도 형식적 문언주의(formalistic textualism)와 유연한 문언주의(flexible textualism)으로 갈
라져서 나타난다. Tara Leigh Grove, Which Textualism? 134 *Harv. L. Rev.* 265, 267 (2020).
20) 이 문제에 대해서는 박철, "법률의 문언을 넘은 해석과 법률의 문언에 반하는 해석", **법철학연구**,

   법률의 문언에 반하는 법형성은 문언끼리 충돌하거나 전체 법질서와의 평가모순이 발생하거나 문언이 명백한 실수에 기한 것인 경우 등 극히 예외적인 경우에만 허용되어야 한다. 눈 앞의 당사자를 보호하기 위해 이를 무리하게 널리 허용할 경우 권력분립의 원칙이 형해화되고 법적 안정성을 훼손하며 법의 신뢰와 권위가 저하되어 사회 전체적으로는 보이지 않지만 큰 대가를 치러야 할 수도 있다. 법률의 문언에 따른 해석이 법질서상 용납할 수 없는 결과를 초래한다면 위헌법률심사제청을 하는 것이 정도(正道)이다.

   법률의 문언을 넘은 법형성도 원칙적으로 허용되지 않으나, 문언의 공백이 있으나 이를 메울 필요성이 크고 입법자의 의도나 법률의 목적의 연장선상에서 정당성이 인정되는 해석이라면 예외적으로 허용될 수도 있다.21) 가령 대법원은 이행불능의 효과로서 채권자의 전보배상청구권과 계약해제권 외에 문언에 없는 대상청구권을 인정한다.22) 그런데 대상청구권은 전보배상청구권을 마련한 입법취지나 목적의 연장선상에 있는 권리이고, 이를 인정하지 않으면 오히려 부정의한 결과가 발생한다. 대상청구권을 인정한 해석은 그 점에서 정당화될 수 있다. 이는 마치 계약 당사자의 가정적 의사와 신의칙에 기해 계약의 공백을 메우는 보충적 해석과도 유사하다.

   그렇다면 반대의견의 법해석은 문언에 반하는 법형성인가, 아니면 문언을 넘은 법형성인가? 문언에 반하는 법형성보다 문언을 넘은 법형성이 정당한 법해석으로 승인될 가능성이 상대적으로 더 높으므로 이 질문은 의미가 있다. 법정대리인의 인식 귀속 및 한정승인 제척기간에 초점을 맞추면 문언에 반하는 법형성, 특별한정승인이 가지는 피해자 구제지향성에 초점을 맞추면 문언을 넘은 법형성으로 볼 가능성이 각각 커진다. 그런데 반대의견의 법해석을 후자로 보더라도 정당한 법해석으로 승인되기 어렵다. 반대의견의 법해석의 근거는 문언뿐만 아니라 입법자의 의도나 법률의 목적 어디에서도 찾을 수 없다. 특별한정승인 제도에 관한 입법자료에서는 미성년자 보호에 대한 별도의 논의는 찾을 수 없다. 또한 특별한정승인을 포

제6권 제1호(2003), 186면 참조.

21) 이른바 아름다운 판결로 알려진 대전고등법원 2006. 11. 1. 선고 2006나1846 판결(대법원 판결로 파기환송)에서 법원이 법률을 수선할 의무와 권한을 가진다고 하면서 이를 "의회가 만든 법률을 법원이 제멋대로 수정하는 것이 아니라 그 법률이 의도된 본래의 의미를 갖도록 보완하는 것"이라고 판시한 것과도 연결된다.

22) 대법원 1992. 5. 12. 선고 92다4581, 4598 판결.

함한 상속의 승인과 포기 제도는 미성년자 보호를 입법 목적으로 하는 제도가 아니므로 법률의 목적으로부터도 반대의견의 법해석과의 연결 고리를 찾기 어렵다. 그외의 미성년자 보호 관련 규정들에서도 대상판결 사안 유형에서의 미성년자 보호를 향한 입법자의 의도나 입법 목적을 구체적으로 추출하기 어렵다.

예외적으로 사회 변화로 인한 규범 상황의 변화 때문에 법률해석을 통해 법의 의도와 목적을 재정의해야 하는 상황이 있을 수도 있다. 미국의 동적 법률해석(dynamic statutory interpretation) 이론에 따르면 법률은 제정 당시가 아닌 해석 당시의 사회적, 정치적, 법적 맥락에 비추어 해석해야 한다.[23] 이 이론을 받아들인다면 의도와 목적의 현대적 재해석을 통해 입법과 사법 간의 연결고리를 창출하고 법률해석을 정당화할 길이 열린다. 성전환자의 호적 정정에 관한 대법원 2006. 6. 22. 2004스42 전원합의체 결정은 이러한 동적 법률해석의 대표적 사례이다.[24] 하지만 대상판결 사안은 호적 정정 사안과 다르다. 왜냐하면 제척기간 기산점을 법정대리인의 인식에 의거하여 정할 경우 그 법정대리인이 후견적으로 보호하는 미성년자나 피후견인에게 이 사건과 같은 사태가 생길 수 있다는 점은 이미 법률 제정 당시에도 충분히 예견할 수 있었기 때문이다. 그러므로 사회의 중대한 변화에 따른 사후교정적인 법률해석의 요청은 이 사건에 적용될 수 없다.

반대의견은 법원과 의회의 관계를 다시 고민해 볼 계기를 제공하였다. 법원과 의회의 관계는 형식적이고 정태적인 관점이 아니라 실질적이고 동태적인 관점으로 정립되어야 한다. 따라서 법률해석의 외연은 미리 고정되어 있기보다는 법원과 의회의 관계를 규정하는 수많은 법적, 사회적, 경제적, 문화적 변수에 의해 제한적이나마 유동성을 지닌다. 그러므로 의회의 조직, 능력, 정보, 전문성, 시의적절성 등은 법률해석의 원칙과 한계에 제한적이나마 고려될 수 있다. 그 점에서 "입법기관의 조치가 있을 때까지는 이를 그대로 따를 수밖에 없다고 체념해 버리는 것은 온당치 않은 태도"라는 대법원의 종래 판시[25]도 이해 못할 바 아니다. 이를 강조하는 반대의견은 충분히 경청할 가치가 있다.

---

23) 이 이론에 대해서는 William N. Eskridge, "Dynamic Statutory Interpretation", 135 *U. Penn. L. Rev.* 1479 (1987) 참조.
24) 그 외에 발행지의 기재가 없는 국내어음의 효력에 관한 대법원 1998. 4. 23. 선고 95다36466 전원합의체 판결 중 다수의견에 대한 보충의견에서도 유사한 정신이 발견된다.
25) 대법원 1998. 4. 23. 선고 95다36466 전원합의체 판결 중 다수의견에 대한 대법관 이돈희, 신성택, 이용훈의 보충의견.

그러나 권력분립의 원칙과 법률해석의 본질적 한계를 부정하는 것이 아니라면 입법의 필요성 및 입법기관의 예상된 태만을 내세워 법률해석을 만능 열쇠처럼 사용할 수 없다는 점도 명백하다. 그러므로 문언을 넘어서거나 문언에 반하는 법형성의 속성을 가지는 법률해석은 앞서 설명하였듯이 이를 뒷받침할 정당화 사유가 있어야 한다. 그런데 이 사건에서 문언, 의도, 목적 등 주요 기준 어디에서도 그러한 정당화 근거를 찾기 어렵다. 결국 남는 것은 '이 사건에서 원고가 상속채무를 이행하는 것은 부당하다'는 정의감, 그리고 '바로 이 사건에서 법원이 이 문제를 해결해야 한다'는 사명감이다. 그러나 이러한 정의감과 사명감만으로는 반대의견의 해석을 법적으로 정당화할 수 없다. 법질서 전체에 비추어 볼 때 과연 무엇이 정의로운 방향인지,26) 또한 '법원'이 '바로 지금' 이 문제를 해결할 사명을 짊어진 국가기관인지는 함부로 단정하기 어려운 문제이다.27) 오히려 미성년자 보호와 법적 안정성의 보호는 이 사건을 넘어서서 극히 다양한 문제 영역에 파급효를 가지는 주제로서 좀 더 정합성 있는 접근과 해결이 필요한 대상일 수도 있다. 이러한 작업은 원칙적으로 입법부의 몫이다. 이러한 태도를 취한 대상판결에 찬성한다.

---

26) 상속회복청구권에 제척기간이 설정된 것에서 알 수 있듯이 상속으로 인한 법적 지위나 분쟁의 조속한 확정도 무시할 수 없는 법적 요청이다.

27) 오세혁(주 16), 177 – 178면은 "구체적 타당성, 사법적극주의, 사법판단의 정책성 등을 내세워 사법의 한계를 일탈하여 입법영역을 잠식"하려는 법원의 경향성이 있음을 지적하며 여기에는 "법관의 선판단이 입법 목적에 투영됨으로써 입법 목적은 법관의 결론을 정당화하기 위한 수단으로 전락해버릴 위험"이 있다고 한다.

민/법/판/례/연/구/

제2부

2010~2020년 채권법 분야 판례 분석

2010~2020년 채권법 분야 판례 분석

제1장 서론

필자는 민사판례연구회로부터 2010년 1월 1일부터 2020년 12월 31일까지 11년간의 채권법 분야 판례를 조망하는 임무를 부여받았다. 실로 무겁고 부담스러운 임무이다. 11년 동안 선고된 채권법 분야 판결의 숫자는 얼마나 될까? 이를 정확히 알려주는 통계는 없다. 사실 무엇이 이른바 채권법 분야 판결인지도 분명하지 않다. 하지만 대강의 감(感)을 잡기 위해 추산해 보자. 2019년 한 해 동안 대법원은 18,117건의 민사본안사건을 접수하였고, 15,267건의 민사본안사건을 처리하였다.[1] 채권법 분야에 속한다고 할 만한 사건 유형의 접수 및 처리 건수는 전체 민사본안사건의 절반에 가깝다.[2] 그렇다면 2019년 한 해 동안 대법원에서는 적어도 약 7,000건 이상의 채권법 판결들이 선고되었을 것이다. 매년 비슷한 숫자의 채권법 판결들이 선고되었다면 11년간의 합계는 80,000건 가까이 이를 것이다.

만약 80,000건 정도의 판결을 모두 입수하여 읽는다면 판례의 확고한 경향성을 발견할 수 있을까? 필자는 회의적이다. 재판은 개별 사안에서 법을 선언하는 작업이다. 따라서 재판의 성과물인 판결은 개별 사안에 기초할 수밖에 없다. 사안은 무궁무진하다. 주인공도 다르고 이야기도 다르다. 같은 이야기라도 화자에 따라 다른 모습으로 나타난다. 법원의 판단은 이러한 이야기에 대응하여 개별적으

---

[1] 2020년 사법연감, 576면. 참고로 2018년 대법원 민사본안사건 처리 건수는 17,677건, 2017년 대법원 민사본안사건 처리 건수는 13,362건이다. 사법연감 같은 면 참조.

[2] 2020년 사법연감, 581면에 따르면 공사대금, 사해행위취소, 대여금, 신용카드이용대금, 매매대금, 양수금, 임대차보증금, 부당이득금, 보증채무금, 약정금, 손해배상 사건처럼 확실히 채권법 분야의 사건으로 분류할 수 있는 사건의 접수 비율은 전체 민사본안사건의 46%에 이른다.

로 이루어진다. 그것이 개별 사안을 다루는 법원의 숙명이자 역할이다. 그러다 보니 판결은 각각 고유한 내용과 의미를 가진다. 그 판결의 군집은 다양성을 지닌다. 하나로 묶어서 평가하기가 쉽지 않다. 더구나 민사재판은 헌법재판이나 행정재판, 형사재판보다 상대적으로 탈정치적, 탈정책적이다. 그러므로 11년에 걸친 숱한 민사재판례에서 어떤 일정한 경향성을 추출한다는 것은 멋지게 들리지만 거의 불가능한 작업이다. 오히려 그러한 경향성을 무리하여 추출하려고 하다 보면 판례를 과도하게 단순화하거나 왜곡할 위험성이 있다. 그러므로 필자는 이 글을 통해 어떤 경향성을 애써 추출하려는 생각은 없다. 필자의 역할은 분석할 판결을 선정하고 각 판결의 내용과 의미를 간략하면서도 너무 피상적이지는 않게 제시하는 것이다.

그렇다면 어떤 판결을 분석 대상으로 삼을 것인가? 당사자에게 소중하지 않은 판결은 하나도 없지만, 그렇다고 모든 판결이 법리적 관점에서 동일한 비중과 의미를 가지지는 않는다. 작은 키를 움직여 거대한 선박의 항로를 움직이듯 소수의 판결이 법리의 흐름을 형성하거나 바꾸기도 한다. 이 점에서는 부득이하게 어떤 판결이 다른 판결보다 더 중요하다고 말할 수 있다. 이러한 중요 판결들은 대체로 법원공보에 게재되어 널리 읽히고 반복하여 인용되며 비판을 받기도 하면서 법 발전에 기여한다. 필자는 2010년 1월부터 2020년 12월까지 발간된 법원공보에서 채권법 관련 판결을 훑어보고 필자가 생각하는 중요 판결을 추려내었다. 전원합의체 판결이 다수이지만, 소부 판결 중에도 법리적으로 의미 있는 것들을 포함시켰다. 여기에는 새로운 법리나 관점을 제시한 '형성적 판결'들도 있고, 기존 법리를 재확인하거나 구체화한 '확인적 판결'들도 있다. 일반적으로는 '형성적 판결'들이 더 큰 관심사와 논쟁거리가 되나, '확인적 판결'들을 통해 점층적으로 이루어지는 법 발전도 우리의 관심 영역에서 벗어나서는 안 된다.

이 글에서는 이와 같이 추출한 채권법 분야 판결들을 민법전의 체계에 따라 분류하여 소개하고 분석하였다. 참고로 민법전 제3편인 채권편은 제1장 총칙(제1절 채권의 목적, 제2절 채권의 효력, 제3절 수인의 채권자 및 채무자, 제4절 채권의 양도, 제5절 채무의 인수, 제6절 채권의 소멸), 제2장 계약(제1절 총칙, 제2절 내지 제15절 각종 전형계약), 제3장 사무관리, 제4장 부당이득, 제5장 불법행위로 구성된다. 제3편 제1장 총칙은 강학상 채권총론으로, 제3편 제2장 내지 제5장은 채권각론으로 분류되어 연구되거나 강의된다. 이 글도 대체로 이러한 민법전의 순서에 따라 각 분야의 중요 판결들을 순서대로 분석하였다. 이 글의 본문에서 분석하거나 소개한 판결들은 모두 144건이고, 그중 전원합의체 판결은 모두 43건이다. 편의상 이 글에서 다루는 각각의 판결은 해당 설명 부분에서 '대상판결'이라고 칭하였다. 각 분야의 모두(冒頭)에서는 간략하게 해당 분야의 판례 전개 양상을 개관하였다. 각 대상 판결에 대한 분석이나 소개의 분량은 천차만별인데, 11년간의 판례를 조망하는 이 글의 속성(더 근본적으로는 필자의 시간 및 능력의 한계)으로 인해 각각의 판결을 깊이 있게 다루기는 어려웠다. 마지막으로 이 글의 결론 부분에서는 약간의 주관적 감상을 부기하였다.

제2장 채권총론

제1절 채권의 효력

I. 개관

채권은 여러 가지 효력을 수반한다. 채권의 핵심 효력은 무엇일까? 채권자가 그 채권을 실현할 권리를 가지게 되는 것, 바꾸어 말하면 채무자가 채무를 이행할 의무를 부담하게 되는 효력일 것이다. 그 외의 효력은 마치 인대가 뼈를 감싸듯 채권의 핵심 효력을 보완하고 강화하기 위한 주변적 효력이다. 채무자가 채권의 핵심 효력에 부응하여 채무를 이행하면 채권관계는 행복하게 마무리된다. 그러나 현실이 종종 그러하듯 채권관계도 늘 해피엔딩으로 끝나는 것은 아니다. 불완전한 사람이 사는 불완전한 세상에서 분쟁은 일어나기 마련이다. 법학은 이러한 분쟁을 먹고 사는 학문이다. 특히 소송은 분쟁이라는 병적 현상과 직면하는 절차이고, 판결은 그 산출물이다. 결국 채권법 분야 판례를 공부한다는 것은 채권관계의 병리적 현상을 공부한다는 것과 크게 다르지 않다. 채무가 그 내용에 좇아 제대로 이행되지 않는 상태, 즉 채무불이행은 이러한 병리적 현상의 대표적 모습이다. 법률행위에 기한 채무이건 불법행위 또는 부당이득 등의 법정채무이건 그 채무가 제대로 이행되었다면 소송도 없고 판결도 없었을 것이다. 바꾸어 말하면 소송이 제기되고 판결까지 선고되는 이유는 채무불이행이 있기 때문이다.

한편 채무 또는 채무불이행책임이 제대로 구현되려면 책임재산이 확보되어야 한다. 책임재산은 채무불이행책임을 현실에서 관철시키기 위한 수단이다. 채무불이행에 대응한 정의 구현의 보증수표에 비유할 수 있다. 그러한 점에서 책임재산에 관한 채권자대위권과 채권자취소권의 문제는 채무불이행의 문제와 밀접한 관련성을 가진다. 채무불이행은 채권관계의 내부에서 당사자 간에 문제되는 반면, 채권자대위권과 채권자취소권은 채권관계의 외부에 있는 제3자와의 관계에서 문제된다. 이론적으로는 채무불이행 법리가 채권 효력론의 중심을 차지하나, 새로운 판례는 오히려 채권자대위권이나 채권자취소권 분야에서 많이 나온다. 특히 채권자취소권 분야에서 그러한 현상이 두드러진다.[3] 왜 그럴까? 이는 채권자취소권이 실제로 빈번하게 행사되기 때문이기도 하지만, 채권자취소권에 관하여 민법이 별다른 의미 있는 지침을 주지 못하기 때문이기도 하다. 민법은 그 복잡한 채권자취소권의 규율을 위해 민법 제406조와 제407조라는 두 조항만을 제공할 뿐이다. 2014년 법무부 민법개정시안은 채권자취소권에 관하여 여러 조항에 걸쳐 상세한 내용을 담고 있으나, 실제 민법 개정에는 이르지 못하였다.[4] 결국 축적되어 가는 판례에 의존할 수밖에 없는 것이다.

Ⅱ. 채무불이행

1. 이행불능

채무불이행은 채무의 내용에 좇은 이행이 이루어지지 않은 모든 경우를 일컫는다. 채무불이행은 형태에 있어서 열린 개념이다.[5] 일반적으로는 이행지체, 이행불능, 불완전이행, 이행거절 등의 형태로 나타나는 경우가 많다. 2010년대 판례 중에는 이행불능에 관한 다음 판결들이 주목할 만하다.

가. 이행불능과 대상청구권

이행불능과 대상청구권에 관한 법리는 일찍이 학설상 논의되어 오다가,[6] 대법원 1992. 5. 12. 선고 92다4581, 4598 판결에서 최초로 인정되었다. 그 이후 대법원은 대상청구권의 법리를 계속 승인하였다.[7] 학설도 대체로 이 법리에 긍정적이다.[8] 우리 민법은 명문으로 대상청구권을 규정하고 있지 않다.[9] 그러나 대법원은

---

3) 2020년 사법연감, 768면에 따르면 1심 법원에 접수된 민사본안사건 중 채권자취소권 사건은 민사본안사건 전체 268,027건 중 7,453건으로 약 2.78%의 비중을 차지한다. 얼핏 보면 이는 그다지 높은 비중이 아닌 것처럼 느껴질 수 있다. 그러나 이는 부당이득금(7,529건), 임대차보증금(5,703건), 임금(5,308건), 자동차사고 손해배상(2,419건), 보증채무금(929건) 등 전형적이고 일상적으로 일어나는 민사본안사건보다도 더 많은 사건수이다.
4) 해당 내용은 윤진수 · 권영준, "채권자취소권에 관한 민법 개정안 연구", **민사법학**, 제66호(2014) 참조.
5) 이러한 개방적 유형론에 관하여는 양창수, "독자적인 채무불이행 유형으로서의 이행거절", **민법연구**, 제4권(2007), 121면 이하.
6) 송덕수, "이행불능에 있어서 이른바 대상청구권", **경찰대논문집**, 제4집(1985), 198면 참조.
7) 그 이후 같은 취지로 대법원 1996. 12. 10. 선고 94다43825 판결; 대법원 2002. 2. 8. 선고 99다23901 판결 등 다수.
8) 반면 부정적인 견해로는 정상현, "대상청구권의 인정 여부에 관한 법리 재검토", **성균관법학**, 제19권 제3호(2007), 724－725면; 최원준, "위험부담의 원리와 대상청구권의 인정 여부", **성균관법학**,

대상청구권을 인정함으로써 '명문화되지 않은 권리'의 인정이 가능하다는 점을 각인시켜 주었다.[10] 세상이 아무리 변해도 민법 개정은 쉽지 않은 현실에서 이처럼 해석을 통해 새로운 권리를 인정하는 것이 필요할 때가 있다. 문제는 그 인정 근거이다. 대법원은 그 인정 근거를 분명히 밝히고 있지 않다. 대상청구권의 인정 근거에 대해서는 전체유추설,[11] 신의칙설,[12] 조리설[13] 등이 주장되었다. 다수설인 전체유추설의 설명력이 가장 높다고 생각한다.[14] 대상청구권에 동원된 전체유추의 기법은 해석을 통해 새로운 권리를 인정할 때 요긴하게 활용될 수 있는 수단이다.

(1) 사해행위 취소와 대상청구권

대법원 2012. 6. 28. 선고 2010다71431 판결은 사해행위 취소의 효과로서 대상청구권을 인정하였다. 해당 사안에서는 소외인이 자신의 부동산에 관하여 피고(국민은행)와 근저당권설정계약을 체결하고 근저당권설정등기를 마쳐주었다. 그러자 소외인의 채권자인 원고(신용보증기금)는 피고를 상대로 근저당권설정계약이 사해행위임을 이유로 이를 취소하고 원상회복으로서 근저당권의 말소를 구하는 소를 제기하였다. 원고는 승소하였고 그 승소판결은 확정되었다. 그런데 그 후 근저당권에 기한 임의경매절차에서 해당 부동산이 제3자에게 매각되었고, 피고는 배당금을 수령하였다. 원고는 임의경매절차 진행 중 배당표가 작성된 이후 피고를 상대로 배당금청구권을 양도하라는 소를 제기하였다가, 그 후 피고가 배당금을 수령하

제21권 제1호(2009), 615, 625-626면.

9) 이와 달리 프랑스 민법 제1351조 제2항, 독일 민법 제285조 및 일본 민법 제422조의2는 대상청구권을 명문으로 규정한다.
10) '명문화되지 않은 권리'의 인정은 불법행위에 대한 금지청구권에 관한 대법원 2010. 8. 25.자 2008마1541 결정에서도 이루어졌다.
11) 양창수, "매매목적토지의 수용과 보상금에 대한 대상청구권", **민법연구**, 제3권(1995), 392-396면; 이은애, "우리 민법상 이른바 대상청구권의 인정", 사법논집, 제26집(1995), 205-206면; 이충훈, "대상청구권", **연세법학연구**, 제5권 제1호(1998), 319-320면; 김용담 편, **주석민법 채권총칙(1)**, 제4판(한국사법행정학회, 2013), 694면(김상중 집필부분) 등.
12) 안법영, "채권적 대상청구권-우리 민법의 발전적 형성을 위한 비교법적 소고-", **김형배 교수 회갑기념논문집**: 채권법에 있어서 자유와 책임(1994), 252면.
13) 이상경, "대상청구권", **이시윤박사 회갑기념논문집**: 민사재판의 제문제(상)(1995), 254-255면.
14) 양창수(주 11), 392면 이하에서는, 대상청구권은 손해배상자의 대위(민법 제399조), 변제자대위(민법 제480조 이하), 물상대위(민법 제342조, 제370조) 등에 발현되고 있는 "일정한 사람에게 귀속된 재산가치가 그 기초에 존재하는 경제적 관계에 비추어 보면 그에게 속할 것이 아니고 실제로는 다른 권리자에게 속하여야 할 경우에는 그 재산가치는 후자에게 이전되어야 한다"는 소위 대상법리(Surrogationsprinzip)에 의하여 정당화될 수 있다고 한다.

자 다시 청구취지를 변경하여 배당금을 반환하라고 구하였다. 원고는 이러한 주장을 사해행위 취소에 따른 가액배상으로 구성하였다.

그런데 원고의 가액배상 주장에는 다음 문제가 있다. 원고는 이미 사해행위 취소 및 원물반환의 확정판결을 받았다. 그런데 임의경매절차를 통해 근저당권이 소멸하였으므로 근저당권 말소를 내용으로 하는 원물반환은 불가능하게 되었다. 원물반환이 불가능하면 가액배상을 구할 수 있다. 하지만 원물반환청구권과 가액반환청구권은 모두 사해행위 취소에 따른 원상회복청구권에 속하는 것으로서, 양자를 동일한 소송물로 보는 것이 판례의 태도이다.[15] 그러므로 이미 원물반환에 관한 확정판결이 있는 상태에서 다시 동일한 사해행위 취소를 원인으로 가액배상을 구하는 것은 전소의 기판력에 반하여 허용되지 않는다. 이 사건에서는 가액배상 사유(즉 원물반환의 불가능 사유)가 전소의 변론종결 후에 발생하였고, 피고가 그 배당금을 그대로 보유하게 하는 것은 부당한 면이 있으므로 이 점을 들어 예외적으로 가액배상을 다시 구할 소의 이익이 있다고 말할 여지는 있다.[16] 그러나 대법원은 가액배상을 다시 구하기는 어렵다고 판단하였다. 원상회복청구 그 자체를 소송물로 파악하는 기존 판례의 입장, 그리고 기판력의 이론에 따라 논리적으로 도출되는 결론을 뒤집기가 부담스러웠을 것이다.

하지만 대법원은 다음과 같은 해법으로 배당금반환을 가능하게 하였다. 대법원은 원고가 피고에게 배당금의 반환을 구하는 청구취지에는 가액배상 외에도 대상청구를 구하는 내용이 포함되었다고 보았다. 실제 소송 과정에서 대상청구에 관한 명시적인 주장이 있었던 것 같지는 않다. 1심판결과 원심판결도 모두 원고의 주장을 가액배상 주장으로만 파악하고 있을 뿐 대상청구에 대해서는 아무런 언급이 없다. 대법원은 피고가 그대로 배당금을 보유하도록 하는 것은 부당하다는 결론하에 배당금반환주장을 대상청구 주장으로 너그럽게 해석하여 준 것이다. 이와 관련하여 대법원은 이행불능의 효과로서 대상청구권을 부정할 이유가 없다는 기존 판례의 법리[17]를 재확인한 뒤 대상청구에 따른 배당금 반환을 인정하였다. 이로써 사해행위 취소에 따른 원상회복의 방법으로 원물반환이나 가액배상 외에도 대상청구가 활용될 수 있음이 명확해졌다. 대상판결에서 언급하고 있지는 않지만, 이 경

---

15) 대법원 2001. 6. 2. 선고 99다20612 판결; 대법원 2006. 12. 7. 선고 2004다54978 판결.
16) 1심판결(서울중앙지방법원 2010. 2. 9. 선고 2009가단306658 판결)과 원심판결(서울중앙지방법원 2010. 7. 27. 선고 2010나13229 판결)이 그러한 태도를 취하였다.
17) 대법원 1992. 5. 12. 선고 92다4581, 4598 판결.

우 대상청구의 반환범위는 가액배상 범위 내로 제한하는 것이 타당하다.[18]

(2) 화재보험금과 대상청구

대법원 2016. 10. 27. 선고 2013다7769 판결은 화재보험금과 대상청구의 문제를 다루었다. 결론부터 말하면 대법원은 ① 매매 목적물이 화재로 소실되어 매매 목적물 인도의무가 이행불능에 빠진 경우 매수인은 대상청구권에 기해 매도인이 지급받을 화재보험금 내지 화재공제금의 지급을 구할 수 있고, ② 이 경우 대상청구권의 범위는 매매대금 상당액의 한도 내로 제한되지 않는다는 법리를 제시하였다. 두 가지 법리 모두 실무적으로나 이론적으로 대상청구권과 관련된 중요한 문제를 다루고 있어 살펴볼 가치가 있다.

우선 대상판결은 매매 목적물에 대한 보험금청구권이 대상청구권의 대상임을 명확히 하였다. 종래 이 문제를 정면으로 다룬 판례는 없었다.[19] 한편 다수설은 보험금청구권이 대상청구권의 대상이라는 입장을 취하고 있었다.[20] 달리 생각할 측면도 있기는 하다.[21] 보험금은 채무자가 지급한 보험료의 반대급부로 주어진다. 보험사고가 발생하였다면 그로 인한 보험금은 바로 그 사태에 대비하여 보험료를 출연한 채무자에게 주어지는 것이 옳다고 볼 수도 있다. 그러나 결론적으로는 보험금청구권도 대상청구의 대상이 될 수 있다고 생각한다. 이행불능이 없었다면 채무자는 어차피 보험금을 지급받지 못하였을 것이다. 그러면서 목적물은 채권자에게 인도하였을 것이다. 그런데 이행불능이 되었다는 이유로 목적물 인도의무는 면하면서 보험금을 지급받아 보유하게 되면 채무자는 채무를 이행하는 경우보다 더 유리한 지위에 놓인다. 그만큼 채권자는 이행불능으로 인한 위험을 홀로 떠안게 되어 더 불리한 지위에 놓인다. 이러한 결과는 부당하다. 바로 이러한 부당한 결과를 막기 위해 고안한 법리가 대상청구권이다.

---

18) 이봉민, "사해행위 취소의 효과로서 대상청구권", **민사판례연구**, 제36권(2014), 506-507면.
19) 다만 대법원 1996. 12. 10. 선고 94다43825 판결에서 대법원은 취득시효가 완성된 토지가 협의매수로 제3자에게 이전된 경우 그 토지대금에 관하여 대상청구권이 원칙적으로 인정된다고 하면서도 이를 행사하려면 이행불능 전에 그 권리를 주장하거나 등기청구권을 행사하였어야 한다는 제한을 부가한 바 있다. 이 판결은 매매대금에 관한 대상청구권이 인정된다는 점을 전제한 것으로 보인다.
20) 지원림, "점유취득시효 완성 이후의 사정변경과 대상청구권", **민사판례연구**, 제18권(1996), 212면; 윤근수, "부동산 점유취득시효 완성으로 인한 등기청구권이 이행불능 된 경우 대상청구권의 성부 및 요건," **판례연구**(부산판례연구회), 8집(1998), 175면 등.
21) 이상경(주 13), 257면.

　다음으로 대상판결은 대상청구가액이 매매 목적물 가치를 초과하는 경우 그 초과가치도 대상청구권의 대상이라고 보았다. 종전에 이미 그러한 취지의 판례가 있었으므로[22] 대상판결이 이 점을 최초로 판시한 것은 아니다. 학계에서는 초과가치 반환에 대한 긍정설과 부정설이 대립하여 왔다.[23] 긍정설은 대상청구권과 손해배상청구권은 다른 권리이므로 대상청구가액이 손해의 범위로 제한될 이유가 없다는 점을 강조한다. 또한 대상청구가액이 손해에 미치지 못해도 채권자는 그 대상 자체로만으로 만족해야 하는 위험을 부담하므로, 대상청구가액이 손해를 넘는 경우에도 채권자는 그 대상 자체를 수령할 수 있는 이익을 인정하는 것이 균형적인 결론이라고 한다. 대상판결도 이러한 태도를 취하였다.

　그러나 대상청구권은 손해배상청구권보다는 부당이득반환청구권과 더 밀접한 관련성을 지닌다. 그러므로 대상청구권의 법리는 부당이득의 법리와 정합성을 유지해야 한다.[24] 부당이득에 관하여 판례는 부당이익의 반환은 손실 범위로 제한된다고 하여 초과가치분의 반환책임을 부정한다.[25] 그런데 대상청구권에 있어서는 초과가치분의 반환책임을 긍정하는 것은 정합적이지 않다.[26] 또한 보험금의 지급사유와 액수는 보험계약과 보험료에 따라 천차만별이다. 계약자유의 원칙상 보험계약자는 더 높은 보험료를 내고 목적물의 객관적 가치보다 더 높은 보험금을 지급받을 수도 있다. 반면 채권자 입장에서는 원래의 목적물 대가만 대상으로 지급받으면 충분하다. 대상청구는 이행불능 사태에 직면해서도 가급적 채권자를 이행가능 상황의 지위에 놓으려는 대체적 수단이므로 채권자에게 그보다 더 유리한 지위를 부여할 필요까지는 없다. 그렇다면 목적물의 가치를 초과하는 부분은 그에 상응하는 보험료를 납부한 채무자에게 귀속시키는 것이 더 공평하다. 부정설이 타당하다고 생각한다.[27]

---

22) 대법원 2008. 6. 12. 선고 2005두5956 판결.

23) 학설 상황에 대한 소개로 송덕수, "대상청구권에 관한 입법론", **법조**, 제660호(2011); 정다영, "대상청구권의 행사 및 효력 범위 – 대법원 2016. 10. 27. 선고 2013다7769 판결 –", **재산법연구**, 제35권 제2호(2018), 170 – 171면 참조.

24) 김형석, "대상청구권: 민법개정안을 계기로 한 해석론과 입법론", **서울대학교 법학**, 제55권 제4호(2014), 111 – 115면은 이에 대한 독일 논의를 소개하고 있다.

25) 대법원 1997. 7. 11. 선고 96다31581 판결; 대법원 2008. 1. 18. 선고 2005다34711 판결 등. 이러한 손실한도 반환설에 대한 비판론도 유력하다. 김상중, "대상청구권의 반환내용", **법조**, 제725호(2017), 634면 이하; 이계정, "부당이득에 있어서 이득토출책임의 법리와 그 시사점 – 반환범위에 있어 손해중심에서 이득중심으로의 전환 –", **저스티스**, 제169호(2018), 68면 이하.

26) 양창수(주 11), 402 – 403면.

27) 김형석(주 24), 124 – 126면. 이것이 일본 판례(最高裁 1996(김和 41). 12. 23. 民集 20-10, 2211)

나. 물권적 청구권과 전보배상청구권

대법원 2012. 5. 17. 선고 2010다28604 전원합의체 판결은 물권적 청구권에 따른 의무가 이행불능에 빠진 경우 전보배상청구권이 인정되는지를 다루었다. 사안은 다음과 같다. 국가 명의로 소유권보존등기가 마쳐진 토지 일부 지분에 관하여 甲 등 명의로 소유권이전등기가 이루어졌다. 그런데 乙은 자신이 그 토지 지분의 소유자임을 내세워 보존등기 및 이에 기한 이전등기가 무효라고 주장하며 국가 등을 상대로 등기말소의 소를 제기하였다. 법원은 국가에 대한 말소청구는 인용하였지만 甲 등에 대한 말소청구는 등기부취득시효 완성을 이유로 기각하였고, 그 판결이 확정되었다. 결국 乙은 등기말소의 목적을 달성할 수 없게 되었다. 그러자 乙은 다시 국가를 상대로 손해배상청구를 하였다. 이와 관련하여 물권적 청구권에 따른 등기말소의무가 이행불능에 빠지면 채무의 이행불능의 경우처럼 전보배상청구를 할 수 있는지가 문제되었다.

대상판결 이전의 판례는 이러한 경우 전보배상청구가 허용된다고 보았다.[28] 그러나 대상판결은 판례를 변경하였다. 대상판결의 요지는 다음과 같다. 소유권에 기한 등기말소청구권이나 진정명의회복청구권은 물권적 청구권으로서의 방해배제청구권(민법 제214조)의 성질을 가진다. 소유자가 그 후 소유권을 상실함으로써 등기말소 등을 청구할 수 없게 되었더라도 그 권리의 이행불능을 이유로 민법 제390조의 손해배상청구권을 가지지 않는다. 채무불이행을 이유로 하는 손해배상청구권은 계약 또는 법률에 기하여 이미 성립하여 있는 채권관계에서 본래의 채권이 동일성을 유지하면서 그 내용이 확장되거나 변경된 것으로서 발생한다. 그러나 위와 같은 등기말소청구권 등의 물권적 청구권은 그 권리자인 소유자가 소유권을 상실하면 이제 그 발생의 기반이 아예 없게 되어 더 이상 그 존재 자체가 인정되지 않는다. 이러한 법리는 선행소송에서 소유권보존등기의 말소등기청구가 확정되었다고 하더라도 마찬가지이다. 한편 이러한 법정의견에 대해서는 이 경우에도 이행불능으로 인한 전보배상을 인정할 수 있다는 별개의견이 있었다.

대상판결은 물권과 물권적 청구권, 이에 기한 이행의무, 나아가 물권적 문제에

및 2020년부터 시행된 개정 일본 민법에 대상청구권이라는 표제 아래 신설된 제422조의2의 태도이기도 하다.

[28] 대법원 2008. 8. 21. 선고 2007다17161 판결; 대법원 2009. 6. 11. 선고 2008다53638 판결. 두 판결 모두 공간되지 않았으나 대상판결에서 인용되었다.

대한 채권적 법리의 확장 가능성 등 다양한 문제를 다루었다. 이행불능은 이행의무 자체는 존재하나 그 의무를 이행하는 것이 불가능하게 된 상태이다. 즉 이행불능은 이행의무의 존재를 전제하고 이행불능을 소멸시키지 않는다. 한편 물권적 청구권에 대응한 상대방의 의무(예컨대 토지의 방해물을 제거하거나 잘못된 등기를 말소할 의무)는 그 물권적 청구권을 행사하는 특정인에 대한 특정한 행위의무라는 점에서는 이행의무라고 표현할 수 있다. 그러나 좀더 정확하게 말한다면 이는 절대적, 대세적 효력을 가지는 물권에 대한 복속 상태가 구체적으로 발현된 것이다. 이러한 복속 상태는 당연하게도 그 복속력의 원천인 물권의 존재를 전제한다. 어떤 이유로든 그 물권이 소멸하는 순간 이와 불가분적으로 연결된 물권적 청구권 및 이러한 물권 내지 물권적 청구권에 대한 복속 상태도 동시에 소멸한다.[29] 별개의 견은 이러한 상태를 이행불능이라고 부름으로써 마치 그것이 채무의 이행불능과 유사한 상태인 것처럼 표현한다. 그러나 이러한 상태는 채무는 존재하나 이행하지 못하는 채무의 이행불능 상태와는 다르다. 별개의견은 이행불능과 무관한 물권법적 사태에 대해 이행불능이라는 동일한 용어를 사용하면서 이를 가교 삼아 이행불능 법리를 확장 적용하려는 시도를 한 것이다. 대상판결이 타당하다고 생각한다. 따라서 해당 사안에서는 이행불능에 대한 채권 법리의 적용 문제는 발생하지 않는다. 乙의 구제는 불법행위로 인한 손해배상 또는 점유자의 소유자에 대한 손해배상[30]의 틀에서 해결할 수 있을 뿐이다.[31]

다. 이행불능 판단의 엄격성

대법원 2016. 5. 12. 선고 2016다200729 판결은 채권자가 채무자의 이행이 가능하다고 여겨 이행불능을 이유로 한 전보배상청구 대신 이행청구를 하는 사안에서 이행불능 판단이 엄격해야 함을 밝혔다. 이 사건에서 공익법인인 피고는 사업

---

29) 대상판결 사안에서는 제3자가 취득시효를 원인으로 소유권을 취득함으로써 원래 소유자의 소유권이 소멸되는 상황을 다루었지만, 제3자가 선의의 제3자 보호 규정에 따라 소유권을 취득하는 경우라고 해서 달리 볼 이유가 없다. 지원림, "물권적 방해배제청구의 이행불능과 전보배상─대법원 2012. 5. 17. 선고 2010다28604 전원합의체 판결", 법률신문 제4038호(2012. 6) 참조.
30) 민법 제202조에 의한 손해배상 가능성에 대해서는 김병선, "물권적 청구권의 이행불능의 효과", 일감법학, 제33호(2016), 596─598면.
31) 대상판결에 따른 파기환송 후 항소심은 실제로 불법행위책임을 인정하였다(서울고등법원 2012. 10. 18. 선고 2014나41306 판결). 정문경, "물권적 청구권의 이행불능으로 인한 전보배상청구권", 민사판례연구, 제35권(2013), 151─152면.

부지 및 지상 건물을 지방자치단체인 원고에게 기부채납하기로 약정하였다. 원고
는 피고에게 그 약정에 기한 이전등기청구를 하였다. 그런데 그 부지와 건물은 피
고 법인이 아니라 그 법인 이사 개인의 소유로 등기되어 있었다. 원심법원은 기부
채납 약정의 주체가 아닌 법인 이사가 소유한 부지와 건물의 증여를 강제할 방법
이 없다고 하여 이행불능을 이유로 원고의 청구를 기각하였다. 하지만 대법원은
"계약은 어디까지나 그 내용대로 지켜져야 하는 것이 원칙이므로, 채권자가 굳이
채무의 본래 내용대로의 이행을 구하는 경우에는 쉽사리 그 채무가 이행불능이 되
었다고 보아서는 안 된다."라고 판시하며 원심판결을 파기하였다.

　　채무를 이행하지 않는 경우 그 이행 자체를 구하고 나아가 이를 강제할 수 있
다. 또한 그 불이행으로 인한 손해배상을 구할 수도 있다. 양자는 모두 채무불이행
이라는 동일한 현상에 대응하는 별개의 다른 수단이다. 종래 보통법과 형평법을
구별해 온 영미법계 국가들에서는 계약위반에 대해 손해배상(damages)이라는 보
통법적 구제를 인정하면서 특정이행(specific performance)이라는 형평법적 구제는
예외적으로만 허용해 왔다. 그러나 대륙법계에 속한 우리 민법은 채무의 이행청구
내지 이행강제를 후순위로 돌리지 않는다. 채권자는 채무자가 약속한 이행을 청구
하거나 강제할 수 있고, 그것이 손해배상청구의 보충적 수단이 되는 것도 아니다.
오히려 이론적으로 따지자면 이것이 채무불이행 사태의 원칙적인 해결 방법이
다.[32] 그런데 이행불능은 이러한 원칙적인 해결 방법을 배제하는 개념이다. 그 점
에서 이행불능은 이행청구의 가능과 불능을 좌우하는 역할을 수행한다.

　　이러한 이행불능은 종국적이고 확정적인 것이라야 한다.[33] 그러한지는 가치
적·목적적으로 판단해야 한다. 즉 이행불능 판단은 규범적인 성격을 띤다. 이러
한 규범성은 소유관계의 귀속을 둘러싼 이행불능 판단에서 두드러진다. 소유권을
넘겨주어야 할 상황에서 그 소유권이 채무자 아닌 제3자에게 귀속되어 있다면 소
유권이전의무는 이행불능인가? 만약 채무자가 제3자로부터 소유권을 취득한 뒤 채
권자에게 넘겨줄 가능성이 있다면 그 소유권이전의무는 이행불능이 아니다.[34] 이

---

32) 오스트리아 민법 제918조, 제919조, 이탈리아 민법 제1453조 제1항, 네덜란드 민법 제3:296조 제1
　　항, 덴마크 물품매매법 제21조, 스웨덴 물품매매법 제23조 등 이를 명문으로 규정하는 입법례들도
　　많다. 유럽계약법원칙(PECL) 제9:101조도 이러한 사고방식 위에 기초한다고 평가할 수 있다.
33) 곽윤직 편, **민법주해**(Ⅸ) 채권(2)(박영사, 1992), 242면(양창수 집필부분); 김용담 편, **주석민법 채권**
　　총칙(1), 제4판(한국사법행정학회, 2010), 684면(김상중 집필부분); 양창수·김재형, **계약법(민법Ⅰ)**,
　　제2판(박영사, 2015), 373면.
34) 주석민법/김상중(주 33), 685면.

러한 견지에서 대법원은 부동산 이중매매 사안에서 등기회복 가능성이 희박한 경우에는 이행불능이라고 보면서도,[35] 처[36] 또는 아들[37] 앞으로 소유권이전등기가 되었거나, 아들이 경락받아 소유권을 취득한 경우[38]에는 등기회복 가능성이 있다고 보아 이행불능이 아니라고 판단하였다. 이는 채무자와 현재 소유자 간 관계의 밀접성에 초점을 맞춘 판단이다. 이 사안에서 피고 법인의 이사는 피고 법인 설립자의 장남이었고, 토지 취득 및 건축 신고 시 피고 법인의 대표자이기도 하였다. 대상판결은 이러한 사정에 초점을 맞추어 피고의 채무가 이행불능에 빠졌다고는 단정할 수 없다고 보았다.

대상판결에서 주목할 만한 것은 이행불능의 엄격성이 원고의 청구원인에 따라 달라질 가능성을 내비친 점이다. 대법원은 "채권자가 굳이 채무의 본래 내용대로의 이행을 구하고 있는 경우에는 쉽사리 채무의 이행이 불능으로 되었다고 보아서는 아니 된다."라고 판시하였다. 채권자가 강제이행과 손해배상 중 무엇을 구하는지에 따라 이행불능 판단의 엄격함이 달라질 수 있다는 이야기이다. 이러한 이행불능에 관한 이중적 판단은 법 이론적으로 논리적이지 못하다는 비판을 받을지도 모른다. 그러나 리처드 포즈너(Richard Posner) 판사의 말처럼 우리는 이론에 대해 실용적이 되어야 한다. 이론은 궁극적 진실의 반영이라기보다는 도구이고, 그 도구의 기준은 효용에 있다.[39] 채권법이 추구하는 효용은 채무가 그 본래 내용에 좇아 이행되도록 하는 것, 바꾸어 말하면 채권이 그 내용에 좇아 만족되도록 하는 것이다. 법원의 판단도 가급적 이를 촉진하는 방향으로 이루어져야 하고, 이를 게을리한 채 손쉽게 모든 것을 손해배상의 문제로 환원하려는 시도는 경계되어야 한다. 특히 채권자가 처음부터 전보배상을 원하는 경우와 달리, 스스로 불능으로 인한 불이익의 가능성을 감수하면서 본래의 채무이행을 원한다면 더욱 그러하다. 대상판결의 태도는 그러한 면에서 이해할 수 있다.

---

35) 예컨대 대법원 2005. 9. 15. 선고 2005다29474 판결.
36) 대법원 1991. 7. 26. 선고 91다8104 판결.
37) 대법원 1995. 10. 13. 선고 95다25497 판결.
38) 대법원 1994. 12. 22. 선고 94다40789 판결.
39) Richard A. Posner, "The New Instrumental Economics Meets Law and Economics", *J. Inst. & Theoret. Econ.* 73 (1993), p. 77.

2. 귀책사유

대법원 2011. 8. 25. 선고 2011다43778 판결은 분양자가 분양계약 체결 당시 예견할 수 있었던 장애사유를 수분양자에게 고지하지 않았다가 그 장애사유가 현실화된 경우 분양자가 채무불이행 책임을 부담하는지를 다루었다. 분양자인 피고 (지방공사)는 아파트 분양공고 및 분양계약 체결 당시 장차 아파트 부지에 대한 문화재발굴조사가 행해질 것을 알고 있었다. 또한 유적지가 발견되어 행정관청의 현지 보존결정이 내려지면 그 부지에서 아파트 건설을 할 수 없게 된다는 점도 알고 있었다. 더구나 피고는 주택건설사업계획 승인 과정에서 승인권자로부터 분양공고문에 '문화재 조사결과에 따라 사업계획이 변경될 수 있음'을 표기하여 민원 발생이 없도록 조치하라는 공문까지 받은 상태였다. 피고는 입주자모집공고문과 분양계약서에 문화재 조사로 인해 입주예정일이 늦어질 수 있다는 점은 밝혔으나, 아파트 건설이 불가능해질 수 있다는 점은 밝히지 않았다. 그런데 문화재발굴조사과정에서 유적지가 실제로 발견되었고, 결국 그 부지에서 아파트를 건설할 수 없게 되었다. 수분양자인 원고들은 분양자인 피고에게 손해배상을 청구하였다.

대법원은 "계약당사자 일방이 자신이 부담하는 계약상 채무를 이행하는 데 장애가 될 수 있는 사유를 계약을 체결할 당시에 알았거나 예견할 수 있었음에도 이를 상대방에게 고지하지 아니한 경우에는, 비록 그 사유로 말미암아 후에 채무불이행이 되는 것 자체에 대하여는 그에게 어떠한 잘못이 없다고 하더라도, 상대방이 그 장애사유를 인식하고 이에 관한 위험을 인수하여 계약을 체결하였다거나 채무불이행이 상대방의 책임 있는 사유로 인한 것으로 평가되어야 하는 등의 특별한 사정이 없는 한, 그 채무가 불이행된 것에 대하여 귀책사유가 없다고 할 수 없다."라고 판시하면서, "그것이 계약의 원만한 실현과 관련하여 각각의 당사자가 부담하여야 할 위험을 적절하게 분배한다는 계약법의 기본적 요구에 부합한다."라고 덧붙였다. 이러한 일반론 아래 대법원은 피고가 위와 같은 위험요소를 충분히 알았는데도 그 가능성을 언급하지 않은 이상 아파트 공급의무 불이행에 대한 귀책사유가 있다고 보았다.

이에 대해서는 다음과 같은 비판이 가해질 수 있다.[40] 유적지는 옛날부터 그 곳

---

40) 안병하, "급부장애사유에 대한 계약체결 전 고지의무 위반의 책임 : 대법원 2011. 8. 25. 선고 2011다43778 판결에 대한 비판적 검토", **민사판례연구**, 제38권(2016), 371면 이하. 이 문헌은 민

에 있었기에 발견된 것이고 이 과정에서 피고가 어떠한 잘못을 한 것은 아니다. 피고가 원고들에게 그러한 가능성을 충분히 알리지 않은 것은 유감스러운 일이다. 그러나 이는 계약 체결 과정에서 발생한 일일 뿐 계약상 급부의 이행 과정에서 발생한 일이 아니다. 그러므로 설령 그러한 불고지가 잘못이라고 하더라도 이를 채무불이행의 귀책사유라고 보기 어렵다. 그런데 대상판결이 피고의 귀책사유로 채무를 불이행하였다고 평가한 뒤 이행이익 상당의 배상까지 인정한 것은 타당하지 않다.

이러한 비판론이 날카롭게 지적하듯 계약 체결 시점의 고지의무와 계약 체결 이후의 급부의무는 구별되고, 전자를 위반하였다고 하여 당연히 후자의 위반에 따른 채무불이행책임이 성립한다고는 할 수 없다.[41] 다만 이 사건에서 원고들은 고지의무 위반을 주장한 것이 아니라 급부의무 위반(즉 아파트를 건설, 공급할 의무 위반)을 주장하였다. 그러므로 남는 문제는 불고지가 급부의무 위반의 귀책사유로 평가될 수 있는가 하는 점이다. 이는 채무불이행의 귀책사유가 급부의무 위반 그 자체에 관한 귀책사유로 제한되어야 하는가 하는 물음과 관련 있다. 민법 제390조의 문언만 놓고 보면 그렇다고 해석할 가능성이 높다.[42] 그러나 귀책사유의 기능을 좀더 넓게 파악하는 것도 가능하다. 채무불이행의 귀책사유는 민법 제390조의 본문이 아닌 단서에 규정되어 있는 점에서도 알 수 있듯이 채무불이행책임을 부과하는 적극적 요건이라기보다는 채무불이행이라는 사태 그 자체에 대해 원칙적으로 책임을 져야 하는 채무자가 그 책임으로부터 벗어날 수 있는 일체의 소극적 정당화 사유이다. 즉 귀책사유는 채무불이행으로 인한 위험을 채무자로부터 채권자에게 전가하는 하나의 바로미터이다. 그러므로 채무의 성립부터 이행에 이르기까지의 전체 단계에서 이러한 위험 전가를 정당화할 만한 사유가 있다고 평가되지 않는다면 원칙으로 돌아가 채무불이행책임을 지는 것이 맞다. 해당 사안에서 채무자인 피고는 비록 유적지 발굴이라는 사태 그 자체에 대해 잘못이 있는 것은 아니지만 그 사태로 인한 위험을 충분히 알려 원고들로 하여금 그 위험을 스스로 감수

법 제535조에 규정된 계약체결상 과실책임의 적용범위 및 법률효과를 확대하여 급부장애사유에 대한 고지의무 위반의 문제를 해결하는 방안을 제시하고 있다.

[41] 실제로 계약체결 과정에서의 고지의무 위반 또는 기망은 불법행위책임으로 구성하는 경우가 많다. 예컨대 대법원 2007. 6. 1. 선고 2005다5812, 5829, 5836 판결.

[42] 민법 제390조는 "채무자의 고의나 과실없이 이행할 수 없게 된 때"라고 표현함으로써 귀책사유가 이행과 결부된 요건임을 나타내고 있다. 그러나 "고의나 과실없이"와 "이행할 수 없게 된 때"를 분리함으로써 고의나 과실이 꼭 이행 그 자체에 국한되는 것은 아니라고 해석할 수도 있다.

하거나 회피할 수 있도록 해 주지 않은 잘못은 있다. 또한 일련의 사실관계에 비추어 피고는 고지되지 않은 위험은 스스로 떠안겠다는 묵시적인 의사 표명을 한 것이라고 평가할 여지도 있다. 그렇다면 피고는 유적지의 존재에 대한 귀책사유는 없으나 이행불능으로 발생한 사태에 대해서는 귀책사유가 없다고 할 수 없다.[43]

3. 손해배상의 범위

가. 낙찰자 결정 후 본계약 체결을 거절한 입찰실시자의 손해배상 범위

대법원 2011. 11. 10. 선고 2011다41659 판결은 예약 후 본계약체결 거절로 인한 손해배상 범위 문제를 다루었다. 입찰절차에서 낙찰자가 결정되면 입찰실시자와 낙찰자 사이에는 도급계약의 본계약 체결의무를 내용으로 하는 예약관계가 성립한다.[44] 그런데 입찰실시자가 정당한 이유 없이 본계약 체결을 거절하는 것은 본계약 체결의무 위반에 해당한다. 이때 본계약 체결의무 위반으로 인한 손해배상 범위는 어떻게 산정하는가? 본계약이 체결되지도 않은 상태에서 본계약이 체결되었더라면 얻을 수 있었을 이익, 즉 이행이익 배상을 구할 수 있는가? 그 배상액은 어떻게 산정하는가? 대법원은 도급인이 될 자가 수급인 선정을 위한 입찰절차에서 낙찰자를 결정하였으나 정당한 이유 없이 본계약 체결을 거절하는 경우, 낙찰자에게 배상할 손해 범위에 이행이익 상실의 손해가 포함된다고 보았다.

채무불이행으로 인한 손해배상은 원칙적으로 '계약이 완전히 이행된 것과 동일한 이익', 즉 이행이익 상당의 배상이다.[45] 이행이익 배상을 통해 채권자는 계약이 이행된 것과 규범적으로 같은 지위를 확보하게 된다. 이것이 깨어진 정의를 회복된 정의 상태로 시정하는 손해배상제도의 이념에 부합한다. 이러한 이행이익 배상 원칙은 주요 국가들, 나아가 각종 국제규범에서 채무불이행으로 인한 손해배상의 원칙으로 받아들여지고 있다.[46] 물론 이행이익에 갈음하여 신뢰이익의 배상을 구할 수도 있다.[47] 이때 이행이익 배상과 신뢰이익 배상은 손해 회복이라는 공통의

---

43) 대상판결에 찬성하는 입장으로 김용덕 편, **주석민법 채권총칙**(1), 제5판(한국사법행정학회, 2020), 651면(김상중 집필부분).
44) 대법원 2006. 6. 29. 선고 2005다41603 판결.
45) 대법원 2008. 12. 24. 선고 2006다25745 판결; 대법원 2009. 7. 9. 선고 2009다24842 판결.
46) 권영준, "이행이익, 신뢰이익, 중복배상 – 지출비용과 일실이익의 배상청구와 관련하여 – ", **인권과 정의**, 제491호(2020), 126면.
47) 대법원 1992. 4. 28. 선고 91다29972 판결; 대법원 1999. 7. 27. 선고 99다13621 판결; 대법원 2002. 6. 11. 선고 2002다2539 판결.

목적 달성에 동원되므로 협업적 관계에 있다. 하지만 신뢰이익의 배상이 허용된다고 하여 이행이익 배상이 가지는 원칙으로서의 지위가 흔들리는 것은 아니다.

이러한 이행이익 배상원칙은 계약에서 정한 의무를 위반하는 경우뿐만 아니라 계약을 체결할 의무를 위반하는 경우에도 적용되지 않을 이유가 없다.[48] 계약을 체결할 의무의 발생 근거가 되는 예약도 엄연히 일종의 계약이고, 그 의무 위반은 예약이라고 불리는 계약에서 정한 채무의 위반이기 때문이다. 그러므로 본계약 체결의무라는 계약상 의무를 위반한 경우에도 그 본계약을 체결하였더라면 일반적으로 얻을 수 있었을 이익, 즉 이행이익의 배상이 가능하다. 또한 이러한 이행이익은 본계약 체결을 기대하는 당사자라면 통상적으로 예견할 수 있는 범위에 있는 이익이므로 통상손해에 해당한다. 이에 대해서는 계약교섭의 부당한 중도파기로 인한 손해배상책임의 범위를 신뢰이익으로 본 대법원 2003. 4. 11. 선고 2011다53059 판결을 들면서, 이처럼 계약이 체결되기 전 단계에서는 이행이익 배상이 허용될 수 없다고 반론할지도 모른다. 그러나 2011다53059 판결은 어떤 형태의 계약도 체결된 바 없는 사안을 다루고 있는 반면, 대상판결은 예약이라는 계약이 이미 체결된 사안을 다루고 있다는 점에서 구별되어야 한다.

다만 구체적으로 이행이익을 산정하는 과정에서는 유의할 점들이 있다. 우선 예약 단계에서 본계약의 내용이 구체적으로 확정되어 있다면 이행이익을 산정하기가 쉬워진다. 반면 그렇지 않다면 이행이익의 산정이 어려울 수도 있다. 이 경우에는 신뢰이익에 기대어야 할 수도 있다. 또한 여기에서의 이행이익은 총 매출에서 제반 비용을 공제한 순이익을 의미한다. 이러한 비용은 금전적 비용뿐만 아니라 수급인이 기울이게 될 노력이나 그 과정에서 감수해야 할 사업적 위험 등 무형적 비용을 포함하는 개념이다. 그렇지 않다면 수급인은 본계약이 체결되었더라면 기울였을 노력을 기울이거나 위험을 감수하지 않고도 본계약이 체결된 경우와 동일한 이윤을 얻게 되어 오히려 과도한 배상을 받는 결과가 되기 때문이다. 이러한 의미의 무형적 비용을 금전적으로 계산하기는 쉽지 않다. 대법원은 이러한 "여러 사정을 두루 고려하여 객관적으로 수긍할 수 있는 손해액을 산정하여야 한다."라고 판시하였다. 그 산정 과정에서는 채무불이행으로 인한 구체적 손해액을 증명하는 것이 곤란한 경우 법원이 증거조사의 결과와 변론 전체의 취지에 의하여 밝혀

---

48) *Münchener Kommentar zum BGB/Busche*, 8. Auflage 2018, Vor § 145 Rn. 66은 본계약체결 의무위반 시 이행에 갈음하는 전보배상을 구할 수 있다고 설명한다.

진 간접사실들을 종합하여 손해액을 판단할 수 있다는 판례49)의 취지가 적용될 수 있을 것이다.

나. 변호사 보수에 상응하는 손해배상 범위

대법원 2012. 1. 27. 선고 2010다81315 판결은 채무자의 채무불이행 때문에 제3자를 상대로 소를 제기한 채권자가 지출한 변호사 보수가 채무자의 손해배상 대상인지를 다루었다. 일반적으로 채권자와 채무자 사이의 소송으로 인한 변호사 보수는 소송비용 부담의 문제로 보아 해결하면 충분하다. 그런데 이 사건에는 채권자가 제3자에게 소를 제기하였다는 특수성이 있다. 원고인 채권자는 피고인 한국중개법인을 대리인으로 선임하여 미국에 있는 부동산중개회사와 중개계약을 체결하였다. 그런데 원고는 피고의 선관주의의무 위반으로 인해 미국 부동산중개회사에게 과다한 중개수수료를 지급하게 되었다. 원고는 그 과다 지급분을 돌려받기 위해 미국에서 변호사를 선임하여 소송을 제기하였다. 이때 원고가 소송 과정에서 지출한 변호사 보수도 상당인과관계 있는 손해에 해당하는가? 대법원은 채무자의 고의 또는 과실로 자신의 권리를 침해받은 채권자가 자신의 권리 보호를 위하여 부득이하게 외국에서 소송을 제기하고 그와 관련하여 변호사 비용을 지출할 수밖에 없었더라도 채권자가 지출한 변호사 보수 전액이 곧바로 상당인과관계 있는 손해에 해당한다고 볼 수는 없고, 상당한 범위 내의 변호사 보수액만을 상당인과관계가 있는 손해로 보아야 한다고 판시하였다.

변호사 강제주의가 적용되는 경우가 아니라면 소송 당사자는 소송 과정에서 반드시 변호사를 선임해야 하는 것은 아니다. 이러한 점에 착안한다면 변호사 보수 지출이라는 손해는 채무불이행으로 인한 것이 아니라 채권자의 변호사 선임 결정으로 인한 것이므로 채무불이행과 손해 사이에 상당인과관계가 없다거나, 상당인과관계가 있더라도 특별손해에 불과하다고 볼 수도 있다. 실제로 우리 판례 중에는 변호사 강제주의를 택하고 있지 않은 우리나라 법제하에서는 변호사비용이 불법행위로 인한 손해배상대상에 포함되지 않는다고 본 예들이 있다.50) 그러나 이와 달리 변호사비용 상당액을 손해로 인정한 예들도 있다.51)

---

49) 예컨대 대법원 2004. 6. 24. 선고 2002다6951, 6968 판결; 대법원 2010. 10. 14. 선고 2010다40505 판결.
50) 대법원 1978. 8. 22. 선고 78다672 판결; 대법원 1996. 11. 8. 선고 96다27889 판결; 대법원 2010. 6. 10. 선고 2010다15363, 15370 판결.

변호사 강제주의만을 이유로 곧바로 변호사 보수가 손해배상의 대상이 될 수 없다고 말하는 것은 지나치다. 상당인과관계 또는 통상손해는 결국 예견 가능성의 문제로 귀결된다. 그런데 채권자가 채무불이행으로 인해 침해된 자신의 권리를 보호하고 필요한 구제를 받기 위해 변호사 보수를 지출하는 사태는 충분히 예견할 수 있다. 변호사의 숫자가 늘어나고 변호사의 도움을 받는 것이 일상화되면서 그러한 예견 가능성은 더욱 증가한다. 대상판결 사안에서도 그러한 의미의 예견 가능성이 존재하였다. 더구나 미국에서 미국 회사와 소송을 하면서 본인 소송을 하기란 여간 어려운 일이 아니다. 또한 원고가 변호사의 도움을 받아 미국 부동산중개회사로부터 그 손해를 최대한 회복하는 것이 피고에게도 유리한 일이다. 그러므로 대상판결과 같은 사안에서는 변호사 보수를 통상손해로 보는 것이 옳다.[52]

더욱 중요한 문제는 변호사 보수의 어느 범위까지를 통상손해로 인정할 것인가 이다. 변호사보수가 언제나 통상손해에 해당한다면 채권자는 불필요하게 과도한 소송비용을 지출해도 괜찮다고 잘못 생각할 수도 있다. 그러므로 변호사 보수가 언제나 통상손해에 해당한다고 말할 수는 없다. 그렇다고 하여 통상손해에 해당하는 변호사 보수의 액수나 비율을 미리 획일적으로 정해 놓을 수도 없는 노릇이다. 대법원은 대상판결에서 "변호사 보수를 지출한 경위와 지급내역, 소송물 가액, 위임업무의 성격과 난이도 등 구체적 사정을 고려하여 상당한 범위 내의 보수액만을 상당인과관계 있는 손해로 보아야" 한다는 기준을 제시하였다. 이는 불법행위로 인한 치료비 지출의 경우에 그 보수액의 상당성을 정하여 손해배상범위를 정해야 한다는 판례와 궤를 같이 한다.[53] 변호사 보수액의 상당성을 판단함에 있어서는 「변호사보수의 소송비용 산입에 관한 규칙」의 기준도 고려되어야 할 사정 중 하나로 볼 수 있다. 다만 변호사 보수의 소송비용 산입 기준을 현실화해야 한다는 목소리가 지속적으로 제기되어 왔다는 점도 염두에 두어야 한다. 참고로 최근 대법원은 제3자가 소송대리인에게 소송비용을 지급한 경우에도 당사자가 지급한 것과 동일하다고 볼 수 있는 사정이 인정되면 소송비용에 산입되는 변호사 보수로 인정할 수 있다는 유연한 태도를 취한 바 있다.[54]

---

51) 대법원 1960. 6. 23. 선고 4292민상690 판결; 대법원 1997. 11. 28. 선고 97다28377 판결; 대법원 2005. 5. 27. 선고 2004다60584 판결.
52) 만약 법률보험회사가 보험계약에 따라 소송비용을 부담했다면 구상권의 문제로 환원될 것이다.
53) 대법원 1988. 4. 27. 선고 87다카74 판결; 대법원 2010. 11. 25. 선고 2010다51406 판결.
54) 대법원 2020. 4. 24.자 2019마6990 결정.

4. 위약벌과 손해배상액 예정

가. 위약벌과 손해배상액 예정의 구별

대법원 2016. 7. 14. 선고 2012다65973 판결은 위약벌과 손해배상액 예정 구별 기준을 다루었다. 사안은 다음과 같다. 원고(한화케미칼)는 피고(한국산업은행) 등으로부터 대우조선해양 주식을 매수하기로 하는 양해각서를 체결하였다. 원고는 피고에게 3,000억 원대의 이행보증금을 납부하였는데, 양해각서에 따르면 원고는 확인실사 유무와 무관하게 피고와 최종 계약을 체결해야 하고, 원고가 정당한 이유 없이 최종 계약을 체결하지 않아 양해각서가 해제되면 이행보증금은 위약벌로 피고에게 귀속된다고 규정되어 있었다. 그런데 원고가 대우조선해양 노조의 확인실사 저지 등을 이유로 최종 계약 체결을 거부하였다. 그러자 피고는 양해각서를 해제하고 이행보증금을 위약벌로 몰취한다고 통지하였다. 그러자 원고도 확인실사가 무산된 것은 피고의 귀책사유 때문이라는 점 등을 들어 양해각서를 해제하고 이행보증금 반환을 구하였다.

이 사건에서는 매수인들이 정당한 이유 없이 최종 계약을 체결하지 않은 것인지, 만약 그렇다면 이행보증금은 위약벌과 손해배상액 예정 중 어디에 해당하는지가 문제되었다. 1심부터 대법원에 이르기까지 매수인들이 정당한 이유 없이 최종 계약을 체결하지 않았다는 판단이 내려졌다. 결국 이행보증금의 법적 성격이 초미의 관심사가 되었다. 왜 이 점이 중요할까? 손해배상액 예정으로 보면 직권 감액이 가능하지만, 위약벌은 직권 감액이 불가능하고 민법 제103조가 적용될 수 있는 경우에만 일부 무효가 되기 때문이다. 이행보증금이 3,000억 원대에 이르는 장면에서 감액 가능 여부는 실로 중요한 쟁점이었다. 원심법원은 위약금 약정이 위약벌이라고 보았지만, 대법원은 손해배상액 예정으로 보아야 한다는 취지로 원심판결을 파기 환송하였다.[55] 즉 대법원은 위약금 약정이 위약벌인지 손해배상액 예정인지는 의사해석의 문제라고 전제하면서, 특히 매수인들의 귀책사유로 양해각서가 해제됨으로써 발생하게 될 모든 금전적인 문제를 오로지 이행보증금의 몰취로 해결하고 기타의 손해배상이나 원상회복청구는 명시적으로 배제하여 매도인들에게 손해가 발생하더라도 매도인들은 이에 대한 손해배상청구를 할 수 없도록 한 것으

---

55) 환송 후 법원은 이행보증금의 50%를 감액하였다. 서울고등법원 2018. 1. 11. 선고 2016나10959 판결.

로 보이는 점에 주목하여 이를 손해배상액 예정으로 보았다.

계약 해석의 궁극적인 목적은 당사자가 어떤 법률효과를 의도하였는지를 확정하는 데에 있다. 이러한 법률효과는 당사자가 계약서에서 어떤 용어나 표현을 사용하였는지에 기계적으로 좌우되지는 않는다. 이 사건에서 당사자들은 계약서에 '위약벌'이라는 표현을 명시적으로 사용하였다. 이 점은 1심법원과 원심법원이 그 금전의 성격을 위약벌로 파악하는데 결정적 역할을 하였다. 물론 이러한 표현은 계약 해석 시 충분히 고려되어야 한다. 상업적으로 숙련된 당사자들 사이의 계약이기에 더욱 그러하다. 그러나 궁극적으로는 당사자가 이행보증금의 몰취로 손해배상 문제를 갈음하기로 한 것인지(손해배상액 예정), 아니면 손해배상 문제와는 별도로 이행보증금의 몰취라는 제재를 가하기로 한 것인지(위약벌)를 실질적으로 밝히는 것이 더 중요하다. 이 사건의 계약서 조항들을 종합하여 보면 당사자는 전자의 의도를 가졌던 것으로 보인다. 이처럼 당사자가 양해각서에 사용한 표현에 얽매이지 않고 별도의 손해배상청구 허용 여부 등 당사자의 효과의사에 중점을 두어 위약벌 약정과 손해배상액 예정을 구별한 것은 옳다. 위약벌의 감액 문턱이 손해배상액 예정의 감액 문턱보다 높은 현실에서 양자를 형식적인 표현에 따라 구별한다면 협상력에서 우위에 있는 당사자는 표현을 달리함으로써 자신에게 유리한 법적 취급을 받으려는 기회주의적인 행동을 할 것이다. 이러한 표현의 불공정한 지배가 법률관계의 공정성을 해쳐서는 안 된다.

나. 위약벌의 감액

대법원 2016. 1. 28. 선고 2015다239324 판결은 위약벌에 손해배상액 감액 규정이 유추 적용될 수 없고, 공서양속을 통하여 전부 또는 일부가 무효가 될 수 있을 뿐이라고 판시하였다. 이러한 판시는 이 판결 외에도 다수 판결들에 나타난 바 있다.[56] 하지만 이 판결에서 주목할 만한 것은 위약벌 약정의 공서양속 위반 판단은 가급적 자제해야 한다는 판시 부분이다. 이러한 판시는 이 판결 직전에 선고된 대법원 2015. 12. 10. 선고 2014다14511 판결에서도 유사하게 이루어진 바 있는데, 이를 통해 감액이 비교적 자유롭고 너그러운 손해배상액 예정과 무효 판단이 자제되어야 하는 위약벌 사이의 괴리가 더욱 커지게 되었다. 그러나 직권감액 규

---

56) 대법원 1993. 3. 23. 선고 92다46905 판결; 대법원 2002. 4. 23. 선고 2000다56976 판결 등 다수.

정의 유추 적용을 부정하면서 위약벌 약정의 무효 판단에 대해 더욱 엄격한 잣대
를 적용하는 대법원의 태도는 재고되어야 한다.[57]

위약벌 약정은 손해배상액 예정과 마찬가지로 위약금 약정의 일종이다. 한편 우
리 민법은 제398조 제2항에서 손해배상액 예정에 대한 감액 규정만 두고 있을 뿐
위약벌의 감액 규정은 두고 있지 않다. 그러나 사실 민법은 위약벌이라는 개념 자
체를 아예 다루고 있지 않다. 그러므로 민법 제398조 제2항이 위약벌의 감액을 의
도적으로 배제하거나 부정한 것이라고 단정할 수는 없다. 입법자료상으로도 그러
하다.[58] 시선을 국외로 돌려보면 위약벌 감액을 허용하는 경향성이 뚜렷하게 발견
된다. 주요 대륙법계 국가들은 입법[59] 또는 해석론[60]으로 위약벌 약정과 손해배
상액 예정을 가리지 않고 직권 감액을 허용한다. 주요 영미법계 국가들은 손해배
상액 예정(liquidated damages)이 아닌 위약벌(penalty)은 감액을 넘어서서 원칙적
으로 강제할 수 없다고 본다.[61] 주요 국제규범도 위약벌의 감액을 허용한다.[62] 이
례적으로 일본은 종래 위약벌을 공서양속 조항으로 규율하였고 우리나라도 이러
한 일본의 입장에 영향을 받은 것으로 보인다. 그런데 개정 전 일본 민법 제420조
후단은 특이하게도 손해배상 예정액의 증감 자체를 금지하고 있어 위약벌의 감액

---

57) 이하 내용은 권영준, "위약벌과 손해배상액 예정 – 직권감액 규정의 유추 적용 문제를 중심으로 –",
  저스티스, 제155호(2016)의 해당 부분에 의거하여 작성하였다.

58) 민의원 법제사법위원회 민법안심의소위원회 편, **민법안심의록 상권: 총칙편. 물권편. 채권편**(법무
  부, 1957), 117, 118면에 따르면 당시 입법자의 관심은 손해배상액 예정의 증감을 명문으로 부정
  한 의용 민법 제420조 제1항의 입법 태도를 뒤엎고 감액을 허용하는 데에 있었을 뿐 위약벌에
  대한 논의는 찾아볼 수 없다.

59) 프랑스 민법 제1152조 제2항; 독일 민법 제343조; 오스트리아 민법 제1336조 제2항; 네덜란드
  민법 제6:94조; 이탈리아 민법 제1384조; 체코 상법 제301조 등.

60) 이탈리아는 해석론으로 'clausola penale'(위약벌)와 'liquidazione convenzionale del danno'(손
  해배상액 예정)에 대한 감액을 인정한다. J. Frank McKenna, "Liquidated Damages and Penalty
  Clauses: A Civil Law versus Common Law Comparison", *The Critical Path, ReedSmith,*
  Spring (2008)에서 재인용.

61) 미국 통일상법전(Uniform Commercial Code) 제2-718조 제1항, 계약법 제2차 리스테이트먼트
  (Restatement (Second) of Contracts) 제356조 참조. 이는 손해배상액 예정과 위약벌을 사전적
  기준에 의하여 준별하기보다는, 결과적으로 실제 손해 전보에 합리적으로 필요한 범위를 넘어서서
  부과되는 위약금은 위약벌이라고 이름 붙여 이를 불허하려는 태도이다. 호주, 캐나다, 아일랜드
  등 다른 영미법계 국가들도 같은 태도를 취한다. 다만 영국의 경우 합리적 범위 내의 위약벌은
  강제할 수 있다는 쪽으로 판례를 변경하였다. Cavendish Square Holding BV v Talal El
  Makdessi; ParkingEye Limited v Beavis 〔2015〕 UKSC 67(병합 사건임).

62) 유럽계약법원칙(Principles of European Contract Law) 제9:509조; 공통참조기준초안(Draft
  Common Frame of Reference) Ⅲ권 제3:712조; 국제상사계약원칙(Principles of International
  Commercial Contract) 제7.4.13조.

이 애당초 허용될 수 없는 상황이었다는 점을 고려해야 한다. 이는 손해배상액 예정의 감액이 명문으로 허용되는 우리나라와는 전혀 다른 상황이다.[63] 참고로 2020년부터 시행된 일본 개정 민법 제420조에서 후단은 삭제되었다.

위약금 감액의 필요성과 정당성은 계약이 공정해야 한다는 원리, 그리고 손해배상의 범위가 합리적이라야 한다는 원리에 따른 것이다. 이러한 원리는 손해배상액 예정과 위약벌에서 달라질 이유가 없다. 오히려 위약벌에서 이러한 원리가 더욱 관철되어야 한다. 그러므로 손해배상액 예정이 감액 대상이라면 위약벌도 감액되지 못할 이유가 없다. 명문 규정이 없지만 유추 적용은 가능하다. 이러한 결론에는 여러 장점이 있다. 상위 원리의 일관된 적용을 통해 법의 정합성을 증진시키고, 부당하게 과도한 위약벌 감액의 길을 열어줌으로써 구체적 타당성을 제고한다. 손쉽게 일반조항에 기대기보다는 개별 조항에 의한 규율을 먼저 모색함으로써 개별은 일반에 앞서야 한다는 원리에도 부합한다. 같은 것을 같게 다룸으로써 법의 적용에 있어서 헌법상 평등의 요청을 만족시킨다. 위약벌과 손해배상액 예정의 법적 취급이 달라짐으로써 양자를 애써 구별해야 하는 실무상 부담도 덜 수 있다. 그러므로 위약벌과 손해배상액 예정의 엄격한 구별에 기초하여 전자에 대해서만 유독 사적 자치의 원칙을 강조함으로써 위약벌 감액의 문턱을 더욱 높이는 태도는 재고할 필요가 있다. 사적 자치의 원칙의 적용 강도는 계약상 권리 또는 의무의 영역(권리 영역)과 권리침해 또는 의무위반에 따른 책임에 관한 영역(책임 영역)에서 달라질 수 있다. 위약벌 약정은 책임 영역, 나아가 사적 제재의 영역에 속하므로 그만큼 사적 자치 원칙이 뒤로 물러설 수 있다.

다. 손해배상액 예정

대법원 2013. 4. 11. 선고 2011다112032 판결은 위약벌과 손해배상액 예정의 성격을 동시에 가지는 위약금이 가능하다고 보았다. 해당 사안에서 문제된 전기공급약관에는 계약종별 외의 용도로 전기를 사용하면 그로 인한 전기요금 면탈금액의 2배에 해당하는 위약금을 부과한다고 되어 있었다. 또한 해당 약관에는 이와 별도로 면탈한 전기요금 자체 또는 손해배상을 청구할 수 있도록 하는 규정은 없

---

63) 이동신, "손해배상액의 예정과 위약벌에 관한 판례 연구", **민사재판의 제문제**, 제11권(2002), 301 면은 우리 민법이 일본 민법과 달리 위약벌의 감액을 부정하는 규정을 두고 있지 않으므로, 감액을 부정할 이유가 없다고 지적한다.

고 면탈금액에 대해서만 부가가치세 상당을 가산하도록 되어 있었다. 대법원은 이러한 사정이 있는 경우 위 약관에 의한 위약금은 손해배상액의 예정과 위약벌의 성질을 함께 가지는 것이라고 보았다. 이 판결은 위약벌과 손해배상액 예정의 도식적인 구별을 허물어뜨린 의미를 지닌다.[64] 그 이후 대법원 2020. 11. 22. 선고 2017다275270 판결도 손해배상액 예정과 위약벌의 성격을 함께 가지는 특약의 존재를 인정하면서 감액 필요성을 승인한 바 있다.

대법원 2016. 6. 10. 선고 2014다200763 판결은 당사자 사이의 계약에서 채무자의 채무불이행으로 인한 손해배상액이 예정되어 있는 경우, 채무불이행으로 인한 손해의 발생 및 확대에 채권자에게도 과실이 있더라도 민법 제398조 제2항에 따라 채권자의 과실을 비롯하여 채무자가 계약을 위반한 경위 등 제반 사정을 참작하여 손해배상 예정액을 감액할 수는 있을지언정 채권자의 과실을 들어 과실상계를 할 수는 없다고 보았다. 감액을 통해 과실상계가 추구하는 공평한 손해분담의 이념을 충분히 실현할 수 있기 때문이다.

5. 채무불이행 관련 기타 판결

가. 법률상 금지된 행위와 이행불능

대법원 2017. 10. 12. 선고 2016다9643 판결은, 채무를 이행하는 행위가 법률로 금지되어 그 행위의 실현이 법률상 불가능한 경우도 이행불능에 해당한다고 하면서, 법령에 따라 토지분할에 행정관청의 분할허가를 받아야 하는 토지 중 일부를 특정하여 매매계약이 체결되었으나, 그 부분의 면적이 법령상 분할허가가 제한되는 토지분할 제한면적에 해당하여 분할이 불가능하다면, 매도인의 소유권이전등기의무는 이행불능이라고 보았다. 비슷한 시기에 선고된 대법원 2017. 8. 29. 선고 2016다212524 판결도 같은 취지이다.

나. 이행거절 요건으로서의 위법성

대법원 2015. 2. 12. 선고 2014다227225 판결은, 채무자가 채무를 이행하지 아니할 의사를 명백히 표시한 경우에 채권자는 신의성실의 원칙상 이행기 전이라도 이행의 최고 없이 채무자의 이행거절을 이유로 계약을 해제하거나 채무자를 상대

---

64) 양자를 도식적으로 구별하기보다는 위약금으로 묶어 함께 규율하는 것이 대륙법계 국가들을 중심으로 나타나는 일반적인 경향성이기도 하다. 권영준(주 57), 211-214면 참조.

로 손해배상을 청구할 수 있지만, 이러한 이행거절이라는 채무불이행이 인정되기 위해서는 채무를 이행하지 아니할 채무자의 명백한 의사표시가 위법한 것으로 평가되어야 한다고 보았다. 이러한 위법성 판단은 이행거절에 정당한 사유가 있는가를 살펴 행한다.

다. 부작위의무의 이행 소구

대법원 2012. 3. 29. 선고 2009다92883 판결은 채무자가 계약에 따른 부작위의무를 위반한 경우 채권자는 채무자를 상대로 부작위의무의 이행 그 자체를 소구할 수 있고, 부작위를 명하는 확정판결을 받아 이를 집행권원으로 하여 대체집행 또는 간접강제 결정을 받는 등으로 부작위의무 위반 상태를 중지시키거나 위반 결과를 제거할 수 있다고 보았다. 이 사건에서 골프클럽 회원들은 골프클럽이 소수회원제 약정에 반하여 새로 설립한 다른 골프클럽 회원들에게 주중 예약권 등을 부여하는 행위에 대해 금지청구를 하자, 원심법원은 골프회원권이 배타적 권리가 아니라는 이유로 그러한 청구를 할 수 없다고 보았으나, 대법원은 계약상 그러한 의무이행을 청구하는 것은 가능하다고 한 것이다.[65] 부작위의무의 이행 소구는 부작위의무의 위반 염려가 있을 때 장차 그 부작위의무를 위반하지 않도록 구하는 장래 이행의 소의 형태로도 할 수 있다.[66]

라. 이행보조자

대법원 2013. 8. 23. 선고 2011다2142 판결은 민법 제391조의 이행보조자 문제를 다루었다. 피고인 예술의 전당은 원고 회사와 오페라극장 대관계약을 체결하였다. 그런데 이와 별도로 피고와 대관계약을 체결한 국립오페라단이 원고 회사의 공연 일정 이전에 오페라극장에서 공연하다가 그 공연장에 화재가 발생하였다. 결국 원고는 자신의 공연 일정에 오페라극장을 사용할 수 없게 되었다. 이와 관련하여 국립오페라단이 피고의 이행보조자인지가 문제되었다. 그렇게 본다면 이행보조자인 국립오페라단의 부주의로 인한 이행불능의 책임은 채무자인 피고가 부담하게 된다. 대법원은 민법 제391조의 이행보조자는 채무자의 의사 관여 아래 그 채

---

65) 참고로 독일 민법 제241조 제1항은 "채권관계에 의하여 채권자는 채무자에 대하여 급부를 청구할 수 있다. 급부는 부작위일 수도 있다."라고 하여, 부작위채무의 소구 가능성을 명문으로 규정한다.
66) *Münchener Kommentar zum BGB/Bachmann*, 8. Auflage 2019, § 241 Rn. 22.

무의 이행행위에 속하는 활동을 하는 사람이라고 정의한 뒤, 국립오페라단은 피고의 원고에 대한 채무의 이행행위에 속하는 활동을 하는 주체가 아니므로 이행보조자가 아니라고 보았다.[67] 한편 임대차와 관련해서는 이른바 이용보조자에 관한 법리가 형성되어 왔는데, 대상판결은 이러한 법리와의 관계에서 검토할 필요성도 있어 보인다.[68]

대법원 2020. 6. 11. 선고 2020다201156 판결은 복이행보조자의 고의, 과실에 대한 채무자의 책임을 다루었다.[69] 이 사건에서 피고(현대중공업 주식회사)[70]는 원고(대한민국)에게 잠수함 건조계약에 따라 잠수함을 건조한 뒤 인도하여 주었다. 그런데 잠수함의 추진전동기에서 이상 소음이 발생하자, 원고는 피고를 상대로 계약의 불완전이행으로 인한 손해배상을 구하였다. 추진전동기는 피고가 독일 회사인 티센크루프와의 공급계약에 따라 공급받은 것이었고, 티센크루프는 하도급업체인 독일 기업 지멘스로 하여금 그 추진전동기를 제조하게 한 것이었다. 대법원은 이행보조자는 채무자의 의사 관여 아래 채무의 이행행위에 속하는 활동을 하는 사람이면 충분하므로 독립적 지위에 있는 사람도 이행보조자가 될 수 있고, 채무자가 승낙하거나 묵시적으로 동의한 복이행보조자의 고의, 과실에 대해서도 채무자는 책임을 부담한다고 보았다. 이 법리에 따라 피고가 승낙한 복이행보조자인 지멘스의 고의, 과실에 대해 피고는 원고에 대해 책임을 부담한다고 보았다.

Ⅲ. 채권자대위권

1. 피보전권리에 관한 제3채무자의 항변 가부

대법원 2015. 9. 10. 선고 2013다55300 판결은 채권자대위권에서 제3채무자가 피보전권리에 관하여 항변할 수 있는지에 관한 기준을 제시하였다. 이 판결에 따

---

67) 원심판결인 서울고등법원 2009나121776 판결은 이행보조자의 행위가 채무자에 의하여 그에게 맡겨진 이행업무와 객관적, 외형적으로 관련을 가지는 경우 채무자는 그 행위에 대해 책임을 져야 한다는 대법원 1990. 8. 28. 선고 90다카10343 판결을 인용하면서, 피고의 원고에 대한 오페라극장의 보존 및 인도의무의 이행에 관하여 원고의 대관기간 전에 피고로부터 오페라극장을 대관받아 공연을 하는 국립오페라단은 피고의 이행보조자의 지위에 있다고 보았다.

68) 이에 대해서는 정욱도, "이행보조자의 의미 — 별도의 독립한 계약에 따른 목적물 사용자의 해당 여부 —", 민사판례연구, 제37권(2015), 347 – 355면.

69) 그 외에도 이 판결은 수급인의 하자담보책임과 채무불이행책임이 경합하여 인정되므로 하자보수 보증기간이 지났더라도 여전히 불완전이행으로 인한 채무불이행책임은 물을 수 있다는 종래의 법리를 재확인하였다.

70) 본래는 한국조선해양 주식회사가 계약 주체였는데 현대중공업 주식회사가 그 지위를 인수하였다.

르면, 채권자가 채권자대위소송을 제기한 경우, 제3채무자는 채무자가 채권자에
대하여 가지는 항변권이나 형성권 등과 같이 권리자에 의한 행사를 필요로 하는
사유를 들어 채권자의 채무자에 대한 권리가 인정되는지 여부를 다툴 수 없지만,
채권자의 채무자에 대한 권리의 발생원인이 된 법률행위가 무효라거나 위 권리가
변제 등으로 소멸하였다는 등의 사실을 주장하여 채권자의 채무자에 대한 권리가
인정되는지 여부를 다투는 것은 가능하다. 또한 이 경우 법원은 제3채무자의 주
장을 고려하여 채권자의 채무자에 대한 권리가 인정되는지에 관하여 직권으로 심
리·판단하여야 한다.

　채권자는 채무자가 제3채무자에게 가지는 권리를 대위행사하는 것이고, 피대위
권리 그 자체만 놓고 보면 이는 채무자가 제3채무자에게 직접 권리를 행사하는 것
과 본질적으로 다르지 않다. 그러므로 제3채무자는 채권자대위권의 형태로 피대위
권리가 행사되었다는 이유로 종전보다 더 유리하거나 불리한 지위에 놓여서는 안
된다. 그 결과 제3채무자는 채무자에 대한 항변으로 대항할 수 있을 뿐, 자신과는
무관한 피보전권리에 관한 항변, 즉 채무자가 채권자에 대하여 가지는 항변으로는
대항할 수 없다. 이러한 원칙론에 기하여 대법원은 제3채무자는 채무자가 채권자
에 대하여 가지는 피보전권리에 관한 항변으로 대항할 수 없다고 판시하여 왔
다.[71] 이는 대부분 채권자대위소송의 제3채무자가 채무자의 채권자에 대한 소멸
시효 항변을 원용할 수 있는가의 맥락에서 판시된 것이나, 소멸시효 항변 원용과
는 무관한 사건에서도 그렇게 판시된 사례가 있다.[72] 그런데 제3채무자가 피보전
권리의 발생 근거인 양도약정이 통정허위표시로 무효라거나 피보전권리가 변제로
소멸하였다고 주장한 사안에서는 이러한 주장을 받아들여 소를 각하한 사례도 있
었다.[73] 대상판결은 이러한 혼란스러움을 정리하였다.

　대상판결의 법리는 다음 두 가지 측면에서 이해할 수 있다. 첫째, 피보전권리의
존부는 소송요건이다. 소송요건은 법원의 직권조사사항이다. 따라서 법원은 제3채
무자의 주장 유무에 얽매이지 않고 피보전권리의 존부를 판단할 수 있다. 제3채무
자가 피보전권리에 대해 어떤 주장을 하더라도 이는 법원의 직권 판단의 고려 요

71) 대법원 1992. 11. 10. 선고 92다35899 판결; 대법원 1993. 3. 26. 선고 92다25472 판결; 대법원
　　 2008. 1. 31. 선고 2007다64471 판결. 소멸시효 완성의 효과에 관하여 상대적 소멸설을 취할 때
　　 이러한 판결들이 더 잘 설명될 수 있다.
72) 대법원 1995. 5. 12. 선고 93다59502 판결.
73) 대법원 2007. 3. 29. 선고 2006다72000 판결; 대법원 2008. 10. 23. 선고 2008다37223 판결.

소에 불과하다. 이러한 관점에서 보면 피보전권리에 대한 제3채무자의 주장을 막을 이유가 없다. 그 주장은 법원이 직권으로 고려할 여러 사정 중 하나에 불과하기 때문이다. 둘째, 채무자가 실제로 자신의 의사에 따라 권리를 행사해야 비로소 피보전권리가 부정될 수 있는 경우에는 제3채무자가 채무자의 권리 행사를 강제하거나 채무자의 의사를 무시하고 자신이 이를 행사해 버릴 수는 없다. 이러한 유형의 권리 행사로는 소멸시효 원용권의 행사, 해제권 또는 해지권의 행사, 취소권의 행사 등을 들 수 있다. 그러나 채무자의 권리 행사를 요구하지 않고도 이미 발생한 사실에 기초하여 행할 수 있는 이른바 사실 항변은 가능하다. 이러한 사실 항변에는 계약이 무효라는 항변 또는 변제로 피보전권리가 소멸하였다는 항변, 나아가 소멸시효 원용권이 이미 채무자에게 행사된 경우라면 그 행사에 따라 피보전권리가 소멸하였다는 항변이 포함된다.[74]

2. 피보전권리 결여로 인한 소 각하 확정판결의 기판력

대법원 2014. 1. 23. 선고 2001다108095 판결은 채권자대위소송에서 피보전권리가 결여되었다는 이유로 소 각하 판결이 확정되었더라도 그 기판력은 피보전권리의 이행을 구하는 소송에 미치지 않는다는 법리를 제시하였다.[75] 민사소송법 제218조 제3항은 '다른 사람을 위하여 원고나 피고가 된 사람에 대한 확정판결은 그 다른 사람에 대하여도 효력이 미친다.'라고 규정한다. 채권자대위소송의 원고는 채권자, 피고는 제3채무자이다. 하지만 채권자는 '다른 사람'인 채무자를 위하여 원고가 되는 것이다(제3자 소송담당). 따라서 채권자대위판결의 기판력 등 판결의 효력은 채무자에게도 미친다. 다만 판례는 채무자가 채권자대위권에 의한 소송이 제기된 사실을 알았을 때에 한하여 그 판결의 효력이 채무자에게 미친다고 제한적으로 해석한다.[76]

그런데 채권자대위소송에서 피보전권리가 인정되지 않아 소가 각하된 경우 그 확정판결의 기판력은 그 이후 채권자와 채무자 사이의 피보전권리에 대한 소송에 어떤 영향을 미치는가? 전소에서 피보전권리가 부정되었다면 후소법원은 그 점에 관한 기판력을 받는가? 그렇지 않다는 것이 대상판결의 입장이다. 이러한 입장이

---

74) 대법원 2008. 1. 31. 선고 2007다64471 판결.
75) 이 판결에 대한 평석으로 이창민, "채권자대위소송에서 소각하 판결이 있었던 경우 그 판결의 기판력이 채무자에게 미치는지 여부", 민사판례연구, 제37권(2015).
76) 대법원 1975. 5. 13. 선고 74다1664 전원합의체 판결.

타당하다. 전소의 당사자는 채권자와 제3채무자이지만, 후소의 당사자는 채권자와 제3자이다. 또한 전소의 소송물은 채무자의 제3채무자에 대한 권리이지만, 후소의 소송물은 채권자의 채무자에 대한 권리이다. 기판력은 전소와 후소가 동일할 때, 즉 양자의 당사자와 소송물이 동일할 때 미친다. 둘 중 어느 하나라도 다르다면 전소에 대한 확정판결의 기판력은 후소에 미치지 않는다. 또한 전소 확정판결은 본안판결이 아니라 소송판결이다. 소송판결의 기판력은 소송요건이 존재하지 않는다는 판단에 관한 것일 뿐 권리의 존부와 범위라는 본안 판단에 관한 것이 아니다. 그러므로 이러한 소송판결의 기판력은 후소법원의 본안 판단을 기속하지 못한다. 즉 소송판결의 기판력과 본안판결의 기판력은 내용을 달리한다. 그 점에서도 대상판결을 이해할 수 있다.

3. 공유물분할청구권의 대위행사와 보전의 필요성

대법원 2020. 5. 21. 선고 2018다879 전원합의체 판결은 채권자가 무자력인 채무자의 공유물분할청구권을 대위행사할 보전의 필요성을 부정하였다.[77] 이에 대해서는 공유물분할을 통해 채권자가 채권을 만족받을 수 있다면 보전의 필요성을 인정해야 한다는 반대의견이 있었다. 이 사건에서 채무자인 A는 무자력이었다. 채권자인 원고는 A를 대위하여 A와 피고가 공유하는 아파트에 관한 공유물분할청구권을 행사하였다. 원고로서는 A의 공유지분을 경매하는 경우 압류채권자의 채권에 우선하는 근저당권 등 부담을 제외하면 남는 금액이 없어 채권을 만족받을 수 없는 상황이었다. 그러나 A의 공유물분할청구권을 대위행사하여 아파트 전체를 대금분할하는 경우에는 채권을 일정 부분 만족받을 수 있는 상황이었다. 이러한 사정이 있는 경우 공유물분할청구권의 대위행사가 허용되는가? 이는 피대위권리 적격과 보전의 필요성이라는 두 가지 국면에서 살펴볼 필요가 있다. 공유물분할청구권은 일신전속권이 아니므로 피대위권리가 될 수 있다.[78] 대상판결에서 대법원은 이를 부정하지 않았다. 문제는 채권자가 공유물분할청구권을 행사할 보전의 필요성을 가지는가였다. 대법원은 이를 부정하였다.

우선 보전의 필요성 일반론을 간단히 살펴보자. 종래 보전의 필요성은 피보전권

---

77) 이에 따라 이와 다른 취지의 대법원 2015. 12. 10. 선고 2013다56297 판결은 변경되었다.
78) 곽윤직 편, **민법주해(Ⅸ)**(박영사, 1995), 767면(김능환 집필부분); 양창수·김형석, **민법 Ⅲ - 권리의 보전과 담보**, 제3판(박영사, 2018), 175면; 대법원 2000. 1. 28. 선고 98다17183 판결.

리가 금전채권인 경우와 그렇지 않은 경우를 나누어 달리 판단하는 경향이 있었다. 피보전권리가 금전채권이라면 채무자의 자력 유무에 따라 판단하고,[79] 금전채권이 아니라면 피대위권리와 피보전권리의 밀접한 관련성 여부에 따라 판단한다는 것이다.[80] 그러나 민법 제404조 제1항은 "자기의 채권을 보전하기 위하여" 채무자의 권리를 행사할 수 있다고 규정하고 있을 뿐 피보전권리가 금전채권인지에 따라 요건을 달리하고 있지 않다. 이에 따라 2000년대 이후에는 이른바 무자력 도그마를 벗어나 피보전권리가 금전채권인데도 채무자의 자력 유무와 상관없이 피대위권리와 피보전권리의 밀접한 관련성 여부에 따라 보전의 필요성을 인정한 판결들이 선고되었다.[81] 대상판결도 같은 입장을 취하였다. 이 사건에서 채무자는 무자력이 아니었지만 그러한 점만으로 보전의 필요성이 당연히 부정되지는 않는다고 한 것이다. 이러한 법리는 타당하다.

　그런데 이 사건에서 대법원은 "채권자대위권의 행사가 채무자의 자유로운 재산관리행위에 대한 부당한 간섭이 되는 등 특별한 사정이 있는 경우에는 보전의 필요성을 인정할 수 없다."[82]는 법리에 의거하여 결국 보전의 필요성을 부정하였다. 하지만 원고는 무자력인 A의 아파트 공유물분할을 통해서만 자신의 채권을 만족받을 수 있는 상황이었으므로 공유물분할청구권의 대위행사는 채권의 이행 확보에 필요한 수단이었다. 또한 채권자대위권은 본래 채무자의 의사와 무관하게 피대위권리를 행사하는 권리이므로 채무자에 대한 간섭을 이미 예정하고 있다. 그러므로 위와 같은 공유물분할청구권의 대위행사 사실만으로 A의 자유로운 재산관리행위에 대한 부당한 간섭이라고 보기 어렵다.

　결국 대상판결을 실제로 뒷받침했던 이유는 다음 두가지이다. 하나는 공유자 중 누구도 공유물의 분할을 희망하지 않는 상황에서 금전채권자의 채권 보전을 위하여 채무자의 재산뿐만 아니라 다른 공유자의 공유지분 전부가 경매되는 것은 채무

---

79) 대법원 1963. 4. 25. 선고 63다122 판결; 대법원 1969. 7. 29. 선고 69다835 판결; 대법원 1969. 11. 25. 선고 69다1665 판결; 대법원 1993. 10. 8. 선고 93다28867 판결; 대법원 2009. 2. 26. 선고 2008다76556 판결.

80) 대법원 2001. 5. 8. 선고 99다38699 판결; 대법원 2007. 5. 10. 선고 2006다82700, 82717 판결; 대법원 2013. 6. 13. 선고 2011다83820 판결.

81) 대법원 2002. 1. 25. 선고 2001다52506 판결; 대법원 2014. 12. 11. 선고 2013다71784 판결; 대법원 2017. 7. 11. 선고 2014다89355 판결.

82) 대법원 2001. 5. 8. 선고 99다38699 판결; 대법원 2007. 5. 10. 선고 2006다82700, 82717 판결; 대법원 2013. 5. 23. 선고 2010다50014 판결; 대법원 2017. 7. 11. 선고 2014다89355 판결 등.

자를 포함한 공유자들에게 가혹하다는 것이다. 다른 하나는 특정 분할방법을 전제하고 있지 않는 공유물분할청구권의 성격 등에 비추어 볼 때 그 대위행사를 허용하면 여러 법적 문제들이 발생한다는 것이다. 이처럼 채무자가 아닌 제3자의 이해관계 또는 법원의 분할방식 결정에 대한 재량 보호는 일반적인 보전의 필요성 논의에는 등장하지 않는 특수한 요소들이다. 그 특수성은 공유물분할청구권의 특수성에서 비롯되었다. 대상판결은 이러한 특수성에 착안하여 보전의 필요성을 부정하기에 이른 것으로 보인다.

물론 공유물분할청구권의 대위행사에 관한 보전의 필요성이 늘 인정되어야 하는 것은 아니다. 그러나 이 사건에 관하여는 보전의 필요성이 인정될 수 있다고 생각한다. 앞서 살펴보았듯이 공유물분할청구권은 피대위권리 적격을 가진다. 그러므로 공유물분할청구권 대위의 일반적인 가능성은 열려 있다. 한편 원고는 그 공유물분할청구권을 행사하지 않고서는 채권을 일부라도 만족받기 어려운 상황이었다. 그런데 이러한 상황에서도 대위행사가 불허된다면 사실상 공유물분할청구권의 피대위권리 적격을 부정하는 것과 마찬가지이다. 이는 대상판결의 다수의견조차 예정하지 않았던 바이다. 또한 공유물분할가능성은 공유관계에 내재하는 것으로서 모든 공유자는 적법하게 행사된 공유물분할청구권에 의한 공유물 분할이 발생할 수 있다는 위험을 법적으로 감수해야 한다. 다른 공유자가 왜 나의 의사와 무관하게 공유물 분할을 하느냐고 법적으로 유효하게 항변할 지위에 있지 않다는 것이다. 또한 공유물분할청구권의 대위행사는 규범적으로 공유자가 직접 분할청구권을 행사하는 것과 동등하게 평가될 수 있다는 점도 기억해야 한다. 다른 공유자는 공유자가 직접 행사한 것인지 공유자를 대위하여 그의 채권자가 행사한 것인지를 가려 공유물분할에 응할지를 결정할 지위에 있지 않다. 한편 법원이 대금분할을 명할 것을 기대하고 채권자대위권을 행사한다고 하여 법원의 분할방법 결정에 관한 재량이 제약되지도 않는다. 만약 법원이 해당 사안에서 대금분할이 부적절하다고 판단한다면 이를 이유로 보전의 필요성을 부정하면 충분하다. 하지만 아파트의 분할 문제를 다룬 대상판결 사안에서는 대금분할이 사실상 유일하게 기대되는 방법이었다. 이러한 사안에서는 보전의 필요성이 인정될 수 있다. 참고로 우리나라 채권자대위권 제도는 프랑스 및 일본에서 비롯되었는데, 프랑스는 입법,[83] 일

---

83) 공유물분할청구권의 대위행사에 관하여는 프랑스 민법 제815-17조 제3항, 공유물분할의 방법에 관하여는 프랑스 민법 제840조, 프랑스 민사소송법 제1361조 내지 1377조 참조. 이러한 프랑스

본은 판례[84]로 공유물분할청구권의 대위행사를 허용한다.

4. 대위통지로 인한 처분금지효와 계약해제

대법원 2012. 5. 17. 선고 2011다87235 전원합의체 판결은 채권자대위권 행사 통지로 인한 처분금지효와 계약해제의 관계에 관하여 다루었다. 사안은 다음과 같다. 채무자가 피고와 부동산 매매계약을 체결하면서 양도소득세를 부담하기로 하였다. 또한 채무자가 양도소득세 부담채무를 소정의 기한까지 이행하지 않으면 계약이 실효되는 특약도 포함시켰다.[85] 한편 채권자인 원고는 매수인인 채무자를 대위하여 매도인이자 제3채무자인 피고에게 소유권이전등기를 구하였고, 그 대위행사 사실을 채무자에게 통지하였다. 그 후 채무자의 채무불이행으로 매매계약은 실효되었다. 이와 관련하여 채무자가 대위통지를 받은 후 채무불이행으로 매매계약이 실효되게 한 것이 매매계약으로부터 발생한 피고에 대한 소유권이전등기청구권을 처분한 것인지가 문제되었다. 만약 그렇다면 민법 제405조 제2항에 따라 이러한 처분으로는 채권자인 원고에게 대항할 수 없기 때문이다.

대법원은 채무자의 채무불이행 사실 자체만으로는 권리변동의 효력이 발생하지 않아 이를 채무자가 제3채무자에 대하여 가지는 채권을 소멸시키는 적극적인 행위로 파악할 수 없는 점, 법정해제는 채무자의 객관적 채무불이행에 대한 제3채무자의 정당한 법적 대응인 점, 채권이 압류·가압류된 경우에도 압류 또는 가압류된 채권의 발생원인이 된 기본계약의 해제가 인정되는 것과 균형을 이룰 필요가 있는 점 등을 고려할 때 채무자가 자신의 채무불이행을 이유로 매매계약이 해제되도록 한 것을 두고 민법 제405조 제2항에서 말하는 '처분'에 해당한다고 할 수 없다고 판시하였다. 다만 형식적으로는 채무자의 채무불이행을 이유로 한 계약해제인 것처럼 보이지만 실질적으로는 채무자와 제3채무자 사이의 합의에 따라 계약을 해제한 것으로 볼 수 있거나, 채무자와 제3채무자가 단지 대위채권자에게 대항할 수 있도록 채무자의 채무불이행을 이유로 하는 계약해제인 것처럼 외관을 갖춘

법제에 관하여는 여하윤, "우리 법상 공유물분할청구권의 대위행사를 허용할 것인지 여부", **법조**, 제743호(2020) 참조.

84) 東京地判 2013. 2. 8.(平成 21 (ワ) 43960); 東京地判 2014. 9. 30.(平成 25 (ワ) 21494).

85) 이는 일종의 자동해제약정으로 보인다. 대법원 1996. 3. 8. 선고 95다55467 판결 및 윤경, "자동해지조항의 의미와 효력, 전세금채권에 대한 양도금지특약의 해석, 계약의 합의해지시 반환할 전세금에 대한 지연손해금 부가 여부", **대법원판례해설**, 제44호(2004), 44면 참조.

것이라는 등의 특별한 사정이 있는 경우에는 채무자가 피대위채권을 처분한 것으로 보아 제3채무자는 계약해제로써 대위권을 행사하는 채권자에게 대항할 수 없다고 판시하였다.

　종래 대법원은 채무자의 채무불이행으로 제3채무자로 하여금 매매계약을 해제할 수 있도록 한 것도 채무자의 피대위권리의 처분이라고 보았다.[86] 그러나 매매계약 해제는 제3채무자의 자유로운 권리 행사에 따른 행위이지 채무자의 처분행위가 아니다.[87] 물론 채무자에게는 채무를 이행하지 않은 잘못이 있다. 하지만 채무불이행은 채무불이행일 뿐 피대위권리의 처분행위가 아니다. 종래 판례는 처분행위 개념을 무리하게 확장하거나 왜곡한 것이다.[88] 또한 제3채무자의 입장에서도 이를 처분행위로 보는 것은 부당하다. 제3채무자는 피보전권리의 당사자도 아니고 채무불이행을 한 주체도 아니며 대위통지를 받은 주체도 아니다. 그런데 자신과 무관한 일련의 사정으로 법정해제권이 제약되는 불이익을 입어서는 안 된다. 더구나 제3채무자가 법정해제 사실로 채권자에게 대항할 수 없다면 제3채무자는 채무자로부터는 채무불이행을 당하면서 채권자에게는 자신의 채무를 이행해야 할 수도 있다.[89]

　민법 제405조 제2항은 채무자에 의한 대위행사 방해를 막기 위한 규정이다. 하지만 제3채무자가 법률의 규정에 따른 해제권을 행사하는 행위는 대위행사 방해가 아니다. 또한 그 원인이 된 채무불이행도 채무불이행일 뿐 대위행사 방해로서의 처분행위는 아니다. 그러므로 대상판결처럼 대위행사 통지 후에도 제3채무자는 채무불이행을 이유로 한 법정해제를 할 수 있다고 보아야 한다. 그렇게 봄으로써 채권압류 이후에도 제3채무자의 법정해제를 허용하는 판례와도 일관성을 유지할 수 있다.[90] 한편 대상판결에서는 다루지 않았지만 채무자가 제3채무자의 채무불이행을 이유로 하는 법정해제권을 행사하거나,[91] 계약상 해제사유 발생에 따라 약

---

86) 대법원 2003. 1. 10. 선고 2000다27343 판결. 이에 대한 비판으로 양창수, "채권자대위에 의한 처분금지효가 제3채무자가 채무자의 채무불이행을 이유로 매매계약을 해제하는 것에도 미치는가?" **민법연구**, 제7권(2003), 365면.

87) 윤진수, **민법기본판례**, 제2판(홍문사, 2020), 328면.

88) 양창수(주 86), 364면.

89) 이 경우에도 제3채무자는 동시이행 관계가 존재한다면 동시이행 항변권을 행사할 수 있다.

90) 대법원 2000. 4. 11. 선고 99다51685 판결.

91) 심승우, "채권자대위권 행사로 제한되는 채무자의 처분행위", **민사판례연구**, 제37권(2015), 400－405면; 윤진수(주 87), 329면.

정해제권을 행사하는 경우도 마찬가지로 보아야 한다. 다만 합의해제 또는 이에 준하는 행위는 채무자와 제3채무자가 권리처분행위에 가담하는 행위로도 평가될 수 있으므로 이때에는 민법 제405조 제2항이 적용된다고 보아야 한다.

5. 채권자대위권 관련 기타 판결

대법원 2010. 6. 24. 선고 2010다17284 판결에서는 원고가 채권자대위권에 기해 피대위권리에 기한 청구를 하다가 그 피대위채권 자체를 양수하여 양수금청구로 소를 변경한 사안에서 당초 채권자대위소송으로 인한 시효중단의 효력이 소멸하지 않는다고 보았다. 채무자가 가지는 피대위채권을 대위 행사하는 것과 채권자가 양수인 겸 권리의 주체로서 피대위채권을 직접 행사하는 것은 다르다. 그러한 차이에만 집착한다면 전자로 인한 시효중단이 후자에 미치지 않는다고 볼 여지도 있다. 그러나 이러한 지위의 변경이 채권자대위소송의 제기 이후 그 소송절차 내에서 이루어졌다는 점에서 이는 실질적으로 소송승계와 다르지 않다. 소송승계의 경우에는 그 소송이 법원에 처음 계속된 때에 소급하여 시효중단의 효력이 생긴다. 더구나 우리 판례는 시효중단의 범위를 너그럽게 해석하는 경향을 보여왔다.[92] 이러한 점들을 생각하면 타당한 판결이다.

대법원 2012. 12. 27. 선고 2012다75239 판결에서는 재심의 소 제기가 채권자대위권의 목적이 될 수 없다고 보았다. 피대위권리를 행사하기 위해 채무자를 대위하여 소를 제기하는 것은 가능하다. 하지만 채무자가 스스로 소를 제기한 이후 그 소와 관련된 개별적인 소송행위나 상소 제기 등을 채권자가 대위하는 것은 채무자가 소송당사자로서 응당 스스로 결정하고 수행해야 할 행위를 못하게 하는 셈이어서 허용되지 않는다. 대법원은 재심의 소 제기도 상소 제기와 비슷하다고 본 것이다. 이처럼 채무자가 스스로 소를 제기하였다면, 그 결과에 대해 재심의 소를 제기할지는 별도로 대위행사 대상으로 삼기보다는 채무자의 의사에 맡기는 것이 타당하다.

대법원 2014. 10. 27. 선고 2013다25217 판결은 채무자 소유의 부동산을 시효취득한 채권자의 공동상속인이 채무자에 대한 소유권이전등기청구권을 피보전채

---

92) 대법원은 시효중단을 위한 재판상 청구의 범주를 너그럽게 해석한다. 가령 응소(대법원 1993. 12. 21. 선고 92다47861 전원합의체 판결), 흠 있는 소 제기(대법원 2005. 11. 10. 선고 2005다41818 판결)도 재판상 청구로 보는가 하면, 근저당권설정등기청구권의 행사로 피담보채권의 시효가 중단된다고 한다(대법원 2004. 2. 13. 선고 2002다7213 판결).

권으로 하여 제3채무자를 상대로 채무자의 제3채무자에 대한 소유권이전등기의 말소등기청구권을 대위행사하는 경우, 공동상속인이 지분을 초과하는 부분에 관하여 채무자를 대위할 보전의 필요성이 없다고 보았다. 이 법리는 이미 대법원 2010. 11. 11. 선고 2010다43597 판결에서 판시된 바 있다. 시효취득자가 가지는 소유권이전등기청구권은 공동상속인이 준공유하고, 각 공동상속인은 자신의 지분 범위 내에서만 소유권을 이전받게 된다. 그렇다면 그 소유권이전을 위해 피대위권리(말소등기청구권)를 행사하는 경우에도 그 보전에 필요한 범위 내에서만 행사하게 하면 족하다.

Ⅳ. 채권자취소권

1. 사해행위 취소 주체

대법원 2012. 10. 25. 선고 2011다107832 판결은 부동산 소유자가 등기명의를 수탁자에게 이전하는 양자 간 명의신탁의 경우 명의수탁자의 명의로 부동산에 관한 근저당권설정계약이 체결된 것을 사해행위로 취소할 수 있는지를 다루었다. 「부동산 실권리자명의 등기에 관한 법률」(이하 '부동산실명법'이라고 한다)에 따르면 부동산에 대한 명의신탁약정과 이에 기한 물권변동은 효력이 없다(제4조 제1, 2항). 그러므로 양자 간 명의신탁에 따라 명의수탁자 명의로 소유권이전등기가 마쳐졌더라도 그 명의신탁과 등기는 모두 무효이므로 여전히 명의신탁자가 부동산 소유자이다. 하지만 외관상으로는 명의수탁자 앞으로 소유권이전등기가 이루어져 있으므로 그 부동산에 대한 근저당권설정계약도 명의수탁자 명의로 체결되기가 쉽다. 그런데 민법 제406조 제1항 본문은 "채무자가 채권자를 해함을 알고 재산권을 목적으로 한 법률행위를 한 때"에 채권자는 그 법률행위의 취소 및 원상회복을 법원에 청구할 수 있다고 규정한다. 이 조항에 따르면 취소 대상인 사해행위의 주체는 "채무자"라야 한다. 그런데 명의신탁자를 채무자로 하여 명의수탁자 명의로 근저당권설정계약이 체결되면 채무자(명의신탁자)와 외견상의 사해행위 주체(명의수탁자)가 분리되는 현상이 생긴다. 이때 명의신탁자의 채권자가 이를 사해행위로 취소할 수 있는가?

대상판결의 요지는 다음과 같다. 채무자인 신탁자가 직접 자신의 명의 또는 수탁자의 명의로 제3자와 매매계약을 체결하는 등 신탁자가 실질적 당사자가 되어 법률행위를 하는 경우 이로 인한 신탁자의 소극재산이 적극재산을 초과하게 되거나 채무초과상태가 더 나빠지게 되고 신탁자도 그러한 사실을 인식하고 있었다면 이러한 신탁자의 법률행위는 신탁자의 일반채권자들을 해하는 행위로서 사해행위에 해당할 수 있다. 이 경우 사해행위취소의 대상은 신탁자와 제3자 사이의 법률행위가 될 것이고, 원상회복은 제3자가 수탁자에게 말소등기절차를 이행하는 방법에 의할 것이다.

대상판결은 근저당권설정계약 명의자인 수탁자가 아니라 채무자인 신탁자를 사해행위의 실질적 당사자로 본 것이므로 채무자가 사해행위의 주체라야 한다는 민법 제406조 제1항의 전통적 해석론에서 벗어난 것은 아니다. 만약 계약 당사자 확정의 법리에 따라 신탁자가 아닌 수탁자가 계약 당사자로 확정된다면 대상판결의 법리가 적용된다고 단정할 수는 없다. 그러나 대상판결은 누가 사해행위의 주체인가를 판단할 때 법률행위의 실질을 탐구하여야 한다는 사고방식의 단초를 제시하였다. 참고로 대법원은 채무자회생법상 부인은 원칙적으로 채무자의 행위를 대상으로 해야 한다고 보면서도, 채무자의 행위 없이 채권자 또는 제3자의 행위만 있는 경우에 채무자가 채권자와 통모하여 가공하였거나 기타의 특별한 사정으로 인하여 채무자의 행위가 있었던 것과 같이 볼 수 있는 예외적 사유가 있으면 채권자 또는 제3자의 행위도 부인 대상에 포함될 수 있다고 보았다.93) 채무자회생법상 부인권처럼 사해행위의 경우에도 형식적으로는 채무자의 행위가 아니지만 실질적으로는 채무자의 행위로 평가할 수 있는 제3자의 행위를 취소할 수 있는지에 대한 논의가 필요하다. 예컨대 생명보험의 수익자로서 조만간 거액의 생명보험금을 받게 될 채무자가 제3자인 보험계약자와 통모하거나 그를 교사하여 수익자를 다른 사람으로 변경하게 하는 경우가 그러하다. 사견으로는 부인권에 관한 위 판례 법리가 사해행위 취소권에도 반영될 수 있다고 생각한다.

2. 물상보증인이 있는 경우 채무자의 책임재산 범위 판단

대법원 2013. 7. 18. 선고 2012다5643 전원합의체 판결은 채무자와 물상보증인이 공유하는 부동산에 저당권을 설정하였을 때 사해행위 판단의 기초가 되는 채무자의 책임재산 범위를 어떻게 산정할 것인가의 문제를 다루었다. 문제의 배경을

---

93) 대법원 2002. 7. 9. 선고 99다73159 판결; 대법원 2004. 2. 12. 선고 2003다53497 판결; 대법원 2011. 10. 13. 선고 2011다56637, 56644 판결.

좀더 살펴보자. 사해행위가 성립하려면 그 행위로 인해 채무자가 무자력이 되거나 무자력 상태가 심화되어야 한다. 무자력은 소극재산이 적극재산을 초과하는 상태, 즉 책임재산이 마이너스(−)가 되는 상태이다. 그러므로 사해행위 여부를 판단하려면 먼저 책임재산의 범위와 상태를 파악해야 한다. 그런데 여기에서의 책임재산은 일반채권자들이 집행할 수 있는 공동담보로서의 재산을 말한다. 저당권자와 같은 특정 우선변제권자들에게 제공된 부동산은 공동담보가 아니므로 책임재산에서 제외된다. 그러므로 어떤 부동산의 처분이 사해행위에 해당하는지를 파악할 때는 우선 그 부동산 중 우선변제 부분을 제외한 나머지 책임재산 부분을 파악하는 작업을 수행해야 한다. 일반적으로 저당권에 따른 우선변제권은 피담보채권의 범위에서 미친다. 그런데 채무자와 물상보증인이 특정한 피담보채권의 담보를 위해 각각 별도로 자신의 부동산을 담보로 제공하였다면 채무자는 자신이 제공한 부동산 가액 비율 내에서만 우선변제의 부담을 떠안게 되는가?

예컨대 1억 원의 채무를 담보하기 위해 채무자와 물상보증인이 각각 5억 원 상당의 부동산을 담보로 제공한 뒤 채무자가 자신의 부동산을 제3자에게 매도하였다고 가정해 보자. 이때 일반채권자들과의 관계에서 이러한 매매가 사해행위인지 판단할 때 기준이 되는 채무자의 책임재산은 4억 원(부동산 가액 5억 원 − 피담보채권 1억 원)인가, 아니면 4억 5천만 원[부동산 가액 5억 원−(피담보채권 1억 원 × 0.5)]인가? 다시 말해 채무자의 우선변제 부담부분은 물상보증인과 나누게 되는가, 아니면 채무자가 모두 짊어지는가? 이러한 문제는 채무자와 물상보증인이 각각 독립된 부동산을 담보로 제공한 경우뿐만 아니라 하나의 부동산에 대한 독립된 지분을 제공한 경우에도 동일하게 문제된다. 부동산지분은 부동산소유권의 분량적 일부이기 때문이다.

대법원은 관여 대법관의 일치된 의견으로 "물상보증인이 채무자에 대하여 구상권을 행사할 수 없는 특별한 사정이 없는 한 채무자 소유의 부동산에 관한 피담보채권액은 공동저당권의 피담보채권 전액으로 봄이 상당하다."라고 하면서 "이러한 법리는 하나의 공유부동산 중 일부 지분이 채무자의 소유이고, 다른 일부 지분이 물상보증인의 소유인 경우에도 마찬가지로 적용된다."라고 판시하였다. 이와 달리 채무자 소유의 부동산 지분이 부담하는 피담보채권액은 원칙적으로 각 공유지분의 비율에 따라 분담된 금액이라는 취지의 대법원 2002. 12. 6. 선고 2002다 39715 판결과 대법원 2005. 12. 9. 선고 2005다39068 판결은 대상판결로써 변경되었다.

대상판결의 논리는 다음과 같다. 공동저당권자는 채무자와 물상보증인의 부동산 또는 부동산지분 중 어느 쪽에라도 저당권을 실행할 수 있다. 하지만 물상보증인의 부동산에 설정된 저당권이 먼저 실행됨으로써 공동저당권자의 채권이 만족되면 물상보증인은 채무자에게 구상권을 행사할 수 있고(민법 제370조, 제341조), 그 구상권을 더욱 확실하게 실현하기 위해 변제자대위권도 행사할 수 있다(민법 제481조). 이러한 매커니즘을 통해 종국적으로 채무자는 물상보증인이 부담했던 피담보채권 부분을 포함하여 피담보채권 전액에 대해 책임을 지게 된다. 이러한 책임 부분은 채권자 또는 그를 대위한 물상보증인의 우선변제권에 바쳐진 부분이므로 일반채권자의 공동담보라고 할 수 없다. 따라서 이 부분은 책임재산에서 제외되어야 할 부분이다. 이러한 논리는 대상판결에서 처음 채택된 것이나, 채무자와 제3취득자가 담보제공자인 사안 유형에서는 이미 채택된 바 있다.[94]

그렇다면 왜 종래 대법원은 이처럼 간명한 전액설의 논리를 배척하고 안분설의 논리에 따라 채무자와 물상보증인 간에 피담보채권액을 안분액으로 판단하였을까? 대상판결로 변경된 반대 취지의 두 판결[95]은 공간되지 않았고, 종합법률정보 등 일반적으로 접근 가능한 데이터베이스에서도 검색되지 않는다. 따라서 필자로서는 그 판결이 취한 논리를 정확히 알기 어렵다. 다만 대법원 2003. 11. 13. 선고 2003다39989 판결은 채무자가 복수의 부동산을 공동담보로 제공하였는데 그중 일부 부동산이 양도된 경우 그 부동산의 피담보채권액은 "민법 제368조의 규정 취지에 비추어 공동저당권의 목적으로 된 각 부동산의 가액에 비례하여 공동저당권의 피담보채권액을 안분한 금액"이라고 판시하였다. 이에 비추어 보면 담보제공자가 채무자와 물상보증인인 경우에도 민법 제368조 제1항에 따른 동시배당 시의 안분 비례 원칙이 적용된다는 점을 염두에 두고 피담보채권액을 안분한 것이 아닌가 추측한다. 즉 전액설이 이시배당이나 대위변제의 경우를 주로 상정한 것이라면, 안분설은 동시배당의 경우를 주로 상정한 것이다. 하지만 대법원 2010. 4. 15. 선고 2008다41475 판결은 채무자와 물상보증인 부동산에 대한 경매를 동시에 진행하여 그 경매대가를 동시에 배당하는 때에는 민법 제368조 제1항은 적용되지

---

94) 대법원 2010. 12. 23. 선고 2008다25671 판결.

95) 대법원 2002. 12. 6. 선고 2002다39715 판결; 대법원 2005. 12. 9. 선고 2005다39068 판결. 다만 정수진, "공동저당물 중 일부의 처분으로 인한 사해행위 성립 여부 판단 및 원상회복 방법", **민사판례연구**, 제36권(2014), 447면이 이 판결들을 간략하게 소개하고 있다.

않으므로 채무자 소유 부동산 경매대가에서 공동저당권자에게 우선적으로 배당하고, 부족분이 있는 경우에 한하여 물상보증인 소유 부동산 경매대가에서 추가배당을 해야 한다는 입장을 취하였다. 이로써 동시배당의 경우에도 전액설이 타당하다는 전제적인 법리가 확립되었고, 대상판결은 이를 기초로 전액설의 논리를 취한 것이다. 물론 구상권이 제한되는 등 채무자에게 피담보채권 전액을 부담시키지 못할 사유가 있다면 그 경우에는 안분설을 취하는 것이 옳다. 대상판결도 이 점을 언급함으로써 전액설의 적용 범위의 한계에 대한 지침을 제공하였다.[96]

3. 부기등기와 원상회복 방법

대법원 2015. 5. 21. 선고 2012다952 전원합의체 판결은 사해행위인 매매예약에 기하여 수익자 앞으로 가등기를 마친 후 전득자 앞으로 가등기 이전의 부기등기까지 마친 후 매매예약이 사해행위로 취소되는 경우의 원상회복방법에 관하여 다루었다. 사안은 다음과 같다. 채무자 소유 부동산에 관하여 수익자 앞으로 매매예약을 원인으로 하는 가등기가 마쳐졌고, 그후 전득자 명의로 가등기의 부기등기가 마쳐졌다가 각 가등기에 기한 본등기가 마쳐졌다. 채권자는 매매예약이 사해행위임을 이유로 수익자를 상대로 매매예약의 취소를 구하면서 수익자에게 가액배상을 청구하였다. 대법원은 사해행위인 매매예약에 기하여 수익자 앞으로 가등기를 마친 후 전득자 앞으로 그 가등기 이전의 부기등기를 마치고 나아가 그 가등기에 기한 본등기까지 마쳤더라도 수익자의 지위가 소멸하지는 않으므로 채권자는 수익자를 상대로 사해행위인 매매예약의 취소를 청구할 수 있다고 보았다. 또한 대법원은 부기등기의 결과 위 가등기 및 본등기에 대한 말소청구소송에서 수익자의 피고적격이 부정되는 등의 사유로 인하여 수익자의 원물반환의무인 가등기말소의무의 이행이 불가능하게 되었다면 수익자는 원상회복의무로서 가액을 배상할 의무를 진다고 보았다. 이와 달리 이러한 사안에서 가등기를 제3자에게 이전한 매매예약 상대방은 더 이상 가등기말소의무나 가액배상의무를 부담하지 않는다는 종래 판결[97]은 대상판결로 변경되었다.

종래 대법원 판결에서 '가등기를 제3자에게 이전한 매매예약 상대방'은 사해행위 취소소송의 피고로서 원상회복의무를 부담하지 않는다고 한 이유는 가등기 이

---

96) 정수진(주 95), 462면.
97) 대법원 2005. 3. 24. 선고 2004다70079 판결 등.

전에 따른 부기등기의 경우 가등기말소의무는 현재 부기등기 명의자가 부담한다는 법리 때문이다.[98] 이러한 등기 법리에 따르면 부기등기를 마쳐준 본래의 가등기명의자에 대한 가등기말소청구는 허용되지 않고, 그러한 소를 제기하였다면 피고적격이 부정되어 각하된다. 한편 매매예약에 따른 가등기의 경우 매매예약취소에 따른 원상회복은 원칙적으로 가등기말소에 의해야 하는데, 본래의 가등기명의자가 애당초 가등기말소의무라는 원물반환의무를 부담하지 않는다면, 원물반환의무가 불가능하거나 현저히 곤란할 때 발생하는 가액배상의무도 부담하지 않는다는 것이다. 또한 종래 대법원 판결은 "본등기 명의인도 아닌 가등기권리양도인이 채권자에 대하여 가액배상의무를 부담한다고 볼 수 없다."라고 부가함으로써 순위보전의 효력을 가지는데 그치는 가등기명의를 가졌다는 이유로 가액배상의무까지 부담하는 것은 과도하다는 뉘앙스도 풍기고 있다.[99]

그러나 '부기등기 명의자를 상대로 한 주등기 말소청구' 법리는 등기법의 특수성에 따른 것일 뿐 주등기 명의자가 가지는 실체법적 지위에 영향을 주지 않는다. 부기등기는 주등기에 기초하여 이루어지는 등기로서 주등기의 순위번호를 그대로 사용한다(부동산등기규칙 제2조). 이처럼 부기등기가 주등기에 종속되어 주등기와 일체를 이룬 경우에는 주등기를 말소하면 부기등기도 말소된다.[100] 한편 이러한 말소의무는 주등기를 이전받은 최종 등기명의자인 부기등기 명의자가 행하면 충분하다. 이러한 등기법상 특수성 때문에 '부기등기 명의자를 상대로 한 주등기 말소청구' 법리가 인정되는 것일 뿐이다. 한편 매매예약의 상대방으로 가등기를 설정받은 자는 엄연히 사해행위의 당사자로서 수익자의 지위에 서게 된다. 그가 가등기를 이전하여 줌으로써 가등기말소의무 자체를 이행할 수는 없게 되었다고 하여 수익자로서의 실체법적 지위가 소멸되지는 않는다. 또한 원물반환의무로서의 가등기말소의무이행이 불가능하게 되었다면 수익자의 지위를 제거할 것이 아니라 그로 하여금 일반적인 사해행위취소 법리에 따라 가액배상의무를 이행하게 하면 충분하다.[101] 대상판결은 이처럼 부기등기에 관한 등기법상 법리와 사해행위취소에 관한 실체법상 법리의 작동 영역이 다르다는 점, 전자가 후자의 근간을 뒤흔들 이유가 없다는 점을 밝힌 뒤, 사해행위취소에 관한 실체법상 법리를 부기등기의

---

98) 대법원 1994. 10. 21. 선고 94다17109 판결 등.
99) 대법원 1994. 10. 21. 선고 94다17109 판결.
100) 대법원 2005. 6. 10. 선고 2002다15412, 15429 판결.
101) 대법원 1998. 5. 15. 선고 97다58316 판결; 대법원 2009. 3. 26. 선고 2007다63102 판결 등.

장면에서도 복원한 것이다.

4. 사해행위 취소로 원상회복된 부동산의 소유관계

대법원 2017. 3. 9. 선고 2015다217980 판결은 사해행위 취소로 원상회복된 부동산 소유권의 법률관계를 다루었다. 사안은 다음과 같다. A회사는 자신의 부동산을 B회사에 매도하고 등기를 넘겨주었다. 그런데 이러한 매도행위가 사해행위로 취소되어 등기가 말소되었다. 그러자 A회사는 사해행위 취소로 인한 원상회복으로 자신에게 등기가 환원된 것을 이용하여 그 부동산을 다시 제3자에게 처분하고 그에게 소유권이전등기를 마쳐주었다. 그 이후 이에 기초한 다른 등기들이 순차적으로 이루어졌다. A회사의 일반채권자인 원고는 그 일련의 등기를 말소하라는 소를 제기하였다. 대법원은 "채무자가 사해행위 취소로 등기명의를 회복한 부동산을 제3자에게 처분하더라도 이는 무권리자의 처분에 불과하여 효력이 없으므로, 채무자로부터 제3자에게 마쳐진 소유권이전등기나 이에 기초하여 순차로 마쳐진 소유권이전등기 등은 모두 원인무효의 등기로서 말소되어야 한다."고 한 뒤, "이 경우 취소채권자나 민법 제407조에 따라 사해행위 취소와 원상회복의 효력을 받는 채권자는 채무자의 책임재산으로 취급되는 부동산에 대한 강제집행을 위하여 원인무효 등기의 명의인을 상대로 등기의 말소를 청구할 수 있다."고 판시하였다.

판례는 사해행위 취소의 효력에 관하여 상대적 무효설을 따르고 있다.[102] 이에 따르면 부동산 매매가 사해행위에 해당하여 취소된 결과 채무자 명의로 등기가 회복되더라도 채무자는 그 부동산 소유자가 아니므로 제3자에 대한 채무자의 처분이나 이에 터 잡은 등기는 무효이다. 대상판결은 이 점에 착안하여 원고가 원인무효의 등기 말소를 구할 수 있다고 보았다. 그런데 문제는 등기 말소를 구할 수 있는 원고의 권리 발생 근거가 모호하다는 점이다. 원고는 부동산 소유자가 아니므로 소유권에 기한 방해배제청구권을 행사할 수 없다. 또한 말소를 구할 계약상 권리가 있는 것도 아니다. 생각해 볼 수 있는 것은 채권침해나 불법행위에 기한 방해배제청구권이다. 채무자인 A회사는 자신에게 환원된 부동산을 처분함으로써 원고를 비롯한 채권자의 책임재산을 감소시켰기 때문이다. 그러나 아직 판례가 이러한 방해배제청구권을 일반적으로 허용하지는 않는다. 더구나 판례는 고의에 기한

---

102) 대법원 1988. 2. 23. 선고 87다카1989 판결; 대법원 2000. 12. 8. 선고 98두11458 판결; 대법원 2002. 5. 10.자 2002마1156 결정; 대법원 2005. 11. 10. 선고 2004다49532 판결 등.

채권침해에 대해서만 위법성을 인정하고 있다.[103] 제3자가 선의인 경우에 그의 신뢰를 보호할 필요성이 있는데 소유자도 아닌 원고가 제3자를 상대로 등기말소를 제한 없이 구할 수 있다는 것도 문제이다. 대상판결은 말소청구권의 발생 근거와 성격이 무엇인지에 대해 별다른 설명을 하지 않은 채 법 형성에 가까운 해석론을 펼쳤다는 문제가 있다.

5. 제척기간과 인식의 귀속

대법원 2017. 6. 15. 선고 2015다247707 판결은 채권자취소소송의 제척기간과 인식의 귀속 문제를 다루었다. 채권자취소의 소는 채권자가 "취소원인을 안 날"부터 1년, "법률행위 있은 날"부터 5년 내에 제기해야 한다(민법 제406조 제2항). 그 중 "취소원인을 안 날"은 채권자의 인식을 전제로 하는 제척기간 기산점이다. 그런데 채권자에게 대리인이 있거나, 채권자가 법인인 경우에는 인식의 귀속 문제가 등장한다. 대상판결은 국가가 조세채권을 피보전채권으로 하여 체납자의 법률행위를 대상으로 채권자취소권을 행사하는 경우 인식의 귀속에 관하여 판시하였다. 이에 따르면 "국가가 취소원인을 알았는지는 특별한 사정이 없는 한 조세채권의 추심 및 보전 등에 관한 업무를 담당하는 세무공무원의 인식을 기준으로 판단하여야 하고, 체납자의 재산 처분에 관한 등기·등록 업무를 담당하는 다른 공무원의 인식을 기준으로 판단하여서는 아니 된다."는 것이다.[104] 이러한 일반론하에 해당 사안에서 세무공무원이 아니라 특허청 공무원이 사해행위로 지목된 체납자의 지식재산권 양도행위를 알았다고 하더라도 그러한 인식은 국가에 귀속되지 않는다고 보았다. 따라서 그 시점부터 제척기간이 진행되는 것은 아니라고 보았다.

법인의 인식의 귀속 문제는 선의와 악의 등 특정한 주체의 인식 여부가 법률요건이 되는 여러 국면에서 다양한 모습으로 등장한다.[105] 법인은 속성상 자연적 의미에서의 인식 주체가 될 수는 없는 노릇이므로 인식 매개자를 통해 규범적 의미에서의 인식 주체가 될 수밖에 없다. 법인의 대표자나 대리인이 어떤 사항을 인식

---

103) 대법원 1997. 6. 10. 선고 95다28120 판결; 대법원 2001. 5. 8. 선고 99다38699 판결.
104) 이러한 인식 귀속의 법리는 대법원 2018. 7. 20. 선고 2018다222747 판결에서도 되풀이하여 판시되었다. 대법원은 예금보험공사가 채권자취소권을 행사하는 경우 취소원인을 알았는지는 예금보험공사에서 피보전채권의 추심 및 보전 등에 관한 업무를 담당하는 직원의 인식을 기준으로 판단해야 한다고 보았다.
105) 법인의 인식 귀속 일반론은 김용덕 편, **주석민법 총칙(1)**, 제5판(한국사법행정학회, 2019), 632−645면(송호영 집필부분) 참조.

했다면 그것은 법인의 인식으로 귀속된다(민법 제116조, 제59조 제1항, 제35조).106) 문제는 대표자나 대리인이 아니면서 법인의 업무를 수행하는 법인 관련자(예컨대 대표권 없는 임원이나 직원 등)의 인식을 법인의 인식으로 귀속시킬 수 있는가 하는 점이다. 대표권이나 대리권이 없다면 그 인식을 법인에게 귀속시킬 직접적인 법문상 근거는 없다. 더구나 법인 관련자들의 인식을 모두 그대로 법인의 인식으로 귀속시키는 것은 법인에게 지나친 부담을 안겨준다. 예컨대 삼성전자의 임직원 숫자는 10만 명을 훌쩍 뛰어넘는데 이들의 인식을 모두 회사의 인식으로 귀속시키는 것은 회사의 악의 범위가 지나치게 확장되는 결과로 이어진다. 그렇다고 하여 오로지 대표자나 대리인의 인식만 법인의 인식으로 귀속시키는 것은 지나치게 협소하다. 그러므로 법인에 인식이 귀속되는 합리적인 범위를 설정해야 한다.

결국 중요한 것은 법인이 의사결정을 하고 업무집행을 하는 경우 해당 정보가 전달되고, 또한 그 정보를 살펴볼 계기가 있어 실제로 그 정보가 고려될 합리적 기대 가능성이 있었는가이다. 가령 대표권 없는 이사의 인식은 대표권 있는 이사에게 전달, 고려될 합리적 기대 가능성이 있다. 따라서 그의 인식은 법인의 인식으로 귀속시킬 수 있다.107) 대표권은 없지만 사실상 회사업무에 영향력을 행사하는 업무집행지시자의 인식도 마찬가지이다.108) 반면 모든 피용자의 인식을 법인에게 귀속시킬 수는 없다.109) 하지만 업무를 직접 담당하는 직원이 인식한 정보는 결재선을 통해 법인의 의사결정기구에 전달될 합리적 기대가능성이 있으므로 이 경우에는 법인에 대한 인식의 귀속을 인정해야 한다.110) 대상판결 사안에서는 국가라는 공법인의 인식 귀속이 문제되었다. 그런데 특허청 공무원이 지식재산권 양도계약 체결 사실을 인식하였더라도 그것이 사해행위에 해당한다고 인식하기는 어렵고, 그러한 정보가 세무관청이 사해행위를 이유로 채권자취소권을 행사할 수 있도록 전달될 것을 합리적으로 기대하기도 어렵다. 대상판결은 인식 매개자에게 업무 관련성을 요구함으로써 법인의 인식 귀속 범위의 합리적 획정을 꾀하였다.

---

106) 대법원 2002. 2. 5. 선고 2001다66369 판결(새마을금고의 이사장과 상무의 악의를 새마을금고에 귀속시킨 판결)..
107) 주석민법/송호영(주 105), 643면.
108) 주석민법/송호영(주 105), 643면.
109) 대법원 1998. 1. 23. 선고 96다41496 판결(근저당권설정을 권유한 뒤 그 대출금을 편취한 사건에 가담한 상호신용금고 기획감사실 과장의 인식을 상호신용금고에게 귀속시키지 않았으나 상호신용금고에게 과실이 있다고는 한 판결).
110) 대법원 2015. 1. 15. 선고 2013다50435 판결.

6. 채권자취소권 관련 기타 판결

가. 가압류채권자의 채권자취소권 행사 가부

대법원 2010. 1. 28. 선고 2009다90047 판결은 가압류 후 채무자가 물상보증인으로서 제3자에게 근저당권을 설정하여 책임재산이 부족하게 되거나 그 상태가 악화된 경우 가압류채권자는 자기 채권의 충분한 만족을 얻지 못하는 불이익을 받으므로 그 근저당권설정행위에 대해 채권자취소권을 행사할 수 있다고 보았다.111) 이 판결은 채무자가 자신의 채무가 아닌 타인의 채무를 담보하기 위해 물상보증인이 된 사안을 다루었다는 점에서 채무자가 자신의 채무에 대한 담보로 근저당권을 설정한 경우 가압류채권금액 범위에서는 채권자취소권을 행사할 수 없다고 한 대법원 2008. 2. 28. 선고 2007다77446 판결과 구별된다. 그런데 선행 가압류채권자와 후행 근저당권자가 평등하게 배당받더라도 선행 가압류채권자의 입장에서는 후행 근저당권자의 등장으로 채권을 완전히 만족받지 못하게 되었고, 후행 근저당권설정행위가 사해행위의 요건을 모두 갖추었다면, 이를 사해행위로 취소할 수 있도록 허용하는 것이 타당하다.112) 그 점에서 가압류 범위 내에서는 가압류채권자가 채권자취소권을 행사할 수 없다는 점을 전제로 한 2008년 대법원 판결의 타당성은 의심스럽다.

나. 피보전채권 적격 등

피보전채권과 관련해서는 정지조건부채권의 피보전채권 적격 문제를 다룬 대법원 2011. 12. 8. 선고 2011다55542 판결이 있다. 대법원은, 채권자취소권 행사는 채무 이행을 구하는 것이 아니라 총채권자를 위하여 이행기에 채무 이행을 위태롭게 하는 채무자의 자력 감소를 방지하는 데 목적이 있는 점과 민법이 제148조, 제149조에서 조건부권리의 보호에 관한 규정을 두고 있는 점을 종합해 볼 때, 취소채권자의 채권이 정지조건부채권이라 하더라도 장래에 정지조건이 성취되기 어려울 것으로 보이는 등 특별한 사정이 없는 한, 이를 피보전채권으로 하여 채권자취소권을 행사할 수 있다고 보았다.

---

111) 대법원 2010. 6. 24. 선고 2010다20617, 20624 판결도 마찬가지 취지이다.
112) 이연갑, "부동산의 가압류채권자가 가압류 후에 그 부동산에 관하여 이루어진 채무자의 물상보증 행위를 사해행위로서 취소할 수 있는가", **민사법학**, 제68호(2014), 422-423면.

피보전채권과 소송물 문제를 다룬 대법원 2012. 7. 5. 선고 2010다80503 판결도 있다. 대법원은, 채권자가 사해행위취소 및 원상회복청구를 하면서 보전하고자 하는 채권을 추가하거나 교환하는 것은 사해행위취소권과 원상회복청구권을 이유 있게 하는 공격방법에 관한 주장을 변경하는 것일 뿐이지 소송물 또는 청구 자체를 변경하는 것이 아니므로, 채권자가 보전하고자 하는 채권을 달리하여 동일한 법률행위의 취소 및 원상회복을 구하는 채권자취소의 소를 이중으로 제기하는 경우 전소와 후소는 소송물이 동일하다고 보아야 하고, 이는 전소나 후소 중 어느 하나가 승계참가신청에 의하여 이루어진 경우에도 마찬가지라고 보았다.

다. 사해행위 적격

행위의 성격상 사해행위가 될 수 있는지 여부를 다룬 판결들이 다수 선고되었다. 대법원 2010. 4. 29. 선고 2009다33804 판결은 무자력 상태의 채무자가 강제집행을 승낙하는 취지의 공정증서를 작성하여 준 행위는 집행 관련 행위로서 사해행위로 취소될 수 있다고 보았다. 민법 제406조 제1항은 사해행위를 "법률행위"로 상정하고 있는데, 판례는 이를 고유한 의미의 법률행위뿐만 아니라 집행 관련 행위, 심지어는 사실적 행위로서의 성격이 강한 변제 자체도 취소 대상으로 삼는데 이르렀다.[113] 그 외에도 대법원은 시효이익의 포기,[114] 영업양도[115]가 사해행위가 될 수 있다고 보았다. 반면 대법원 2011. 6. 9. 선고 2011다29307 판결은 상속포기는 '인적 결단'으로서의 성격을 가지므로 순전한 재산법적 행위와는 달리 사해행위가 될 수 없다고 보았고,[116] 대법원 2013. 10. 11. 선고 2013다7936 판결은 협의 또는 심판에 의하여 구체화되지 않은 재산분할청구권은 채무자의 책임재산에 해당하지 않으므로 이를 포기하는 행위 역시 사해행위가 될 수 없다고 보았다. 또한 대법원 2018. 11. 29. 선고 2015다19827 판결은 민법 제666조에 기한 수급인의 저당권설정청구권 행사로 인해 도급인이 저당권을 설정하는 행위는 해당 제도의 취지상 사해행위가 될 수 없다고 보았다.

---

113) 대법원 2005. 3. 25. 선고 2004다10985, 10992 판결.
114) 대법원 2013. 5. 31.자 2012마712 결정.
115) 대법원 2015. 12. 10. 선고 2013다84162 판결.
116) 이에 대한 비판적 문헌으로 조인영, "상속포기와 채권자취소권", **민사판례연구**, 제35권(2013); 윤진수, "상속포기의 사해행위 취소와 부인", **가족법연구**, 제30권 제3호(2016).

라. 사해행위 판단

사해행위는 무자력 초래 또는 심화행위를 의미하고, 여기에서의 무자력은 적극재산보다 소극재산이 많은 상태를 의미한다. 그러므로 사해행위인지를 판단하려면 적극재산과 소극재산을 계산하여 비교해야 한다. 이와 관련하여 대법원 2013. 4. 26. 선고 2012다118334 판결은 적극재산으로서의 임차보증금반환채권은 임차인이 이를 현실적으로 반환받을 가능성이 없거나 제한되는 것으로 합리적으로 예측되는 등의 특별한 사정이 없는 한 보증금액 액면 그대로 적극재산으로 포함된다고 평가해야 한다고 보았다.

한편 변제, 대물변제 등 기존 채무를 이행하는 행위가 어떤 경우에 사해행위로 판단하기 위해서는 채권자의 책임재산 보전 내지 회복 필요성과 채무자 및 제3채무자의 거래의 자유를 형량해야 한다. 이와 관련하여 대법원 2010. 9. 30. 선고 2007다2718 판결은 채무초과의 상태에 있는 채무자가 적극재산을 채권자 중 일부에게 대물변제조로 양도하는 행위는 채무자가 특정 채권자에게 채무 본지에 따른 변제를 하는 경우와는 달리 원칙적으로 다른 채권자들에 대한 관계에서 사해행위가 될 수 있으나, 이러한 경우에도 사해성의 일반적인 판단 기준에 비추어 그 행위가 궁극적으로 일반채권자를 해하는 행위로 볼 수 없는 경우에는 사해행위의 성립이 부정될 수 있다고 보았다.[117]

자금 융통이나 재산의 양도 등 일상적인 거래행위에 대해서도 앞서 언급한 형량의 문제가 있다. 대법원은 일찍이 사업갱생이나 계속 추진의 의도로 신규자금을 융통하면서 담보를 제공하는 행위는 사해행위에 해당하지 않는다고 보았는데,[118] 이러한 신규자금 융통 없이 단지 기존 채무의 이행을 유예받기 위해 채권자 중 한 사람에게 담보를 제공하는 행위는 다른 채권자들에 대한 관계에서 사해행위에 해당한다고 보았다.[119] 한편 대법원은 채무자가 유일한 재산인 부동산을 매각하여

---

117) 해당 사안에서 대법원은 채무초과 상태의 채무자가 유일한 재산인 전세권과 전세금반환채권을 특정 채권자에게 그 채무 일부에 대한 대물변제조로 양도한 행위가 최고액 채권자와의 거래관계를 유지하면서 채무초과 상태에 있던 회사의 갱생을 도모하기 위한 유일한 방안이었던 점 등을 감안하면, 위 양도행위가 다른 채권자를 해하는 사해행위라고 단정하기 어렵다고 한 원심의 판단을 수긍하였다.

118) 대법원 2001. 10. 26. 선고 2001다19134 판결 등.

119) 대법원 2010. 4. 29. 선고 2009다104564 판결. 이미 대법원 2009. 3. 12. 선고 2008다29215 판결, 대법원 2009. 5. 28. 선고 2008다80807 판결에서 같은 취지의 판시가 이루어진 바 있다.

소비하기 쉬운 금전으로 바꾸는 행위는 사해행위가 되고 채무자의 사해의사도 추정된다고 보아왔는데,[120] 부동산의 매각 목적이 채무의 변제 또는 변제자력을 얻기 위한 것이고, 대금이 부당한 염가가 아니며, 실제 이를 채권자에 대한 변제에 사용하거나 변제자력을 유지하고 있는 경우에는, 채무자가 일부 채권자와 통모하여 다른 채권자를 해할 의사를 가지고 변제를 하는 등의 특별한 사정이 없는 한, 사해행위에 해당한다고 볼 수 없다고 하여 그 예외를 인정하였다.[121]

마. 사해행위 취소에 따른 법률관계

대법원 2015. 11. 17. 선고 2013다84995 판결은 사해행위 취소가 취소채권자 외의 다른 채권자에게 미치는 효력을 다루었다. 대상판결의 요지는 다음과 같다. 사해행위 취소로 인한 원상회복 판결의 효력은 소송의 당사자인 채권자와 수익자 또는 전득자에게만 미칠 뿐 채무자나 다른 채권자에게 미치지 않는다. 그러므로 사해행위 취소로 인한 원상회복이 소유권이전등기말소인 경우 그 말소등기 신청 주체는 취소채권자이다. 다른 채권자는 취소채권자를 대위하여 말소등기를 신청할 수 없고, 그러한 말소등기가 이루어졌다면 그 등기는 절차상 흠이 존재하는 등기 이다. 다만 취소의 효력은 민법 제407조에 따라 모든 채권자의 이익을 위하여 미치므로 수익자는 채무자의 다른 채권자에 대하여도 사해행위의 취소로 인한 소유권이전등기의 말소등기의무를 부담한다. 또한 등기절차상의 흠을 이유로 말소된 소유권이전등기가 회복되더라도 다른 채권자가 사해행위취소판결에 따라 사해행위가 취소되었다는 사정을 들어 수익자를 상대로 다시 소유권이전등기의 말소를 청구하면 수익자는 말소등기를 해 줄 수밖에 없어서 결국 말소된 소유권이전등기 가 회복되기 전의 상태로 돌아가게 된다. 이러한 불필요한 절차를 거치게 할 필요 가 없다. 이러한 점에 비추어 보면 다른 채권자의 대위신청으로 이루어진 말소등 기는 실체관계에 부합하는 등기로서 유효하다.[122]

---

120) 대법원 1998. 4. 14. 선고 97다54420 판결 등.
121) 대법원 2015. 10. 29. 선고 2013다83992 판결.
122) 그런데 소송당사자가 아닌 일반채권자에 대해서도 민법 제407조에 따라 수익자가 당연히 등기말소의무를 부담하는 것처럼 판시한 부분은 판례의 기존 입장인 상대적 무효설과 상충되는 측면이 있다. 이 점을 지적하는 문헌으로 황진구, "사해행위의 취소와 원상회복이 모든 채권자의 이익을 위하여 효력이 있다는 의미", **민사판례연구**, 제39권(2017), 57면.

제2절 다수당사자 채권관계

I. 개관

민법 제408조 내지 제448조는 채권자 또는 채무자가 여러 명인 경우의 법률관계에 관한 규정들이다. 민법은 분할채권관계를 원형적인 채권관계로 상정한 뒤(제408조) 불가분채권관계(제409조 내지 제412조), 연대채무(제413조 내지 제427조), 보증채무(제428조 내지 제448조)에 관하여 규정하고 있다. 민법에서 명문으로 규정하고 있지는 않지만, 연대채권이나 부진정연대채권관계도 존재한다. 이러한 일련의 다수당사자 채권관계는 대외관계와 대내관계로 나누어 볼 수 있다. 채무자가 다수인 경우를 전제로 말하자면, 대외관계는 채무자들과 채권자 사이의 관계, 대내관계는 채무자들 상호 간의 관계를 지칭한다. 그중 대외관계는 담보적 기능과 밀접한 관련성을 가진다. 채무자가 여럿이면 무자력 위험이 분산, 보강되어 채권자의 채권 만족 가능성을 높여주기 때문이다. 보증채무는 인적 담보의 일종으로 이러한 담보적 기능이 명시적으로 드러나는데, 불가분채무나 연대채무, 부진정연대채무도 담보적 의미를 가진다. 대내관계는 형평의 이념과 밀접한 관련성을 가진다. 이는 채권자의 채권을 만족시킨 후 그로 인한 부담을 채무자들 사이에서 어떻게 형평에 맞게 분담할 것인가와 관련되기 때문이다. 구상권이 그 핵심적인 분담 도구로 떠오르게 되고, 구상권을 강화하기 위한 변제자대위 제도도 존재한다.

다수당사자 채권관계에 관하여는 2008. 3. 21. 제정된 「보증인 보호를 위한 특별법」(이하 '보증인보호법'이라고 한다)과 그 연장선상에서 보증인 보호 강화 차원에서 2015. 2. 3. 개정 시 신설된 민법의 보증 관련 조항들이 특기할 만하다. 2015년 개정 민법은 보증인보호법 일부 조항들을 민법 차원으로 편입한 것인데, 제428조의2(보증의 방식), 제428조의3(근보증), 제436조의2(채권자의 정보제공의무와 통지의무 등)가 그 조항들이다. 보증인 보호는 과거부터 보증채무와 관련된 가장 중요한 문제였고, 관련 판례들도 축적되어 왔다. 이러한 판례들은 ① 보증의사의 엄격한 해석, ② 거래관행 내지 신의칙에 기한 보증책임 범위 제한 내지 해지권 인정, ③ 보증한도액과 보증기간의 정함이 없는 계속적 보증의 상속성 제한[123] 등 다양한 분

---

[123] 대법원 2003. 12. 26. 선고 2003다30784 판결. 다만 보증한도액이 정해진 계속적 보증계약의 상속성을 인정한 대법원 1998. 2. 10. 선고 97누5367 판결, 대법원 1999. 6. 22. 선고 99다19322,

야에서 생성되었다. 또한 일찍이 신원보증법을 통해 신원보증이라는 특정한 형태의 보증에 대한 입법적 규율이 존재하였는데, 2008년 보증인보호법을 통해 개인보증 일반에 대해, 2015년 개정 민법을 통해 보증 일반에 대해 위와 같은 판례의 취지가 입법적 형태로 확장 반영되었다. 2010년 이후에는 이러한 새로운 입법에 따른 해석론이 판례의 차원에서 문제되기 시작하였다. 그 외에도 독립적 은행보증, 진술 및 보증조항 등 민법상 보증과 구별되는 변형된 보증에 대한 판례들도 주목할 만하다.

다수당사자 채권관계의 다른 형태인 분할채권관계, 불가분채권관계, 연대채권관계에 관하여는 상대적으로 주목할 만한 판결들이 많이 선고되지 않았다. 하지만 민법에서 명문으로 규정하고 있지 않은 부진정연대채무와 관련해서는 대법원 2010. 9. 16. 선고 2008다97218 전원합의체 판결, 대법원 2018. 3. 22. 선고 2012다74236 전원합의체 판결이 선고되었다. 전자는 부진정연대채무자 중 1인에 의한 상계의 효력, 후자는 부진정연대채무자 중 다액채무자의 일부변제의 효력을 다루었다. 부진정연대채무는 연대채무와 유사하지만 동일하지는 않으므로 연대채무에 관한 규정 내지 법리를 어느 범위까지 유추 적용할 것인가가 문제된다. 특히 부진정연대채무자 내부간의 상호관계에 관하여는 불분명한 점들이 많았는데, 위와 같은 전원합의체 판결들은 그러한 불명확성을 상당 부분 제거하였다.

Ⅱ. 보증채무

1. 보증인 보호와 관련된 판례

가. 서면의 의미

대법원 2013. 6. 27. 선고 2013다23372 판결은 보증인보호법상 서면의 의미를 다루었다. 이는 같은 내용을 담고 있는 현행 민법 제428조의2의 해석론에도 참고될 수 있는 판결이다. 해당 사안에서 원고는 소외 회사로부터 금원을 차용하면서 그 금원 액수가 기재된 차용증을 작성하여 주었고, 피고는 보증의 의미로 차용증의 채무자란에 자신의 이름을 추가로 기재하여 서명하였다. 원고가 피고에게 보증채무의 이행을 구하자, 피고는 구 보증인보호법 제3조 제1항 및 제4조 전단에 따라 보증의사 및 보증채무의 최고액이 서면으로 특정되어 있지 않다는 이유로 보증

19339 판결 참조.

계약이 무효라고 주장하였다.

구 보증인보호법 제3조 제1항은 보증은 보증인의 기명날인 또는 서명이 있는 서면으로 표시되어야 효력이 발생한다고 규정하고 있었다.[124] 보증채무를 부담할 때 그 의미를 다시 한번 숙고하도록 하고, 서면을 통해 보증을 둘러싼 법률관계를 확실하게 하기 위한 취지이다. 대상판결은 위 법 규정이 '보증의 의사'가 일정한 서면으로 표시되는 것을 정할 뿐이라는 점 등을 고려할 때, 작성된 서면에 반드시 '보증인' 또는 '보증한다'라는 문언의 기재가 있을 것이 요구되지는 아니한다고 보았다. 이는 특정한 형식의 문언보다 당사자의 의사가 중시되는 법률행위 해석의 일반론에 비추어 자연스러운 결론이다.

또한 구 보증인보호법 제4조 전단은 보증채무 최고액도 서면으로 특정할 것을 요구하고 있었다. 우선 이 조항은 얼핏 보면 근보증에만 적용되는 것처럼 보인다. 하지만 근보증의 최고액 특정에 대해서는 구 보증인보호법 제6조 제2항에 별도로 규정되어 있었다. 따라서 제4조 전단은 '최고액'이라는 표현에도 불구하고 일반 보증의 보증액수를 염두에 두었다고 볼 수밖에 없다.[125] 위와 같이 차용증에 보증의 의사로 서명한 것이 보증계약서로 취급되는 이상, 그 보증계약서에 기재된 차용액수도 보증액수로서 서면에 특정된 것으로 볼 수 있다. 그런데 원본채무 외에 이자 또는 지연손해금채무에 대해서도 서면으로 최고액이 특정되어야 하는가? 대상판결은 원본채무의 금액이 명확하게 기재되었다면 제4조 전단의 요건이 충족된다고 보았다. 이자 또는 지연손해금채무는 원본채무에 종속되는 종된 채무에 불과할 뿐만 아니라, 기간의 경과로 늘어나는 속성상 최고액을 미리 특정하기도 어렵기 때문이다.

나. 서명의 의미

대법원 2017. 12. 13. 선고 2016다233576 판결은 보증인보호법 제3조 제1항의 서명에 타인이 보증인의 이름을 대신 쓰는 것이 포함되는지를 다루었다.[126] 이는 현행 민법 제428조의2의 해석론에도 참고될 수 있는 판결이다. 대상판결은 일반

---

[124] 보증인보호법 제3조는 2015. 2. 3. 민법 개정으로 같은 취지의 민법 제238조의2가 신설되면서 삭제되었다.

[125] 다만 구 보증인보호법 제3조가 폐지되면서 민법에서는 제428조의3에 근보증에 한하여만 채권최고액을 서면으로 기재하도록 하는 규정을 신설하였다. 타당한 입법이다.

[126] 박재억, "구 보증인보호법 제3조 제1항과 보증인의 자필서명", **대법원판례해설**, 제113호(2017).

적으로 서명은 기명날인과 달리 명의자 본인이 자신의 이름을 쓰는 것을 의미하는데 보증인의 서명에 제3자가 보증인을 대신하여 이름을 쓰는 것이 포함된다면, 보증인이 직접 자신의 의사표시를 표시한다는 서명 고유의 목적은 퇴색되고 사실상 구두를 통한 보증계약 내지 보증인이 보증 내용을 구체적으로 알지 못하는 보증계약의 성립을 폭넓게 인정하는 결과를 초래하게 되며, 경솔한 보증행위로부터 보증인을 보호하고자 하는 구 보증인보호법의 입법 취지를 몰각시키게 되므로, 타인이 보증인의 이름을 대신 쓰는 것은 보증인보호법상 서명에 해당하지 않는다고 보았다.

본래 서명이 꼭 서명 주체의 자필로 행해져야 하는 것은 아니다. 서명 주체의 의사에 기한 것인 이상 서명대행이나 서명대리를 금할 이유는 없다. 법령 중에는 자필이 요구되는 서명은 자필서명이라고 표현하는 예들이 있다.[127] 대부업법 제6조의2도 대부계약서의 자필 기재를 명문화하고 있다. 외국 민법에서도 그러한 예들이 발견된다.[128] 그런데 보증인보호법의 문언은 '자필'서명을 요구하지 않는다. 입법과정에서도 서명을 자필서명으로 국한하였다고 볼 만한 자료는 발견되지 않는다. 이러한 점들을 생각하면 서명대행이나 서명대리도 가능하다고 볼 여지가 있다. 하지만 보증인보호법 제3조 제1항은 기명날인 또는 서명이 있는 서면을 요구하는데, 서명대행의 목적은 기명날인을 통해 달성할 수 있다.[129] 대상판결 이후 선고된 대법원 2019. 3. 14. 선고 2018다282473 판결도 보증인의 기명날인 대행이 가능하다는 점을 명확히 한 바 있다. 그렇다면 기명날인과의 관계에서 서명은 자필서명으로 축소 해석하는 것이 논리적이다. 또한 보증인보호법의 취지에 비추어 보면, 보증인이 스스로 서명하게 함으로써 자신에게 닥칠 수도 있는 보증의 위험을 되새겨보고 신중하게 보증계약을 체결하도록 도울 필요도 있다. 이처럼 보증의 위험을 경고하고 자제시키려는 입법 목적은 서명대행으로는 충분히 달성될 수 없다. 따라서 대상판결의 태도는 수긍할 수 있다.

---

127) 보험업법 제97조, 암관리법 시행령 제10조, 제10조의2, 금융실명거래 및 비밀보장에 관한 법률 시행령 제8조 제2항, 전기통신사업법 시행령 제50조의2 제2항 등.

128) 스위스채무법 제14조 제1항, 제493조 제1항, 독일 민법 제126조 제1항. 제철웅, "서면에 의한 보증의사의 표시", **서울법학**, 제25권 제4호(2018), 169면 이하 참조.

129) 대법원 2015. 12. 23. 선고 2014다14320 판결은 신용협동조합 임원선거규약에서 정한 임원입후보추천서 양식에 추천인의 날인 또는 서명을 하도록 정한 사안에서, 날인은 대행할 수 있으나 서명은 직접 해야 한다고 판시하였다.

다. 보증기간의 의미

대법원 2020. 7. 23. 선고 2018다42231 판결은 보증인보호법상 제7조 제1항의 취지 및 이 조항에서 정한 보증기간의 의미를 다루었다. 사안은 다음과 같다. 소외인은 원고에게 차용금 합계 120,000,000원에 관한 각서를 작성하여 교부하였고, 피고는 소외인의 차용금채무를 연대보증하였다. 연대보증의 기간은 따로 정하지 않았다. 원고가 피고에게 보증채무의 이행을 구하자, 피고는 이 사건 각서 작성일로부터 보증인보호법에 따른 보증기간 한도인 3년이 경과하였으므로 연대보증채무가 소멸하였다고 주장하였다. 보증인보호법 제7조 제1항은 보증기간의 약정이 없는 때에는 그 기간을 3년으로 본다고 규정한다. 또한 제7조 제2항은 보증기간은 갱신할 수 있되 보증기간의 약정이 없는 때에는 계약체결 시의 보증기간을 그 기간으로 본다고 규정한다.

대상판결은 이러한 규정들의 내용과 체계, 입법 목적 등에 비추어 보면, 보증인보호법 제7조 제1항의 취지는 보증채무의 범위를 특정하여 보증인을 보호하는 것이므로 이 규정에서 정한 '보증기간'은 특별한 사정이 없는 한 보증인이 보증책임을 부담하는 주채무의 발생기간을 의미하는 것이지 보증채무의 존속기간을 의미한다고 볼 수 없다고 판시하였다. 제7조 제1항은 일정한 기간에 걸쳐 계속 채무가 발생하는 경우에 보증기간 약정이 없는 때에 기간을 3년으로 제한하여 보증인의 책임이 무한정 확대되는 것을 방지하려는 규정이지, 보증일로부터 3년이 지나면 보증책임이 소멸하게 하는 규정이 아니라는 것이다. 피고의 주장대로라면 제7조 제1항은 보증채무의 소멸시효 규정이나 마찬가지인데 이는 제7조 제1항의 취지와 잘 맞지 않다. 결국 보증기간을 정하지 않은 보증인은 3년 동안 발생한 주채무에 대해서만 보증책임을 지지만, 그와 같이 발생한 3년분의 보증책임은 달리 소멸원인이 있는 것이 아니라면 3년 이후에도 계속 존속하게 된다. 대상판결은 '보증기간'이라는 표현이 야기할 수 있는 오해를 바로잡고 그 진정한 의미를 규명하였다.

2. 변형된 형태의 보증

가. 독립적 은행보증

대법원 2014. 8. 26. 선고 2013다53700 판결은 독립적 은행보증과 권리남용의 문제를 다루었다. 사안은 다음과 같다. 이란 회사인 원고는 한국 회사인 소외 회사와 수입계약을 체결하였다. 한국의 금융기관인 피고는 소외 회사의 의뢰에 따라 원고를 수익자로 하는 이행보증서를 발급하여 주었다. 보증서에는 '보증의뢰인인 소외 회사가 이 사건 수입계약을 불이행하였다고 원고가 판단하고 그 불이행 부분을 적시하여 서면으로 청구한 때에는 보증인인 피고가 조건 없이 107,500유로를 초과하지 않는 범위 내에서 원고가 청구하는 보증금을 지급하겠다'는 독립적 보증의 취지가 기재되어 있었다.[130] 그런데 원고가 소외 회사로부터 공급받아 이란의 다른 업체에 공급한 제품이 폭발하는 사고가 발생하였다. 그 사고 원인이 밝혀지지 않은 상황에서 원고는 피고의 채무불이행이 있었다고 주장하며 피고에게 보증서에 기한 보증금 지급을 청구하였다.

대법원은 위와 같은 보증은 통상의 보증이 아니라 주채무자인 보증의뢰인과 채권자인 수익자 사이의 원인관계와 독립되어 원인관계에 기한 사유로는 수익자에게 대항하지 못하고 수익자의 청구가 있기만 하면 은행의 무조건적인 지급의무가 발생하게 되는 이른바 독립적 은행보증[131]이라고 보았다.[132] 또한 이러한 독립적 은행보증의 보증인은 수익자의 청구가 있기만 하면 보증의뢰인이 수익자에 대한 관계에서 채무불이행책임을 부담하게 되는지를 불문하고 보증서에 기재된 금액을 지급할 의무를 부담하고, 이 점에서 독립적 은행보증에서는 수익자와 보증의뢰인 사이의 원인관계와는 단절되는 추상성 및 무인성이 있다고 판시하였다. 다만 수익

---

[130] 독립적 보증의 통일적 규율을 위해 국제상업회의소(ICC)의 「독립적 보증에 관한 통일규칙(Uniform Rules for Demand Guarantee)」가 마련되어 있는데, 계약 당사자들은 이 규칙을 계약에 편입시키는 경우가 많다. 이 사건 계약도 그러하였다. 그 외에 독립적 보증에 관하여 마련된 국제규범으로는 UNCITRAL이 1995년 채택한 「독립적 보증과 보증신용장에 관한 UNCITRAL 협약(UNCITRAL Convention on Independent Guarantees and Standby Letters of Credit)」이 있다.

[131] 해당 용어로는 독립적 은행보증(independent bank guarantee), 독립적 보증(independent guarantee), 최초 청구보증(first demand guarantee), 청구보증(demand guarantee), 보증신용장(standby letter of guarantee) 등이 사용된다. 윤진수, "독립적 은행보증의 경제적 합리성과 권리남용의 법리", **법조**, 제692호(2014), 10면.

[132] 대법원 1994. 12. 9. 선고 93다43873 판결이 독립적 은행보증에 대한 최초의 대법원 판결이다.

자가 실제로는 보증의뢰인에게 아무런 권리를 가지고 있지 못함에도 불구하고 은행보증의 추상성과 무인성을 악용하여 보증인에게 청구를 하는 것임이 객관적으로 명백할 때에는 권리남용에 해당하여 허용될 수 없고, 보증인도 수익자의 청구에 따른 보증금의 지급을 거절할 수 있으나, 원인관계와 단절된 추상성 및 무인성이라는 독립적 은행보증의 본질적 특성을 고려하면, 수익자가 보증금을 청구할 당시 보증의뢰인에게 아무런 권리가 없음이 객관적으로 명백하여 수익자의 형식적인 법적 지위의 남용이 별다른 의심 없이 인정될 수 있는 경우가 아닌 한 권리남용을 쉽게 인정하여서는 아니 된다고 판시하였다.133)

독립적 은행보증은 민법상 보증과 달리 원인관계와 단절된 보증이므로, 보증인은 보증서에서 정한 형식적 조건만 부합하면 원인관계의 당부를 따지지 않고 수익자에게 보증금을 지급해야 한다. 수익자에게 압도적으로 유리한 형태의 보증이다. 민법상 보증은 보증인의 보호라는 기치 아래 채권자의 권리를 제한하려는 경향이 강하나, 독립적 은행보증은 그와 반대로 수익자의 권리를 최대한 강화하려는 경향이 강하다. 대등한 당사자 간의 국제거래에서 위험의 사전적, 확정적 인수를 통해 거래의 불확실성을 제거함으로써 채권자인 수익자로 하여금 안심하고 거래하도록 촉진하고자 하는 것이다. 보증의뢰인의 입장에서도 이렇게 함으로써 수익자를 안심시켜 거래성사 가능성을 높이고 거래비용도 줄이게 된다. 이러한 순기능 때문에 독립적 은행보증은 국제거래에서 확고한 거래 관행으로 자리 잡고 있다.134) 이러한 독립적 은행보증의 취지를 살리려면 원인관계와 보증관계를 단절시키는 추상성 및 무인성이 철저하게 준수되어야 한다. 일단 보증은행이 수익자에게 보증금을 먼저 지급하고, 필요하면 보증의뢰인이 나중에 수익자를 상대로 원인관계를 다투도록(pay first, argue later) 함으로써 채권자가 선제적으로 비용을 회수할 수 있도록 해야 한다.135) 다만 이러한 독립성, 추상성, 무인성, 형식성을 내세워 수익자가 제도를 남용하는 경우도 있을 수 있다. 대륙법계 국가들은 권리남용 이론, 영미법계 국가들은 사기(fraud)의 법리에 따라 이러한 남용의 위험에 대처하여 왔다.136)

---

133) 대상판결 이후에도 대법원 2015. 2. 12. 선고 2014다228228 판결, 대법원 2015. 7. 9. 선고 2014 다6442 판결이 같은 법리를 판시하였다.

134) 김선국, "독립적 은행보증의 법리", **재산법연구**, 제25권 제1호(2008), 307면.

135) 김기창, "보증채무의 부종성과 독립성", **민사법학**, 제29호(2005), 85면.

136) 상세한 내용은 윤진수, "독립적 은행보증의 경제적 합리성과 권리남용의 법리", **법조**, 제692호 (2014), 17-34면 참조.

하지만 권리남용 이론 등을 느슨하게 적용하여 독립성의 예외를 지나치게 넓히면 독립성 은행보증의 근간이 위태로워질 수 있다. 대상판결은 객관적 명백성이라는 잣대를 제시함으로써 이러한 권리남용의 남용 위험을 경계하였다.

나. 진술 및 보증조항 위반과 손해배상

대법원 2015. 10. 15. 선고 2012다64253 판결은 주식양수도계약에서 주식매수인인 원고가 계약 체결 당시 주식매도인인 피고들의 진술 및 보증 조항 위반 사실을 알고 있는 경우에도 그 위반을 이유로 손해배상을 청구할 수 있는가의 문제를 다루었다. 이 사건에서 甲 회사(원고)[137]는 乙 회사[138]의 주주들인 丙 회사 등(피고들)[139]과 주식양수도계약을 체결하였다. 주식양도인인 丙 회사 등은 이 계약에서 '乙 회사가 행정법규를 위반한 사실이 없고, 행정기관으로부터 조사를 받고 있거나 협의를 진행하는 것은 없다'는 내용의 진술과 보증을 하고, 진술 및 보증 조항 위반사항이 발견될 경우 손해를 배상하기로 하였다. 그런데 甲 회사는 진술 및 보증 당시 이미 乙 회사 등과 담합행위를 한 상태였고 양수도 실행일 이후 乙 회사는 담합행위를 이유로 과징금처분을 받았다.[140] 이처럼 주식매수인이 진술 및 보증 내용에 대해 악의인 경우에도 주식양수도계약에 따른 손해배상청구를 하는 것이 공평의 이념 및 신의칙에 반하여 제한되어야 하는가? 이에 대해 원심법원은 손해배상청구가 제한되어야 한다는 입장을 취하였으나, 대법원은 이 경우에도 손해배상청구가 제한될 수 없다면서 원심판결을 파기하였다. 대상판결은 M&A 거래에서 매도인의 진술 및 보증 약정 위반에 대하여 손해배상책임을 인정한 최초의 공간된 판결일 뿐만 아니라 매수인이 악의인 경우에도 손해배상책임을 인정했다는 점에서 선례적 가치가 크다.[141]

1990년대 후반 금융위기 이후 M&A 거래가 활성화되면서 영국과 미국의 M&A 계약에서 빈번히 사용되는 진술 및 보증(representation and warranty) 조항[142]이

---

137) 현대오일뱅크 주식회사이다.
138) 계약 체결 당시 한화에너지 주식회사였고, 그 이후 인천정유로 상호가 변경되었다.
139) 한화케미칼 주식회사 등이다.
140) 현대오일뱅크, 인천정유, SK, LG 칼텍스, S-Oil 등 거의 모든 정유사들이 관여한 군납유 입찰담합사건이다.
141) 김재형, "2015년 민법 판례 동향", **민사재판의 제문제**, 25권(2017), 24면.
142) 진술 및 보장 조항이라고 불리기도 한다. 허영만, "M&A 계약과 진술보장조항", BFL, 제20호(2006); 김상곤, "진술 및 보장조항의 새로운 쟁점", **상사법연구**, 제32권 제2호(2013) 참조.

우리나라 M&A 계약에도 사용되기 시작하였다.[143] 이는 영미법상 개념에 기초한 계약 조항이 대륙법적 체계로 규율되는 우리나라 계약서에 영향을 미치는 수많은 예 중 하나이다. M&A 계약에서 진술 및 보증 조항은 대상기업(팔고자 하는 기업)의 매도인과 매수인 사이에 매매계약의 당사자(행위능력, 내부수권에 관한 사항 등)와 매매계약 목적물인 대상기업에 관한 사항(재무상황, 우발채무의 존부, 법규 준수 여부 등)을 상대방에게 진술하여 확인하고 그 내용의 진실성을 보증하는 조항이다.[144] 이를 통해 기업매수인은 실사(due diligence)로 직접 얻는 정보 외에 상대방의 진술과 보증을 통해 상대방과 대상기업에 대한 추가 정보를 얻음으로써 이를 토대로 위험을 사전에 측정하여 대처할 수 있다. 또한 진술 및 보증위반이 드러나면 상대방에게 손해배상책임을 부가하기로 함으로써 상대방의 잘못된 정보제공을 예방하거나 발생한 손해를 상대방에게 전가할 수 있다.

우리 민법이나 상법은 진술 및 보증 조항의 문제를 직접 규율하고 있지 않다. 따라서 과연 진술 및 보증 조항이 상정하는 법률관계가 우리나라 법리상 어떠한 모습에 가까운가가 문제된다. 이 조항의 법적 성격에 대해서는 채무불이행책임설,[145] 약정하자담보책임설,[146] 손해담보계약설[147] 등이 있다. 그런데 진술 및 보증 조항도 계약의 일부인 이상 이 조항이 가지는 법적 의미는 계약 외부의 논리가 아니라 계약 당사자의 의사로부터 도출되어야 한다. 당사자의 의사는 계약마다 달라질 수 있다. 하지만 일반적으로 말하면 이 조항은 계약에서 의미 있는 법적 또는 사실적 상태에 관한 정보를 가진 당사자가 이를 있는 그대로 진술하고 보증하되, 그 내용이 실제와 다르다면 그 간극 자체를 이유로 책임을 진다는 의사를 담고 있다. 이러한 간극이 진술 및 보증인의 귀책사유로 발생하였는지, 또는 상대방이 이를 알았는지에 따라 손해배상 여부가 달라지지는 않는다.[148]

이 사건에서 피고들이 진술 및 보증한 내용은 대상회사가 일체의 행정법규를

---

143) 김희중, "악의의 주식양수인이 '진술 및 보증조항' 위반을 이유로 손해배상청구를 할 수 있는지 여부", BFL, 제76호(2016) 95면.
144) 김희중(주 143), 96면.
145) 김태진, "M&A 계약에서의 진술 및 보증조항 및 그 위반", **저스티스**, 제113호(2009), 49면.
146) 김홍기, "M&A계약 등에 있어서 진술보장조항의 기능과 그 위반시의 효과 — 대상판결 서울고등법원 2007. 1. 24. 선고 2006나11182 판결 —", **상사판례연구**, 제22권 제3호(2009), 78－79면.
147) 천경훈, "진술보장조항의 한국법상 의미", BFL, 제35호(2009), 89면.
148) 참고로 민법 제580조 제1항 단서에 따르면 매수인이 하자를 알았다면 하자담보책임이 발생하지 않는다.

위반한 사실이 없고, 이와 관련하여 행정기관으로부터 조사를 받거나 협의를 진행하는 것이 없다는 점이다. 그런데 원고는 계약 체결 이전에 대상회사와 담합행위를 한 적이 있고 계약 체결 이후 그 담합행위로 인해 과징금을 부과받았다. 그러므로 논리적으로 원고는 대상회사가 공정거래법을 위반하였다는 사실을 알거나 알 수 있는 지위에 있었다. 이처럼 원고가 이미 알고 있던 사항에 대해서는 피고들이 잘못 진술 또는 보증하였더라도 아무런 신뢰가 저해되지 않았고, 오히려 이를 알고도 지적하거나 가격에 반영하는 등의 조치를 취하지 않다가 나중에 손해배상청구를 하는 것은 신의칙에 반한다고 볼 여지도 있다. 그러나 진술 및 보증내용이 잘못되었다고 드러난 경우 그 자체를 이유로 책임을 지기로 약속한 경우 그 약속에 따른 이행을 구하는 것을 신의칙에 위반된다고 할 수는 없다.[149] 특히 원고나 대상회사의 행위가 위법한 담합행위인지, 그 담합행위가 '행정법규'에 위반되는 것인지, 또한 그 행위가 실제로 발각되어 법적 불이익을 받을 것인지 등이 불확실한 상황도 얼마든지 있을 수 있다. 이 경우 담합행위로 평가될 수 있는 행위를 하였다는 사실을 알았더라도 이를 가격에 반영하기는 쉽지 않다. 특히 그 행위에 관여한 회사 인력과 M&A 거래에 관여하는 회사 인력이 달라 법적으로는 회사가 '알았다'고 평가할 수는 있어도 실제로는 이를 의사결정에 반영하기는 어려운 경우라면 더욱 그러하다. 이러한 다양한 불확실성으로 인한 위험을 매도인에게 부담시키려 법률관계를 단순화하는 것이 진술 및 보증 조항의 주된 기능이다. 그리고 그러한 위험이 구현되었을 때 매도인이 이에 따른 책임을 지는 것은 거래의 안정성과 확실성을 선호하는 M&A 거래의 요청과도 부합한다. 이 사건도 그러한 경우로 보인다. 그러므로 대상판결의 결론에는 수긍할 수 있다.

III. 부진정연대채무

1. 부진정연대채무와 상계

대법원 2010. 9. 16. 선고 2008다97218 전원합의체 판결은 부진정연대채무자 중 1인이 한 상계 내지 상계계약이 다른 부진정연대채무자에게도 절대적 효력을 가진다고 판시하였다. 이 사건에서는 채권자인 원고(우리은행)와 채무자인 쌍용건설이 기업개선약정에 따라 원고가 발행받는 쌍용건설의 신주대금을 지급하지 않

---

149) 악의의 매수인은 하자담보책임을 물을 수 없으나(민법 제580조 제1항) 진술 및 보증책임은 하자담보책임이 아니다.

되, 원고가 쌍용건설에 가지는 대출채권도 청구하지 않기로 합의하였다(출자전환합의). 그런데 원고는 쌍용건설의 대출채무와 부진정연대관계에 있는 피고의 손해배상채무 이행을 구하였다.150) 이와 관련하여 위 출자전환합의의 법적 성격이 무엇인지(좀더 구체적으로는 이 행위를 상계계약으로 볼 수 있는지), 만약 위 출자전환행위가 상계계약이라면 이에 따른 대출채권의 소멸효가 부진정연대채무자인 피고에게도 미치는지가(즉 부진정연대채무에서 상계의 절대효가 인정되는지)가 문제되었다.

대법원은 "부진정연대채무자 중 1인이 자신의 채권자에 대한 반대채권으로 상계를 한 경우에도 채권은 변제, 대물변제, 또는 공탁이 행하여진 경우와 동일하게 현실적으로 만족을 얻어 그 목적을 달성하는 것이므로, 그 상계로 인한 채무소멸의 효력은 소멸한 채무 전액에 관하여 다른 부진정연대채무자에 대하여도 미친다고 보아야 한다. 이는 부진정연대채무자 중 1인이 채권자와 상계계약을 체결한 경우에도 마찬가지이다. 나아가 이러한 법리는 채권자가 상계 내지 상계계약이 이루어질 당시 다른 부진정연대채무자의 존재를 알았는지 여부에 의하여 좌우되지 아니한다."고 판시하였다. 이러한 판시는 출자전환행위가 신주인수대금채무와 대출채무를 맞비겨 소멸시키는 상계계약에 해당한다는 점을 전제한 것이다. 그런데 이에 대해서는 상계의 절대효는 인정하면서도 출자전환행위는 상계계약이 아니라 '(신주 액면 상당액이 아닌) 신주 시가 상당액의 변제와 나머지 채권액의 면제'로 보아야 한다는 반대의견이 있었다. 면제에는 절대효가 인정되지 않으므로 그 부분에 관하여는 여전히 원고가 피고에게 손해배상을 구할 수 있다는 것이다.

대상판결에서 선례적 가치가 있는 부분은 부진정연대채무관계에서 상계의 절대효를 인정한 부분이다. 이 부분에 대해서는 대법관 전원의 의견이 일치하였다. 민법 제418조에 의하면 연대채무에서 상계는 절대효를 가진다. 이러한 민법 조항이 부진정연대채무에도 적용되는지는 해석론에 맡겨져 있다. 그런데 연대채무와 부진정연대채무는 수인의 채무자가 각자 독립하여 동일한 내용의 급부를 전부 행할 의무를 부담하되, 그중 1인이 그 채무를 이행하면 다른 채무자도 채무를 면한다는 공통점을 가진다. 따라서 고유한 의미의 채무 이행에 해당하는 변제뿐만 아니라 이와 동등하게 평가할 수 있는 대물변제와 공탁에 대해서는 절대효가 인정되었

---

150) 원고는 분식회계로 인하여 작성된 쌍용건설의 재무제표를 신뢰하고 대출하여 주었다가 그 대출금을 회수하지 못하는 손해를 입었다고 주장하며 분식회계를 지시한 피고(쌍용건설의 대표이사)에게 대출금 상당액의 손해배상청구를 하였다. 이러한 회사의 대출금채무와 임직원의 손해배상채무는 부진정연대관계에 있다는 것이 판례의 태도이다. 대법원 2008. 1. 18. 선고 2005다65579 판결.

다. 그런데 유독 상계에 대해서는 절대효를 인정하지 않는 것이 종래 판례의 태도였다.[151]

하지만 상계는 재산상 출연을 통해 채권 만족 또는 채무 소멸을 가져오는 원인이라는 점에서 변제나 대물변제, 공탁과 가깝고, 면제나 채권포기, 시효중단 등 다른 상대효 사유와는 구별된다. 즉 변제, 대물변제, 공탁, 상계는 비록 모습을 달리하기는 하나 모두 채권을 만족시키는 원인이라는 점에서는 규범적으로 동등하다. 물론 변제나 대물변제, 공탁과 달리 상계는 상대방이 자신의 채무(즉 자동채권에 상응하는 채무)를 이행하지 않아도 되는 이익은 부여하지만 자신의 채권(즉 수동채권)을 직접 만족받지 못하게 한다. 이처럼 변제, 대물변제, 공탁처럼 자신이 직접 급부를 받고자 하는 소망은 좌절될 수 있다. 그러나 이는 법이 상계를 허용하는 이상 당연히 감내해야 하는 것이다. 또한 정책적으로 채무가 채권자에게 직접 이행되어야 할 필요가 있다면 근로기준법의 예처럼 상계를 금지하는 법 규정을 마련하면 된다. 이와 같이 상계가 변제, 대물변제, 공탁과 마찬가지로 채권을 만족시키는 원인으로 평가되는 이상, 부진정연대관계에서도 유독 상계에 대해서만 절대효를 부정할 이유가 없다. 학설도 상계의 절대효를 부정한 종래 판례의 태도를 비판하여 왔다.[152] 대상판결은 이러한 비판적 입장을 수용하고 종래 판례를 변경함으로써 법리를 바로잡았다.

2. 부진정연대관계에 있는 다액채무자 일부 변제에 따른 법률관계

대법원 2018. 3. 22. 선고 2012다74236 전원합의체 판결은 다액채무자와 소액채무자가 부담하는 부진정연대채무관계에서 다액채무자가 일부 변제를 하는 경우의 법률관계를 다루었다. 사안은 다음과 같다. 피고는 개업공인중개사로서 중개보조인인 소외인을 고용하고 있었다. 소외인은 고객들의 임대차계약 체결에 관여하였는데 임대인으로부터 받아 보관 중이던 임대차보증금 및 대출금상환수수료를 횡령하였다. 그 후 가해자인 소외인은 피해자인 임대인에게 일부 금액을 변제하였다. 원고는 「구 공인중개사의 업무 및 부동산 거래신고에 관한 법률」(이하 '공인중개사법'이라고 한다) 제15조 및 제30조 제1항[153])에 따라 피고에게 잔존 손해에 대

---

151) 대법원 1989. 3. 28. 선고 88다카4994 판결; 대법원 1996. 12. 10. 선고 95다24364 판결; 대법원 2008. 3. 27. 선고 2005다75002 판결.

152) 하나의 예로 양창수, "부진정연대채무자 중 1인이 한 상계의 다른 채무자에 대한 효력", **민법연구**, 제2권(1991), 139면 이하 참조.

한 배상청구를 하였다. 1심법원은 피고에 대한 관계에서 원고의 과실을 50%로 보아 과실상계를 하였다. 피고에 대해서만 과실상계가 행해진 결과 피고는 소외인보다 소액의 손해배상채무를 부담하게 되었다. 이와 관련하여 다액채무자인 소외인의 일부 변제가 소외인과 피고가 연대하여 부담하는 부분(이하 '공동부담부분'이라고 한다)과 소외인이 단독으로 부담하는 나머지 부분(이하 '단독부담부분'이라고 한다) 중 어느 부분을 소멸시키는지 문제되었다.

대상판결 요지는 다음과 같다. 금액이 다른 채무가 서로 부진정연대 관계에 있을 때 다액채무자가 일부 변제를 하는 경우, 당사자의 의사와 채무 전액의 지급을 확실히 확보하려는 부진정연대채무 제도의 취지에 비추어 볼 때 단독부담부분이 먼저 소멸한다고 보아야 한다. 이러한 법리는 사용자의 손해배상액이 피해자의 과실을 참작하여 과실상계를 한 결과 타인에게 직접 손해를 가한 피용자 자신의 손해배상액과 달라졌는데 다액채무자인 피용자가 손해배상액의 일부를 변제한 경우, 공동불법행위자들의 피해자에 대한 과실비율이 달라 손해배상액이 달라졌는데 다액채무자인 공동불법행위자가 손해배상액의 일부를 변제한 경우에 모두 적용된다. 중개보조원을 고용한 개업공인중개사의 공인중개사법 제30조 제1항에 따른 손해배상액이 과실상계를 한 결과 거래당사자에게 직접 손해를 가한 중개보조원 자신의 손해배상액과 달라졌는데 다액채무자인 중개보조원이 손해배상액의 일부를 변제한 경우에도 마찬가지이다.

종래 이 문제에 대해서는 내측설, 외측설, 과실비율설, 안분설이 대립하였다.154) 판례는 부진정연대관계의 유형에 따라 달리 판단하였다. 즉 사용자책임과 공동불법행위책임으로 인한 부진정연대관계에는 과실비율설을 취하였으나,155) 그 외의 부진정연대관계(예컨대 계약책임과 불법행위책임의 경합)에는 외측설을 취하였다.156) 외측설에 따르면 다액채무자의 단독부담부분부터 소멸되는 반면, 과실비율설에 따르면 소액채무자와의 공동부담부분도 소액채무자의 과실비율에 상응하는 만큼 함께 소멸된다.

---

153) 공인중개사법 제15조는 중개보조원의 업무상 행위를 중개업자의 행위로 간주하고, 제30조 제1항은 중개행위에 있어서 고의 또는 과실로 거래당사자에게 발생시킨 재산상 손해에 대한 배상책임을 규정하였다.
154) 학설에 대한 내용은 고유강, "부진정연대채무자들 중 다액채무자가 한 일부변제의 효과", 민사판례연구, 제41권(2019), 436-440면; 윤진수(주 87), 356-357면 참조.
155) 대법원 1994. 2. 22. 선고 93다53696 판결; 대법원 1995. 3. 10. 선고 94다5731 판결.
156) 대법원 2000. 3. 14. 선고 99다67376 판결; 대법원 2007. 10. 25. 선고 2007다49748 판결.

과실비율설은 채권자와 채무자 간 손해의 공평한 분담이라는 과실상계 제도의 본래 취지를 확장하여, 채권자와 소액채무자 사이에 다액채무자의 무자력 위험을 분담시키는 데에도 과실비율을 활용한다. 그러나 이는 과실상계를 중복 적용함으로써 다액채무자의 무자력에 대한 위험 일부를 채권자인 피해자에게 전가하고, 결국 채권자를 보호하려는 부진정연대채무의 취지에 반한다는 비판을 받아왔다.[157] 또한 부진정연대채무관계의 일부 유형에 관하여만 과실비율설을 적용할 합리적 이유도 찾기 어렵다. 대법원은 이러한 점들을 고려하여 과실비율설에 기한 종래 판례를 폐기하고, 외측설로 통일하였다.

다액채무자와 소액채무자가 부진정연대관계에 있는 경우 다액채무자의 일부 변제가 어떤 법적 효과를 가져오는지에 관하여 직접 규율하는 규정은 없다. 안분설은 변제충당에 관한 민법 규정을 유추 적용하여 이 문제를 규율하고자 하나, 이 문제와 변제충당 상황은 유추 적용을 정당화할만큼 충분히 유사하지 않다. 부진정연대채무의 법리는 기본적으로 채권자를 두껍게 보호하기 위한 정신 아래 형성된 반면, 변제충당은 주로 채무자의 의사나 이익을 주된 기준으로 삼는 제도이기 때문이다.[158] 이처럼 법률로부터 해결의 단서를 찾지 못하는 이상 연대채무 관련 규정들 배후의 법 정신, 즉 채권자 보호라는 법 정신을 고려하여 이 문제를 풀어야 한다. 이러한 방향성을 반영한 입장이 외측설이다. 외측설은 변제자인 다액채무자와 변제수령자인 채권자의 일반적 의사에도 대체로 부합한다. 소액채무자의 일반적 의사는 다를 수 있으나, 그는 변제관계의 직접 당사자가 아니므로 그의 의사에 지나치게 좌우될 필요도 없다. 무엇보다도 외측설은 채권자 보호에 가장 유리하다. 이러한 배경에서 대상판결은 부진정연대관계의 유형을 불문하고 외측설이 타당하다는 점을 확인함으로써 모든 유형의 부진정연대채무에 대해 통일적 기준을 정립하였다.

---

157) 예컨대 서희석, "일부연대에서 일부변제의 효력의 문제 – 일본의 학설과 판례를 참고하여", 판례 실무연구(XI)(박영사, 2015), 41면.
158) 고유강(주 154), 459면.

제3절 채권양도 및 채무인수

Ⅰ. 개관

물권법에서 채권법으로 민법학의 중심이 옮겨가면서, 물권변동에 관한 관심도 채권변동으로 옮겨가고 있다. 오늘날 부동산 소유권의 이전과 같은 물권관계의 변동만큼 채권양도나 채무인수와 같은 채권관계의 변동은 중요한 의미를 가진다. 채권양도는 채무이행에 갈음하거나 채무이행을 담보하기 위해 행해지는 경우가 많았고, 또 그러한 청산형 내지 담보형 채권양도가 주된 학문적 관심사이기도 하였다. 그런데 이제 채권양도는 자금조달의 법적 도구로 활용되는 양상이 두드러지게 나타난다. 이러한 현대적인 채권양도의 문제는 민법학을 넘어서서 자연스럽게 금융시장 또는 금융법학과 결합하여 생각하지 않으면 안 된다. 가령 자산유동화의 문제는 금융법학의 영역에 있다고 여겨지나 민법상 채권양도 법리와 밀접한 관련성을 가진다. 아울러 부동산보다 채권이 국경을 넘어서기가 쉽다. 그러므로 채권양도와 관련된 법리는 국제적인 경향을 염두에 두고 형성해 나갈 필요가 있다.[159] 아래에 소개할 대법원 2019. 12. 19. 선고 2016다24284 전원합의체 판결은 양도금지특약의 효력 문제를 다루었는데, 채권양도의 금융관련성 및 국제성을 염두에 두고 이해할 필요가 있다. 아울러 담보형 채권양도에 관해서는 2012. 6. 11.부터 시행된 「동산·채권 등의 담보에 관한 법률」과의 연관성을 고려할 필요가 있다. 이 법에 따른 채권담보권 설정은 등기를 요구하고 있는데, 이는 종래의 채권양도법을 생각하면 혁명적 변화이다. 한편 채무인수는 종래 부동산 처분과 더불어 그 부동산에 결부된 채무관계를 어떻게 처리할 것인가와 관련하여 이행인수와의 관계에서 다루어지는 경우가 많았는데,[160] 이제는 채무를 포함한 계약상 지위 또는 계약상 법률관계 전체가 법률상 또는 계약상 승계되는 법 현상이 더욱 중요한 관심사가 되고 있다. 아래에 소개할 대법원 2012. 5. 24. 선고 2009다88303 판결은 조례 제정을 통한 채무인수를 다루었고, 대법원 2018. 10. 18. 선고 2016다220143 전원합의체 판결은 체육시설법상 필수시설의 승계에 따른 권리의무 승계

---

159) UN 국제채권양도협약(United Nations Convention on the Assignment of Receivables in International Trade)은 이러한 채권양도규범의 국제적 통일을 염두에 두고 마련된 협약이다.
160) 예컨대 대법원 2007. 9. 21. 선고 2006다69479, 69486 판결.

문제를 다루었다. 그 외에도 채권양도 및 채무인수, 계약인수에 관하여는 다수의
판결들이 선고되었으나 지면관계상 여기에서 다 살펴볼 수는 없다.

Ⅱ. 채권양도

1. 채권양도금지특약에 위반한 채권양도의 효력

대법원 2019. 12. 19. 선고 2016다24284 전원합의체 판결은 양도금지특약을 위
반한 채권양도의 효력 문제를 다루었다. 사안은 다음과 같다. 피고는 건설회사인
A회사를 수급인으로 하는 도급계약을 체결했다. 이 계약에서 A회사가 피고에 대
한 공사대금채권을 제3자에게 양도하지 않기로 하는 양도금지특약을 두었다. 그런
데 A회사는 그 양도금지특약에 위반하여 공사대금채권을 제3자에게 양도하였다.
그 후 A회사는 파산하였고 원고가 파산관재인으로 선임되었다. 원고는 파산관재
인의 자격으로 피고에게 공사대금 지급을 구하였다. 피고는 A회사가 이미 공사대
금채권을 제3자에게 양도했으므로 A회사가 더 이상 채권자가 아니라고 다투었다.
그러나 원고는 양도금지특약에 위반한 채권양도는 무효이므로 여전히 A회사가 채
권자라고 주장하였다. 이와 관련하여 양도금지특약에 위반한 채권양도의 효력이
문제되었다. 그동안 이에 관해서는 채권양도금지특약에 의해 채권의 양도성 자체
가 상실된다는 물권적 효력설과 채권양도금지특약은 채권자와 채무자 사이에만
효력을 미칠 뿐이므로 채권양수인에게는 효력을 미치지 않는다는 채권적 효력설
이 주장되어 왔다.[161]

대상판결은 양도금지특약을 위반하여 이루어진 채권양도는 원칙적으로 효력이
없다는 것이 통설이고, 이와 견해를 같이하는 상당수의 대법원 판결[162]이 선고되
어 재판실무가 안정적으로 운영되고 있는데, 이러한 판례 법리는 계속해서 유지되
어야 한다고 보았다(물권적 효력설).[163] 대법원은 이러한 결론을 뒷받침하기 위해
여러 근거들을 제시하였는데 가장 주된 근거는 민법 제449조 제2항 본문의 문언

---

161) 이에 대해서는 전원열, "채권양도금지 특약의 효력", **민사법학**, 제75호(2016), 169 – 174면; 지선
경, "채권양도금지특약과 이를 위반한 채권양도의 효력", **민사판례연구**, 제43권(2021), 322 – 324
면 등 많은 문헌들이 있다.
162) 대법원 2000. 4. 7. 선고 99다52817 판결; 대법원 2009. 10. 2. 선고 2009다47685 판결 등.
163) 한편 대법원은 물권적 효력설을 취하면서 채권양도가 무효라고 보았으나, 윤진수(주 87), 373면
은 채무자인 피고가 양도된 부분에 대하여 이행거절을 함으로써 양도를 사후적으로 승낙하였으므
로 이로써 무효인 채권양도가 추인으로 유효하게 되었다는 점을 지적한다.

이다. 대법원은 민법 제449조 제2항 본문에서 채권은 당사자가 반대의 의사를 표시한 경우에는 양도하지 못한다고 규정한 것은 양도금지특약을 위반한 채권양도의 효력을 부정하는 의미라고 해석해야 한다고 보았다. 또한 이렇게 해석하는 것이 악의의 양수인과의 관계에서 법률관계를 보다 간명하게 처리하는 길이라고 보았다. 이에 대해 양도금지특약의 구속력이 미치는 범위, 자유로운 양도 가능성의 보장 필요성, 국제적 흐름 등을 들어 양도금지특약에 위반한 채권양도가 유효하다는 반대의견이 있었다(채권적 효력설).

반대의견이 취한 채권적 효력설이 타당하다고 생각한다. 민법 제449조 제2항은 양도금지특약이 있으면 채권을 '양도하지 못한다'고 규정하나, '양도하지 못한다'와 '양도의 효력이 없다'는 문언상으로도 같은 의미가 아니다. 다수의견의 가장 강력한 근거는 민법 제449조 제2항의 문언이지만, 이처럼 문언으로부터 곧바로 물권적 효력을 도출할 수는 없다. 궁극적으로 중요한 것은 당사자의 의사인데, 과연 당사자가 양도금지특약을 통해 채권의 양도성을 박탈하려는 의사까지 가졌는지 의문이다.[164] 또한 물권적 효력설은 계약 당사자가 아닌 양수인에게 양도금지특약의 효력이 미치는지를 제대로 설명하지 못한다.[165] 물권적 효력설은 양도금지특약의 실효성을 높이고 채무자의 법적 안정성을 보장한다는 장점을 지닌다. 그러나 특약의 실효성은 채권의 양도성 자체를 박탈하기보다는 위약금 약정 등 다른 계약 장치를 통해 관철시키는 것이 정도(正道)이다. 또한 양도금지특약은 국가나 은행 등 강한 협상력을 가진 채무자에 의해 많이 활용되고 있어 물권적 효력설을 취한다고 하여 채무자 보호가 극적으로 강화되는 것도 아니다. 반면 채권적 효력설은 채권의 유통성 강화에 실제적 영향을 줄 수 있다. 또한 채권적 효력설은 채무자가 양수인의 악의 또는 중과실에 대한 증명책임을 진다고 하는 판례[166] 또는 악의의 양수인으로부터 다시 선의로 양수한 전득자에게는 그 전득 시부터 양도금지특약의 효력을 주장할 수 없다는 판례,[167] 양도금지특약이 있는 채권에 대해 압류채권자의 선·악의와 무관하게 압류 및 전부가 허용된다는 판례[168] 등을 더 잘 설명할 수 있다. 계약은 그 계약 당사자에게만 효력을 미친다는 계약법의 일반 원리와 더

164) 지선경(주 161), 350면.
165) 전원열(주 161), 172면.
166) 대법원 1999. 12. 18. 선고 99다8834 판결 등.
167) 대법원 2015. 4. 9. 선고 2012다118020 판결.
168) 대법원 2003. 12. 11. 선고 2001다3771 판결.

잘 부합하는 것도 채권적 효력설이다. 과연 우리 민법의 입법자가 물권적 효력설을 채택하려고 하였던 것인지도 분명하지 않다. 문언이나 입법자의 의도에 비추어 양쪽으로 해석이 가능하다면 국제적 흐름을 해석론에 반영할 필요성도 있다.[169] 특히 채권양도가 국경을 넘어 이루어지는 경우가 많다는 점에 비추어 보아도 그러하다.

2. 채권양도 통지와 제척기간

대법원 2012. 3. 22. 선고 2010다28840 전원합의체 판결은 채권양도 통지만으로 제척기간 준수에 필요한 '권리의 재판외 행사'가 이루어졌다고 볼 수 있는지를 다루었다. 사안은 다음과 같다. 원고는 아파트 입주자대표회의로서 구 집합건물법 제9조에 의한 하자담보추급권에 기하여 손해배상을 직접 청구할 수 있다고 주장하여 분양자인 피고를 상대로 이 사건 아파트의 하자로 인한 손해배상청구의 소를 제기하였다. 그러다가 소송 계속 중 아파트 구분소유자들로부터 각 하자보수에 갈음하는 손해배상청구권을 양도받아 순차적으로 피고에게 채권양도통지를 하였다. 아울러 원고는 1심법원에 위 채권양수를 청구원인으로 하는 청구취지 및 청구원인 변경신청서를 제출하였다. 한편 이 사건 하자담보책임은 민법 제671조 제1항 단서에 따라 10년 제척기간의 적용을 받는데, 원고가 채권을 양수받은 뒤 피고에게 행한 채권양도통지가 제척기간 준수에 필요한 권리행사에 해당하는지가 다투어졌다. 이에 관해 대법원은 채권양도통지에 채권양도의 사실을 알리는 것 외에 이행을 청구하는 뜻이 별도로 덧붙여지거나 그 밖에 구분소유자들이 재판외에서 권리를 행사하였다는 등 특별한 사정이 없는 한, 위 손해배상청구권은 입주자대표회의가 위와 같이 소를 변경한 시점에 비로소 행사된 것으로 보아야 한다고 판시하였다. 채권양도 통지만으로는 제척기간 준수에 필요한 권리 행사로 볼 수 없다는 것이다. 이에 대해서는 반대의견이 있었다.

민법 제671조 제1항에 따른 제척기간의 준수는 소 제기뿐만 아니라 재판외 권리행사로도 이루어질 수 있다. 또한 소멸시효와 관련해서는 시효중단제도는 권리자를 위해 너그럽게 해석해야 한다는 판례[170]의 기조하에 시효중단사유로서의 권

---

169) 2020년 4월부터 시행된 일본 개정 민법 제466조 제2항; 독일 상법 제354a조; 미국 통일상법전 (UCC) 제2-210조(a); 공통참조기준초안(DCFR) Ⅲ, 제5:108조 제1항.

170) 대법원 1995. 5. 12. 선고 94다24336 판결; 대법원 2006. 6. 16. 선고 2005다25632 판결 등.

리행사의 범위와 효력도 너그럽게 해석하려는 경향성이 농후하다. 그 연장선상에 서 대법원은 소 제기에 응소하는 것도 재판상 청구에 해당한다고 하여 권리행사형 태의 외연을 목적적으로 넓혔고,[171] 재판외 청구인 최고도 너그럽게 해석하는 모 습을 보여왔다.[172] 한편 소멸시효와 제척기간은 다른 제도이지만, 법적 안정성을 위해 일정한 기간 동안 권리를 행사하지 않으면 권리가 소멸하게 하는 제도라는 공통점을 가지고 있다. 그리고 소멸시효와 제척기간의 구별은 다분히 입법정책적 인 것이어서 그 경계선이 언제나 뚜렷한 것은 아니다. 특히 이 사건처럼 형성권이 아닌 청구권에 제척기간이 적용되는 경우에는 더욱 그러하다. 그렇다면 권리행사 에 관하여 너그러운 판례의 태도는 제척기간에도 적용될 수 있는 것이 아닌가 하 는 생각에 이를 수 있다. 직접 이행청구를 하는 경우뿐만 아니라 채권의 다른 권 능을 행사하는 등으로 그 채권 내지 청구권을 행사·실현하려는 행위를 하거나 이 에 준하는 것으로 평가될 수 있는 객관적 행위 태양이 존재하면 제척기간을 준수 한 것이라는 반대의견도 기본적으로는 그러한 사고방식에 기초한 것이다.

반대의견이 지적한 것처럼 소멸시효와 제척기간의 구별이 언제나 명쾌한 것은 아니고, 소멸시효 규정이 제척기간에 유추 적용되거나 소멸시효 해석론이 제척기 간 해석론에 영향을 미칠 수 있는 경우도 있다. 그런데 그러한 가능성을 고려하더 라도 「채권양도통지＝채권행사」라는 도식은 받아들이기 어렵다. 앞서 살펴본 최 고는 재판외에서 행해지기는 하나 엄연한 이행청구이므로 권리행사라는 요소가 개념의 핵심에 자리 잡고 있다. 그러나 채권양도통지는 채권이 양도되었다는 사실 을 알리는 것일 뿐 권리행사라는 요소를 포함하고 있지 않다. 더구나 채권양도통 지의 주체는 채권을 이전하여 더 이상 권리를 가지지 않게 되는 양도인이므로(민 법 제450조 제1항) 양도인의 통지를 권리행사라고 보기는 더욱 어렵다. 소멸시효에 서는 사인(私人) 간의 관계에서 권리자의 권리가 실현되어야 마땅하다는 정의 관 념에 입각하여 권리자에게 유리한 방향으로 권리행사 형태를 느슨하게 파악하는 해석론을 전개할 수도 있다. 그러나 제척기간은 법률관계의 조속한 안정이라는 공 익적 요청의 지배를 받는 제도라는 점에서 소멸시효와 같지 않다.[173] 따라서 권리

---

171) 대법원 1993. 12. 21. 선고 92다47861 전원합의체 판결.
172) 예컨대 형사고소에 최고의 효력을 인정한 대법원 1989. 11. 28. 선고 87다273, 274, 87다카1772, 1773 판결; 경매신청에 최고의 효력을 인정한 대법원 2001. 8. 21. 선고 2001다22840 판결; 소송 고지에 최고의 효력을 인정한 대법원 2015. 5. 14. 선고 2014다16494 판결; 최고의 효력이 일정 기간 지속되는 이른바 계속적 최고에 관한 대법원 1995. 5. 12. 선고 94다24336 판결.

자의 권리를 소멸시키지 않으려고 애쓰는 나머지 권리행사의 틀을 과도하게 형해화시킴으로써 그러한 공익적 요청이 무너지지 않도록 유의해야 한다. 결국 채권양도통지를 권리행사로 보기는 어렵다. 대상판결 사안처럼 채권양도통지가 소 변경을 위해 소송 중에 이루어졌다고 하여 그러한 채권양도통지가 권리행사로 전환되는 것도 아니다.174) 대상판결의 결론에 찬성한다.

3. 이의를 보류하지 않은 승낙

대법원 2019. 6. 27. 선고 2017다222962 판결은 채권양도와 이의를 보류한 승낙의 문제를 다루었다. 사안은 다음과 같다. A(의사)는 국민건강보험공단(피고)에게 가지는 현재 또는 장래의 급여채권을 은행(원고)에게 양도하면서 채무자인 피고에게 그 사실을 통지하였다. 피고는 그 사실을 통지받은 후 A에게 '압류진료비 채권압류 확인서'라는 서면을 발급하였다. 그 이후 원고는 피고에게 양수금청구의 소를 제기하였는데, 피고는 A에게 가지는 손해배상채권을 자동채권으로 삼아 상계항변을 하였다. 이와 관련하여 피고가 채권압류 확인서를 발급한 행위가 이의를 보류하지 않은 승낙에 해당하여 상계항변이 불허되는지가 문제되었다.

대법원은 다음과 같이 판단하였다. 민법 제451조 제1항 본문에 따른 이의를 보류하지 않은 승낙으로 말미암아 채무자가 양도인에 대하여 갖는 대항사유가 단절되는 점을 감안하면, 채무자가 이 조항에 따라 이의를 보류하지 않은 승낙을 했는지 여부는 문제 되는 행위의 내용, 채무자가 그 행위에 이른 동기와 경위, 채무자가 그 행위로 달성하려고 하는 목적과 진정한 의도, 그 행위를 전후로 채무자가 보인 태도 등을 종합적으로 고려하여 양수인으로 하여금 양도된 채권에 대하여 대항사유가 없을 것을 신뢰하게 할 정도에 이르렀는지를 감안하여 판단해야 한다. 이러한 기준에 따를 때 위와 같은 확인서를 발급하였다고 하여 이를 이의를 보류하지 않은 승낙이라고 보기는 어렵다.

지명채권의 대항요건은 양도인의 통지 또는 채무자의 승낙이다(민법 제450조 제1항). 한편 채무자가 이의를 보류하지 않고 채권양도를 승낙할 경우 채무자가 양도

---

173) 대법원 2011. 10. 13. 선고 2011다10266 판결.
174) 반면 이종문, "제척기간 준수에 필요한 권리행사 — 이행청구와 채권양도통지를 중심으로 —", 민사**판례연구**, 제35권(2013), 113면은 기본적으로 대상판결의 일반론에 찬성하면서도 대상판결 사안처럼 이미 장래의 양수인과 의무자 사이에 채권의 존부의 범위를 다투는 소송이 계속되고 있던 중 채권양도통지가 이루어졌다면 채권양도통지에 권리행사로서의 성질을 부여할 수 있다고 한다.

인에게 대항할 수 있던 사유로 양수인에게 대항할 수 없다(민법 제451조 제2항). 항변이 봉쇄되는 것이다. 따라서 이 경우 채무자는 양도인에게 가지던 상계항변을 할 수 있었더라도 양수인에게 더 이상 상계항변을 할 수 없다. 그렇다면 이의 보류 여부에 관하여 아무런 의사를 표명하지 않은 채 행한 승낙은 이의를 보류하지 않은 승낙인가? 종래 학설은 대체로 그러한 입장을 취해 온 것으로 보인다.175) 그러나 합리적인 사람이라면 자신이 가지던 항변권을 상실시키는 결과를 쉽사리 감내하지 않을 것이다. 또한 법률 전문가가 아닌 일반인이 적극적인 이의를 보류하지 않은 채 채권양도 사실에 대한 인식을 표명하면 자신의 항변권이 상실된다는 점을 알기도 어렵다. 따라서 이의 보류 여부에 대해 침묵하였다고 하여 이의를 보류하지 않은 승낙을 하였다고 의사 해석을 해서는 안 된다. 침묵이 그렇게 평가되려면 단순한 침묵 또는 모든 형태의 침묵이 아니라 더 이상 양수인에게 항변권을 행사하지 못하게 되어도 무방하다는 의미의 침묵으로 볼 만한 사정이 있어야 한다.

대법원은 대상판결을 통해 단순 승낙이 당연히 이의 무보류 승낙에 해당한다고 단정할 것이 아니라 여러 가지 요소들을 종합적으로 고려하여 판단해야 한다고 판시하였다. 이의를 보류하지 않은 승낙이 채무자의 지위에 가져올 불이익을 인식하면서 너무 손쉽게 침묵을 이의 무보류 승낙으로 치부해 버리는 태도를 경계한 것이다. 해당 사안에 관하여 대법원은 이 사건에서 피고가 가지는 기관으로서의 특성이나 해당 확인서의 성격과 목적, 손해배상채권에 관한 인식 시점 등에 비추어 볼 때 피고가 향후 상계권 등 항변권을 행사할 수 있다는 점을 구체적으로 표명하지 않았다는 이유만으로 항변 단절효를 초래하는 이의 무보류의 승낙을 하였다고 해석하기는 어렵다고 보았다. 타당한 결론이다. 한편 입법론으로는 이의 무보류 승낙의 항변 단절을 인정하는 민법 제451조 제1항을 삭제하거나 합리적 범위 내에서 양수인의 신뢰보호를 도모할 필요가 있다.176)

Ⅲ. 채무인수 내지 계약인수

1. 조례 제정을 통한 면책적 채무인수 내지 계약인수

대법원 2012. 5. 24. 선고 2009다88303 판결은 지방자치단체가 계약관계에서 발생한 채무를 채권자의 승낙 없이 조례 제정을 통해 지방공사에게 면책적으로 인

175) 예컨대 곽윤직 편, **민법주해**(Ⅹ)(박영사, 1995), 594면(이상훈 집필부분).
176) 일본의 2017년 개정 민법 제468조가 그러한 입장을 취한다.

수시킬 수 없다고 보았다. 면책적 채무인수의 대항요건인 채권자의 승낙을 조례로 대체할 수 없다는 취지이다. 사안은 다음과 같다. 광주직할시 도시개발공사 설치 조례에 따라 광주직할시 도시개발공사가 설립되었다. 조례 부칙 제3조(이하 '이 사건 조례 규정'이라고 한다)는 '도시공사는 설립일로부터 광주직할시 공영개발사업단에 관한 광주직할시의 권리의무를 포괄 승계한다'라고 규정하고 있으나, 그 의무의 승계에 관하여 채권자의 동의나 승낙이 필요한지 여부에 관하여는 규정하고 있지 않았다. 한편 광주직할시는 시영아파트를 건축·분양하였고, 이 사건 조례규정에 따라 분양계약에 관한 사무 내지는 분양계약 당사자의 지위를 지방공사에게 인수시켰는데, 수분양자들은 광주직할시가 여전히 분양계약 당사자로서 채무를 부담한다는 전제에서 광주직할시를 상대로 아파트에 관한 하자담보책임을 구하였다. 이와 관련하여, 이 사건 조례 규정에 따라 채무가 완전히 공사에게 넘어간 것인지, 아니면 채권자인 수분양자의 승낙이 없었으므로 여전히 광주직할시에게 채무가 유보되어 있는 것인지 다투어졌다.

대법원은, 계약에서 채무자가 변경될 경우에 채권자의 승낙을 얻도록 함으로써 채권자가 불이익을 입지 않도록 하려는 민법 제454조의 규정과 계약인수의 해석론에 비추어 보면, 통상 변제자력이 더 풍부한 지방자치단체가 계약관계에서 발생된 채무에 관하여 채권자의 승낙을 받지 않고 일방적으로 조례 제정을 통하여 지방공사에 면책적으로 인수시킬 수 있다고 보는 것은 부당하고, 지방자치단체에 대하여 민법 제454조의 적용을 배제할 만한 합리적인 이유를 찾을 수 없다고 보아, 수분양자들의 승낙 여부를 따져보지도 않은 채 조례 규정에만 근거하여 지방자치단체가 분양자의 지위에서 벗어났다고 본 원심판결은 위법하다고 판시하였다.

지방자치단체는 법령의 범위 안에서 그 사무에 관하여 조례를 제정할 수 있다(지방자치법 제15조). 따라서 법령을 위반한 조례는 효력이 없다.[177] 이러한 법령에는 신원보증법과 같은 사법(私法)도 포함된다.[178] 한편 조례를 여러 갈래로 해석할 수 있다면 법령을 위반하지 않는 방향으로 해석하는 것이 타당하다. 그런데 민법 제454조 제1항은 면책적 채무인수의 효력 발생 요건으로 채권자의 승낙이 필요하다고 규정하고 있다. 또한 계약인수는 인수인과 피인수인, 상대방의 합의 내지 승낙

---

177) 법령 위반이 인정된 경우와 인정되지 않은 경우에 관한 판례 소개는 허성욱, "지방자치단체 권리의무의 포괄적 승계에 관해 정하고 있는 조례규정의 해석", **민사판례연구**, 제35권(2013), 283 – 287면 참조.
178) 대법원 1963. 2. 28. 선고 63다22 판결.

을 요구한다. 조례는 가급적 법률의 규정에 부합하게 해석해야 한다는 점을 고려하면 이 사건 조례규정은 가급적 수분양자의 승낙 요건을 배제하지 않는 방향으로 해석하는 것이 옳다. 따라서 이 사건 조례에도 불구하고 채권자의 승낙이 필요하다는 민법상 법리는 여전히 적용되어야 한다. 그렇다면 이 사건 조례규정에서 '광주직할시의 권리의무를 포괄승계한다'는 부분은 어떻게 설명할 수 있을까? 이는 권리의무의 포괄승계가 당연히 또한 즉각 이루어진다는 것이 아니라 민법 등 법률에서 정한 절차를 거쳐서 포괄승계가 이루어진다는 것을 의미한다고 설명할 수 있다. 가령 영업양도도 영업 전체를 포괄적으로 이전하는 행위이지만 이러한 이전 과정에서 채권양도나 채무인수, 등기나 등록 등 필요한 절차를 거칠 것을 전제한다. 이 사건 조례규정도 마찬가지이다.

2. 체육필수시설 인수인의 시설 관련 권리의무 승계

대법원 2018. 10. 18. 선고 2016다220143 전원합의체 판결은 체육필수시설 인수인이 그 필수시설과 관련된 권리의무를 승계하는지를 다루었다. 사안은 다음과 같다. 골프장 운영자인 A회사는 골프장 관련 대출채무 담보를 위해 골프장 부지 및 시설에 담보신탁을 설정하고 채권자인 금융기관들을 우선수익자로 지정하였다. 이후 A회사가 대출채무를 이행하지 않자 담보신탁계약에서 정한 바에 따라 신탁 목적물인 골프장 부지 및 시설에 관한 매각 절차가 진행되었고, 그 매각절차 결과 피고회사가 부지 및 시설을 인수하였다. 그러자 골프장 회원인 원고들은 피고회사가 A회사의 원고들에 대한 입회금반환채무를 인수하였다고 주장하며 피고회사를 상대로 골프장 입회금반환을 구하였다.

대상판결 요지는 다음과 같다. 「체육시설의 설치 및 이용에 관한 법률」(이하 '체육시설법'이라고 한다) 제27조 제1항은 체육시설업자의 상속인, 합병 후 존속 또는 신설법인, 영업양수인은 체육시설업의 등록 또는 신고에 따른 권리·의무를 승계한다고 정하고, 제2항은 경매, 도산법상 환가, 국세징수법 등에 따른 압류재산 매각, 기타 이에 준하는 절차에 따라 체육필수시설을 인수한 자에게도 제1항을 준용하고 있다. 한편 체육필수시설에 관한 담보신탁계약이 체결된 다음 그 계약에서 정한 공매나 수의계약 방식으로 체육필수시설이 일괄 이전되는 경우에도 체육시설법 제27조의 문언과 체계, 입법 연혁과 그 목적, 담보신탁의 실질적인 기능 등에 비추어 체육필수시설의 인수인은 체육시설업자와 회원 간에 약정한 사항을 포함하여 그 체육시설업의 등록 또는 신고에 따른 권리·의무를 승계한다고 보아야한다. 따라서 인수인인 피고회사는 원고들에게 입회금반환채무를 부담한다. 이에 대해서는 다음과 같은 요지의 반대의견이 있었다. 담보신탁을 근거로 한 매매는 그 법적 성격이 체육시설법 제27조 제1항에서 규정하는 영업양도나 합병과 전혀 다르다. 또한 체육시설법 제27조 제2항 제1호 내지 제3호에서 규정하는 민사집행법에 따른 경매 절차 등과도 그 시행 주체, 절차, 매매대금의 배분 방식 등에서 성격을 달리한다. 체육시설법 제27조 제2항 제4호는 같은 항 제1호부터 제3호까지 정한 절차와 본질적으로 유사한 절차를 염두에 둔 규정이므로, 적어도 그 절차 자체에 관하여 법률에 구체적 규정을 두고 있고, 법원, 공적 기관 또는 공적 수탁자가 그 절차를 주관하는 등의 공통점을 갖추었을 때 적용된다고 보는 것이 문리해석상으로도 자연스럽다.

종래 이 문제에 대해서는 종래 학설이 대립하고 있었고, 법제처는 승계긍정설에 따라 유권해석을 한 바 있었다.[179] 이는 담보신탁에 근거한 매각절차가 체육시설법 제27조 제2항 제4호의 "그 밖에 제1호부터 제3호까지의 규정에 준하는 절차"에 포함된다고 해석할 것인가의 문제이다. 한편 법률해석의 출발점은 문언을 살피는 것이다. 그런데 문언에서 얻을 수 있는 실마리는 제4호의 절차가 제1호 내지 제3호의 절차와 유사해야 한다는 점 정도이다. 한편 법률해석을 할 때에는 입법자의 의사나 법률의 목적도 살펴야 한다. 그런데 입법자의 의사나 법률의 목적은 체육시설 회원들의 권익을 충실히 보호하는 것이다. 대상판결은 이를 고려하여 담보신탁에 근거한 매각절차도 제4호의 절차에 해당한다는 '넓은 해석론'을 채택하였다.

'넓은 해석론'과 '좁은 해석론' 어느 쪽이건 스스로를 논리적으로 정당화할 수 있다. 하지만 중요한 것은 입법자의 의사나 입법 목적에 비추어 제27조 제2항 제1호 내지 제3호에 규정된 절차들에 숨겨진 공통 핵심 요소를 발견하고, 담보신탁 매각절차에도 그 요소가 존재하는지를 확인하는 것이다. 제27조 제1항에 규정된 상속, 영업양도, 합병의 공통 핵심 요소가 '체육시설 운영자의 포괄적 지위 이전'이라면, 제27조 제2항 제1호 내지 제3호에 규정된 절차의 공통 핵심 요소는 '체육시설 운영자의 경제적 어려움에 따라 채무자의 의사와 무관하게 이루어지는 환가 절차'이

179) 법제처 2010. 12. 30. 유권해석(안건번호 10-0419).

다. 담보신탁에 따른 매각절차도 제1호 내지 제3호와 마찬가지로 이러한 요소를 가지고 있으므로 이들과 마찬가지로 취급할 수 있다. 또한 반대의견대로라면 담보신탁계약에 기한 공매라는 손쉬운 우회로를 통해 회원보호를 위해 포괄규정까지 마련한 체육시설법의 규범력이 가볍게 무시될 위험성이 있다.[180]

입법론적으로는 체육시설 회원(주로 골프장 회원)에게 이처럼 우월한 지위를 부여하는 것이 타당한가 하는 의문이 있기는 하다. 그러나 헌법재판소는 이미 이 법의 합헌성을 인정한 바 있다.[181] 그렇다면 법원은 문언의 가능한 범위 내에 있는 여러 해석 방법 중 이 법의 취지를 존중하는 방향으로 해석하는 것이 타당하다.[182] 그것이 대상판결의 태도이기도 하다. 물론 대상판결로 인해 골프장 업계에 미칠 파급효과는 만만치 않을 것이나 이는 향후 제도 정비나 입법을 통해 해결할 문제이다. 한편 대상판결에 따르면 골프장 운영자 도산 시 그 도산 효과로부터 격리되어야 할 담보신탁 수익자가 그 도산으로 인한 부담(즉 입회금반환채무 승계)을 떠안게 된다. 하지만 이는 담보신탁의 도산격리효과를 부정한 것이 아니라 체육필수시설의 인수라는 특정 상황에 체육시설법 규정을 적용하여 결과적으로 나타난 법 현상일 뿐이다.

제4절 채권의 소멸

Ⅰ. 개관

채권은 다양한 원인으로 소멸하게 된다. 민법 제3편 채권-제1장 총칙-제6절 채권의 소멸에서는 채권의 소멸원인을 일목요연하게 정리한다. 이에 따르면 채권의 소멸원인은 변제, 대물변제, 공탁, 상계, 경개, 면제, 혼동이다. 물론 그 외에도 채권의 포기, 소멸시효 완성 등 여기에 속하지 않은 채권의 소멸원인도 있다. 이는 대체로 채권자가 더 이상 채권자임을 포기하거나 채권자임을 전제로 한 행위를 하지 않는 경우이다. 그러나 이러한 상황을 제외한다면 위에서 든 7가지의 채권의 소멸원인이 전형적인 채권소멸의 모습일 것이다. 그런데 7가지 소멸원인 중에서도

---

180) 최준규, "담보신탁을 근거로 한 체육필수시설의 매매와 매수인의 권리·의무 승계", 민사판례연구, 제42권(2020), 984면.
181) 헌법재판소 2010. 9. 29. 선고 2009헌바197 결정.
182) 최준규(주 180), 984면.

압도적인 비중을 차지하는 것은 변제이다. 또한 그것이 가장 정상적이고 바람직한 채권의 소멸원인이기도 하다. 따라서 변제로 채권이 소멸하는 현상 그 자체에 대해서는 법적 쟁점이 많지 않다. 오히려 변제와 관련해서는 비정상적 변제(가령 채권의 준점유자에 대한 변제, 비채변제 등)를 어떻게 취급할 것인지, 정상적 변제가 이루어진 경우에도 그 뒤처리를 어떻게 할 것인지(가령 변제충당, 제3자의 변제에 따른 구상 및 변제자대위, 보험자대위 등)가 주로 문제되는 형국이다. 변제 외에 빈번하게 등장하는 채권 소멸원인은 공탁과 상계이다. 판례도 변제, 공탁, 상계에 관한 것들이 많다. 전원합의체 판결을 기준으로 보면 2010년대에는 변제자대위, 압류와 상계, 퇴직금분할지급 약정과 상계에 관한 판결이 각각 선고되었다. 그 외에 부진정연대채무와 일부변제 및 상계에 관한 전원합의체 판결들도 있는데,[183] 이는 앞서 다수당사자 채권관계 부분에서 이미 살펴보았다. 아래에서는 변제와 상계에 관한 전원합의체 판결들을 살펴본 후, 그 외에 주목할 만한 채권 소멸 관련 판결들을 언급한다.

Ⅱ. 변제

1. 제3취득자와 물상보증인 사이의 변제자대위관계

대법원 2014. 12. 18. 선고 2011다50233 전원합의체 판결은 공동저당에서 ① 물상보증인과 ② 채무자로부터 채무자 소유 부동산을 취득한 제3취득자 상호 간의 변제자대위 문제를 다루었다. 이 사건에서 원고들은 채무자로부터 근저당권이 설정된 부동산 지분을 취득한 제3취득자이다. 피고는 같은 피담보채무를 담보하기 위해 같은 부동산에 관한 자신의 지분에 근저당권을 설정해 준 물상보증인이다. 피고가 채무자를 위해 채권자에게 대신 변제한 뒤 변제자대위의 일환으로 원고들의 지분에 설정된 근저당권 이전의 부기등기를 마쳤다. 그러자 원고들은 이에 반발하며 위와 같이 피고 명의로 이전된 근저당권설정등기의 말소를 구하는 소를 제기하였다. 이와 관련하여 물상보증인의 대위변제 후 물상보증인과 제3취득자 상호 간의 관계가 문제되었다. 대위자 간의 관계를 다루는 민법 제482조는 이 문제를 규율하고 있지 않다. 그렇다면 물상보증인을 보증인처럼 취급하여 제3취득자와의 관계에서 물상보증인이 그 대위를 부기한 이상 제3취득자에게 전액 대위할 수

---

183) 대법원 2010. 9. 16. 선고 2008다97218 전원합의체 판결; 대법원 2018. 3. 22. 선고 2012다74236 전원합의체 판결.

있는 반면 제3취득자는 물상보증인에게 대위할 수 없다고 볼 것인가(민법 제481조 제2항 제1호, 제2호 참조)?[184) 아니면 물상보증인을 제3취득자처럼 취급하여 물상보증인과 제3취득자의 각 부동산 가액에 비례하여서만 대위를 허용할 것인가(민법 제481조 제2항 제3호, 제4호 참조)?[185) 전자라면 제3취득자인 원고들의 근저당권설정등기 말소청구는 기각되어야 하고, 후자라면 부동산 가액에 비례하여 허용되는 범위를 넘어서는 근저당권설정등기 말소청구는 인용되어야 한다. 이에 대한 학설상 논의는 물상보증인을 보증인 및 제3취득자 중 어느 쪽으로 취급할 것인가, 또한 물상보증인이 대위하고자 하는 제3취득자가 물상보증인과 채무자 중 누구로부터 부동산을 취득하였는가에 따라 달리 취급할 것인가를 놓고 복잡하게 전개되고 있었다.

대법원은 대상판결에서 "물상보증인이 채무를 변제하거나 담보권의 실행으로 소유권을 잃은 때에는 보증채무를 이행한 보증인과 마찬가지로 채무자로부터 담보부동산을 취득한 제3자에 대하여 구상권의 범위 내에서 출재한 전액에 관하여 채권자를 대위할 수 있는 반면, 채무자로부터 담보부동산을 취득한 제3자는 채무를 변제하거나 담보권의 실행으로 소유권을 잃더라도 물상보증인에 대하여 채권자를 대위할 수 없다."라고 판시하였다.[186) 이러한 대상판결의 태도는 물상보증인을 보증인과 마찬가지로 취급함으로써 원칙적으로 물상보증인을 제3취득자보다 우선시키겠다는 것이다. 한편 이 사건에서는 '채무자'로부터 담보부동산을 취득한 제3취득자와의 관계가 문제되었을 뿐이므로 '물상보증인'으로부터의 제3취득자에 대한 대위 범위는 다루지 않았다는 점에 유의할 필요가 있다.[187)

대상판결이 타당하게 판시하였듯이 물상보증인은 제3취득자보다는 보증인에 더 가깝다. 민법 제341조, 제370조는 물상보증인도 보증인과 마찬가지로 채무자에게 구상권을 가진다고 규정한다. 또한 민법 제482조 제5호는 보증인과 물상보증인

---

184) 민법 제482조 제2항 제1호는 "보증인은 미리 전세권이나 저당권의 등기에 그 대위를 부기하지 아니하면 전세물이나 저당물에 권리를 취득한 제삼자에 대하여 채권자를 대위하지 못한다.", 제2호는 "제삼취득자는 보증인에 대하여 채권자를 대위하지 못한다."라고 각각 규정한다.
185) 민법 제482조 제2항 제3호는 "제삼취득자 중의 1인은 각 부동산의 가액에 비례하여 다른 제삼취득자에 대하여 채권자를 대위한다.", 제4호는 "자기의 재산을 타인의 채무의 담보로 제공한 자가 수인인 경우에는 전호의 규정을 준용한다."라고 각각 규정한다.
186) 이에 반하는 대법원 1974. 12. 10. 선고 74다1419 판결은 이 판결로 폐기되었다.
187) 사견으로는 누구로부터 부동산을 취득하였는가에 따라 대위 범위를 달리 파악하는 학설이 타당하다고 생각한다. 이에 따르면 채무자로부터의 제3취득자에 대해서는 전액 대위를 할 수 있지만, 물상보증인으로부터의 제3취득자에 대해서는 부동산 가액에 비례한 대위를 할 수 있을 뿐이다.

간에는 인원수에 비례하여 상호 대위할 수 있다고 규정한다. 이러한 조항들은 모두 물상보증인이 보증인과 유사한 지위를 가지고 있음을 전제한다. 그렇게 본다면 보증인이 채무자에게 전액 대위할 수 있듯이 물상보증인도 채무자에게 전액 대위할 수 있어야 한다. 채무자의 부동산이 제3자에게 이전되었다고 이러한 전액 대위 가능성이 사라져서는 안 된다. 채무자를 위해 담보를 제공한 물상보증인이 종국적으로는 채무자의 재산으로부터 만족받을 수 있으리라는 기대는 보호받아야 하고, 자신과 무관하게 이루어진 채무자의 부동산 양도로 인해 이 기대가 좌절되어서는 안 된다. 한편 제3취득자는 이미 피담보채권 범위에서는 담보의 부담을 감수하고 부동산을 취득한 자이므로 물상보증인이 그 피담보채무를 변제하거나 담보물을 희생시켜 채권자를 만족시킨 후 그 범위에서 제3취득자의 부동산으로부터 만족을 얻는다고 하여 제3취득자의 기대가 부당하게 좌절되는 것은 아니다. 만약 이러한 결론과 달리 채무자가 부동산을 제3자에게 양도하는 순간 대위 범위가 줄어든다고 하게 되면 물상보증인은 애당초 담보를 제공하지 않으려고 하거나 채무자 부동산의 유통을 막으려고 할 것이다. 이러한 사태는 종국적으로는 원활한 금융을 저해한다.

2. 무권한자의 변제수령과 변제효

민법 제472조에 관하여 일련의 판결들도 주목할 만하다. 민법 제472조는 채권의 준점유자에 대한 변제(제470조), 영수증소지자에 대한 변제(제471조)처럼 변제가 유효하게 취급되는 경우 외에는 변제받을 권한 없는 자에 대한 변제는 채권자가 이익을 받은 한도에서만 효력이 있다고 규정한다. 만약 채권자가 무권한자의 급부 전달 등으로 인해 이익을 얻었는데도 이러한 변제효를 인정하지 않으면 채권자는 채무자에게 이행청구를 하게 되고, 채무자는 그 이행청구에 응한 뒤 변제수령자에게 부당이득반환청구를 하게 되며, 변제수령자는 다시 급부를 전달받은 채권자에게 부당이득반환청구를 하는 등 연쇄적 부당이득반환의 법률관계가 형성된다. 이러한 복잡하고 불필요한 법률관계를 피하려는 것이 민법 제472조의 취지이다. 이와 관련하여 어떤 경우에 채권자가 이익을 받았다고 할 수 있는가가 문제된다.

대법원 2014. 10. 15. 선고 2013다17117 판결은 이른바 돌려막기 사안에서 민법 제472조가 적용될 수 있는지를 다루었다. 사안은 다음과 같다. 원고 회사의 재경팀 과장인 A는 피고 은행에 예치되어 있던 원고 회사의 예금(제1 예금) 약 76억 원을 무단 인출하여 횡령하였다. 한편 원고 회사는 피고 은행에 약 76억 원 상당의 다른 예금(제2 예금)을 가지고 있었다. A는 허위로 통장 분실신고를 하여 통장을 신규로 발급받은 뒤 제2 예금에 대한 중도해지신청을 하여 위 76억 원을 제1 예금에 다시 입금하였다. 제2 예금을 인출하여 제1 예금의 부족분을 채워넣은 것이다. 그 후 원고 회사가 피고 은행에게 제2 예금청구를 하였다. 원심법원은 A의 제1예금의 무단 인출은 채권의 준점유자에 대한 변제로서 유효하다고 보았다. 반면 제2 예금 인출은 피고 은행의 피용자의 묵인 아래 이루어졌으므로 변제자의 선의·무과실을 요건으로 하는 채권의 준점유자에 대한 변제는 성립할 수 없어 무효라고 보았다. 결국 피고 은행은 원고 회사에게 제2 예금을 고스란히 지급해야 하는 지위에 있는데, 위 제2 예금의 인출액이 원고 회사의 제1 예금계좌에 입금되어 원고 회사가 이익을 얻었으므로 민법 제472조가 적용되어 그 이익 범위 내에서는 변제효가 발생한다고 보았다. 반면 대상판결은 A에 의해 이루어진 제1 예금계좌 입금은 원고 회사가 A에게 가지는 손해배상채권의 변제로서의 성격을 가지는데, A가 채권의 준점유자로서 받은 제1 예금을 가지고 채권자인 원고 은행의 별도 채권(손해배상채권)을 소멸시킨 경우에는 원고 은행에게 실질적인 이익이 생겼다고 할 수 없으므로 민법 제472조에 의한 변제의 효력을 인정할 수 없다고 보았다. 간단히 말하면, 원고 은행의 또다른 계좌인 제1 예금에 입금된 금액은 A의 횡령사고에 대한 변제일 뿐이어서 원고 은행이 청구한 제2 예금채권에 관한 실질적인 이익이라고 볼 수 없다는 것이다.

대법원 2012. 10. 25. 선고 2010다32214 판결은 '채권자가 이익을 받은' 경우에는 변제의 수령자가 진정한 채권자에게 채무자의 변제로 받은 급부를 전달한 경우는 물론이고, 그렇지 않더라도 무권한자의 변제수령을 채권자가 사후에 추인한 때와 같이 무권한자의 변제수령을 채권자의 이익으로 돌릴 만한 실질적 관련성이 인정되는 경우도 포함된다고 판시하였다. 그런데 채권자가 무권한자의 변제수령을 추인한다는 것과 채권자가 무권한자의 변제수령으로 인하여 이익을 받는다는 것이 개념상 꼭 일치하는 것은 아니다. 따라서 판례에서 채택한 「추인＝이익」이라는 등식의 근거가 무엇인지가 불분명하였다. 그런데 대법원 2016. 7. 14. 선고 2015다71856, 71863 판결은 이러한 일반론을 되풀이하면서 무권한자의 변제수령을 채권자가 추인한 경우에 채권자는 무권한자에게 부당이득으로서 변제받은 것의 반환을 청구할 수 있다는 점을 덧붙임으로써 추인과 이익 사이에 가교가 있음을 명확히 하였다.

Ⅲ. 상계

1. 퇴직금 분할지급 약정과 상계

대법원 2010. 5. 20. 선고 2007다90760 전원합의체 판결은 퇴직금 분할지급 약정이 무효라는 점, 이러한 분할지급 약정에 기해 지급한 퇴직금의 부당이득반환채권을 자동채권으로 하여 근로자의 퇴직금채권 2분의 1 범위 내에서 상계할 수 있다는 점을 판시하였다. 원고들은 피고 회사에서 근무하다가 퇴사한 근로자들이다. 피고 회사는 원고들이 근무할 당시 연봉제 계약을 체결하였다. 이 계약에 따르면 퇴직금을 매월 중간정산하여 월 급여에 포함시켜 분할 지급하기로 되어 있었다. 그런데 원고들은 피고 회사로부터 퇴사한 뒤 피고에게 퇴직금 지급청구를 하였다. 피고 회사는 이미 퇴직금을 선지급하였다고 주장하면서, 이러한 퇴직금 선지급이 무효라면 그 선지급 상당액 부당이득반환채권을 자동채권으로 하여 원고들의 퇴직금채권과 상계한다고 주장하였다. 원심법원은 이러한 상계 주장을 받아들였고, 대법원도 원심판결을 유지하였다. 대상판결의 요지는 다음과 같다.

첫째, 사용자와 근로자가 매월 지급하는 월급이나 매일 지급하는 일당과 함께 퇴직금으로 일정한 금원을 미리 지급하기로 한 퇴직금 분할 약정은 근로기준법상 유효한 퇴직금 중간정산으로 인정되는 경우가 아니라면 근로기준법에 반하여 무효라는 것이다. 이 점에 대해서는 대법관 전원의 의견이 일치하였다. 둘째, 이처럼 무효인 퇴직금 분할 약정에 기하여 선지급된 퇴직금은 부당이득으로 사용자에게 반환되어야 한다. 이 점에 대해서는 선지급된 퇴직금은 근로의 대가로 지급하는 임금의 일종으로 정당하게 수령된 것이므로 부당이득이 아니라는 별개 및 반대의견이 있었다. 셋째, 사용자의 근로자에 대한 퇴직금 선지급액 상당의 부당이득반환청구권을 자동채권, 근로자의 사용자에 대한 퇴직금지급청구권을 수동채권으로 하여 상계하는 것이 가능하다. 이에 대해서는 퇴직금도 임금의 일종이고 임금의 직접지급원칙에 비추어 임금채권을 수동채권으로 하는 상계는 불가능하므로 퇴직금지급청구권을 수동채권으로 하는 상계는 허용되지 않는다는 별개 및 반대의견이 있었다. 넷째, 위와 같은 상계는 퇴직금채권의 2분의 1에 해당하는 금액은 압류를 금지하는 민사집행법 제246조 제1항 제5호에 비추어 퇴직금채권의 2분의 1을 초과하는 부분에 해당하는 금액에 관하여만 허용된다.

대상판결의 첫 번째 쟁점, 즉 퇴직금 분할 약정의 효력에 대한 판시 부분은 논란의 여지가 거의 없다. 구 근로기준법(2005. 1. 27. 법률 제7379호로 개정되기 전의 것) 제34조에 따르면 퇴직금은 최종 퇴직 시 지급하는 금전이고, 퇴직금 중간정산은 예외적으로 일정한 요건 아래서만 허용된다.[188] 이 조항은 강행규정이므로 이 조항에 반하여 미리 지급한 퇴직금은 퇴직금으로서 효력이 없다.[189] 또한 대상판결의 네 번째 쟁점, 즉 압류금지범위에 비추어 상계범위도 조정해야 한다는 판시 부분도 일단 퇴직금채권에 대한 상계를 허용하는 전제에서는 쉽게 수긍할 수 있다. 퇴직금 중 2분의 1만큼은 근로자가 직접 수령할 수 있도록 해 주겠다는 법 질서의 태도는 압류와 상계라는 국면에서도 달라질 이유가 없기 때문이다. 그렇다면 대상판결에서 본격적인 논란의 대상이 되는 쟁점은 다음 두 가지이다. 선지급된 퇴직금은 부당이득에 해당하는가? 만약 부당이득에 해당한다면 그 부당이득반환채권과 퇴직금채권을 상계할 수 있는가? 이러한 두 가지 물음은 퇴직금이 가지는 후불적 임금으로서의 법적 성격[190]과 관련 있다. 이러한 퇴직금의 임금성을 얼마나 강조하는가에 따라 결론이 달라질 수 있다.

우선 이 사건에서 미리 지급된 퇴직금은 부당이득인가? 다수의견은 그렇다고 보았으나, 반대의견은 퇴직금도 임금의 일종으로서 근로의 대가로 정당하게 지급된 것이므로 부당이득이 아니라고 보았다. 그렇다면 퇴직금은 임금인가? 근로자의 입사-재직-퇴사에 이르기까지의 전체 사이클을 조망하면 퇴직금도 근로자가 사용자를 위해 근무했기 때문에 퇴직 시 지급되는 금원이다. 그 점에서는 퇴직금이 그 때까지의 근로에 대응한 대가로서(즉 넓은 의미의 임금의 일종으로서) 주어진다고 말할 수 있다. 그러나 퇴직금이 후불적 임금이라는 점은 그 정도의 의미로 그쳐야 한다. 퇴직금은 사회보장 및 공로보상으로서의 성격이 뚜렷하다는 점에서 좁은 의미의 임금과는 다르다. 근로기준법도 퇴직금과 임금을 별개의 개념으로 사용하고 있다. 게다가 당사자가 양자를 뚜렷이 구별하여 후자만 순수한 근로의 대가로서 지급하기로 합의하였다면 퇴직금의 성격은 그 합의를 고려하여 이해해야 한다. 그러므로 무효인 퇴직금 분할 약정에 기해 선지급된 퇴직금은 정당한 근로의 대가이므로 부당이득이 아니라는 반대 및 별개의견에는 찬성할 수 없다. 이러한 의견은

---

188) 2005년 근로기준법 개정을 통해 현재는 제34조에 퇴직급여 제도에 관한 기본적인 언급만 한 채 구체적인 내용은 근로자퇴직급여보장법이 정하는 바에 따르도록 하고 있다.
189) 대법원 1998. 3. 24. 선고 96다24699 판결.
190) 대법원 1969. 3. 18. 선고 68다2408 판결.

결국 사전지급된 퇴직금도 정당하지만 사후에 또 퇴직금을 지급해야 한다는 결론으로 이어지는데, 이러한 이중지급은 공평하지도 않고 당사자가 의도했던 바도 아니다. 다만 퇴직금 명목의 금원이 실질적으로는 근로의 대가로 지급된 것이라면 부당이득이 될 수 없다.[191] 결국 그 금원의 실질은 사안에 따라 달라질 수밖에 없는데, 적어도 해당 사안에서는 양자를 뚜렷하게 구별하였던 것으로 보이므로 퇴직금에 상응하는 금원은 부당이득으로 볼 수 있다.[192]

한편 퇴직금이 부당이득이라면 이를 상계의 대상으로 삼을 수 있는가? 퇴직금이 임금의 일종이라면 임금은 직접 전액을 지급해야 한다는 원칙(근로기준법 제43조)의 적용을 받는다. 그렇다면 직접지급을 무산시키는 상계는 금지된다는 것이다. 이는 앞서 본 부당이득 여부보다 더 논쟁적인 쟁점이다. 근로자 보호를 위한 임금 직접지급의 정신이 퇴직금에 적용되지 않을 이유가 없기 때문이다. 종래 판례는 계산 착오 등으로 임금이 초과 지급되었을 때 그 상계의 시기가 임금이 초과 지급된 시기와 임금의 정산, 조정의 실질을 잃지 않을 만큼 합리적으로 근접하여 있고 금액과 방법을 미리 예고하는 등으로 근로자의 경제생활 안정을 해할 염려가 없는 경우에는 예외적으로 상계를 허용하여 왔다.[193] 이는 임금 반환이라기보다는 임금 정산에 가깝고, 그렇게 하더라도 직접지급 원칙을 통해 보호하고자 하는 근로자의 이익이 거의 침해되지 않기 때문이다. 그러나 이러한 조정 내지 정산의 실질을 담보하기 위한 시간적 근접성, 절차적 정당성의 한계 없이 퇴직금의 상계를 허용하는 대상판결의 태도에는 의문이 있다.[194] 퇴직금의 상계가 금지되더라도 사용자는 별도의 청구 내지 소 제기를 통하여 미리 지급된 퇴직금을 반환받음으로써 퇴직금의 이중지급 사태는 피할 수 있다. 또한 근로자는 퇴직 시점에 곧바로 퇴직금을 직접 지급받음으로써 퇴직 후 생활 보장을 도모할 수 있다. 물론 사용자 입장에서는 이러한 퇴직금 문제의 정리가 더 번잡해지기는 하나, 그러한 이유로 퇴직금의

191) 하경효, "퇴직금 분할지급약정의 효력과 분할 지급된 금원의 성격", **고려법학**, 제63호(2011), 16-17면.
192) 이를 부당이득으로 볼 경우 그 지급이 악의의 비채변제(민법 제742조), 도의관념에 적합한 비채변제(민법 제744조), 불법원인급여(민법 제746조)에 해당하여 반환청구가 제한되는 것이 아닌가 하는 문제가 발생한다. 결론만 이야기하면 그 어디에도 해당하지 않는다. 이에 관하여는 하경효, "퇴직금 분할지급약정의 효력과 분할 지급된 금원의 성격", **고려법학**, 제63호(2011), 18-27면 참조.
193) 대법원 1993. 12. 28. 선고 93다38529 판결; 대법원 1995. 6. 29. 선고 94다18553 판결.
194) 같은 취지로 이동진, "월급에 포함된 퇴직금 지급의 효력과 임금채권 상계제한의 범위", **민사판례연구**, 제32권(상)(2011), 119-120면.

상계를 허용한다면 퇴직금의 사전 지급을 금지하면서 엄격한 요건 아래에서만 중간정산을 허용하는 제도의 취지가 아무런 불이익 없이 쉽게 회피될 위험이 있다.

2. 압류와 상계

대법원 2012. 2. 16. 선고 2011다45521 전원합의체 판결은 채권압류명령을 받은 제3채무자가 압류채무자에게 반대채권을 가지고 있는 경우, 상계로써 압류채권자에게 대항하기 위한 요건을 다루었다. 사안은 다음과 같다. 원고는 2008. 6. 30. 자신의 채무자인 A가 제3채무자인 피고에 대해 가지는 공사대금채권을 가압류하였고, 그후 그 가압류를 본압류로 전이하는 압류 및 추심명령을 받았다. 피압류채권인 공사대금채권의 변제기는 2008. 6. 10.경이었다. 한편 제3채무자인 피고는 채무자인 A에 대해 대여금채권을 가지고 있었다. 그 대여금채권의 변제기는 공사대금채권의 변제기 후인 2008. 7. 25.이었다. 원고가 압류 및 추심명령에 기해 피고에게 공사대금의 추심청구를 하자 피고는 자신이 A에게 가지는 대여금채권을 자동채권으로 하여 상계한다는 의사표시를 하였다. 원심은 피고가 원고에게 상계로 대항할 수 있다고 보았다. 이와 관련하여 상계의 의사표시 당시 제3채무자가 가지는 반대채권(자동채권)의 변제기가 도래하지 않았고, 그 이후 피압류채권의 변제기 이후에 그 변제기가 비로소 도래하는 경우에도 상계로써 압류채권자에게 대항할 수 있는지가 문제되었다.

대상판결은 제3채무자가 압류채무자에 대한 반대채권을 가지고 있는 경우에 상계로써 압류채권자에게 대항하기 위하여는, 압류의 효력 발생 당시에 대립하는 양 채권이 상계적상에 있거나, 그 당시 반대채권(자동채권)의 변제기가 도래하지 아니한 경우에는 그것이 피압류채권(수동채권)의 변제기와 동시에 또는 그보다 먼저 도래하여야 한다고 판시하였다. 기존 판례가 취한 변제기기준설에 따른 것이다.[195] 이에 대해서는 반대채권과 피압류채권 모두의 이행기가 도래하였다면 당연히 상계할 수 있고, 나아가 반대채권과 피압류채권 모두 또는 그 중 어느 하나의 이행기가 아직 도래하지 아니하여 상계적상에 놓이지 아니하였더라도 그 이후 제3채무자가 피압류채권을 채무자에게 지급하지 아니하고 있는 동안에 반대채권과 피압류채권 모두의 이행기가 도래한 때에도 제3채무자는 반대채권으로써 상계할 수

---

195) 대법원 1982. 6. 22. 선고 82다카200 판결; 대법원 1987. 7. 7. 선고 86다카2762 판결; 대법원 1988. 2. 23. 선고 87다카472 판결.

있고, 이로써 지급을 금지하는 명령을 신청한 채권자에게 대항할 수 있다는 반대의견이 있었다. 무제한설에 따른 것이다.

민법 제498조는 "지급을 금지하는 명령을 받은 제3채무자는 그 후에 취득한 채권에 의한 상계로 그 명령을 신청한 채권자에게 대항하지 못한다."라고 규정한다. 여기에서 "지급을 금지하는 명령"은 채권압류 또는 채권가압류 명령을 가리킨다. 상계권자와 압류채권자의 이해를 조정하는 조항이다. "그 후에 취득한 채권"의 구체적인 해석과 관련해서 그동안 우리나라 판례는 상당한 변동을 겪어왔다.[196] ① 처음에는 압류 당시 상계적상에 있었으면 압류 후에도 상계할 수 있다고 하다가(압류 전 상계적상에 이른 상계권자 보호),[197] ② 압류 이전에 상계적상에 있었더라도 실제로 상계를 하지 않으면 그 이후에 상계할 수 없다는 태도로 변경하였고(압류 전 실제 상계권을 행사해야만 보호),[198] ③ 다시 압류 당시 상계적상에 있었으면 압류 후에도 상계할 수 있다는 처음의 태도로 회귀하였다가(압류 전 상계적상에 이른 상계권자 보호),[199] ④ 압류 전 자동채권의 변제기가 먼저 도래하였으면 압류 후에 상계할 수 있다고 하여 그 보호범위를 1차적으로 넓히고(압류 전 자동채권의 변제기가 도래한 상계권자 보호),[200] ⑤ 압류 후에라도 자동채권의 변제기가 먼저 또는 적어도 수동채권의 변제기와 동시에 도래하면 상계할 수 있다고 하여 그 보호범위를 재차 넓혔다(압류 전 자동채권의 변제기가 도래하지 않더라도 이후 그것이 먼저 또는 최소한 동시에 도래할 상계권자 보호).[201] 전반적으로 살펴보면 상계권자가 상계에 대해 가지는 기대 또는 신뢰의 보호범위가 점차 넓어지는 경향을 발견할 수 있다.

이 문제는 법률해석의 관점에서 바라볼 수 있다. 민법 제498조는 압류명령을 받은 제3채무자는 "그 후에 취득한 채권에 의한 상계"로 대항하지 못한다고 하여 문언상 압류명령 시점과 반대채권 취득시점을 비교하도록 하고 있다. 그러므로 제498조의 문언대로라면 압류명령 전에 반대채권이 발생한 이상 압류명령 당시 변제기가 아직 도래하지 않았더라도 제3채무자는 향후 상계적상이 발생하면 압류채권자에게 상계로 대항할 수 있다. 이 경우 장차 도래할 변제기가 피압류채권의 변

---

196) 이 문단의 아래 부분은 권영준, **민법학의 기본원리**(박영사, 2020), 336 – 338면에서 발췌하였다.
197) 대법원 1964. 4. 21. 선고 63다658 판결.
198) 대법원 1972. 12. 26. 선고 72다2117 판결.
199) 대법원 1973. 11. 13. 선고 73다518 전원합의체 판결.
200) 대법원 1980. 9. 9. 선고 80다939 판결.
201) 대법원 1982. 6. 22. 선고 82다카200 판결; 대법원 1987. 7. 7. 선고 86다카2762 판결; 대법원 1988. 2. 23. 선고 87다카472 판결.

제기보다 앞서거나 적어도 같은 시점에 있는지를 따질 필요가 없다. 이것이 반대의견이 취한 무제한설의 입장이다.[202] 물론 이러한 문언을 축소하여 해석할 필요성이 있다면 다수의견과 같이 현재의 변제기기준설처럼 해석하는 것도 가능하다. 그러나 과연 그렇게 상계권자의 지위를 후퇴시켜야 할 뚜렷한 필요성이 있는지 의문이다.[203] 변제기의 선후만으로 제3채무자의 상계 기대의 크기와 정당성이 달라지는 것도 의문스럽다.[204] 만약 입법정책상 변제기의 선후를 상계 가부의 기준으로 삼고자 한다면 독일 민법 제392조처럼 변제기기준설을 입법으로 명문화해야 한다.

피압류채권의 변제기가 먼저 도래하고 반대채권의 변제기가 나중에 도래하는 경우 제3채무자가 상계적상의 달성을 위해 자신의 채무를 이행하지 않으려는 행태를 보일 것이라는 점이 문제점으로 지적될 수는 있다. 다수의견이 취한 변제기기준설은 이러한 행태를 보이는 제3채무자보다는 압류채권자의 이익을 우선적으로 보호하겠다는 입장으로 이해된다. 그러나 상계를 위해 지연손해금을 부담하기로 선택하건, 상계 가능성을 포기하고 자신의 채무를 실제로 이행하건 그것은 채무자가 스스로 선택하고 스스로 책임질 몫이다.[205] 또한 이러한 문제는 이는 압류가 개입되지 않은 다른 일반적인 상계 상황에서도 어차피 마찬가지로 발생한다. 자동채권과 수동채권 중 수동채권의 변제기가 먼저 도래하는 경우에도 자동채권의 변제기 도래 시점까지 수동채무를 변제하지 않다가 자동채권의 변제기가 도래하여 상계적상이 발생할 때 상계하는 것은 얼마든지 가능하다. 이때에도 수동채무의 이행지체에 대해서는 지연손해금을 부담하게 함으로써 해결하되, 이를 이유로 상계 가능성까지 제한하지는 않는다. 본래 이처럼 상계 가능성을 제한받지 않던 제3채무자가 그 이후 수동채권이 압류되었다는 자신과 무관한 사정 때문에 상계 가능성의 제한을 받아야 할 이유는 없다. 압류명령 이후에 취득한 채권에 의한 상계만 제한하는 민법 제498조의 취지도 바로 그러하다. 압류채권자의 입장에서도 이러한 이행지체 상태를 감내할 수 없다면 상계적상이 도래하기 전에 추심이나 전

---

202) 일본 판례의 입장이기도 하다. 最高裁 1970(昭和45). 6. 24. 判決, 民集 24-6, 587.
203) 다수의견을 취하더라도 채권압류 또는 가압류와 동시에 그 반대채권의 기한이 도래하도록 하는 기한이익 상실 특약과 함께 상계 예약 조항을 둘 경우 무제한설과 마찬가지로 그 반대채권의 변제기 시점과 무관하게 상계로써 압류채권자에게 대항할 수 있다.
204) 김영진, "지급이 금지된 채권을 수동채권으로 하는 상계", **민사판례연구**, 제35권(2013), 337면.
205) 김영진(주 204), 340면.

부 등의 집행절차를 신속하게 진행하면 그만이다. 반대의견이 타당하다고 생각한다.

3. 제척기간과 민법 제495조에 따른 상계

대법원 2019. 3. 14. 선고 2018다255648 판결은 민법 제495조가 제척기간에도 유추 적용될 수 있는지를 다루었다. 민법 제495조는 "소멸시효가 완성된 채권이 그 완성 전에 상계할 수 있었던 것이면 그 채권자는 상계할 수 있다."라고 규정한다. 어차피 상계할 채권이라면 굳이 별도로 행사할 필요가 없으므로, 그 사이에 소멸시효가 완성되었더라도 이러한 '상계를 통한 일괄 정산'에 관한 당사자의 신뢰를 보호하기 위해 상계를 허용한다는 취지이다. 그렇다면 이 조항은 소멸시효가 아닌 제척기간에도 적용되는가? 사안에서는 도급인이 수급인에게 가지는 하자를 원인으로 한 손해배상채권과 수급인이 도급인에 대해 가지는 대금채권을 상계할 수 있는 경우인데 전자의 제척기간[206]이 경과하였다면 민법 제495조를 유추 적용하여 여전히 상계가 가능한가가 다투어졌다.

대상판결의 요지는 다음과 같다. 매도인의 담보책임을 기초로 한 매수인의 손해배상채권 또는 수급인의 담보책임을 기초로 한 도급인의 손해배상채권이 각각 상대방의 채권과 상계적상에 있는 경우에 당사자들은 채권·채무관계가 이미 정산되었거나 정산될 것으로 기대하는 것이 일반적이므로, 그 신뢰를 보호할 필요가 있다. 이러한 손해배상채권의 제척기간이 지난 경우에도 그 기간이 지나기 전에 상대방에 대한 채권·채무관계의 정산 소멸에 대한 신뢰를 보호할 필요성이 있다는 점은 소멸시효가 완성된 채권의 경우와 아무런 차이가 없다. 따라서 매도인이나 수급인의 담보책임을 기초로 한 손해배상채권의 제척기간이 지난 경우에도 제척기간이 지나기 전 상대방의 채권과 상계할 수 있었던 경우에는 매수인이나 도급인은 민법 제495조를 유추 적용해서 위 손해배상채권을 자동채권으로 해서 상대방의 채권과 상계할 수 있다고 봄이 타당하다.

소멸시효와 제척기간은 서로 다른 제도이므로 소멸시효에 관한 민법 제495조가 제척기간에 당연히 적용되는 것은 아니다. 그러나 양자의 유사성에 착안하여 민법 제495조를 제척기간에 유추 적용하는 것은 가능하다. 제척기간이 적용되는 사안 유형도 광범위한 스펙트럼에 걸쳐 있다. 그런데 대상판결의 사안에서 문제된 손해

---

206) 도급인의 수급인에 대한 하자를 원인으로 한 손해배상채권은 담보책임의 내용으로 인정되는데(민법 제667조), 1년의 제척기간에 걸린다(민법 제670조).

배상채권은 우리 법제상 제척기간의 적용 대상이기는 하나, 입법례에 따라서는 소멸시효의 적용 대상이 되기도 한다. 독일 민법 제634조의a, 스위스 채무법 제371조, 제210조, 오스트리아 민법 제933조가 그 예이다. 실제로 우리 법제에서도 청구권은 대부분 소멸시효의 적용 대상이다. 결국 다른 제척기간 대상에 비해 해당 사안의 손해배상채권은 그 속성상 소멸시효와 그리 멀리 떨어져 있지 않다. 아울러 양 채권을 맞비겨 분쟁을 해결하리라는 신뢰는 해당 사안에도 존재하고, 이를 보호할 필요성도 있다.[207] 특히 도급인의 손해배상청구권과 수급인의 대금청구권 사이에는 일반적으로 밀접한 견련관계가 있다는 점도 중요하게 고려되어야 한다. 이러한 밀접한 견련관계가 있다면 민법 제495조를 유추 적용하는 쪽이 타당하다.[208]

---

[207] 일본 최고재판소도 유추 적용을 긍정한다. 日 最判 1976(昭和 51). 3. 4. 民集 30-2, 48.

[208] 곽윤직 편, **민법주해(ⅩⅠ)**(박영사, 1995), 408면(윤용섭 집필부분); 이창현, "제척기간이 경과한 채권을 자동채권으로 한 상계", **민사판례연구**, 제43권(2021), 388면.

제3장 채권각론-계약법

제1절 계약총론

I. 개관

민법은 자유 본위의 법이고, 이를 본격적으로 구현한 법 제도가 계약이다. 사람 사이의 약속에 법적 구속력을 부여하여 스스로 자신들만의 법을 만들도록 허용한 계약이라는 제도는 시장경제와 맞물려 우리 사회를 지탱하는 중요한 역할을 수행하고 있다. 계약도 사람처럼 일정한 삶의 사이클을 거치게 된다. 계약은 태아기를 거쳐(계약체결 전 단계), 일정한 시점에 법이라는 제국의 시민권을 획득하며(계약의 성립과 효력 발생), 일정한 과정을 거쳐 본래 의도했던 방향대로 목적을 달성하거나(계약의 이행), 여러 가지 사정으로 문제가 생기기도 하며(계약의 불이행), 어느 순간에는 수명을 다하여(계약의 해소) 마치 상속과 같은 뒷정리 단계로 들어간다(계약의 청산). 계약총론에서는 이러한 각 단계를 법적으로 고찰하게 되는데, 그중 상당 부분은 채권총론이나 부당이득법 등 법정채권론의 문제로 분가되어 나가기도 한다. 이 목차 아래에서는 계약 성립, 계약 해석, 계약 해소의 세 가지 분야를 중심으로 중요 판결들을 살펴본다. 아울러 계약의 특수한 형태인 약관 관련 판결들도 살펴본다. 약관은 계약의 핵심 속성인 개별성을 제거하고 제도화된 계약의 모습으로 널리 활용되고 있는데, 양적으로는 대부분의 계약이 약관의 형태로 체결되고 있으므로 매우 중요한 고찰 대상이다. 2010년대에도 약관에 관해 상당수의 판결들이 선고되었는데, 지면관계상 이 글에서는 2개의 판결만 다룬다.

II. 계약 성립

1. 계약체결상 과실

대법원 2017. 11. 14. 선고 2015다10929 판결은 계약체결상 과실책임에 관한 민법 제535조 유추 적용 문제를 다루었다. 사안은 다음과 같다. 원고들은 자신의 자동차를 3,100만 원에 팔기 위해 인터넷 중고차매매사이트에 매물로 등록하였다. 사기꾼인 성명불상자는 이 매물을 보고 원고들에게 전화하여 자신들이 그 가격에 자동차를 사겠다고 하면서, 대금은 자신과 제3자가 분담하여 지급할 예정이라고 말하였다. 그 후 성명불상자는 이 사실을 전혀 모르는 다른 자동차 매매상인 피고에게 마치 자신이 위 자동차 소유자인 것처럼 전화를 걸어 자동차가 있는 곳을 알려준 뒤 2,600만 원에 팔겠다고 하였다. 이에 3,100만 원에 팔려고 하는 원고와 2,600만 원에 사려고 하는 피고가 만나 매매계약서를 작성하고 자동차이전등록에 필요한 서류까지 교부하였다. 놀랍게도 이들은 각각 성명불상자로부터 전달받은 매매대금이 최종 매매대금이라고 생각하고 매매계약서에는 매매대금을 기재하지 않았다.209) 또한 매수인인 피고는 매매계약 현장에서 성명불상자의 전화를 받고 대포계좌로 2,600만 원을 송금하였다.210) 그 후 성명불상자는 이 금액을 인출하고 연락두절이 되었다. 원고는 매매대금 수령 전까지는 자동차 열쇠를 줄 수 없다고 버티었고, 피고는 이미 교부받은 자동차이전등록서류를 이용하여 일단 자기 명의로 자동차이전등록을 마쳤다. 원고들은 피고를 상대로 위 소유권이전등록 말소를 구하는 소를 제기하였다. 피고는 반소를 제기하여, 주위적으로는 원고1과 피고 사이의 매매계약이 유효하게 성립하였다는 전제에서 X자동차의 인도를, 예비적으로는 위 매매계약이 유효하게 성립하지 않았다는 전제에서 매매대금 상당의 손해배상을 구하였다.

원심법원은 원고들과 피고가 체결한 매매계약은 매매대금에 관한 의사의 불합치로 유효하게 성립되지 않았는데, 이러한 불성립에 대해 원고들의 부주의가 원인이 되었으므로 민법 제535조를 유추 적용하여, 원고들은 위와 같은 자신들의 계약 체결상의 과실로 인해 피고가 입은 손해를 배상할 의무가 있다고 보았다.211) 대법원은 다음 이유로 원심판결을 파기하였다. 계약이 의사의 불합치로 성립하지 아니한 경우 그로 인하여 손해를 입은 당사자가 상대방에게 부당이득반환청구 또는 불법행위로 인한 손해배상청구를 할 수 있는지는 별론으로 하고, 상대방이 계약이 성립되지 아니할 수 있다는 것을 알았거나 알 수 있었음을 이유로 민법 제535조

---

209) 사기는 이렇게 허탈하게 성공하기도 한다.
210) 매도인 측은 이 계좌가 성명불상자와 매매대금을 분담하기로 한 제3자의 계좌라고 믿고 있었고, 그가 2,600만 원을 송금받은 뒤 바로 자신에게 재송금해 줄 것이라고 기대하고 있었다. 이는 매도인 측의 결정적인 잘못이었다.
211) 서울남부지방법원 2015. 1. 15. 선고 2014나9217, 9224 판결.

를 유추 적용하여 계약체결상 과실로 인한 손해배상청구를 할 수는 없다. 그러므로 원고들이 피고에 대하여 계약체결상 과실로 인한 손해배상책임을 부담한다고 볼 수는 없다. 다만 원고들이 계약체결 과정에서 요구되는 주의의무를 다하지 않음으로써 성명불상자의 불법행위를 방조한 것으로 볼 여지가 있으므로 이에 관하여 심리할 필요가 있다.

대상판결은 민법 제535조가 계약체결 과정에서 계약 당사자의 과실로 상대방이 손해를 입은 경우에까지 확장되지 않는다는 점을 분명히 하였다. 민법 제535조는 원시적 불능 상태를 규율한다. 그런데 원시적 불능이 문제되는 경우는 거의 없다. 반면 계약교섭 또는 체결과정에서는 다양한 문제들이 발생한다. 계약교섭의 부당파기, 계약의 불성립이나 무효, 정보의 부실한 제공 또는 미제공 등이 그러하다. 이 과정에서 어느 당사자에게 잘못이 있다고 하더라도 그 잘못은 엄밀한 의미에서의 채무불이행이라고는 할 수 없다. 채무는 계약이 유효하게 성립한 이후 그 계약으로부터 발생하는 의무를 지칭하기 때문이다. 그러므로 학설상으로는 독일 논의의 영향 아래 민법 제535조를 원시적 불능 외에도 계약의 교섭 내지 준비단계 또는 체결과정에서 발생하는 법적 문제 일반에 확장하여 적용하려는 논의가 많았다.212) 하지만 대법원은 그동안 이러한 법적 문제를 불법행위법이나 부당이득법 등 다른 차원에서 해결하면서, 계약체결상 과실책임 규정을 적용하거나 유추 적용하지 않았다.213) 유추 적용은 법의 흠결이 존재할 때 행해진다. 그런데 현재의 판례 법리는 이러한 법의 흠결이 존재하지 않는다는 입장이다. 즉 민법 제535조는 원시적 불능에 관하여 적용되면 충분하고, 나머지 문제는 다른 법리로 해결하면 충분하다는 것이다.

2. 계약으로서의 구속력

계약서에 포함되는 조항 또는 계약과 관련하여 교부되는 각종 문서가 계약으로

---

212) 곽윤직, **채권각론**, 제6판(박영사, 2003), 57 − 58면; 김상용, **채권각론**, 개정판(법문사, 2003), 72면; 박재영, "민법 제535조의 계약체결상 과실책임", **민사판례연구**, 제35권(2013), 408 − 409면; 김세준, "계약체결상의 과실책임과 사기로 인한 취소", **법학연구**(경상대학교), 제23권 제3호(2015), 70면 참조.
213) 대법원 1974. 6. 11. 선고 73다1975 판결; 대법원 1997. 8. 22. 선고 97다13023 판결; 대법원 2001. 6. 15. 선고 99다40418 판결; 대법원 2002. 4. 9. 선고 99다47396 판결; 대법원 2003. 4. 11. 선고 2001다53059 판결; 대법원 2004. 5. 28. 선고 2002다32301 판결. 대법원 2021. 1. 14. 선고 2018다223054 판결 등.

서의 구속력을 가지는지 다투어지는 경우가 있다. 계약서의 서문(recital)이나 조항의 표제(title), 또는 최선노력조항(best efforts clause)[214] 등과 관련하여 이러한 다툼이 종종 발생한다. 계약은 당사자 간에 법적으로 구속되기로 하는 합의이므로, 이러한 다툼은 결국 형식이 아니라 계약 당사자 의사의 실질을 검토하여 해결해야 한다. 이와 관련하여 아래에서는 투자설명서와 컴포트레터(letter of comfort)가 계약으로서의 법적 구속력을 가지는지를 다룬 대법원 판결들을 살펴본다.

대법원 2013. 11. 28. 선고 2011다96130 판결은 투자신탁의 자산운용회사가 작성하는 투자설명서의 법적 구속력 문제를 다루었다. 이 사건에서 원고들은 신탁재산 대부분을 장외파생상품에 투자하는 펀드의 수익증권을 취득한 투자자들이었다. 이들은 투자신탁의 자산운용회사인 피고 회사를 상대로 피고 회사가 투자설명서에 기재된 장외파생상품의 거래상대방을 투자자들의 동의 없이 임의로 변경하는 바람에 손해를 입었다며 채무불이행 또는 불법행위에 따른 손해배상을 구하였다. 대법원은 구 간접투자자산 운용업법(2007. 8. 3. 법률 제8635호 자본시장과 금융투자업에 관한 법률 부칙 제2조로 폐지) 제28조, 제56조 제1항, 제2항의 투자설명서에 관한 규정 및 취지에 비추어 볼 때, 투자설명서의 기재 내용 자체가 투자신탁계약의 당사자 사이에서 당연히 계약적 구속력이 있다고 볼 수는 없고, 투자설명서에 기재된 내용이 신탁약관의 내용을 구체화하는 내용인 경우에 신탁약관의 내용과 결합하여 계약적 구속력을 가진다고 보았다. 또한 그 기재 내용이 개별약정으로서 구속력을 가질 수는 있지만, 개별약정으로서 구속력이 있는지 여부는 투자설명서에 기재된 구체적인 내용, 그러한 내용이 기재된 경위와 당사자의 진정한 의사 등을 종합적으로 고려하여 판단하여야 한다고 보았다. 이러한 일반론하에서 해당 사안의 투자설명서에 장외파생상품의 거래상대방을 기재한 부분은 신탁약관의 내용을 구체화하는 것이라 볼 수 없어 기재 내용이 당연히 투자신탁계약의 내용에 편입되어 계약적 구속력을 갖는다고 할 수 없고, 그 부분이 피고 회사와 원고들 사이의 개별약정에 해당한다고도 보기 어렵다고 보아 피고 회사의 손해배상책임을 부정하였다. 결국 대법원은 신탁약관이 계약의 내용을 구성하는 것이고, 투자설명서는 원칙적으로 그 약관을 이해하기 위해 필요한 정보를 제공하기 위한 문서일 뿐이라고 보았다.

---

214) 대법원 1994. 3. 25. 선고 93다32668 판결; 대법원 1996. 10. 25. 선고 96다16049 판결; 대법원 2021. 1. 14. 선고 2018다223054 판결.

대법원 2014. 7. 24. 선고 2010다58315 판결은 이른바 컴포트레터(letter of comfort)의 법적 구속력을 다루었다. 컴포트레터를 거칠게 정의하자면 제3자가 채권자에게 채무자가 제대로 이행할 수 있도록 지원하고 돕겠다는 의사를 담은 문서이다. 이러한 컴포트레터는 주로 모회사나 정부가 자회사나 산하 공공단체의 금융거래에 있어서 그 계약에 대한 인식, 승인, 자회사 등의 자력이나 이행능력 등에 대해 일정한 확인이나 보장을 하는 형태로 활용된다.[215] 대상판결은 과연 이러한 문서에 법적 구속력이 있는가를 다루었다. 대법원은 이 경우에 보증의 의사를 추단할 문구가 전혀 없이 단지 모회사 등이 자회사 등의 지분을 보유하고 있다는 사실의 확인과 자회사 등의 계약 체결을 인식 혹은 승인하였다는 등의 내용만으로는, 모회사 등에 어떠한 법적 의무를 발생시킨다고 보기는 어렵다고 보았다. 그러나 여러 사정을 종합적으로 고려할 때 발행인이 컴포트레터를 교부함으로써 수취인이 거래에 응하도록 적극적으로 유인하고, 수취인은 이에 의하여 형성된 발행인의 신용에 대한 합리적인 신뢰를 바탕으로 계약의 체결에 이른 점 등이 인정된다면 경우에 따라서는 모회사 등은 채무불이행으로 인한 손해배상책임을 부담할 수도 있다고 보았다.

해당 사안에서는 피고(대한민국 – 철도청)는 한국철도교통진흥재단이 금융기관인 원고와 대출계약을 체결함에 있어서 원피고에게 확약서(letter of comfort)를 교부하였다. 그 확약서에는 피고는 차주가 채무이행에 충분한 재무상태를 유지할 수 있도록 필요한 지원과 협조를 차주에게 제공하고, 차주가 출자·설립한 자회사의 발행주식을 49% 이상 확보하며 자회사로 하여금 그 채무지급을 보증하게 하며, 차주의 채무불이행 우려가 있을 때 자회사로 하여금 담보제공 및 보증서 발급을 하도록 한다는 등의 내용이 포함되어 있었다. 대법원은 이러한 확약서에 따라 피고는 그 확약서에 기재된 내용을 실현하기 위한 구체적인 의무를 부담하고, 그 의무에 위반할 경우 손해배상책임을 진다고 보았다.[216] 여러 사정을 고려한 결과 위 확약서에 법적 구속력을 인정한 것이다.

---

[215] 김연학, "컴포트레터(Letter of Comfort)에 기한 채무불이행책임", BLF, 제70호(2015), 91면.
[216] 그 외에도 대상판결에서는 이러한 국가의 행위가 예산회계법에서 금지하는 채무부담행위 내지 보증행위에 해당하는 것인가 하는 점이 다투어졌는데, 대법원은 그렇게 보기는 어렵다고 판단하였다.

Ⅲ. 계약 해석

우리나라에서 실정법학은 해석법학이라고 해도 과언이 아닐 정도로 해석의 문제는 법학의 중심에 자리 잡고 있다. 민법학도 예외가 아니다. 민법학에서 해석의 주된 대상은 크게 법률과 계약으로 나눌 수 있다. 사적 자치의 원칙이 지배하는 민사관계에서는 계약이 사인 간의 관계를 규율하는 원형적인 도구이다. 계약은 당사자 간에만 적용되는 법이다. 이러한 계약의 비중 및 실정법학에서 해석이 차지하는 중요성을 생각한다면, 계약 해석은 실로 핵심 논제이다. 그럼에도 불구하고 계약 해석에 대한 학리적 논의가 그 실무적 비중만큼 충분하지 않은 이유는 계약 해석이 가지는 개별성 때문이다. 구체적인 계약 없이 논하는 계약 해석론은 지나치게 추상적이다. 구체적인 계약을 놓고 하는 계약 해석론은 지나치게 개별적이다. 그러므로 실무에 충분한 지침을 줄 수 있을 만큼 체계적인 계약 해석론을 정립하는 데에는 어려움이 있다. 2010년대에도 계약 해석에 관한 판결들이 여럿 선고되었으나, 이러한 계약 해석론의 본질적 한계로 인하여 새로운 법리로 일반화하기에 충분한 판결들은 많지 않았다. 다만 보충적 해석과 관련하여서는 다음에 소개할 두 개의 판결들이 주목할 만하다. 두 판결 모두 종래 공통의 착오를 중심으로 형성되어 온 보충적 해석의 법리가 공통의 착오와 무관한 사안 유형에 적용되었다는 특징을 지닌다. 참고로 보충적 해석은 계약 당사자가 계약에서 다루지 않은 사항에 관하여 규율이 필요할 상황에 처하였을 때에 법원이 계약 당사자들이 계약 체결 당시에 가졌을 가정적 의사를 탐구하여 그 공백을 메우는 해석 방법이다.[217] 당사자의 가정적 '의사'를 고려해야 한다는 점에서 보충적 해석은 여전히 사적 자치 원칙과 일정한 관련성을 지닌다.

1. 보충적 해석에 의한 수수료율의 결정

대법원 2011. 6. 24. 선고 2008다44368 판결은 보충적 해석이라는 말을 사용하

---

[217] 이와 관련하여 대법원은 "계약당사자 쌍방이 계약의 전제나 기초가 되는 사항에 관하여 같은 내용으로 착오가 있고 이로 인하여 그에 관한 구체적 약정을 하지 아니하였다면, 당사자가 그러한 착오가 없을 때에 약정하였을 것으로 보이는 내용으로 당사자의 의사를 보충하여 계약을 해석"할 수 있다고 한 뒤, 여기서 보충되는 당사자의 의사는 "당사자의 실제 의사 또는 주관적 의사가 아니라 계약의 목적, 거래관행, 적용법규, 신의칙 등에 비추어 객관적으로 추인되는 정당한 이익조정 의사"라고 판시하였다. 대법원 2006. 11. 23. 선고 2005다13288 판결 참조.

지는 않았지만 사실상 법원이 당사자를 대신하여 계약의 공백을 보충하였던 사례이다. 사안은 다음과 같다. 甲은 乙에게 용역을 제공하고 그 용역 수수료는 乙의 매출액에 비례하여 받기로 하였다. 해당 용역계약 제29조 제3항 제1호에서는 일정한 사유(관계법령에 의한 통제가격, 정부 등의 규제가격, 인·허가 또는 고시가격, 세법 등이 변동된 때)가 발생할 경우 양 당사자가 수수료율을 상호협의하여 조정할 수 있다고 규정하였다. 그러나 상호협의를 통하여 새로운 수수료율을 합의하지 못하는 경우에는 수수료율이 조정될 수 있는지, 또 조정될 수 있다면 어떤 비율로 조정되는지에 대해서는 계약상 아무런 규정이 없었다. 그런데 막상 뚜껑을 열어보니 乙의 매출액이 甲과 乙의 예상을 훨씬 뛰어넘었다. 甲은 乙에게 계약상 수수료율에 따른 수수료 지급을 구하였으나, 乙은 그 수수료 액수가 예상보다 지나치게 높자 계약상 재교섭조항을 들어 재교섭을 요구하였다. 이러한 협상의 와중에 새로운 법이 시행되고 그 법에 따라 수수료 최고한도를 제한하는 고시가 제정되었다. 甲과 乙 사이의 재교섭은 결렬되어 수수료율의 상호 조정이 이루어지지 않았다. 1심 법원은 乙에게 당초 계약에서 정하였던 수수료를 모두 지급하라고 하였다.[218] 원심법원은 乙에게 법원이 정하는 합리적 범위의 수수료만 지급하라고 하였다.[219]

대법원은 "이 사건 계약 제29조 제3항 제1호의 취지에 비추어 볼 때 수수료율 조정사유가 발생하였음에도 수수료율 조정을 위한 협의 결과 합의가 이루어지지 아니한 경우에는 법원이 여러 사정을 종합하여 합리적인 범위 내에서 위 계약조항에 따라 변경, 적용할 수수료율을 정할 수 있다고 봄이 상당하다."라고 한 뒤 "원심의 판단은 정당한 것으로 수긍할 수 있고, 거기에 계약 해석에 관한 법리를 오해하는 등의 잘못이 있다고 할 수 없다."라고 판시하였다. 즉, 이 사건에서 대법원은 당사자가 협의 결렬 시 수수료율을 어떻게 정할 것인지에 대해 미리 합의하지 않은 경우에도 법원은 분쟁해결을 위해 가장 합리적이라고 인정되는 수수료율을 정할 수 있고, 또한 그것이 계약 해석의 법리에도 부합한다고 판단한 것이다. 이 사건에서 대법원은 당사자들이 미처 계약에서 규율하지 못한 공백을 스스로 메우는 해석을 하였다는 점에서 실질적으로는 보충적 해석을 하였다고 평가할 수 있다. 이러한 후견적 해석은 이 사건 계약이 국가의 복권업과 관련된 공공적 성격을 지닌 계약이라는 점, 또한 이 사건 계약이 일정한 기간에 걸쳐 이행되는 계속적

---

218) 서울중앙지방법원 2006. 12. 14. 선고 2004가합61117 판결.
219) 서울고등법원 2008. 5. 20. 선고 2007나10421 판결.

계약이라는 점과 관련 있다.[220)]

2. 보충적 해석에 의한 계약금액 수정

   대법원 2014. 11. 13. 선고 2009다91811 판결도 보충적 해석이 적용된 사례이다. 해당 사안에서 甲 주식회사는 국가에게 육군과학화전투훈련장 중앙통제장비를 공급하는 장기계속계약을 상한가 개산계약으로 체결하였다. 이때 계약 당사자들은 예정 계약금액에 부가가치세를 포함시켜 정하였다. 아울러 당사자들은 계약 체결 당시 부가가치세 과세대상이던 부분에 대한 부가가치세만 그 계약금액에 포함시켰다. 그런데 그 후 법령 개정으로 부가가치세 면세대상 중 일부가 과세대상으로 변경되었다. 이러한 사후적 법령 개정으로 인하여 부가가치세를 포함한 계약금액이 재조정될 필요성이 발생하였다. 한편「국가를 당사자로 하는 계약에 관한 법률」제19조는 "물가의 변동, 설계변경 기타 계약내용의 변경으로 인하여 계약금액을 조정할 필요가 있을 때"에는 대통령령이 정하는 바에 따라 계약금액을 조정하도록 허용한다. 그러나 이러한 사후적인 세법 개정은 이러한 계약금액 조정사유에 해당하지 않는다는 문제가 있다.

   대법원은 이 사건에 관한 판결이유에서 "보충적 해석에 의한 계약금액 수정"이라는 목차 아래 보충적 해석에 관한 일반론을 전개한 뒤 "만약 원고와 피고가 이 사건 계약 체결 당시 면세대상이 차후 과세대상으로 변경될 것을 알았더라면 그 부분에 대하여도 피고가 부가가치세를 부담하기로 약정하였을 것으로 보이므로 위 부가가치세 증액분이 이 사건 계약금액에 포함되는 것으로 해석함이 상당하다."라고 판시하였다. 이 사건 계약 체결 당시 해당 부분이 면세대상이었고 계약 당사자 역시 그 부분을 정확히 인식하고 계약금액을 정하였으므로 이 사건에서 공통의 착오가 있었다고는 볼 수 없었다. 또한 계약의 내용은 계약 체결 시 확정된다는 일반론을 생각한다면, 사후적 법령 개정을 이유로 계약의 내용을 사후적으로 변경할 수 있는가 하는 의문이 제기될 수도 있다. 하지만 대법원은 면세대상이 과세대상으로 변경될 경우에 관한 계약상 공백이 존재한다는 논리에 기초하여 당사자의 가정적 의사에 기한 보충적 해석을 통하여 그 공백을 메웠다. 이는 계약상 공백의 개념 확장을 통하여 행한 사실상의 계약 변경이다.

---

220) 권영준, "재교섭조항의 해석", 민사판례연구, 제36권(2014), 34－40면.

Ⅳ. 계약의 해제·해지

1. 중대한 사유를 이유로 한 계속적 공급계약의 해지

대법원 2013. 4. 11. 선고 2011다59629 판결은 채무불이행이 없는 경우에도 계속적 계약을 해지할 수 있는지를 다루었다. 도시가스회사인 원고는 아파트입주자대표회의인 피고와 공급기간을 정하지 않은 채 아파트 도시가스 공급계약을 체결하였다. 또한 피고의 대표자는 도시가스 공급에 필요한 정압기를 설치할 부지사용 동의서를 원고에게 작성, 교부하여 주었다. 그런데 그 후 피고는 기존의 도시가스 업체가 공급하는 도시가스를 계속 사용하기로 결정하였다면서 이 사건 공급계약을 해지한다는 의사표시를 하였다. 이에 원고는 주위적으로 이 사건 공급계약의 유효 확인을 구하는 한편, 예비적으로 피고의 부당한 공급계약 해지를 이유로 한 손해배상청구를 하였다. 이와 관련하여 피고에게 이 사건 공급계약을 해지할 사유가 있었는지가 문제되었다. 원심법원은 원고와 피고 사이의 신뢰관계가 파괴되어 계약의 존속을 기대할 수 없게 되었다는 이유로 피고의 해지가 적법하다고 보았다. 반면 대법원은 이 사건에서는 계약의 존속을 기대할 수 없는 중대한 사유를 이유로 하는 계약 해지가 어렵다고 보았다. 대법원이 제시한 일반론은 다음과 같다.

계속적 계약은 당사자 상호 간의 신뢰관계를 기초로 하는 것으로서, 당해 계약의 존속 중에 당사자 일방의 부당한 행위 등으로 인하여 계약의 기초가 되는 신뢰관계가 파괴되어 계약의 존속을 기대할 수 없는 중대한 사유가 있는 때에는 상대방은 그 계약을 해지함으로써 장래에 향하여 그 효력을 소멸시킬 수 있다. 한편 계속적 계약 중 계약의 이행을 위하여 일정 규모의 설비가 필요하고 비교적 장기간의 거래가 예상되는 계속적 공급계약의 해지에 있어서 계약의 존속을 기대할 수 없는 중대한 사유가 있는지 여부는 계약을 체결하게 된 경위, 공급자와 수요자 사이의 관계, 공급계약의 내용, 공급자가 계약의 이행을 위하여 설치한 설비의 정도, 설치된 설비의 원상복구 가능성, 계약이 이행된 정도, 해지에 이르게 된 과정 등 제반 사정을 종합적으로 고려하여 판단하여야 할 것이다.

우리 민법은 중대한 사유를 이유로 한 계속적 계약의 해지에 관한 규정을 따로 두고 있지 않다. 그러나 대상판결은 계속적 계약의 존속을 기대할 수 없는 중대한 사유가 있는 때에는 그 계약을 해지할 수 있다는 법리를 선언하였다. 대법원은 과거에도 이미 이러한 입장을 표명한 바 있다.221) 다만 실제로 이 법리에 따른 해지를 인정한 공간된 대법원 판결은 아직 발견되지 않는다. 이러한 법리는 중대한 사유가 있는 경우의 계속적 계약 해지를 허용하는 독일 민법 제314조222) 또는 이를 참조한 일본의 관련 법리로부터 영향을 받은 것으로 보인다. 우리 민법상으로는 신의칙에 기한 해지의 일종으로 볼 수 있다. 우리나라 법무부가 마련한 2004년 민법 개정안 제544조의3 제2항과 2014년 민법개정시안 제544조의2는 이를 명문화하고 있다.

한편 대상판결 사안은 존속기간을 정하지 않은 계속적 계약을 다루고 있다는 점에 주목할 만하다. 대상판결은 이 경우 계약을 임의로 해지할 수 있는지의 문제를 정면으로 다루지는 않았다. 그런데 존속기간을 정하지 않은 계속적 계약은 원칙적으로 당사자가 임의로 해지할 수 있다고 보아야 한다. 대상판결 사안도 그러한 법리로 해결할 수 있었을 것이다. 이러한 법리를 규정하는 명문 규정은 없으나 계약 해석 또는 임의 해지를 허용하는 개별 조항223)에서 도출되는 법의 일반 원칙 유추로 인정할 수 있다.224) 다만 계약관계의 존속을 합리적으로 신뢰한 상대방을 보호할 필요성은 있다. 그 방안으로는 ① 상대방의 신뢰를 보호하는 데 필요한 최소한의 기간이 경과하여야 비로소 해지를 할 수 있도록 하는 방안(최소존속기간 설정 방안), ② 언제든지 해지를 할 수 있도록 허용하되 상대방의 신뢰를 보호하는 데 필요한 합리적 기간이 경과하여야 해지의 효과가 발생하도록 하는 방안(해지통고기간 설정 방안), ③ 언제든지 해지를 할 수 있도록 허용하되 상대방의 정당한 신뢰를 침해하여 상대방에게 손해가 발생하였다면 그 손해를 배상하도록 하는 방안(손해배상을 통한 전보 방안)을 생각할 수 있는데, 그 중 ② 유형이 원칙적인 모습이다. 이에 따르면, 존속기간을 정하지 않은 계속적 계약을 임의해지하는 당사자는

---

221) 대법원 2010. 10. 14. 선고 2010다48165 판결.
222) 이에 기한 해지권을 특별해지권(Außerordentliche Kündigung)이라고 부른다. 이에 비해 계속적 계약에서의 통상해지권은 채무불이행이나 신뢰관계 파괴 등 어떤 중대한 사유가 있어야만 인정되는 것이 아니고 당사자가 언제든지 임의로 할 수 있는 것이다. Medicus/Lorenz, *Schuldrecht Ⅰ, Allgemeiner Teil, 21.* Auflage, C.H.Beck, 2015, S. 302.
223) 사용대차에 관한 민법 제613조, 임대차에 관한 민법 제635조, 고용에 관한 민법 제660조, 위임에 관한 민법 제689조, 임치에 관한 민법 제699조, 조합에 관한 민법 제716조.
224) 이러한 임의해지를 인정하는 것이 국제적으로 주된 흐름이다. 국제상사계약원칙(PICC) 5.1.8조, 유럽계약법원칙(PECL) 6:109조, 공통참조기준초안(DCFR) Ⅲ, 1:109조, 미국 통일상법전(UCC) 제2-309조, 프랑스 민법 제1211조 등 참조.

합리적 예고 기간을 두어야 한다.

2. 사정변경으로 인한 계약의 해제·해지

가. 사정변경 원칙의 적용 요건

대법원 2017. 6. 12. 선고 2016다249557 판결은 사정변경으로 인한 계약 해지 요건을 다루었다. 사안은 다음과 같다. 원고들은 휘트니스 클럽 회원들이다. 그런데 휘트니스 클럽 운영자인 피고가 클럽 운영을 일방적으로 중단하였다. 그러자 원고들은 피고를 상대로 손해배상을 구하였다. 피고의 항변 중에는 경영상 어려움이 가중되었다는 사정변경을 이유로 한 계약해지 항변이 포함되어 있었다. 대법원은 피고의 사정변경 항변을 배척한 원심판결의 결론을 지지하면서, "계약 성립에 기초가 된 사정이 현저히 변경되고 당사자가 계약의 성립 당시 이를 예견할 수 없었으며, 그로 인하여 계약을 그대로 유지하는 것이 당사자의 이해에 중대한 불균형을 초래하거나 계약을 체결한 목적을 달성할 수 없는 경우에는 계약준수 원칙의 예외로서 사정변경을 이유로 계약을 해제하거나 해지할 수 있다."고 판시하였다. 특히 대법원은 계속적 계약에서는 계약 체결 시와 이행 시 사이에 간극이 크기 때문에 당사자들이 예상할 수 없었던 사정변경이 발생할 가능성이 높지만, 이 경우에도 이러한 요건이 충족되어야 한다고 덧붙였다.

대상판결은 일반론으로서 사정변경 원칙의 요건과 효과를 선언한 뒤 사정변경 항변은 배척한 종전의 판결들[225]과 비슷한 내용을 담고 있다. 그러나 대상판결 이유를 세밀하게 살펴보면 종전의 판결들과는 다른 점들도 있다. 종전의 판결들은 사정변경 원칙으로 인한 계약해제 요건으로 ① 현저한 사정변경, ② 예견 불가능성, ③ 해제 주장 당사자의 귀책사유 부존재, ④ 신의칙에 현저히 반하는 결과를 제시하여 왔다. 대상판결에서는 ③ 요건을 언급하지 않았다. ③ 요건은 ①과 ②의 요건에서 사실상 흡수될 수 있기 때문에 이러한 태도는 타당하다. 또한 ④ 요건에서는 신의칙을 언급하지 않은 채 "당사자의 이해에 중대한 불균형을 초래"하거나 "계약을 체결한 목적을 달성할 수 없는 경우"라는 두 가지 구체적 유형을 제시하였다. ④ 요건은 사실 요건이라고 보기 어려웠다. 사정변경 원칙도 신의칙의 일종이므로 신의칙에 현저히 반할 것이 요구되는 것은 요건론을 운운하기 전에 당연하

---

225) 대법원 2007. 3. 29. 선고 2004다31302 판결; 대법원 2011. 6. 24. 선고 2008다44368 판결; 대법원 2013. 9. 26. 선고 2012다13637 전원합의체 판결.

기 때문이다. 대상판결은 ④ 요건을 제거하면서 새로운 요건을 제시하기보다는 사정변경 원칙의 적용 유형을 예시한 것으로 보인다. 참고로 이러한 판시 내용은 사정변경에 관한 법무부 민법개정위원회의 민법 개정시안 제538조의2와 거의 동일한 것이다.226) 아울러 대상판결은 계속적 계약관계와 사정변경 원칙의 관계를 명시적으로 언급하였다는 점에서 의미를 가진다.227)

나. 실제로 사정변경 해지를 인정한 사례

대법원 2020. 12. 10. 선고 2020다254846 판결은 사정변경 원칙을 실제로 적용하여 임대차계약의 해지를 인정한 판결이다. 원고는 주택건설사업에 필요한 견본주택 건축을 위해 피고로부터 토지를 임차하였다. 특약사항으로 견본주택 건축이 임대차 목적이라는 점, 피고는 인허가 관련 서류를 제공한다는 점이 포함되어 있었다. 그런데 견본주택 건축신고가 반려되어 견본주택 건축이 어려워졌다. 그러자 원고는 착오·약정해지·사정변경 등을 주장하며 이미 지급한 보증금 및 1년 차임의 반환을 구하였다. 대법원은 계약 성립의 기초가 된 사정이 현저히 변경되고 당사자가 계약의 성립 당시 이를 예견할 수 없었으며 그로 인하여 계약을 그대로 유지하는 것이 당사자의 이해에 중대한 불균형을 초래하거나 계약을 체결한 목적을 달성할 수 없는 경우에는 계약준수 원칙의 예외로서 사정변경을 이유로 계약을 해제하거나 해지할 수 있다는 종래 법리를 재확인한 뒤 사정변경을 이유로 계약 해지를 인정한 원심법원의 판단을 그대로 수긍하였다.

대상판결은 공간된 판결 중에는 고유한 의미의 사정변경 원칙을 실제로 적용하여 계약 해지를 인정한 최초의 판결이다. 사정변경 원칙은 당사자 간에 계약으로 배분되지 않은 현저한 사정변경 위험을 사후적으로 배분하는 원칙으로서 판례에 의해 승인되어 왔다. 그러나 실제로 사정변경원칙을 적용하여 계약 해제나 해지를 인정한 사례는 거의 찾아보기 어려웠다. 따라서 과연 어떤 경우에 사정변경원칙이 적용될 수 있는가, 실제로 적용될 가능성이 있기는 한 것인가에 대한 관심이 많았다. 특히 최근 코비드 19로 인해 사정변경의 원칙이 더욱 주목받고 있다. 그러한 점에서 사정변경 원칙을 적용한 원심판결을 수긍한 대상판결은 상당한 의미를 가

---

226) 해당 내용에 대한 상세한 소개는 김재형, "계약의 해제·해지, 위험부담, 사정변경에 관한 민법 개정안", **서울대학교 법학**, 제55권 제4호(2014), 49면 이하 참조. 대상판결의 주심 대법관도 김재형 대법관이었다.

227) 김효정, "계속적 계약관계에서 사정변경에 따른 해지", **민사판례연구**, 제41권(2019), 565면.

진다.

그런데 판례 법리에 따르면 사정변경 원칙을 적용하기 위해서는 계약 성립의 기초가 된 사정이 현저히 변경된 것을 넘어서서 당사자가 이러한 사정변경을 계약 성립 당시 예견할 수 없었어야 한다. 그러나 이 사건에서는 당사자가 인허가를 받지 못하는 사태를 예견할 수 없었다고 보기는 어렵다. 인허가 좌절은 일반적으로 흔히 일어날 수 있는 일이기 때문이다. 특히 이 사건에서 당사자들은 견본주택 건설이 계약 목적이라는 점을 명시하면서 인허가에 관한 특약사항까지 두고 있었다. 따라서 당사자는 인허가가 필요하다는 점을 명확히 알고 있었고 그 인허가 여부는 행정관청에 달려 있으므로 인허가를 못 받는 사태가 발생할 수도 있었음을 예견할 수 있었다. 그러므로 이 사건에는 사정변경 원칙이 적용되기 어렵다고 생각한다.

다만 다음과 같은 보충적 해석을 시도해 볼 수는 있다. 이 사건에서 원고와 피고는 견본주택 건축이 가능하다는 점을 계약의 당연한 전제로 삼았다고 보이나 그것이 불가능하게 되었다고 하여 계약을 해지할 수 있도록 약정한 것으로 보이지는 않는다. 하지만 견본주택 건축이 불허되리라는 점을 알았더라면 위와 같은 사실관계에 비추어 이를 계약의 해지사유로 합의하였을 개연성이 크다. 그렇다면 예견할 수는 있었으나 계약에서 규율하지는 않았던 견본주택 건축 불가능이라는 사태에 관하여 계약의 공백이 존재한다고 보아 당사자의 가정적 의사에 따라 보충적 해석을 하는 것도 가능하다. 그렇다면 사정변경 원칙을 적용하지 않고도 대상판결과 같은 결론에 이를 수 있었을 것이다.

Ⅴ. 약관

1. 선택형 약관

대법원 2014. 6. 12. 선고 2013다214864 판결은 선택형 약관의 문제를 다루었다. 해당 사안에서 문제된 근저당권설정계약서에는 근저당권설정비용부담 주체나 비율을 고객이 선택할 수 있는 선택형 약관 조항이 포함되어 있었다. 금융기관이 비용을 부담하도록 선택하는 경우에는 가산금리를 적용받거나 중도상환수수료를 부담하는 조건이 결부되어 있었다. 즉 비용부담의 주체가 누구인가에 따라 대출조건이 달라진 것이다. 공정거래위원회는 세부 비용별로 비용부담의 주체를 하나로 명시하는 형태로 표준약관을 개정하여 사용권장처분을 하였고, 금융기관들이 이러

한 사용권장처분을 취소해 달라는 행정소송을 제기하였다. 대법원에 두 차례 상고
되었던 이 사건에서 결국 개정 전 표준약관이 불공정약관조항임을 이유로 한 사용
권장처분이 적법한 것으로 확정되었다.[228] 그 후 일부 고객들이 선택형 약관조항
이 무효임을 이유로 그 약관조항에 따라 자신들이 부담했던 비용을 부당이득으로
반환하라는 소를 제기하였다. 이 판결은 이러한 부당이득반환소송에 관한 것이다.
여기에서 선택형 약관조항의 약관성과 금융기관 고객의 근저당권설정비용 부담약
관의 무효 여부가 문제되었다. 원심은 이러한 비용부담조항이 개별 약정에 따른 것
이므로 약관에 해당하지 않는다고 보았지만, 대법원은 약관에 해당한다고 보았다.

약관 해당성은 약관법 적용 여부를 좌우하는 중요한 문제이다. 한편 선택형 약관
조항이 약관인지 개별 약정인지는 일률적으로 말할 수 없다.[229] 어떤 약관조항에서
선택 가능성이 주어졌다는 것만으로 곧바로 그 약관조항을 개별약정이라고 할 수는
없다. 그 선택지가 예시적인지 한정적인지, 실질적인 선택권이 얼마나 보장되는지,
즉 특정 선택지가 불이익 또는 이익과 결부되어 있는지 등을 종합적으로 고려하여
약관성 여부를 판단해야 한다. 한 가지 선택지를 제외하고는 다른 선택지를 채택할
경우 불이익이 부가되는 등 사실상 하나의 선택지를 선택하도록 강하게 유도되는
경우에는 실질적 선택권을 행사할 수 있는 상태라고 하기 어렵다. 이러한 선택 가능
성조차도 사전에 사업자에 의해 일방적으로 설계된 것에 불과하기 때문이다. 그 점
에서 고객이 근저당권설정비용을 부담하지 않으면 더 열악한 대출조건을 감수해야
하는 선택형 약관조항은 약관에 해당한다. 대법원도 이를 약관으로 보았다.

한편 대법원은 이러한 선택형 약관조항이 고객에게 부당하게 불리하여 무효인
약관조항에 해당하지는 않는다고 보았다. 대법원은 약관조항의 무효 사유에 해당
하는 '고객에게 부당하게 불리한 조항'인지 여부는 그 약관조항에 의하여 고객에게
생길 수 있는 불이익의 내용과 불이익 발생의 개연성, 당사자들 사이의 거래과정
에 미치는 영향, 관계 법령의 규정 등 모든 사정을 종합하여 판단하여야 한다."라
고 본 뒤 위와 같은 결론에 이르렀다. 담보설정비용은 누가 부담하는가에 관해 저
당권에 관해서는 채무자가 부담해야 한다는 판결,[230] 양도담보에 관해서는 채권자

---

228) 관련 대법원 판결로 대법원 2010. 10. 14. 선고 2008두23184 판결, 대법원 2011. 8. 25. 선고
    2011두9614 판결.
229) 독일 판례도 같은 입장이다. BGH NJW 1996, 1676; BGH NJW 1998, 1066; BGH NJW 2003,
    1313; BGH NJW 2008, 987.
230) 대법원 1962. 2. 15. 선고 4294민상291 판결.

가 부담해야 한다는 판결[231]이 있는데, 학설로서는 채무자가 부담해야 한다는 견해가 다수설이다.[232] 또한 그것이 종래의 거래관행이기도 하다.[233] 한편 담보설정비용의 부담 여부에 따라 금리 등 대출조건이 달라지는 것은 대출계약의 등가성에 비추어 자연스러운 일이다. 따라서 고객이 위와 같은 거래관행과 달리 금융기관에게 담보설정비용을 부담시키되 다른 대출조건을 양보하는 것을 허용하는 약관조항이 무효라고 보기는 어렵다. 그 점에서 대상판결은 타당하다.

대상판결이 논쟁적이었던 또다른 이유는 앞서 보았듯이 동일한 약관조항에 대한 표준약관 사용권장처분취소소송에서 해당 약관조항이 불공정하다는 선행 판단이 이루어졌기 때문이다. 같은 약관조항을 놓고 행정사건과 민사사건에서 달리 판단할 수 있는가? 일반적으로는 동일한 취지의 판단이 이루어지는 것이 자연스럽겠지만, 대법원은 행정사건과 민사사건에서 달리 판단하였다. 행정사건에서는 공정거래위원회의 표준약관 사용권장처분의 적법성이 문제되고, 민사사건에서는 표준약관과 다른 약관조항의 유효성 여부가 문제된다. 또한 전자에서는 행정적·사전적 규제, 후자에서는 사법적·사후적 규제가 문제된다. 그러므로 표준약관 사용권장처분을 정당화하는 '불공정한 약관'과 약관조항의 효력 박탈을 정당화하는 '불공정한 약관'의 범위가 반드시 일치하지는 않는다. 바꾸어 말하면 약관법 제19조의2 제3항 소정의 불공정한 약관과 제6조 소정의 불공정한 약관의 범위가 반드시 일치하지는 않는다. 전자는 고객을 보호하기 위한 공정거래위원회의 사전적 행정조치의 가능 범위를 정하기 위한 것이므로 후자보다 좀더 넓게 해석해야 할 필요도 있다. 이러한 점에서 대법원의 판단은 수긍할 수 있다.

2. 약관의 설명의무

대법원 2019. 5. 30. 선고 2016다276177 판결은 약관의 설명의무에 관하여 다루었다. 사안은 다음과 같다. 원고는 신용카드 회사인 피고와 카드 회원가입계약

---

231) 대법원 1975. 5. 27. 선고 75다235 판결; 대법원 1981. 7. 28. 선고 81다257 판결; 대법원 1987. 6. 9. 선고 86다카2435 판결.

232) 김상용, 물권법(화산미디어, 2009), 647면; 김재형, "2014년 민법 판례 동향", 민사재판의 제문제, 20권(2011), 23면; 곽윤직·김재형, **물권법**, 제8판 보정(박영사, 2015), 437면 등. 이러한 다수설의 태도는 결국 담보설정비용을 담보권설정계약의 변제비용으로 파악한 뒤 변제비용은 채무자가 부담한다는 민법 제473조의 입장을 따르는 태도이기도 하다. 지원림, "(근)저당권 설정비용의 부담자", **고려법학**, 제66호(2012), 137-138면.

233) 지원림(주 232), 138면.

을 체결하고 신용카드를 발급받았다. 피고는 신용카드에 고유한 서비스 외에도 카드사용금액 1500원당 2마일의 크로스 마일리지를 제공하는 부가서비스를 제공하기로 약정하였다. 피고는 그 후 약관을 변경하면서 일정한 조건과 절차하에 부가서비스 내용을 일방적으로 변경할 수 있도록 하는 조항(이 사건 약관 조항)을 두었다. 그 후 피고는 크로스 마일리지를 축소하였다. 원고는 피고가 이 사건 약관 조항에 관한 설명의무를 이행하지 않았으므로 이 사건 약관 조항을 계약 내용으로 주장할 수 없고, 따라서 이에 기한 일방적인 크로스 마일리지의 축소는 불가능하다고 주장하였다. 이에 대해 피고는, ① 원고가 이 사건 약관 조항의 내용을 잘 알고 있었거나 별도의 설명 없이도 이를 충분히 예상할 수 있었고, ② 이 사건 약관 조항은 이미 법령에 의하여 정하여진 것을 되풀이하거나 부연하는 정도에 불과하므로 이 사건 약관 조항에 대한 설명의무를 지지 않는다고 다투었다.

대법원은 다음과 같이 판시하였다. 약관에 정하여진 사항이라고 하더라도 거래상 일반적이고 공통된 것이어서 고객이 별도의 설명 없이도 충분히 예상할 수 있었던 사항이거나 이미 법령에 의하여 정하여진 것을 되풀이하거나 부연하는 정도에 불과한 사항이라면, 그러한 사항에 대하여서까지 사업자에게 설명의무가 있다고 할 수는 없다. 사업자의 설명의무를 면제하는 사유로서 '거래상 일반적이고 공통된 것'이라는 요건은 해당 약관 조항이 거래계에서 일반적으로 통용되고 있는지의 측면에서, '고객이 별도의 설명 없이도 충분히 예상할 수 있는 사항'인지는 소송 당사자인 특정 고객에 따라 개별적으로 예측가능성이 있었는지의 측면에서 각각 판단되어야 한다. 약관에 정하여진 사항이 '이미 법령에 의하여 정하여진 것을 되풀이하거나 부연하는 정도에 불과한지'는 약관과 법령의 규정 내용, 법령의 형식 및 목적과 취지, 해당 약관이 고객에게 미치는 영향 등 여러 가지 사정을 종합적으로 고려하여 판단하여야 한다. 여기에서 말하는 '법령'은 일반적인 의미에서의 법령, 즉 법률과 그 밖의 법규명령으로서의 대통령령·총리령·부령 등을 의미하고, 이와 달리 상급행정기관이 하급행정기관에 대하여 업무처리나 법령의 해석·적용에 관한 기준을 정하여 발하는 이른바 행정규칙은 일반적으로 행정조직 내부에서만 효력을 가질 뿐 대외적인 구속력을 갖는 것이 아니므로 이에 해당하지 않는다.

대상판결의 첫 번째 판시 사항은, 사업자의 설명의무를 면제하는 사유로서 '거래상 일반적이고 공통된 것'이라는 요건은 해당 약관 조항이 거래계에서 일반적으로 통용되고 있는지의 측면에서, '고객이 별도의 설명 없이도 충분히 예상할 수 있는 사항'인지는 소송당사자인 특정 고객에 따라 개별적으로 예측가능성이 있었는지의 측면에서 각각 판단되어야 한다는 것이다. 그런데 예측가능성을 주관적 기준에 따라 판단해야 한다는 판시 부분의 타당성은 의문스럽다. 법률상 의무는 일반성과 보편성을 지녀야 한다. 약관규제법이 고객의 개별적 능력과 상황에 따라 그때 그때 이행 여부가 달라지는 맞춤형 설명의무까지 부과할 수는 없다. 빅데이터와 인공지능의 시대를 맞이하여 이러한 맞춤형 의무의 가능성을 논의할 필요성이 생긴 것은 사실이지만, 현재까지의 기술 상황이나 법 인식에 비추어 보면 이는 여전히 비현실적이다. 때로는 이러한 주관적 기준설이 '객관적으로는 예상할 수 있지만 해당 당사자는 예상하지 못했던 상황'에서 고객을 두텁게 보호하는 역할을 수행할 수는 있다. 그러나 고객 보호는 설명의무 면제 요건을 엄격하게 해석함으로써 달성하는 것이 타당하다. 따라서 대상판결이 주관적 기준설을 채택한 것에는 찬성할 수 없다. 다만 부가서비스의 축소·폐지 가능성과 절차에 관한 약관 조항 내용이 '거래상 일반적이고 공통된 것'이어서 '충분히 예상할 수 있는 사항'이라고 보기는 어렵다.234) 따라서 대상판결이 이를 설명의무의 대상이라고 본 결론 그 자체는 타당하다.

대상판결의 두 번째 판시 사항은 대외적 구속력이 없는 행정규칙에 규정된 내용은 '이미 법령에 의하여 정하여진 것'에 해당하지 않아 설명의무가 면제되지 않는다는 것이다. 그런데 행정규칙의 대외적 구속력 여부에 따라 설명의무 여부가 달라진다는 법리는 지나치게 도그마틱한 법리이다. 행정규칙의 대외적 구속력의 논의 차원과 그 내용을 그 고객이 예상할 수 있는지의 차원은 서로 다르다. 따라서 후자의 판단이 전자의 기준에 속박될 필연성이 없다. 보다 근본적으로는 법령상 내용이 일단 약관에 포함되면 그것이 아무리 중요한 내용이라도 설명의무 대상이 아니라는 법리가 문제이다. 그러한 실정법 조항을 두는 것은 가능하겠지만, 우리나라에는 그러한 조항이 없다. 또한 법령상 내용 중에도 쉽게 예측하기 어렵거나 고객에게 불리하여 계약 체결 여부 결정에 중요한 변수가 되는 사항이 있을 수 있다. 따라서 법령상 내용에 관한 사항은 독립적인 설명의무 면제사유라기보다는 거래상 일반적이고 공통적인 사항의 대표적인 예시로 파악하여야 한다. 이러한 입

---

234) 대법원 2013. 2. 15. 선고 2011다60953 판결.

장을 취한다면 더욱 더 대외적 구속력 여부에 따라 설명의무 대상 여부가 결정되어야 할 이유를 찾기 어렵다. 대상판결 판시 부분은 기존 판례를 원용한 것이나 그 타당성은 의문스럽다.

제2절 계약각론

Ⅰ. 개관

민법 채권편 제2장(계약)은 제1절(총칙)에서 계약의 성립, 효력, 해소에 관하여 일반적으로 규정한 뒤 제2절부터 제15절에 이르기까지 모두 15개의 전형계약에 관하여 개별적인 조항들을 두고 있다. 15개의 전형계약은 증여(제2절), 매매(제3절), 교환(제4절), 소비대차(제5절), 사용대차(제6절), 임대차(제7절), 고용(제8절), 도급(제9절), 여행계약(제9절의2), 현상광고(제10절), 위임(제11절), 임치(제12절), 조합(제13절), 종신정기금(제14절), 화해(제15절)이다. 그중 자주 쟁송 대상이 되는 계약 유형은 매매, 소비대차, 임대차, 고용, 도급, 위임, 조합이다. 다만 고용에 관한 대부분의 법적 문제들은 근로기준법 등 근로 관련 법령에서 규율하고 있다. 아래에서는 매매, 임대차, 도급을 중심으로 2010년대 판결들을 살펴보고자 한다. 한편 여행계약은 2015년 민법 개정을 통해 새로 추가된 전형계약 유형으로서 향후 판례의 축적이 요구되는 분야이다. 바꾸어 말하면 현존하는 몇 안 되는 판결들이 가지는 상대적인 비중과 의미가 크다. 따라서 이 글에서는 여행계약에 관한 판결들도 살펴본다. 그 외에 재판상 화해의 효력 범위 문제를 다룬 전원합의체 판결 및 연명치료 중단이 의료계약에 미치는 영향을 다룬 판결도 기타 판결로 살펴본다. 한편 위임과 관련해서는 변호사 보수약정을 둘러싼 공서양속 및 신의칙 문제를 다룬 2개의 전원합의체 판결들이 선고되었고,[235] 민법상 전형계약에 속하지 않는 담보신탁계약에 있어서 피담보채권과 우선수익권의 관계를 다룬 1개의 전원합의체 판결[236]이 선고되었는데, 이는 각각 민법총칙편 및 물권편의 해설에서 다루어지리라 믿고 여기에서는 다루지 않는다.

---

235) 대법원 2015. 7. 23. 선고 2015다200111 전원합의체 판결; 대법원 2018. 5. 17. 선고 2016다35833 전원합의체 판결.
236) 대법원 2017. 6. 22. 선고 2014다225809 전원합의체 판결.

Ⅱ. 매매

1. 매매예약 완결권의 귀속 형태

대법원 2012. 2. 16. 선고 2010다82530 전원합의체 판결은 수인의 채권자가 채권 담보를 위해 채무자 소유 부동산에 관하여 채권자들을 공동매수인으로 하는 매매예약을 체결하고 그들의 명의로 가등기를 마친 경우 매매예약완결권의 귀속 형태를 다루었다. 매매예약완결권은 채권자에게 공동으로 귀속될 수도 있고, 채권자 각자의 지분별로 분할하여 귀속될 수도 있다. 어떤 형태인지는 매매예약의 내용에 따라 결정된다. 이 사건에 관하여 대법원은 채권자가 각각의 지분별로 별개의 독립적인 매매예약완결권을 가진다고 보았다. 따라서 채권자는 각각 자신의 지분에 관하여 매매예약완결권을 행사하고 가등기에 기한 본등기절차의 이행을 구할 수 있다고 보았다. 즉 이러한 본등기를 구하는 소는 필수적 공동소송이 아니라고 보았다.

종래 대법원은 이러한 채권담보를 위한 매매예약완결권 사안 유형에서는 언제나 수인의 채권자가 공동으로 매매예약완결권을 가지므로 그 완결의 의사표시도 채권자 전원이 공동으로 행사해야 한다는 입장을 취하여 왔다.[237] 이와 달리 매매예약완결권을 단독으로 행사할 수 있다는 판결도 있었으나,[238] 이 판결 사안은 채권담보를 위한 매매예약완결권 사안이 아니라 명의신탁해지에 따른 소유권이전등기청구권을 보존하기 위해 가등기를 하면서 편의상 그 가등기원인을 매매예약으로 하였던 사안이었다. 하지만 수인의 채권자가 가지는 매매예약완결권의 귀속형태는 계약자유의 원칙에 따라 매매예약의 의사해석에 따르면 충분하고, 이를 일률적으로 공동귀속형태로 보아야 할 이유가 없다.[239]

종래 통설[240]과 판례[241]는 매매예약완결권이 준공유대상이고, 그 완결권 행사는 일종의 공유물 처분행위이므로 공유자 전체(즉 채권자 전체)가 공동으로 행사해야 한다는 입장을 취하였다. 그러나 수인의 채권자가 언제나 매매예약완결권을 준

---

237) 대법원 1984. 6. 12. 선고 83다카2282 판결; 대법원 1985. 5. 28. 선고 84다카2188 판결; 대법원 1985. 10. 8. 선고 85다카604 판결; 대법원 1987. 5. 26. 선고 85다카2203 판결 등.
238) 대법원 2002. 7. 9. 선고 2001다43922, 43939 판결.
239) 양승태, "공동명의로 가등기한 수인의 매매예약자의 법률관계", **민사판례연구**, 제7권(1985), 25면.
240) 곽윤직, **채권각론**, 제6판(박영사, 2003), 129면.
241) 대법원 1984. 6. 12. 선고 83다카2282 판결 등 다수.

공유한다고 볼 수는 없다. 각자 자신의 채권 부분을 개별 담보하기 위해 준공유자가 아닌 지분별 단독권리자로서 매매예약을 체결하는 경우도 있을 수 있다.[242] 수인의 채권자 중 1인이 자신의 채권을 만족받음으로써 매매예약완결권의 지분이 소멸하더라도 일반적으로 그 지분은 나머지 채권자들에게 귀속되지 않는데, 이는 실제로는 채권자들이 공유자라기보다는 지분별 단독권리자의 집합일 가능성이 높다는 점을 보여준다. 설령 이들이 매매예약완결권을 준공유한다고 보더라도 그 매매예약완결권을 '행사'하는 것이 매매예약완결권의 '처분'에 해당하는지,[243] 또한 그것이 '처분'에 해당하더라도 공유지분의 단독처분이 가능하듯 준공유지분에 상응하는 매매예약완결권의 단독행사도 가능한 것은 아닌지 의문이 제기된다. 결국 수인의 채권자가 매매예약완결권을 보유하는 관계는 언제나 준공유관계이고 그 권리는 언제나 공동으로 행사되어야 한다는 확고한 법리를 인정하기는 어렵다. 대상판결은 마치 이러한 법리가 선험적, 고정적으로 존재하는 것처럼 여겨지던 기존의 인식을 깨뜨리고 매매예약완결권의 귀속형태는 당사자의 의사에 달려 있다는 점을 분명히 하였다는 의미를 가진다.[244]

2. 완전물급부청구권

대법원 2014. 5. 16. 선고 2012다72582 판결은 매수인의 완전물급부청구권을 제한할 수 있는지의 문제를 최초로 다룬 판결이다. 원고는 피고 1(수입차 업체)로부터 자동차(BMW)를 매수하고 인도받았다. 그런데 자동차를 인도받은 지 5일 만에 계기판의 속도계가 작동하지 않았다. 그러자 원고는 하자를 이유로 매도인인 피고 1에게 신차 교환을 요구하였다. 피고 1은 계기판 모듈을 교체하면 큰 비용을 들이지 않고 문제를 해결할 수 있다며 신차교환 요구에 응하지 않았다. 이에 원고는 주위적으로는 피고 1에게 완전물급부청구로서, 피고 2(BMW 코리아)에게는 품

---

242) 이러한 의사해석 과정에서 가등기로 공시된 내용이 무엇인지(가령 가등기를 채권자 각자의 지분별로 하였는지, 아니면 지분의 구분 없이 공동 명의로 하였는지)는 중요한 고려 요소이다. 김재형, "2012년 민법 판례 동향", 민사재판의 제문제, 제22권(2013), 17면.

243) 매매예약완결권의 행사는 매매예약완결권의 본래 목적을 달성하는 행위로서 공유물의 처분과는 결을 달리한다. 다만 매매예약완결권의 행사가 매매예약완결권의 소멸로 이어진다는 점에서는 공유물의 처분과 비슷한 점이 있다. 이 문제에 관하여는 윤경, "공동명의의 가등기권자가 매매예약이 완결된 매매목적물에 대한 본등기의 이행을 구하는 소의 형태", 법조, 제555호(2002), 220－225면 참조.

244) 대법원 2007. 6. 14. 선고 2005다5140 판결 등은 공동매수인의 법률관계가 공유관계인지 조합관계인지를 당사자의 의사해석 차원에서 정하고 있다.

질보증서상 보증이행청구로서 연대하여 신차 인도의무의 이행을 구하고, 예비적으로는 피고 1, 2를 상대로 손해배상청구를 하였다. 1심과 원심법원은 모두 피고 1에 대한 완전물급부청구는 인용하되, 피고 2에 대한 청구는 기각하였다. 그런데 대법원은 피고 1에 대한 완전물급부청구권은 제한되어야 한다는 취지로 원심판결을 파기하였다.

대상판결의 요지는 다음과 같다. 민법의 하자담보책임에 관한 규정은 매매라는 유상·쌍무계약에 의한 급부와 반대급부 사이의 등가관계를 유지하기 위하여 민법의 지도이념인 공평의 원칙에 입각하여 마련된 것인데, 종류매매에서 매수인이 가지는 완전물급부청구권을 제한 없이 인정하는 경우에는 오히려 매도인에게 지나친 불이익이나 부당한 손해를 주어 등가관계를 파괴하는 결과를 낳을 수 있다. 따라서 매매목적물의 하자가 경미하여 수선 등의 방법으로도 계약의 목적을 달성하는 데 별다른 지장이 없는 반면 매도인에게 하자 없는 물건의 급부의무를 지우면 다른 구제방법에 비하여 지나치게 큰 불이익이 매도인에게 발생되는 경우와 같이 하자담보의무의 이행이 오히려 공평의 원칙에 반하는 경우에는, 완전물급부청구권의 행사를 제한함이 타당하다.

대상판결은 완전물급부청구권의 제한에 관한 중요한 법리를 담고 있다.[245] 완전물급부청구권은 "매매의 목적물을 종류로 지정한 경우" "그 후 특정된 목적물에 하자가 있는 때"(민법 제581조 제1항), "계약의 해제 또는 손해배상의 청구를 하지 아니하고 하자 없는 물건을 청구"(민법 제581조 제2항)할 수 있는 권리이다. 요건은 단순하다. 목적물이 특정된 종류매매에서 목적물에 하자가 있을 것을 요구할 뿐이다. 효과도 단순하다. 하자 없는 물건, 즉 완전물을 청구할 수 있다는 것이다. 물론 이때 특정물은 상대방에게 반환되어야 한다.[246] 이러한 민법 제581조의 문언에서는 대상판결과 같은 완전물급부청구권 행사 제한 근거를 찾을 수 없다. 그러나 모든 권리의 행사는 신의칙의 규율 대상이다(민법 제2조). 완전물급부청구권도 예외일 수 없다. 대상판결은 공평의 원칙이라는 표현을 쓰긴 했으나 결국 완전물급부

---

245) 대상판결 이전에도 이미 완전물급부청구권 행사의 제한에 관하여는 학설상 찬반 논의가 있었고, 하급심 판례에서도 일정한 제한을 가하고 있었다. 상세한 내용은 장지용, "완전물급부청구권 행사의 제한", **민사판례연구**, 제37권(2015), 296 – 301면.

246) 하자 있는 물건의 반환과 완전물의 인도가 동시이행 관계에 있는지에 대해서는 논란이 있으나, 긍정하는 것이 옳다. 김용담 편, **주석민법 채권각칙(3)**, 제4판(한국사법행정학회, 2014), 224면(김대정 집필부분) 및 대법원 1993. 4. 9. 선고 92다25946 판결.

청구권도 신의칙에 의해 제한될 수 있다는 점을 선언한 것이다.247)

신의칙은 권리 행사의 사회적·규범적 일탈상태를 방지하고자 한다.248) 이는 결국 권리자의 이익과 그로 인하여 침해되는 상대방의 이익이 현저한 불균형 상태에 놓이게 되는지를 검토하여 판단하게 된다.249) 하자가 경미한데다가 그 하자 치유를 통한 원상회복이 매수인에게 별다른 불이익을 초래하지 않는 반면, 하자 있는 물건의 수거와 새로운 완전물의 급부가 매도인에게는 현저한 불이익을 초래한다면 그 하자를 이유로 한 완전물급부청구권은 제한될 수 있다. 독일 민법 제439조 제3항은 이러한 점을 명문화하기도 하였다. 또한 완전물급부는 추완의 일종이다.250) 추완의 일종인 하자보수청구권에 관한 민법 제667조 제1항(수급인의 담보책임), 시정청구권에 관한 제674조의6 제1항(여행주최자의 담보책임)은 그 하자보수나 시정에 과도한 비용이 소요되는 경우 청구권의 행사를 제한하고 있다. 이는 추완을 관철시키는 데에도 이익형량의 정신이 엄격하게나마 작동한다는 것을 예시적으로 보여준다. 아울러 매도인의 완전물급부청구권에 유추 적용될 수도 있다. 그렇다면 그와 본질적으로 동일선상에 있는 완전물급부청구권에 대해 그러한 제한을 부가하는 것은 이론적으로 충분히 수긍할 수 있는 일이다.

오히려 실천적으로 더욱 중요한 문제는 완전물급부청구권의 행사를 제한하는 문턱의 높이를 어떻게 설정할 것인가이다. 이 관점에서 보면 이 사건은 경계선상에 있다. 속도 계기판의 문제는 단순히 계기판만의 문제가 아니라는 불안감을 준다. 특히 자동차는 사람의 생명, 신체와 밀접한 관련이 있어 안전성 확보가 최고의 가치인 재화이다. 설령 자동차 공학적으로 계기판의 탈부착이 자동차의 안전성에 아무런 영향을 주지 않더라도 이러한 하자는 단순히 범퍼에 미세한 긁힘이 있는 하자와는 달리 안전에 대한 신뢰성을 합리적으로 의심할 만한 요인임에는 틀림없다. 미국에서는 신차 인도로부터 얼마 지나지 않아 하자가 발생하여 자동차의 안전성과 신뢰성에 관하여 신뢰가 흔들리게 된 경우 자동차 매매를 취소할 수 있도록 허용하는 "흔들린 신뢰의 이론(shaken faith doctrine)"이 인정되고 있다.251) 또

---

247) 김재형, "2014년 민법 판례 동향", **민사재판의 제문제**, 24권(2016), 37면.
248) 김용덕 편, **주석민법, 총칙(1)**, 제5판(한국사법행정학회, 2019), 196면(권영준 집필부분).
249) 주석민법/권영준(주 248), 196면.
250) 김재형, "민법상 구제수단의 다양화 – 이행·추완·금지청구권에 관한 민법개정안", **서울대학교 법학**, 제57권 제4호(2016), 124면.
251) Ramirez v. Autosport, 440 A.2d 1345 (N.J. 1982).

한 신차와 교환차의 시가만큼 판매사에 불이익이 발생하는 것은 사실이나, 과연 그것이 완전물급부청구권의 행사 제한을 정당화할 만한 "현저한" 불이익인지도 의문스럽다.252)

3. 계약금 일부 지급과 배액 상환에 의한 매매계약 해제

대법원 2015. 4. 23. 선고 2014다231378 판결은 매도인이 '계약금 일부만 지급된 경우 지급받은 금원의 배액을 상환하고 매매계약을 해제할 수 있다'고 주장한 사안을 다루었다. 일반적으로 배액상환에 의한 매매계약 해제는 계약금 전액이 지급되는 상황에서 이루어진다. 그런데 이 사안에서는 계약금의 일부만 지급된 상황이었다. 이러한 경우에도 실제로 지급된 금액의 배액만을 상환하고 매매계약을 해제할 수 있는가? 대법원은 그렇게 해제할 수는 없다고 보았다. 대법원은 실제 교부받은 계약금'의 배액만을 상환하여 매매계약을 해제할 수 있다면 이는 당사자가 일정한 금액을 계약금으로 정한 의사에 반하게 될 뿐 아니라, 교부받은 금원이 소액일 경우에는 사실상 계약을 자유로이 해제할 수 있어 계약의 구속력이 약화되는 결과가 되어 부당하다고 보았다.

계약금은 계약을 체결할 때 당사자 일방이 상대방에게 교부하는 금전 기타 유가물을 의미한다. 계약금은 계약 체결 시 언제나 교부되어야 하는 것은 아니나, 계약금을 제공하기로 하는 계약, 즉 계약금계약에 의해 교부될 수 있다. 계약금계약은 주계약과는 구별되는 별도의 계약이나, 실제로는 주계약과 일체를 이루어 체결된다. 한편 계약금계약에 따라 계약금이 교부되는 경우 그 계약금은 언제나 증약금으로서의 성격을 가지고, 다른 약정이 없는 한 해약금의 성격을 가지며, 추가적인 특약에 의해 위약금의 성격도 가질 수 있다.253) 한편 민법 제565조 제1항은 "매매의 당사자 일방이 계약 당시에 금전 기타 물건을 계약금, 보증금 등의 명목으로 상대방에게 교부한 때에는 당사자 간에 다른 약정이 없는 한 당사자 일방이 이행에 착수할 때까지 교부자는 이를 포기하고 수령자는 그 배액을 상환하여 매매계약을 해제할 수 있다."라고 규정하고 있는데, 이것은 해약금으로서의 계약금에 관한 조항이다. 이 조항이 적용되는 범위에서는 계약금계약은 곧 해약금계약이라

---

252) 장지용(주 245), 310−311면도 대상판결의 결론에 의문을 표하고 있다.
253) 여기에서의 위약금은 손해배상액의 예정으로 추정된다. 대법원 1992. 5. 12. 선고 91다2151 판결 등.

고도 표현할 수 있다.

대상판결은 민법 제565조 제1항에서 포기 또는 배액 상환의 기준이 되는 계약금이 계약금 전액을 의미하는 것인지를 다루었다. 계약금은 앞서 살폈듯이 해약금 또는 위약금의 성격을 가지게 되는데, 이 경우 계약금의 액수는 계약의 해제 또는 손해배상의 기준이 되므로 계약금계약에서 가장 중요한 부분이다. 그러므로 계약금의 일부만 지급한 뒤 그 일부의 배액만 상환하여 계약을 해제하도록 허용하는 것은 이러한 해약금계약의 본래 취지에 반한다. 또한 판례에 따르면 계약금계약(또는 해약금계약)은 합의된 계약금이 교부될 때 비로소 성립하는 요물계약이므로[254] 계약금의 일부만 지급된 상태라면 아예 해약금계약이 성립되지 않은 상태라고 보아야 한다.[255] 그렇다면 원칙적으로 해약금계약에 관한 민법 제565조 제1항에서의 계약금은 실제로 지급된 일부 계약금이 아니라 약정된 전체 계약금을 의미한다고 보아야 한다. 다만 계약자유의 원칙상 이와 달리 일부 계약금만 교부한 경우에 그 계약금의 배액을 상환하고 임의해제할 수 있도록 정하는 것은 가능하다.

III. 임대차

1. 임대차 목적물의 보존의무 위반과 손해배상책임

대법원 2017. 5. 18. 선고 2012다86895, 86901 전원합의체 판결은 임대인 소유 건물 중 임차 부분 화재로 나머지 건물 부분이 불에 탄 경우의 법률관계를 다루었다. 사안은 다음과 같다. 원고(임대인)는 피고 1(임차인)에게 원고 소유 2층 건물 중 1층 일부인 150평 부분을 임대하였다. 피고 1은 피고 2(보험회사)와 화재보험계약을 체결하였다. 임대차 기간 중 임차 건물 부분에서 화재가 발생하였고, 임차 건물 부분 외의 부분에도 불이 옮겨 붙어 임차 건물 전체가 소훼되었다. 이러한 사안에 대해 대법원은 종래 임차 건물 부분에서 화재가 발생하여 임차 외 건물 부분

---

254) 대법원 2008. 3. 13. 선고 2007다73611 판결. 다만 이 판례에 대해서는 비판론이 있다. 남효순, "계약금약정에 관한 몇 가지 쟁점", **서울대학교 법학**, 제39권 제2호(1998), 267면 이하; 김재형, "2015년 민법 판례 동향", **민사재판의 제문제**, 제25권(2017), 37면. 한편 해약금으로서의 계약금계약은 요물계약이지만, 위약금으로서의 계약금계약은 낙성계약이라는 견해로 지원림, "계약금 분할지급 약정의 효력 – 대상판결 : 대법원 2015. 4. 23. 선고 2014다231378 판결 –", **민사법학**, 제72호(2015), 102면 이하.

255) 매도인과 매수인이 분할지급 약정을 한 경우에는 실제 교부된 계약금 범위 내에서 계약금계약이 성립한다는 견해가 있다. 지원림(주 254), 106면. 다만 이 견해도 이러한 분할지급 약정이 없었던 대상판결의 사안에서는 약정계약금이 배액상환의 기준이 되어야 한다고 한다. 같은 논문, 109면.

까지 불에 탄 경우 두 부분이 구조상 불가분 일체를 이루는 경우에 한하여 임차 외 건물 부분에 대한 손해배상책임이 성립한다고 한 대법원 1986. 10. 28. 선고 86다카1066 판결 등을 변경하면서, 임차 외 건물 부분에 대해서도 민법 제390조, 제393조에 따라 손해배상책임의 범위를 정하면 충분하다고 판시하였다. 다만 임차 외 건물 부분에 관하여는 임차인의 계약상 의무 위반, 그 의무 위반과 손해 사이의 상당인과관계, 민법 제393조에 따른 손해 범위에 대한 증명책임은 임대인에게 있다고 판시하였다. 두 번째 판시 사항에 관하여는 두 개의 별개의견과 하나의 반대의견이 있었다.

대상판결이 이른바 구조상 불가분 일체론을 폐기한 것은 타당하다. 구조상 불가분 일체론은 화재의 특수성으로 인한 손해배상책임의 지나친 확대를 막기 위한 이론이지만 법적으로 근거를 찾을 수 없다. 대상판결에서 더 첨예하게 다투어진 쟁점은 화재가 임차목적물의 범위를 벗어나서 번졌을 때 이로 인한 위험을 임대인과 임차인 사이에 어떻게 배분할 것인가 하는 점이었다. 다수의견은 임차인의 계약상 의무 위반과 관련된 증명책임을 임차 건물 부분(임차인)과 임차 외 건물 부분(임대인)으로 나눔으로써 손해배상책임의 합리적 제한을 꾀하였다. 별개의견 1은 불법행위법의 적용을 통하여, 별개의견 2는 신의칙에 의한 책임제한에 의하여 이러한 목적을 달성하고자 하였다. 반대의견은 명시적으로 이러한 고려를 하지 않았으나, 통상손해에 의한 합리적 손해배상범위의 설정을 통하여 충분히 합리적인 결과에 이를 수 있다고 본 듯하다.

그런데 다수의견에 대해서는 다음과 같은 의문이 있다. 다수의견은 임차 건물 부분에 관해서는 결과채무인 임차목적물 반환의무 이행불능이, 임차 외 건물 부분에 관해서는 행위채무인 임차목적물에 대한 선관주의의무 위반이 각각 문제된다는 점을 염두에 두었다. 그러나 실질적으로 두 의무는 목적 ─ 수단 관계 속에서 유기적으로 존재하고, '임차목적물을 잘 보존하여 반환할 의무'라는 하나의 큰 의무 아래 상호 연결될 수 있다. 그렇다면 하나의 사태에 대해 손해 발생 부분에 따라 두 의무를 분리하여 증명책임을 달리하는 것은 인위적이다. 그러므로 임차 건물 화재에 관한 위험배분은 다음과 같이 이루어지는 것이 합리적이라고 생각한다. 우선 임대인은 임차 건물에서 화재가 발생하였다는 점을 증명해야 한다. 만약 화재 발생 지점 자체가 분명하지 않으면 화재로 인한 위험은 임대인이 부담해야 한다. 한편 임차 건물에서 화재가 발생하였다는 점이 증명되었더라도 그 화재 원인이 임대인의 지배 영역 내에 속한 것이라면 여전히 그 화재로 인한 위험은 임대인이 부담해야 한다. 반면 화재 원인이 끝까지 밝혀지지 않는다면 그 화재로 인한 위험은 임차 건물을 현실적으로 지배하는 것으로 추정되는 임차인이 부담하는 것이 타당하다. 요컨대 화재 발생 지점의 불명확성에 대한 위험은 임대인이, 화재 발생 원인의 불명확성에 대한 위험은 임차인이 부담하는 것이다. 다만 화재의 특수성을 감안한다면 신의칙 또는 실화책임법의 유추 적용에 따라 임차인의 책임 범위를 합리적으로 제한할 수 있을 것이다.

2. 임대차계약과 보증금계약의 상호관계

대법원 2016. 11. 18. 선고 2013다42236 전원합의체 판결은 공공건설임대주택의 표준임대보증금을 높이고 그 대신 표준임대료를 낮추어 체결한 임대차계약의 효력 문제를 다루었다. 공공건설임대주택의 경우 임대주택법과 시행령 등 관련 법령에 의해 표준임대보증금 및 표준임대료가 설정되어 있다. 한편 임차인의 부담이 동등하게 유지된다는 조건하에 임대보증금을 높이는 대신 임대료를 낮추거나 그 반대의 조치를 취하는 것도 가능하다. 이를 통해 결정된 것을 전환임대보증금 및 전환임대료라고 한다. 이러한 상호전환절차에는 임차인의 동의가 필요하고, 임차인의 동의가 없이 이루어진 상호전환은 무효이다.256) 이 사건에서는 이러한 이유로 상호전환이 무효가 되었고, 그 결과 표준임대보증금보다 높게 설정된 보증금 부분은 임차인에게 반환되어야 했다. 이때 임차인은 표준임대료보다 낮게 설정된 전환임대료만 내면 되는 것인지, 아니면 전환임대보증금이 표준임대보증금으로 사실상 감액된 이상 이에 대응하여 표준임대료를 내야 하는 것인지가 문제되었다. 대상판결은 무효행위 전환 법리를 적용하여 임차인은 전환임대료를 내야 한다고 보았다. 이에 대해서는 임대보증금계약과 임대차계약은 별도의 계약이므로 임대보증금계약의 일부가 무효가 되었다고 하더라도 임대차계약에서 정한 전환임대료는 영향을 받지 않기 때문에 그 전환임대료만 내면 된다는 별개의견이 있었다.

해당 판결의 주된 쟁점은 민법상 무효행위 전환 및 일부무효 법리와 관련되므로 민법총칙편에서 다룰 것으로 예상된다. 다만 이러한 법리의 적용 배후에는 임대차계약과 보증금계약의 상호관계에 관한 문제가 숨어 있으므로 이 글에서는 그

---

256) 대법원 2010. 7. 22. 선고 2010다23425 판결.

부분만 간략하게 언급하고자 한다. 다수의견은 양 계약이 사실상 일체를 이루고 있다는 점을 강조하면서 임대보증금과 임대료의 문제를 하나로 묶어서 정리하고자 하였다. 별개의견은 양 계약이 별도의 독립된 계약임을 강조하면서 임대보증금과 임대료의 문제를 별개로 분리하여 해결하고자 하였다. 양 의견 모두 임대차계약과 보증금계약이 개념적으로 다른 계약이라는 점은 인정하고 있다. 또한 보증금계약은 임대차계약의 필수 구성요소도 아니다. 민법은 임대보증금에 관하여 아예 규정을 두고 있지 않다. 또한 임대료지급의무는 임대차계약으로부터, 임대보증금 지급의무는 보증금계약으로부터 각각 발생한다. 그러나 일반적으로 임대차계약과 임대보증금계약은 하나의 세트(set)로 여겨진다. 또한 우리나라처럼 고액의 임대보증금이 수수되는 경우 이는 차임지급의 기능도 수행한다. 이러한 실질적인 차임 지급 기능과 거래 관행, 이에 기초한 일반인들의 법적 의식에 주목한다면 양자는 기능적으로 하나의 계약처럼 평가될 수도 있다. 따라서 양자의 유기성을 단절하는 방향의 해석론은 이러한 실질과 맞지 않다. 그 점에서 다수의견이 더 설득력을 가진다.

3. 임대목적물 소유권이전과 임대차보증금 공제

대법원 2017. 3. 22. 선고 2016다218874 판결은 임대인 지위 승계 전 발생한 연체차임이 새로운 임대인이 반환할 임대차보증금에서 당연공제되는지를 다루었다. 임차인인 피고는 임대인과 임대차계약을 체결하고 임대차보증금을 지급하였으나 차임을 연체하였다. 한편 임대인으로부터 임대차목적물의 소유권을 취득함으로써 임대인의 지위를 승계한 원고는 피고의 차임 연체를 이유로 임대차계약 해지를 통고하였다. 이때 원고가 반환할 임대차보증금에서 원고의 임대인 지위 승계 전 연체 차임을 공제할 수 있는지가 문제되었다. 대법원은 "임차건물의 양수인이 건물 소유권을 취득한 후 임대차관계가 종료되어 임차인에게 임대차보증금을 반환해야 하는 경우에 임대인의 지위를 승계하기 전까지 발생한 연체차임이나 관리비 등이 있으면 이는 특별한 사정이 없는 한 임대차보증금에서 당연히 공제된다."라고 판시하면서, 그 이유를 "일반적으로 임차건물의 양도 시에 연체차임이나 관리비 등이 남아있더라도 나중에 임대차관계가 종료되는 경우 임대차보증금에서 이를 공제하겠다는 것이 당사자들의 의사나 거래관념에 부합하기 때문"이라고 설명하였다.

　대상판결에서는 신 임대인이 반환할 임대차보증금에서 구 임대인에 대한 연체차임이 당연공제된다고 보았다. 신 임대인이 타인의 연체차임채권에 기해 당연공제로 인한 혜택을 누리는 법적 현상이 정당화되는지에 대한 의문이 들 수 있다. 이 문제에 대한 답은 당연공제가 인정되는 근거에서 출발하여야 한다. 일반적으로 임대차보증금계약의 당사자인 임대인과 임차인은 "임차인의 채무 담보를 위해 임대인이 일단 임대차보증금을 받아놓되 임대차기간 중에는 임대인의 의사에 따라 임대차보증금에서 임차인의 채무를 공제할 수 있고, 임대차 종료로 목적물을 반환받는 때에는 임차인의 채무를 당연히 공제하고 임대차보증금을 돌려준다."는 합치된 의사를 가진다. 이러한 사전 합의(공제예약)에 따라 임대차 종료 후 임대차보증금 반환 시 당연공제(공제의 결과)가 실행된다. 우선 임차인은 임대차 종료로 임대차목적물을 반환할 때 누가 임대인이건 간에 임대차보증금에서 자신의 채무가 공제되는 것에 반대할 합리적인 이유가 없다. 그것이 훨씬 간편하고 수월한 결제 방법이기도 하다. 요컨대 연체차임 등을 임대차보증금에서 당연공제하는 것은 임차인의 일반적인 의사에 부합할 뿐만 아니라 연체차임 결제의 효율성을 높이는 길이기도 하다. 한편 신 임대인은 계약상 지위를 인수하면서 임대차보증금계약에 내재한 당연공제의 가능성도 함께 인수한다. 이는 신 임대인의 이익에 부합할 뿐만 아니라 임대차에 관련된 일체의 지위를 인수하고자 하였던 그의 일반적인 의사에도 부합한다. 구 임대인은 이러한 당연공제 가능성의 이전으로 인해 연체차임 채권이 무담보 상태로 전락하는 불이익을 입게 되는 사람이다. 하지만 그는 신 임대인에게 자신의 계약상 지위를 이전함으로써 임대차보증금의 당연공제 가능성이 함께 이전된다는 점을 스스로 감수하였다. 또한 지금까지 차임을 연체한 임차인보다는 건물 소유자인 신 임대인으로부터 연체차임 상당액을 회수하는 쪽이 채권을 만족받을 가능성을 높이는 길이기도 하다. 요컨대 구 임대인에 대해서도 대상판결과 같은 결론이 부당하게 불리하지만은 않다. 대상판결의 태도는 이처럼 당사자들의 일반적인 의사에 부합할 뿐만 아니라, 법률관계의 공정성과 효율성을 담보한다.

4. 차임채권 소멸시효 완성과 공제

　대법원 2016. 11. 25. 선고 2016다211309 판결은 소멸시효가 완성된 차임채권을 자동채권으로, 임대차보증금반환채권을 수동채권으로 하는 상계가 가능한지를 다루고 있다. 이는 임대차관계에서 자주 발생할 수 있는 문제를 다루고 있어 실제로도 중요한 의미를 가진다. 임대차 관계가 존속하는 동안에는 임대인이 임대차보증금에서 연체차임을 충당할지, 아니면 이와 별도로 연체차임의 지급을 청구할 것인지를 자유롭게 선택할 수 있다. 따라서 연체차임 공제에 관한 별도의 의사표시 없이 연체차임이 임대차보증금에서 당연히 공제되지는 않는다.257) 하지만 이 경우에도 임대인은 장차 임대차 관계가 종료될 때 연체차임의 당연공제를 통해 이를 회수할 수 있으리라고 신뢰하는 경우가 많다. 그런데 일반적으로 차임은 매월 정기적으로 지급하므로 3년의 단기소멸시효에 걸린다(민법 제163조 제1호 참조). 따라서 임대차 기간 만료 전에 차임채권의 소멸시효가 완성되는 경우가 종종 발생한다. 그렇게 되면 임대인의 차임채권은 소멸하게 되어 이를 향후 임대차보증금에서 공제할 수 없게 된다. 이미 소멸하여 존재하지 않게 된 차임채권에 기한 차임을 임대차보증금에서 공제할 수는 없기 때문이다.

그런데 민법 제495조는 소멸시효가 완성된 채권이라고 하더라도 그 완성 전에 상계할 수 있었던 것이면 그 채권자는 이를 자동채권으로 삼아 상계할 수 있다고 규정하고 있다. 이 조항을 대상판결 사안에 유추 적용할 수 있는가? 이 조항은 ① 공제가 아닌 상계에 관한 규정이고, ② 소멸시효 완성 전에 상계적상이 존재할 것을 요건으로 한다. 유추 적용에 있어서는 두 번째 요건, 즉 상계적상 요건에 관해서는 다음과 같은 문제가 있다. 상계의 수동채권과 유사한 지위에 있는 임대차보증금반환채권은 임대차 기간이 종료할 때 비로소 발생한다.258) 반면 대상판결 사안에서 차임채권은 임대차보증금반환채권이 발생하기 전에 이미 소멸시효로 소멸하였다. 따라서 "쌍방 채권의 대립"은 애당초 존재한 적이 없다. 결국 소멸시효 완성 전에 상계적상이 있어야 한다는 민법 제495조의 요건과는 잘 맞지 않다. 이 점 때문에 유추 적용을 망설이게 된다.

하지만 대법원은 위와 같은 법리를 도식적으로 적용하기보다는 민법 제495조의 배후에 있는 법 원리를 추출, 확장하여 임대인의 신뢰를 보호하는 방법을 택하였다. 대법원은 민법 제495조의 목적을 "당사자 쌍방의 채권이 상계적상에 있었던 경우에 당사자들은 그 채권·채무관계가 이미 정산되어 소멸하였다고 생각하는 것이 일반적이라는 점을 고려하여 당사자들의 신뢰를 보호하기 위한 것"이라고 파악하면서 이 사안에 이 조항을 직접 적용할 수는 없어도 유추 적용할 수는 있다고

---

257) 대법원 2013. 2. 28. 선고 2011다49608, 49615 판결 등 다수.
258) 대법원 1987. 6. 23. 선고 87다카98 판결 등 다수.

보았다. 즉 "임대차 존속 중 차임이 연체되고 있음에도 임대차보증금에서 연체차임을 충당하지 않고 있었던 임대인의 신뢰와 차임연체 상태에서 임대차관계를 지속해 온 임차인의 묵시적 의사를 감안하면 그 연체차임은 민법 제495조의 유추적용에 의하여 임대차보증금에서 공제할 수는 있다."라고 판시하였다. 결국 대법원은 대상판결에서 당사자의 신뢰 보호라는 민법 제495조의 배후 원리와 연체차임을 임대차보증금으로 해결하려는 당사자의 일반적 의사를 결합하여 민법 제495조의 정신을 이와 같은 사건 유형에도 확장한 것이다. 여기에는 대법원이 소멸시효 제도에 대해 종종 보여 왔던 엄격한 태도도 간접적으로나마 영향을 미쳤으리라 추측된다.[259]

대상판결에 대하여 다음 의문이 제기될 수는 있다. 임대인은 공제 또는 지급청구의 방법으로 차임채권을 행사할 수 있었고, 이를 통해 소멸시효를 중단시킬 수 있었다. 그런데 그러한 간편한 방법도 취하지 않은 임대인의 신뢰는 얼마나 보호되어야 하는가? 또한 임차인은 차임채권의 소멸시효가 완성되더라도 나중에 임대차보증금에서 공제되리라고 감수하였을까? 만약 그렇지 않다면 대상판결은 소멸시효 제도의 취지를 무색하게 하거나 임차인의 보호를 약화시키는 것이 아닌가? 이러한 일련의 의문에도 불구하고, 대상판결이 임대차보증금의 실제적인 목적과 기능 및 임대차보증금에 관한 당사자들의 실제적인 관념에 착안하여 당사자 사이의 이해관계를 좀 더 실질적이고 공평하게 조율하고자 한 것으로 이해할 수 있다. 특히 소멸시효 기간이 완성될 때까지 차임을 연체한 임차인이 오히려 그 연체차임을 면하면서 임대차보증금을 모두 반환받는 결과는 부당하다. 그 점에서 대상판결은 구체적 타당성을 갖춘 결론에 이르렀다.

5. 임대차보증금반환채권의 가압류와 제3채무자 지위의 승계

대법원 2013. 1. 17. 선고 2011다49523 전원합의체 판결은 주택임대차보호법상 대항력을 갖춘 임차인의 임대차보증금반환채권이 가압류된 상태에서 임대주택이 양도된 경우 양수인이 채권가압류의 제3채무자 지위를 승계한다는 법리를 선언하였다. 사안은 다음과 같다. 주택 임차인의 채권자(원고)가 임차인의 임대인에 대한

---

[259] 소멸시효제도, 특히 시효중단제도는 그 제도의 취지에 비춰 볼 때 원권리자를 위하여 너그럽게 해석하는 것이 상당하다고 한 대법원 1995. 5. 12. 선고 94다24336 판결; 대법원 2006. 6. 16. 선고 2005다25632 판결; 대법원 2015. 5. 14. 선고 2014다16494 판결 등 참조.

임차보증금채권을 가압류하였다. 그 후 임대인은 주택을 피고에게 양도하였다. 원고는 피고를 제3채무자로 하여 위 가압류를 본압류로 이전하는 채권압류 및 추심명령을 받은 뒤 피고를 상대로 추심금청구를 하였다. 이 사건에서는 가압류 당시에는 제3채무자의 지위에 있지 않던 피고가 원래 제3채무자이던 종전 임대인의 지위를 승계함에 따라 임차보증금반환채권 가압류의 제3채무자로서 가압류 또는 이에 기초한 본압류의 효력을 받게 되는지가 다투어졌다.

대상판결의 요지는 다음과 같다. 임대주택이 양도된 경우에 주택임대차보호법 제3조 제3항에 따라 양수인은 주택의 소유권과 결합하여 임대인의 임대차 계약상의 권리·의무 일체를 그대로 승계하며, 그 결과 양수인이 임대차보증금반환채무를 면책적으로 인수하고, 양도인은 임대차관계에서 탈퇴하여 임차인에 대한 임대차보증금반환채무를 면하게 된다. 나아가 임차인에 대하여 임대차보증금반환채무를 부담하는 임대인임을 당연한 전제로 하여 임대차보증금반환채무의 지급금지를 명령받은 제3채무자의 지위는 임대인의 지위와 분리될 수 있는 것이 아니므로, 임대주택의 양도로 임대인의 지위가 일체로 양수인에게 이전된다면 채권가압류의 제3채무자의 지위도 임대인의 지위와 함께 이전된다고 볼 수밖에 없다. 또한 이 경우 가압류권자는 임대주택의 양도인이 아니라 양수인에 대하여만 위 가압류의 효력을 주장할 수 있다고 보아야 한다. 이에 대해서는 압류 또는 가압류에 본질적으로 내재한 처분금지 및 현상보전 효력 때문에 당사자인 집행채권자, 집행채무자, 제3채무자의 집행법상 지위는 달라지지 않으므로 상속이나 합병과 같은 당사자 지위의 포괄승계가 아닌 주택양수도로 인한 임대차보증금반환채무의 이전의 경우 이미 집행된 가압류의 제3채무자 지위는 승계되지 않는다는 반대의견이 있었다.

이 사건은 가압류의 효력과 임대인 지위승계의 효력이 교차하는 지점에서 발생한 충돌 문제를 다루고 있다.[260] 반대의견이 지적한 것처럼 일반적으로 말하면 실체법상 임대인의 지위 및 이에 수반한 임차보증금반환채무가 이전되었다고 하여, 집행법상 제3채무자의 지위가 당연히 그에 수반되어 이전되지는 않는다. 그러나 이러한 일반론은 특별법의 해석론으로 수정될 수 있다. 주택임대차보호법 제3조 제3항은 주택양도로 인해 임차보증금반환채무를 포함한 임대인의 지위가 포괄적,

---

260) 이영창, "주택임대차보호법상 대항력 있는 임차보증금반환채권에 대한 가압류의 효력", **사법**, 제23호(2013), 372면

면책적으로 이전된다고 규정한다. 물론 이러한 임대인 지위 승계는 상속이나 합병과 같은 본래적인 의미의 포괄승계는 아니다.261) 그러나 임대주택을 둘러싼 법적 지위로 시선을 좁혀보면 그 범위에서는 포괄승계와 다르지 않다. 즉 일종의 부분적 포괄승계가 일어나는 셈이다. 상속이나 합병의 경우 가압류 제3채무자의 지위가 이전되는 것이 분명한 이상, 임대주택을 둘러싼 법률관계에 관하여 그 임대주택에 관한 가압류 제3채무자의 지위가 이전된다고 해석하는 것도 가능하다. 즉 승계되는 임대인의 지위에 임차보증금반환채무자이기 때문에 가지게 된 가압류의 제3채무자의 지위가 포함된다는 것이다. 또한 그렇게 해석하는 것이 임대차관계의 실질에도 맞다. 대상판결은 그러한 관점에서 이해할 수 있다

다만 이러한 대상판결의 태도는 가압류 사실을 알지 못한 채 임차인에게 임대차보증금을 반환한 양수인에게는 불의타가 될 수 있기는 하다.262) 양수인이 임대주택을 양수하면서 가압류 사실을 확인해 볼 수는 있으나, 그 확인이 쉽지 않을 뿐만 아니라 거래비용이 상승하는 부작용이 있다.263) 이 문제는 가압류 관계의 당사자(채권자－임차인－양도인 겸 구임대인)와 임대주택 처분관계의 당사자(양도인 겸 구임대인과 양수인 겸 신임대인)가 다르고 각각의 관계에 관한 정보가 모든 당사자에게 공유되도록 하는 장치가 없기 때문에 불가피하게 발생하는 결과이다. 한편 반대의견에 따르면 채권자와의 관계에서는 양도인이 여전히 임대차보증금반환채무자의 지위에 있으므로 위와 같은 문제는 발생하지 않는다. 하지만 실체법상으로는 임대주택을 처분하고 임대차보증금반환채무도 면한 양도인이 집행법상으로는 임대차보증금반환의 부담을 계속 떠안아야 하는 것도 문제이다. 특히 임대차보증금 상당액을 공제한 나머지 대금만 받고 임대주택을 처분하는 거래 관행을 생각해 보면 더욱 그러하다. 결국 현행법 아래에서 선의의 양수인은 채권의 준점유자에 대한 변제 법리의 적용 또는 유추 적용을 주장하거나264) 임차인에 대한 부당이득반

---

261) 이혜민, "주택임대차보호법상 임대인 지위 승계의 성질 및 범위", **민사판례연구**, 제36권(2014), 681－682면.

262) 반대의견이 이 점을 강조한다. 이영창(주 260), 356면도 이러한 비판 가능성에 대해 언급한다.

263) 윤진원, "주택임대차보호법상 대항력을 갖춘 임차인의 임대차보증금반환채권이 가압류된 이후 임차주택의 소유권을 이전받은 자가 채권가압류의 제3채무자 지위도 승계하는지 여부", **재판과 판례**(대구판례연구회), 제22집(2013), 421－422면.

264) 임대차보증금반환채권이 가압류된 경우에도 임차인은 엄연히 채권자이므로 그가 채권자가 아님을 전제로 한 채권의 준점유자 법리가 적용될 수 없다는 반론이 제기될 수도 있다. 그러나 가압류채무자는 가압류로 인하여 변제를 수령할 수 없는 지위에 있으므로 실질적으로는 무권한자에 가깝고 이 점에서 채권의 준점유자와 유사한 지위에 있다. 그러므로 이 법리가 직접 적용되지는 않더

환청구를 통해 이중지급으로 인한 부담을 제거하는 수밖에 없을 것이다.

6. 임대차 관련 기타 판결

임대차에 관하여는 그 외에도 많은 중요 판결들이 있다. 하지만 지면관계상 이들을 여기에서 일일이 소개할 수는 없다. 주택임대차보호법 및 상가건물 임대차보호법에 관한 몇몇 판결들의 요지만 간단히 서술한다.[265]

가. 주택임대차보호법 관련 판결

주택임대차보호법과 관련해서는 다음 판결들이 주목할 만하다. 대법원 2016. 10. 13. 선고 2014다218030, 218047 판결은 외국인 또는 외국국적동포가 구 출입국관리법이나 구 재외동포의 출입국과 법적 지위에 관한 법률에 따라 외국인등록이나 체류지변경신고 또는 국내거소신고나 거소이전신고를 한 경우, 주택임대차보호법 제3조 제1항에서 주택임대차의 대항력 취득 요건으로 규정하고 있는 주민등록과 동일한 법적 효과가 인정된다고 보았다. 그 외에 임차권등기명령에 따른 임차권등기는 소멸시효 중단사유에 해당하지 않는다는 대법원 2019. 5. 16. 선고 2017다226629 판결도 주목할 만하다.

나. 상가건물 임대차보호법 관련 판결

상가건물 임대차보호법과 관련해서는 다음 판결들이 주목할 만하다. 대법원 2010. 9. 9. 선고 2010다37905 판결은 상가건물의 공유자인 임대인이 임차인에게 갱신거절 통지를 하는 행위는 실질적으로 임대차계약의 해지와 같이 공유물의 임대차를 종료시키는 것이므로 공유물의 관리행위에 해당하여 공유자 지분의 과반수로써 결정해야 한다고 하였다. 대법원 2014. 7. 24. 선고 2012다28486 판결은 상가임대차의 갱신거절사유와 상가임대차 해지사유는 다른 차원의 문제이므로 갱신거절사유가 3기의 차임연체를 요구하고 있더라도 2기 차임연체에 따른 해지를 규정한 민법 제640조는 여전히 적용될 수 있다고 보았다. 권리금과 관련된 판결들도 여럿 있다. 대법원 2013. 5. 9. 선고 2012다115120 판결은 권리금계약은 임대

도 유추 적용될 가능성은 있다. 참고로 대법원 2003. 7. 22. 선고 2003다24598 판결은 가압류채무자를 채권의 준점유자로 파악한 바 있다.

265) 주택임대차보호법과 상가건물 임대차보호법은 최근 그야말로 전례 없는 과감한 개정들을 경험하고 있는데, 향후 그 해석론을 둘러싸고 많은 분쟁이 발생할 것으로 예상된다.

차계약과는 별개의 계약이지만 양자의 경제적·사실적 일체성에 비추어 권리금계약 부분만 따로 떼어 취소할 수 없다고 하였다. 대법원 2019. 5. 16. 선고 2017다225312 판결은 구 상가건물 임대차보호법 제10조 제2항에 따라 최초의 임대차기간을 포함한 전체 임대차기간이 5년을 초과하여 임차인이 계약갱신요구권을 행사할 수 없는 경우에도 임대인이 같은 법 제10조의4 제1항에 따른 권리금 회수기회 보호의무를 부담한다고 보았다. 그 외에 권리금 회수 방해행위에 관한 법적 쟁점들을 다룬 판결들도 여럿 있다.266) 상가건물 임대차보호법은 2015년 개정을 통해 권리금에 관한 조항들을 신설하였는데(제10조의3 내지 제10조의7) 향후 이 조항들의 해석을 둘러싼 판결들이 더 나오리라 예상한다.

Ⅳ. 도급

1. 공동수급체의 공사대금채권 귀속

대법원 2012. 5. 17. 선고 2009다105406 전원합의체 판결은 공동이행방식의 공동수급체가 도급인에 대하여 가지는 공사대금채권이 공동수급체의 각 구성원에게 어떤 형태로 귀속되는지를 다루었다. 이 사건에서는 공동수급체 구성원들 상호 간에 기성대가 또는 준공대가를 공동수급체 구성원별로 직접 지급받기로 하는 공동수급협정이 체결되어 있었다. 한편 이 사건에 적용되는 예규인 공동도급계약운용요령(1996. 1. 8. 개정) 제11조는 도급인이 공동수급체 구성원 각자에게 공사대금채권을 지급할 것을 예정하고 있었다.267) 공동수급체 대표자는 도급인에게 위와 같은 공동수급협정서를 입찰참가 신청서류와 함께 제출하고 도급인은 별다른 이의를 유보하지 않은 채 이를 수령한 다음 공동수급체와 공동도급계약을 체결하였다. 이러한 사실관계하에서 공동수급체의 개별 구성원이 출자지분 비율에 따른 자신의 공사대금채권만 단독으로 청구할 수 있는지, 아니면 민법상 조합의 원리에 따라 공동수급체 구성원 전체가 함께 공사대금 전체를 청구해야만 하는지가 문제되었다.

대상판결의 요지는 다음과 같다. 공동이행방식의 공동수급체는 기본적으로 민법상 조합의 성질을 가지는 것이므로, 공동수급체가 공사를 시행함으로 인하여

---

266) 대법원 2019. 7. 4. 선고 2018다284226 판결; 대법원 2019. 7. 10. 선고 2018다239608 판결; 대법원 2019. 7. 10. 선고 2018다242727 판결.
267) 개정 전 제11조는 공사대금을 공동수급대표자에게 지급하도록 규정하고 있었다.

도급인에 대하여 가지는 채권은 원칙적으로 공동수급체 구성원에게 합유적으로 귀속하는 것이어서 특별한 사정이 없는 한 구성원 중 1인이 임의로 도급인에 대하여 출자지분 비율에 따른 급부를 청구할 수 없고, 구성원 중 1인에 대한 채권으로써 그 구성원 개인을 집행채무자로 하여 공동수급체의 도급인에 대한 채권에 대하여 강제집행을 할 수 없다. 그러나 공동이행방식의 공동수급체와 도급인이 공사도급계약에서 발생한 채권과 관련하여 공동수급체가 아닌 개별 구성원으로 하여금 지분비율에 따라 직접 도급인에 대하여 권리를 취득하게 하는 약정을 하는 경우와 같이 공사도급계약의 내용에 따라서는 공사도급계약과 관련하여 도급인에 대하여 가지는 채권이 공동수급체 구성원 각자에게 지분비율에 따라 구분하여 귀속될 수도 있고, 위와 같은 약정은 명시적으로는 물론 묵시적으로도 이루어질 수 있다. 공동수급협정과 공동도급계약운용요령의 내용, 공동수급협정서의 제출 및 수령 경위 등에 비추어 볼 때 이 사건에서는 그러한 약정이 묵시적으로 이루어졌다.

공동수급체는 민법상 조합의 대표적인 유형으로 일컬어진다.[268] 민법은 제703조부터 제724조까지 조합에 관한 규정을 두고 있다. 그중 민법 제704조는 "조합원의 출자 기타 조합재산은 조합원의 합유로 한다."라고 규정하고 있다. 공동수급체가 도급인에게 가지는 공사대금채권도 조합재산의 일종이다. 그러므로 민법 제704조에 따르면 공사대금채권은 조합원인 공동수급체 구성원들에게 합유적으로 귀속한다. 합유물을 처분 또는 변경하려면 합유자 전원의 동의가 있어야 한다(민법 제272조). 공사대금채권은 물건이 아니어서 합유물은 아니지만 합유 대상으로서 준합유의 대상이 된다(민법 제278조). 공사대금채권을 행사하여 공사대금을 수령함으로써 그 채권이 소멸되는 일련의 과정은 공사대금채권의 처분이라고 평가할 수도 있다. 그렇다면 공동수급체의 공사대금채권은 합수적으로, 즉 모든 구성원들이 함께 행사해야 한다. 그런데 민법 중 채권편 규정은 일반적으로 임의규정이다. 민법 제704조 역시 임의규정으로 보지 않을 이유가 없다.[269] 그러므로 조합재산의 귀속 형태는 조합원들 사이의 약정으로 자유롭게 정할 수 있다. 즉 조합원들 사이의 약정을 통해 조합재산을 공유로 하거나 한 조합원의 단독 소유로

---

268) 대법원 2000. 12. 12. 선고 99다49620 판결.
269) 이동진, "건설공사공동수급체의 법적 성격과 공사대금청구권의 귀속", **민사판례연구**, 제35권 (2013), 543면. 대법원 2010. 4. 29. 선고 2008다50691 판결도 그러한 전제에 서 있다.

하는 것도 가능하다. 그렇다면 조합재산인 공사대금채권을 미리 정해진 구성원별 지분에 따라 구분 귀속시키는 것도 가능하다. 다만 이러한 구분 귀속을 넘어서서 도급인에게 구분 청구가 가능하려면 이 점에 관하여 도급인과의 사이에 이 점에 관한 합의가 필요하다.

대상판결은 ① 공동수급인들 상호 간에 구분귀속에 관한 내부 합의(공동수급협정)가 있고, ② 도급인에게 적용되는 예규(공동도급계약운용요령)에서 구분지급에 관한 내용이 있으며, ③ 이 상황에서 공동수급인이 구분귀속을 정한 공동수급협정서를 도급인에게 제출하고, 도급인이 아무런 이의를 제기하지 않았다면 양자 사이에 구분귀속 및 구분청구에 관한 묵시적 약정이 체결되었다고 인정하였다. 이에 대해 다수의견의 결론에는 동의하면서도 일반론으로서는 공동도급계약운용요령은 국가의 내부규정에 불과하므로 이를 적극적으로 계약 내용에 편입시킨 경우에 한하여 공사대금채권의 지분별 귀속이 이루어진다고 한 별개의견이 있었다. 물론 공동도급계약운용요령은 「국가를 당사자로 하는 계약에 관한 법률」 및 동법 시행령에 기초하여 제정된 기획재정부 예규로서 국가 내부에 적용될 뿐이고, 그 자체가 곧바로 공동수급인과 체결되는 공동도급계약의 내용이 되지는 않는다. 그러나 공동도급계약에서 명시적이고 적극적으로 공동도급계약운용요령을 편입해야만 하는 것은 아니다. 계약방식 자유의 원칙에 따라, 공동도급계약운용요령과 동일한 내용에 관하여 도급인과 공동수급인 사이에 묵시적 약정을 체결하는 것도 얼마든지 가능하다.

참고로 대상판결 이후 선고된 대법원 2013. 2. 28. 선고 2012다107532 판결은 위와 같은 지분별 귀속 약정이 이루어진 경우 일부 구성원만이 실제로 공사를 수행하거나 일부 구성원이 그 공사대금채권에 관한 자신의 지분비율을 넘어서 수행하였더라도 이를 이유로 도급인에 대한 공사대금채권 자체가 그 실제의 공사비율에 따라 그에게 귀속하지는 않는다고 보았다. 즉 공사대금 채권액수는 약정에 기초하여 정해지는 것이지 실제 공사비율에 따라 정해지는 것이 아니다. 약정 내용과 실제 공사비율 사이의 차이로 인한 정산은 공동수급체 구성원들 내부의 정산 문제일 뿐이다.[270]

---

270) 대법원 2016. 8. 29. 선고 2015다5811 판결.

2. 국가계약법령상 물가변동에 따른 계약금액 조정 규정의 적용을 배제하는 합의

대법원 2017. 12. 21. 선고 2012다74076 판결은 국가계약법령상 물가변동에 따른 계약금액 조정 규정이 강행규정인지 여부를 다루었다. 사안은 다음과 같다. 원고들은 피고(한국토지주택공사)로부터 시설공사를 도급받으면서 '원고들이 국외업체로부터 공급받는 부분에 관한 계약금액 고정특약'에 합의하였다. 그런데 2008년 금융위기로 환율이 상승하였고, 이에 원고들은 피고에게 계약금액 조정을 요청하였다. 피고는 계약금액 고정특약을 이유로 원고들의 요청을 거절하였다. 그러자 원고들은 위 특약이 물가변동에 따라 계약금액을 조정하도록 한 구 국가를 당사자로 하는 계약에 관한 법률(2012. 12. 18. 법률 제11547호로 개정되기 전의 것, 이하 '국가계약법'이라 한다) 제19조, 국가계약법 시행령(2008. 2. 29. 대통령령 제20720호로 개정되기 전의 것) 제64조 제1항 전문 등의 규정에 위반하거나, 계약자(원고들을 지칭함)의 계약상 이익을 부당하게 제한하는 공사계약특수조건은 무효라고 정한 공사계약일반조건에 반하여 무효라는 점 등을 들어 피고에게 부당이득금의 반환을 구하였다.

대상판결의 요지는 다음과 같다. 위와 같은 공공계약[271]은 국가 또는 공기업이 사경제의 주체로서 상대방과 대등한 지위에서 체결하는 사법(私法)상 계약이므로 사인 간의 계약과 다를 바가 없다. 그러므로 법령에 특별한 정함이 있는 경우를 제외하고는 사적 자치와 계약자유의 원칙을 비롯한 사법의 원리가 공공계약에도 마찬가지로 적용된다. 공공계약의 당사자들은 국가계약법상 물가의 변동으로 인한 계약금액 조정 규정의 적용을 배제하는 합의를 할 수 있다고 보아야 한다. 다만 국가계약법 시행령 제4조는 "계약담당공무원은 계약을 체결함에 있어서 국가계약법령 및 관계 법령에 규정된 계약상대자의 계약상 이익을 부당하게 제한하는 특약 또는 조건을 정하여서는 아니 된다."라고 규정하고 있으므로, 공공계약에서 계약상대자의 계약상 이익을 부당하게 제한하는 특약은 효력이 없다. 대상판결은 이러한 일반론 아래 위 계약금액 고정특약의 효력을 인정하여 부당이득반환청구를 부

---

271) 대상판결을 비롯하여 대법원 2001. 12. 11. 선고 2001다33604 판결 등은 편의상 '공공계약'이라는 표현을 사용하나 이는 법령상 용어가 아니고 공법상 계약을 포함하는 개념으로도 오해할 수 있어 부적절한 면이 있다. 김지건, "국가계약법상 물가변동에 따른 계약금액 조정규정의 적용을 배제한 특약의 효력", **민사판례연구**, 제41권(2019), 10－11면.

정한 원심판결을 유지하였다. 이에 대해서는 물가변동에 따른 계약금액 조정 규정
은 강행규정이므로 위 특약은 무효라는 반대의견이 있었다.

공공계약이 사법상 계약의 성격을 띠는 것은 맞다. 그러나 계약에는 넓은 스펙
트럼이 존재하고, 공공계약은 그 스펙트럼 중 공공성과 후견성이 강조되는 영역에
위치한다. 따라서 『공공계약＝사인 간의 계약』이라는 지나치게 단순화된 등식에
만 얽매여 공공계약의 특수성을 도외시해서는 안 된다. 이러한 등식은 독일 이론
의 영향을 받은 것이나, 독일에서도 이제는 공공계약을 순수한 사법의 영역으로만
남기지 않고 이른바 행정사법의 영역에 위치시켜 다양한 공법적 구속을 가하고 있
다.272) 계약금액 조정조항은 그 도입 경위나 현실적 기능에 비추어 보면 주로 계
약상대자의 이익을 보호하고, 나아가 비현실적인 계약금액으로 인해 발생할 수 있
는 부실공사를 막기 위한 공익적 성격의 조항이다. 반면 계약 담당자인 공무원들
의 입장에서는 계약금액 고정특약이 단순하고 간편하며 예측 가능할 뿐만 아니라
업무를 줄이고 예산을 절감하는 효과도 있어 이러한 특약을 체결하고자 하는 인센
티브가 더 크다. 이러한 특약을 널리 허용하면 이론적으로는 상호 대등하나 현실
적으로는 갑을관계가 상존하는 계약 현장에서는 계약금액 조정조항의 취지를 잠
탈하는 특약이 체결될 위험성도 있다. 기획재정부, 조달청, 공정거래위원회 등도
이러한 견지에서 오랫동안 이러한 특약이 무효라는 입장을 표명해 왔다.273) 이에
기초하여 이루어진 공통의 인식과 관행을 깨뜨릴 만한 이유가 있었을까? 대상판결
의 타당성은 의문스럽다.274) 또한 다수의견은 국가계약법 시행령 제4조에 의해 부
당한 특약을 선별해 내면 된다는 입장이나, 계약금액 조정특약은 장차 누구에게
유리하게 작용할지 알 수 없으므로 이 조항으로 걸러낼 수 있는 경우는 거의 없다
는 점도 덧붙인다.

3. 장기계속공사계약에서 총공사기간 연장 시 공사대금 조정 가부

대법원 2018. 10. 30. 선고 2014다235189 전원합의체 판결은 장기계속공사계약
에서 총공사기간이 연장된 경우 총공사대금을 조정할 수 있는지의 문제를 다루었
다. 이 사건에서 원고들은 피고 서울시의 요청에 따라 피고 대한민국 산하 조달청

---

272) 박정훈, "행정조달계약의 법적 성격", **민사판례연구**, 제25권(2003), 568–569면.
273) 김지건, "국가계약법상 물가변동에 따른 계약금액 조정규정의 적용을 배제한 특약의 효력", **민사
판례연구**, 제41권(2019), 18면.
274) 이 판결에 대한 찬성 취지의 평석으로 김지건(주 273).

장과 지하철 7호선 연장공사에 관한 장기계속계약을 체결하였는데, 그 이후 국토해양부장관의 기본계획 변경으로 총 공사기간이 연장되었다. 원고들은 피고 서울시에게 총 공사기간 연장을 이유로 간접공사비가 추가 지출되었다면서 총괄계약에 기한 계약금액 조정을 요청하였으나, 피고 서울시는 공기연장 비용이 이미 연차별 계약금액에 포함되어 있다면서 이를 거절하였다. 원고들은 주위적으로는 피고 대한민국, 예비적으로는 피고 서울시를 상대로 총공사기간 연장에 따라 증가한 간접공사비 지급을 구하는 소를 제기하였다.

대상판결의 요지는 다음과 같다. 총괄계약은 그 자체로 총공사금액이나 총공사기간에 대한 확정적인 의사의 합치에 따른 것이 아니라 각 연차별 계약 체결에 따라 연동되는 것이다. 따라서 일반적으로 장기계속공사계약의 당사자들은 총괄계약의 총공사금액 및 총공사기간을 각 연차별 계약을 체결하는 데 잠정적 기준으로 활용할 의사를 가지고 있을 뿐이라고 보이고, 각 연차별 계약에 부기된 총공사금액 및 총공사기간 그 자체를 근거로 하여 공사금액과 공사기간에 관하여 확정적인 권리의무를 발생시키거나 구속력을 부여하려는 의사를 가지고 있다고 보기 어렵다. 따라서 총괄계약의 효력은 계약상대방의 결정(연차별 계약마다 경쟁입찰 등 계약상대방 결정 절차를 다시 밟을 필요가 없다), 계약이행의사의 확정(정당한 사유 없이 연차별 계약의 체결을 거절할 수 없고, 총공사내역에 포함된 것을 별도로 분리발주할 수 없다), 계약단가(연차별 계약금액을 정할 때 총공사의 계약단가에 의해 결정한다) 등에만 미칠 뿐이고, 계약상대방이 이행할 급부의 구체적인 내용, 계약상대방에게 지급할 공사대금의 범위, 계약의 이행기간 등은 모두 연차별 계약을 통하여 구체적으로 확정된다고 보아야 한다. 그러므로 총괄계약에 따른 총공사금액 조정은 별도로 인정되지 않는다. 이에 대해서는 반대의견이 있었다.

국가나 지방자치단체는 1년 단위로 예산을 편성하고 집행하므로, 별도로 계속비 의결을 얻지 않는 한 수년에 걸친 장기계속공사계약은 여러 개 연차별 계약으로 나누어 체결하게 된다. 하지만 실질적으로는 이 역시 하나의 공사에 관한 하나의 계약인데 예산제도의 제약 때문에 여러 개 연차별 계약으로 나누어 체결하는 것일 뿐이다. 이때 전체 공사에 대한 포괄적 합의를 연차별 계약과 대비하여 총괄계약이라고 부른다. 그 결과 장기계속공사계약은 「총괄계약(기본계약) + 연차별 계약(개별계약)」의 이중 구조를 띤다. 총괄계약은 입찰과정에서 확정된 총공사금액, 총공사기간 등을 제1차년도 계약서에 부기하는 방식으로 체결되고, 별도의 총괄계약서

를 작성하는 경우는 많지 않다.[275]

그런데 총공사기간 연장 등으로 간접공사비(예컨대 현장사무소 및 그 인력 운영비용 등)가 추가 지출된 경우 이를 공사대금에 반영할 필요가 있다. 이때 연차별 계약의 연차별 공사대금을 조정하는 방법 외에 총괄계약의 총 공사대금을 조정하는 방법도 가능한지가 문제된다. 이에 관한 하급심의 입장은 나누어져 있었는데 대상판결이 이를 정리한 것이다. 대법원은 총괄계약의 유효성을 인정하면서도, 총공사대금과 총공사기간에 법적 구속력을 부여하려는 의사가 없었다고 하여 총괄계약에 기한 총공사대금 조정은 허용되지 않는다고 하였다. 하지만 총괄계약의 유효성을 인정하는 이상 총괄계약의 핵심 요소인 총공사대금에 법적 구속력을 부여하려는 의사가 없었다고 말하는 것은 부자연스럽다. 물론 총공사대금은 여러 변수로 인해 사후에 변경될 수는 있다. 그러나 사후적 변경가능성과 총괄계약의 확정성은 구별해야 할 개념이다. 위험배분의 일반 원리나 채권자지체의 정신에 비추어 볼 때에도 발주자 측 영역에서 발생한 위험은 발주자가 인수하는 것이 공평하고 합리적이다. 대상판결에 따르면 이때에도 연차별 계약의 틀로 해결할 수 없는 간접공사비는 고스란히 계약상대자가 떠안아야 한다. 반면 계약상대자의 영역에서 발생한 위험에 대해서는 지체상금이 부과된다. 결국 어느 영역에서 발생한 위험도 모두 계약상대자에게 부담시키는 것이다. 이러한 결과가 국가계약법이 구현하고자 하는 계약의 대등성과 등가성의 이념과 맞는지 의문이다.

V. 여행계약

2015. 2. 3. 민법 개정을 통해 여행계약이 전형계약으로 추가되었다. 1960. 1. 1. 민법 시행 이후 최초의 전형계약 추가이다. 지난 60년 간 사회 변화상을 돌이켜 보면 한국 민법, 특히 재산법이 얼마나 개정이 어려운 경성법인가를 역설적으로 보여주는 점이다. 여행계약에 관한 민법 제674조의2 내지 제674조의9는 제9절 도급 다음에 제9절의2 여행계약이라는 표제 아래 규정되었다. 여행계약에 관한 규정들이 신설된지 얼마 되지 않으므로 그 해석에 관한 판례는 축적되지 않은 상태이다. 그러나 여행계약에 관한 민법 규정들이 하늘에서 갑자기 떨어진 것은 아니

---

275) 장기계속공사계약의 구조에 대한 상세한 설명은 전재현, "장기계속공사계약에서 총공사기간이 연장된 경우 총괄계약을 근거로 한 계약금액 조정의 인정 여부", **민사판례연구**, 제42권(2020), 264–272면 참조.

다. 이미 여행업계는 여행약관의 형태로 여행을 둘러싼 사법적 법률관계를 규율해 오고 있었다. 또한 여행업자의 주의의무에 관한 대법원 판결들도 선고되어 왔는데, 이러한 판결들은 향후 여행계약에 관한 민법 규정들을 해석하는 데에도 도움이 될 것이다. 여행업자의 주의의무에 관한 최초의 판결은 태국 파타야에서 바나나보트와 모터보트 등 단체 레저 활동을 하다가 그 보트 충돌이 발생한 사안에서 기획여행업자의 신의칙상 안전배려의무 및 그 의무위반을 인정한 대법원 1998. 11. 24. 선고 98다25061 판결이다. 이러한 의무는 부수의무의 일종이다. 그 후 기획여행 중 특정시설(일본 스키장) 이용을 목적으로 하는 자유여행상품에 대해 여행업자에게 안전배려의무를 인정한 대법원 2007. 5. 10. 선고 2007다3377 판결이 선고되었다. 2010년대에도 그 연장선상에서 여행업자의 안전배려의무 및 그 구체적인 내용에 대한 후속 판결들이 선고되었다.276)

1. 선택관광 중 현지 여행업자의 잘못으로 발생한 사고에 대한 기획여행 업자의 책임

대법원 2011. 5. 26. 선고 2011다1330 판결은 기획여행업자의 주의의무에 관한 일반론을 제시하는 한편, 약관에서 기획여행업자가 현지 여행업자 등의 고의 또는 과실로 인한 가해행위에 대해 책임을 지기로 한 경우 현지 여행업자가 어떤 의미인지를 판시하였다. 우선 대법원은 기획여행업자는 여행자의 생명·신체·재산 등의 안전을 확보하기 위하여 여행목적지·여행일정·여행행정·여행서비스기관의 선택 등에 관하여 미리 충분히 조사·검토하여 여행계약 내용의 실시 도중에 여행자가 부딪칠지 모르는 위험을 미리 제거할 수단을 강구하거나, 여행자에게 그 뜻을 고지함으로써 여행자 스스로 위험을 수용할지에 관하여 선택할 기회를 주는 등 합리적 조치를 취할 신의칙상 안전배려의무를 부담한다고 판시하였다. 한편 기획여행업자의 여행약관에서 여행업자의 여행자에 대한 책임의 내용 및 범위에 대해 규정하였다면 이는 위와 같은 안전배려의무가 여행계약상 주의의무로 명시된 것이라고 보았다. 한편 기획여행사가 현지 여행사와 연결되어 옵션투어(선택관광)를 제공하는 경우가 많은데, 이때 약관조항상 기획여행업자가 현지 여행업자의 고의 또는 과실에 대한 책임을 지기로 한 경우 '현지 여행업자'는 '여행업자의 여행지

---

276) 대법원 2011. 5. 26. 선고 2011다1330 판결; 대법원 2017. 12. 13. 선고 2016다6293 판결; 대법원 2017. 12. 22. 선고 2015다221309 판결; 대법원 2019. 4. 3. 선고 2018다286550 판결.

현지에서의 이행보조자 내지 여행업자가 사용을 승낙하였거나 또는 적어도 사용에 묵시적으로 동의한 복이행보조자'를 의미하는 것이라고 판시하였다. 대상판결 사안에서는 현지 옵션관광사를 통해 정글투어를 옵션관광으로 실시하였는데, 관광지로 이동하던 중 교통사고가 발생하였다. 기획여행업자인 피고는 현지 옵션관광사를 물색하여 연결시켜 주는 책임만 부담할 뿐 현지 여행업자가 일으킨 사고에 대한 책임까지 부담하지는 않는다고 다투었으나, 법원은 현지 옵션관광사는 이행보조자로서 약관상 현지 여행업자에 해당한다고 보았다. 이는 약관법상 고객유리의 원칙을 적용한 판결이라고도 볼 수 있다.

2. 기획여행업자의 안전배려의무의 범위와 한계

대법원 2017. 12. 23. 선고 2016다6293 판결은 일반론으로서 기획여행업자의 안전배려의무를 인정하면서도, 해당 사안에 관하여는 안전배려의무 위반을 부정하였다는 점에서 주목할 만한 판결이다. 여행자들은 여행사인 피고 회사와 기획여행계약을 체결하고 베트남 여행 중이었다. 이들은 자유시간인 야간에 숙소 인근 해변에서 물놀이를 하고 있었다. 피고 회사 소속 인솔자는 "바닷가는 위험하니 빨리 나오라"고 말하였다. 그러나 여행자들은 계속 물놀이를 하다가 파도에 휩쓸려 익사하였다. 대법원은 여행 실시 도중 안전배려의무 위반을 이유로 기획여행업자에게 손해배상책임을 인정하기 위해서는, 문제가 된 사고와 기획여행업자의 여행계약상 채무이행 사이에 직접 또는 간접적으로 관련성이 있고, 그 사고 위험이 여행과 관련 없이 일상생활에서 발생할 수 있는 것이 아니어야 하며, 기획여행업자가 그 사고 발생을 예견하였거나 예견할 수 있었음에도 그러한 사고 위험을 미리 제거하기 위하여 필요한 조치를 다하지 못하였다고 평가할 수 있어야 한다고 보았다. 또한 기획여행업자가 취할 조치는 여행일정에서 상정할 수 있는 모든 추상적 위험을 예방할 수 있을 정도일 필요는 없고, 개별적·구체적 상황에서 여행자의 생명·신체·재산 등의 안전을 확보하기 위하여 통상적으로 필요한 조치이면 된다고 보았다. 해당 사안에 관하여는, 망인들이 성년자이고, 사고 당시 음주한 상태가 아니었으며 별다른 신체장애도 없었던 것으로 보이는 점, 망인들을 포함한 여행자들이 사고 당일 야간에 숙소 인근 해변에서 물놀이하는 것은 여행계약의 내용에 명시되어 있지 않았고, 위 여행계약에 당일 오전에 해변에서 해수욕하거나 휴식을 취하는 자유시간 일정이 있었다는 점만으로 이러한 해변에서의 야간 물놀이가 위

여행계약의 급부와 관련이 있다고 보기 어려운 점, 위 사고는 피고 회사가 객관적으로 예견할 수 있는 위험에 해당한다고 보기 어려운 점 등에 비추어, 피고 회사가 안전배려의무를 위반하였다고 단정하기 어렵다고 보았다. 기획여행업자의 안전배려의무는 상황 의존적인 것으로서 제한 없이 확장되는 결과책임으로 이어져서는 안 된다는 점, 또한 기획여행계약의 급부 범위를 합리적으로 획정할 필요가 있다는 점을 일깨워준 판결이다.

3. 현지 여행 중 사고로 인한 귀환운송비 등의 통상손해성

대법원 2019. 4. 3. 선고 2018다286550 판결은 여행자가 해외 여행계약에 따라 여행하는 도중 여행업자의 고의 또는 과실로 상해를 입은 경우, 이로 인하여 발생하는 귀환운송비 등 추가적인 비용이 통상손해에 해당하는지의 문제를 다루었다. 이 사건에서 원고는 여행업자인 피고 회사와 호주-뉴질랜드 패키지 여행계약을 체결하고 여행을 시작하였다. 그런데 여행일정 중 교통사고가 발생하여 원고가 정신적인 충격을 입었고, 현지에서 치료를 받다가 한국으로 조기 귀국하여 치료를 받았다. 원고는 이 모든 비용을 손해배상으로 청구하였고, 피고 회사는 가벼운 접촉사고에 불과하므로 이러한 원고의 정신적 충격이 통상손해에 해당하지 않는다고 다투었다. 대법원은, 여행자가 해외 여행계약에 따라 여행하는 도중 여행업자의 고의 또는 과실로 상해를 입은 경우 계약상 여행업자의 여행자에 대한 국내로의 귀환운송의무가 예정되어 있고, 사회통념상 국내로 조기 귀환할 필요성이 있다면, 그 추가 비용은 통상손해에 해당하거나 적어도 예견가능성이 있는 특별손해에 해당한다고 판단하였다.

여행업자는 여행계약상 주의의무 내지 신의칙상 안전배려의무를 부담한다.[277] 한편 패키지여행이라 불리는 기획여행 중 여행차량에 교통사고가 발생하였다면 여행업자는 그 사후 조치를 철저히 함으로써 여행자의 손해가 발생하지 않도록 하거나 그 손해를 경감시킬 주의의무를 부담한다. 이러한 사후조치의무에는 치료비 지급의무와 귀환운송의무도 포함된다. 참고로 개정 민법 제674조의4는 부득이한 사유가 있는 경우 각 당사자는 계약을 해지할 수 있고, 계약상 귀환운송 의무가 있는 여행업자는 계약 해지 시에도 여전히 귀환운송 의무를 부담한다고 규정한

---

277) 대법원 1998. 11. 24. 선고 98다25061 판결; 대법원 2007. 5. 10. 선고 2007다3377 판결.

다.278) 대상판결 사안을 살펴보면 원고가 경미한 교통사고에 대하여 다소 특이한 증상과 반응을 보인 것은 사실이다. 해당 사고는 투어버스의 후사경에 흠집이 나고 상대방 차량의 후사경이 깨지는 정도의 간단한 접촉사고에 불과하였고, 원고 외에는 누구도 다치거나 이상증세를 보인 여행자가 없었다. 그런데 원고는 조기 귀환을 요청하고, 사고 이틀 후 발작 증세를 일으키기도 하였다. 그러나 이러한 증상이나 반응이 이례적이라고 하더라도 그 증상이나 반응이 교통사고로 인한 것임에 틀림없고, 한국을 떠나 외국에서 여행 중 발생한 사태이므로 정신적으로 충격을 받을 가능성도 있다. 또한 사고 직후 원고가 보여준 행동에 비추어 여행업자는 원고가 현지에서 치료를 받거나 조기 귀환할 것이라는 점을 예견할 수 있었다. 그점에서 이러한 귀환운송비용 등을 통상손해의 범주에 포함시킬 수 있다.

Ⅵ. 개별 계약 관련 기타 판결

1. 민주화운동 관련 재판상 화해의 효력 범위

대법원 2015. 1. 22. 선고 2012다204365 전원합의체 판결은 민주화보상법 제18조 제2항에 따른 재판상 화해 간주의 의미와 효력에 관하여 다루었다. 재판상 화해는 민법상 화해계약과는 구별되나, 넓은 의미의 화해에 속하는 것으로 보아 여기에서 살펴보기로 한다. 원고 1, 2와 망 소외 1(이하 '원고 1 등'279)이라고 한다)은 민주화 운동을 하다가 수사기관에 불법체포, 구금된 후 고문 등에 의한 자백으로 유죄판결을 받고 복역하였다. 이들의 억울한 사연은 세월에 묻히는 듯 했다. 그런데 세월이 흘러 「민주화운동관련자 명예회복 및 보상 등에 관한 법률」(이하 '민주화보상법'이라고 한다)이 제정되었다. 민주화운동 관련자들에게 피해보상을 해 주기 위한 법이었다. 원고 1 등은 이 법에 따라 「민주화운동관련자명예회복및보상심의위원회」(이하 '위원회'라고 한다)에 보상금을 신청하였고, 위원회는 이들에 대한 보상금지급결정을 하였다. 원고 1 등은 위원회의 보상금지급결정에 동의하였다.

민주화보상법 제18조 제2항에 따르면 보상금신청인이 위원회의 보상금지급결정에 동의하면 민주화운동과 관련하여 입은 피해에 대하여 민사소송법에 따른 재판상 화해가 성립된 것으로 본다. 재판상 화해가 성립하면 그 화해조서는 확정판결과 같은 효력을 가진다(민사소송법 제220조). 확정판결은 기판력을 가지므로 당사자

---

278) 다만 대상판결 사안에는 개정 민법이 적용되지 않았다.
279) 나머지 원고들은 망 소외 1의 배우자 및 자녀들이다.

는 그 기판력이 미치는 범위 내에서는 더 이상 해당 사건의 권리관계를 다툴 수 없게 된다. 보상금신청인이 위원회의 보상금지급결정에 동의하면, 민주화운동과 관련하여 입은 피해에 대해서는 더 이상 추가 손해가 있음을 들어 배상청구를 할 수 없게 되는 것이다. 그런데 그 이후 원고 1 등에 대한 재심절차가 진행되어 종전의 유죄판결이 취소되고 무죄판결이 확정되었다. 원고 1 등은 보상금지급결정 이후에 자신들에 대한 무죄판결이 확정되었다는 사정 변경이 있었다는 점을 들어 추가적으로 위자료를 구하였다. 이와 관련하여 이러한 위자료도 위원회의 보상금 지급결정이 가지는 재판상 화해의 범위에 포함되는지 문제되었다.

대법원은 보상금신청인이 민주화운동과 관련하여 수사기관에 의하여 불법체포·구금된 후 고문 등 가혹행위를 당하여 범죄사실을 자백하고 그에 기하여 유죄판결을 받고 복역함으로써 입은 피해는 민주화운동과 관련하여 입은 피해에 해당하므로, 이에 대하여 신청인이 위원회의 보상금 등 지급결정에 동의한 때에는 민주화보상법 제18조 제2항에 따라 재판상 화해와 동일한 효력이 발생하고, 나중에 형사 재심절차에서 무죄판결이 확정되었다고 하여 그 부분 피해를 재판상 화해의 효력이 미치는 범위에서 제외할 수는 없다고 보았다. 이에 대해 재심판결에 의한 유죄판결 취소로 새로 밝혀진 억울한 복역 등으로 피해자가 입은 정신적 손해에 대하여는 화해의 효력이 미치지 않으므로 이 부분에 대해서는 추가로 배상청구를 할 수 있다는 반대의견이 있었다.

민주화보상법 제18조 제2항은 보상금신청인이 보상금지급결정에 동의한 경우 "민주화운동과 관련하여 입은 피해"에 대하여 재판상 화해가 성립한다고 규정함으로써 그 피해의 범위를 제한하지 않는다. 즉 민주화운동 관련 복역 등으로 인한 피해와 무죄로 밝혀진 억울한 복역으로 인한 피해를 구별하지 않는다. 대상판결 전 판례에서도 "위자료를 포함하여…민주화운동과 관련하여 입은 피해 일체"에 대하여 재판상 화해의 효력이 미친다는 입장을 취하였다.[280] 대상판결의 다수의견 역시 그 연장선상에서 민주화보상법상 문언에 충실한 해석론을 전개하였다. 물론 "민주화운동과 관련하여 입은 피해"를 "그때까지 민주화운동과 관련하여 입은 것으로 밝혀진 피해"로 해석하는 것도 불가능하지는 않다. 밝혀지지 않은 피해에 대한 보상금지급결정에 동의하기는 어렵기 때문이다. 또한 화해 당시 예상하지 못했

---

280) 대법원 2014. 3. 13. 선고 2012다45603 판결.

던 손해에는 화해의 효력이 미치지 않는다는 법리를 적용할 여지도 있다.[281] 그러나 결론적으로는 다수의견이 타당하다고 생각한다. 화해의 대상으로 삼은 사항에 대해서는 창설적 효력이 인정되므로 설령 그 사항 중 일부가 나중에 밝혀졌더라도 화해에 따른 기존 권리의무관계의 소멸과 새로운 권리의무관계의 창설의 효력은 온존한다. 이는 재판상 화해의 경우도 마찬가지이다. 또한 향후 재심을 통해 무죄판결을 선고받을 수도 있다는 사정이 보상금지급결정 동의 당시 예상하기 어려웠던 사정이라고 보기도 어렵다. 나아가 민주화운동 관련 복역 등으로 인한 피해와 재심에서 무죄판결이 선고되어 새로 발생한 피해를 구별하는 것도 쉽지 않다. 오히려 민주화보상법은 이러한 복역 등이 부당하다는 전제에 서서 이로 인한 피해 일체를 보상하려는 입법 취지를 가진 것으로 보인다. 그러한 점에서 대상판결은 수긍할 수 있다고 생각한다.

2. 의료계약과 연명치료 중단

대법원 2016. 1. 28. 선고 2015다9769 판결은 연명치료 중단을 명하는 판결이 확정된 경우 기존 의료계약이 어떻게 되는지를 다루었다. 이 사건에서 소외 1은 의료기관인 원고와 의료계약을 체결하고 원고 병원에 입원하였다가 지속적 식물인간 상태에 빠져 연명치료를 받고 있었다. 소외 1의 자녀들인 피고 1 내지 4 및 피고 4가 대리한 소외 1은 원고를 상대로 연명치료장치제거 등을 구하는 소를 제기하였고, 법원은 소외 1의 청구만을 받아들여 연명치료중단 판결을 선고하였으며, 그 판결은 대법원에서 확정되었다. 이 판결이 이른바 김할머니 판결로 널리 알려진 연명치료중단 판결이다.[282] 원고 병원 의료진은 이 확정판결에 따라 소외 1에게 부착된 인공호흡기를 제거하였으나 소외 1은 7개월 가까이 자발호흡으로 연명하다가 사망하였다. 소외 1의 상속인으로는 자녀인 피고 1 내지 4가 있다. 또한 기존 의료계약에 따른 총 진료비 중 미납진료비가 약 8,700만 원에 달하였다. 그런데 피고들은 연명치료중단 판결이 확정됨으로써 그 소송의 소장부본 송달 또는 1심판결 송달로 기존 의료계약이 해지되었다고 다투었다. 피고들의 주장에 따르면 해지 이후에 발생한 진료비에 대해서는 피고들이 아무런 책임을 부담하지 않게 된

---

281) 대법원 2001. 9. 14. 선고 99다42797 판결.
282) 대법원 2009. 5. 21. 선고 2009다17417 전원합의체 판결. 그 이후 「호스피스·완화의료 및 임종 과정에 있는 환자의 연명의료결정에 관한 법률」이 제정되었다.

다. 그러나 대법원은 이러한 피고들의 주장을 받아들이지 않았다.

대상판결은 2009년 대법원 전원합의체 판결의 취지에 따라, 회복불가능한 사망의 단계에 이른 후에 환자가 인간으로서의 존엄과 가치 및 행복추구권에 기초하여 자기결정권을 행사하는 것으로 인정되는 경우에는 특별한 사정이 없는 한 연명치료의 중단이 허용될 수 있다는 일반론을 밝힌 뒤, 환자가 의료인과 사이에 의료계약을 체결하고 진료를 받다가 미리 의료인에게 자신의 연명치료 거부 내지 중단에 관한 의사(이하 '사전의료지시'라고 한다)를 밝히지 않은 상태에서 회복불가능한 사망의 단계에 진입을 하였고, 환자 측이 직접 법원에 연명치료 중단을 구하는 소를 제기한 경우에는, 특별한 사정이 없는 한, 연명치료 중단을 명하는 판결이 확정됨으로써 그 판결의 주문에서 중단을 명한 연명치료는 더 이상 허용되지 않지만, 환자와 의료인 사이의 기존 의료계약은 판결 주문에서 중단을 명한 연명치료를 제외한 나머지 범위 내에서는 유효하게 존속한다고 판시하였다.[283] 이는 일부 해지가 아니라 진료내용의 변경을 의도한 것으로 이해된다.[284] 참고로 2009년 전원합의체 판결도 "진료행위의 내용 변경"을 요구할 수 있다는 표현을 사용하였다.

이러한 대상판결의 태도는 타당하다. 연명치료는 의료계약을 통해 제공되는 의료서비스의 한 내용일 뿐 그 전부가 아니다. 그렇기 때문에 연명치료 중단판결이 확정되었더라도 환자가 사망할 때까지 기본적인 보살핌을 위해 요구되는 나머지 의료행위는 계속되어야 한다.[285] 즉 시시각각 변하는 상황에 따라 구체적인 진료내용이 달라지듯, 연명치료 중단판결도 그러한 변수의 하나로 보아 구체적인 진료내용이 이에 대응하여 달라지는 것일 뿐이다. 그렇다면 기존 의료계약의 진료내용에서 연명치료 부분이 제외되는 시점은 언제인가? 대상판결에 따르면 그 시점은 연명치료 중단판결이 확정되는 시점이다. 그렇다면 이러한 판결은 계약의 내용을 변경시키는 형성력을 가지는 형성판결인가? 연명치료 중단소송은 이행소송의 형태를 취하고 있으나 대상판결에서는 그 실질을 일종의 형식적 형성소송으로 보았다.[286] 즉 연명치료 중단을 위해서는 회복불가능 단계로의 진입 외에도 환자의 자

---

283) 대상판결 이전의 학설도 그렇게 새겼다. 예컨대 김천수, "연명치료에 관한 계약법적 고찰", **성균관법학**, 제21권 제3호(2009), 89면.
284) 박정제, "연명치료 중단과 기존 의료계약의 존속 여부", **대법원판례해설**, 제107호(2016), 432면.
285) 「호스피스·완화의료 및 임종과정에 있는 환자의 연명의료결정에 관한 법률」 제19조 제2항은 "연명치료중단등결정 이행 시 통증 완화를 위한 의료행위와 영양분 공급, 물 공급, 산소의 단순 공급은 시행하지 아니하거나 중단되어서는 아니 된다."라고 규정한다.
286) 박정제(주 284), 433면.

기결정이 필요한데, 사전의료지시가 없는 경우에는 법원의 판결이 확정되어야 비로소 환자가 연명치료 중단을 원한다는 추정적 의사의 존재도 확정된다는 것이다.

그렇다면 대상판결 사안과 달리 환자의 사전의료지시가 존재하는 경우에는 언제 진료내용의 변경이 이루어지는가? 이론적으로는 그 후 회복불가능 상태에 빠지는 시점에 연명치료가 진료내용에서 제외된다고 말할 여지가 충분하다. 그러나 환자의 사전의료지시가 가지는 의미를 놓고 다른 해석이 존재할 수 있는데다가, 연명중단이라는 조치가 가지는 심중함에 비추어 볼 때 실제로 회복불가능 상태에 빠지는 그 순간부터 의료진이 독자적으로 연명치료를 중단하기는 쉽지 않을 것이다. 또한 연명치료 중단소송의 성질이 사전의료지시의 존부에 따라 이행소송이 되기도 하고 형식적 형성소송이 되기도 하는 것은 부자연스럽다. 이제 이러한 논쟁은 입법적으로 정리되었다. 「호스피스·완화의료 및 임종과정에 있는 환자의 연명의료결정에 관한 법률」 제19조 제1항은 연명의료중단 등 결정의 이행 시점을 규정하고 있기 때문이다. 이에 따르면 담당의사는 ① 제17조에 따라 연명의료계획서, 사전연명의료의향서 또는 환자가족의 진술을 통하여 환자의 의사로 보는 의사가 연명의료중단등결정을 원하는 것이고, 임종과정에 있는 환자의 의사에도 반하지 아니하는 경우, ② 제18조에 따라 연명의료중단등결정이 있는 것으로 보는 경우 즉시 연명의료중단등결정을 이행해야 한다.

제4장 채권각론-사무관리 · 부당이득 · 불법행위

제1절 개관

　민법전 채권편의 제3장 사무관리, 제4장 부당이득, 제5장 불법행위는 법정채권에 관한 장이다. 법정채권이라는 공통점 때문에 사무관리 · 부당이득 · 불법행위는 하나의 카테고리로 묶여 고찰 대상이 되기도 한다.[287] 하지만 각각의 분야가 차지하는 비중은 같지 않다. 실제로는 법정채권 분야에서 불법행위가 압도적으로 큰 비중을 차지하고 있다. 재판실무상으로도 불법행위 사건으로 분류할 만한 사건들은 부당이득 또는 사무관리 사건으로 분류할 만한 사건들보다 훨씬 많다. 아울러 불법행위법은 극히 다양한 사안 유형들을 규율하고 있어 그 법 분야 내에서 사건 유형별 법리가 점점 전문화되어 가는 양상을 보인다. 아울러 불법행위법은 속성상 사회의 현안과 밀접하게 연결된 경우가 많아 사회에 큰 파급효과를 일으키는 판결들도 자주 선고된다. 2010년대에도 불법행위의 문제를 주된 쟁점으로 삼은 10건의 전원합의체 판결들이 선고되었는데, 이들은 모두 사회적으로나 학리적으로 상당한 의미를 가지는 것들이다. 부당이득은 불법행위에 미치지는 못하나 여전히 중요한 법정채권 분야이다. 재판실무에서도 자주 문제될 뿐만 아니라 학술이론상으로도 첨예하고 난해한 쟁점들을 계속 생산해내는 분야이다. 근년에는 독일의 부당이득법 이론이 큰 영향을 미치고 있다. 이러한 점 때문에 2010년대에는 8건의 전원합의체 판결들이 부당이득의 문제를 주된 쟁점으로 다루었다. 반면 사무관리는 법정, 강의실, 연구실 어디에서도 깊이 있는 연구 대상이 되는 것 같지 않다. 사무관리의 세계는 계약법이나 부당이득법의 영역이 확장될수록, 상호부조 행위가 줄어들수록 축소된다. 또한 민법 제734조 내지 제740조에 규정된 사무관리 일반론은 이에 우선하는 개별 조항[288]이 늘어날수록 적용 빈도가 낮아진다. 이러한 이유 때문인지 우리나라 재판실무에서 사무관리가 문제되는 경우는 드물다.[289] 사무관

---

287) 加藤雅新, **事務管理 · 不當利得 · 不法行爲, 新民法大系** Ⅴ, 第2版(有斐閣, 2005).
288) 민법 제203조, 제325조와 같은 비용상환청구권 조항이 그 예이다.
289) 박운삼, "사무관리에 있어서 사무관리의사와 보수청구에 관하여", **판례연구**(부산판례연구회), 제

리에 관한 학술적인 연구도 충분히 이루어졌다고 할 수 없다. 독일에서 사무관리 법리를 적용한 판례가 많고, 이에 따른 학설상 논의도 활발한 것과는 대조적이다.[290] 하지만 2010년부터 2020년 사이에는 주목할 만한 사무관리 관련 판결들이 선고되었다. 아래에서 살펴본다.

제2절 사무관리

Ⅰ. 사무관리 의사

대법원 2010. 1. 14. 선고 2007다55477 판결은 사무관리 성립요건 중 하나인 사무관리 의사[291]에 관하여 다루었다.[292] 대상판결의 요지부터 말하면 다음과 같다. 계약에 따른 사무처리는 계약상 채무이행일 뿐 사무관리가 아니다. 하지만 계약의 범위를 벗어난 사무처리는 사무관리가 될 수 있다. 이때 계약 당사자가 향후 상대방과 사이에 별도 계약이 체결되리라 기대하고 사무처리를 하였다면 사무관리 의사를 인정할 수 있다. 이처럼 사무관리가 성립하면 사무관리자는 본인에게 비용상환을 청구할 수 있다. 한편 사무관리자가 영업의 일환으로 유상으로 타인을 위하여 일하는 사람이라면 상환대상이 되는 비용은 통상적인 보수에 상당하는 액수이다.

해당 사안에서 피고는 대한주택공사로부터 도급받은 공사를 수행하는 자이자 공사 현장에서 발생하는 폐기물배출자로서 그 폐기물을 처리해야 하는 지위에 있었다. 한편 원고는 폐기물처리업체로서 건설폐기물 처리 용역계약에 따라 건설폐기물 처리업무를 실제로 수행하고 있었다. 건설폐기물 처리 용역계약은 공사 발주자인 대한주택공사와 폐기물 처리업체인 원고 사이에 체결되었으나, 건설폐기물

23집(2012). 305면.

290) 이병준, "사무관리 제도의 기능과 그 적용범위 : 계약이 성립하지 않거나 무효인 경우를 중심으로", **고려법학**, 제56호(2010), 138면.

291) 사무관리의 성립에 사무관리의사라는 주관적 요건이 필요하지 않다는 견해도 있으나(이은영, **채권각론**, 제4판(박영사, 2004), 649면 이하), 이는 "타인을 위하여" 사무를 관리할 것을 요하는 민법의 명문 규정에 반한다. 대법원은 사무관리의사를 사무관리 성립요건으로 본다. 대법원 1995. 3. 3. 선고 93다36332 판결; 대법원 2010. 2. 11. 선고 2009다71558 판결; 대법원 2010. 6. 10. 선고 2009다98669 판결.

292) 이 판결에 대한 평석으로 이병준, "사무관리의 성립과 노무 제공에 따른 보수청구권 : 대법원 2010. 1. 14. 선고 2007다55477 판결에 대한 평석", **안암법학**, 제34호(2011); 박운삼(주 289).

처리에 관한 종국적인 의무는 건설폐기물에 관한 전반적인 관리책임을 맡고 있는 피고가 부담하였다. 한편 당초의 계약 물량을 초과한 건설폐기물이 발생하자 원고가 건설폐기물의 처리를 중단하였다가 피고의 요청으로 용역업무를 재개하여 위 초과 건설폐기물을 처리하게 된 것이었다. 대법원은 원심법원과 마찬가지로 이 경우 원고가 피고를 위하여 사무를 처리하는 의사를 가지고 초과 건설폐기물을 처리하였다고 판단한 것이다. 도급계약에서는 현장의 상황으로 인해 일단 계약에서 정한 범위를 벗어나는 조치를 취하는 경우가 발생하기도 한다. 대상판결은 이때 계약법의 보충규범으로서 사무관리법이 활용될 수 있다는 점을 보여주었다.

Ⅱ. 전용물소권과 사무관리

대법원 2013. 6. 27. 선고 2011다17106 판결은 전용물소권의 법리가 사무관리와 관련해서도 적용될 수 있음을 보여주었다. 해당 사안에서 원고는 대한민국의 해군 전술자료 처리체계(Korean Naval Tactical Data System, KNTDS)의 유지·보수를 담당하는 용역업체였다. 한편 KNTDS에는 영국회사가 발간하는 군사 정보 관련 연감인 Jane's Yearbook의 내용을 전산상 열람할 수 있는 Jane's Data System(JDS)이 설치되어 있었다. 그런데 JDS를 이용하려면 매년 영국회사로부터 JDS 사용권을 취득하여야 했다. 용역계약상 이러한 JDS 사용권의 취득의무는 용역업체인 원고에게 있었다. 그런데 원고와 대한민국의 용역계약이 종료되기 전 JDS 사용권이 만료될 상황이 되자 원고는 1년치 JDS 사용권을 구매하였고, 용역계약 종료 후 약간의 공백을 거쳐 피고가 새로운 용역업체로 선정되었다. 피고는 원고가 이미 1년치 JDS 사용권을 구매하여 놓은 덕택에 자신의 비용으로 이를 구매할 필요가 없었다. 그러자 원고는 피고에게 피고가 절감한 비용 상당액의 부당이득반환 청구를 하였다.

대상판결의 요지는 다음과 같다. 계약상 급부가 계약 상대방뿐 아니라 제3자에게 이익이 된 경우에 급부를 한 계약당사자는 계약 상대방에 대하여 계약상 반대급부를 청구할 수 있는 이외에 제3자에 대하여 직접 부당이득반환청구를 할 수는 없다고 보아야 하고, 이러한 법리는 급부가 사무관리에 의하여 이루어진 경우에도 마찬가지이다. 따라서 의무 없이 타인을 위하여 사무를 관리한 자는 타인에 대하여 민법상 사무관리 규정에 따라 비용상환 등을 청구할 수 있는 외에 사무관리에 의하여 결과적으로 사실상 이익을 얻은 다른 제3자에 대하여 직접 부당이득반환을 청구할 수는 없다.

이 사건에서 원고는 대한민국과의 용역계약 기간 중에만 JDS 사용이 가능하도록 사무를 처리하면 되는 상황이었다. 그러나 JDS 사용권은 1년 단위로 구매하도록 되어 있었고, 대한민국은 원고에게 용역계약 직후 JDS 사용이 불가능할 경우 업무에 차질이 빚어질 수 있다는 통지를 한 상황이었으므로 원고는 자신에게 계약상 요구되는 범위를 넘어서서 JDS 사용권을 구매할 수밖에 없었다. 이처럼 계약을 넘어선 관리행위는 앞서 대법원 2010. 1. 14. 선고 2007다55477 판결에서 본 것처럼 사무관리에 해당한다. 그런데 여기에서 사무관리의 상대방은 새로운 용역업체인 피고가 아니라 JDS 사용주체인 대한민국이다. 그러므로 원고는 대한민국을 상대로 사무관리에 기한 비용상환청구권을 행사하는 것이 타당하다. 이로 인하여 새로운 용역계약을 체결한 피고도 간접적으로 이익을 얻었으나, 이 경우 사무관리로 인한 비용상환청구권에 더하여 피고에 대한 부당이득반환청구까지 인정할 경우 사무관리자가 과도하게 우대받는 결과가 되고, 피고가 대한민국에 대하여 가지는 계약상 항변권 등을 침해하게 되어 부당하다. 이러한 이익상황을 부당이득에 관하여 반영한 것이 전용물소권의 법리이다.293) 대상판결은 이러한 전용물소권의 법리가 사무관리에도 적용될 수 있음을 명확히 하였다. 사무관리는 부당이득이 아니지만 비용부당이득의 정신을 공유한다는 점을 생각하면 이해할 수 있는 판결이다.

Ⅲ. 원유 유출 사고와 사무관리

대법원 2014. 12. 11. 선고 2012다15602 판결은 국가를 위한 사무관리 문제를 다루었다. 충남 태안에서 선박간 충돌로 인해 원유가 유출되는 사고(이른바 '허베이호 사고')가 발생하였다. 이 사고는 그 이후 「허베이 스피리트호 유류오염사고 피해주민의 지원 및 해양환경의 복원 등에 관한 특별법」의 제정으로 이어질 정도로 유례없는 대형 해양오염사고로 사회의 이목을 끌었다. 사고 직후 해양오염의 확산을 막아야 하는 급박한 상황에서 해양경찰은 해상 방제업을 영위하는 민간업체인 원고에게 방제작업 지원을 요청하였다. 이에 원고는 국가기관인 해양경찰의 직접적인 지휘를 받아 방제작업을 보조하였다. 그 후 원고는 피고인 국가를 상대로 용

---

293) 대법원 2002. 8. 23. 선고 99다66564, 66571 판결; 대법원 2005. 4. 15. 선고 2004다49976 판결; 대법원 2011. 11. 10. 선고 2011다48568 판결.

역비를 청구하였다. 그런데 원고와 피고 사이에는 어떤 계약에 체결된 것은 아니었다. 그러므로 계약상 용역비청구는 불가능하였다. 따라서 원고가 피고에게 사무관리로 인한 비용상환을 청구할 수 있는지가 문제되었다.

대법원은 타인의 사무가 국가의 사무인 경우, 원칙적으로 사인이 법령상 근거 없이 국가의 사무를 수행할 수 없다는 점을 고려하면, 사인이 처리한 국가의 사무가 사인이 국가를 대신하여 처리할 수 있는 성질의 것으로서, 사무 처리의 긴급성 등 국가의 사무에 대한 사인의 개입이 정당화되는 경우에 한하여 사무관리가 성립하고, 사인은 그 범위 내에서 국가에 대하여 국가의 사무를 처리하면서 지출된 필요비 내지 유익비의 상환을 청구할 수 있다고 보았다. 해당 사안에 관하여 대법원은, 원유 유출사고에 따른 해양오염을 방지하기 곤란할 정도로 긴급방제조치가 필요한 상황이었고, 위 방제작업은 국가의 의무 영역과 이익 영역에 속하는 사무이며, 원고가 방제작업을 하면서 해양경찰의 지시·통제를 받았던 점 등에 비추어 원고는 국가의 사무를 처리한다는 의사로 방제작업을 한 것으로 볼 수 있으므로, 사무관리에 근거하여 국가에 방제비용을 청구할 수 있다고 보았다.

사무관리의 사무에 국가나 지방자치단체와 같은 공법인의 사무도 포함되는가? 일반적으로 국가의 사무는 국가가 직접 처리해야 한다. 만약 사인(私人)이 국가의 사무를 수행하려면 법령에 근거하여 그 권한을 위탁받아야 한다(정부조직법 제6조 제3항). 그런데 국가의 사무 중에는 속성상 사인이 대신 수행할 수도 있고, 또 사인이 수행할 필요가 있는 상황도 있다. 이러한 경우에는 사인이 공무를 수탁받아 처리한 것은 아니라도 일단 그 공무를 처리한 후 비용을 상환해 달라고 요구할 수도 있다. 즉 국가의 사무라는 이유로 언제나 사무관리의 성립이 부정되는 것은 아니다. 대상판결 이전에 선고되었던 대법원 2013. 6. 27. 선고 2011다17106 판결도 국가에 대한 사무관리가 성립할 수 있다는 점을 암묵적으로 전제하였던 판결이다. 일본의 해석론도 같은 취지이다.[294]

이 사건의 경우 원유 유출사고 처리를 위한 방제작업은 국가 및 사고 선주의 사무이지만 사인이 대신 수행할 수 있는 속성의 것이었다. 또한 사태의 긴박성에 비추어 해양오염을 막기 위해 국가 외의 민간 방제업체들도 동원될 필요성이 있는 상황이었다. 이러한 방제작업은 국가의 요청에 따른 것이었으므로 국가의 의사에

---

294) 新版注釋民法(18), 債權(9)(有斐閣, 2015), 175－178면(高木多喜男 집필 부분)

명백히 반하여 이루어진 사무처리도 아니었다. 행정 주체 사이의 사무관리에 대해서는 공법상 사무관리 이론이 적용되어야 하나,[295] 이 사안에서는 사무관리의 주체가 사인이었다. 대상판결은 이러한 제반 사정을 참작하여 국가의 사무에 대한 민법상 사무관리를 인정하였다.[296]

IV. 사무관리 관련 기타 판결

1. 채권자대위권과 사무관리

대법원 2013. 8. 22. 선고 2013다30882 판결은 채권자대위권과 사무관리의 상호관계를 다루었다. 이 판결에 따르면, 채권자가 자신의 채권을 보전하기 위하여 채무자가 다른 상속인과 공동으로 상속받은 부동산에 관하여 공동상속등기를 대위신청하였다면, 채권자는 자신의 채무자가 아닌 제3자에 대하여도 다른 특별한 사정이 없는 한 사무관리에 기하여 그 등기에 소요된 비용의 상환을 청구할 수 있다고 보았다. 사무관리가 성립하려면 타인을 위하여 사무를 처리할 것이 요구된다. 한편 채권자는 자기 채권을 보전하기 위해 타인의 권리를 행사한다. 그런데 대상판결은 이러한 점만으로 공동상속인들을 위하여 사무를 처리한다는 의사가 부인되지는 않는다고 보았다. 사무관리의사는 관리의 사실상 이익을 타인에게 귀속시키려는 의사로 충분하고, 그 사무관리가 결과적으로 관리자 자신에게도 이익이 된다고 하여 사무관리의사가 부정되지 않는다는 것이다.

2. 제3자와의 약정에 의한 사무처리와 사무관리

대법원 2013. 9. 26. 선고 2012다43539 판결은, 의무 없이 타인의 사무를 처리한 자는 그 타인에 대하여 민법상 사무관리 규정에 따라 비용상환 등을 청구할 수 있으나, 제3자와의 약정에 따라 타인의 사무를 처리한 경우에는 의무 없이 타인의 사무를 처리한 것이 아니므로 이는 원칙적으로 그 타인과의 관계에서는 사무관리가 된다고 볼 수 없다고 보았다. 사무관리자는 제3자와의 약정에 따라 제3자와의 관계에서는 타인의 사무를 처리할 의무가 있다. 그러나 사무관리자와 타인 간에는

---

295) 최계영, "행정주체 사이의 사무관리와 비용상환청구—독일의 공법상 사무관리 이론을 중심으로—", **특별법연구**, 제14권(2017) 참조.

296) 이에 대해서는 해당 사안은 공법상 사무관리 사안이므로 공법상 당사자소송의 형태로 처리되었어야 한다는 행정법학자의 비판이 있다. 김중권, "사인의 방제보조작업에 대한 사무관리적 접근의 문제점", 법률신문 제4315호(2015) 참조.

아무런 계약이 없으므로 타인과의 관계에서는 여전히 그러한 의무가 없다고 볼 수도 있다. 그 점에서 대상판결의 논리에는 의문이 제기된다. 그러나 다른 한편 사무관리자는 제3자와의 약정에 따른 자신의 채무 이행으로서 사무를 처리한 것이므로 타인의 사무처리를 요건으로 하는 사무관리는 성립하지 않는다고 볼 수도 있다. 또한 설령 이를 타인의 사무처리라고 보더라도 그 사무처리에 따른 법률관계는 사적 자치의 원칙에 따라 우선 제3자와의 약정에서 정한 바에 따라 처리되어야 하므로,[297] 제3자와의 약정에서 그 약정 이행에 따른 비용상환 문제를 이미 규율하고 있다면 사무관리 법리는 적용될 여지가 없다. 결국 해당 사안에서 사무관리는 성립하지 않는다고 한 대상판결의 결론은 타당하다.

제3절 부당이득

Ⅰ. 부당이득 성립요건

1. 이익

부당이득이 성립하려면 이익이 있어야 한다. 이에 관해 대법원은 "법률상 원인 없이 이득하였음을 이유로 한 부당이득반환에 있어서 이득이라 함은 실질적인 이익을 가리키는 것이므로 법률상 원인없이 건물을 점유하고 있다고 하여도 이를 사용수익하지 못하였다면 실질적인 이익을 얻었다고 볼 수 없는 것"이라는 입장을 취한다.[298] 이러한 실질적 이익의 개념은 본래 임대차관계에서 임차인 보호를 위해 창안된 것인데 최근에는 다양한 사안 유형으로 일반화되는 경향을 보이고 있다. 이러한 판례의 태도에 대해서는 유력한 비판론이 제기되고 있다.[299] 어쨌든 대법원은 2010년대에도 실질적 이익 개념에 기초한 듯한 판결들을 계속 선고하였다.[300] 가령 대법원 2011. 9. 8. 선고 2010다37325, 37332 판결은 甲이 丙 명의의 계좌에 송금한 당일 丙 명의의 계좌 통장과 도장을 소지하고 있던 乙이

---

[297] 이준현, "제3자와의 약정에 따른 타인 사무의 처리는 사무관리가 될 수 없는가", **민사법학**, 제66호(2014), 567면.

[298] 대법원 1984. 5. 15. 선고 84다카108 판결 등 다수.

[299] 예컨대 이계정, "송금된 금원에 대한 예금 명의인의 부당이득반환의무 유무의 판단기준 : 부당이득에 있어서 이득의 개념을 중심으로", **민사판례연구**, 제35권(2013), 575－578면.

[300] 무권한자의 변제수령에 관한 민법 제472조의 적용 문제를 다룬 대법원 2014. 10. 15. 선고 2013다17117 판결도 실질적인 이익의 개념을 사용하고 있다.

전액 인출한 경우 부당이득자는 실질적 이익을 취득한 乙이라고 보았다. 대법원 2015. 5. 29. 선고 2012다92258 판결은 금전채권의 질권자가 피담보채권을 초과하여 금전을 지급받았다가 그 초과 지급부분을 질권설정자에게 그대로 반환한 경우에는 초과 지급부분에 관하여 질권자가 아닌 질권설정자가 실질적 이익을 받았으므로 질권자를 상대로 그 부분에 대한 부당이득반환청구를 할 수 없다고 보았다. 대법원 2016. 4. 28. 선고 2012다19659 판결은 복수의 양도담보 목적물이 부합되어 그중 피부합목적물에 대한 양도담보권자가 손해를 본 경우 이로 인하여 실질적 이익을 입은 자는 양도담보설정자이므로 양도담보권자를 상대로 민법 제261조에 따른 보상을 청구할 수 없다고 보았다. 대법원 2018. 5. 30. 선고 2018다201429 판결도 비슷한 맥락에서 타인의 토지를 건물부지로 무단점유, 사용하는 경우 그 건물을 실제로 사용, 수익하는 양도담보설정자가 부당이득반환의무를 부담한다고 판시하였다. 이러한 일련의 판례의 태도는 부당이득관계에서는 누구에게 이익이 귀속되는가를 따지지 않을 수 없고, 이 경우에 법 형식에 지나치게 얽매이지 않고 이익상황의 실질을 보아야 한다는 취지로 본다면 이해하지 못할 바 없다.

2. 손해

대법원 2020. 5. 21. 선고 2017다220744 전원합의체 판결은 집합건물 공용부분에 대한 부당이득반환청구에 관하여 다루면서 부당이득에 있어서 손해의 요건이 가지는 의미를 다루었다. 집합건물인 상가건물의 구분소유자 중 1인인 피고는 자신의 전유부분을 넘어서 공용부분인 1층 복도와 로비에도 영업시설을 설치하여 이를 마치 전유부분처럼 독점적으로 사용·수익하였다. 그러자 집합건물 관리단인 원고가 피고를 상대로 공용부분 인도 및 부당이득반환을 청구하였다.

대상판결의 요지는 다음과 같다. 구분소유자 중 일부가 정당한 권원 없이 집합건물의 복도·계단 등과 같은 공용부분을 배타적으로 점유·사용함으로써 이익을 얻고 그로 인하여 다른 구분소유자들이 해당 공용부분을 사용할 수 없게 되었다면 공용부분을 무단점유한 구분소유자는 특별한 사정이 없는 한 해당 공용부분을 점유·사용함으로써 얻은 이익을 부당이득으로 반환할 의무가 있다. 해당 공용부분이 구조상 이를 별개 용도로 사용하거나 다른 목적으로 임대할 수 있는 대상이 아니더라도 무단점유로 인하여 다른 구분소유자들이 해당 공용부분을 사용·수익할 권리가 침해되었고 이는 그 자체로 민법 제741조에서 정한 손해로 볼 수 있다. 이러한 법리는 구분소유자가 아닌 제3자가 집합건물의 공용부분을 정당한 권원 없이 배타적으로 점유·사용하는 경우에도 마찬가지로 적용된다. 이에 대해 필수적 공용부분은 별개 용도로 사용하거나 다른 목적으로 임대할 수 있는 대상이 아니므로 구분소유자 중 일부나 제3자가 점유·사용하였더라도 이로 인하여 다른 구분소유자에게 차임 상당 이익을 상실하는 손해가 발생하였다고 볼 수 없다는 반대의견이 있었다.

대상판결은 종래 판례301)를 변경하고 공용부분에 대한 부당이득반환청구를 인정하였다. 이 사건에서는 여러 부당이득 유형 중 침해부당이득이 문제된다. 침해부당이득에서의 손해는 배타적으로 할당된 법적 이익의 침해 상태를 의미한다. 이러한 침해 상태는 그 자체로 손해를 구성한다. 그러한 의미에서 침해부당이득에서 이득과 손해는 동전의 양면 또는 물체와 그 거울상(mirror image)의 관계에 있다. 집합건물도 마찬가지이다. 집합건물 구분소유자들은 공용부분을 공유한다. 공유도 물건을 사용·수익·처분할 수 있는 소유권의 속성을 지닌다. 따라서 공용부분 공유자들은 그 부분을 그 용도에 따라 사용할 수 있고(집합건물법 제11조) 규약에 달리 정한 바가 없으면 그 지분비율에 따라 공용부분에서 생기는 이익을 취득한다(집합건물법 제17조). 그런데 공유자 중 1인이 공용부분을 배타적으로 무단사용하면 그 범위에서 다른 공유자들에게 할당된 법적 이익으로서의 사용·수익권이 그 무단사용 공유자에게 귀속되는 듯한 왜곡 상태가 발생하고 이로써 다른 공유자들의 사용·수익권이 침해된다. 이러한 상태는 곧 부당이득법상 손해를 구성한다. 다른 공유자들에게 실제로 손해가 발생하였는지, 목적물을 제3자에게 임대하여 차임을 얻을 수 있었는지를 별도로 따질 필요가 없다. 대상판결은 부당이득의 성립요건인 손해의 의미를 좀더 명확하고 구체적으로 규명하면서 특히 유형론의 연장선상에서 침해부당이득의 본질을 더욱 잘 이해하는 데 도움이 되는 판결이다. 다만 반대의견이 제기한 세세한 문제점들 가령 공용부분의 사용·수익권 침해에 따른 부당이득액을 어떻게 산정할 것인지, 관리단과 구분소유자의 부당이득반환청구권의 상호관계가 무엇인지 등은 향후 판례의 축적을 통하여 더욱 명확히 해야 할 부분이다.

---

301) 대법원 2015. 11. 26. 선고 2014다31684 판결 등 다수.

3. 법률상 원인

가. 국립대 기성회비와 법률상 원인

대법원 2015. 6. 25. 선고 2014다5531 전원합의체 판결은 국립대학의 기성회가 기성회비를 납부받은 것이 '법률상 원인 없이' 타인의 재산으로 이익을 얻은 경우에 해당하지 않는다고 보았다. 이 사건에서는 수십년간 사실상 등록금의 일부처럼 납부해 온 기성회비가 부당이득에 해당하는가가 다투어졌다. 기성회비는 대학 운영재원의 상당 부분을 차지하고 있었다.[302] 그런데 기성회비의 납부에 관한 법적 근거가 불분명하였다. 고등교육법 제11조 제1항에 따르면 학교의 설립자·경영자는 "수업료와 그 밖의 납부금"을 납부받을 수 있다. 실제로 학생들이 납부하는 금액 항목은 수업료, 입학금, 기성회비였다. 그중 수업료는 징수 근거가 명확하고, 입학금은 "그 밖의 납부금"으로 이해하는 데 어려움이 없었다. 문제는 기성회비였다. 실제로는 대학이 직접 기성회비를 납부받지만, 법 형식상으로는 기성회(期成會)라는 별도 단체가 이를 납부받아 대학에 기부채납하는 것으로 이해되었다.

기성회는 사전적으로는 "어떤 일을 이루기 위하여 뜻을 같이하는 사람들이 조직한 모임"인데, 대학과 관련해서는 재정적인 후원단체를 가리킨다. 이처럼 법 형식상으로는 기성회비의 급부 수령 주체는 기성회이므로 그 급부에 관한 부당이득 반환 주체도 기성회이다. 기성회는 국립대학과 사립대학을 가리지 않고 널리 설립되어 있었는데, 사립대학은 1999년 기성회비를 폐지하여 수업료에 통합하였다. 그러나 국립대학은 이 사건이 문제될 때까지도 계속 기성회비를 납부받고 있었고, 국고회계와는 별도의 기성회계로 그 기성회비를 운영하였다. 2015년 「국립대학의 회계 설치 및 재정 운영에 관한 법률」이 제정·시행되어 기존의 국고회계와 기성회계가 대학회계로 통합되면서 국립대학의 기성회비가 수업료에 통합되었다.

국립대학이 당초 기성회비를 납부받아 재원에 충당한 이유는 수업료와 입학금만으로는 대학운영재원이 부족한데다가 국가로부터의 재정지원도 충분하지 않았기 때문이다. 기성회는 건국 후 대학을 설립하고 운영하는 재원이 부족한 상황에서 지역유지나 상공인이 후원회를 결성하여 대학의 재정을 부담한 데에서 비롯되었다. 그 이후 재정부담 주체가 학생 또는 학부모로 바뀌었다. 국가는 1963년 문

---

302) 대상판결 이유에 따르면 국립대학 학생이 납부하는 총 등록금 중 기성회비가 차지하는 비중은 2002학년도부터 2007학년도까지는 약 80% 내외, 2010학년도에는 84.6%에 이르렀다.

교부 훈령인 「대학, 고·중학교 기성회 준칙」을 제정하여 기존의 등록금 외에 기성회비를 징수할 수 있는 근거를 마련하였고, 1977년 1월에는 문교부 훈령인 「국립대학(교) 비국고회계관리규정」을 제정하여 국고회계와 별도로 기성회회계를 운영할 수 있는 근거를 마련하였다. 이처럼 기성회비가 완전히 제도권 바깥에 있었던 것은 아니다. 오히려 기성회비는 국가의 묵인 내지 승인 아래 사실상 등록금의 일부처럼 수십년 간 징수되어 대학 재원의 일부로 사용되어 왔다. 하지만 법률 차원에서는 기성회비의 납부 근거를 구체적으로 규정하지는 않았다. 바로 이 점 때문에 국립대학이 기성회비를 납부받을 법률상 원인이 없어 이를 부당이득으로 반환해야 한다는 본건 소송이 제기된 것이다. 이와 관련하여 고등교육법 제11조 제1항의 "그 밖의 납부금"에 기성회비를 포함시켜 해석할 수 있는가가 쟁점이 되었다.

  대상판결은 그렇게 해석할 수 있다고 보았다. 우선 대법원은 고등교육법 제11조 제1항 자체에서는 기성회비를 구체적으로 언급하고 있지 않지만, 그 외 사립학교법 등 다른 법률들[303]은 기성회비가 수업료와 유사한 실질을 가지고 있음을 고려하여 이를 수업료와 마찬가지로 취급하고 있다는 점에 주목하였다. 또한 법 형식상으로는 기성회장 명의로 기성회비 납부 고지를 하여 기성회가 이를 납부받은 뒤 대학에 기부채납하는 구조로 되어 있으나, 실질적으로는 대학이 완전한 지배권을 가지고 기성회비 액수를 결정하고 기성회를 거치지 않고 직접 학생으로부터 납부받아 대학 운영에 사용하고 있으므로, 그 점에서도 수업료와 다를 바가 없다고 보았다. 나아가 이를 실제로 대학 운영에 사용한 이상 원고들이 어떤 손해를 본 것이 아니고, 오히려 그 반환을 명하면 원고들이 대가 없이 국립대학을 이용하게 된 셈이 되어 부당이득제도의 본질인 공평과 이념에 반한다고 보았다. 요컨대 실질적으로 보면 기성회비는 수업료와 마찬가지로 공법상 영조물인 국립대학의 이용대가의 일부로 납부되어 왔고, 고등교육법 제11조 제1항도 그 납부 근거로 해석될 수 있으므로 부당이득이 아니라는 것이다.[304] 이에 대해서는 고등교육법 제11조

---

303) 「국가유공자 등 예우 및 지원에 관한 법률」 제25조 제1항, 「5·18 민주유공자예우에 관한 법률」 제13조, 「북한이탈주민의 보호 및 정착지원에 관한 법률 시행령」 제46조 제3항, 「특수임무유공자 예우 및 단체설립에 관한 법률」 제12조 등은 교육지원의 내용으로 '수업료·입학금·기성회비'를 면제 또는 지원한다고 규정하고 있고, 사립학교법 제28조 제3항은 "고등교육법 제11조의 규정에 의한 수업료 기타 납부금(입학금·학교운영지원비 또는 기성회비를 말한다)을 받을 권리는 이를 압류하지 못한다."고 규정하고 있다.

304) 대상판결이 오토 마이어의 영조물 이용관계의 관념을 그대로 계승한 것으로 평가하면서, 이러한 관념은 이제 극복되어야 한다고 비판하는 한편, "영조물 이용에 대한 사용료"가 아닌 "공공서비스

제1항은 어디까지나 "학교의 설립자·경영자"가 납부받는 주체가 되는 경우에만 적용될 뿐이고, 이 사건처럼 제3자인 기성회가 납부받는 주체가 되는 경우에는 적용될 수 없으므로 "그 밖의 납부금"으로 볼 수 없다는 반대의견이 있었다.

대상판결은 타당하다. 우선 법 형식상으로는 기성회가 기성회비의 부과 및 수령 주체로 되어 있으나, 실제로 기성회는 학생 또는 학부모로부터 학교로 등록금의 일부를 전달하는 도관에 불과하였다. 물론 이러한 편법적 등록금 수령은 대학의 재정난, 강한 규제에 따른 자율적 등록금 책정의 불가능성, 기성회 제도의 연혁 등을 고려하더라도 결코 바람직한 현상은 아니었다. 그러나 대학—기성회—납부자 등 이 법률관계에 관여한 모든 주체들은 기성회비를 대학에 귀속되는 등록금의 일부로 주고받는다는 의사를 가지고 있었다. 실질적 이익도 대학에 귀속되었다. 또한 단축급부관계에서 실제로 급부를 수령하는 외관을 가지는 자와 규범적으로 급부의 수령 주체가 되는 자가 달라질 수 있는 것처럼, 외견상 기성회가 수령 주체라고 하더라도 규범적으로는 대학이 수령 주체라고 볼 여지가 충분하다. 기성회 징수에 관한 성문법 조항이 없는 것은 사실이나, 부당이득법에 있어서 "법률상 원인"이 언제나 특정한 성문법 조항의 형태로만 존재해야 하는 것은 아니다. 부당이득에 관한 독일 민법 제812조가 "법적 근거(rechtlichen Grund)"라는 포괄적 개념을 사용하는 데에서 알 수 있듯이 여기에서의 "법률상 원인"은 법질서 전체의 관점에서 해당 이득을 정당화할 수 있는 제반 원인을 포괄하는 넓은 개념이다. 기성회비는 정부 부처의 훈령 등에 의해 제도권 내에서 그 실체를 인정받아 규율의 대상이 되어 왔고, 기성회비의 존재 및 그 정당성을 전제로 한 다른 법률들의 규정도 다수 존재하였다. 그렇다면 비록 성문법 조항은 없더라도 법질서 전체의 관점에서는 기성회비의 납부와 수령이 정당화될 수도 있다. 물론 기성회비에 관한 관행은 개선되어야 마땅하고, 궁극적으로는 이를 규율할 법적 근거를 마련하고 절차를 정비해야 한다. 실제로도 이제는 국공립대학과 사립대학을 불문하고 기성회비를 수업료의 일부로 포함하여 납부받고 있다. 하지만 수십 년간 등록금의 일부로 엄연히 기능해 온 기성회비를 이제 와서 법률상 원인이 없는 금액이라고 하여 부당이득으로 반환하게 하는 것은 타당하지 않다.

이용에 대한 수수료"로 표현하는 것이 타당하다고 하는 견해로 이광윤, "기성회비의 법적 성격", 행정판례연구, 21-2집(2016), 169-170면.

나. 과세처분의 당연무효와 부당이득

대법원 2018. 7. 19. 선고 2017다242409 전원합의체 판결은 과세처분의 당연무효와 부당이득의 문제를 다루었다. 사안은 다음과 같다. 원고는 세무서의 종합소득세 등 각 부과처분(이하 '이 사건 각 부과처분'이라고 한다)에 따른 세금을 모두 납부하였다. 그런데 종합부동산세법 시행령에 기재된 공제세액 계산식의 의미에 대한 해석론은 불명확한 상태였다. 그 이후 대법원 판례[305]를 통해 그 의미가 명확해지게 되었다. 그러자 원고는 이 사건 소를 제기하여, 이 사건 각 부과처분 중 위 대법원 판결의 법리에 의한 공제세액 계산식을 적용한 정당세액을 초과하는 부분은 위법하고 그 하자가 중대·명백하여 당연무효라고 주장하였다. 이와 관련하여 과세처분의 하자가 중대·명백하여 당연무효가 된다는 것의 의미가 무엇인지가 다투어졌다.

대상판결의 요지는 다음과 같다. 과세처분이 당연무효라고 하기 위하여는 그 처분에 위법사유가 있다는 것만으로는 부족하고 그 하자가 법규의 중요한 부분을 위반한 중대한 것으로서 객관적으로 명백한 것이어야 하며, 하자가 중대하고 명백한지를 판별할 때에는 과세처분의 근거가 되는 법규의 목적·의미·기능 등을 목적론적으로 고찰함과 동시에 구체적 사안 자체의 특수성에 관하여도 합리적으로 고찰하여야 한다. 그리고 어느 법률관계나 사실관계에 대하여 어느 법령의 규정을 적용하여 과세처분을 한 경우에 그 법률관계나 사실관계에 대하여는 그 법령의 규정을 적용할 수 없다는 법리가 명백히 밝혀져서 해석에 다툼의 여지가 없음에도 과세관청이 그 법령의 규정을 적용하여 과세처분을 하였다면 그 하자는 중대하고도 명백하다고 할 것이나, 그 법률관계나 사실관계에 대하여 그 법령의 규정을 적용할 수 없다는 법리가 명백히 밝혀지지 아니하여 해석에 다툼의 여지가 있는 때에는 과세관청이 이를 잘못 해석하여 과세처분을 하였더라도 이는 과세요건사실을 오인한 것에 불과하여 그 하자가 명백하다고 할 수 없다. 따라서 부당이득반환청구는 할 수 없다. 이에 대해서는 과세관청이 취한 해석론이 잘못되었다는 법리가 뒤늦게나마 분명하게 밝혀져 과세처분에 정당성이 없다는 사정이 확인되었으면, 그 과세처분의 하자가 명백하지 않더라도 그 과세처분에 있는 하자는 무효사

---

305) 대법원 2015. 6. 23. 선고 2012두2986 판결.

유가 된다는 반대의견이 있었다.

행정처분이 무효가 되려면 그 하자가 중대·명백해야 한다는 것이 판례의 주류적 태도이다.[306] 한편 이 사건에서는 대법원 판결이 선고되기 전에 행해진 과세처분의 하자가 명백하지 않다는 점에 대해 대법관들의 의견이 일치하였다. 대상판결은 명백성 요건이 갖추어지지 않았으므로 과세처분을 무효라고 할 수 없고 과세처분의 무효를 전제로 한 부당이득반환청구도 허용되지 않는다는 논리를 채택하였다. 반면 반대의견은 하자가 중대하다면 설령 그 하자가 명백하지 않더라도 과세처분이 무효가 될 수 있다는 명백성 보충요건설에 입각하였다.[307] 또한 반대의견은 과세처분에 대한 항고소송이 90일이라는 짧은 기간 내에 이루어져야 하고, 그 기간이 지나면 납세자는 더 이상 불복할 수 없는 지위에 있는 점, 그런데 과세처분의 하자가 명백하지 않다는 이유로 부당이득 반환청구까지 봉쇄되면 과세관청의 잘못된 법령해석으로 인한 불이익을 납세자에게 전가하는 셈이 되어 부당하다는 점을 들어 부당이득반환청구를 인용해야 한다는 입장을 취하였다.

일반적인 행정처분은 제3자의 이해관계와도 관련되는 경우가 많으므로 행정의 계속성과 안정성을 위해 행정처분을 쉽사리 무효화해서는 안 된다. 중대명백설은 이러한 이념에 터 잡은 것이다. 과세처분도 행정처분의 일종이기는 하다. 그러나 과세처분은 국가와 납세자 사이의 금전적인 채권채무관계를 다룰 뿐이고, 대세적인 법률관계의 토대가 되지 않는다. 또한 세금의 효율적이고 확실한 징수도 중요하나, 잘못된 법령해석에 기초하여 과도하게 세금을 징수하였다면 돌려주는 것이 상식에도 부합한다. 물론 납세자는 90일 내에 조세쟁송절차를 통해 다툴 수 있으나, 사실관계가 아닌 법령의 해석론의 잘못을 들어 불복하기는 쉽지 않은데다가, 다수의견대로라면 일단 불복하고 보는 납세자를 순종적인 납세자보다 더 우대하는 결과가 되어 조세 쟁송을 부추기는 면도 있다. 따라서 반대의견에 찬성한다. 대법원 판례와 다른 해석론에 기초하여 징수한 세금을 모두 돌려주어야 한다면 국가재정에 큰 부담을 줄 수 있기는 하다. 또한 이러한 점으로 인해 대법원이 과세관청의 해석과 다른 판결을 선고하는 것을 주저하게 될 수도 있다. 그러나 국가를

---

306) 대법원 2006. 3. 16. 선고 2006두330 전원합의체 판결 등 다수.
307) 대법원 1995. 7. 11. 선고 94누4615 전원합의체 판결에서도 명백성 보충요건설에 따른 반대의견이 있었고, 대법원 2009. 2. 12. 선고 2008두11716 판결은 납세의무자의 신고행위 하자가 중대하지만 명백하지는 않은 때에도 특별한 사정이 있다면 예외적으로 그 신고행위를 당연무효로 판단할 수 있다고 보았다.

상대로 한 부당이득반환청구권은 5년의 소멸시효에 걸리므로 반환액에 제한이 가해진다. 또한 모든 판례 변경의 경우에 종전 과세처분의 하자가 중대하다고 단정할 필요도 없다. 하자의 중대성은 종전 해석론의 잘못의 정도에 따라 개별적으로 결정하면 된다.

다. 공익사업 관련 이주대책의 실시와 생활기본시설 설치비용 상당의 부당이득

대법원 2011. 6. 23. 선고 2007다63089, 63096 전원합의체 판결은 사업시행자가 구 공익사업을 위한 토지 등의 취득 및 보상에 관한 법률(이하 '구 공익사업법'이라고 한다)에 따른 이주대책대상자들에게 생활기본시설을 설치해 줄 의무가 있는지를 부당이득의 맥락에서 다루었다. 사안의 요지는 다음과 같다. 피고인 대한주택공사는 공익사업의 일환으로 택지개발사업을 시행하였다. 구 공익사업법 제78조 제1항은 사업시행자의 이주대책 수립·실시의무를 규정하고 있었다. 따라서 피고가 택지개발사업을 시행하려면 개발대상토지에 살던 원고들을 위한 이주대책을 수립·실시해야 했다. 피고는 이주대책의 일환으로 별도의 이주정착지를 조성하는 대신 이주대상자들이 이주정착금을 받거나 사업시행지구 내 아파트를 일반분양가로 특별공급받을 기회 중 하나를 선택하도록 하였다. 한편 후자의 분양대금에는 도로, 급수시설, 배수시설 등 생활기본시설 설치 대금이 포함되어 있었다. 그런데 구 공익사업법 제78조 제4항에 따르면 그 이주정착지의 생활기본시설 비용은 사업시행자가 부담하도록 규정되어 있었다. 이에 원고들은 사업시행자인 피고가 부담해야 하는 생활기본시설 비용을 수분양자인 원고들에게 부담시킨 것은 법률상 원인이 없으므로 해당 비용은 부당이득으로 원고들에게 반환되어야 한다고 주장하였다.

이 사건의 쟁점은 크게 두 가지였다. 첫째, 구 공익사업법 제78조 제4항에 따르면 사업시행자가 이주정착지의 생활기본시설 비용을 부담하도록 되어 있는데, 이주정착지 대신 택지나 주택을 특별공급한 경우에도 사업시행자가 그 생활기본시설 비용을 부담해야 하는가? 둘째, 만약 그러하다면 구 공익사업법 제78조 제4항은 강행규정인가? 만약 두 가지 질문에 대해 모두 그렇다고 답변할 수 있다면 생활기본시설 비용을 분양대금에 포함시켜 원고들에게 전가한 것은 법률상 원인이 없는 것이므로 해당 비용은 부당이득으로 반환되어야 한다. 결국 이 사건은 부당이득 그 자체의 법리를 깊이 다루기보다는 구 공익사업법의 관련 조항의 내용과 성격을 어떻게 파악할 것인가를 다룬 사건이다. 그런데 구 공익사업법의 공공적 성격에 비추어 보면 생활기본시설 비용부담에 관한 구 공익사업법 제78조 제4항은 강행규정으로 파악해야 한다. 대상판결도 이를 강행규정으로 보았다. 하지만 이 규정이 이주정착지 제공이 아닌 주택 특별공급의 경우에도 적용되는가에 대해서는 다수의견과 별개의견이 갈렸다.

다수의견의 요지는 다음과 같다. 사업시행자가 구 공익사업법 시행령 제40조 제2항 단서에 따라 택지개발촉진법 또는 주택법 등 관계 법령에 의하여 이주대책대상자들에게 택지 또는 주택을 공급(이하 '특별공급'이라고 한다)하는 것도 구 공익사업법 제78조 제1항의 위임에 근거하여 사업시행자가 선택할 수 있는 이주대책의 한 방법이므로, 특별공급의 경우에도 이주정착지를 제공하는 경우와 마찬가지로 사업시행자의 부담으로 같은 조 제4항이 정한 생활기본시설을 설치하여 이주대책대상자들에게 제공하여야 한다고 보아야 하고, 이주대책대상자들이 특별공급을 통해 취득하는 택지나 주택의 시가가 공급가액을 상회하여 그들에게 시세차익을 얻을 기회나 가능성이 주어진다고 하여 달리 볼 것은 아니다. 이에 대해서는 이러한 특별공급은 이주대책의 하나이지만, 생활기본시설 설치비용에 관한 구 공익사업법 제78조 제4항은 이주정착지 조성의 경우에만 적용된다는 별개의견이 있었다.[308]

구 공익사업법 제78조 제4항 본문은 "이주대책의 내용에는 이주정착지에 대한 도로·급수시설·배수시설 그 밖의 공공시설 등 당해 지역조건에 따른 생활기본시설이 포함되어야 하며, 이에 필요한 비용은 사업시행자의 부담으로 한다."라고 규정하였다. 문언상 이는 "이주정착지"에 대한 생활기본시설에 관하여만 다루고 있다. 그런데 구 공익사업법 시행령 제40조 제2항 단서는 이주대책대상자들에게 택지 또는 주택을 특별공급하는 것도 이주대책의 한 방법으로 포함시키고 있으므로, 구 공익사업법 제78조 제4항 본문은 이주정착지를 조성하는 경우뿐만 아니라 이를 대체하여 실시되는 주택 특별공급의 경우에도 적용된다고 해석할 여지가 충분하다. 결국 중요한 것은 구 공익사업법의 취지이다. 구 공익사업법은 공익사업으로 인해 자신의 생활터전이 희생되는 국민들이 그 이전의 상태와 마찬가지로 생활을 계속 영위할 수 있도록 손실보상의 일환으로 이주대책을 수립·실천하도록 하

---

308) 대상판결에서는 그 외에도 생활기본시설의 의미와 범위에 대해 다수의견과 별개의견이 갈렸는데, 이에 대한 설명은 생략한다.

고 있다. 한편 공익사업 시행 전에 개발대상토지 내 주거지에서 도로, 상하수도 시설 등 생활에 필요한 기본시설의 혜택을 받으며 생활하고 있었다면 공익사업 시행 후에도 주택의 특별공급 외에 생활기본시설의 혜택을 받을 수 있도록 회복시켜 주어야 마땅하다. 그러므로 이 경우에도 생활기본시설 설치비용은 사업시행자가 부담하는 것이 마땅하고, 이를 원고들에게 전가하여 그 비용 지출을 면하였다면 그 비용 상당액은 법률상 원인` 없는 이익으로 원고들에게 반환되어야 한다.

라. 배당이의와 부당이득

대법원 2019. 7. 18. 선고 2014다206983 전원합의체 판결은 배당미이의와 부당이득반환청구 가부의 문제를 다루었다. 부동산경매절차에서 일반채권자인 원고가 배당기일에 출석하였지만 배당표에 관하여 이의하지는 않았다. 그 후 원고는 배당표가 실체적 권리와 맞지 않다고 주장하며 배당액을 더 수령해 간 피고를 상대로 부당이득반환청구의 소를 제기하였다. 대상판결의 요지는 다음과 같다. 배당절차에 참가한 채권자가 배당이의 등을 하지 않아 배당절차가 종료되었더라도 그의 몫을 배당받은 다른 채권자에게 그 이득을 보유할 정당한 권원이 없는 이상 잘못된 배당의 결과를 바로잡을 수 있도록 하는 것이 실체법 질서에 부합한다. 나아가 위와 같은 부당이득반환청구를 허용해야 할 현실적 필요성(배당이의의 소의 한계나 채권자취소소송의 가액반환에 따른 문제점 보완), 현행 민사집행법에 따른 배당절차의 제도상 또는 실무상 한계로 인한 문제, 민사집행법 제155조의 내용과 취지, 입법연혁 등에 비추어 보더라도, 종래 대법원 판례는 법리적으로나 실무적으로 타당하므로 유지되어야 한다. 이에 대해 반대의견이 있었다.

대상판결은 실체법적 권리관계와 집행절차의 관계의 문제를 다루었다.[309] 배당절차는 집행절차의 일종이므로 원칙적으로 실체법상 권리를 확정·형성·변경하는 절차가 아니다. 이 점에 착안한다면 배당이의를 하지 않아 배당절차가 종료되었더라도 실체법상 권리로서의 부당이득반환청구권을 행사하는 데에는 지장이 없다. 이와 달리 배당이의를 하고 배당이의소송까지 제기되어 확정판결이 존재하게 된 경우에는 그에 반하는 부당이득반환청구를 할 수 없게 된다. 하지만 이는 기판력 있는 확정판결이 법률상 원인으로 작동하기 때문이지, 배당절차에 실체법적 권리

---

309) 박종원, "배당이의하지 아니한 일반채권자의 부당이득반환청구권에 대한 소고", **민사판례연구**, 제43권(2021), 517면.

의 형성효가 인정되기 때문은 아니다. 대상판결은 실체법상 권리관계와 배당절차의 관계를 주종 관계 또는 목적—도구 관계로 파악하는 사고방식에 기초하여 배당절차 종료 후의 부당이득반환청구를 인정한 기존 판례[310]를 유지하였다.

이에 대해 반대의견은 배당이의를 하였으나 이의의 소를 제기하지 않은 채권자는 실체법상 권리를 행사할 수 있다는 민사집행법 제155조의 반대해석상 배당이의를 하지 않은 채권자는 부당이득반환청구권을 행사할 수 없다고 보았다. 그러나 이처럼 실체법상 권리박탈을 초래하는 반대해석은 신중하게 해야 한다. 또한 이 조항은 배당이의가 완성되지 않은 모든 경우를 포괄하는 확인적·예시적 조항으로 볼 여지도 있고, 그렇게 본다면 배당이의 자체를 하지 않은 채권자에게도 적용된다고 볼 여지가 있다. 또한 배당이의는 복잡한 법률관계에 대한 이해를 토대로 이루어질 수 있는 것이므로, 짧은 시간 동안 일반인이 배당이의 여부를 결정하지 못해 이의하지 않았다가 나중에 법률관계를 파악하고 자신의 몫을 돌려달라고 청구하는 것이 금반언에 해당한다고 보기도 어렵다.

마. 다수당사자 간의 부당이득

2000년대 이후 다수당사자 간의 부당이득 문제를 다루는 판결들이 본격적으로 나오기 시작했다. 전용물소권,[311] 편취금전에 의한 변제와 부당이득,[312] 삼각관계에서의 부당이득,[313] 소유권을 유보한 물품의 부합과 부당이득[314] 등에 관하여 중요한 판결들이 선고되었다. 독일에서 비롯된 이론이 이러한 판결들의 배경을 이루었다. 2010년대에는 이러한 선행 판결들의 취지를 보다 다양한 사안 배경 아래 재확인하고 구체화하는 판결들이 선고되었다. 전용물소권의 법리는 대법원 2010. 6. 24. 선고 2010다9269 판결, 대법원 2011. 11. 10. 선고 2011다48568 판결, 대법원 2013. 6. 27. 선고 2011다17106 판결에서 재확인되었다. 대법원 2013. 6. 27. 선고 2011다17106 판결은 사무관리와 관련된 전용물소권의 법리 문제를 다루었는데, 사무관리 부분에서 이미 설명하였다. 또한 단축급부의 법리도 여러 판결들을 통해 재확인되었다. 예컨대 대법원 2017. 7. 11. 선고 2013다55447 판결은 단

---

310) 대법원 1977. 2. 22. 선고 76다2984 판결 등 다수.
311) 대법원 2002. 8. 23. 선고 99다66564, 66571 판결.
312) 대법원 2003. 6. 13. 선고 2003다8862 판결.
313) 대법원 2003. 12. 26. 선고 2001다46730 판결; 대법원 2008. 9. 11. 선고 2006다46278 판결.
314) 대법원 2009. 9. 24. 선고 2009다15602 판결.

축급부와 부당이득에 관한 종전 판례 법리를 재확인하면서, 상가 건축 및 분양 사업의 시행사로부터 분양대금의 수납, 관리 등의 사무를 위탁받은 신탁회사에게 수분양자가 분양대금을 입금한 것은 단축급부에 해당하므로, 수분양자는 신탁회사를 상대로 그 분양대금 상당의 부당이득반환청구를 할 수 없다고 보았다.[315] 또한 대법원 2018. 7. 12. 선고 2018다204992 판결은 제3자를 위한 계약에서 단축급부의 일환으로 낙약자가 수익자인 제3자에게 직접 급부하였다가 계약이 해제되는 경우 낙약자는 수익자인 제3자를 상대로 직접 부당이득반환청구를 할 수 없다고 보았다. 그 외에 채권질권과 부당이득에 관한 판결들도 있다. 채권질권자 또는 담보 목적으로 채권양도를 받은 양수인이 피담보채권을 초과하여 금전채권을 추심한 경우 그 초과분은 질권설정자에 대한 관계에서 부당이득이 된다고 한 대법원 2011. 4. 14. 선고 2010다5694 판결, 대법원 2015. 5. 29. 선고 2012다92258 판결[316]이 그것이다.

Ⅱ. 부당이득의 효과

1. 국유재산 대부료 부당이득액 산정

대법원 2013. 1. 17. 선고 2011다83431 전원합의체 판결은 국공유재산의 대부료 산정 문제를 다루었다. 원고는 국가 및 지방자치단체(피고들)로부터 국유재산 A 및 공유재산 B의 점용허가를 받았다. 그 이후 양 부동산은 모두 행정재산에서 일반재산으로 전환되었다. 행정재산과 달리 일반재산도 국유재산의 일종이지만, 행정처분의 일종인 점용허가가 아니라 사법상 계약의 일종인 대부계약의 대상이 된다. 이에 따라 양 부동산에 대해서도 점용허가에 갈음하여 새로운 대부계약이 체결되었다. 대부료는 국유재산법 시행령 등 관련 법령에 따라 산출하기로 정하였다. 각각의 대부계약은 매년 갱신되어 왔다. 원고는 위 부동산들에 대한 점용허가 이후 골프장을 조성하여 운영하고 있었다. 한편 2009년 개정 국유재산법 시행령[317]이 시행되기 전에는 점유 개시 시점의 이용상태를 기준으로 대부료를 산정

---

315) 이 판결에 대하여 채권양도와 부당이득의 문제를 곁들여 평석한 문헌으로 윤지영, "채권양도와 부당이득－「삼각관계에서의 급부부당이득」 법리를 중심으로", **민사판례연구**, 제41권(2019), 609면 이하가 있다.
316) 이 판결에 대한 평석으로 오대석, "제3채무자가 질권자에게 질권의 피담보채권액을 초과하여 지급하고 질권자가 초과 지급된 금액을 질권설정자에게 반환한 경우 부당이득반환의무자", **민사판례연구**, 제39권(2017), 671면 이하가 있다.

하는 것으로 해석되고 있었다. 그런데 위 개정법 시행령이 시행되면서 대부료는 점유 개시 시점이 아니라 대부계약 갱신 시점의 이용상태를 기준으로 산정하도록 바뀌었다. 반면 피고들은 처음부터 대부계약 갱신 시점의 이용상태를 기준으로 대부료를 산정하여 징수하여 왔다.[318] 원고는 피고들이 대부료를 초과 징수하였다며 부당이득반환을 청구하였다.

대법원은 국유재산인 A 부동산에 관하여는 2009년 개정 국유재산법 시행령의 시행 전에는 대부계약 갱신 시점의 이용상태(즉 골프장으로서의 이용상태)를 기준으로 대부료를 징수할 법률상 원인이 없으므로 점유 개시 시점의 이용상태를 기준으로 산정한 대부료를 초과한 대부료 부분은 부당이득이라고 보았다. 반면 2009년 개정 국유재산법 시행령의 시행 이후에는 그 시행령에 기초하여 대부료가 적법하게 산정된 것이므로 위 초과 부분은 부당이득이 성립되지 않는다고 보았다. 한편 공유재산인 B 부동산에 관하여는 2009년 국유재산법이 개정되었지만 공유재산법은 그러한 취지로 개정되지 않았으므로 점유 개시 당시의 이용상태를 기준으로 산정한 대부료를 초과하는 부분은 부당이득에 해당한다고 보았다.

대부계약은 일반재산을 국가 또는 지방자치단체 외의 자가 일정 기간 유상이나 무상으로 사용·수익하도록 하는 계약이다(국유재산법 제2조 제8호, 공유재산 및 물품관리법 제2조 제8호). 대부계약은 국가나 지방자치단체가 사경제 주체로서 행하는 사법상 계약이다.[319] 그러므로 대부료의 산정 기준은 계약에서 정할 수 있는 것이 원칙이나, 실제로는 국유재산법이나 공유재산법 시행령에서 그 산출 기준을 정하고 있다.[320] 이 사건 대부계약에서도 대부료 산정은 법령에 따르도록 규정되어 있었다. 관련 법령상 산출 기준에 관한 문구 내지 표현은 계속 변천되어 왔으나, 대체로 그 핵심 내용은 개별공시지가로 표현되는 재산가액을 기초로 산출한다는 것이다. 그런데 토지의 경우 재산가액의 산출 기준 시점이 언제인지에 대해서는 법문이 명확하지 않았다. '현재의 상태'를 기준으로 하도록 명문으로 규정된 건물 등

---

317) 2009. 7. 27. 대통령령 제21641호로 전부 개정되어 같은 달 31일부터 시행된 것.

318) 실제로는 지방자치단체의 장이 공유재산뿐만 아니라 국유재산에 대해서도 국가로부터 관리처분에 관한 사무위임을 받아 양 부동산에 대해 대부계약을 체결하였다.

319) 대법원 2000. 2. 11. 선고 99다61675 판결; 대법원 2010. 11. 11. 선고 2010다59646 판결.

320) 이러한 관련 법령의 규정이 강행규정인지 여부는 명확하지 않으나, 강행규정으로 보는 것이 타당하다고 생각한다. 대법원 2000. 2. 11. 선고 99다61675 판결에도 그러한 사고방식이 깔려 있다. 대부계약 실무상으로는 관련 법령의 규정에 따라 대부료를 산출하고 있으므로 강행규정 여부가 실제로 잘 문제되지는 않는 것으로 보인다.

토지 외 일반재산과 달리 토지에 대해서는 그러한 명문의 규정이 없었기 때문이다.[321] 종래 판례는 토지에 대해서만큼은 '현재의 상태'가 아니라 '점유 개시 상태'를 기준 시점으로 삼아 대부료를 산정하도록 입법화한 것이라고 보았다.[322] 따라서 점유 개시 후 점유자가 자기의 비용과 노력으로 토지의 가치를 증가시켰다고 하더라도 그 가치 증가분이 대부료의 증액 요소가 될 수 없었다. 그런데 2009년 개정 국유재산법 시행령에서는 토지에 대해서도 '사용료 산출을 위한 재산가액 결정 당시의 개별공시지가'로 문구를 변경하였다. 이는 토지에 대해서도 기준 시점이 '현재의 상태'임을 분명히 한 것이다. 대상판결은 이러한 법령의 변화에 따라 부당이득 여부를 판단한 것으로 타당하다.

2. 국유재산과 부당이득

대법원 2014. 7. 16. 선고 2011다76402 전원합의체 판결은 국유재산과 부당이득 문제를 다룬 또다른 전원합의체 판결이다. 원고는 국가로부터 국유재산 관리업무를 위탁받은 한국자산관리공사이고, 피고는 국유재산인 토지 위의 건물 소유자이다. 원고는 피고가 국유재산을 무단점유하였다는 이유로 변상금[323]을 부과하였으나 피고는 이를 납부하지 않았다. 그러자 원고는 피고를 상대로 민사상 부당이득반환청구의 소를 제기하였다. 대법원은 이와 관련하여 국유재산의 무단점유자에 대해 국유재산법상 변상금을 부과, 징수하는 것과 별도로 민사상 부당이득반환청구의 소를 제기할 수 있는지를 직권 검토하였다.

대상판결은 변상금부과는 행정처분이고 이에 기한 변상금 징수권은 공법상 권리이지만, 민사상 부당이득반환청구권은 국유재산 소유자로서 가지는 사법상 채권이며, 양자의 목적과 액수,[324] 성립요건도 다르므로 변상금의 부과, 징수와는 별도로 민사상 부당이득반환을 구할 수 있다고 보았다. 청구권 경합과 유사하게 본 것

---

321) 신용호, "국·공유 일반재산인 토지를 대부받은 점유자가 점유 개시 후 자기의 비용과 노력으로 가치를 증가시킨 경우, 대부료 산정의 기준이 되는 해당 토지가액의 평가방법", 양승태 대법원장 재임 3년 주요 판례 평석(사법발전재단, 2013), 160 – 161면.

322) 대법원 2004. 10. 28. 선고 2002다20995 판결; 대법원 2006. 2. 10. 선고 2005다20569 판결.

323) 변상금은 사용허가나 대부계약 없이 국유재산을 사용·수익하거나 점유한 자(사용허가나 대부계약 기간이 끝난 후 다시 사용허가나 대부계약 없이 국유재산을 계속 사용·수익하거나 점유한 자를 포함한다. 이하 "무단점유자"라 한다)에게 부과하는 금액을 말한다(국유재산법 제2조 제9호).

324) 변상금으로 사용료나 대부료의 100분의 120에 상당하는 금액을 징수한다(국유재산법 제72조 제1항).

이다. 이에 대해서는 변상금의 부과, 징수절차는 행정주체의 효율적 권리 행사 확보를 위해 특별히 마련된 간이하고 경제적인 권리구제절차이므로 행정주체는 그 절차에 의해서만 권리를 실현할 수 있고, 이와 별도로 민사소송의 방법으로 권리를 행사하는 것은 허용되지 않는다는 반대의견이 있었다. 반대의견에 따르면 민사상 부당이득반환청구의 소는 소의 이익이 없어 각하되어야 한다.

우선 실체법적 차원에서 보면 변상금 부과 및 징수권과 부당이득반환청구권은 서로 다른 권리이다. 전자는 공법상 권리로서 국유재산법에 기하여 인정되고, 그 부과 및 징수 절차가 별도로 마련되어 있다. 후자는 사법상 권리로서 민법에 기하여 인정되고, 그 청구 및 관철은 민법, 민사소송법, 민사집행법의 일반적인 절차에 따른다. 전자에는 공법상 제재의 의미도 포함되어 있지만, 후자는 사법상 이익조정의 의미를 가질 뿐이다. 전자에 관한 국유재산법상 규정이 꼭 후자를 배제하기 위한 것인지도 분명하지 않다. 목적과 내용이 유사하지만 동일하지는 않은 복수의 권리가 병존적으로 인정되는 경우는 흔히 존재한다. 민법 내에서도 불법행위책임과 부당이득반환, 계약책임과 불법행위책임은 동일한 사실관계에서 비롯된 경우에도 병존하는 것으로 인정된다. 하물며 공법상 처분과 민법상 책임의 병존은 더욱 자연스러운 일이다.

그러나 소송법적 차원에서는 소의 이익이라는 다른 문제가 있다. 부당이득반환청구권이 엄연히 별도로 발생하는 권리라고 하더라도 이를 굳이 민사소송으로 구할 이익이 있는가는 실체법적 차원과는 다른 영역에서 논할 필요가 있다. 일반적으로 민사소송에 의하지 않고 간편한 경제적 방법으로 소송의 목적을 달성할 수 있을 때나 법률이 그 민사소송을 대신할 특별한 구제방법을 두고 있을 때에는 소의 이익이 인정되지 않는다. 반대의견이 "출입이 쉽고 공연 보기도 좋은 특별관람석 입장권을 제공하였으면 그것으로 충분하지, 굳이 이에 더하여 출입 관람이 불편한 일반관람석 입장권까지도 추가로 제공할 일은 아니다."라는 비유적 의견을 제시한 것도 같은 취지이다. 한편 그동안의 판례를 보면 행정대집행에 따른 건물철거,325) 보조금교부결정 취소에 따른 보조금반환명령 및 징수,326) 감사원법에 의한 변상금 판정,327) 과오급된 산업재해보상보험법상 보험급여의 환수328) 등에 관

---

325) 대법원 2009. 6. 11. 선고 2009다1122 판결; 대법원 2017. 4. 28. 선고 2016다213916 판결.
326) 대법원 2012. 3. 15. 선고 2011다17328 판결.
327) 대법원 1970. 4. 14. 선고 67다2138 판결.
328) 대법원 2005. 5. 13. 선고 2004다8630 판결.

하여 별도의 공법적 절차가 마련되어 있는 이상 민사소송의 방법을 이용하는 것은 허용되지 않는다고 본 바 있다. 그렇게 본다면 대상판결은 이러한 판례의 흐름에 비추어 오히려 이례적인 것으로 평가될 수 있다. 과연 이러한 이례적 판단에 충분한 근거가 있는지는 의문스럽다.

대상판결은 해당 사안에서 현실적으로 변상금의 부과 및 징수가 어려울 수 있다는 점을 염두에 둔 듯하다. 원고처럼 관리·처분에 관한 사무를 위탁받은 주체는 변상금을 부과할 수 있을 뿐 직접 징수할 수 없고 관할 세무서장등에게 징수하게 할 수 있을 뿐이다(국유재산법 제73조 제2항 제2호, 제42조 제1항). 사실 이처럼 부과권자와 징수권자가 분리되어 있는 경우에는 꼭 변상금 쪽이 더 효율적인 절차라고 단정하기도 어렵다. 현실적으로 관할 세무서장이 제대로 협조하지 않는 경우도 있을 것이다. 그러나 이러한 부과주체 및 징수주체의 분리와 징수주체의 비협조는 국가가 떠안고 해결해야 할 몫이지 국민에게 전가할 성격의 것이 아니다. 물론 양자가 완전히 일치하는 제도는 아니므로 양자를 모두 허용하는 것이 무단점유에 따른 이익 환수에 더 유리하기는 하다. 그러나 국가를 위한 변상금 부과 및 징수절차가 마련되어 있는데 굳이 별도의 우회로를 하나 더 허용함으로써 국민의 법적 책임의 폭을 넓히는 것은 바람직하지 않다. 변상금절차에 부족함이 있다면 이는 민사소송을 허용해서 해결할 것이 아니라 변상금절차를 개선해서 해결해야 한다.

한편 대법원은 2006년 전원합의체 판결을 통해 구 회계관계직원 등의 책임에 관한 법률 제2조에 정한 공무원이 아닌 회계관계직원이 같은 법 제4조 제1항에 따라 변상책임을 지는 경우, 그 직원의 소속 단체에 대한 민법상의 불법행위책임이 배제되지 않는다고 판시한 바 있다.[329] 이처럼 변상책임과 불법행위책임이 병존한다면 부당이득반환책임도 마찬가지라야 하는 것이 아닌가 하는 의문이 들 수도 있다. 그러나 2006년 전원합의체 판결에 적용된 위 법률 제4조는 회계관계직원의 고의 또는 중과실에 대해서만 변상책임을 지우고 있어 경과실로 인한 불법행위책임은 규율하지 않는다. 만약 변상책임만 적용된다고 하면 회계관계직원은 경과실에 대해서는 아무런 책임도 지지 않게 된다. 그러한 해석은 곤란하다. 그렇게 본다면 민간단체의 회계관계직원은 그 외의 직원이 누리지 않은 면책의 혜택을 누리게 되는 부당한 결과가 발생하기 때문이다. 따라서 2006년 전원합의체 판결은

---

329) 대법원 2006. 11. 16. 선고 2002다74152 전원합의체 판결.

이러한 맥락하에서 이해하여야 하고, 그 취지를 대상판결의 사안에 그대로 적용할 수는 없다.

Ⅲ. 불법원인급여

1. 부동산실명법에 위반한 명의신탁과 불법원인급여

대법원 2019. 6. 20. 선고 2013다218156 전원합의체 판결은 부동산실명법에 위반한 명의신탁이 불법원인급여에 해당하는지를 다루었다. 부동산 명의신탁자의 상속인(원고)은 명의수탁자의 상속인(피고)을 상대로 피상속인들 간의 명의신탁 약정이 무효이고 그 약정에 기한 소유권이전등기도 무효라고 주장하며 진정명의회복을 원인으로 한 소유권이전등기를 소로써 구하였다. 이에 대하여 피고는 명의신탁 약정은 민법 제103조에 반하는 행위로서 그에 기해 명의수탁자에게 마쳐진 소유권이전등기는 불법원인급여에 해당하므로 원고는 그 반환을 청구할 수 없다고 주장하였다. 대법원은 부동산실명법을 위반하여 무효가 된 명의신탁약정에 따른 등기는 민법 제746조의 불법원인급여에 해당하지 않는다고 판단하였다. 이에 대해서는 반대의견이 있었다. 다수의견은 부동산실명법이 실권리자에게 부동산 소유권이 있다는 점을 전제하고 있고, 입법자의 의사도 그러하며, 이를 불법원인급여로 볼 경우 명의신탁자의 재산권을 과도하게 침해될 우려가 있다는 점을 근거로 삼았다. 반대의견은 부동산 거래의 정상화와 부동산실명제의 정착을 위해 명의신탁을 방지할 필요성이 있고, 부동산실명법과 불법원인급여는 별도의 문제인데 부동산실명법이 민법상 불법원인급여의 적용 가능성을 배제한 것이 아니며, 명의신탁자가 부동산에 관한 권리를 상실하더라도 재산권의 본질적 침해라고 할 수 없다는 점을 근거로 삼았다.

대상판결의 핵심 쟁점은 부동산실명법이 명의신탁 대상 부동산의 권리 귀속 문제에 대해 특정한 입장을 채택하였는가이다. 만약 부동산실명법이 부동산 소유권이 명의신탁자에게 귀속됨을 전제한 것이라면 불법원인급여 법리를 내세워 그 귀속을 바꾸는 것은 원칙적으로 허용되지 않아야 한다. 부동산실명법이 명의신탁약정과 그에 기한 등기를 무효로 하는 한편(제4조) 법 위반행위에 대해 과징금, 이행강제금, 형사처벌을 부과하기로 하면서도(제5조 내지 제7조), 명의신탁자의 소유권까지 박탈하지는 않기로 하는 입법적 의사결정을 내렸다면, 그러한 의사결정을 담고 있는 부동산실명법의 입장은 위헌이 아닌 이상 존중되어야 한다. 그런데 부동산실명법의 제정 시 이 문제는 이미 논의되었고 결정되었다.[330] 부동산실명법의 제반 조항들도 이를 암묵적으로 전제하여 입법된 것으로 보인다. 즉 부동산실명법은 명의신탁의 폐해와 문제점에 대응하여 마련된 특별법이고, 명의신탁과 이에 기한 등기를 무효로 하고 명의신탁에 대한 제재는 가하되 원 소유권까지 박탈하지는 않기로 이미 결정한 것이다. 이는 불법원인급여가 다루고자 하는 바로 그 문제점과 폐해에 대한 입법적 숙고의 결과이므로 존중되어야 한다. 대법원 역시 명의신탁 부동산의 소유권이 명의수탁자에게 귀속되지 않는다는 전제에서 명의신탁의 문제를 규율하여 왔다.[331] 헌법재판소도 부동산 소유권을 언제나 명의수탁자에게 귀속시키는 것은 명의신탁자가 가지는 재산권의 본질적 부분을 침해하게 될 소지가 크다고 지적한 바 있다.[332] 명의신탁을 무효화하는 것을 넘어서서 부동산 소유권을 박탈하여 수탁자에게 이전시키는 문제는 현행법의 해석론으로 풀기에는 적당하지 않다. 입법론으로 논의될 여지가 있을 뿐이다.

2. 농지임대차와 불법원인급여

대법원 2017. 3. 15. 선고 2013다79887, 79894 판결은 농지임대차계약과 불법원인급여에 관한 것이다. 사안은 다음과 같다. 원고는 피고에게 농지를 임대하였다. 피고는 임대차계약에서 정한 바에 따라 원고에게 임대료 전액을 선불로 지급하였다. 그런데 임대차가 종료된 이후에도 피고는 원고에게 농지를 반환하지 않았다. 원고는 피고에게 농지 인도 및 인도 시까지의 차임 상당 손해배상을 구하는 소를 제기하였다. 그러자 피고는 위 농지임대차계약은 농지임대차를 금지한 농지법 제23조에 위반하여 무효이므로 원고가 피고에게 임대료 전액을 부당이득으로 반환해야 한다고 주장하며 반소를 제기하였다. 이와 관련하여 농지임대차계약이 무효인지, 또한 원고가 피고에게 차임 상당 손해배상을 구하는 것이 불법원인급여의 법리상 금지되는지가 문제되었다.

대법원은 농지법 제23조가 강행규정이므로 농지임대차계약이 무효라고 보면서,

---

330) 제173회 국회 법제사법위원회회의록 제3호(1995. 3. 17), 48면.
331) 대법원 2003. 11. 27. 선고 2003다41722 판결; 대법원 2010. 9. 30. 선고 2010도8556 판결; 대법원 2014. 7. 10. 선고 2013다74769 판결.
332) 헌법재판소 2001. 5. 31. 선고 99헌가18, 99헌바71·111, 2000헌바51·64·65·85, 2001헌바2 병합 결정.

불법원인급여가 되기 위해서는 "급부의 원인이 된 행위가 그 내용이나 성격 또는 목적이나 연유 등으로 볼 때 선량한 풍속 기타 사회질서에 위반될 뿐 아니라 반사회성·반윤리성·반도덕성이 현저하거나, 급부가 강행법규를 위반하여 이루어졌지만 이를 반환하게 하는 것이 오히려 규범 목적에 부합하지 아니하는 경우 등에 해당하여야" 한다고 전제한 뒤, "오늘날의 통상적인 농지임대차는 경자유전의 원칙과 농지의 합리적인 이용 등을 위하여 특별한 규제의 대상이 되어 있기는 하지만, 특별한 사정이 없는 한 계약 내용이나 성격 자체로 반윤리성·반도덕성·반사회성이 현저하다고 단정할 수는 없다."고 보아 불법원인급여가 아니라고 판단하였다.

　헌법상 경자유전의 원칙을 포기하지 않는 한 농지법 제23조를 강행규정으로 보아 농지임대차를 무효로 보는 대상판결의 태도는 타당하다. 다만 농지 임대차는 본질적으로 '좀 더 강한 규제를 받는 부동산 임대차' 정도로 인식되는 것이 현실이다. 실제로 농지 임대차는 매우 흔하게 이루어진다. 통계청의 자료에 따르면 2018년 기준으로 임차농지비율은 48.7%에 이른다.[333] 이를 감안하면 무효인 농지 임대차에 기한 급부를 불법원인급여로 보아 이에 대한 반환청구 또는 그에 준하는 손해배상청구를 금지해야 할 정도로 농지임대차가 반사회적이라고 보기는 어렵다. 다만 대상판결은 "임대 목적이 농지로 보전되기 어려운 용도에 제공하기 위한 것으로서 농지로서의 기능을 상실하게 하는 경우" 또는 "임대인이 자경할 의사가 전혀 없이 오로지 투기의 대상으로 취득한 농지를 투하자본 회수의 일환으로 임대하는 경우" 등 농지법의 이념에 정면으로 배치되어 반사회성이 현저하다면 불법원인급여의 법리가 적용될 수 있다고 보았다. 불법원인 여부가 사안의 속성과 맥락에 좌우되는 점을 고려하면 이처럼 농지 임대차와 불법원인급여에 관하여 닫힌 법리가 아니라 열린 법리를 제시한 점도 긍정적으로 평가될 수 있다. 대상판결의 결론에 대해서는 농지 임대차가 무효라고 하면서도 농지 임대인이 차임에 상당하는 부당이득 또는 손해배상을 받도록 허용하는 것은 농지 임대차를 유효하게 취급하는 것과 결과적으로 같다는 비판이 제기될 수도 있다. 하지만 이러한 사태는 부당이득반환의 원칙을 포기하여 해결할 문제가 아니라 농지임대차에 관한 합리적이고 현실적인 규제를 마련하거나, 이미 마련된 형사처벌 규정의 적절한 활용을 통하여 해결할 문제이다.

---

333) 국가통계포털(http://kosis.kr/index/index.do)의 농가경제조사 부분 관련 통계 참조.

제4절 불법행위

Ⅰ. 불법행위 총론

1. 불법행위 성립요건

가. 법령 및 고시상 기준 준수와 주의의무 위반의 상관관계

대법원 2015. 2. 12. 선고 2013다43994 판결('옥션 판결')과 대법원 2018. 1. 25. 선고 2015다24904 판결('싸이월드 판결')은 해킹으로 인한 정보유출 사건에 관한 판결들이다. 두 판결은 모두 정보통신서비스 제공자가 개인정보의 안전성 확보에 대한 주의의무를 위반하였는지를 다루었다. 이러한 주의의무는 「정보통신망 이용 촉진 및 정보보호 등에 관한 법률」(이하 '정보통신망법'이라고 한다)에 기초한다. 구 정보통신망법 제28조는 정보통신서비스 제공자가 개인정보의 분실·도난·유출·위조·변조·훼손을 방지하고 개인정보의 안전성을 확보하기 위하여 필요한 보호조치를 취하여야 한다고 규정하였다.334) 정보통신망법 시행령과 방송통신위원회 고시는 이러한 보호조치의 구체적 내용을 규정하였다. 그런데 해킹은 끊임없이 발생하며 해킹 기법도 끊임없이 진화한다. 그래서 해킹을 완전히 막기는 불가능하다.335) 해킹이 발생하면 잘못한 자를 찾아 책임을 지워야 한다. 직접적 가해자는 해커이다. 그런데 해커를 잡기도 어렵거니와, 그에게는 자력이 없을 가능성이 높다. 따라서 해킹의 피해자인 정보주체인 또다른 의미에서 해킹의 피해자인 정보통신서비스 제공 회사와 법적 다툼을 벌인다. 회사는 이러한 다툼에서 회사는 관련 법령과 고시를 모두 준수하였으므로 자신에게는 과실이 없다고 다툰다. 이러한 회사의 말은 법적으로 타당한가? 이는 중요한 의미를 지닌다. 왜냐하면 회사의 말이 맞다면 회사는 법령과 고시를 준수하는 데에만 진력하면 해킹으로 인한 책임을 면할 수 있어 행위 지침이 명확해지기 때문이다. 하지만 법령과 고시가 과연

---

334) 개인정보를 안전하게 처리하기 위한 내부관리계획의 수립·시행(제1호), 개인정보에 대한 불법적인 접근을 차단하기 위한 침입차단시스템 등 접근 통제장치의 설치·운영(제2호), 접속기록의 위조·변조 방지를 위한 조치(제3호), 개인정보를 안전하게 저장·전송할 수 있는 암호화기술 등을 이용한 보안조치(제4호), 백신 소프트웨어의 설치·운영 등 컴퓨터바이러스에 의한 침해 방지조치(제5호), 그 밖에 개인정보의 안전성 확보를 위하여 필요한 보호조치(제6호)가 그것이다.

335) 권영준, "해킹(hacking) 사고에 대한 개인정보처리자의 과실판단기준", **저스티스**, 제132호(2012), 44면.

해킹 방지에 필요하고도 적절한 모든 정보를 담아낼 수 있는가? 이러한 질문에 이르면 법령과 고시를 모두 지켰더라도 과실이 인정되는 경우가 있을 수 있다는 생각도 든다.

옥션 판결은 이 문제에 관한 리딩 케이스이다. 대법원은 "정보통신부장관이 마련한 「개인정보의 기술적·관리적 보호조치 기준」(정보통신부 고시)은 해킹 등 침해사고 당시의 기술수준 등을 고려하여 정보통신서비스제공자가 구 정보통신망법 제28조 제1항에 따라 준수해야 할 기술적·관리적 보호조치를 구체적으로 규정하고 있으므로, 정보통신서비스제공자가 고시에서 정하고 있는 기술적·관리적 보호조치를 다하였다면, 특별한 사정이 없는 한, 정보통신서비스제공자가 개인정보의 안전성 확보에 필요한 보호조치를 취하여야 할 법률상 또는 계약상 의무를 위반하였다고 보기는 어렵다."라고 판시하였다. 그리고 해당 사건에 관하여는 옥션이 법령과 고시가 요구하는 개인정보 보호를 위한 기술적·관리적 보호조치를 다하였다고 하여 옥션의 책임을 부정하였다. "특별한 사정이 없는 한"이라는 단서를 부가하긴 하였으나, 책임판단기준의 예측 가능성을 제고한 판결이다. 이러한 신중한 태도는 우리나라 관련 법령과 고시의 규율 범위가 포괄적일 뿐만 아니라 규제 강도가 높다는 점, 형사책임까지 부과한다는 점을 고려한 것으로 보인다.

그러나 관련 법령과 고시의 기준을 모두 준수하면 언제나 면책된다는 것도 다소 극단적인 결론이다. 법령과 고시가 마땅히 해야 할 모든 행위 지침을 완벽하게 담아낸다는 보장이 없기 때문이다. 또한 때로는 너무 당연히 해야 할 사항은 법령과 고시가 담지 않기도 하기 때문이다. 그러므로 법령과 고시의 기준을 모두 준수하더라도 면책되지 않을 수 있다. 결국 면책 예외 사유인 "특별한 사정"이 무엇인가가 수범자에게 초미의 관심사가 된다. 그러나 옥션 판결은 이에 대한 구체적 지침을 주지 않았다. 또한 옥션 판결에 대해서는 "특별한 사정"이라는 관용적이고 모호한 단서를 방패 삼아 주의의무의 범위를 사실상 좁혔다는 비판도 가해졌다.[336] 그 와중에 2015. 5. 19. 개정된 「개인정보의 기술적·관리적 보호조치 기준」[337]은 해당 기준의 내용이 정보통신서비스 제공자가 취하여야 하는 기술적·관

---

336) 김준기·송현석, "규제 패러다임의 전환과 손해배상 강화를 통한 개인정보보호의 개선방안 – 해킹 사례를 중심으로 –", 규제와 법정책, 제4호(2016), 262면; 이용재, "개인정보 보호조치에 관하여 – 옥션 판결의 기술적·관리적 보호조치와 인과관계 판단을 중심으로 –", 사법, 제38호(2016), 526면; 전승재·권헌영, "해킹을 방지하지 못한 사업자의 법적 책임 판단기준의 문제점", 정보법학, 제21권 제2호 (2017), 133, 138면.

리적 보호조치의 "최소한의 기준"임을 명시하였다. 법령상 보호조치를 모두 취하였더라도 다른 내용의 주의의무 위반이 있을 수 있다는 점을 분명히 한 것이다. 다만 "최소한의 기준"을 넘어서는 다른 기준이 무엇인지를 밝히지 않았다는 점에서 업계의 불안감은 가시지 않았다.

싸이월드 판결은 그 "특별한 사정"의 정체를 좀더 구체적으로 밝히려고 시도하였다는 점에서 의미 있다. 싸이월드 판결은 위 개정 고시와 마찬가지로 그 고시에서 정한 기준이 "최소한의 기준"임을 명시하는 한편, 그 외에도 "정보통신서비스 제공자가 마땅히 준수해야 한다고 일반적으로 쉽게 예상할 수 있고 사회통념상으로도 합리적으로 기대 가능한 보호조치"를 취해야 한다고 판시하였다. 예상 가능성과 기대 가능성이라는 두 가지 추가적인 잣대를 수범자들에게 추가로 제공한 것이다. 한편 대법원은 해당 사건에서 피고 담당직원이 퇴근 시 로그아웃을 하지 않거나 자동 로그아웃 기능을 설정하지 않은 점에 관하여 피고의 주의의무 위반을 인정하였다. 다만 이러한 피고의 과실과 개인정보 유출 사이의 인과관계는 부정되었다. 결과적으로 피고의 책임은 부정되었다. 그러한 결론은 타당하다고 생각한다.

나. 카지노 출입자에 대한 카지노의 보호의무

대법원 2014. 8. 21. 선고 2010다92438 전원합의체 판결은 도박과 자기책임의 원칙을 다룬 흥미로운 판결이다. 강원랜드 카지노이용자인 원고는 2003. 4. 13.부터 2006. 11. 28.까지 3년 간 총 333회에 걸쳐 카지노 도박을 하면서 약 231억 원을 잃었다. 그러자 원고는 피고인 강원랜드가 자신의 출입을 금지하지 않아 자신에 대한 보호의무를 위반하였다며 강원랜드에게 손해배상을 청구하였다. 이는 자신이 스스로 담배를 구입하여 피운 후 자신에게 담배를 판매한 회사에게 손해배상 청구를 하는 담배소송과 유사한 구조이다. 얼핏 보면 당황스럽게 느껴지는 사건이지만 여기에는 생각해 볼 바가 있다. 원래 도박은 법으로 금지되어 있다(형법 제246조). 하지만 다른 법으로 이를 허용하기도 한다. 카지노가 그 대표적인 예이다. 카지노에 대한 법률은 「관광진흥법」과 「폐광지역 개발 지원에 관한 특별법」이다. 전자는 외국인의 카지노 출입만 허용하지만 후자로 설립된 강원랜드에 한하여는 내국인의 카지노 출입을 허용한다. 내국인 출입이 가능한 유일한 카지노인 강원랜

---

337) 방송통신위원회고시 제2015-3호.

드는 폭발적인 인기를 누려왔다. 그러나 카지노 도박은 돈을 따기보다는 잃기 쉽게 구성되어 있다. 이러한 확률을 이성적으로 바라보고 자제할 수 있다면 거액의 도박을 하지 않는 것이 합리적이다. 하지만 도박은 재미도 있고 중독성도 있다. 또한 무모한 일에 매력을 느끼고 이끌리는 것이 사람의 본래 모습이다. 그러다 보니 자칫 잘못하면 도박에 빠져 패가망신하기가 쉽다. 그래서 오히려 사업자가 후견인의 입장에서 카지노이용자의 이용을 금지하거나 자제시켜야 하는 경우도 있다.

「폐광지역 카지노사업자 영업준칙」338)에 따르면 카지노 이용자가 도박 중독의 징후를 드러내고 스스로 사행심을 제어할 수 없어 과도한 재산상실의 위험이 현저히 커진 경우 가족의 요청으로 카지노 이용자의 카지노 출입을 제한하는 절차가 마련되어 있었다. 또한 「카지노출입관리지침」에 따르면 카지노사업자는 가족의 출입제한요청이 있으면 별도 심사나 판단 없이 출입제한조치를 하도록 되어 있었다. 원고의 아들은 2006. 7. 19. 원고의 도박 중독을 이유로 출입제한 요청서를 발송하였는데, 2006. 7. 20. 그 요청서가 피고에게 도달하자마자 곧바로 전화를 걸어 그 반송을 요구하면서 요청을 철회하였다. 피고는 원고에 대한 출입제한조치를 취하지 않았고, 원고는 계속 카지노에 출입하였다. 한편 위 영업준칙에 따르면 1회 최대 베팅한도액이 제한되어 있었다. 그런데 원고는 이른바 '병정'339)을 이용하여 베팅한도금액을 초과하는 도박을 하였다. 원고는 피고 직원들이 이를 알고도 묵인하였다고 주장하였다. 이러한 사실관계하에서 피고는 원고에 대한 보호의무 위반으로 손해배상책임을 지는가?

다수의견은 자기책임의 원칙에 따라 원고는 스스로 재산상 손실을 감수하는 것이고, 특별한 사정340)이 없는 한 피고가 원고의 보호의무를 부담하지는 않는다고 보았다. 반대의견은 도박중독자에게 자기책임의 원칙만을 내세워 이들에 대한 보호를 거부해서는 안 된다고 하면서 이 사건의 경우 피고가 원고의 보호의무를 부담한다고 보았다. 어느 의견에 따르건 자기책임의 원칙이 1차적으로 적용되어야 하므로 카지노이용자는 스스로 자신의 재산을 보호할 의무가 있다. 또한 어느 의

---

338) 구 관광진흥법 시행규칙(2007. 8. 28. 문화관광부령 제167호로 개정되기 전의 것) 제36조 단서 「별표 7의2」이다.
339) 타인을 위하여 베팅만 대신해 주는 사람이다. 원고는 이들에게 돈을 제공하고 이들이 원고를 위해 대리베팅을 하였다.
340) 대상판결에 따르면 여기에서의 특별한 사정은 카지노이용자의 재산상실에 관한 주된 책임이 카지노사업자에게 있을 뿐만 아니라 카지노이용자의 손실이 카지노사업자의 영업이익으로 귀속되는 것이 사회 통념상 용인될 수 없을 정도에 이르렀다고 볼만한 사정을 의미한다.

견에 따르건 카지노이용자가 더 이상 자신을 보호할 수 없는 상황에서는 카지노가 개입하여 카지노이용자의 도박을 막아야 할 보호의무가 발생할 수 있다. 그렇다면 이 사건에서는 카지노의 보호의무 이행이 요구되었는가? 만약 이 사건에서 피고가 원고의 도박 중독 상태를 알았거나 쉽게 알 수 있었고, 가족으로부터 출입제한요청이 있었는데도 원고의 카지노 출입을 허용하였다면 보호의무 위반 행위로 평가될 수 있었을 것이다. 그런데 이 사건에서 출입제한요청은 곧바로 철회되었다. 다수의견은 이를 이유로 보호의무 위반을 부정한 반면, 반대의견은 「카지노출입관리지침」에 따르면 출입제한요청이 서면으로 이루어져야 하는 이상 그 철회도 구두로 해서는 효력이 없으므로 피고는 출입제한요청에 따라 원고의 출입을 제한하여 그를 보호할 의무를 부담하였다고 보았다. 또한 다수의견은 영업준칙상 1회 베팅한도 제한규정은 사회적 폐해를 억제하기 위한 공익보호규정일 뿐 카지노 이용자 개개인의 재산상 손실방지를 위한 규정이 아니므로 이에 위반하였더라도 사법적인 차원의 위법성이 인정되지는 않는다고 본 반면, 반대의견은 이와 반대로 위 규정이 위법성 인정 근거가 될 수 있다고 보았다.[341]

큰 그림에서 보면 이 사건에서는 도박과 자기책임 원칙의 상호관계에 관한 대법관들의 생각 차이가 결론을 좌우하였다. 다수의견은 자기책임 원칙을 좀 더 무겁게 보았고, 반대의견은 이를 제어하는 후견적 요청을 좀 더 무겁게 보았다. 외국법제를 살펴보면 미국, 영국, 캐나다, 호주는 전자의 입장, 독일은 후자의 입장에 가깝다. 가령 독일은 이용자가 스스로 출입제한을 설정함으로써 출입제한합의가 이루어졌는데도 카지노가 이용자의 출입을 허용하였거나,[342] 2007년 각 란트가 서명한 '독일에서 도박사업에 관한 주간(州間) 협약'에서 도입한 도박자제한제도에 위반한 경우 채무불이행 또는 불법행위책임이 성립한다는 법리를 가지고 있다.[343]

이 사건을 구체적으로 보면 출입제한금지 요청의 효력, 1회 베팅한도 제한규정의 성격, 원고의 베팅한도 초과도박에 관한 피고 직원들의 인식 및 관여 여부가 사건의 결론을 좌우하는 요소로 작용하였다. 원고의 아들이 곧바로 출입제한금지서의 반송을 요청하며 이를 적극적으로 철회한 이상 피고가 그러한 의사에 반하여

---

341) 단속법규 위반행위가 언제나 위법행위에 해당하는 것은 아니다. 대법원 1987. 2. 10. 선고 86다카 1288 판결 등.
342) BGH NJW 2006, 362.
343) 이에 관해서는 김재형, "법규 위반과 불법행위책임－카지노 베팅한도 및 출입제한 규정 위반을 중심으로－", 판례실무연구 XI(상)(2015), 676－702면 참조.

출입제한조치를 취하기를 기대하기는 어려웠을 것이다. 그 점에서는 다수의견을 이해할 수 있다. 하지만 반대의견이 지적하는 것처럼 1회 베팅한도 제한규정은 이용자의 사익을 보호하기 위한 측면도 있다고 보아야 한다. 따라서 피고 직원들이 베팅한도 초과 도박을 알고도 묵인하거나 관여하였다면 이 점에서는 피고의 책임이 인정될 수도 있었을 것이다.

다. 국가작용이 개입한 경우 위법성과 인과관계의 판단

대법원 2020. 11. 26. 선고 2018다221676 판결은 보건복지부장관의 고시로 인한 약가 인하로 손해를 입은 오리지널 의약품 특허권자가 그 약가 인하의 원인을 제공한 복제의약품 회사에게 불법행위로 인한 손해배상을 청구할 수 있는지를 다루었다. 사안은 다음과 같다. 원고는 A 회사의 자회사로서 A 회사의 특허의약품을 국내에서 독점판매하고 있었다. 그 특허의약품은 건강보험공단의 요양급여대상으로서 판매제품의 약가 일부를 공단으로부터 지급받고 있었다. 한편 피고는 국내 제약회사로서 위 특허의약품의 특허 만료 후 복제의약품을 판매하겠다고 신청하여 보건복지부장관 고시로 요양급여대상 결정을 받았다. 그런데 특허법원이 위 특허의 진보성 결여를 이유로 특허무효판결을 선고하자 피고는 그 판결이 상고로 미확정인 상태에서 위 복제의약품을 즉시 판매하겠다고 신청한 뒤 그 국내 판매를 시작하였다. 이처럼 복제의약품이 시장에 진입함에 따라 관련 규정 및 지침에 의거하여 보건복지부장관의 고시로 위 특허의약품의 약가가 20% 인하되었다. 그 후 대법원이 특허법원의 판결을 파기하여 결국 특허는 유효로 확정되었다. 그러자 원고는 피고가 특허기간 중에 복제의약품을 판매함으로써 공단으로부터 받는 약가가 인하되어 영업이익이 상실되었다며 피고를 상대로 그 상당액의 손해배상청구를 하였다.

대법원은 원고의 독점적 통상실시권을 부정하는 한편 피고의 판매예정시기 변경신청은 제도적으로 허용된 적법한 행위인 점, 원고 제품의 약가 인하는 보건복지부장관의 고시를 통해 결정되었던 점, 그러한 고시가 위법한 처분이라고 볼 만한 자료가 없는 점, 약가 인하로 입게 된 원고의 불이익은 이러한 제도를 채택한 결과에 따라 불가피하게 발생한 것인 점 등의 이유를 들어 피고 행위의 위법성이나 피고의 행위와 원고 제품의 약가 인하 사이의 상당인과관계도 부정하였다. 원고에게 독점적 통상실시권이 부여되었는지는 사실 인정의 문제이다. 대법원은 원고의 독점적 통상실시권을 부정한 원심판단을 그대로 유지하였다. 그런데 대법원은 더 나아가 원고에게 독점적 통상실시권이 있더라도 불법행위의 법리에 따를 때 피고에게는 책임이 없다고 하였다. 그런데 피고가 타인의 독점적 권리하에 있는 의약품을 복제, 판매하여 손해를 입혔는데도 약가인하제도라는 국가적인 제도를 이용하여 그렇게 하였다는 이유로 면책된다는 결론은 직관적으로 의문을 불러일으킨다.

이 사건에서 피고는 특허기간 중에 타인의 특허를 침해하여 복제의약품을 판매한 것으로 드러났다. 그러므로 피고는 그 특허침해행위로 인하여 특허권자가 입은 손해를 배상해야 한다. 또한 원고가 그 특허품의 국내 독점판매권 또는 이에 준하는 영업권을 가진 자였다면 피고의 위법한 특허침해행위로 인해 원고가 입은 손해도 배상해야 마땅하다. 대상판결은 원고의 불이익은 약가 인하 제도를 채택한 결과에 따른 것이므로 원고가 원고 제품의 상한금액에 관하여 갖는 이익은 이러한 제도의 테두리 내에서 보호될 수 있을 뿐이고 그 제도에서 정한 절차에 따른 결과가 원고에게 불리하게 작용하더라도 이를 피고의 책임으로 돌릴 것은 아니라고 판시하였다. 그러나 약가 인하 제도는 적정한 약가를 설정함으로써 국민건강보험 재정을 건전화하여 원활한 요양급여를 지속적으로 보장하는 목적을 가진 제도일 뿐 사인(私人) 간의 특허침해 및 관련 불법행위로 인한 손해배상의 문제까지 규율하는 제도는 아니다. 보건복지부장관은 약가 인하 시 특허분쟁 관련 소명을 받기는 하나 특허침해에 대한 심리나 판단을 하지 않는다. 오히려 이 제도는 이러한 손해배상 문제는 특허법 또는 민법에 따라 그들 간에 별도로 또는 사법부의 판단을 받아 해결해야 함을 전제로 설계된 것이다. 실제로 보건복지부장관이 약가 인하를 시행한 후 제네릭의약품이 특허침해제품으로 밝혀지면 그때부터 인하된 상한금액을 본래의 금액으로 회복하나 인하 시점부터 회복 시점까지 인하로 입은 손해를 회복해 주지는 않는다. 이 부분의 손해는 민사법리에 따라 별도 민사소송에서 회복되어야 한다.

대상판결에서는 피고의 복제의약품 판매와 원고의 손해 사이에 보건복지부장관 고시가 개재되었다는 점이 위법성이나 인과관계 판단에 중요하게 고려되었던 것으로 보인다. 그러나 보전처분이나 판결·행정작용 등이 중간에 개입되더라도 불법행위가 인정된 사례들은 많다.[344] 제약회사인 피고는 자신이 복제의약품의 판매 예정시기를 앞당겨 시장에 이를 조기출시하면 원고의 특허의약품 약가가 거의 자동적으로 인하되리라는 점을 충분히 예견할 수 있었다. 더 나아가 이러한 사태는 피고가 자신의 위험부담 아래 스스로 유발한 것이다. 이 경우 자신이 유발한 보건복지부장관 고시를 방패삼아 자신의 책임을 회피할 수는 없다. 그러므로 특허권을 침해한 것으로 밝혀진 피고의 행위에 위법성이 없다거나 그 행위와 원고의 손해 사이에 상당인과관계가 없다고 한 대상판결에는 찬성하기 어렵다.

대상판결은 유효성 분쟁 중인 특허 때문에 복제의약품의 시장 진입이 늦어지면 국민건강보험은 특허의약품에 고가의 약가를 상환해야 하고 국민들도 복제의약품에 대한 접근성이 저하된다는 점을 고려한 판결로 이해되나 위와 같은 공익이 특허침해의 토대 위에서 구현되어서는 안 된다. 특허 제도를 인정하는 이상 특허가 무효라고 믿고 무단으로 특허 발명을 이용하는 자는 자신의 위험 부담 아래 그렇게 하는 것이고 사후에 특허침해로 밝혀진 행위에 따른 손해배상은 부담하게 하는 것이 맞다. 또한 위와 같은 복제의약품의 조기 개발과 시장 진입이 가지는 공익이 그토록 크다면 이는 별도 입법을 통해 반영할 문제이다.

라. 사고로 인한 자동차 가격 하락손해의 통상손해 여부

대법원 2017. 5. 17. 선고 2016다248806 판결은 사고로 인한 자동차 가격 하락손해가 통상손해인지를 다루었다. 원고는 운송회사이자 A차량의 소유자이다. 피고는 B차량의 운전자이다. 피고회사는 B차량의 보험회사이다. 피고는 B차량을 운전하던 중 중앙선을 넘어 맞은편에 오던 A차량과 충돌하였다. A차량 소유자인 원고는 피고회사 및 피고를 상대로 손해배상을 구하였다. 이 사안에서는 수리 완료 후에도 존재하는 자동차 가격 하락 손해(격락손해)가 통상손해에 해당하는지가 다투어졌다.

대법원은 "자동차의 주요 골격 부위가 파손되는 등의 사유로 중대한 손상이 있는 사고가 발생한 경우에는, 기술적으로 가능한 수리를 마치더라도 특별한 사정이 없는 한 원상회복이 안 되는 수리 불가능한 부분이 남는다고 보는 것이 경험칙에 부합하고, 그로 인한 자동차 가격 하락의 손해는 통상의 손해에 해당한다고 보아야 한다."고 판시한 뒤, "이 경우 그처럼 잠재적 장애가 남는 정도의 중대한 손상이 있는 사고에 해당하는지는 사고의 경위 및 정도, 파손 부위 및 경중, 수리방법, 자동차의 연식 및 주행거리, 사고 당시 자동차 가액에서 수리비가 차지하는 비율,

---

344) 대법원 1974. 10. 22. 선고 74다79 판결; 대법원 2001. 11. 13. 선고 2001다26774 판결 등.

중고자동차 성능·상태점검기록부에 사고 이력으로 기재할 대상이 되는 정도의 수리가 있었는지 여부 등의 사정을 종합적으로 고려하여, 사회일반의 거래관념과 경험칙에 따라 객관적·합리적으로 판단하여야 하고, 이는 중대한 손상이라고 주장하는 당사자가 주장·증명하여야 한다.”라고 판시하였다.

판례는 물건이 훼손된 경우 수리가 가능하면 수리비 상당액, 수리가 불가능하면 교환가치 감소분이 통상손해라고 판시하여 왔다.[345] 수리가 가능하면 수리비 상당액이 통상손해라고 하는 이유는 수리비를 들여 수리가 완성되면 교환가치가 온전히 회복되리라고 전제하기 때문이다. 그러므로 종국적으로 중요한 것은 수리 가능성 또는 수리비 액수라기보다는 교환가치의 회복 여부 또는 회복되지 못한 교환가치의 액수이다. 그렇다면 일단 물리적·기술적으로 수리가 완성되어 물건이 정상적으로 사용됨으로써 사용가치 감소는 없더라도 물건의 교환가치 감소분이 여전히 존재하면 그 부분은 규범적으로 수리가 불가능한 것과 마찬가지로 취급해야 한다. 종국적으로는 교환가치 감소분이 통상손해로 배상되어야 한다.

이에 대해서는 자동차 가격 하락이 자동차의 객관적 가치 감소 때문이라기보다는 사고 차량을 꺼림칙하게 여기는 일반인들의 불안함 때문에 발생한 것은 아닐까 하는 의문이 들 수 있다. 그러한 불안함을 달래기 위해 수리비를 넘는 손해배상을 명하는 것이 타당한가 하는 의문이 들 수도 있다. 그런데 중고차 거래량이나 거래 시스템을 보면, 우리나라 중고차 시장은 자동차의 가치를 객관적으로 반영할 정도로 공고하게 형성되어 있다. 그러한 시장가격은 시장에서 거래되는 물품의 교환가치를 측정하는 유일하고 완벽한 기준은 아닐지 몰라도 손해가 발생하였음을 보여주는 가장 중요한 기준이다. 또한 자동차관리법령에 따르면 자동차매매업자가 매수인에게 발급하는 중고자동차 성능·상태점검기록부에는 사고 유무를 표시하고 중대 사고의 경우에는 그 수리 부위 등도 반드시 표시하여야 한다. 실제로도 사고 차량은 중고차 시장에서 통상 더 낮은 가격으로 거래된다. 이러한 법령과 거래 현실을 고려하여 보험약관에도 자동차 시세 하락 손해배상에 대한 규정이 포함되어 있다. 대상판결은 이러한 거래 현실을 반영하여 가격 하락분을 통상손해로 보면서도 중대한 손상을 야기하였을 것을 요구함으로써 법리의 지나친 확장을 제어하였다.[346]

---

345) 대법원 1992. 2. 11. 선고 91다28719 판결 등 다수.
346) 신세희, “자동차 파손 시 가치하락손해에 관한 연구”, **민사판례연구**, 제43권(2021), 582－583면

마. 과거사정리위원회의 진실규명결정의 불법행위 증명력

대법원 2013. 5. 16. 선고 2012다202819 전원합의체 판결은 진도군 민간인 희생 국가배상청구 사건을 다루었다. 원고들은 자신들의 아버지나 친척이 한국전쟁 당시 인민재판 참관 또는 인민군 부역 등을 이유로 적법한 절차를 거치지 않은 채 대한민국의 경찰관들에게 처형되었다고 주장하며 국가배상청구를 하였다. 원고들의 이러한 주장은 『진실·화해를 위한 과거사정리위원회』(이하 '과거사정리위원회'라고 한다)의 진실규명결정에 기초한 것이었다. 이 국가배상소송에서 사실상 유일한 증거는 과거사정리위원회의 조사보고서였다. 그런데 이 조사보고서의 내용만으로는 국가배상청구의 원인이 되는 사실관계를 확정하기에 충분하지 않았다. 그러나 원심은 조사보고서만을 증거로 삼아 원고들의 청구를 모두 인용하였다. 과거사정리위원회가 조사 결과에 따라 진실규명결정을 하였다면 법원도 이를 존중함이 마땅하고, 과거사 사건에서 일반적인 사법절차의 사실인정에서 이루어지는 것 같은 정도의 증명을 요구할 수 없다는 이유 때문이었다.

대법원에서는 이러한 원심판결의 당부가 다투어졌다. 다수의견은 조사보고서 내용만으로 사실을 인정하기 불충분한 때에는 추가 증거조사를 통하여 사실관계를 더 확인하여야 한다고 보았다. 반대의견은 과거사정리위원회의 진실규명결정은 그 내용에 중대하고 명백한 오류가 있는 등 그 자체로 증명력이 부족함이 분명한 경우가 아닌 한 매우 유력한 증거 가치를 가지므로 피해자는 이를 제출함으로써 국가 공무원의 불법행위책임 발생원인 사실의 존재를 모두 증명한 것이라고 보았다. 다수의견은 "조사보고서", 반대의견은 "진실규명결정"에 대해 언급하고 있으나, 결국 양 의견 모두 과거사정리위원회의 불충분하거나 모순된 조사결과에 기초한 결정에 법원이 얼마나 구속될 것인가의 문제를 다루고 있다. 이는 사실인정의 권한을 가지는 법원이 과거사 사건이라는 특수성 앞에서 얼마나 더 세밀하게 사실관계를 조사·확정할 수 있는가 하는 문제와 관련 있다.

이러한 과거사 사건들은 ① 국가권력에 의하여 집단적, 조직적으로 자행되었다는 점, ② 이로 인한 피해자들의 숫자가 많다는 점, ③ 사건 발생 이후 시간이 많

은 경미한 손상에 대해서는 통상손해성을 부정하는 대상판결에 대해서 실제 중고차 시장에서는 경미한 사고이력이 있는 경우에도 거래가격이 하락되는 것이 엄연한 거래현실이라는 점을 들어 비판론을 전개하고 있다.

이 흘러 사실인정에 한계가 있다는 특징을 지닌다. 그래서 일반적인 국가배상사건에 비해 더욱 집단적이고 정책적인 해결이 요구된다. 바로 이러한 요구 때문에 각종 특별법들이 제정되었다.[347] 「진실・화해를 위한 과거사정리 기본법」(이하 '과거사정리 기본법'이라고 한다)도 그중 하나이다. 과거사정리 기본법은 "항일독립운동, 반민주적 또는 반인권적 행위에 의한 인권유린과 폭력・학살・의문사 사건 등을 조사하여 왜곡되거나 은폐된 진실을 밝혀냄으로써 민족의 정통성을 확립하고 과거와의 화해를 통해 미래로 나아가기 위한 국민통합에 기여함"을 목적으로 하는 법이다(제1조). 이를 위해 설치된 과거사정리위원회는 조사대상을 선정하여 조사를 진행하고 그 조사 결과 진상규명결정 또는 진상규명불능결정을 내린다(제3조). 과거사정리위원회는 조사대상자 및 참고인으로부터 진술서나 관련 자료 또는 물건을 제출받거나 진술을 청취하거나 관계 기관 등에게 사실 또는 정보 조회를 하는 등의 방법으로 조사를 수행한다(제23조 제1항). 과거사정리위원회는 최초의 진실규명 조사개시 결정일 이후 4년이라는 한시적 기간 동안 진실규명활동을 하고, 2년의 범위 내에서 그 기간을 연장할 수 있다(제25조 제1, 2항).

다수의견과 반대의견은 이러한 조사결과에 대해 법원이 사실인정의 권한을 내세워 개입하는 것은 가급적 자제해야 한다는 점에 공감하였다. 위에서 살펴본 과거사 사건의 특수성을 고려한 것이다. 그러나 다수의견은 과거사 사건이라고 하여 민사소송의 일반 원칙을 포기하여서는 안 된다고 보았다. 만약 조사결과만으로 충분히 사실이 증명되지 않으면 법원이 추가로 사실인정을 위한 심리를 해야 한다고 보았다. 반대의견도 법원의 추가 심리 여지를 완전히 봉쇄하지는 않았다. 하지만 반대의견은 과거사 사건과 이에 관한 특별법의 취지에 무게를 두어 특별한 사정이 없으면 과거사정리위원회의 결정대로 따라야 한다고 보았다.

다수의견에 따른 대상판결의 입장은 여러 각도에서 평가할 수 있다. 사법적극주의와 사법소극주의의 구도에서는 사법적극주의에 가까운 성격을 띤다. 형식과 실질의 구도에서는 실질을 중시하는 성격을 띤다. 효율과 형평의 구도에서는 형평을 중시하는 성격을 띤다. 한 마디로 특별한 사정이 없으면 과거사위원회의 진실규명결정에 따르고자 하는 획일적인 처리에 제어장치를 설정함으로써 필요한 경우에

---

347) 「진실・화해를 위한 과거사정리 기본법」, 「노근리사건 희생자 심사 및 명예회복에 관한 특별법」, 「거창사건등 관련자의 명예회복에 관한 특별조치법」, 「민주화운동 관련자 명예회복 및 보상 등에 관한 법률」, 「대일항쟁기 강제동원 피해조사 및 국외강제동원 희생자 등 지원에 관한 특별법」, 「제주 4・3사건 진상규명 및 희생자 명예회복에 관한 특별법」 참조.

는 법원이 사안을 좀 더 세밀하게 살펴볼 수 있는 길을 열어놓은 것이다. 물론 다수의견에 의하면 반대의견에 의할 때보다 진실규명결정을 받은 사람이 국가배상을 받지 못할 가능성은 더 높아진다. 그러나 이는 대법원이 세밀하게 사건을 살펴본 결과일 뿐, 피해자의 구제 필요성을 경시하였기 때문이 아니다. 오히려 이는 진실규명결정을 받지 못한 사람에 대해서도 국가배상을 명할 수 있다는 결론을 더욱 강하게 뒷받침하는 논리가 될 수 있다. 실제로 대법원은 과거사정리위원회가 진실규명불능결정을 내린 사건에 대해서 국가배상책임을 인정한 원심 판결을 그대로 확정한 바 있다.[348]

2. 불법행위 효과

가. 불법행위와 금지청구권

대법원 2010. 8. 25. 2008마1541 결정은 부정경쟁행위에 해당하는 민법상 불법행위의 금지 또는 예방을 청구할 수 있다고 하였다. 이 사안에서 갑 회사는 인터넷 사이트를 이용한 광고시스템 프로그램을 제공하여 이를 설치한 인터넷 사용자들이 을 회사가 운영하는 인터넷 포털사이트에 방문하면 그 화면에 을 회사가 제공하는 광고 대신 갑 회사의 광고가 대체 혹은 삽입된 형태로 나타나게 하였다. 대법원은 갑 회사의 위와 같은 광고행위는 위 인터넷 포털사이트가 가지는 신용과 고객흡인력을 무단으로 이용하는 셈이 될 뿐만 아니라 을 회사의 영업을 방해하면서 을 회사가 얻어야 할 광고영업의 이익을 무단으로 가로채는 부정한 경쟁행위로서 민법상 불법행위에 해당한다고 본 원심결정이 정당하다고 하였다. 이와 관련하여 경쟁자가 상당한 노력과 투자에 의하여 구축한 성과물을 상도덕이나 공정한 경쟁질서에 반하여 자신의 영업을 위하여 무단으로 이용함으로써 경쟁자의 노력과 투자에 편승하여 부당하게 이익을 얻고 경쟁자의 법률상 보호할 가치가 있는 이익을 침해하는 행위는 부정한 경쟁행위로서 민법상 불법행위에 해당한다는 일반론을 제시하였다. 또한 이러한 무단이용 상태가 계속되어 금전배상을 명하는 것만으로는 피해자 구제의 실효성을 기대하기 어렵고 무단이용의 금지로 인하여 보호되는 피해자의 이익과 그로 인한 가해자의 불이익을 비교·교량할 때 피해자의 이익이 더 큰 경우에는 그 행위의 금지 또는 예방을 청구할 수 있다고 판시하였다. 이

348) 대법원 2016. 12. 1. 선고 2014다234209 판결.

에 따라 을 회사는 갑 회사의 광고행위 금지 또는 예방을 청구할 피보전권리와 보
전의 필요성이 소명되었다고 본 원심결정이 정당하다고 보았다.

이 결정은 민법상 불법행위에 대한 금지 또는 예방이 가능하다고 한 점에서 의
미 있다. 물론 이 결정은 부정경쟁행위 유형의 민법상 불법행위를 염두에 둔 것이
므로, 과연 이 결정이 다른 유형의 불법행위에서도 금지청구권을 전면적으로 인정
한 취지인지는 분명하지 않다. 하지만 적어도 대상결정이 불법행위에 대한 금지청
구권을 허용할 수 있는 길을 열어놓았다는 점은 분명하다. 그 이후 대법원 2011.
10. 13. 선고 2010다63720 판결은 특정인의 통행 자유를 침해한 행위를 민법상
불법행위로 규정한 뒤 그 통행방해 행위의 금지를 청구할 수 있다고 보았다.[349]
또한 대법원 2014. 5. 29. 선고 2011다31225 판결은 CF박스 설치를 통해 방송프
로그램 하단에 방송사업자가 의도하지 않았던 자막광고를 내보내는 영업행위가
민법상 불법행위에 해당한다고 하여 그 영업행위의 금지를 청구할 수 있다고 보
았다.[350] 한편 대상결정 이후 2013. 7. 30. 법률 제11963호로 개정된 「부정경쟁
방지 및 영업비밀보호에 관한 법률」 제2조 제1호 차목(현행법으로는 카목)에서는
"그 밖에 타인의 상당한 노력으로 만들어진 성과 등을 공정한 상거래 관행이나
경쟁질서에 반하는 방법으로 자신의 영업을 위하여 무단으로 사용함으로써 타인
의 경제적 이익을 침해하는 행위"를 부정경쟁행위의 유형으로 추가하였다. 부정
경쟁행위에 대해서는 금지청구권이 인정된다(제4조). 대상결정이 입법에 반영된
결과이다.

민법상 불법행위에 대한 금지청구권은 해석론상 인정될 수 있는가?[351] 불법행
위에 대한 금지청구권은 손해의 회복과 예방이라는 불법행위의 목적에 비추어 보

---

349) 다만 이 판결에서는 통행 자유 침해를 인격권 침해의 일종으로 본 듯 하다. 강지웅, "통행의 자유
와 통행방해 금지청구", **민사판례연구**, 제35권(2013), 200면. 인격권 침해에 대해서는 종래부터 해
석론상 금지청구권이 인정되어 왔다. 대법원 1996. 4. 12. 선고 93다40614·40621 판결.

350) 피고는 원고들의 종합유선방송가입자 가운데 음식점, 찜질방 등 불특정 다수 고객 상대 업체들을
회원으로 모집하여, 해당 회원들이 보유한 개별 TV 수상기와 원고들 소유의 셋톱박스 사이에 피고
소유의 광고영상송출기기(CF 박스)를 연결함으로써, TV 화면에서 원고들이 전송한 방송프로그램
바로 아래에 피고가 별도 모집한 광고주들로부터 의뢰받은 이 사건 자막광고가 나가게 하는 방식
으로 광고영업을 하였다. 피고의 이러한 행위로 인하여 시청자들이 방송프로그램을 보면서 그 아
래에 있는 이 사건 자막광고를 볼 수밖에 없는 상황이 되므로, 이는 원고들이 송신하는 방송프로그
램이 시청자의 눈길을 끄는 흡인력을 피고의 광고영업에 적극적으로 이용하게 된다.

351) 이하 내용은 권영준, "불법행위와 금지청구권 – eBay vs. MercExchange 판결을 읽고 – ", Law &
Technology, 제4권 제2호(2008), 55면 이하 참조.

거나 의미 있는 원상회복이 곤란한 사안에서의 현실적 필요성에 비추어 보면 이러한 금지청구권은 입법론으로뿐만 아니라 해석론으로도 인정될 수 있다. 일반적으로는 물권 또는 이와 유사한 성격을 가지는 인격권이 침해되는 불법행위이거나 법률에 별도의 규정이 있는 경우에만 금지청구권이 인정되고 있다. 그러나 권리의 도그마틱한 성격(가령 물권의 배타성)에 권리 구제수단의 모습이 필연적으로 복속되어야 할 이유는 없다. 법이 보호하고자 하는 권리나 이익이 침해되었다면 피해자는 그 침해로부터 회복될 수 있는 가장 적절하고 유효한 수단에 의하여 구제되어야 한다. 이러한 요청은 추상적으로는 신의칙에 관한 민법 제2조에서 출발하여, 구체적으로는 소유권에 기한 물권적 청구권에 관한 민법 제214조, 생활방해에 관한 적절한 조치의무를 규정한 민법 제217조 제1항, 부작위 채무에 위반한 경우 적당한 처분을 구할 수 있도록 한 민법 제389조 제3항, 명예훼손에 관하여 손해배상과 별도로 명예회복에 적당한 처분의무를 규정한 민법 제764조, 그 외에 물권 침해 외의 불법행위에 대해 금지청구권을 인정한 각종 특별법 규정들에서 도출될 수 있다. 이러한 개별 조항들은 서로 무관하게 별도로 존재하는 것이 아니라, 모두 권리구제적합성을 향한 법의 정신 내지 일반원칙을 공유하고 있다. 이러한 정신에 비추어 보면, 민법에서 명시적으로 불법행위에 대한 일반적 구제수단으로서 금지청구권을 규정하지 않는 것은 그러한 구제수단 자체를 부정하는 취지라기보다는 단지 이에 관하여 침묵하고 있는 것일 뿐이다. 따라서 이러한 전체유추가 성문법에 반하는 것이라고 할 수 없다. 민법에 명문으로 규정되어 있지 않은 대상청구권을 해석론으로서 인정하는 것도 같은 취지이다.[352] 참고로 외국에서는 일반적으로 불법행위에 대한 금지청구권을 널리 허용하고 있고,[353] 우리나라 법무부 2014년 민법 개정시안도 불법행위에 대한 금지청구권을 일반적으로 허용하는 조항(제766조의2)을 두었다.[354]

---

352) 대법원 1992. 5. 12. 선고 92다4581, 4598 판결.

353) 김상중, "불법행위의 사전적 구제수단으로서 금지청구권의 소고", **비교사법**, 제17권 제4호(2010), 152면 이하.

354) 개정시안 제766조의2는 "금지청구"라는 표제하에 제1항에서 "타인의 위법행위로 인하여 손해를 입거나 입을 염려가 있는 자는 손해배상에 의하여 손해를 충분히 회복할 수 없고 손해의 발생을 중지 또는 예방하도록 함이 적당한 경우에는 그 행위의 금지를 청구할 수 있다."라고 규정하고 있다.

나. 인신손해 사건에서 손해액 산정 요소로서의 가동연한

대법원 2019. 2. 21. 선고 2018다248909 전원합의체 판결은 일용 근로자의 가동연한을 다루었다. 이 사건에서는 4세 어린이가 수영장 성인 풀에 빠져 익사하자 그 가족들이 수영장 운영회사 등을 상대로 피해자의 가동연한이 만 65세임을 전제로 손해배상을 구하였다. 1심 및 원심법원은 기존 판례에 따라 가동연한을 만 60세로 보아 손해배상액을 산정하였다. 대법원은 우리나라의 사회적·경제적 구조와 생활여건이 급속하게 향상·발전하고 법제도가 정비·개선됨에 따라 종전 전원합의체 판결 당시 위 경험칙의 기초가 되었던 제반 사정들이 현저히 변하였기 때문에 이제는 특별한 사정이 없는 한 만 60세를 넘어 만 65세까지도 가동할 수 있다고 보는 것이 경험칙에 합당하다고 판시하였다. 종래 대법원은 일용 근로자의 가동연한을 만 55세로 보았다가, 1989년에 이를 만 60세로 올렸다(대법원 1989. 12. 26. 선고 88다카16867 전원합의체 판결). 대상판결은 이를 다시 만 65세로 올렸다. 대상판결은 고용, 보험, 의료, 연금, 고령화 정책 등 사회의 각 분야에 엄청난 파급효과를 불러일으킬 만큼 의미 있는 판결이다. 결론에 이르는 과정에서 다음과 같은 세 가지 쟁점이 문제되었다.

첫째, 대법원은 경험칙상 가동연한을 특정 연령으로 정하여 선언할 수 있는가? 이는 법률심인 대법원과 사실심인 하급심 법원의 역할분담과도 관련 있다. 이에 관하여 대법원이 일률적으로 가동연한을 만 65세라고 단정하여 선언하는 방식이 아니라 '육체노동의 일반적 가동연한을 만 60세 이상이라고만 제시하고 만 65세로 인정한 별개 사건에서 사실심 판결이 옳다고 판단하는 방법'으로 충분하다는 별개의견이 있었다. 그러나 경험칙은 개별 사건을 뛰어넘는 추상성·객관성·보편성을 지녀야 하므로 그 가이드라인은 가급적 대법원이 제공하는 것이 바람직하다. 이로 인해 사실심 법관의 판단재량이 부당하게 침해되지도 않는다. 대법원이 인정한 경험칙을 그대로 적용할 수 없는 개별 사건의 특수한 사정이 있다면 사실심 법관은 이러한 사정을 반영하여 얼마든지 달리 판단할 수 있기 때문이다.

둘째, 만 60세로 되어 있는 일용 근로자의 경험칙상 가동연한은 적정한가? 법원이 선언하는 경험칙과 사회 현실 사이의 간극이 지나치게 벌어지는 것은 바람직하지 않다. 이러한 간극은 분쟁의 정의로운 해결에 장애가 될 뿐만 아니라, 사법불신의 원인이 되기 때문이다. 대상판결에서 대법관들은 ① 신체적 측면(평균 수명 10

년 이상 증가), ② 경제적 측면(1인당 GDP 4.5배 증가, 60~64세 경제활동참가율 및 실질은퇴연령 상승), ③ 규범적 측면(사회보장법령 및 연금법령이 65세까지의 근로를 전제로 변화 중)의 변화에 주목하여 이를 상향 조정해야 한다고 보았다.

셋째, 가동연한은 몇 세로 보는 것이 적정한가? 다수의견은 만 65세, 별개의견은 만 63세가 적정하다고 보았다. 가동연한은 단순히 통계를 기초로 도출되는 실증적 문제가 아니라 고도의 법적 평가가 수반되는 규범적 문제이다. 이에 관한 논리필연적 정답은 없다. 다만 손해배상사건에서 가동연한을 정하는 문제는 궁극적으로 인신사고 배상액을 정하는 문제임을 떠올린다면, 합리적 범위 안에 있는 한 사고로 인한 배상액의 불명확성은 가해자 측에 귀속시켜야 한다. 그 외에 일본과 독일, 호주 등에서 가동연한을 만 67세로 보고 있는 점, 통계청의 '경제활동인구조사'에서 만 15세부터 만 64세까지를 생산가능연령으로 파악하는 점, '농어업인 삶의 질 향상 및 농어촌지역 개발촉진에 관한 특별법' 제19조의5에서 정부가 자동차보험에 관한 표준약관 등에서 취업가능연한의 기준이 만 65세 이상이 되도록 하는 등 필요한 시책을 수립·시행해야 한다고 규정하는 점, 만 65세 이상을 '부양 및 보호가 필요한 노인' 또는 '근로를 할 것이 기대되지 않는 사람'으로 전제하는 법률들이 다수 시행되고 있는 점 등까지 고려하면, 가동연한을 만 65세로 본 대상판결의 태도는 타당하다.

다. 위자료에 대한 지연손해금의 기산일

대법원 2011. 7. 21. 선고 2011재다199 전원합의체 판결은 대법원 2011. 1. 27. 선고 2010다6680 판결에 재심사유가 있는지를 다루었다. 재심대상판결은 위자료 지연손해금 기산점 문제를 다루었다. 본래 지연손해금은 불법행위 성립과 동시에 발생한다는 것이 확립된 판례이다.[355] 그런데 재심대상판결은 불법행위시부터 사실심 변론종결시까지 장기간이 경과하고 통화가치 등에 상당한 변동이 생기면 예외적으로 사실심 변론종결일부터 지연손해금이 발생한다고 보았다.[356] 그렇다면 재심대상판결은 종전 판례를 변경한 판결인가? 만약 종전 판례를 변경한 것이라면 이는 본래 전원합의체를 통해 이루어졌어야 한다. 그런데도 소부에서 판례를 변경하였다면 그 소부의 판결에 대해서는 재심사유가 있는가? 대상판결은 이 두 가지

---

355) 대법원 1975. 5. 27. 선고 74다1393 판결; 대법원 1993. 3. 9. 선고 92다48413 판결; 대법원 2010. 7. 22. 선고 2010다18829 판결.

356) 대법원 2011. 1. 13. 선고 2009다103950 판결도 같은 취지이다. 이 판결에 대한 해설로는 김미리, "불법행위로 인한 위자료채무의 지연손해금 발생시기", **대법원판례해설**, 제87호(2011)이 있다.

질문을 다루었다.

우선 두 번째 질문에 관하여 대법원은 전원합의체를 통하지 않고 이루어진 판례 변경은 민사소송법 제451조 제1항 제1호의 재심사유가 존재한다고 보았다. 민사소송법 제451조 제1항 제1호는 "법률에 따라 판결법원을 구성하지 아니한 때"를 재심사유의 하나로 규정하고 있다. 한편 법원조직법 제7조 제1항에 의하면 대법원의 심판권은 대법관 전원의 3분의 2 이상의 합의체에서 행하되, 다만 같은 항 각호의 경우에 해당하는 경우가 아니면 대법관 3인 이상으로 구성된 부(이른바 '소부')에서 사건을 먼저 심리하여 의견이 일치된 경우에 한하여 그 부에서 심판할 수 있도록 하고 있다. 한편 법원조직법 제7조 제1항 제3호는 '종전에 대법원에서 판시한 헌법·법률·명령 또는 규칙의 해석적용에 관한 의견을 변경할 필요가 있음을 인정하는 경우'에는 소부에서 심판할 수 없도록 규정하고 있다. 그러므로 소부가 판례를 변경하는 판결을 선고하였다면 이는 민사소송법 제451조 제1항 제1호의 '법률에 의하여 판결법원을 구성하지 아니한 때'의 재심사유에 해당한다.

하지만 첫 번째 질문에 관하여 대법원은 재심대상판결이 종전 판례를 변경한 것이 아니라고 보았다. 재심대상판결은 공무원들에 의하여 불법구금되어 유죄의 확정판결까지 받았다가 오랜 시일이 경과된 후에 재심을 통하여 무죄가 확정된 피해자가 국가에 불법행위로 인한 손해배상으로 위자료를 청구한 사안을 다루었다. 국가는 불법행위일부터 장기간이 경과한 뒤에 제소됨으로써 이미 소멸시효가 완성되었다고 항변하였다. 이 항변은 신의칙 위반 또는 권리남용에 해당한다는 이유로 배척되었다. 재심대상판결은 불법행위시로부터 지연손해금이 발생한다는 원칙을 확인하면서도, 불법행위시와 사실심 변론종결시 사이에 40년 이상의 오랜 세월이 경과되어 위자료를 산정함에 반드시 참작해야 할 변론종결시 통화가치 또는 국민소득수준 등에 불법행위시와 비교하여 상당한 변동이 생긴 때에는, 합리적인 이유 없이 과잉손해배상이 이루어지는 것을 방지하기 위하여, 예외적으로 위자료 산정의 기준시인 사실심 변론종결일부터 지연손해금이 발생한다고 판단하였다. 이러한 재심대상판결의 태도는 종래 판례를 변경한 것으로 평가되기보다는 종래 판례가 천명하여 온 원칙을 재확인하면서도 그 토대 위에서 예외를 둔 것으로 평가되어야 한다. 이를 두고 예외가 인정되지 않던 원칙에 예외를 인정함으로써 판례를 변경하였다고 할지 모른다. 하지만 이는 원칙을 폐기하였다기보다는 원칙의 적용 범위와 한계를 구체화한 것이다. 또한 어떤 원칙이건 예외가 있기 마련이고, 이러한 예외는 원칙과 양립 가능한 존재이다.

그런데 오히려 더 큰 관심을 모으는 것은 대상판결이 논란의 여지가 있던 재심대상판결의 타당성을 전원합의체 판결의 형태로 승인하였다는 점이다. 재심대상판결의 취지는 불법행위시부터 사실심 변론종결시까지의 사정을 위자료 산정에도 반영하면서 지연손해금은 불법행위시부터 붙이는 것이 현저한 과잉배상이 되는 경우에는 지연손해금의 기산점을 사실심 변론종결일로 하자는 것이다. 위자료의 액수는 사실심 변론종결일을 기준으로 산정한다는 법리357)와 지연손해금은 불법행위시에 발생한다는 법리358)의 충돌을 조정한 판결이라고 볼 수 있다. 또한 불법행위로 인한 손해배상액 산정 기준 시점에 관하여 판례가 취해 온 책임원인발생시기준설359)에 대해 변론종결시설을 예외적으로 채택한 판결이라고도 볼 수 있다. 이러한 태도에 대해 계약법에서도 받아들여지지 않는 사정변경 원칙을 불법행위법에 적용하여서는 안 된다는 비판이 있으나,360) 대상판결이나 재심대상판결은 사정변경 원칙을 적용한 판결이 아니다.

다만 재심대상판결이 불법행위시 발생한 정신적 고통에 관한 위자료에 대해 사실심 변론종결시까지 지체책임이 발생하지 않는다고 본 것은 논리적으로 문제가 있다.361) 불법행위시 정신적 고통이 발생하였다면 그때부터 위자료를 지급할 의무가 발생하고, 이를 지급하지 않으면 지체책임이 발생한다고 보는 것이 논리적이다. 사실심 변론종결시점은 일반적으로 지체책임의 기산점으로 삼기에는 적절하지 않다. 이 시점은 소가 언제 제기되었는지, 그 사건이 얼마나 신속하게 진행되었는지, 당사자들은 사건 진행과정에서 어떻게 행동하였는지 등 여러 가지 외부적인 사정에 좌우되기 때문이다. 이러한 점 때문에 대법원은 다시 이를 고려하여 위자료 원금을 적절히 증액할 수 있다고 하고 있으나, 이러한 접근방식은 복잡하고 기교적이다. 또한 지연손해금이 불법행위시부터 발생한다는 점과 위자료 액수 산정은 변론종결 시점까지의 사정을 종합하여 행해야 한다는 점이 꼭 상충하지도 않는

---

357) 대법원 2011. 1. 13. 선고 2009다103950 판결은 위자료를 산정함에 있어서는 사실심 변론종결 당시까지 발생한 일체의 사정을 참작해야 한다고 한다.

358) 대법원 1966. 10. 21. 선고 64다1102 판결; 대법원 1975. 1. 28. 선고 74다2021 판결; 대법원 1997. 10. 28. 선고 97다26043 판결, 대법원 2007. 9. 6. 선고 2007다30263 판결 등 참조.

359) 대법원 2010. 4. 29. 선고 2009다91828 판결.

360) 오시영, "불법행위로 인한 손해배상채권 중 위자료 증액 및 지연이자 기산일 변경이 판례변경인지 여부 및 위반 시 재심대상인지 여부에 대한 연구", 민사소송, 제15권 제1호(2011), 510−511면.

361) 권영준, "경제상황의 변동과 민법의 대응", 법과 정책연구, 제12권 제4호(2012), 1455면.

다. 위자료 액수 산정은 법원이 고도의 재량권을 행사하는 영역이고, 그 재량권을 행사하는 과정에서 불법행위시부터 지연손해금이 발생한다는 점까지 고려하여 적정한 위자료 액수를 산정하는 것이 얼마든지 가능하기 때문이다.[362] 결국 과잉배상을 막겠다는 대법원의 목적은 타당하나, 이는 기존 법리에 대한 예외를 인정하지 않고도 달성할 수 있었을 것이다.

라. 학교안전사고에 대한 기왕증과 과실상계에 의한 지급 제한

대법원 2016. 10. 19. 선고 2016다208389 전원합의체 판결은 학교안전사고와 관련된 공제급여 제도의 문제를 다루었다. 사안은 다음과 같다. 고등학생이던 소외인은 학교 화장실에서 쓰러져 응급실로 옮겨졌으나 사망하였다. 사인(死因)은 간질 발작으로 추정되었는데 소외인에게는 기왕증으로 간질이 있었다. 원고들(유족)은 이 사고가 「학교안전사고 예방 및 보상에 관한 법률」(이하 '학교안전법'이라고 한다)에서 정한 학교안전사고에 해당한다고 하면서 피고(부산광역시학교안전공제회)를 상대로 학교안전법에 따른 유족급여와 장의비 등 공제급여를 지급하여 달라고 청구하였다.

학교안전법 제2조 제6호에 따르면 학교안전사고는 "교육활동 중에 발생한 사고로서 학생·교직원 또는 교육활동참여자의 생명 또는 신체에 피해를 주는 모든 사고 및 학교급식 등 학교장의 관리·감독에 속하는 업무가 직접 원인이 되어 학생·교직원 또는 교육활동참여자에게 발생하는 질병으로서 대통령령이 정하는 것"을 말한다. 학교안전법 제36조 내지 제40조는 학교안전사고로 인하여 생명·신체에 피해를 입은 피공제자에게 공제급여를 지급하도록 규정하면서 그 지급기준 등에 관하여 필요한 사항을 대통령령에 위임하고, 동법 시행령 제14조 내지 제19조는 이러한 위임에 따라 각 급여의 항목별 지급기준과 지급금액의 산정요소에 관하여 세부적인 사항을 규정한다. 그런데 시행령 제19조의2는 모법에 지급제한 사유로 규정되지 않은 기왕증이나 과실상계를 지급제한 사유로 규정한다.

이 사건에서는 위 사고가 학교안전사고인지, 그 사고와 소외인의 사망 사이에 상당인과관계가 있는지, 모법에 명시되지 않은 기왕증을 시행령에서 지급제한 사유로 정할 수 있는지 등이 다투어졌다. 원심법원은 위 사고가 학교안전사고에 해

362) 윤진수, "이용훈 대법원의 민법판례", 이용훈대법원장재임기념 정의로운 사법(2011), 24면.

당하고 그 사고와 소외인의 사망 사이에 상당인과관계가 있다고 인정하였고, 소외인의 기왕증은 참작하지 않은 채 피고에게 공제급여 전액 지급을 명하였다.363) 대법원에서도 위 쟁점들이 피고의 상고이유로 다루어졌는데, 소외인의 기왕증이 지급제한 사유인지에 대해서 대법관들의 의견이 나뉘었다.

다수의견은, 학교안전법상 공제제도는 상호부조 및 사회보장적 차원에서 학교안전사고로 피공제자가 입은 피해를 직접 전보하기 위하여 특별법으로 창설한 것으로서 일반 불법행위로 인한 손해배상 제도와는 취지나 목적이 다르므로 기왕증이나 과실상계의 법리는 법률에 특별한 규정이 없는 이상 학교안전법에 따른 공제급여에 적용되지 않는다고 판단하였다. 또한 학교안전법 제36조 내지 제40조는 급여 유형별로 공제급여의 지급기준 등에 관하여 필요한 사항을 대통령령으로 정하도록 위임하였을 뿐 지급제한 사유에 관하여 위임한 바 없으므로 위 시행령 조항들은 법률의 위임 없이 피공제자의 권리를 제한하여 무효라고 보았다. 이에 대해서는 이 사건 소송은 행정소송법상 당사자소송으로 처리하였어야 한다는 별개의 견과, 기왕증으로 인한 피해는 학교안전사고와 인과관계에 있는 피해의 개념에 포함되지 않으므로 위임이 필요하지 않다거나, 기왕증이나 과실상계 참작 여부는 위임 대상인 '지급기준 등에 관하여 필요한 사항'과 '장해급여액의 산정 및 지급방법 등에 관하여 필요한 사항'에 포함될 수 있다는 반대의견이 있었다.

시행령은 모법인 법률이 위임한 범위 내 사항에 대해서만 규정할 수 있고, 이러한 위임 없이 법률상 권리·의무를 변경하거나 권리제한 사유를 추가할 수 없다. 그런데 이 사건 시행령 조항이 권리제한 사유를 추가한 것인지에 대해서는 의견이 갈린 것이다. 의견이 갈라진 표면적 분기점은 시행령 조항이 모법의 위임 범위 내에 있는가에 대한 관점 차이였다. 의견이 갈라진 근본적 분기점은 공제급여의 성격에 대한 관점 차이였다. 다수의견은 산업재해보상보험과 같은 사회보장급여에 가깝다고 보았고, 별개의견은 다수의견과 같은 입장이되 그 공법적 성격에 더욱 무게를 두어 민사소송이 아니라 행정소송법상 당사자소송에 의하여야 한다고까지 보았다. 반대의견은 공제급여의 성격을 손해배상에 가깝다고 본 반면, 다수의견은 산업재해보상보험과 같은 사회보장급여에 가깝다고 보았고, 별개의견은 다수의견과 같은 입장이되 그 공법적 성격에 더욱 무게를 두어 민사소송이 아니라 행정소

---

363) 부산고등법원 2016. 1. 28. 선고 2015나50842 판결.

송법상 당사자소송에 의하여야 한다고까지 본 것이다. 이러한 관점 차이가 법률의 위임 조항 해석에도 영향을 미쳤다.

학교안전법에 의한 공제급여 제도는 손해배상이라기보다는 사회보장급여에 가깝다. 심지어 자연재해로 인한 피해도 보상대상이 된다는 점에서도 그러하다. 이러한 근본 성격의 변경에 대한 진지한 성찰과 체제 개편의 결단 없이 현행 법률의 보상체계 아래에서 법률의 명시적인 위임 근거도 없이 시행령으로 과실상계 등에 의한 책임제한이 가능하도록 규정해서는 안 된다.[364] 그러한 규정은 위임 범위를 벗어난 무효의 규정이다. 이러한 해석을 통하여 피해자 또는 유족의 생활보장이라는 제도의 실질적 목적을 더욱 충실하게 달성하는 결과를 도모할 수도 있다.

마. 징벌적 손해배상과 공서양속

대법원 2015. 10. 15. 선고 2015다1284 판결은 외국재판의 승인 및 집행이라는 맥락에서 징벌적 손해배상이 공서양속에 반하는지를 다루었다. 이 판결은 민사소송법 제217조와 관련되어서인지 민법학자들의 충분한 관심을 받지 못하였지만, 비전보적 손해배상에 관한 입법이 급증하는 현재 시점에 되돌아볼 만한 판결이다. 이 사건에서는 특허침해를 이유로 손해배상을 명한 미국판결의 승인 및 집행이 문제되었다. 원심법원은 미국판결에서 인정된 원고의 손해액은 전보적 손해배상액에 해당하고 제재적 성격의 손해액에 포함되어 있지 않으므로 미국판결의 승인 및 집행이 대한민국의 선량한 풍속이나 그 밖의 사회질서에 어긋나지 않는다고 보았다. 대법원도 이러한 결론을 유지하였다.

민사소송법은 외국법원의 확정판결 또는 이와 동일한 효력이 인정되는 재판(이하 '외국판결'이라고 한다)이 일정한 요건을 갖춘 경우에 한국에서도 효력을 인정한다(제217조 제1항). 이러한 요건 중에는 그 판결의 내용 및 소송절차에 비추어 그 확정재판 등의 효력을 인정하는 것이 대한민국의 선량한 풍속이나 그 밖의 사회질서에 어긋나지 아니할 것이 포함되어 있다. 이처럼 외국법원의 확정판결의 효력이 국내에서 인정되는 것을 승인이라고 한다.[365] 승인을 위한 특별한 절차나 재판은 필요하지 않다.[366] 즉 외국 판결이 민사소송법 제217조 제1항의 요건을 갖추면

---

364) 다수의견에 대한 보충의견 참조.
365) 석광현, **국제민사소송법**(박영사, 2012), 343면; 안춘수, **국제사법**(법문사, 2017), 372면.
366) 민일영 편, **민사집행법**, 제4판(한국사법행정학회, 2018), 85면(이원 집필부분).

자동적으로 한국에서도 효력을 가지는 자동승인제가 채택되어 있다.367) 다만 외국판결에 기초해 한국에서 집행하려면 별도의 집행판결이 필요하다. 한편 민사소송법 제217조의2 제1항은 "법원은 손해배상에 관한 확정재판 등이 대한민국의 법률 또는 대한민국이 체결한 국제조약의 기본질서에 현저히 반하는 결과를 초래할 경우에는 해당 확정재판 등의 전부 또는 일부를 승인할 수 없다."라고 규정한다. 이는 징벌적 손해배상을 명한 외국법원의 확정재판의 승인을 적정한 범위로 제한하기 위해 2014년 민사소송법 개정 시 신설된 조항이다.368)

대법원은 이 판결에서 이 조항은 비전보적 손해배상을 명한 외국재판을 대상으로 하는 조항이고, 전보배상을 명한 외국재판의 승인을 제한하기 위한 조항이 아니고, 그러한 전보배상액이 과다하다는 이유만으로 승인을 제한해서도 안 된다는 법리를 선언하였다. 그런데 우리나라에 현재까지 비전보적 손해배상 제도를 도입한 법률은 모두 21개(괄호 안 숫자는 손해배상 배수 상한)이다.369) 또한 현재 국회에 다수의 비전보적 손해배상 법률안이 제출되어 있는데, 여기에는 기존의 법률처럼 분야를 제한하지 않고 포괄적으로 비전보적 손해배상을 도입하고자 하는 '징벌적 배상에 관한 법률안'과 '징벌배상법안'이 포함되어 있다. 법무부는 2020. 9. 28. 상행위 전반에 걸쳐 징벌적 손해배상제도를 도입하는 상법 개정안을 입법예고한 바 있는데, 이 개정안 제66조의2에 따르면, 상인이 상행위와 관련하여 고의 또는 중과실로 불법행위를 한 경우, 법원이 고의·중과실의 정도, 발생한 손해의 정도, 가해자가 취득한 경제적 이익, 재산상태, 처벌 경위, 구제 노력 등을 고려하여 손해의 5배의 한도에서 손해배상액을 정할 수 있다. 그 외에도 2021년 8월 현재 이른바 '언론개혁법'이라는 이름 아래 언론에 대한 최대 5배의 징벌적 손해배상제도를 규정한 언론중재법안 등이 통과를 눈앞에 두고 있다. 그렇다면 비록 우리나라에는

---

367) 석광현(주 365), 408면.
368) 석광현, "손해배상을 명한 외국재판의 승인 및 집행: 2014년 민사소송법 개정과 그에 따른 판례의 변화를 중심으로", 국제사법연구, 제23권 제2호(2017. 12), 251면.
369) 하도급거래 공정화에 관한 법률(3배), 파견근로자 보호 등에 관한 법률(3배), 기간제 및 단시간근로자 보호 등에 관한 법률(3배), 대리점거래의 공정화에 관한 법률(3배), 개인정보 보호법(3배), 신용정보의 이용 및 보호에 관한 법률(5배), 가맹사업거래의 공정화에 관한 법률(3배), 제조물 책임법(3배), 공익신고자 보호법(3배), 대규모유통업에서의 거래 공정화에 관한 법률(3배), 독점규제 및 공정거래에 관한 법률(3배), 환경보건법(3배), 축산계열화사업에 관한 법률(3배), 대·중소기업 상생협력 촉진에 관한 법률(3배), 특허법(3배), 부정경쟁방지 및 영업비밀보호에 관한 법률(3배), 산업기술의 유출방지 및 보호에 관한 법률(3배), 상표법(3배), 디자인보호법(3배), 식물신품종 보호법(3배), 자동차관리법(5배).

미국과 같은 정도의 징벌적 손해배상을 허용하는 일반적인 법 제도는 아직 존재하지 않지만, 적어도 한국에서 이미 입법되었거나 현재 입법을 추진하는 정도의 비전보적 손해배상을 현저히 초과하지 않는 범위의 배상을 명한 판결은 공서양속에 반한다고 쉽사리 말하기는 어렵게 되었다.370) 더구나 그러한 판결이 공서양속에 위반되는지를 판단하는 기준 시점은 판결 시점이 아니라 장차 한국 법원이 그 판결의 승인 여부를 판단하게 되는 시점이다.371) 지금처럼 기하급수적으로 비전보적 손해배상 입법이 늘어나는 추세에 비추어 볼 때, 향후 외국 법원의 확정판결 승인을 판단해야 하는 장래의 시점에서는 비전보적 손해배상에 관한 한국 법질서의 태도가 더욱 전향적으로 바뀌어 있을 가능성이 높다. 또한 징벌적 손해배상액수 전체를 승인하는 것이 힘든 상황이라고 하더라도, 앞서 살펴본 바와 같이 한국에서 인정되거나 논의되는 비전보적 손해배상을 현저히 초과하지 않는 범위 내의 손해배상액은 승인하는 이른바 부분 승인은 가능한 상황이라는 점도 염두에 두어야 한다.372)

Ⅱ. 불법행위 각론

1. 개인정보

가. 변호사의 개인신상정보에 기한 데이터베이스 서비스와 인격권 침해

대법원 2011. 9. 2. 선고 2008다42430 전원합의체 판결은 한국 법률시장의 맥락에서 개인정보와 표현의 자유의 관계를 다룬 흥미로운 사건이다. 원고들은 변호사들(실제로는 이들을 선정자로 하는 선정당사자)이었고, 피고는 웹사이트를 통해 위와 같은 서비스를 제공하는 회사인 로앤비였다. 로앤비는 변호사들의 공개 개인신상정보 및 대법원의 '나의 사건검색'을 통해 수집된 정보를 자료로 삼아 ① 각 변호사와 다른 법률가들의 인적 관계를 수치화한 인맥지수 서비스, ② 각 변호사의 승소율이나 전문성의 정도를 수치화한 전문성 지수 서비스를 제공하였다. 원고들은 로앤비의 변호사 인맥지수 및 전문성 지수 서비스가 변호사의 인격권을 침해한

---

370) 민사집행법 제217조의2는 손해배상을 명한 외국법원의 확정재판 등이 "대한민국의 법률 또는 대한민국이 체결한 국제조약의 기본질서에 현저히 반하는 결과를 초래"해야 승인이 거절된다고 규정하고 있다.
371) 김주상, "외국판결의 승인과 집행－섭외사법 이론과 관련하여－", **사법논집**, 제6집(1975), 508면; 석광현, **국제민사소송법**(박영사, 2012), 397면; 대법원 2015. 10. 15. 선고 2015다1284 판결.
372) 석광현(주 365), 416면.

다고 주장하며 금지청구 및 손해배상청구를 하였다. 이는 단순히 인격권과 표현의 자유의 문제를 넘어서서 변호사들에 대한 정보의 불충분, 이와 연관된 이른바 전관예우 관행 등 법조계의 고질적인 문제까지 고려 대상이 되었다. 1심과 원심은 인맥지수 서비스는 적법, 전문성지수 서비스는 위법하다고 보았지만, 대법원은 이와 반대로 인맥지수 서비스는 위법, 전문성지수 서비스는 적법하다고 보았다. 대법원 내에서도 인맥지수 서비스에 대해서는 적법하다는 반대의견이 있었다.

대법원은 이러한 서비스의 위법성은 여러 사정을 종합적으로 고려하여, 개인정보에 관한 인격권 보호에 의하여 얻을 수 있는 이익(비공개 이익)과 표현행위에 의하여 얻을 수 있는 이익(공개 이익)을 구체적으로 비교 형량하여, 어느 쪽 이익이 더욱 우월한 것으로 평가할 수 있는지에 따라 판단하여야 한다고 보았다. 이러한 공통의 일반론에 기초하고도 인맥지수에 관한 이익형량에 대해서는 의견이 갈렸다. 다수의견은 인맥지수의 사적·인격적 성격, 산출과정에서 왜곡 가능성, 인맥지수 이용으로 인한 변호사들의 이익 침해와 공적 폐해의 우려에 무게를 두었다. 인맥지수는 변호사들의 사적 영역에 관한 것인데다가, 이를 허용할 공적 요청은 미약한 반면 이로써 야기될 공적 폐해(예컨대 전관예우 조장 및 사법불신)는 크다는 것이다. 그런데 반대의견은 같은 형량 요소들을 놓고도 피고의 표현의 자유 내지 영업의 자유 보장, 나아가 법률수요자 및 일반 국민의 알 권리의 보장, 인맥지수의 한계에 대한 소비자들의 인식 가능성에 무게를 두었다. 일반 국민이 알고 싶어 하는 정보의 기초 자료를 제공하는 행위를 막을 뚜렷한 이유가 없고, 다수의견이 걱정하는 사법불신 등의 공적 폐해는 인맥지수 서비스를 금지하여 해결할 것이 아니라 근본적인 원인을 찾아 해결해야 한다는 것이다.

이러한 의견 차이의 배후에는, 사회와 시장의 자생력과 회복력을 믿고 수요와 공급이 있는 정보거래 현장에 가급적 개입하지 않을 것인가(자유주의, 사법소극주의), 아니면 법원이 생각하는 바람직한 모습으로 나아가도록 좀더 적극적으로 관여하여 위법성 판단을 할 것인가(후견주의, 사법적극주의)라는 근본적인 관점 차이가 깔려 있었다.[373] 이는 로앤비가 스스로 서비스 과정에서 명시적으로 밝히고 있는 인맥지수 서비스의 한계를 소비자가 얼마나 제대로 이해할 것인가라는 소비자의 판단능력에 대한 신뢰도와도 관련된다. 보다 근본적인 관점에서 보면, 이 문제

---

373) 홍진영, "개인정보자기결정권과 개인정보처리의 자유 충돌의 사법적 해결", **민사판례연구**, 제35권 (2013), 777−778면.

는 법률수요자들이 변호사들에 대해 충분한 정보를 얻지 못하는 구조적 한계에 기인한 것이다. 이러한 정보비대칭은 이른바 전관예우 현상의 원인이기도 하다. 대상판결은 법원을 오랫동안 괴롭혀 온 이른바 전관예우 현상에 대한 예민한 반응으로 보인다. 그렇다면 이러한 정보의 공백을 메우기 위해 초기적 단계에서 등장한 정보제공 서비스를 그 어설픔과 왜곡 가능성을 지적하며 막을 것인가? 또한 그러한 정보제공을 막는다면 법률수요자는 그 정보취득을 포기할 것인가, 아니면 다른 음성적인 경로로 그 정보를 취득하고자 할 것인가? 위와 같은 질문들을 염두에 둔다면 대상판결의 태도에 대해서는 의문이 든다.

나. 수사기관의 요청에 따른 개인정보 제공과 불법행위

대법원 2016. 3. 10. 선고 2012다105482 판결은 수사기관의 통신자료 요청에 따라 개인정보를 제공한 것이 위법한지가 문제되었다. 피고는 포털사이트를 운영하는 전기통신사업자이다. 원고는 그 포털 가입자이다. 수사기관이 피고에게 원고의 인적 사항을 요청하였다. 피고는 그 요청에 따라 수사기관에 인적 사항을 제공하였다. 그러자 원고는 피고가 수사기관 요청의 당부를 심사하지 않고 원고의 개인정보를 제공한 것은 법령 및 약관에 따른 개인정보 보호의무 위반행위라고 주장하며 손해배상을 구하였다. 원심법원은 피고의 손해배상책임을 인정하였다. 하지만 대법원은 "검사 또는 수사관서의 장이 수사를 위하여 전기통신사업법 제54조 제3항, 제4항에 의하여 전기통신사업자에게 통신자료의 제공을 요청하고, 이에 전기통신사업자가 위 규정에서 정한 형식적·절차적 요건을 심사하여 검사 또는 수사관서의 장에게 이용자의 통신자료를 제공하였다면, 검사 또는 수사관서의 장이 통신자료의 제공 요청 권한을 남용하여 정보주체 또는 제3자의 이익을 부당하게 침해하는 것임이 객관적으로 명백한 경우와 같은 특별한 사정이 없는 한, 이로 인하여 해당 이용자의 개인정보자기결정권이나 익명표현의 자유 등이 위법하게 침해된 것이라고 볼 수 없다"고 판시하며 원심판결을 파기하였다.

구 전기통신사업법 제54조 제3항은 수사기관이 수사에 필요한 정보 수집을 위하여 전기통신사업자에게 통신자료를 제공하여 달라고 요청할 수 있고, 전기통신사업자는 이에 응할 수 있다고 규정하고 있었다.[374] 이러한 요청에 따른 전기통신

---

374) 현행 전기통신사업법에서는 제83조에 유사한 내용으로 규정되어 있다.

사업자의 통신자료 제공이 위법하다고 하려면 전기통신사업자에게 제공 요청의 당부에 대한 실질적 심사의무가 인정되어야 한다. 그런데 피고에게 이러한 의무가 인정된다고 볼 만한 법령상, 계약상 근거는 없다. 또한 전기통신사업자가 이러한 실질적 심사를 할 만한 정보나 인력, 전문성을 가지고 있는 것도 아니다. 그러한 자원은 수사기관에게 있다. 정보통신사업자가 연간 수천만건에 이르는 통신자료 제공요청의 당부를 일일이 심사하는 것도 불가능하다. 통신비밀보호법이나 형사소송법의 관련 규정과 달리 전기통신사업법 제54조 제3항은 수사 초기 단계에서 피의자와 피해자의 신속하고 정확한 특정을 위해 필요한 최소한의 인적 정보에 관한 한 영장 없이 서면으로 제공 요청을 하도록 규정한 취지도 고려할 필요가 있다. 그러므로 통신자료 제공의 당부 판단에 관한 위험을 사업자에게 전가하는 것은 부당하다. 통신자료 제공이 수사에 필요하여 정당한 것인지는 국가가 판단해야 한다. 그 판단이 잘못되어 타인이 손해를 입었다면 그에 따른 책임은 국가가 부담해야 한다. 그 점에서 대상판결은 타당하다.[375] 입법론적으로는 통신자료 제공에 관한 실체적, 절차적 요건을 구체적이고 엄격하게 정립하여 개인정보 보호를 꾀할 필요가 있다.

다. 공개된 개인정보의 영리적 이용

대법원 2016. 8. 17. 선고 2014다235080 판결은 공개된 개인정보의 영리적 이용의 위법성 문제를 다루었다. 원고는 공립대학 교수이고, 피고는 법률정보를 제공하는 회사인 로앤비였다. 피고는 영업의 일환으로 법조인 또는 법학교수에 대한 정보를 제공하는 서비스도 운영하고 있었다. 피고는 대학 홈페이지, 교원명부, 교수요람 등에 공개된 원고의 개인정보를 원고의 동의 없이 수집하여 이를 데이터베이스에 편입시켰고, 이 데이터베이스에 기초한 법률정보 서비스를 제3자에게 유료로 제공하였다. 그러자 원고는 피고가 개인정보 자기결정권을 침해하였다고 주장하며 손해배상을 구하였다.

하지만 대법원은 피고 행위가 위법하지 않다고 보았다. 피고의 행위는 개인정보 보호법 시행 전후에 걸쳐 있는데, 대법원은 법 시행 전 행위에 대해서는 피고가

---

375) 반면 허문희, "전기통신사업법 제83조 제3항에 따라 수사기관의 통신자료제공요청에 응한 전기통신사업자의 책임", 민사판례연구, 제39권(2017), 766-767면에서는 자료제공요청서와 해당 게시글에 의하더라도 범죄 성립 여부가 심히 의문스러워 수사기관의 자료제공요청에 응할 정당한 이유가 없다고 한다.

원고의 개인정보를 수집하여 영리 목적으로 제3자에게 제공하였더라도 그에 의하여 얻을 수 있는 법적 이익이 정보처리를 막음으로써 얻을 수 있는 정보주체의 인격적 법익에 비하여 우월하므로 위법성이 인정되지 않는다고 보았고, 법 시행 후 행위에 대해서는 정보주체의 의사에 따라 공개된 개인정보는 공개 당시 정보주체가 그 수집 및 제공 등에 대하여 일정한 범위 내에서 묵시적인 동의를 한 것으로 볼 수 있으므로 그 범위에서는 별도로 정보주체의 동의를 다시 구할 필요가 없다고 하여 위법성이 인정되지 않는다고 보았다.

이 사건은 공개된 개인정보를 수집한 뒤 이를 기초로 영업을 하였다는 특징을 지닌다. 공개된 개인정보도 개인정보 보호대상이다.[376] 하지만 공개된 개인정보는 그렇지 않은 개인정보보다 보호 필요성이 약한 것도 사실이다. 또한 공개된 개인정보에 대해서도 일일이 정보주체의 동의를 요구하는 것은 사회적 비용을 높이고 알 권리와 표현의 자유, 직업수행의 자유를 저해한다. 대법원은 이 점들을 고려하여 개인정보 보호법 시행 전 행위의 이익형량 결과 위법성을 부정하였다. 한편 법 시행 후에는 개인정보 처리자는 개인정보 처리를 위해 원칙적으로 사전에 명시적·개별적인 정보주체의 동의를 받아야 한다(개인정보 보호법 제15조 제1항, 제17조 제1항 제1호, 제18조 제2항 제1호, 제19조, 제22조 제1항). 그런데 대상판결은 공개 정보의 경우 향후 수집 및 제공에 대해 묵시적 동의가 인정되는 범위에서는 명시적·개별적 동의를 받을 필요가 없다고 보아 법의 문언보다 완화된 해석론을 제시하였다. 결론은 타당하나 이 사건 사실관계에 비추어 과연 원고의 묵시적 동의를 인정할 수 있었는지는 의문이다. 또한 묵시적 동의를 받으면 된다는 법리는 명시적 동의를 요구하는 개인정보 보호법의 태도와 충돌하는 문제가 있다.

묵시적 동의라는 개념을 동원하지 않고도 다음 해석론을 통해 동일한 결론에 이를 수 있었을 것이다. 첫째, 개인정보 보호법 제20조 제1항의 해석론에 기한 방법이다. 개인정보 보호법 제20조 제1항은 "개인정보처리자가 정보주체 이외로부터 수집한 개인정보를 처리하는 때에는 정보주체의 요구가 있으면", "개인정보의 수집 출처"와 "개인정보의 처리 목적" 및 "개인정보 처리의 정지를 요구할 권리가 있다는 사실"을 정보주체에게 알리도록 규정하고 있다. 공개된 개인정보처럼 정보주체 이외의 출처로부터 정보를 수집할 수 있는 경우에는 정보주체의 사전 동의를

---

376) 대법원 2014. 7. 24. 선고 2012다49933 판결.

받지 않아도 되지만, 정보주체의 사후적 통제권에는 복속하게 된다는 취지로 이 조항을 해석할 가능성도 충분하다. 둘째, 개인정보 보호법 시행 후에도 여전히 일반적인 이익형량을 통한 위법성 조각이 가능하다고 보는 해석론에 기한 방법이다. 개인정보 보호법은 정보주체의 동의를 얻지 않고도 개인정보를 처리할 수 있는 사유들을 제시하고 있다. 그러나 이러한 사유들이 위법성 판단에 고려해야 할 모든 사정들을 망라하여 열거한 것이라고 보기는 어렵다. 따라서 정보주체의 동의를 얻지 않고, 또 동의에 갈음하는 다른 법정 사유들이 존재하지 않더라도, 마치 형법상 정당행위처럼 제반 사정을 형량하여 위법성이 조각되는 경우를 상정할 수 있다. 즉 개인정보 보호법의 시행이 민법상 불법행위의 위법성을 판단하는 이익형량의 틀을 완전히 축출하지 않았다고 보는 것이다. 대상판결은 그러한 일반적 이익형량이라는 관점에서 이해할 수도 있다.

라. 개인정보자기결정권 침해와 위자료

개인정보 유출로 인해 비재산적 손해가 발생하였는지를 다룬 리딩케이스로 대법원 2012. 12. 26. 선고 2011다59834 판결이 있다.[377] 피고 지에스칼텍스 주식회사(이하 '피고 1'이라고 한다)는 주유 관련 보너스카드 회원으로 가입한 고객들의 개인정보를 데이터베이스로 구축하여 관리하면서 이를 이용하여 고객서비스센터를 운영하였다. 한편 피고 지에스넥스테이션 주식회사(이하 '피고 2'라고 한다)는 피고 1로부터 고객서비스센터 운영업무 및 관련 장비 유지 보수 업무를 위탁받아 수행하였다. 그런데 피고 2의 직원들과 외부인들이 공모하여 1,100만 명이 넘는 고객들의 정보를 빼내어 DVD와 USB 등 저장매체에 저장한 뒤 이를 외부에 유출하려고 하다가 수시기관에 검거되어 모든 저장매체가 압수, 폐기되었다. 이와 관련하여 고객인 원고들에게 위자료로 배상할 만한 정신적 손해가 발생하였는지가 문제되었다.

이 사건의 특징은 개인정보가 일단 데이터베이스로부터는 유출되었고 그중 일부 샘플이 몇몇 기자들에게 전달되기도 하였으나, 불특정 다수인에게 유출되기 전에 회수되었다는 데에 있다. 대법원은 "개인정보를 처리하는 자가 수집한 개인정보를 피용자가 정보주체의 의사에 반하여 유출한 경우, 그로 인하여 정보주체에게

---

377) 이 판결을 비롯해 개인정보 유출사고와 손해배상에 관한 판례의 태도와 이에 대한 분석은 송혜정, "개인정보 유출로 인한 손해배상책임", 민사판례연구, 제37권(2015), 375면 이하 참조.

위자료로 배상할 만한 정신적 손해가 발생하였는지는 유출된 개인정보의 종류와 성격이 무엇인지, 개인정보 유출로 정보주체를 식별할 가능성이 발생하였는지, 제3자가 유출된 개인정보를 열람하였는지 또는 제3자의 열람 여부가 밝혀지지 않았다면 제3자의 열람 가능성이 있었거나 앞으로 열람 가능성이 있는지, 유출된 개인정보가 어느 범위까지 확산되었는지, 개인정보 유출로 추가적인 법익침해 가능성이 발생하였는지, 개인정보를 처리하는 자가 개인정보를 관리해온 실태와 개인정보가 유출된 구체적인 경위는 어떠한지, 개인정보 유출로 인한 피해 발생 및 확산을 방지하기 위하여 어떠한 조치가 취하여졌는지 등 여러 사정을 종합적으로 고려하여 구체적 사건에 따라 개별적으로 판단하여야 한다."라는 일반론을 제시하였다. 이 사건에 관해서는 범인들이나 언론관계자들이 개인정보 저장 과정 또는 진위 확인 과정에서 개인정보 일부를 열람한 사실은 있으나 이러한 열람만으로 특정한 개인정보를 식별하거나 알아내기는 어려웠고, 이를 넘어선 유출이 없어 후속 피해도 발생하지 않은 사정에 비추어 보면, 원고들에게 위자료로 배상할 만한 정신적 손해가 발생하였다고 보기는 어렵다고 보았다. 개인정보자기결정권의 침해와 이로 인한 손해를 구분하는 입장이라고도 평가할 수 있다.[378]

  그런데 이처럼 침해와 손해를 구분하는 것과는 별도로 과연 어떠한 경우에 정신적 손해가 발생하는가를 판단하는 문제가 중요하다. 이를 일률적으로 정하기는 어려우므로 결국 의미 있는 고려 요소들을 제시하고, 그 토대 위에서 사안이 축적되기를 기다리는 수밖에 없다.[379] 대법원이 제시한 고려 요소들은 ① 행위불법 관련 요소(개인정보 관리 실태, 개인정보 유출 경위)와 ② 결과불법 관련 요소(개인정보의 종류와 성격, 정보주체 식별 가능성, 제3자의 열람 여부 또는 열람 가능성, 유출 정보의 확산 범위, 추가적인 법익침해 가능성, 피해 확산 방지 조치)로 나눌 수 있다.[380] 그런데 불법행위 성립요건 중 '손해'는 결과불법과 밀접한 관련성을 가지므로 손해 발생 판단에서는 행위불법 관련 요소보다 결과불법 관련 요소가 중요하게 고려되어야 한다. 한편 결과불법 관련 요소들은 다양하게 제시되어 있으나 이를 한 마디로

---

378) 양자의 개념을 구별해야 한다는 견해로는 정상조·권영준, "개인정보의 보호와 민사적 구제수단", **법조**, 제630호(2009), 15면.

379) 이혜미, "개인정보 침해로 인한 손해배상책임", **민사판례연구**, 제41권(2019), 710−711면.

380) 이하 설명은 권영준, "2018년 민법 판례 동향", **서울대학교 법학**, 제60권 제1호(2019), 335−339면에 의거한 것이다. 해당 부분은 대법원 2018. 5. 30. 선고 2015다251539 판결(애플의 위치정보 수집 판결)에 관한 설명이나, 대상판결에도 그대로 적용될 수 있다.

표현하면 "2차 피해 발생 가능성"이다. 그러므로 개인정보자기결정권 침해로 인한 정신적 손해 판단에서는 침해행위로 인한 2차 피해 발생 가능성이 중요하게 고려되어야 한다. 대상판결에서 정신적 손해를 부정한 것도 결국 유출로 인한 1차 피해가 거의 없었고, 2차 피해 발생 가능성도 봉쇄되어 있었기 때문일 것이다. 이러한 잣대는 그 뒤 개인정보 유출로 인한 위자료 문제를 다른 후속 판결들에서도 그대로 적용되었다.381) 반면 사생활 비밀 침해 등 2차적 피해가 실제 발생하였거나 발생 가능성이 높았던 사건에서는 정신적 손해 발생이 인정되었다.382)

2. 표현의 자유

가. 과학적 사실과 정정보도청구

대법원 2011. 9. 2. 선고 2009다52649 전원합의체 판결은 미국산 쇠고기와 광우병 문제를 다룬 문화방송(MBC) PD수첩 프로그램에 관한 정정보도청구 사안을 다루었다. 대상판결은 ① 정정보도청구권을 행사할 수 있는 피해자인지의 판단기준, ② 언론보도에 의하여 주장된 과학적 사실의 진실 여부가 현재 과학 수준으로 완전히 밝혀지지 않은 단계에서 과학적 진실성의 심리·판단 방법, ③ 정정보도청구권을 행사할 이익이 없을 정도로 후속보도에 의해 원보도가 충분히 정정되었는지에 관한 판단 기준, ④ 사실성 주장과 단순한 의견 표명의 구별 기준에 관한 판시를 담고 있다. 그중 ①을 제외한 모든 쟁점들에 대해 반대의견이 있었다. 법정의견에 기초한 각 해당 쟁점에 관한 사건의 결론은 다음과 같다.

① 문화방송이 PD수첩 프로그램에서 "미국산 쇠고기, 광우병에서 안전한가"라는 제목으로 한 방송에 대하여, 미국산 쇠고기 수입위생조건 협상을 주도한 농림수산식품부는 「구 언론중재 및 피해구제 등에 관한 법률」(이하 '언론중재법'이라고 한다) 제14조에서 정정보도청구권 행사 주체인 피해자로 규정한 '보도내용과 개별적인 연관성이 있음이 명백히 인정되는 자'에 해당한다.

② 어떤 과학적 연구에서 주장된 과학적 사실의 진위가 증명되지 않은 상태에 있음이 분명하다면, 언론이 그러한 진위불명의 상태를 언급하지 않고 그 과학적

---

381) 대법원 2014. 5. 16. 선고 2011다24555 판결; 대법원 2018. 5. 30. 선고 2015다251539 판결.
382) 대법원 2016. 9. 26. 선고 2014다56652 판결. 이 사건에서 피고들인 콜 택시 서비스 회사 임원들은 위치정보 무단 열람을 통해 2년이 넘는 장기간 동안 수시로 소속 택시기사들의 동향을 파악하였으며, 직접 현장에 가서 택시기사들의 도박행위 또는 음주행위 등을 확인하는 등 택시기사들의 프라이버시권을 실제로 침해하였다.

연구의 주장을 과학적 사실로 단정적으로 보도하였다면 그 언론보도는 진실하지 않은 것이다. 정정보도를 청구하는 피해자로서는 그 과학적 사실이 틀렸다는 점을 적극적으로 증명할 필요 없이 위와 같이 그 과학적 사실의 진위가 아직 밝혀지지 않은 상태에 있다는 점을 증명함으로써 언론보도가 진실하지 아니하다는 데에 대한 증명을 다한 것이다. 이러한 견지에서, 문화방송이 "PD수첩" 프로그램에서 '한국인 중 약 94%가 엠엠(MM)형 유전자를 가지고 있어 한국인이 광우병에 걸린 쇠고기를 섭취할 경우 인간광우병이 발병할 확률이 약 94%에 이른다'는 취지의 보도는 허위임이 증명되었다(반대의견 있음).

③ 언론중재법 제15조 제1항 제4호에서 규정한 "피해자가 정정보도청구권을 행사할 정당한 이익이 없는 때"에는 원보도와 같은 비중으로 이미 충분한 후속 정정보도가 이루어진 경우가 포함되는데, 이러한 경우에 해당하려면 후속 정정보도를 통하여 진실에 반하는 원보도로 인한 객관적 피해상태가 교정될 정도에 이르러야 한다. 단순히 후속 정정보도에서 정정보도청구로 구하는 내용과 일부 유사한 표현이 있었다는 정도이거나 또는 언론사가 잘못된 보도에 대해 추후 자체적으로 정정보도를 했다고 하더라도 그 보도가 형식적인 측면에서 원보도의 그것과 균형을 이루지 못한 경우에는 진실에 반하는 원보도의 사실적 주장으로 인한 피해를 입은 피해자는 여전히 정정보도청구에 정당한 이익이 있다. 이 사건에서는 그러한 정도의 충분한 정정보도가 이루어지지 않았다(반대의견 있음).383)

④ 정정보도청구는 사실적 주장에 관한 언론보도가 진실하지 아니한 경우에 허용되므로 그 청구의 당부를 판단하려면 원고가 정정보도청구의 대상으로 삼은 원보도가 사실적 주장에 관한 것인지 단순한 의견표명인지를 먼저 가려보아야 한다. '개정된 미국산 쇠고기 수입위생조건에서는 광우병 위험물질이 국내에 들어오거나 미국에서 인간광우병이 발생하더라도 우리 정부가 독자적으로 어떤 조치를 취할 수 없고 미국 정부와 협의를 거쳐야 한다'라는 취지의 보도 및 '우리 정부가 미국산 쇠고기 수입위생조건 협상 당시 미국의 도축시스템에 대한 실태를 파악하고 있는지 의문이다'라는 취지의 보도는 모두 정정보도청구의 대상이 되지 아니하는 의견표명으로 보아야 한다(반대의견 있음).

---

383) 이 쟁점에 관하여는 구자헌, "정정보도청구권을 행사할 정당한 이익 – 대법원 2011. 9. 2. 선고 2009다52649 전원합의체 판결 – ", **정의로운 사법 : 이용훈대법원장재임기념논문**(사법발전재단, 2011) 참조.

대상판결은 이처럼 다양한 쟁점에 대한 판단을 담고 있는데. 요약하자면 피해자의 정정보도청구인 적격을 인정하면서 한국인의 인간광우병 발병확률이 94%에 이른다는 보도는 허위이고, 후속보도로도 원보도가 충분히 정정되었다고 볼 수 없어 원보도가 정정보도 대상이 되지만, 광우병과 관련된 정부 대처에 대한 부분은 의견 표명에 불과하여 정정보도 대상이 되지 않는다는 것이다.384) 그중 가장 눈길을 끄는 것은 ② 쟁점, 즉 주장된 과학적 사실의 진위가 불명상태인데도 그 주장을 사실인 것처럼 단정적으로 보도한 경우 정정보도청구를 하는 피해자가 불명상태를 밝히는 것으로 충분한지, 아니면 적극적으로 그 과학적 사실이 허위임을 밝혀야 하는지에 대한 판단이다. 우선 진위불명상태의 사실을 단정적으로 보도하는 것도 허위 보도의 일종이다. 일반 시청자나 구독자도 양자를 구별하여 알 권리가 있다. 또한 이 경우 피해자의 정정보도청구도 진위불명상태임을 밝히라는 취지이지 그 과학적 사실이 허위임을 밝히라는 취지가 아닐 것이다. 학계에서도 진위를 밝힐 수 없는데 피해자가 그 진위를 밝힐 수는 없기 때문이다. 그 점에서 대상판결의 태도는 수긍할 수 있다.

다만 진위불명이라는 개념 그 자체도 상대적이고 불명확하다. 과학은 반증 가능성을 특징으로 하고, 오늘의 과학적 사실이나 가설은 내일 폐기될 가능성에 열려 있다. 그러므로 모든 과학적 사실은 어느 정도 진위불명이다. 진위불명의 범주를 과도하게 넓히면 과학적 사실에 기한 단정적 보도는 사실상 금지된다. 이를 피하려면 언제나 해당 과학적 사실의 한계에 대한 단서를 달아야 한다. 하지만 학술논문이 아닌 언론기사에 언제나 이러한 섬세한 유보를 기대할 수는 없다. 그러므로 여기에서의 진위불명은 과학적 사실의 신뢰성이 완벽하게 보장되지 않는 모든 경우를 의미하는 것이 아니라, 과학적 사실의 신뢰성이 아직 정립되지 않은 경우만을 의미하는 것이다. 아울러 이러한 의미의 진위불명인지 여부는 해당 보도의 비중과 파급효과, 근거 자료의 신빙성 및 주장의 강도 등 사건의 맥락을 고려하여 이해해야 한다. 한국인이 광우병에 걸린 쇠고기를 섭취할 경우 인간광우병이 발병할 확률이 약 94%에 이른다는 취지의 보도는 앞서 살펴본 기준에 의하더라도 진위불명의 과학적 사실에 대한 보도로 볼 수 있다.385)

---

384) 정부 대처에 관한 보도가 형법상 명예훼손에 해당하는지가 다투어졌던 형사사건에서도 대법원은 이러한 보도는 명예훼손죄의 '사실의 적시'에 해당하지 않는다고 보았다. 대법원 2011. 9. 2. 선고 2010도17237 판결.

385) 이러한 보도의 근거 자료는 '영국에서 발병한 인간광우병 환자 135명을 대상으로 한 조사에서

나. 정치적 논쟁에 관한 표현의 자유와 공인의 명예훼손

대법원 2018. 10. 30. 선고 2014다61654 전원합의체 판결은 정치적 논쟁에 관한 표현의 자유와 공인의 명예훼손을 다루었다. 사실관계를 간단히 요약하면 다음과 같다. 원고 1은 통합진보당 대표이고, 원고 2는 원고 1의 남편이자 변호사이다. 피고 1은 '주간 미디어 워치'를 창간한 언론인으로서 자신의 트위터 계정에 "원고들은 경기동부연합 그 자체이다.", "경기동부연합은 종북·주사파이다.", "원고 2는 경기동부연합의 브레인이자 이데올로그이고, 종북파의 성골쯤 되는 인물이다.", "원고 2 등이 원고 1에게 대중선동 능력만 집중적으로 가르쳐 아이돌 스타로 기획하였다." 등의 글을 게재하였다. 원고들은 피고 1등을 상대로 명예훼손에 따른 위자료 및 정정보도 게재를 청구하는 소를 제기하였다.

대법원은 다음과 같은 취지로 판시하였다. 타인에 대하여 비판적 의견을 표명하는 것은 극히 예외적인 사정이 없는 한 위법하다고 볼 수 없다. 특히 정치적 논쟁이나 의견 표명과 관련하여서는 표현의 자유를 넓게 보장할 필요가 있다. 또한 표현행위가 명예훼손에 해당하는지를 판단할 때에는 사용된 표현뿐만 아니라 발언자와 그 상대방이 누구이고 어떤 지위에 있는지도 고려해야 한다. '극우'든 '극좌'든, '보수우익'이든 '종북'·'주사파'든, 그 표현만을 들어 명예훼손이라고 판단할 수 없고, 그 표현을 한 맥락을 고려하여 명예훼손에 해당하는지를 판단해야 한다. 또한 공론의 장에 나선 전면적 공적 인물의 경우에는 비판을 감수해야 하고 그러한 비판에 대해서는 해명과 재반박을 통해서 극복해야 한다. 발언자의 지위나 평소 태도도 그 발언으로 상대방의 명예를 훼손했는지 판단할 때 영향을 미칠 수 있다. 이 사건 표현행위는 의견 표명 내지 구체적 정황 제시가 있는 의혹 제기에 불과하여 불법행위가 되지 않거나, 원고들이 공인이라는 점을 고려할 때 위법하지 않다고 보아야 한다. 명예훼손과 별개로 모욕이나 인신공격적 표현이 불법행위가 될 수는 있다. 이에 대해서는 반대의견이 있었다.

대상판결은 원심과 달리 위와 같은 표현이 의견 표명의 범주에 해당할 수 있음에 주목하였다. 이를 사실 적시가 아닌 의견 표명으로 규정하는 순간 표현의 자유

프리온 유전자의 코돈 129번이 모두 엠엠(MM)형을 가진 것으로 조사된 것에 비추어 보면 엠엠(MM)형 유전자와 인간광우병 발병 사이에 상관관계가 있고 한국인의 경우 94%가 엠엠(MM)형 유전자를 보유하고 있으므로 한국인이 인간광우병에 취약하다'는 내용의 논문이었다. 그러나 이 논문은 학계에서 일반적으로 받아들여지는 연구성과가 아니었던 것으로 보인다.

는 극적으로 확장된다.386) 또한 대상판결은 위와 같은 표현행위가 정치인인 공인
에 대한 정치적 표현행위임에 주목하면서 표현의 자유의 폭을 넓혔다. 표현의 자
유는 시민의 자율적 정치참여를 통한 참여민주주의 실현에 기여한다. 그런데 시민
의 참여가 강조될수록 표현의 자유에서 사법부의 자제가 가지는 의미도 강조된다.
즉 표현의 자유를 넓게 보호한다는 것은 민주적 담론의 장에서 시민의 지분을 넓
히고 그만큼 사법부를 포함한 국가의 지분을 줄인다는 것을 의미한다. 그런데 이
사건에서 문제되는 "정치인의 정치이념에 관한 정치적 표현"의 자유는 이념적으로
나 역사적으로 가장 강하게 보호할 대상이다. 이와 관련하여 미국 연방대법원
Brennan 대법관은 New York Times 판결에서 "공적 문제에 관한 논쟁은 무제한
적이고, 강렬하며, 널리 공개되어야 하고, 그 논쟁은 정부와 공직자에 대한 격렬하
고 신랄하며 때로는 불쾌할 정도로 날카로운 공격을 포함할 수도 있다."라고 판시
하였다.387) 이러한 정신은 이른바 한국논단 판결388)을 계기로 우리 판례에도 반영
되어 있다. 이와 더불어 표현 주체와 정치적 담론의 장이 다양화되고 정치적 표현
을 수용하는 사회 구성원들의 성숙성이 제고되면서, 정치적 표현에 대한 사법적
개입의 필요성도 줄어들고 있다는 점도 주목할 필요가 있다. 대상판결은 이러한
정치적 표현에 대한 강한 보호의 흐름에서 이해할 수 있다. 대상판결에서는 발화
자의 정치적 또는 철학적 입장에 기초하여 그들의 발언을 차별 취급해서는 안 된
다는 관점 중립성(viewpoint neutrality)도 강조되었다. 관점 중립성 이론은 발화자
의 정치적 또는 철학적 입장에 기초하여 그들의 발언을 차별 취급해서는 안 된다
는 이론이다.389) 이는 정부 또는 법원의 정치적·철학적 입장에 따라 표현의 자유
와 관련된 시민의 법적 지위가 달라져서는 안 된다는 생각에 기초한 것이다.390)
관점 중립성 이론은 표현의 자유 보호에 관한 시민의 평등한 취급을 강조하는 이
론이다. 관점 중립성과 관련된 가치 역시 다수의견에 의해 강조되었다. 다수의견
은 "표현의 자유를 보장하는 것은 좌우의 문제가 아니다."라고 판시함으로써 관점

---

386) 대상판결의 맥락에서 사실 적시와 의견 표명의 구별 기준에 관하여 서술한 최근 문헌으로 권태
   상, "종북, 주사파 표현에 의한 명예훼손", **민사판례연구**, 제42권(2020), 643-654면.
387) New York Times Co. v. Sullivan, 376 U.S. 254 (1964).
388) 대법원 2002. 1. 22. 선고 2000다37524, 37531 판결.
389) Corey Brettschneider, "Value Democracy as the Basis for Viewpoint Neutrality: A Theory
   of Free Speech and Its Implications for the State Speech and Limited Public Forum
   Doctrines", Nw. U.L. Rev., 107 (2013), p. 603.
390) Rosenberger v. Rectors and Visitors of the University of Virginia, 515 U.S. 819 (1995).

중립성을 강조하였다. 관점 중립성에 기초한 인내와 관용이 단기적으로는 답답해 보일지 몰라도, 장기적으로는 사회와 그 구성원에게 자율적 성장의 기회를 제공한다. 여기에서 말하는 인내와 관용은 다소간의 시행착오에 대한 인내와 관용이기도 하다.

물론 정치인도 공인이기 이전에 인간이고, 그들의 존엄성을 보호하기 위해 최소한 지켜져야 할 표현의 품격과 감정적 수위가 있다. 이러한 인격적 이익에 대한 최소한의 배려가 어디까지인가는 명예훼손과는 별도의 맥락에서 추가 논의되어야 할 사항이다. 대상판결은 그 점을 정면으로 다루지는 않았다. 참고로 대상판결 이후에도 공인들에 대한 '종북' 표현과 관련된 판결들이 여럿 선고되었다.[391]

3. 환경침해

가. 토양오염

대법원 2016. 5. 19. 선고 2009다66549 전원합의체 판결은 오염된 토지 처분과 관련된 불법행위 문제를 다루었다. 사안은 다음과 같다. 피고는 자기 토지에서 주물제조공장을 운영하면서 오염물질을 배출하여 토지를 오염시키고 폐기물을 매립하였다. 그 상태에서 피고는 그 토지를 매도하였고, 그 토지는 전전유통되다가 최종적으로 원고가 이를 취득하였다. 원고는 자신의 비용으로 오염토양 및 폐기물을 처리한 뒤 피고를 상대로 손해배상을 구하였다. 이 사건에서는 불법행위 성립 여부와 소멸시효 등 여러 쟁점들에 대한 판단이 이루어졌는데 그 중 불법행위 성립 여부에 대한 대상판결의 판시는 다음과 같다.

헌법 제35조 제1항, 구 환경정책기본법(2011. 7. 21. 법률 제10893호로 전부 개정되기 전의 것), 구 토양환경보전법(2011. 4. 5. 법률 제10551호로 개정되기 전의 것) 및 구 폐기물관리법(2007. 1. 19. 법률 제8260호로 개정되기 전의 것)의 취지와 아울러 토양오염원인자의 피해배상의무 및 오염토양 정화의무, 폐기물 처리의무 등에 관한 관련 규정들과 법리에 비추어 보면, 토지의 소유자라 하더라도 토양오염물질을 토양에 누출·유출하거나 투기·방치함으로써 토양오염을 유발하였음에도 오염토

---

391) 명예훼손책임을 부정한 판결로는 대법원 2019. 4. 3. 선고 2016다278166, 278173 판결; 대법원 2019. 5. 30. 선고 2016다254047 판결; 대법원 2019. 6. 13. 선고 2014다220798 판결; 명예훼손 책임을 인정한 판결로는 대법원 2018. 11. 29. 선고 2016다23489 판결(구체적인 사실 적시가 있었던 사안임).

양을 정화하지 않은 상태에서 오염토양이 포함된 토지를 거래에 제공함으로써 유통되게 하거나, 토지에 폐기물을 불법으로 매립하였음에도 처리하지 않은 상태에서 토지를 거래에 제공하는 등으로 유통되게 하였다면, 특별한 사정이 없는 한 이는 거래의 상대방 및 토지를 전전 취득한 현재의 토지 소유자에 대한 위법행위로서 불법행위가 성립할 수 있다. 그리고 토지를 매수한 현재의 토지 소유자가 자신의 토지소유권을 완전하게 행사하기 위하여 오염토양 정화비용이나 폐기물 처리비용을 지출하였거나 지출해야만 하는 상황에 이르렀거나 관할 행정관청으로부터 조치명령 등을 받음에 따라 마찬가지의 상황에 이르렀다면 위법행위로 인하여 오염토양 정화비용 또는 폐기물 처리비용의 지출이라는 손해의 결과가 현실적으로 발생하였으므로, 토양오염을 유발하거나 폐기물을 매립한 종전 토지 소유자는 그 비용 상당의 손해에 대하여 불법행위자로서 손해배상책임을 진다.

이에 대해서는 자신의 토지에 폐기물을 매립하거나 토양을 오염시켜 토지를 유통시킨 경우는 물론 타인의 토지에 그러한 행위를 하여 토지가 유통된 경우라 하더라도, 행위자가 폐기물을 매립한 자 또는 토양오염을 유발시킨 자라는 이유만으로 자신과 직접적인 거래관계가 없는 토지의 전전 매수인에 대한 관계에서 폐기물 처리비용이나 오염정화비용 상당의 손해에 관한 불법행위책임을 부담한다고 볼 수 없다는 반대의견이 있었다. 대상판결은 불법행위의 성립 요건인 위법성, 손해, 인과관계 등 다양한 쟁점을 다루고 있으나, 지면관계상 위법성 문제만 살펴본다.

첫째, 불법행위의 위법성은 사인 간의 법질서에 반하는 상태인데, 오염토양 정화의무, 폐기물 처리의무 등이 공법상 의무를 넘어서서 사인 간의 사법상 의무라고 볼 수 있는가? 대법원은 환경문제의 중요성이나 환경관련 법령의 내용과 취지에 비추어 이러한 의무가 공법상 의무를 넘어서서 사인 간 의무가 될 수 있다고 보았다.

둘째, 자신의 토지를 오염시키는 행위는 타인과 무관한 행위인데도 이를 위법한 행위로 볼 수 있는가? 종래 판례는 자기 토지에 대한 토양오염행위 그 자체는 타인에게 손해를 입히는 행위가 아니므로 불법행위로 인한 손해배상책임 원인이 될 수 없다고 보았다.392) 그러나 토양오염행위와 오염된 토지의 유통행위가 결합하여 타인에게 손해를 입혔다면 그로 인한 손해배상책임을 부정할 이유가 없다. 토양오

---

392) 대법원 2002. 1. 11. 선고 99다19460 판결. 이 판결은 대상판결로 변경되었다.

염행위는 위법행위이고, 오염된 토지를 유통시킴으로써 그 위법성이 타인 관련성을 획득하게 되기 때문이다.

셋째, 토지가 전전유통된 경우 토지의 최종 취득자는 자신의 직접적인 거래 상대방에게 담보책임 등 계약법적 구제수단을 강구하면 충분하지 않은가? 이는 계약법과 불법행위법의 관계라는 근원적인 문제와도 연결된다. 영미법계 국가들은 대체로 계약법과 불법행위법을 준별하면서 계약관계와 관련된 문제는 계약법의 영역 내에서 해결하려는 경향성을 보인다.393) 그러나 우리나라 법제에서는 계약법상 구제수단이 존재한다는 이유로 불법행위의 성립이 배제되지는 않는다. 또한 이처럼 자신의 전자(前者)에게만 순차적으로 책임을 추궁할 수 있다고 보면 전체적인 분쟁횟수와 분쟁비용이 증가되고, 피해자의 충실한 구제에도 도움이 되지 않는다.

대상판결은 삶의 유한한 토대인 토지의 특수성을 충분히 고려하여 환경보전의 이념을 공법관계뿐만 아니라 사법관계에도 강화된 형태로 구현하고, 불법행위법의 포괄성을 인식하면서 불법행위법의 목적 중 예방과 제재에 관심을 기울인 판결로 평가할 수 있다.

나. 일조방해

대법원 2010. 6. 24. 선고 2008다23729 판결은 이른바 복합일영에 의한 일조방해 문제를 다루었다.394) 요지는 다음과 같다. 가해건물의 신축으로 일조피해를 받게 되는 피해건물이 이미 다른 기존 건물에 의하여 일조방해를 받고 있거나 피해건물의 구조 자체가 충분한 일조를 확보하기 어려운 경우도 있다. 이 경우 가해건물의 신축으로 인한 일조방해가 사회통념상 수인한도를 넘었는지를 판단함에 있어서는 이러한 일종의 일조 기왕증을 고려해야 한다. 이러한 경우에는 상린관계에 있는 이웃 간의 토지이용의 합리적인 조정이라는 요청과 손해부담의 공평이라는 손해배상제도의 이념에 비추어, 특별한 사정이 없는 한 기존 건물의 일조방해가 수인한도를 넘는 데 기여함으로써 피해건물의 소유자가 입게 된 재산적 손해가 신축건물의 소유자와 피해 건물의 소유자 사이에서 합리적이고 공평하게 분담될 수 있도록 정하여야 한다. 이 판결은 동시에 건축된 복수의 가해 건물들에 의하여 일

---

393) 관련 논의로는 권영준, "미국법상 순수재산손해의 법리", **민사법학**, 제58호(2012) 참조. 또한 Miller v. United States Steel Corp. 902 F. 2d 573, 574 (7th Cir. 1990)도 참조.
394) 이 판결에 대한 평석으로 이동진, "복합일영(複合日影)에 의한 일조방해(日照妨害)의 책임", 민사 **재판의 제문제**, 제20권(2011) 참조.

조권이 침해된 경우 공동불법행위책임을 인정한 대법원 2006. 1. 26. 선고 2005다 47014, 47021, 47038 판결과 비교할 필요가 있다. 대상판결은 이시에 건축된 해당 사안에 관하여는 공동불법행위가 성립하지 않는다는 전제에 서 있다고 보이나, 이 점을 명시적으로 설명하고 있지는 않다.

다. 시야차단으로 인한 폐쇄감이나 압박감 등 생활이익 침해

대법원 2014. 2. 27. 선고 2009다40462 판결은 일조방해 판단기준을 재확인함과 아울러 인접 토지에 건물 등이 건축되어 발생하는 시야차단으로 인한 폐쇄감이나 압박감 등 생활이익의 침해 판단기준을 제시하였다. 대상판결은 인접 토지에 건물 등이 건축되어 발생하는 시야 차단으로 인한 폐쇄감이나 압박감 등의 생활이익의 침해를 이유로 하는 소송에서 그 침해가 사회통념상 일반적으로 수인할 정도를 넘어서서 위법하다고 할 것인지 여부는, 피해 건물의 거실이나 창문의 안쪽으로 일정 거리 떨어져서 그 거실 등의 창문을 통하여 외부를 보았을 때 창문의 전체 면적 중 가해 건물 외에 하늘이 보이는 면적비율을 나타내는 이른바 천공율이나 그 중 가해 건물이 외부 조망을 차단하는 면적비율을 나타내는 이른바 조망침해율뿐만 아니라, 피해건물과 가해건물 사이의 이격거리와 가해 건물의 높이 및 그 이격거리와 높이 사이의 비율 등으로 나타나는 침해의 정도와 성질, 창과 거실 등의 위치와 크기 및 방향 등 건물 개구부 현황을 포함한 피해 건물의 전반적인 구조, 건축법령상의 이격거리 제한 규정 등 공법상 규제의 위반 여부, 나아가 피해 건물이 입지하고 있는 지역에 있어서 건조물의 전체적 상황 등의 사정을 포함한 넓은 의미의 지역성, 가해건물 건축의 경위 및 공공성, 가해자의 방지조치와 손해회피의 가능성, 가해자 측이 해의를 가졌는지 유무 및 토지 이용의 선후관계 등 모든 사정을 종합적으로 고려하여 판단하여야 한다고 판시하였다.

종래 대법원은 이러한 시야차단의 문제를 조망이익의 내용으로 파악하기도 하였으나, 엄밀히 말하면 조망이익이 침해되었다는 것과 폐쇄감과 압박감을 느낀다는 것은 다른 차원의 문제이다.[395] 대상판결은 이를 본래적인 의미의 조망이익과 구별하여 독자적인 생활이익으로 인정하였다는 점에서 의미 있다. 대법원은 많은

---

395) 이상주, "인접 토지에 건물 등이 건축되어 발생하는 시야차단으로 인한 폐쇄감이나 압박감 등을 독자적인 법적 보호이익의 침해로 평가할 수 있는지 여부", **대법원판례해설**, 제99호(2014), 39-41면.

경우에 그러하듯 이 경우에도 "모든 사정을 종합적으로 고려하여 판단"하여야 한다는 기본 입장을 제시하긴 하였지만, 특히 "피해 건물의 거실이나 창문의 안쪽으로 일정 거리 떨어져서 거실 등의 창문을 통하여 외부를 보았을 때 창문의 전체 면적 중 가해 건물 외에 하늘이 보이는 면적비율을 나타내는 이른바 천공률"이나 "그중 가해 건물이 외부 조망을 차단하는 면적비율을 나타내는 이른바 조망침해율", "피해건물과 가해건물 사이의 이격거리" 등을 주된 고려 기준으로 제시하였다는 점에서 시야차단 사건에 참고될 수 있다.

라. 소음피해

요즘 빈발하는 층간소음 분쟁에서 알 수 있듯이 소음은 환경법 분야에서 매우 중요한 관심사가 되고 있다. 우리나라에서는 환경정책기본법 제12조 및 동법 시행령 제2조,[396] 소음·진동관리법 제26, 27조 및 동법 시행규칙, 주택건설기준 등에 관한 규정 제9조, 공항소음 및 소음대책지역 지원에 관한 법률 제5조 제1항, 제16조, 동법 시행령 제2조, 제9조, 동법 시행규칙 제2조, 제10조 등을 통하여 소음규제가 이루어지고 있다. 소음피해에 관한 민사소송도 드물지 않게 제기되고 있다. 민사소송은 민법 제750조의 일반적인 불법행위책임이나 민법 제758조의 공작물책임을 묻거나 국가가 피고인 경우에는 국가배상책임 또는 영조물하자책임을 묻는 형태로 이루어진다. 이러한 소음피해 소송에서 가장 중요한 쟁점은 소음의 참을 한도이다. 이에 관해서는 공법적 규제 기준이 있으나, 민사소송에서 위법성 판단 기준이 되는 참을 한도가 어느 정도인지, 또한 참을 한도는 어떤 상황을 전제로 판단해야 하는가는 일률적으로 말하기 어렵다.

대법원 2015. 9. 24. 선고 2011다91784 판결은 소음피해 소송에 관한 중요한 법리들을 망라하고 있어 주목할 만하다. 이 사건은 경부고속도로 인근 아파트의 소음 피해를 다루었다. 원고인 한국도로공사는 경부고속도로 확장공사를 시작하였다. 공사 시작 후 고속도로 인근 지역에서 택지개발사업이 시행되어 민간 아파트가 건설되었다. 고속도로 확장공사가 완료된 이후 아파트가 완공되었는데, 아파트는 고속도로로부터 200미터 이상 떨어져 있었다. 그런데 아파트 입주민들인 피고와 고속도로 관리자인 원고 사이에 고속도로 소음을 둘러싼 분쟁이 벌어졌다. 그

---

396) 이에 따르면 주거지역에서는 낮(06:00~22:00)에는 55dB, 밤(22:00~06:00)에는 45dB이 그 상한이다.

러자 원고는 피고들을 상대로 방음벽 추가 설치 등 방음대책 이행의무가 존재하지 않는다고 주장하며 채무부존재확인의 소를 제기하였다. 대상판결의 요지는 다음과 같다.

첫째, 소음의 참을 한도는 피해의 성질과 정도, 피해이익의 공공성, 가해행위의 태양, 가해행위의 공공성, 가해자의 방지조치 또는 손해 회피의 가능성, 공법상 규제 기준의 위반 여부, 지역성, 토지이용의 선후관계 등 모든 사정을 종합적으로 고려하여 판단하여야 한다. 이는 여러 유형의 환경 분쟁에서 참을 한도에 관하여 대동소이하게 판시하여 온 바를 재확인한 것이다.[397]

둘째, 일정한 도로 소음의 발생과 증가는 현대사회에서 불가피하고, 특히 이미 운영 중인 또는 운영이 예정된 고속국도에 근접하여 주거를 시작한 경우의 '참을 한도' 초과 여부는 보다 엄격히 판단하여야 한다. 고속국도에 관한 판시 부분은 대상판결이 처음 제시한 것이다. 도로는 사회의 토대로서 많은 효용을 제공한다. 그러므로 소음의 발생원이라는 이유만으로 도로건설을 막거나 그 소음에 대한 책임을 지울 수는 없다. 도로소음의 참을 한도는 비용/편익 분석의 관점에서 접근하여 설정해야 한다. 특히 고속국도는 자동차 전용의 고속교통에 공용되는 도로로서 그 속성상 도로소음의 정도가 일반 도로보다 높을 것이 예정되어 있다. 이러한 위험을 알고도 그 위험원에 접근했다면 참을 한도는 그만큼 높아져야 한다. 이러한 범위에서는 대상판결은 도로소음 사건에서 참을 한도를 높이는 의미를 지닌다.[398]

셋째, 도로변 지역의 소음에 관한 환경정책기본법의 소음환경기준을 초과하는 도로소음이 있다고 하여 바로 민사상 '참을 한도'를 넘는 위법한 침해행위가 있다고 단정할 수 없다. 종래 판례 법리를 재확인한 것이다. 공법상 규제 기준은 사인 간의 분쟁을 적정하게 해결하기 위해 마련된 것이 아니라 국가와 사인 간에서 공익적 목적을 효과적으로 달성하기 위해 마련된 것이다. 또한 공법상 규제 기준의 완성도와 세밀도도 천차만별이어서 그대로 적용하는 데에는 문제가 있다.[399] 물론 위법성 판단 기준에 관한 객관적인 수치 지표가 마련되어 있지 않은 현실에서 공법상 규제 기준은 여전히 중요한 고려 요소에 해당한다.[400]

넷째, 도로소음으로 인한 생활방해를 원인으로 제기된 사건에서 공동주택에 거

---

397) 대법원 1999. 7. 27. 선고 98다47528 판결; 대법원 2007. 6. 15. 선고 2004다37904, 37911 판결.
398) 조재헌, "도로소음으로 인한 생활방해의 방지청구", **민사판례연구**, 제39권(2017), 342−343면.
399) 조재헌(주 398), 317−319면.
400) 대법원 2008. 8. 21. 선고 2008다9358, 9365 판결.

주하는 사람들이 참을 한도를 넘는 생활방해를 받고 있는지는 특별한 사정이 없는 한 일상생활이 실제 주로 이루어지는 장소인 거실에서 도로 등 소음원에 면한 방향의 모든 창호를 개방한 상태로 측정한 소음도가 환경정책기본법상 소음환경기준 등을 초과하는지에 따라 판단하는 것이 타당하다. 대상판결이 처음 제시한 법리이다. 이는 소음을 막기 위해 창문을 닫고 생활할 것을 기대해서는 안 된다는 점, 다만 주택 내에서도 어디에서 소음을 측정하는가에 따라 소음도가 달라지므로 주택의 중심이라고 할 수 있는 거실을 기준으로 소음도를 측정해야 한다는 점을 내용으로 한다.

다섯째, 도로소음으로 인한 생활방해를 원인으로 소음의 예방 또는 배제를 구하는 방지청구는 금전배상을 구하는 손해배상청구와는 내용과 요건을 서로 달리하는 것이어서 같은 사정이라도 청구의 내용에 따라 고려 요소의 중요도에 차이가 생길 수 있고, 방지청구는 그것이 허용될 경우 소송당사자뿐 아니라 제3자의 이해관계에도 중대한 영향을 미칠 수 있어, 방지청구의 당부를 판단하는 법원으로서는 청구가 허용될 경우에 방지청구를 구하는 당사자가 받게 될 이익과 상대방 및 제3자가 받게 될 불이익 등을 비교·교량하여야 한다. 이는 물권적 침해와 불법행위의 위법성 요건과 관련하여 논의되던 법리[401]를 소음피해 소송의 영역에 반영한 것이다.

4. 제조물책임

가. 고엽제소송

대법원 2013. 7. 12. 선고 2006다17539 판결은 고엽제로 피해를 입은 베트남전 참전군인이 고엽제 제조회사들을 상대로 손해배상청구를 한 사건을 다루었다. 이 사건에서는 제조물책임 외에도 국제재판관할과 준거법 등 국제사법적 쟁점들도 문제되었는데,[402] 아래에서는 제조물책임에 관한 대법원의 판시 사항을 중심으로 살펴본다. 참고로 이 사건은 제조물책임법 시행 전 사건이다. 대법원은 고엽제

---

401) 예컨대 곽윤직 편, **민법주해**(ⅩⅧ)(박영사, 2005), 257-258면(박철 집필부분). 또한 대법원 2010. 8. 25.자 2008마1541 결정; 대법원 2016. 11. 10. 선고 2013다71098 판결도 참조.

402) 대법원은 법정지인 우리나라와 이 사건 당사자 및 분쟁 사안 사이에 실질적 관련성이 있다고 보아 우리나라 법원의 국제재판관할을 인정하였고, 불법행위 사건의 준거법을 결정하는 불법행위지에는 손해의 결과발생지가 포함되고 우리나라가 손해의 결과발생지이므로 우리나라 법이 준거법으로 적용될 수 있다고 보았다.

와 같이 인체에 유해한 독성물질이 혼합된 화학제품을 설계·제조하는 경우 제조업자는 고도의 위험방지의무를 부담한다고 보았다. 즉 제조업자는 그 시점에서의 최고의 기술 수준으로 그 제조물의 안전성을 철저히 검증하고 조사·연구를 통하여 발생 가능성 있는 위험을 제거·최소화하여야 하며, 만약 그 위험이 제대로 제거·최소화되었는지 불분명하고 더욱이 실제 사용자 등에게 그 위험을 적절히 경고하기 곤란한 사정도 존재하는 때에는, 안전성이 충분히 확보될 정도로 그 위험이 제거·최소화되었다고 확인되기 전에는 그 화학제품을 유통시키지 말아야 할 의무를 부담한다는 것이다. 그런데 이 사건에서 피고들은 이러한 고도의 위험방지의무를 위반하여 고엽제를 제조, 유통시켰으므로 피고들이 제조한 고엽제에는 설계상의 결함이 있다고 보았다. 그러므로 피고들은 이러한 결함으로 인하여 원고들이 입은 손해를 배상할 책임이 있다. 그런데 대법원은 염소성여드름과 같은 특이성 질환403)과의 인과관계는 인정하였지만, 그 외의 비특이성 질환에 대해서는 역학적 상관관계는 인정되지만 법률적 인과관계는 증명되지 않았다고 보아 이 부분에 대한 피고들의 손해배상책임은 인정하지 않았다. 그 외에 대상판결에서는 일단 손해배상책임이 인정된 부분에 관하여 소멸시효의 기산점 및 소멸시효 항변의 신의칙 위반 여부도 다루어졌다.

나. 담배소송

대법원 2014. 4. 10. 선고 2011다22092 판결은 흡연으로 폐암 등 질병을 얻은 환자 또는 그 유족들이 담배를 제조하였던 국가와 KT&G를 상대로 손해배상청구를 한 사건을 다루었다. 이 역시 고엽제 사건과 마찬가지로 제조물책임법 시행 전 사건인데, 제조물책임 외에도 일반 불법행위 쟁점들도 있었다. 제조물책임 부분만 살펴본다. 우선 대법원은 설계상 결함과 관련하여, 담뱃잎을 태워 연기를 흡입하는 것이 담배의 본질적 특성인 점, 니코틴과 타르의 양에 따라 담배의 맛이 달라지고 담배소비자는 자신이 좋아하는 맛이나 향을 가진 담배를 선택하여 흡연하는 점, 담배소비자는 안정감 등 니코틴의 약리효과를 의도하여 흡연을 하는 점 등에 비추어 국가 등이 니코틴이나 타르를 완전히 제거할 수 있는 방법이 있다 하더라도 이를 채용하지 않은 것 자체를 설계상 결함이라고 볼 수 없다고 보았다. 또한

---

403) 특정 병인에 의하여 발생하고 원인과 결과가 명확히 대응하는 질환을 의미한다.

대법원은 표시상 결함과 관련하여, 언론보도와 법적 규제 등을 통하여 흡연이 폐를 포함한 호흡기에 암을 비롯한 각종 질환의 원인이 될 수 있다는 것이 담배소비자들을 포함한 사회 전반에 널리 인식되게 되었다고 보이는 점, 흡연을 시작하는 것은 물론이고 흡연을 계속할 것인지는 자유의지에 따른 선택의 문제로 보일 뿐만 아니라 흡연을 시작하는 경우 이를 쉽게 끊기 어려울 수도 있다는 점 역시 담배소비자들 사이에 널리 인식되어 있었던 것으로 보이는 점 등에 비추어 담배제조자인 국가 등이 법률의 규정에 따라 담뱃갑에 경고 문구를 표시하는 외에 추가적인 설명이나 경고 기타의 표시를 하지 않았다고 하여 담배에 표시상의 결함이 있다고 보기 어렵다고 판단하였다. 아울러 대법원은 원심과 마찬가지로, 폐암 중 편평세포암이나 소세포암은 특이성 질환으로 보아 인과관계를 인정하였지만, 비소세포암과 폐포세포암은 비특이성 질환으로 본 뒤 흡연과 이러한 암 사이의 역학적 인과관계만으로는 양자 사이의 인과관계를 인정할 만한 개연성이 증명되었다고 단정할 수 없다고 보았다.

다. 두 사건의 공통 쟁점 : 역학적 상관관계와 법률적 인과관계

고엽제 사건과 담배소송 사건은 제조물책임사건으로서 역학적 상관관계와 법률적 인과관계를 다루었다. 이 쟁점은 자동차배출가스와 천식의 관계를 다룬 대법원 2014. 9. 4. 선고 2011다7437 판결에서도 다루어졌다. 이 문제를 이해하는 첫 번째 개념적 구분 틀은 특이성 질환과 비특이성 질환의 구별이다. 특이성 질환은 특정 병인에 의하여 발생하고 원인과 결과가 명확히 대응하는 질환을 의미한다.[404] 비특이성 질환은 그 외의 질환으로서 여러 요인들이 복합적으로 작용하여 발생하는 질환이다. 특이성 질환은 원인과 결과의 상호 연결점이 증명되면 법률적 인과관계도 손쉽게 증명될 것이 개념 그 자체에서 예정되어 있다. 하지만 비특이성 질환은 원인과 결과의 상호 연결점만으로는 법률적 인과관계가 곧바로 증명되기는 어렵다. 그 외에 다른 원인들이 복합적으로 상호 작용하였으므로 과연 해당 원인이 해당 결과의 규범적 원인으로 평가받을 수 있는지가 불명확하기 때문이다. 따라서 원인과 결과 사이의 개연성 증명의 잣대가 더 높아진다. 역학적 연구결과의

---

404) 특이성 질환(signature disease)의 대표적인 사례로서 석면(asbestos)과의 접촉을 통해 발생할 수밖에 없는 석면침착증(asbestosis)이나 중피종(mesothelioma)을 들 수 있다. Hurtado v Purdue Pharma Co. 2005 NY Slip Op 50045(U) Decided on January 24, 2005.

의미가 문제되는 영역도 비특이성 질환이다.

역학은 집단현상의 차원에서 특정 위험인자와 특정 질병 사이의 통계적 상관관계를 규명하는 학문이다. 법률적 인과관계는 개별사건의 차원에서 특정 위험인자와 특정 질병 사이의 규범적 귀책관계를 규명하는 개념이다. 그러므로 역학적 상관관계가 곧바로 법률적 인과관계로 이어지는 것은 아니다.405) 가령 어느 집단에서 담배를 피우는 사람이 폐암(비소세포암)에 걸릴 확률이 높다는 통계가 나왔다고하여, 곧바로 해당 사건의 원고가 흡연 때문에 폐암에 걸렸다고 인정할 수는 없다는 것이다. 비소세포암의 원인은 흡연 외에도 다양하게 존재하기 때문이다. 따라서 이러한 역학적 상관관계를 넘어서는 인과관계의 증명(가령 흡연 외에는 폐암을유발할 요인이 없어 흡연 때문에 폐암이 발생하였을 개연성이 높다는 증명)이 필요하다는 것이다.

이러한 대법원의 태도는 논리적으로 보면 타당하다. 그러나 다음 두 가지 점을고려해야 한다. 첫 번째로 특이성 질환과 비특이성 질환을 구별하는 문제이다. 과연 특정한 원인에 의해서만 발병할 수밖에 없는 질환이 존재할 수 있는지, 존재한다면 무엇이 그러한 질환인지가 언제나 명확하지는 않기 때문이다.406) 둘째, 비특이성 질환에서 법률적 인과관계를 인정하기 위해 요구되는 추가적 증명의 정도이다. 대부분의 질환은 오랜 기간 여러 원인이 복합적으로 작용하여 발생하게 되는데, 그 인과관계의 증명이 너무 엄격하게 요구되면 어떤 위험인자로 인한 질환의발생을 증명하는 것은 사실상 어려워지기 때문이다. 향후에는 역학적 인과관계를넘어서는 증명이 얼마나 엄격하게 이루어져야 하는지, 바꾸어 말하면 그 증명이얼마나 완화될 수 있는지, 나아가 그 증명책임이 사실상 전환될 수 있는지에 대한논의가 더욱 충실하게 이루어질 필요가 있다.407)

---

405) 이연갑, "역학연구결과에 의한 인과관계의 증명", **법조**, 제670호(2012), 136－138면.

406) 의학계에서는 모든 질병은 복수의 요인이 복합적으로 작용하여 발생하는 것이므로 특이성 질환과 비특이성 질환을 구별하는 입장에 대해 비판이 많다고 한다. 예컨대 이선구, "유해물질소송에서 역학적 증거에 의한 인과관계의 증명: 대법원 판례를 중심으로", **저스티스**, 제146-1호(2015), 277－278면. 따라서 이러한 판시는 향후 수정될 필요가 있다는 견해가 있다. 이봉민, "제조물책임에 관한 판례의 전개와 동향", **민사판례연구**, 제41권(2019), 1204－1205면.

407) 윤진수(주 87), 564－565면에서는 일단 역학적 인과관계가 인정되면 개별적 인과관계가 없다는점은 책임을 부정하는 측에서 증명해야 한다고 한다.

5. 국가배상

가. 한센병 환자들에 대한 단종(斷種) 수술과 국가배상책임

대법원 2017. 2. 15. 선고 2014다230535 판결은 국가가 한센병 환자의 치료 및 격리수용을 위하여 운영·통제한 병원시설에서 한센병 환자들을 상대로 정관절제수술이나 임신중절수술을 시행한 것에 대한 국가배상책임을 인정한 판결이다. 한센병은 나병(leprosy)이라고도 불리는 전염병이다. 이 병은 나균이 피부, 말초신경계, 점막을 침범하여 조직을 변형시켜 외모에 변형을 가져오는 병이다. 한센병 환자는 역사적으로 사회적 차별과 편견에 시달려 왔다. 우리나라에서는 1909년 이후 부산과 광주, 대구에 차례대로 나병원이 설립되었고, 1917년에는 우리에게 널리 알려진 국립 소록도병원의 전신인 소록도 자혜의원이 설립되었다.[408] 이러한 시설들은 한센병 환자에 대한 격리·수용기관으로 기능하여 왔다. 해방 이후에도 우리나라는 구 전염병예방법에 기초하여 한센병 환자들을 사실상 격리·수용하여 왔다. 이러한 격리·수용은 1차적으로는 의료적 목적을 표방하였으나, 2차적으로는 이들을 격리해야 한다는 사회적 여론에 기한 것이기도 하였다.[409] 국가는 위와 같은 격리·수용시설에서 한센병 환자들의 동의하에 정관절제술이나 낙태시술 등 단종(斷種) 수술을 행하였다. 이러한 단종 수술의 배후에는 한센병이 자식에게 전염되거나 유전된다는 편견이 도사리고 있었다. 또한 출산으로 급증하는 자녀가 가져올 관리비용의 증가도 고려되었던 것 같다.[410] 이 사건에서는 이러한 수술이 국가의 위법행위인지가 쟁점이 되었다.

이러한 국가의 행위가 정당화되려면 법령상 근거가 있거나 피해자의 동의가 있어야 한다. 그런데 단종수술의 법적 근거는 존재하지 않았다. 구 전염병예방법 등 법령이 허용하는 것은 한센병 환자들의 격리·수용일 뿐이었다. 소송 과정에서 국가는 전염병예방법 내의 가족동거제한 조항을 근거로 들기도 하였다. 그러나 가족동거가 제한된다는 점이 단종수술을 허용하는 것으로 해석될 수는 없는 노릇이었

---

408) 김재형, "한센인의 격리제도와 낙인·차별에 관한 연구", **서울대학교 박사학위논문**(2019), 61-71면.
409) 김재형(주 408), 113-118면. 1951년 5월 2일에는 국회에서 나환자가 어린아이 3명을 잡아먹었다고 주장하면서 전국의 나환자들을 즉각 격리 수용해야 한다는 국회의원의 의견이 공식적으로 개진되기도 하였다. 물론 이 주장은 잘못된 것이었다. 같은 논문, 118면 및 여기에 인용된 1951. 5. 2. 제10회 71차 국회정기회의속기록, 나병환자 수용대책에 관한 긴급동의안, 5면.
410) 김재형(주 408), 123면.

다. 결국 쟁점은 한센병 환자들이 동의하였는지 여부였다. 일단 형식적으로는 환자들의 동의가 이루어졌던 것으로 보인다. 그러나 이러한 동의가 과연 충실한 정보에 기초한 실질적이고 자발적인 동의였는지는 의문이다. 이와 관련하여 대법원은 의료행위에 대한 환자의 동의 내지 승낙은 진정한 선택권을 행사할 수 있을만큼의 설명이 선행된 이후의 동의 내지 승낙이라야 하는 것이고, 이러한 설명의무를 소홀히 하여 환자로 하여금 자기결정권을 실질적으로 행사할 수 없게 하였다면 그 자체만으로도 불법행위가 성립한다고 판시하였다. 아울러 대법원은 한센병 예방이라는 보건정책 목적을 고려하더라도 단종수술은 과도한 조치였고, 한센병 환자들은 충분히 설명을 받지 못한 상태에서 어쩔 수 없이 동의 내지 승낙한 것으로 보이므로 결국 국가의 단종수술은 위법행위라고 판단하였다. 그 외에도 국가는 소멸시효 항변도 하였는데, 이러한 항변은 신의칙에 위반된 것으로 판단하였다. 대상판결은 해방 후 전쟁과 권력투쟁, 경제성장을 압축적으로 겪는 과정에서 발생한 일련의 국가권력적 불법행위의 한 단면을 다루고 있으나, 일련의 민주화운동 피해자들과는 달리 사회적 편견 속에 예나 지금이나 별다른 조명을 받지 못하는 한센병 환자들의 비극적 삶을 달래준 판결이다.

나. 국가기관 홈페이지 게시판의 글 삭제에 따른 국가배상책임 여부

대법원 2020. 6. 4. 선고 2015다233807 판결은 해군본부 게시판 항의글 삭제에 따른 국가배상책임을 다루었다. 사안은 다음과 같다. 정부의 제주해군기지 건설사업에 관해 야당과 시민단체 등이 반대하던 중 그 반대운동의 일환으로 원고들을 비롯한 다수인은 해군본부 홈페이지 자유게시판에 해군기지 사업 중단을 요청하는 취지의 유사한 글들을 하루에 100여건 이상 게재하였다. 해군본부 담당자는 이처럼 유사한 내용의 항의글들이 '해군 인터넷 홈페이지 운영규정'의 삭제 사유에 해당한다고 보아 임의로 이를 삭제하였다. 원고들은 표현의 자유와 행복추구권이 침해되었다고 주장하면서 대한민국을 피고로 하여 국가배상을 청구하였다.

대상판결 요지는 다음과 같다. 일반적으로 국가기관이 자신이 관리·운영하는 홈페이지에 게시된 글에 대하여 정부의 정책에 찬성하는 내용인지, 반대하는 내용인지에 따라 선별적으로 삭제 여부를 결정하는 것은 특별한 사정이 없는 한 국민의 기본권인 표현의 자유와 자유민주적 기본질서에 배치되므로 허용되지 않는다. 그러나 원고들이 작성한 항의글은 군의 정치적 중립성 요청에 따라 이 사건 운영규정에서 정한 게시글 삭제사유인 '정치적 목적이나 성향이 있는 경우'에 해당하는 것으로서 자유게시판의 일반적인 존재 목적, 기능, 게시판 운영 원칙의 삭제 사유, 이 사건 사업에 대한 결정 주체 및 다른 게시글의 방해효과 등과 아울러 해군본부에게 게시물을 영구히 또는 일정 기간 보존하여야 할 의무가 있다고는 볼 수 없는 점, 이 사건 삭제 조치는 표현행위 자체를 금지하거나 제재한 것이 아니라 결과물을 삭제한 것일 뿐이고 삭제 이유를 밝히는 입장문도 공개적으로 게시하는 등 반대의견 표명을 억압하거나 여론을 호도·조작하려는 시도로 볼 수 없다는 점 등을 고려하면 이 사건 삭제 조치의 경우에는 객관적 정당성을 상실한 위법한 직무집행에 해당한다고 보기 어렵다.

대상판결은 국가기관의 자유게시판에 게재한 글을 행정규칙인 운영규정에 따라 삭제하는 것이 위법한 직무집행인지를 다루었다. 우선 대법원은 운영규정상 삭제 사유인 '정치적 목적이나 성향이 있는 경우'는 군의 정치적 중립성 요청을 구체화한 것인데 원고들의 글이 여기에 해당한다고 보았다. 그러나 정치적 표현의 자유는 가급적 넓게 보장되어야 한다. 또한 군의 정치적 중립성 요청은 군에게 요구되는 것이지 국민의 정치적 표현을 막는 근거가 될 수 없다. 현실적으로 어떤 글이 정치적 목적이나 성향을 띠는지 구별하기도 어렵다. 오히려 이를 심사하여 삭제 여부를 결정하는 과정에서 군의 정치적 목적이나 성향이 나타날 우려도 있다. 그것이야말로 군의 정치적 중립을 해치는 것이다. 그러한 관점에서 '정치적 목적이나 성향이 있는 경우'를 게시글 삭제 사유로 삼은 운영규정이 적절한지 의문스럽다. 한편 대법원은 이 사건 사업의 시행 여부를 결정할 권한은 국방부장관에게 있으므로 이 사건 사업 시행에 항의하더라도 국방부장관이나 국무총리 또는 대통령에게 하는 것이 적절하지 결정권이 없는 해군본부나 그 기관장인 해군참모총장에게 하는 것은 적절하지 않다고 판시하였다. 그러나 국민이 해군기지 건설사업에 대한 의견을 해군 자유게시판에 개진하는 것은 적절하고 자연스러운 일이다.

다만 이 사건에서는 게시글의 내용이 아니라 게시 방법 및 그 방법이 게시판에 미치는 영향에 주목해야 한다. 국가기관이 운영하는 게시판은 공공재이고 그 게시판을 수많은 글로 뒤덮어 사실상 사유화하는 행위는 합리적으로 제한되어야 한다. 그 행위는 자신의 표현의 자유를 만족시킬지는 몰라도 다른 이용자의 표현의 자유와 알 권리를 실질적으로 무력화할 수도 있기 때문이다. 또한 국가기관은 애당초 자유게시판을 개설하지 않을 수도 있고 개설 후에 폐쇄할 수도 있으며, 게시판 용도를 정할 수도 있다. 게시글을 영구적으로 보존할 의무도 없다. 그러므로 게시글의 내용이 아닌 게시판 용도, 게시 방법 등에 대한 합리적 규제는 허용되어야 한다. 만약 게시판을 개설하는 순간 표현의 자유 때문에 이러한 조치를 전혀 취할수 없게 된다면 국가기관은 아예 게시판을 개설하지 않는 쪽을 선택할 가능성이크고 이는 궁극적으로 표현의 자유를 더욱 좁히는 결과로 이어진다. 또한 원고들에게는 위와 같은 주장을 할 수 있도록 마련되거나 공개된 다른 장소나 방법들을활용하여 표현의 자유를 개진할 수 있었다는 점도 염두에 두어야 한다. 이 사건운영규정에는 동일인 또는 동일 내용의 게시물을 삭제할 수 있는 근거가 있었고해군본부의 항의글 삭제는 여기에 기초하여 이루어진 것으로 평가할 수 있다. 요컨대 항의글을 삭제하는 것이 바람직한 대처였는지에 대해서는 의문이 없지 않으나 적어도 위와 같은 조치가 위법한 직무집행으로 국가배상책임의 대상이 된다고보기는 어렵다.

6. 헌법상 기본권 침해

가. 종교의 자유

대법원 2010. 4. 22. 선고 2008다38288 전원합의체 판결은 종교단체가 설립한종립학교가 고등학생들에게 종교행사와 종교과목 수업을 실시하는 것이 학생들의기본권을 침해하여 불법행위를 구성하는지를 다루었다. 고등학교 평준화정책에 따른 학교 강제배정으로 종교와 무관하게 학생들이 특정 학교에 배정되는데, 이때종립학교가 가지는 '종교교육의 자유 및 운영의 자유'와 학생들이 가지는 '소극적종교행위의 자유 및 소극적 신앙고백의 자유'의 충돌 문제를 다룬 것이다. 사안은다음과 같다. 원고는 기독교 정신을 건학이념으로 설립된 대광고등학교에 배정되었다. 대광고등학교는 모든 학생을 대상으로 예배 등 종교행사와 종교교육을 실시하였다. 원고는 이에 참여하다가 학생회장이 된 이후 종교행사 등 참여 거부를 독려하는 교내방송을 실시하고 1인 시위를 하는 등 학교와 계속 대립하였고 학교의징계처분으로 퇴학처분을 받았다. 원고는 학교법인인 피고를 상대로 종교행사 등참여 강제 및 징계처분으로 인한 손해배상청구를 하였다.[411]

대법원은 원고의 손해배상청구를 인정하였다. 종교행사 등 참여 강제로 인한 손

---

411) 원고는 그 외에도 서울특별시를 피고로 삼았으나, 아래에서는 학교법인에 대한 부분을 중심으로 살펴본다.

해배상청구에 대해서는 다음과 같이 판시하였다. 헌법상 기본권 규정은 그 성질상 사법관계에 직접 적용될 수 있는 예외적인 것을 제외하고는 사법상의 일반원칙을 규정한 민법 제2조, 제103조, 제750조, 제751조 등의 내용을 형성하고 그 해석 기준이 되어 간접적으로 사법관계에 효력을 미치게 된다(이른바 간접적용설). 종교의 자유라는 기본권의 침해와 관련한 불법행위의 성립 여부도 위와 같은 일반규정을 통하여 사법상으로 보호되는 종교에 관한 인격적 법익침해 등의 형태로 구체화되어 논하여져야 한다. 한편 피고가 사실상 모든 학생들이 종교행사나 종교교육에 참여하도록 하는 등 신앙을 갖지 않거나 학교와 다른 신앙을 가진 학생의 기본권을 고려하지 않은 것은, 우리 사회의 건전한 상식과 법감정에 비추어 용인될 수 있는 한계를 벗어나 학생의 종교에 관한 인격적 법익을 침해하는 위법한 행위이다. 또한 징계의 이유로 된 사실이 퇴학처분에 해당한다고 볼 수 없음이 객관적으로 명백하고 징계권자 또는 징계위원들이 조금만 주의를 기울이면 이와 같은 사정을 쉽게 알아 볼 수 있음에도 징계에 나아간 것으로, 그 징계권의 행사가 우리의 건전한 사회통념이나 사회상규에 비추어 용인될 수 없음이 분명하여 원고에 대하여 불법행위가 성립한다.[412] 이에 대하여는 국가가 학교 강제배정제도를 실시하는 우리 현실에 비추어 종립학교에서 종교행사와 종교수업을 실시하는 것은 불가피한 면이 있으므로 이를 이유로 한 위법성 인정은 엄격히 해야 한다는 점 등을 들어 피고의 손해배상책임이 인정되지 않는다는 반대의견이 있었다.

  종교행사 및 종교교육의 실시 가능성은 국공립학교와 사립학교의 경우에 달라질 것이다. 국공립학교가 특정한 종교에 관한 행사나 교육을 실시하는 것은 국교금지원칙에 반하므로 허용되지 않는다. 반면 특정한 종교 이념에 기초하여 설립된 사립학교가 그렇게 하는 것은 원칙적으로 허용될 수 있다. 특히 학생들이 이러한 사립학교의 설립이념과 교과과정을 충분히 알고도 사립학교를 선택하였다면 학교에 허용되는 종교적 활동의 폭은 넓어질 수 있다. 하지만 국가가 실시하는 학교 강제배정제도하에서는 이러한 사립학교의 적극적인 종교의 자유는 학생들의 소극적인 종교의 자유와의 관계에서 한걸음 물러설 수밖에 없다. 가령 전통적으로 입학식이나 졸업식에서 종교적 색채가 다소 가미되거나, 학교를 소개하는 과정에서

---

412) 이와 관련하여 징계 양정이 잘못되었다는 이유만으로 과실이 인정되지는 않는다는 대법원 1997. 9. 9. 선고 97다20007 판결 및 퇴학 등 징계처분 사유에 해당하지 않는다는 점이 객관적으로 명백하고 조금만 주의를 기울이면 이러한 사정을 쉽게 알아볼 수 있는데도 징계에 나아간 경우 불법행위를 구성한다는 대법원 2004. 9. 24. 선고 2004다37294 판결 참조.

특정 종교와의 관련성을 강조하는 것은 학생들이 감내해야 하겠지만, 학생들에게 3년 내내 지속적으로 종교행사와 종교교육에 참여하도록 사실상 강제하고 이에 위반하는 경우 과도한 불이익을 부과하는 것을 학생들에게 감내하도록 할 수는 없다. 결국 이는 정도의 문제이겠으나, 사립학교도 공공적 성격을 가진다는 점, 종교는 본질적으로 강제될 수 없다는 점, 종교행사나 종교교육을 통하지 않고도 학교 설립이념을 성취하는 것이 불가능하지 않다는 점을 고려하면, 해당 사안과 같이 종교행사와 종교교육의 참여를 사실상 강제하고 그 거부 운동을 펼친 원고를 퇴학시킨 일련의 과정에는 위법성과 과실이 인정된다고 생각한다. 해당 사안의 사실관계를 살펴보면 원고의 대처 양상에도 문제가 없지 않으나, 이러한 결론을 뒤집을 정도로는 보이지 않는다.

나. 평등권

대법원 2011. 1. 27. 선고 2009다19864 판결은 사인에 의한 평등권 침해가 불법행위를 구성하는지의 문제를 다루었다. 사안은 다음과 같다. 피고(서울기독교청년회 또는 YMCA 서울회)는 비법인사단으로서 남성단체로 출발하였는데 그 후 여성회원도 받아들이기 시작하였다. 그런데 피고의 헌장에 따르면 총회원은 원칙적으로 남성으로 제한되어 있었다. 이에 대해서는 평등권 침해라는 비판이 제기되었고 국가인권위원회도 이러한 차별행위 시정을 권고하였다. 피고는 2003년 제100차 정기총회를 통해 개선 노력을 천명하였으나 곧바로 시정이 이루어지지는 않았다. 그러자 여성회원들인 원고들은 피고를 상대로 평등권 침해에 따른 불법행위를 원인으로 한 손해배상청구를 하였다. 대법원은 헌법상 기본권 규정은 사법의 일반조항을 통해 사인 간에도 효력을 미친다고 전제한 뒤, 원고들은 비법인사단인 피고의 단체구성원으로서 회비를 부담하면서도 여성이라는 이유만으로 지속적으로 일반적인 사원에게 부여되는 고유하고 기본적인 권리인 총회의결권 등을 행사할 기회를 원천적으로 빼앗겨 온 점 등을 고려하면, 적어도 피고가 스스로 불합리한 총회 운영에 대한 개선 노력을 천명한 2003년도 제100차 정기총회 이후에도 원고들을 총회원 자격심사에서 원천적으로 배제한 성차별적 처우는 우리 사회의 건전한 상식과 법 감정에 비추어 용인될 수 있는 한계를 벗어나 사회질서에 위반되는 것으로서 원고들의 인격적 법익을 침해하여 불법행위를 구성한다고 보았다.

민법의 토대는 자유주의이다. 따라서 민법은 자유라는 가치와 친하다. 자유는 개별성 및 다양성의 존중과 연결된다. 사적 자치의 원칙 및 계약자유의 원칙은 이러한 이념을 구현하는 원칙이다. 따라서 당사자는 자신이 원하는 상대방과 자신이 원하는 방식과 내용으로 자신이 원하는 개별적 법률관계를 개척해 나갈 수 있다. 이것이 민법의 핵심 가치 중 하나이다. 그러므로 매도인은 A에게는 물건을 팔지만 B에게는 물건을 팔지 않을 수도 있다. 임대인은 C에게는 임대하지만 D에게는 임대를 거절할 수도 있다. 이를 차별이라고 볼 수도 있으나, 민법에서는 이를 자유라고 부른다. 그러나 민법이 상정하는 법률관계라고 하여 헌법상 평등권의 이념에서 완전히 자유로울 수는 없다. 이는 단체적 법률관계에서 더욱 두드러진다. 단체의 설립과 운영도 사적 자치 원칙의 적용을 받는다. 그러나 단체적 법률관계에는 일정한 획일성이 요구된다. 그리고 단체 구성원의 차별적 취급은 그에 합당한 이유를 수반해야 한다. 무엇이 합당한 이유인가를 놓고 자유와 평등 사이의 줄다리기가 벌어진다. 예컨대 백화점이 구매액이 높은 고객에게만 주차장을 무료로 사용하도록 해 주는 것은 온전히 자유의 영역이다. 그러나 백화점이 여성에게만 주차장을 무료로 사용하도록 해 주는 것은 평등의 영역에서 타당성 여부가 논의될 수 있는 대상이다.

해당 사안은 더욱 그러하다. 피고가 속한 YMCA는 역사적으로 개화, 근대화, 탈식민화의 상징이었다. 줄곧 우리 사회 선진화의 흐름과 함께 하여 왔다. 역사적으로는 남성단체로 출발하였으나 여성회원들을 널리 받아들인 것도 이러한 선진화의 과정이었다. 또한 피고는 사적 단체이기는 하나 공익적 사업을 목적으로 하면서 정부나 지방자치단체로부터 재정적 지원도 받아왔다. 사적 단체가 자치적 규범을 만들어 단체의 운영 방향을 결정할 자유를 누리더라도 그러한 규범이 헌법이 보장하는 구성원의 기본적 인권을 필요하고 합리적인 범위를 벗어나 과도하게 침해하거나 제한해서는 안 된다.[413] 성별에 따른 차별금지는 이처럼 기본적 인권을 보호하기 위한 핵심 가치 중 하나이다. 우리나라는 유엔의 여성차별철폐협약(Convention on the Elimination of All Forms of Discrimination Against Women)의 가입국으로서 이 협약이 우리 법 질서의 일부를 구성하기도 한다. 그런데 동일한 회비를 내고 동일한 자격을 갖춘 회원인데 단지 성별만을 이유로 총회의결권을 박탈하는 것은 필요하고 합리적인 범위를 넘어선 조치이다. 총회의결권은 사단의 구

---

413) 노동조합에 관한 것이기는 하나 대법원 2002. 2. 22. 선고 2000다65086 판결.

성원이 가지는 가장 기본적이고 핵심적인 권리라는 점도 염두에 두어야 한다. 피고가 민간단체로서 헌법상 결사의 자유를 누린다는 점, 또한 국가나 법원은 단체 내부의 문제에 과도하게 개입해서는 안 된다는 점을 감안하더라도 이러한 결론은 달라지지 않는다. 대상판결은 헌법적 가치인 평등 또는 차별금지의 문제를 민법 제103조, 제750조를 매개로 사법적 법률관계에도 투영하였다는 점에서 의미 있다. 평등, 차별금지, 공정이라는 가치는 향후 사법(私法) 분야에서도 지속적으로 중요하게 다루어질 것이다.

7. 불법행위 관련 기타 판결

가. 키코(KIKO) 관련 전원합의체 판결

2013년에는 키코(KIKO)와 관련된 전원합의체 판결 4건이 한꺼번에 선고되었다. 대법원 2013. 9. 26. 선고 2011다53683, 53690 전원합의체 판결, 대법원 2013. 9. 26. 선고 2012다1146, 1153 전원합의체 판결, 대법원 2013. 9. 26. 선고 2012다13637 전원합의체 판결, 대법원 2013. 9. 26. 선고 2013다26746 전원합의체 판결이다. 이 판결들은 모두 환율헷지상품인 키코(KIKO) 통화옵션계약상품을 둘러싼 법적 분쟁을 다루었다.[414] 이 상품은 미리 약정환율과 변동의 상한(Knock-In) 및 하한(Knock-Out)을 정해놓고 환율이 상한과 하한 사이에서 변동하면 기업이 약정환율에 따라 달러를 매도할 수 있는 풋옵션을 설정한다. 환율이 하한 이하로 떨어지면 그 기간에 해당하는 계약 부분은 실효(Knock-Out 조건)되고, 환율이 상한 이상으로 오르면 약정환율에 따라 은행이 달러를 매수할 수 있는 콜옵션을 가진다(Knock-In 조건). 우리나라에서 문제된 키코 상품은 대부분 콜옵션 부분에 레버리지 조건을 결합시켜 은행이 콜옵션을 행사할 때 그 대상이 되는 계약금액을 풋옵션 계약금액보다 크게(통상 2배로) 만든다. 가령 미리 정한 행사환율이 1000원이고, 상한이 1200원, 하한이 800원인 경우 환율이 상하한선 사이에서 움직이면 상품가입자인 기업은 풋옵션을 가진다. 따라서 환율이 900원이면 기업은 풋옵션을 행사하여 달러당 1000원에 매도하여 이익을 얻고, 환율이 1100원이면 풋옵션을 행사하지 않아 달러당 1100원에 매도하여 환율하락의 위험을 회피한다. 계약기간 중 환율이 700원으로 떨어지면 넉아웃 조건에 따라 계약은 실효되므로 기업은 시

---

414) KIKO 상품에 대한 설명 부분은 권영준, "위험배분의 관점에서 본 사정변경의 원칙", 민사법학, 제51호(2010), 229면에서 발췌하여 약간 수정하였다.

장가격에 따라 매도할 수밖에 없다. 계약기간 중 환율이 1300원이 되면 넉인 조건에 따라 은행은 콜옵션을 행사할 수 있게 되고, 이에 따라 은행은 약정환율인 1,000원이라는 싼값으로 계약금액의 2배 상당 달러를 매수할 수 있다. 이때 기업은 싼 가격에 달러를 팔아야 하므로 손실을 입게 된다. 요컨대 환율이 일정한 한도 내에서 움직이면 기업이 이익을 보지만, 환율이 그 한도를 넘어 상승하면 은행이 이익을 보는 구조이다. 그런데 2008년 이후 환율급등으로 인해 키코 상품에 가입하였던 많은 기업들이 은행의 콜옵션 행사로 큰 손실을 입었다. 그 중 상당수 기업들이 은행을 상대로 소를 제기하였다.

청구원인은 크게 ① KIKO 계약 무효, 취소 또는 해지를 원인으로 한 부당이득 반환청구, ② 적합성 원칙과 설명의무 위반으로 인한 불법행위에 관한 손해배상청구로 나뉜다.[415] 무효와 관련해서는 신의칙 위반, 민법 제104조 소정의 불공정행위, 불공정 약관 등의 주장, 취소와 관련해서는 기망이나 착오 주장, 해지와 관련해서는 사정변경 주장 등이 있었다.[416] 적합성 원칙 또는 설명의무 위반 주장은 금융기관의 고객 보호의무로부터 도출되는 주장이었다. 적합성 원칙 및 설명의무는 「자본시장과 금융투자업에 관한 법률」(이하 '자본시장법'이라고 한다) 제46조(적합성 원칙 등), 제47조(설명의무)에 규정되었다가 현재는 「금융소비자 보호에 관한 법률」(이하 '금소법'이라고 한다) 제17조(적합성원칙), 제19조(설명의무)로 이관, 규정되어 있다. 하지만 키코 사건 당시는 자본시장법이나 금소법 시행 전이었으므로 해당 사안이 민법상 불법행위의 문제로 다루어졌다.

예컨대 대법원 2013. 9. 26. 선고 2012다1146, 1153 전원합의체 판결에 따르면, 은행이 환 헤지 목적을 가진 기업과 통화옵션계약을 체결함에 있어서 해당 기업의 경영상황에 비추어 과대한 위험성을 초래하는 통화옵션계약을 적극적으로 권유하여 이를 체결하게 한 때에는, 이러한 권유행위는 이른바 적합성의 원칙을 위반하여 고객에 대한 보호의무를 저버리는 위법한 것으로서 불법행위를 구성한다. 특히 은행이 위험성이 큰 장외파생상품의 거래를 권유할 때에는 다른 금융기관에 비해 더 무거운 고객 보호의무를 부담한다. 적합성의 원칙은 적합하지 않은 상품은 권유하지 않는다는 원칙이다.[417] 대상판결은 이러한 적합성 원칙을 선언한 뒤[418]

---

415) 진상범·최문희, "KIKO 사건에 관한 대법원 전원합의체 판결의 논점 – 적합성 원칙과 설명의무를 중심으로(상) – ", BFL, 제63호(2014), 85면.
416) 진상범·최문희(주 415), 86면.
417) 김건식·정순섭, **자본시장법**, 제3판(두성사, 2013), 768면.

"과대한 위험성을 초래하는" 권유행위를 한 경우에는 적합성 원칙 위반으로 인한 불법행위가 성립한다고 함으로써 적합성 원칙 위반이 언제나 곧바로 불법행위로 이어지는 것은 아님을 암시하였다.[419] 또한 대상판결에 따르면, 금융기관은 금융상품의 특성 및 위험의 수준, 고객의 거래 목적, 투자경험 및 능력 등을 종합적으로 고려하여 고객이 그 거래상의 주요 정보를 충분히 이해할 수 있을 정도로 설명하여야 하고, 특히 금융기관으로서는 장외파생상품 거래의 위험성에 대하여 고객이 한층 분명하게 인식할 수 있도록 구체적이고 상세하게 설명할 의무가 있다. 다만 대상판결은 금융공학적 구조나 중도 해지, 수술, 마이너스 시장가치는 설명의무의 대상이 아니라고 보았다. 이로써 대상판결은 설명의무의 범위에 관하여 합리적 지침을 제공하였다. 이러한 고객의 보호의무 내지 신의칙상 설명의무는 이러한 금융상품의 구조가 매우 복잡하고 위험성이 높은데 고객의 입장에서는 정보가 부족하여 정보비대칭 상황이 존재한다는 점에 기초한 것이다.

나. 강제징용 피해자에 대한 손해배상책임

대법원 2018. 10. 30. 선고 2013다61381 전원합의체 판결은 일제강점기 시절 강제징용 피해자에 대한 일본 기업의 손해배상책임 문제를 다루었다. 원고들(또는 그 피상속인들)은 일제 강점기 시절 징용되어 피고회사의 전신인 구 일본제철에서 강제노역에 종사하다 귀국하였다. 원고들은 일본에서 피고회사를 상대로 불법행위를 이유로 한 손해배상소송을 제기하였다가 1965년 한일청구권협정(이하 '청구권협정'이라고 한다)의 존재를 이유로 패소확정되자 다시 한국에서 위자료청구소송을 제기하였다. 1심법원과 원심법원은 불법행위로 인한 손해배상청구권의 시효가 만료되었다는 이유로 원고들의 청구를 기각하였다. 그러나 2012년 대법원은 한일청구권협정으로 소멸된 것은 대한민국의 외교적 보호권이지 원고들 개인의 위자료청구권이 아니고, 피고회사의 소멸시효 항변은 신의칙에 반한다고 하여 원심판결을 파기환송하였다.[420] 대법원은 대상판결을 통해 이에 따른 환송 후 원심판결에 대한 피고회사의 상고를 기각하여 종전에 이루어진 대법원의 판단을 유지한

---

418) 판례는 자본시장법 제정 전부터 적합성 원칙을 인정하고 있었다. 대법원 2008. 9. 11. 선고 2006 다53856 판결; 대법원 2010. 10. 11. 선고 2010다55699 판결.

419) 최문희, "키코(KIKO) 통화옵션계약의 적합성 원칙과 설명의무", 민사판례연구, 제37권(2015), 729면.

420) 대법원 2012. 5. 24. 선고 2009다68620 판결.

것이다.

　대상판결의 요지는 다음과 같다. 원고들의 손해배상청구권은 일본 정부의 한반도에 대한 불법적인 식민지배 및 침략전쟁의 수행과 직결된 일본 기업의 반인도적인 불법행위를 전제로 하는 강제동원 피해자의 일본 기업에 대한 위자료청구권인 점, 청구권협정의 체결 경과와 전후 사정들에 의하면, 청구권협정은 일본의 불법적 식민지배에 대한 배상을 청구하기 위한 협상이 아니라 기본적으로 샌프란시스코 조약 제4조에 근거하여 한일 양국 간의 재정적·민사적 채권·채무관계를 정치적 합의에 의하여 해결하기 위한 것이었다고 보이는 점, 청구권협정 제1조에 따라 일본 정부가 대한민국 정부에 지급한 경제협력자금이 제2조에 의한 권리문제의 해결과 법적 대가관계가 있다고 볼 수 있는지도 불분명한 점, 청구권협정의 협상과정에서 일본 정부는 식민지배의 불법성을 인정하지 않은 채 강제동원 피해의 법적 배상을 원천적으로 부인하였고, 이에 따라 한일 양국의 정부는 일제의 한반도 지배의 성격에 관하여 합의에 이르지 못하였는데, 이러한 상황에서 강제동원 위자료청구권이 청구권협정의 적용대상에 포함되었다고 보기는 어려운 점 등에 비추어, 원고들이 주장하는 손해배상청구권은 청구권협정의 적용대상에 포함되지 않아 소멸되지 않았다. 이에 대해서는 2개의 별개의견과 1개의 반대의견이 있었다.

　대상판결의 결론은 결국 청구권협정 제2조의 해석에 달려 있다. 청구권협정은 양국 간 청구권 문제 뿐만 아니라 일방 국가와 상대국 국민 간 청구권 문제도 해결하려고 한 조약이다. 그런데 대법원은 조약 체결의 전후 과정에 비추어 보면 반인도적 불법행위로 인하여 입은 정신적 고통에 대한 배상청구권까지 소멸시키기로 하는 양국 간의 명확한 상호 이해와 의사 합치가 있었다고 단정하기 어렵다고 보았다. 대법원이 제시한 사실관계에 따르면, 양국은 큰 틀에서는 합의에 이르렀지만 자금의 구체적인 법적 성격에 대해서는 일단 추상적 문언으로 봉합한 뒤 동상이몽(同床異夢) 또는 아전인수(我田引水) 격으로 해석 내지 주장해 온 것으로 보인다. 일종의 이견합의(異見合意)였던 셈이다. 청구권협정 제2조는 양국과 양국 국민 간 청구권에 관한 문제가 "완전히 그리고 최종적으로 해결"되었다고 하는 한편, 이러한 "모든 청구권"에 관하여는 어떠한 주장도 할 수 없다고 규정하였다. 그러나 해결 대상이 된 "모든 청구권"이라는 표현은 문자 그대로 양 국가와 양 국민 사이에 존재하는 "모든" 청구권(가령 일반적인 대여금채권)을 의미한다기보다는 해석을 통해 확정되는 특정한 범주의 "청구권"에 속하는 모든 청구권을 의미한다고

보아야 한다. 그 "청구권"의 범주가 무엇인가에 관한 해석 문제는 여전히 남게 된
다. 그런데 위와 같이 조약의 해석 과정에서 불명확성이 존재한다면, 그 조약 내용
은 가급적 국제법상 보호되는 보편적 인권이 존중되는 방향으로 해석되어야 한다.
이는 법률 해석에 불명확성이 존재하면 헌법에 합치되는 방향으로, 계약 해석에
불명확성이 존재하면 가상의 합리적 당사자의 합리적 의사에 합치되는 방향으로
해석되어야 하는 것과 마찬가지이다. 대법원은 이러한 점들에다가 선례(이 사건의
경우 환송판결)는 가급적 존중되어야 한다는 점을 고려하여 위와 같은 결론에 이른
것으로 생각된다. 대법관들은 방법론을 달리하였을 뿐 반인도적 불법행위로 고통
받은 피해자 구제 필요성에 대한 인식을 같이하였다. 다수의견은 일본 기업의 손
해배상책임을 인정하는 방법론을 채택하였다. 다만 이러한 사법적 구제가 피해자
전체에 얼마나 실효적 구제수단이 될 수 있을지는 불분명하다. 결국 피해자군 전
체의 실질적 구제는 사법(司法)의 영역을 넘어서서 입법의 영역에서 이루어질 수
밖에 없을 것이다.421)

---

421) 일본 정부를 대상으로 하는 위자료청구소송에 관하여는 주권면제이론의 적용 여부를 둘러싸고
하급심 법원이 서로 다른 판결들을 선고하고 있어 향후 추이가 주목된다. 주권면제를 부정한 서울
중앙지방법원 2021. 1. 8. 선고 2016가합505092 판결 및 주권면제를 긍정한 서울중앙지방법원
2021. 4. 21. 선고 2016가합580239 판결.

제5장 결론

　지금까지 살펴본 2010~2020년 채권법 분야 판결들은 워낙 다양한 사실관계와 법적 판단을 담고 있어 서론에서 밝혔듯이 이로부터 일정한 경향성을 추출하기는 어렵다. 올리버 웬델 홈즈 판사의 표현을 빌리자면 이러한 일련의 판결들이 "수학책의 공식과 결과만" 담고 있는 것이 아니라 "국가의 발전에 관한 이야기"를 담고 있다는 점 정도를 말할 수 있을 뿐이다.[422) 약간의 관찰과 감상을 덧붙이자면 다음과 같다. 사회는 날로 복잡해지고 있고 판례도 이에 대응하여 분화되고 있다. 전통적인 민법 영역의 법리만으로 풀 수 없는 사건들이 늘어나고 있다. 소송법이나 집행법, 도산법은 물론이고, 금융법, 보험법, 노동법, 환경법, 의료법, 소비자법, 약관법, 건설법 등 다양한 법 분야와의 유기적 결합 없이는 민사 사건에 대한 해법을 제시하기 어렵게 되었다. 이 글에서 분석 대상으로 삼은 판결들도 이러한 특징을 잘 보여주고 있다. 다수의 판결들이 전통적인 법학 전공의 경계를 넘나드는 복합적인 쟁점들과 문제의식들을 담고 있었다. 하지만 복잡해 보이는 판결 내용도 결국은 법의 기본적인 원리와 가치의 문제로 환원될 수 있었다. 이러한 관찰 결과는 민법학자들이 전통적인 민법적 쟁점에만 국한될 것이 아니라 민법학의 외연을 넓혀 날로 전문화, 세분화되는 분쟁 양상에 적극적으로 대응해야 한다는 점, 하지만 그러할수록 수천년간의 검증을 통해 형성되어 온 민법학의 기본 원리가 가지는 닻(anchor)으로서의 역할이 강조된다는 점을 시사한다.

　새로운 사회적 이슈들을 다양한 모습으로 다루었던 2010년대 판례에서 드러났듯이 몇 걸음 뒤늦게 사회의 변화상을 접할 수밖에 없는 대법원마저도 아찔한 사회의 변화 속도 앞에서 일정한 변화 탄력성을 갖추어야 한다. 특히 이른바 제4차 산업혁명시대를 맞이하여 향후 데이터나 프라이버시, 개인정보, 블록체인, 인공지능 등 새로운 법적 문제들에 대한 분쟁은 늘어날 것이고, 대법원도 지속적으로 이러한 문제들에 대한 입장 표명을 요구받을 것이다. 그런데 역설적으로 이러한 새로운 문제에 대한 대응은 현존하는 판례에 대한 철저한 이해와 분석으로부터 출발

---

422) Oliver W. Holmes, *The Common Law* (Mark D. Howe ed., 1881), p. 1.

해야 한다. 하늘 아래 새로운 것은 없고, 법리도 그러하기 때문이다. 격변의 시대 일수록 판례 연구가 중요한 이유이다. 김증한 교수의 말을 인용하며 글을 끝맺는다.423)

　　이론이 아무리 아름답게 정돈된들 현실로부터 유리된다면 그 이론에 무슨 생명이 있으리요. 그렇지 않아도 준법정신이 희박한 우리의 현 사회에 있어서 법학자들이 현실로부터 유리된 이론만을 농한다면 법학자는, 그리고 그와 더불어 법은 우리 사회로부터 버림을 받고야 말 것이다. 그러한 결과에 다다르는 것을 회피하고 반대로 법과 법학이 사회를 지도하는 힘을 얻으려면 법학자는 항상 현실로부터 유리되어서는 아니 될 것이다. 현실에 즉하여 법과 법이론이 현실에서 어떻게 작용하느냐를 알기 위하여 우리는 언제나 판례의 연구를 소홀히 하여서는 아니 될 것이다.

---

423) 김증한, "민법연구의 설계", 고대신보, 제92호(1955. 12. 5), 2면. 우리 법 70년 변화와 전망: 사법을 중심으로, 청헌 김증한 교수 30주기 추모논문집(법문사, 2018), lxix면에서 재인용.

판례색인

민 / 법 / 판 / 례 / 연 / 구

대법원 1976. 11. 6. 선고 76다148 전원합의체 판결 ·················· 55, 58

대법원 1979. 11. 13. 선고 79다483 전원합의체 판결 ······················ 85

대법원 1981. 10. 13. 선고 80므60 전원합의체 판결 ····················· 266

대법원 1989. 12. 26. 선고한 88다카16867 전원합의체 판결 ············ 203

대법원 1992. 5. 12. 선고 92다4581, 4598 판결 ························· 305

대법원 1994. 3. 22. 선고 93다9392, 9408 전원합의체 판결 ··············· 91

대법원 1998. 11. 24. 선고 98다25061 판결 ···························· 425

대법원 1999. 3. 18. 선고 98다32175 전원합의체 판결 ······················ 58

대법원 2002. 8. 13. 선고 2002다17142 판결 ·························· 127

대법원 2003. 4. 11. 선고 2011다53059 판결 ·························· 317

대법원 2005. 7. 21. 선고 2002다1178 전원합의체 판결 ···················· 9

대법원 2006. 1. 26. 선고 2005다47014, 47021, 47038 판결 ············ 496

대법원 2006. 6. 22. 2004스42 전원합의체 결정 ························ 297

대법원 2007. 2. 15. 선고 2004다50426 전원합의체 판결 ················· 85

대법원 2008. 11. 20. 선고 2007다27670 전원합의체 판결 ·················· 9

대법원 2009. 3. 26. 선고 2009다228, 235 판결 ························· 75

대법원 2009. 4. 16. 선고 2008다53812 전원합의체 판결 ················ 215

대법원 2009. 5. 21. 선고 2009다17417 전원합의체 판결 ················ 430

대법원 2010. 1. 14. 선고 2007다55477 판결 ·························· 434

대법원 2010. 1. 28. 선고 2009다90047 판결 ·························· 344

대법원 2010. 4. 22. 선고 2008다38288 전원합의체 판결 ··············· 506

대법원 2010. 4. 29. 선고 2009다33804 판결 ·························· 345

대법원 2010. 5. 20. 선고 2007다90760 전원합의체 판결 ··············· 377

대법원 2010. 6. 24. 선고 2008다23729 판결 ·························· 495

대법원 2010. 6. 24. 선고 2010다9269 판결 ··························· 450

대법원 2010. 6. 24. 선고 2010다17284 판결 ·························· 334

대법원 2010. 8. 25. 2008마1541 결정 ······························· 470

대법원 2010. 8. 25.자 2008마1541 결정 ····························· 195

대법원 2010. 9. 9. 선고 2010다37905 판결 ··························· 417

대법원 2010. 9. 16. 선고 2008다97218 전원합의체 판결 ·· 357
대법원 2010. 9. 30. 선고 2007다2718 판결 ··· 346
대법원 2010. 10. 28. 선고 2008다6755 판결 ··· 209
대법원 2010. 11. 11. 선고 2010다43597 판결 ·· 335
대법원 2011. 1. 27. 선고 2009다19864 판결 ·· 508
대법원 2011. 1. 27. 선고 2010다6680 판결 ·· 474
대법원 2011. 4. 14. 선고 2010다5694 판결 ·· 451
대법원 2011. 5. 26. 선고 2011다1330 판결 ·· 425
대법원 2011. 6. 9. 선고 2011다29307 판결 ·· 345
대법원 2011. 6. 23. 선고 2007다63089, 63096 전원합의체 판결 ················· 447
대법원 2011. 6. 24. 선고 2008다44368 판결 ·· 390
대법원 2011. 7. 21. 선고 2011재다199 전원합의체 판결 ····························· 474
대법원 2011. 8. 25. 선고 2011다43778 판결 ·· 314
대법원 2011. 9. 2. 선고 2008다42430 전원합의체 판결 ······························· 481
대법원 2011. 9. 2. 선고 2009다52649 전원합의체 판결 ······························· 488
대법원 2011. 9. 8. 선고 2010다37325, 37332 판결 ······································· 439
대법원 2011. 11. 10. 선고 2011다41659 판결 ·· 316
대법원 2011. 11. 10. 선고 2011다48568 판결 ·· 450
대법원 2011. 12. 8. 선고 2011다55542 판결 ·· 344
대법원 2012. 1. 27. 선고 2010다81315 판결 ·· 318
대법원 2012. 2. 16. 선고 2010다82530 전원합의체 판결 ····························· 403
대법원 2012. 2. 16. 선고 2011다45521 전원합의체 판결 ····························· 380
대법원 2012. 3. 22. 선고 2010다28840 전원합의체 판결 ····························· 365
대법원 2012. 3. 29. 선고 2009다92883 판결 ·· 325
대법원 2012. 5. 17. 선고 2009다105406 전원합의체 판결 ··························· 418
대법원 2012. 5. 17. 선고 2011다87235 전원합의체 판결 ····························· 332
대법원 2012. 5. 24. 선고 2009다88303 판결 ·· 368
대법원 2012. 6. 28. 선고 2010다71431 판결 ·· 306
대법원 2012. 7. 5. 선고 2010다80503 판결 ·· 345
대법원 2012. 10. 25. 선고 2010다32214 판결 ·· 376
대법원 2012. 10. 25. 선고 2011다107832 판결 ·· 335
대법원 2012. 12. 26. 선고 2011다59834 판결 ·· 486
대법원 2012. 12. 27. 선고 2012다75239 판결 ·· 334
대법원 2013. 1. 17. 선고 2011다49523 전원합의체 판결 ····························· 414
대법원 2013. 1. 17. 선고 2011다83431 전원합의체 판결 ····························· 451
대법원 2013. 2. 28. 선고 2012다107532 판결 ·· 420
대법원 2013. 4. 11. 선고 2011다112032 판결 ·· 323

대법원 2013. 4. 11. 선고 2011다59629 판결 ··· 393
대법원 2013. 4. 26. 선고 2012다118334 판결 ·· 346
대법원 2013. 5. 9. 선고 2012다115120 판결 ·· 417
대법원 2013. 5. 16. 선고 2012다202819 전원합의체 판결 ··· 468
대법원 2013. 6. 27. 선고 2011다17106 판결 ··· 435, 450
대법원 2013. 6. 27. 선고 2013다23372 판결 ··· 349
대법원 2013. 7. 12. 선고 2006다17539 판결 ··· 499
대법원 2013. 7. 18. 선고 2012다5643 전원합의체 판결 ··· 336
대법원 2013. 8. 22. 선고 2012다54133 판결 ·· 75
대법원 2013. 8. 22. 선고 2013다30882 판결 ··· 438
대법원 2013. 8. 23. 선고 2011다2142 판결 ··· 325
대법원 2013. 9. 26. 선고 2011다53683, 53690 전원합의체 판결 ······························· 510
대법원 2013. 9. 26. 선고 2012다1146, 1153 전원합의체 판결 ·································· 510
대법원 2013. 9. 26. 선고 2012다13637 전원합의체 판결 ··· 510
대법원 2013. 9. 26. 선고 2012다43539 판결 ··· 438
대법원 2013. 9. 26. 선고 2013다26746 전원합의체 판결 ··· 510
대법원 2013. 10. 11. 선고 2013다7936 판결 ··· 345
대법원 2013. 11. 28. 선고 2011다96130 판결 ·· 388
대법원 2013. 12. 28. 선고 2012다89399 전원합의체 판결 ··· 6
대법원 2014. 1. 23. 선고 2001다108095 판결 ·· 328
대법원 2014. 2. 27. 선고 2009다40462 판결 ··· 496
대법원 2014. 4. 10. 선고 2011다22092 판결 ··· 500
대법원 2014. 5. 16. 선고 2012다72582 판결 ··· 404
대법원 2014. 6. 12. 선고 2013다214864 판결 ·· 397
대법원 2014. 7. 16. 선고 2011다76402 전원합의체 판결 ··· 453
대법원 2014. 7. 24. 선고 2010다58315 판결 ··· 389
대법원 2014. 7. 24. 선고 2012다28486 판결 ··· 417
대법원 2014. 8. 21. 선고 2010다92438 전원합의체 판결 ··· 461
대법원 2014. 8. 26. 선고 2013다53700 판결 ··· 353
대법원 2014. 9. 4. 선고 2011다7437 판결 ··· 501
대법원 2014. 10. 15. 선고 2013다17117 판결 ·· 375
대법원 2014. 10. 27. 선고 2013다25217 판결 ·· 334
대법원 2014. 11. 13. 선고 2009다91811 판결 ·· 392
대법원 2014. 12. 11. 선고 2012다15602 판결 ·· 436
대법원 2014. 12. 18. 선고 2011다50233 전원합의체 판결 ··· 373
대법원 2015. 1. 22. 선고 2012다204365 전원합의체 판결 ··· 428
대법원 2015. 2. 12. 선고 2013다43994 판결 ··· 459

대법원 2015. 2. 12. 선고 2014다227225 판결 ·································· 324
대법원 2015. 4. 23. 선고 2014다231378 판결 ·································· 407
대법원 2015. 5. 21. 선고 2012다952 전원합의체 판결 ···················· 339
대법원 2015. 5. 29. 선고 2012다92258 판결 ····················· 440, 451
대법원 2015. 6. 25. 선고 2014다5531 전원합의체 판결 ················· 442
대법원 2015. 7. 23. 선고 2015다200111 전원합의체 판결 ················· 9
대법원 2015. 9. 10. 선고 2013다55300 판결 ·································· 326
대법원 2015. 9. 24. 선고 2011다91784 판결 ·································· 497
대법원 2015. 10. 15. 선고 2015다1284 판결 ································· 479
대법원 2015. 11. 17. 선고 2013다84995 판결 ································ 347
대법원 2016. 1. 28. 선고 2015다9769 판결 ··································· 430
대법원 2016. 1. 28. 선고 2015다239324 판결 ································ 321
대법원 2016. 3. 10. 선고 2012다105482 판결 ······························ 483
대법원 2016. 4. 28. 선고 2012다19659 판결 ································· 440
대법원 2016. 5. 12. 선고 2016다200729 판결 ································ 311
대법원 2016. 5. 19. 선고 2009다66549 전원합의체 판결 ··············· 493
대법원 2016. 7. 14. 선고 2012다65973 판결 ································· 320
대법원 2016. 7. 14. 선고 2015다71856, 71863 판결 ······················ 376
대법원 2016. 8. 17. 선고 2014다235080 판결 ································ 484
대법원 2016. 10. 13. 선고 2014다218030, 218047 판결 ·················· 417
대법원 2016. 10. 19. 선고 2016다208389 전원합의체 판결 ············· 477
대법원 2016. 10. 27. 선고 2013다7769 판결 ································· 308
대법원 2016. 11. 18. 선고 2013다42236 전원합의체 판결 ·············· 410
대법원 2016. 11. 25. 선고 2016다211309 판결 ······················ 45, 412
대법원 2017. 2. 15. 선고 2014다230535 판결 ································ 503
대법원 2017. 3. 9. 선고 2015다217980 판결 ································· 341
대법원 2017. 3. 15. 선고 2013다79887, 79894 판결 ······················ 457
대법원 2017. 3. 22. 선고 2016다218874 판결 ································ 411
대법원 2017. 5. 17. 선고 2016다248806 판결 ································ 466
대법원 2017. 5. 18. 선고 2012다86895, 86901 전원합의체 판결 ········ 408
대법원 2017. 6. 12. 선고 2016다249557 판결 ······················ 277, 395
대법원 2017. 6. 15. 선고 2015다247707 판결 ································ 342
대법원 2017. 7. 11. 선고 2013다55447 판결 ································· 450
대법원 2017. 8. 29. 선고 2016다212524 판결 ································ 324
대법원 2017. 10. 12. 선고 2016다9643 판결 ································· 324
대법원 2017. 11. 14. 선고 2015다10929 판결 ································ 385
대법원 2017. 12. 13. 선고 2016다233576 판결 ······························ 350

대법원 2017. 12. 21. 선고 2012다74076 판결 ··· 421
대법원 2017. 12. 23. 선고 2016다6293 판결 ··· 426
대법원 2018. 1. 25. 선고 2015다24904 판결 ··· 459
대법원 2018. 3. 22. 선고 2012다74236 전원합의체 판결 ·· 359
대법원 2018. 5. 30. 선고 2018다201429 판결 ·· 440
대법원 2018. 7. 12. 선고 2018다204992 판결 ·· 451
대법원 2018. 7. 19. 선고 2017다242409 전원합의체 판결 ·· 445
대법원 2018. 10. 18. 선고 2016다220143 전원합의체 판결 ·· 370
대법원 2018. 10. 30. 선고 2013다61381 전원합의체 판결 ·· 512
대법원 2018. 10. 30. 선고 2014다235189 전원합의체 판결 ·· 422
대법원 2018. 10. 30. 선고 2014다61654 전원합의체 판결 ·· 491
대법원 2018. 11. 29. 선고 2015다19827 판결 ·· 345
대법원 2019. 1. 24. 선고 2016다264556 전원합의체 판결 ·· 71
대법원 2019. 1. 31.자 2018스566 결정 ··· 272
대법원 2019. 2. 14. 선고 2015다217287 판결 ··· 5
대법원 2019. 2. 21. 선고 2018다248909 전원합의체 판결 ································· 200, 473
대법원 2019. 2. 28. 선고 2016다271608 판결 ·· 212
대법원 2019. 3. 14. 선고 2018다255648 판결 ····································· ·············· 43, 383
대법원 2019. 3. 14. 선고 2018다282473 판결 ·· 351
대법원 2019. 4. 3. 선고 2018다286550 판결 ·· 427
대법원 2019. 5. 30. 선고 2016다276177 판결 ······································· ········· 164, 399
대법원 2019. 6. 20. 선고 2013다218156 전원합의체 판결 ··························· ·· 82, 456
대법원 2019. 6. 27. 선고 2017다222962 판결 ··························· ················· 145, 367
대법원 2019. 7. 18. 선고 2014다206983 전원합의체 판결 ························· 173, 449
대법원 2019. 10. 23. 선고 2016므0000 전원합의체 판결 ·· 251
대법원 2019. 11. 21.자 2014스44, 45 전원합의체 결정 ·· 280
대법원 2019. 11. 28. 선고 2017다14895 판결 ·· 230
대법원 2019. 12. 19. 선고 2016다24284 전원합의체 판결 ································· 133, 363
대법원 2020. 1. 30. 선고 2019다280375 판결 ·· 36
대법원 2020. 3. 26. 선고 2016다276467 판결 ·· 193
대법원 2020. 4. 9. 선고 2014다51756, 51763 판결 ·· 120
대법원 2020. 5. 21. 선고 2017다220744 전원합의체 판결 ································· 113, 440
대법원 2020. 5. 21. 선고 2018다879 전원합의체 판결 ····································· 103, 329
대법원 2020. 5. 21. 선고 2018다287522 전원합의체 판결 ·· 91
대법원 2020. 6. 4. 선고 2015다233807 판결 ································· ················· 222, 504
대법원 2020. 6. 8.자 2020스575 결정 ··· 241
대법원 2020. 6. 11. 선고 2020다201156 판결 ·· 326

대법원 2020. 6. 18. 선고 2015므8351 전원합의체 판결 ················· 264
대법원 2020. 7. 9. 선고 2016다244224 판결 ······················ 53
대법원 2020. 7. 23. 선고 2018다42231 판결 ······················ 352
대법원 2020. 8. 27. 선고 2016다248998 전원합의체 판결 ·············· 18
대법원 2020. 9. 3. 선고 2017다218987, 218994 판결 ················ 28
대법원 2020. 11. 19. 선고 2019다232918 전원합의체 판결 ············· 290
대법원 2020. 11. 26. 선고 2018다221676 판결 ·················· 182, 464
대법원 2020. 12. 10. 선고 2020다254846 판결 ·················· 155, 396

사항색인

민 / 법 / 판 / 례 / 연 / 구

[ㄱ]

가동연한　203, 473

가압류　414

가족관계등록법　243

강행규정　10, 457

개인정보　481, 484

개인정보자기결정권　486

경자유전의 원칙　458

경험칙　204, 473

계속적 계약　161, 393

계약 해석　321, 390

계약금　407

계약의 사회적 비용　25

계약인수　368

계약자유의 원칙　421

계약체결상 과실　385

계약해제　332

고엽제소송　499

공공계약　421

공동근저당권　123

공동수급체　418

공동점유　99

공리주의　234

공서양속　321, 479

공시주의　74

공용부분　440

공유물분할　109

공유물분할청구권　105, 329

공인　491

공작물책임　232

공적 광장 이론(public forum doctrine)　226

공통의 착오　13

과거사정리위원회　468

과세처분　445

과실　232

과실 방조책임　214

과실상계　477

과잉금지 원칙　90

관리단　118

관점 중립성　492

구상권　126

국가배상책임　225, 503, 504

국유재산　451, 453

국제상사계약원칙　140

국제채권양도협약　140

국제팩토링에 관한 협약　140

권력분립의 원칙　298

권리금　417

근로조건　21

금반언(estoppel)의 원칙　181

금반언의 원칙　79

금전채권　106

급부부당이득　116

기여분　282

기왕증　477

기판력　328, 428

[ㄴ]

누적적 근저당권   123

[ㄷ]

단순승인   292

단체협약   16, 20

담배소송   500

당연공제   412

당연무효   445

대금분할   110

대상청구   308

대상청구권   296, 305

대위통지   332

대항요건   148, 367

도급   418

독립적 은행보증   353

동시이행 항변권   56

등기청구권   58

[ㅁ]

매매   403

매매예약 완결권   403

면책적 채무인수   368

명예훼손   216, 491

명의신탁   85, 456

목적 좌절(frustration of purpose)   160

무과실책임   238

무자력   105, 330, 346

물권법정주의   74

물권적 청구권   80, 310

물권적 효력설   136

물상보증인   125, 336, 373

미성년자 보호   296

[ㅂ]

배당이의   176, 449

배당이의의 소   179

배당절차   175

배우자   286

배타적 사용·수익권 포기   73, 119

법률상 원인   442

법률해석   86, 293

법정단순승인   292

법정대리인   292

변제자대위   125

변제자대위관계   373

변호사 강제주의   319

보전의 필요성   105, 329

보존행위   97

보증금계약   410

보증기간   352

보충적 해석   13, 161, 390, 392

보호의무   461, 511

복합일영   495

부기등기   339

부당이득   114, 176, 378, 439, 445, 449

부당이득반환청구   73, 181, 440

부당이득반환청구권   80, 118, 309

부동산실명법   456

부양의무   283

부작위   214

부작위의무   325

부정경쟁행위   195

부진정연대채무   357

불법원인급여   85, 456, 457

불법행위   186, 459

비용/편익 분석(cost-benefit analysis)   233

비용부당이득   116

[ㅅ]

사무관리   434

사실상 도로   73

사적 자치   421

사정변경   395

사정변경 원칙　156, 278
사해행위　346
사해행위 취소　341
상가건물 임대차보호법　417
상계　43, 148, 357, 377, 379, 380, 383, 412
상대적 무효설　341
상속포기　345
선택형 약관　397
설명의무　166, 399
소멸시효　45, 55
소멸시효 정지　60
소멸시효 중단　57
소음피해　497
소의 이익　454
손해　114
손해배상액 예정　320, 323
승낙　148
신뢰보호　8, 44
신뢰이익　316
신의칙　8, 31, 119, 406
실권효　180
실효의 원칙　8

[ㅇ]
아동권리협약　245
안전배려의무　425
알 권리　482
약가 인하　464
약가 인하 제도　185
약관　225, 397
약관규제법　168
양육비　273
양육비 변경　278
양육비청구권　96
양친자관계　257
M&A 거래　355

업무상 재해　22
여행계약　424
역학적 상관관계　501
연명치료 중단　430
영업의 자유　482
예견가능성　190
온라인서비스제공자　214
완전물급부청구권　404
원고적격　267
위법성　188, 324
위약금　407
위약금 약정　322
위약벌　320
위자료　474, 486
위험방지조치　235
위험배분　159
유럽계약법원칙　141
유추 적용　42, 45, 413
의료계약　430
이의 무보류 승낙　148
이익형량　11, 482
이행거절　324
이행보조자　325
이행보증금　320
이행불능　305, 311, 324
이행이익　316
인공수정　256
인과관계　189, 238
인과관계의 단절　189
인식의 귀속　342
인신사고　208
인지　243
일부청구　63
일신전속권　105
일용 근로자　203
일조방해　495
임대차　408

임대차계약　410
임대차보증금반환채권　55

[ㅈ]
자유심증주의　204
자유주의　508
장기계속공사계약　422
장외파생상품　511
재건축 결의　31
재건축조합　32
재산분할청구권　345
재심사유　475
재판상 최고 이론　67
재판상 화해　428
적합성 원칙　511
전보배상청구권　310
전용물소권　435
정정보도청구　489
제3취득자　373
제조물책임　499
제척기간　46, 292, 342, 365, 383
조합　419
종교의 자유　506
주의의무　214, 232, 425, 459
주택임대차보호법　58, 417
지식재산권　196
지식재산권법　196
지연손해금　474
진술 및 보증조항　355
집합건물　116, 440
징벌적 손해배상　479

[ㅊ]
참을 한도　498
채권양도 통지　365
채권양도금지특약　136, 363
채권자대위권　105, 326, 438

채권자취소권　335
채권적 효력설　136
채무불이행　304, 305
책임재산　108, 304
청구권　50
청구취지 확장　64
총괄계약　424
최고　65
최선노력조항　388
출생등록　246
출생등록될 권리　244, 245
출생신고　243
친생부인의 소　254
친생자관계존부확인의 소　265
친생자부존재확인의 소　254
친생추정　253, 261
친족　266
침해부당이득　116

[ㅋ]
컴포트레터　389
코비드 19　158
콜옵션　511
키코(KIKO)　510

[ㅌ]
토양오염　493
통상손해　319, 427, 466
통신자료　483
통일상법전　141
통정허위표시　38
통지　148
통화옵션계약　511
퇴직금 분할 약정　377
특별수익　288
특별한정승인　292
특허발명　187

[ㅍ]

평등권   508

표준약관   399

표현의 자유   224, 226, 482, 488, 491,
  505

피대위권리   105, 334

피보전권리   105, 327, 328

[ㅎ]

하자   232

한센병   503

한정승인   291

해약금   407

해킹   459

핸드 공식   233

행정규칙   505

행정처분   446

협의분할   109

형성권   50

혼인 외 출생자   243

환경침해   493

[저자 약력]
■ 권 영 준

서울대학교 법과대학 졸업
하버드 로스쿨 졸업(LL.M.)
서울대학교 대학원 졸업(법학석사, 법학박사)
서울지방법원 등 판사 역임
서울대학교 법학전문대학원 교수

민법판례연구 II

초판발행	2021년 11월 30일
지은이	권영준
펴낸이	안종만·안상준
편 집	이강용
기획/마케팅	조성호
표지디자인	이영경
제 작	고철민·조영환
펴낸곳	(주) **박영사**
	서울특별시 금천구 가산디지털2로 53, 210호(가산동, 한라시그마밸리)
	등록 1959. 3. 11. 제300-1959-1호(倫)
전 화	02)733-6771
f a x	02)736-4818
e-mail	pys@pybook.co.kr
homepage	www.pybook.co.kr
ISBN	979-11-303-4043-2 93360

* 파본은 구입하신 곳에서 교환해 드립니다. 본서의 무단복제행위를 금합니다.
* 저자와 협의하여 인지첩부를 생략합니다.

정 가   38,000원